国家出版基金项目

丛书主编 吴松弟　丛书副主编 戴鞍钢

Modern Economic Geography of China
Vol. 3

中国近代经济地理 第三卷

华中近代经济地理

本卷主编 任放

任放　陆发春　杨勇　著

华东师范大学出版社
全国百佳图书出版单位

图书在版编目(CIP)数据

中国近代经济地理.第3卷,华中近代经济地理/任放主编.—上海:华东师范大学出版社,2016.4
ISBN 978-7-5675-5029-2

Ⅰ.①中… Ⅱ.①任… Ⅲ.①经济地理-中国-近代 ②经济地理-中南地区-近代 Ⅳ.①F129.9

中国版本图书馆CIP数据核字(2016)第067451号

中国近代经济地理

第三卷　华中近代经济地理

丛书主编　吴松弟　副主编　戴鞍钢
本卷主编　任　放
著　　者　任　放　陆发春　杨　勇
策划编辑　王　焰
项目编辑　庞　坚
特约审读　方学毅
责任校对　张　雪
版式设计　高　山
封面设计　储　平

出版发行　华东师范大学出版社
社　　址　上海市中山北路3663号　邮编 200062
网　　址　www.ecnupress.com.cn
电　　话　021-60821666　行政传真 021-62572105
客服电话　021-62865537　门市(邮购)电话　021-62869887
门市地址　上海市中山北路3663号华东师范大学校内先锋路口
网　　店　http://hdsdcbs.tmall.com

印 刷 者　上海中华商务联合印刷有限公司
开　　本　787×1092　16开
印　　张　26.25
字　　数　518千字
版　　次　2016年5月第1次
印　　次　2017年1月第2次
书　　号　ISBN 978-7-5675-5029-2/K·468
定　　价　92.00元

出版人　王　焰

(如发现本版图书有印订质量问题,请寄回本社市场部调换或电话021-62865537联系)

本书为
国家出版基金资助项目
"十二五"国家重点图书出版规划项目
上海文化发展基金会图书出版专项基金资助项目

《中国近代经济地理》总序

吴松弟

描述中国在近代(1840—1949年)所发生的从传统经济向近代经济变迁的空间过程及其形成的经济地理格局,是本书的基本任务。这一百余年,虽然是中国备受帝国主义列强欺凌的时期,却又是中国通过学习西方逐步走上现代化道路,从而告别数千年封建王朝的全新的历史时期。1949年10月1日中华人民共和国成立,中国的现代化进入新的阶段。

近20年来,中国历史地理学和中国近代经济史研究都取得了较大的进步,然而对近代经济变迁的空间进程及其形成的经济地理格局的研究,却仍处于近乎空白的状态。本书的写作,旨在填补这一空白,以便学术界从空间的角度理解近代中国的经济变迁,并增进对近代政治、文化及其区域差异的认识。由于1949年10月1日以后的新阶段建立在以前的旧时期的基础上,对中国近代经济地理展开比较全面的研究,也有助于政府机关、学术界和企业认识并理解古老而广袤的中国大地上发生的数千年未有的巨变在经济方面的表现,并在学术探讨的基础上达到一定程度的经世致用。

全书共分成9卷,除第一卷为《绪论和全国概况》之外,其他8卷都是分区域的论述。区域各卷在内容上大致可分成两大板块:一个板块是各区域近代经济变迁的背景、空间过程和内容,将探讨经济变迁空间展开的动力、过程和主要表现;另一个板块是各区域近代经济地理的简略面貌,将探讨产业部门的地理分布、区域经济的特点,以及影响区域经济发展的主要因素。

在个人分头研究的基础上,尽量吸收各学科的研究成果与方法,将一部从空间的角度反映全国和各区域经济变迁的概貌以及影响变迁的地理因素的著作,奉献给大家,是我们的初衷。然而,由于中国近代经济变迁的复杂性和明显的区域经济差异,以及长期以来在这些方面研究的不足,加之我们自身水平的原因,本书在深度、广度和理论建树方面都有许多不足之处。我们真诚地欢迎各方面的批评,在广泛吸纳批评意见的基础上,推进中国近代经济地理的研究。

目 录

绪　论 /1

第一篇　两湖近代经济地理

引言　两湖近代经济地理研究述评 /9
第一章　环境、资源与人口 /19
　第一节　自然环境与资源 /19
　　一、政区沿革 /19
　　二、环境概况 /20
　　三、自然资源 /21
　第二节　人口要素 /22
　　一、人口的地理分布 /22
　　二、人口结构 /27
第二章　产业结构 /32
　第一节　农业的基本格局 /32
　　一、耕地面积 /32
　　二、粮食作物与经济作物 /36
　第二节　新旧杂糅的工业布局 /38
　　一、机器工业的架构 /38
　　二、手工业的发展与不发展 /70
　　三、矿业的突飞猛进 /80
　第三节　金融业 /91
　　一、银行业 /91
　　二、传统的金融工具 /95
　第四节　交通运输业 /103
　　一、轮船业的勃兴 /103
　　二、陆路交通的开拓 /111

第三章　市场体系

第一节　通商口岸及其商业腹地 /118
一、"东方芝加哥"——汉口 /118
二、相继开埠的宜昌、沙市、岳阳、长沙 /122

第二节　贸易的拓展 /126
一、对外贸易的格局 /126
二、长距离贩运贸易 /130

第四章　经济发展的区域性差异 /138

第一节　湖北经济区的划分 /138
一、鄂东南区 /138
二、鄂东北区 /143
三、鄂西北区 /144
四、鄂西南区 /146

第二节　湖南经济区的划分 /148
一、湘东区 /148
二、湘北区 /149
三、湘中区 /151
四、湘南区 /152
五、湘西区 /154

第三节　区域性差异之由来及变动 /155

结　语 /158

第二篇　安徽近代经济地理

第一章　自然环境与历史开发的基础 /165

第一节　自然地理环境概况 /165
一、地形特征 /165
二、山脉和水系 /166
三、气候特征 /167
四、河流与水文 /168

第二节　经济发展的社会历史环境 /169
一、政治经济嬗变基本概况 /169
二、经济演变的基本路径及过程概况 /174

第二章　农牧经济的变迁与地理分布 /186

第一节　农业经济的发展与变迁 /186
一、粮食生产格局及其贸易之兴盛 /186
二、经济作物的种植与分布 /188

第二节　畜牧业的地域分布与市场化发展 /192
一、家禽养殖及产品的外销 /192
二、畜牧产品加工业及其产品的外销 /195
三、畜牧交易市场 /197

第三章　交通和工矿业的变迁 /203

第一节　交通运输 /203
一、水上航运 /203
二、铁路运输 /205
三、公路运输 /206

第二节　安徽近代工业发展历程 /207

第三节　矿业地理 /211
一、矿业开发的历程及其概况 /211
二、煤矿的分布与开采 /226
三、铁矿的分布与开采 /229
四、明矾矿的分布与开采 /231
五、其他矿产的分布 /233

第四章　芜湖口岸—腹地间的经济互动 /237

第一节　芜湖——近代皖江地区的商贸中心 /238
一、优良的区位和便利的交通 /239
二、较为发达的金融业 /241
三、日渐齐备的新式邮电业 /242
四、成长为皖江地区的商贸中心 /243

第二节　民国时期芜湖口岸的腹地范围 /244
一、稻米 /244
二、药材 /245
三、棉花 /246

第三节　腹地商贸活动的开展与运行——以皖江南岸腹地为例 /247
一、职能组合结构 /248

二、等级规模结构／248
　　三、地域空间结构／250
　第四节　近代皖江地区商贸地理格局的作用与影响／252
第五章　经济空间的分异与循环／254
　第一节　空间划分的标准／254
　第二节　淮河经济带／255
　　一、资源、区位与空间分异／256
　　二、经济带内要素的流动／259
　　三、小结：区域形成及特点／262
　第三节　皖江经济带／263
　　一、资源、区位与空间分异／263
　　二、经济带内要素的流动／266
　　三、小结：区域形成及特点／269
　第四节　徽州及其他周边地区／270
　　一、资源、区位与空间分异／270
　　二、区内要素的流动／271
　　三、小结：区域形成及特点／272
　第五节　亚区域的循环与整体图景／272
　　一、经济资源的图景／273
　　二、资源流动的脉络／273
　　三、全省各区域间的经济差异性／275

第三篇　江西近代经济地理

第一章　经济发展的历史背景和经济基础／281
　第一节　从"中心"到"边缘"：近代江西经济变迁历程／281
　　一、传统时代江西经济社会的繁荣／281
　　二、近代江西经济的边缘化／283
　第二节　历史地理沿革／285
　第三节　地理环境／286
　　一、地理位置／286
　　二、地形地貌概况／287
　　三、山脉河流／288
　　四、气候概况／288

第二章 农业经济地理 /289

第一节 农业生产结构的变化 /289
一、农业科技的进步和推广 /289
二、农产品商品化的变化 /291

第二节 粮食作物生产及地区分布 /293
一、粮食作物结构及变化 /293
二、主要粮食作物的地理分布 /295

第三节 经济作物生产及地区分布 /298
一、近代江西经济作物的构成 /298
二、主要经济作物的分布特点 /298

第三章 工业地理 /305

第一节 传统手工业的兴衰分布 /305
一、制茶业 /305
二、手工制纸业 /307
三、手工制瓷业 /309
四、夏布业 /309
五、手工制烟业 /310

第二节 现代工业的兴起及布局 /311
一、萌芽与起步期：1882—1911年 /311
二、快速发展期：1912—1937年 /312
三、鼎盛"黄金期"：1938—1943年 /317
四、近代江西矿业 /319

第三节 工业发展的变迁趋势 /322
一、外向化趋势 /323
二、市场化趋势 /324
三、半工业化趋势 /324

第四章 商业地理 /325

第一节 传统时期江西的商业网络及其变迁 /326
第二节 九江开埠与近代江西商业变迁 /330
一、商品贸易总量的变化 /330
二、商品贸易结构的变与不变 /331
三、与国内外市场联动加强 /336

第三节　商路格局及市场结构 /337
一、商路格局及网络层次的变化 /337
二、市场结构 /338

第五章　金融分布与变迁 /342
第一节　金融业的构成与变化 /342
一、清末民初的江西金融体系 /342
二、1926年后"非正式金融"的衰弱 /344
三、南京政府时期"正式金融"的建立与逐步完善 /346
第二节　货币流通的区域性与金融业的地理分布特征 /350
一、地方货币结构 /350
二、货币流通的区域性 /353
三、金融机构的地理分布特征 /355
第三节　金融变迁的特点及动因 /357
一、货币体系变迁的特点和动因 /357
二、金融制度变迁的特征 /360

表图总目 /362

参考征引文献举要 /368

索引 /390

绪 论

本书为《中国近代经济地理·第三卷：华中近代经济地理》，研究的范围包括湖北、湖南、江西、安徽四省区。近代历史上，这四省区不仅地理位置毗邻，而且相互之间的经济联系较为紧密，大体构成中国近代经济长期发展的一个单元。具体而言，湖北、湖南又可构成一个次级经济单元，学界习称"两湖"。因此，在本卷的写作框架设计上，遂分为"两湖篇"、"江西篇"、"安徽篇"，以便陈明史实，勾勒线索，展现华中地区在近代时期的经济布局及变迁轨迹。

近代中国是与古代中国相对而言的一个历史概念，其特异之处在于：在西风东渐的影响下，老大的中华帝国逐渐与国际社会接轨，社会形态缓慢地由传统向近代演进。面临数千年未有之大变局，近代中国的经济形态发生了诸多根本性的改变，华中地区也不例外。鉴于中国之大，情形之复杂，各地区的经济成长呈现不同状貌，新旧杂糅的程度断不可同日而语。职是之故，采取区域研究的视角，分别审视不同的经济单元，是获得较为真切的历史认识之所必需。即使同一经济单元，也不可一概而论，而应该注重内部差异性，如平原湖区与丘陵山区、汉人地区与少数民族地区、城市与乡村、中心与边缘等等。仅就华中地区来看，通商口岸几乎成为近代经济的引擎，汉口、宜昌、九江、岳阳等口岸城市历史地成为近代经济中心地，并对周边的经济腹地产生长期的有着导向性的多方面影响，在客观上造成经济发展水平的不平衡现象。这种经济上的差异，必然导致不同地区"近代性"的强弱。在华中地区，"近代性"最强的当推湖北，其次是江西，较弱者是湖南和安徽。扩大言之，此种"近代性"之强弱甚至影响到此后各地区经济发展的历程。

应该指出，本课题的研究旨趣不是一般意义上的经济史写作，而是凸显经济成长的空间分布。它既是历时性的，也是共时性的，时间的意义通过空间格局得以体现，人们的经济活动不断形塑区域经济的形态。故此，经济地理的研究对象是动态的，而非静态的；在若干历史时点上，经济地理的变动较为剧烈，但在更多的时候，变化的步幅则相对缓慢。为了更好地把握华中地区经济地理的近代变迁，笔者将分析的切入点放在部门经济上，即通过农业、工业（含手工业、矿业）、商业（含对外贸易）、交通运输业、金融业等行业在近代的不同表现，来展示区域性的经济地理。这样的研究路径可以较为完整地呈现不同经济部门的成长轨迹，可以比较经济部门之间乃至区域之间经济发展的差异性。充分认识经济地理的差异性，是深入探讨近代中国经济发展的重要窗口。它提醒人们：近代中国的经济不是铁板一块，而是存在多层次、多面相的区域特质；经济成长的差异性既是时间上的，也是空间上的；近代中国经济具有发展与不发展的双重性。忽略这些事实，任何形式的近代中国经济研究均系隔靴搔痒。

从经济部门的实态看,农业无疑是传统色彩最为浓厚的经济部门,近代性最弱。尽管有各式各样的农业改良,然而囿于复杂的因素,农业进步整体上乏善可陈。在某种程度上,农业近代化的迟滞,拖累了近代中国经济转型的步伐。以两湖为例,湖广总督张之洞的"湖北新政"办得有声有色,但在农业方面却毫无建树,不谈引进机械化作业,就连引进美棉(优良的美国棉花品种)也困难重重。可以说,近代时期的华中地区,农业生产没有多少近代性,基本上沿袭传统的技术及方法,生产效率低下,绝大多数农民家庭处于糊口经济水平。不过,由于中外关系的渐次加强(尤其是对外贸易的规模不断提升),若干农副产品(生丝、茶叶、猪鬃、桐油等)进入国际市场,遂使相关农业区的某些经济行为具有外向型的特征。问题的关键在于,这种经济外向性仅仅体现为流通方面,在生产技术上并无多少实质进步,在经济组织和管理制度上也无根本改观。因此,仅从贸易依存度的角度评估农业生产的近代性,会出现历史偏差。这种从属于对外贸易的农业近代性是表象,是低层次的经济增长方式,对农业技术变革、农业经济结构的升级换代没有实质意义。一旦对外贸易的渠道被阻断,这种农业经济的外向性便会戛然而止。湖北羊楼洞的砖茶贸易就是典型例证。近代时期,华中地区农业的落后状况之所以没有得到彻底扭转,关键在于内部的技术变革缺乏动力,经济组织缺乏近代意义上的效率。近代中国虽然艰难地迈上了工业化的征途,但是工业化的阶段性成果没有转化为农业生产力,两者形同陌路。

在工业领域,西方资本力量(早期的洋行、银行、轮运,甲午战后的直接投资)是新技术的引进者、新制度的示范者,中国的洋务运动则是学习西方的经济近代化运动(附带有文化教育的近代化变革)。先重工、后轻工,先军事、后民用,成为近代中国工业化的主要路径。张之洞创办的汉阳铁厂、汉阳兵工厂、湖北纱布丝麻四局,堪称近代中国早期以官办为主导形式的工业化之缩影。民国时期,官营、民营企业均获得长足发展,但缺乏规划,顾此失彼,经济结构相当畸形,如湖南矿业病态式的发展、华中地区中国人在轮运业方面的弱势,无不透露出近代经济的残破之像。因此,在肯定近代工业化取得若干成效之际,切不可夸大其词,以偏概全,而是应该全面审视工业化的格局,充分认识到华中地区工业化的缺漏与失误,以为后来者鉴。大体上,近代华中地区工业化的最显著成效,体现在钢铁业、矿业和纺织业方面,其次为水泥制造业、各类加工业(如砖茶、蛋品等)。值得一提的是,个别近代企业一度引领风气之先,如汉阳铁厂是亚洲第一座近代化的大型钢铁联合生产企业,汉阳兵工厂是中国最先进的军工企业之一,成为近代中国工业化的标志性成果。从工业化成果的分布看,华中地区最密集之地当推湖北省的武汉地区,可谓一枝独秀,其他三省鲜有如此高技术产业区。时至今日,武汉仍保持着华中地区高科技中心及现代产业中心的地位。与湖北接壤的湖南,虽然在矿业方面拥有巨大优势,但却没有优质的煤矿和铁矿,同样面临无法逾越的工业化瓶颈。在考察近代工业的同时,不可忽视手工业的状况。基本情形可描述为:近代时期的华中地区,传统形态(没有或很少机械化)的手工业大量存在,构成民间经济力量的主干。武汉著名的民营企业周恒顺机器厂,原本是一家手工作坊,添置机器之后仍然保留大量的手工劳动。通过较为详细的数据分析,我们认为近代华中地区的手工业具有顽强的生命力,与机器生产并存,既有竞争,也有协作。那种认为近代工业横扫传统手工业的说法,以及断言鸦片战争之后自然经济分崩离析的论调,都是历史的幻象,都是不切实际的揣测。传统与近代的共生,是我们深刻认识近代中国的基点之一。

  商业方面,近代中国存在两套相互交集的系统:一是传统的国内贸易,二是新兴的国际贸易。前者仍然充满活力,成为近代中国经济成长的有机组成部分;后者在一定程度上利用了传统的市场网络,不断强化中国经济与世界经济的关系。长期以来,学界在谈论近代中国市场流通问题时,基本上局限于对外贸易方面,有意或无意忽略国内贸易方面。实际上,国内贸易和国际贸易既有交叉,也各自独立,不存在一方取代另一方的问题。在这里,需要探讨的问题包括:传统的商帮(如明清时期的所谓十大商帮)在近代的演变情形如何?传统的市场网络如何在近代条件下进行调适?如何确认通商口岸的经济腹地?外商与华商的经济关系如何?对外贸易在多大程度上制约着经济增长的步伐?如何看待新型商业组织的形成及新型商帮的成长?此外,商品结构、商业资本、市场层次(如施坚雅模式)等问题,均须纳入思考的范围。毋庸置疑,近代中国的所谓"约开口岸"(如汉口、九江)基本上是传统时代的市场中心,这表明传统与近代之间是接续而非断裂。清醒地意识到这一点,可以使我们在剖析近代中国的市场关系时保持较为客观的学术立场,而不是"西风压倒东风"式的近乎粗暴的价值判断。商人、商品、商路始终是商业研究的关键词,是我们厘清近代中国经济地理相关问题的问题意识链。就华中地区而言,以长江为主干的流域是我们考察近代商路的主要对象(铁路、公路、航空的影响力相当微弱),徽商、晋商、粤商等是我们重点考察的近代商人群体,茶叶、粮食、桐油等则是我们需要特别关注的大宗商品。

  在近代性的呈现上,商业(尤其是对外贸易)领域格外明显。它是近代性在经济层面最早萌发之域,也是近代性生长最快、效应最为持久之域。与工业化相比,近代商业的进步在规模及影响力方面更为突出。以华中地区为例,商业化的"汉口模式"比工业化的"湖北新政"不仅更具扎实的历史基础,而且泛文化效应更为长久。放之于全国,类似于"汉口模式"的近代经济成长模式所在多有。在某种程度上,近代中国的经济变革实质上是一场发生于商业领域的变革,或可称为中国式"商业革命"。这就不难理解,在中国早期资产阶级的构成中,为什么商人(加上金融家)是中坚力量?不过,这种商业主导型的近代化道路,既没有促成工业化的全面展开,也没有促进工业化成果转变为农业生产力,从而造成农业、工业、商业在技术、组织、制度诸层面缺乏互动和激励机制,形成农业长期落后、工业缺乏动力、商业病态繁荣的经济格局,不利于近代化的推进。

金融业是近代经济构成中新旧杂糅的一个行业。新式银行与传统的金融组织(钱庄、票号等)长期并存,在经济领域扮演不同的角色。首先是外国银行的进入(在中国设立分行或代理机构),然后是中国人自己的银行渐次出现。在此过程中,钱庄、票号等传统金融组织一方面维持旧有的融资业务,另一方面尝试新的资本活动。如同近代工业与传统手工业的关系一样,近代银行与传统金融不存在谁取代谁的问题,既有竞争,也有协作。从华中地区看,直至抗战前后(20世纪三四十年代),传统金融组织仍然大量存在,且相当活跃。这再一次提醒我们,不可对近代经济的发展妄下断言,必须回到历史现场,客观论述各类经济现象,并分析背后的成因。从经济地理的角度看,无论是近代银行还是传统金融,均集中于通商口岸,此乃时势使然,非人力之所为。这一方面强化了通商口岸的经济统摄力,另一方面拉大了中心与边缘的经济差距,使市场层级的结构趋于固化。

交通运输业是谈论经济地理不可或缺的环节。就华中地区而言,传统时代经济要素的分布主要依据水运条件的优劣,那些拥有良好水运条件的地方(平原湖区)往往保持经济发展的较强势头,反之,缺乏良好水运条件的地方(丘陵山区),其经济成长步履迟缓。令人惊讶的是,在近代时期,这一状况没有发生根本改变,水运条件仍然是制约区域经济发展的一大要因。具体地讲,长江航路由下游向中游拓展是清代以降的事情,由中游向上游的拓展则是近代以降的事情。确切地说,轮船的出现导致现长江航路的全面拓展,导致航运格局的实质性改观。西方资本主义最早进入中国的交通工具,就是轮船。轮运业是近代中国最早出现的新型产业之一,它提升了长江航运的整体水平,也改变了包括华中地区在内的中国许多地区的经济形态。尽管后来中国人投资轮运业,但在资金、技术、规模、效率等方面,尚不能与西方相抗衡。近代时期的华中轮运业,基本上是外人独大。张之洞的"湖北新政"就没有制造轮船的项目。清末民国,铁路(卢汉铁路、粤汉铁路等)交通的出现,并没有改变轮运业在商品流通(尤其是进出口贸易)上的主导地位,公路的修筑对商品流通的影响更形微弱。不可忽略的是,传统的木船业并未在轮船来临之际迅速退出历史舞台。相反地,木船业保持顽强的生命力,一直是包括华中地区在内的中国许多地区商品流通所依赖的交通工具。套用上面的话讲,机器工业与手工业、银行与钱庄(票号)、轮船(铁路)与木船并存不悖,形成二元结构的经济格局,形成近代中国经济地理的常态。

在梳理上述各类经济地理之后,近代华中地区的经济布局大体可以了然于心。通商口岸(汉口、九江等)是中心议题,它是近代经济成长的引擎;对外贸易是重要内容,它是衡量近代性的关键指标;工业化(钢铁业、纺织业、矿业等)是重点考察对象,它是近代经济不可或缺的内容;洋行、银行、海关、轮船、铁路等亦须分别论列,以凸显近代经济的增长点;传统农业的迟滞,传统金融业(钱庄、票号等)的兴衰,传统木船业的沉浮,传统商帮的更迭等等,需要特别关注,不可轻下非历史主义的断语;华中地区内部的差异性(不同经济板块之比较),中心与边缘的关系,近代性的评估……均须据实描述,深入分析,以提炼新知,深化对近代中国的历史认识。

第一篇
两湖近代经济地理

引言　两湖近代经济地理研究述评*

本书讨论的两湖,是指近代时期(1840—1949年)①的湖北、湖南两个区域,在行政区划上大体类似于现今的湖北省、湖南省。基于历史上的地缘、人文诸般联系,将"两湖"视为一个相对完整的地理单元具有一定的合理性,此前亦有许多学者在"两湖"框架下进行学术研究。

迄今为止,学界对经济地理的定义莫衷一是。虽然如此,经济地理的要义不外乎人类经济行为在空间上的分布与变迁。历史经济地理则是研究特定历史时期人类经济行为与地理环境之间的复杂关系。就笔者目力所及,关于近代两湖经济地理的精深研究尚付厥如,相关成果散见于区域史、断代史的著述之中,尤以近代区域社会经济史为最。职是之故,笔者立足于经济地理的学术立场,分别从农业地理、工业地理、商业地理、交通地理、城市地理、人口地理诸层面,概述近三十年来有关近代两湖经济地理的研究成果,以期为今后的学术工作开启一扇窗口。

一、农业地理

明清以降,两湖成为中国粮食生产的重要地区,遂有"湖广熟、天下足"之民谚。两湖地区具备发展农业经济的良好条件,包括光照、热量、水土等指标在内,均有利于农作物(尤其是双季稻)的种植及推广。不过,关于近代两湖农业地理的研究,乏善可陈。目前可资借鉴的成果,当推龚胜生《清代两湖农业地理》(华中师范大学出版社,1996年),该书虽以清代前期为重心,但也涉及晚清。由于两湖农业近代化的程度偏低,因此清代前期的农业格局虽有变异,但大体亦可推之于清末民国。龚氏讨论了两湖之耕地、粮食作物、经济作物、耕种技术与种植制度、农业地理之人地关系、农业经济的时空特点,颇具参考价值。苏云峰在论述近代湖北经济现代化时,以"农业改良"为题,讨论了农业知识之输入与传播、农业考察、农业试验场之设置、经济作物改良、林业发展诸方面。② 张朋园也略微讨论了近代湖南农业的改进情形。③ 另可参照陈钧、张元俊、方辉亚主编《湖北农业开发史》(中国文史出版社,1992年)的近代部分。值得一提的是,符少辉、刘纯阳主编《湖南农业史》(湖南人民出版社,2012年)涉及的问题较广,是一部较有分量的农业史著作,但对农业地

---

* 第一篇由任放撰稿。
① 近年来,学界对以1840年作为中国近代史之开端出现不同认识。基于长久以来的学界习惯及本丛书之体例,笔者暂且沿用故有之"近代"概念。
② 苏云峰:《中国现代化的区域研究·湖北省(1860—1916)》,台湾中研院近代史所,1987年,第419—429页。
③ 张朋园:《中国现代化的区域研究·湖南省(1860—1916)》,台湾中研院近代史所,1983年,第320—326页。

理的变迁疏于勾勒。

学位论文方面,可资参照者计有:任晓华《晚清以来湖北省农业土地利用时空变化研究》,武汉大学2004年博士学位论文;周群《清末民初湖北农村经济社会的变更》,华中师范大学2005年硕士学位论文;董谋勇《清代湖南农业经济研究》,湖南师范大学2007年硕士学位论文;李秀霞《论北洋政府时期湖北的农政与农业》,华中师范大学2007年硕士学位论文;潘红石《抗战时期湖南粮食储运之研究》,湘潭大学2008年硕士学位论文;等等。其中,任晓华、董谋勇的学位论文有较明显的经济地理取向,在若干问题上提出了自己的看法。

总体上,近代两湖农业地理没有实质性变化,基本承袭了明清时代的格局。虽然政府及有识之士提倡农业改良,且为之作出了努力,然而限于财力、教育、时局等因,成效多不理想。纵观近代百年间,两湖农业在种植制度及技术上仍然囿于传统,没有根本变革,从而抑制了农业的近代转型,乃至拖累了整体性的区域经济。当然,也有少许变化,特别是受对外贸易的刺激,茶叶等经济作物的"外向性"增强,使特定地区(湖北羊楼洞、湖南安化)的农业结构具备了所谓"近代"色彩。

二、工 业 地 理

这里所谓"工业地理"之工业,包括机器工业、手工业及矿业。学界对近代两湖工业的研究偏重于机器工业,手工业的研究相对薄弱。苏云峰在其专著中,论述了近代湖北工业发展政策,钢铁、材料与机械工业体系之建立,轻工业之发展,工艺技术之引进与推广等问题。[①] 陈钧、任放论述了清末湖北工业的发展历程,包括传统手工业、外资企业、洋务工业和民族工业,认为湖北近代工业框架的耸立出现于张之洞莅鄂之后,主要通过两条途径完成:一是张之洞及其后继者创办了近20家洋务企业,使湖北出现了一种全新的工业面貌,即以重工业为主、轻工业为辅的实业格局;二是民族工业的勃兴,创制了一种以轻工业为主、重工业为辅的实业格局。这两大类实业格局的拼合,构成了湖北近代工业的总体格局。[②] 罗福惠对清末湖北外资企业和民营企业进行了统计和分析,并将工厂名称、国别、开办年代、资本、创办人身份、工人数、产品情况、地址等制成表格,便于浏览。其中,160余家的民营工业企业主要分布于武汉、黄石、宜昌、沙市等城市。[③] 刘泱泱在其著作中,专辟一章讨论近代湖南工业的兴起,涉及早期的湖南机器局、最早的轻工企业(和丰火柴公司)、机械工业之滥觞(宝善成机器制造公司)、电子工业的早期发展、纺织工业发展概况、抗战时期沪汉工厂内迁与湖南近代工业发展诸内容。刘氏也论及湖南外

---

① 苏云峰:《中国现代化的区域研究·湖北省(1860—1916)》,台湾中研院近代史所,1987年,第353—396页。
② 陈钧、任放:《世纪末的兴衰——张之洞与晚清湖北经济》,中国文史出版社,1991年,第29—149页。
③ 罗福惠:《湖北通史·晚清卷》,华中师范大学出版社,1999年,第135、347—372页。

向型手工业的勃兴,以及手工业中的"资本主义萌芽"问题。① 关于近代湖南的新兴工业和手工业,张朋园作了简要的勾勒。② 此外,王继平《晚清湖南史》(湖南人民出版社,2004年)对此稍有涉及。近代两湖地区的矿业亦属考察之对象,因为近代工业的动力之源是矿藏的大规模开发。苏云峰分别讨论了近代湖北地下资源之调查,以及煤铁矿之开采。张朋园则从矿业发展的角度,分析了官绅与矿业、各矿之开采与冶炼诸问题。③ 刘泱泱论及《马关条约》后列强对湖南路矿权益的掠夺,矿业的发展和近代化之关系。④

不可忽略的是,若干学位论文也从不同侧面探讨了近代两湖地区的经济发展。主要有:陈曦《近代湖南资本主义发展与辛亥革命》,湖南师范大学2002年博士学位论文;刘淮《二十世纪初叶湖南现代化之研究》,湖南师范大学2004年博士学位论文;刘兴豪《1912—1937年湖南经济现代化研究》,浙江大学2004年博士学位论文;林荣琴《清代湖南的矿业开发》,复旦大学2004年博士学位论文;张绪《民国时期湖南手工业研究》,武汉大学2010年博士学位论文;王肇磊《光绪时期湖北资源勘查活动初探》,河北师范大学2003年硕士学位论文;王安中《抗日战争时期湖南工矿业述评》,湖南师范大学2006年硕士学位论文;李颖《抗战时期湖南特矿业研究》,湘潭大学2008年硕士学位论文;金阿勇《抗战时期迁湘工业研究》,湘潭大学2008年硕士学位论文;等等。其中,林荣琴、王肇磊、王安中、李颖的学位论文,均以两湖矿业为研究对象,大体描述了矿业的地理分布;张绪的学位论文对湖南手工业的类型进行了较为系统的探讨,刘兴豪、金阿勇的学位论文在资料发掘、问题阐发等方面均有拓进。

张之洞督鄂是近代两湖工业格局转型之契机。然而,晚清时期张之洞的工业建设,重点放在湖北而非湖南,因此湖南的工业几无起色。进入民国,湖南实业建设出现兴旺之势。抗战爆发之后,湖南成为工厂内迁之枢纽,两湖工业格局发生重大改观。与之同时,手工业并未萎缩,与机器工业构成"二元经济"之架构。矿业是近代两湖工业地理之亮点。在张之洞一手营造的"湖北新政"中,矿业既是重点,也因湖北矿产之缺陷(有铁无煤)成为"短板"。相比之下,湖南矿产资源丰富,但矿业的发展迟至民国才崭露头角。号称中国矿业大省,湖南也存在先天性的结构缺陷(缺乏优质的煤矿和铁矿),这为湖南的近代工业化罩上了阴影。加之其他复杂因素,导致近代时期湖南的工业水平整体上逊于湖北。这是我们考察近代两湖经济地理时必须了解的一个关结点。

---

① 刘泱泱:《近代湖南社会变迁》,湖南人民出版社,1998年,第130—175、208—253页。
② 张朋园:《中国现代化的区域研究·湖南省(1860—1916)》,台湾中研院近代史所,1983年,第327—336页。
③ 苏云峰:《中国现代化的区域研究·湖北省(1860—1916)》,台湾中研院近代史所,1987年,第341—352页。张朋园:《中国现代化的区域研究·湖南省(1860—1916)》,台湾中研院近代史所,1983年,第261—300页。
④ 刘泱泱:《近代湖南社会变迁》,湖南人民出版社,1998年,第105—112、224—231页。

三、商业地理

由于汉口开埠是两湖经济步入"近代"之标识,因此商业(尤其是对外贸易)成为两湖经济变迁最引人注目的内容,成为考察近代两湖经济地理的重要指标。苏云峰将"商业之发展"纳入近代湖北经济现代化的考察范围,从三个层面展开论述,即现代商政、商展与商场之设立,西式公司与商会之设立,以汉口为中心的湖北对外贸易。[①] 陈钧、任放对清代湖北的商业进行了系统论述,包括清代前期的湖北传统商业、国门洞开后湖北商业贸易的变迁、张之洞的商战思想与商政措施、商人集团的崛起与城市商业贸易的繁盛态势等。[②] 罗福惠指出,从清末汉口、宜昌洋行及人数统计看,以英国为最,其次为德国、俄国、美国、法国、日本,另有荷兰、丹麦、西班牙、瑞典、挪威、奥地利、比利时、意大利等国。洋行约有32家,人数约有412人。[③] 张珊珊对近代汉口港的贸易发展和腹地变迁进行了专题研究,讨论了汉口港在全国通商口岸中的地位、茶叶贸易时代的汉口港及其腹地、多元出口时代(桐油、棉花、芝麻、畜产品)的汉口港及其腹地等问题。值得注意的是,她连带考察了港口贸易与长江中上游农业、工业、城市的关系,认为进出口贸易和近代交通加强了长江中上游和外界的经济联系。[④] 关于近代湖南商业,张朋园以岳(州)长(沙)开埠与外商入湘为切入点,论述了进出口贸易、往来船舶、洋商洋行等,指出长沙发展迅速,成为本省对外贸易的枢纽,而岳州却日渐衰落。又称,长、岳两地不过是内陆港埠的地位,没有多少国际贸易的色彩。从现代化的角度看,湖南的蜕变由此拉开帷幕。[⑤] 刘泱泱论述了"五口通商"与湖南商路转移、"洋货"冲击下的湖南传统工商业、岳(阳)长(沙)开埠与湖南外贸的发展。[⑥]

学位论文方面,计有:黄强《晚清陕西与湖北双边贸易研究——以陕西为中心》,陕西师范大学2002年硕士学位论文;李菁《近代湖南桐油贸易研究》,湘潭大学2004年硕士学位论文;杜七红《清代两湖地区茶业研究》,武汉大学2006年博士学位论文;黄继东《清末民初汉口棉花市场研究》,华中师范大学2007年硕士学位论文;杨乔《民国时期两湖地区桐油产业研究》,天津师范大学2013年博士学位论文;等等。这些关于桐油、茶叶、棉花等大宗商品的专题研究,有助于人们认识近代两湖地区的商品结构和市场体系,而"结构"或"体系"正是经济地理关注的对象。

[①] 苏云峰:《中国现代化的区域研究·湖北省(1860—1916)》,台湾中研院近代史所,1987年,第397—418页。
[②] 陈钧、任放:《世纪末的兴衰——张之洞与晚清湖北经济》,中国文史出版社,1991年,第150—263页。
[③] 罗福惠:《湖北通史·晚清卷》,华中师范大学出版社,1999年,第129—134页。
[④] 吴松弟主编:《中国百年经济拼图:港口城市及其腹地与中国现代化》,山东画报出版社,2006年,第159—169、178—186页。另参张珊珊:《近代汉口港与其腹地经济关系变迁(1862—1936)——以主要出口商品为中心》,复旦大学2007年博士学位论文。
[⑤] 张朋园:《中国现代化的区域研究·湖南省(1860—1916)》,台湾中研院近代史所,1983年,第110—119页。
[⑥] 刘泱泱:《近代湖南社会变迁》,湖南人民出版社,1998年,第93—104页。

客观而论,近代两湖商业地理受制于各种因素,致使汉口的市场结构及功能得不到完善,仅能发挥商品集散地之优长。尤其是,汉口依凭通商口岸之平台畸形发展,与两湖经济腹地之不振形成巨大反差,未能发挥提升区域经济竞争力的"引擎"作用。从经济地理的角度看,近代两湖地区的贸易结构——土货贸易与洋货贸易、间接贸易与直接贸易、农产品贸易与工业品贸易、原料及半成品贸易与各类制成品贸易、消费品贸易与生产资料贸易——呈现不对等的状态,表明商业机制存在缺陷。此外,湖北与湖南的商业联结也不够紧密,区域性市场长期缺乏有效整合,经济中心与腹地之互动差强人意。

四、交 通 地 理

传统时代,两湖地区的主要交通优势在于水运,既有长江、汉水之便利,又有湘水、澧水、资水、沅水等流域之依托。突入近代,各类新式交通(轮运、铁路、公路)交相出现,改变了木船航运独大的交通格局。交通运输业的新旧交替,堪称近代两湖地区过渡型经济地理格局的真实写照。关于近代湖北的交通事业,苏云峰论列了铁路、轮船、邮电事业的发展。[①] 陈钧、任放讨论了湖北近代交通事业的影响与文化价值,认为近代交通工具——轮船与铁路的相继出现,成为湖北传统社会向近代化跃进的主要杠杆之一。[②] 罗福惠指出,清末长江航线上海至汉口的轮船公司,中国有轮船招商局,外轮公司以英国和美国为主。在汉口至宜昌的航线上,则以轮船招商局为主。[③] 在论述湖南经济的现代化时,张朋园从水陆交通、邮电交通、报纸杂志三个方面分析了交通发展情况,指出清末民初湖南交通建设仍属起步状态,于工商业发展帮助不大。[④] 黄娟研讨了湖南水运交通地理与近代航运业兴起的原因、湖南近代航运业的发展历程、管理航运业的机构和政策、近代航运组织及其功能、湖南近代航运发展对区域经济的影响、近代湘鄂两省航运业的比较、航运业与区域经济发展的关系等内容。[⑤] 余建明考察了湖南近代交通发展与社会变迁的关系,论及湖南的传统交通、湖南近代化交通发展的动因、近代化交通的起步与发展、交通进步对社会变迁的影响。[⑥] 另有张海山、李声满、尹红群的论述,均有参考价值。[⑦] 至于传统木船的数量、类型、航线、船工等情况,相比之下甚为模糊。

通观近代时期,两湖地区的交通地理出现渐进式的变革,以通商口岸为中心逐步形成新的交通网络。在某种程度上,这种新的交通网络是对原有的交通网络的

---

① 苏云峰:《中国现代化的区域研究·湖北省(1860—1916)》,台湾中研院近代史所,1987年,第430—460页。
② 陈钧、任放:《世纪末的兴衰——张之洞与晚清湖北经济》,中国文史出版社,1991年,第186—196页。
③ 罗福惠:《湖北通史·晚清卷》,华中师范大学出版社,1999年,第136—140页。
④ 张朋园:《中国现代化的区域研究·湖南省(1860—1916)》,台湾中研院近代史所,1983年,第301—319页。
⑤ 黄娟:《湖南近代航运业研究》,华中师范大学2009年博士学位论文。
⑥ 余建明:《湖南近代交通发展与社会变迁》,湖南师范大学2003年硕士学位论文。
⑦ 张海山:《列强在华内河航行特权与清末湖南近代航运业》,湖南师范大学2007年硕士学位论文。李声满:《抗战时期湖南铁路建设研究》,湘潭大学2008年硕士学位论文。尹红群:《湖南传统商路》,湖南师范大学出版社,2010年。

利用和改造,两者之间既有重叠,又有排拒,在一定时间内同生共存。通商口岸以贸易为基轴,商品流通之运道(商路)在此时呈现新旧杂糅之特质。商路堪称商业地理之脉络,有纲举目张之功能。近代商路,因轮船航运的出现而具有变革之意味,它首先适应对外贸易之需。然后,新式轮运由对外贸易领域渐次深入国内贸易领域,尽管国内贸易之商路很大程度上仍依赖传统交通工具。当然,对外贸易之商路仍然需要传统木船之辅助,不可能完全排挤掉后者。于是,近代两湖交通地理便展现出既与传统有别,又与传统相契的面目。需要强调的是,无论新式交通工具(轮船、火车、汽车)成为近代区域经济发展的动力或瓶颈,都不可否认传统的交通工具(如木船)在近代的顽强生命力,它们在交通地理的历史版图上占据着重要一席。

五、城 市 地 理

如同中国其他省区一样,近代两湖地区的各类行政中心所在之城市,首先是政治中心,其次才是经济中心。因此,城市地理之状貌可以用行政等级之大小来表示。问题在于,明清以降,由于商品经济的发展,非行政建制之商业型市镇异军突起,其中的大型市镇往往超越行政型城市成为区域经济中心(如汉口)。这在某种程度上改变了城市地理的属性,出现政治中心与经济中心相分离的现象。尽管学界在市镇的属性上没有达成一致,然而,仍有部分学者将市镇纳入城市史的范畴进行论说。就两湖地区而言,将汉口视为城市史的研究对象似乎已成共识。

近代湖北城市史的研究,代表作当推罗威廉的两部《汉口》,[①]评论甚多,兹不赘述。另有皮明庥主编《近代武汉城市史》(中国社会科学出版社,1993年)。关于近代武汉城市史研究的最新成果,当推冯天瑜、陈锋主编《武汉现代化进程研究》(武汉大学出版社,2002年)。该书讨论了汉口模式与中国商业近代化、晚清汉口的对外开放与经济演变、清末民国时期的武汉及湖北工业、民国年间武汉经济地位下降之原因等问题。关于近代湖北的社会变迁,苏云峰重点讨论了汉口市的发展,兼及湖北都市化概况。[②]罗福惠认为:汉口之外,清末湖北的中小城市可分为三种类型,一是府州县治所在地、商业较为发达、人口约在3万到5万之间的城市,约占全省府州县治所在地总数的1/3,宜昌堪称典型;二是府州县治所在地、商业并不发达,人口约在3千到3万之间的城市,约占全省县城总数的2/3;三是商业较为发达,但并非府州县治所在地的城镇,如沙市、老河口、樊城、黄石、武穴等,人口多在3

---

① 罗威廉:《汉口:一个中国城市的商业和社会(1796—1889)》(*Hankow: Commerce and Society in a Chinese City, 1796—1889*, Stanford: Stanford University Press, 1984)与《汉口:一个中国城市的冲突和共同体,1796—1895》(*Hankow: Conflict and Community in a Chinese City, 1796—1895*, Stanford: Stanford University Press, 1989)。
② 苏云峰:《中国现代化的区域研究·湖北省(1860—1916)》,台湾中研院近代史所,1987年,第518—543页。

万以上。另有市镇1 900余个,其中人口在1 000以上者约有60余个,大小城镇构成了湖北商业贸易网。①

关于湖南的城市,张朋园以"都市兴起与社会变迁"为题作了专题研究,对1916年、1931年湖南各州县城的面积、人口、人口密度进行了详尽的梳理,并按人口多寡将湖南城市分为7类,即2千5百以下、2千5百以上、5千以上、1万以上、2万以上、5万以上、10万以上。张氏重点剖析了长沙、衡阳、湘潭、常德、邵阳、岳阳、洪江、株州等重要城市。大体说来,都市人口不超过6%—7%,则属于传统社会。湖南在1916年的都市人口仅有3.5%,1936年亦不过5.3%,于此可见湖南属于较为落后的地区。②刘泱泱还讨论了益阳、醴陵的发展状况,认为近代湖南城市的兴起主要表现在三个方面:一是受到开埠通商的影响,若干旧城逐步向近代化城市转变;二是随着近代交通事业(航运、铁路、公路)的发展,兴起了一些新的交通枢纽城市;三是由于工商业经济的发展,产生了一些区域中心城市。③近年出版的郑佳明、陈宏主编《湖南城市史》(湖南人民出版社,2013年),按照从远古到民国的时序进行描述,晚清部分注重城市近代化转型,民国部分则分为前期、后期,八节内容有三节标题出现"现代化"一词,表明著者力图揭示城市从传统到现代的演变轨迹。

市镇方面,笔者近些年来致力于清代至民国长江中游地区的探讨,涉及市镇类型、分布、兴衰、市场体系、交易行为、传统市镇的近代转型等,亦包括近代工商业与市镇、近代交通与市镇之议题。④需要说明的是,笔者并不主张将市镇笼统地纳入城市史范畴,强调将市镇进行类型划分,其中少数的超级市镇(如汉口)具有明显的城市特征,是市镇发展的最高级形态。可以将这类市镇与传统的行政型城市区别开来,与其他乡村特征明显的中小型市镇区别开来,将其定位为非传统的经济型城市。同时,也可以将这类市镇置于城乡关系的历史背景之下,深入剖析其由乡村(或城郊)之市场原点演变为区域商业中心,进而城市特征日渐浓厚的历史轨迹,注重其自身多元的、内在的、深刻的乡村属性,完整地揭示其"城市化"之阶段性。这样的学术立场,可能更接近于明清以降市镇的真实面目,更有助于理解"城市"、"城镇"、"乡镇"等现代语词背后的丰富的历史内涵。

学位论文方面,近年成果颇为可观,计有:龙玲《近代长沙的城市变迁与发展研究》,湖南大学2005年硕士学位论文;魏幼红《明清时期鄱阳湖地区城镇地理初探》,武汉大学2003年硕士学位论文;张河清《湘江沿岸城市发展与社会变迁研究(17世纪中期—20世纪初期)》,四川大学2007年博士学位论文;周涵《沙市开埠与

---

① 罗福惠:《湖北通史·晚清卷》,华中师范大学出版社,1999年,第3827—3836页。
② 张朋园:《中国现代化的区域研究·湖南省(1860—1916)》,台湾中研院近代史所,1983年,第372—402页。
③ 刘泱泱:《近代湖南社会变迁》,湖南人民出版社,1998年,第176—198页。
④ 任放:《明清长江中游市镇经济研究》,武汉大学出版社,2003年;《中国市镇的历史研究与方法》,商务印书馆,2010年。

社会经济形态的变革(1895—1915)》,华中师范大学 2007 年硕士学位论文;陈松《清代长沙城市地位的嬗变》,四川大学 2007 年硕士学位论文;刘兵权《洞庭湖区城镇体系演变的历史过程研究》,湖南师范大学 2007 年硕士学位论文;郑美霞《近代岳阳城市变迁初探》,湖南师范大学 2008 年硕士学位论文;吴越《试论岳阳城陵矶港口的近代变迁(1899—1949)》,湖南师范大学 2008 年硕士学位论文;肖嘉平《清代湘潭的社会状况——基于光绪〈湘潭县志〉的考察》,江西师范大学 2008 年硕士学位论文;曾艳红《鸦片战争以来武汉城市社会经济发展与地理环境》,武汉大学 2002 年博士学位论文;等等。这些以城市为论题展开的个案分析,虽然是狭义的城市地理之论述,但为我们编织广义的城市地理之网提供了便利,其意义不容低估。

近代两湖城市地理之变迁,其关键之因素是汉口等通商口岸之开辟。这导致传统的行政型城市与非传统的经济型城市几乎同时受到"近代性"的浸染,尽管效果不一。通商口岸的市场圈与行政中心城市的权力圈之间,在空间上存在着部分叠合,在功能上既有竞争性,又有互补性。主要通过对外贸易展现的市场力量,已能对区域性的城市地理格局产生重要影响,已能形塑"近代"类型的城市分布版图,这一现象正是近代两湖城市地理研究之重点。它表明,在城市生态上,政治与经济的合体(传统)经由明清市镇之崛起,复经通商口岸之连缀,已使政治与经济的分离(近代)得以强化,有利于提升区域经济的发展水平。

六、人 口 地 理

经济活动的主体是人,经济地理的变化从特定角度反映了特定时期和特定区域之内,人们在经济领域的实践结果及其空间形态。因此,人口分布及其变动是经济地理的重要内容。在论及近代湖北社会结构时,苏云峰注意到人口的变动与分布情况,指出因为没有可靠的资料支撑,无法知晓湖北人口的地理分布和人口结构在时序上的变化。① 张朋园分析了明清以来湖南人口的变迁,以及影响人口增殖的因素。他认为,湖南人口是逐渐增加的,1746—1895 年的年增长率为 0.60%,1902—1934 年的年增长率为 0.59%,相差无几。影响湖南人口成长缓慢的原因主要有三点:天灾人祸、溺婴、对外移民。他还考察了湖南各府的人口密度,进而推测以湖南农业的实力,可以养活三四千万人。② 刘泱泱对清代至民国湖南人口的发展状况进行了较详细的论述,包括人口的区域分布、性别结构、少数民族等内容。③ 龚胜生在讨论清代两湖农业地理时,专门论析了清代两湖人口的历史发展和空间

---

① 苏云峰:《中国现代化的区域研究·湖北省(1860—1916)》,台湾中研院近代史所,1987 年,第 68—75 页。按,苏氏统计了湖北嘉道咸间各府州县进士举人人数,参见第 79 页。
② 张朋园:《中国现代化的区域研究·湖南省(1860—1916)》,台湾中研院近代史所,1983 年,第 8—23 页。
③ 刘泱泱:《近代湖南社会变迁》,湖南人民出版社,1998 年,第 18—64 页。

差异。① 另外，曹树基《中国人口史·第五卷：清时期》（复旦大学出版社，2001年）、侯杨方《中国人口史·第六卷：1910—1953年》（复旦大学出版社，2001年）、王勇《湖南人口变迁史》（湖南人民出版社，2009年）等著作也研讨了近代两湖人口问题。

学位论文方面，可参阅：易晓萍《明清时期湖南人口迁移及其规律研究》，湘潭大学2007年硕士学位论文；刘谋文《清代湖南人口结构研究》，湘潭大学2007年硕士学位论文；夏先中《清代湖南人口与环境》，湘潭大学2007年硕士学位论文；廖启新《明清湘潭县人口迁移与社会变迁》，湘潭大学2008年硕士学位论文；等等。仅从这些学位论文的选题即可知晓，明清以降两湖人口史的重点偏向湖南，湖北人口的变迁缺乏足够深入的探讨。

虽然人口因素是研究历史经济地理问题的关键点，但是，留给今人的在时序上成系统的资料却难以寻觅。既有的资料在关键时点、关键数据方面缺失严重，而且不可尽信其实，需要仔细考辨真伪，并与其他材料比对，方可采用。鉴于历史学将史料置于第一位的学科特性，材料的严重缺漏自然限制了两湖人口史的研究水平，这是令人无可奈何的窘境。不独两湖，全国其他地区的人口史也概莫能外。仅就资料而言，在近代两湖经济地理的研究方面，人口地理与农业地理属于最弱环节。此一状态，几乎与社会经济史领域一样，即近代两湖人口史与农业史的研究成果相对薄弱。于此可见，历史经济地理与社会经济史虽有畛域之分，但确实存在相互提携之必要。当然，这并不意味着近代两湖人口地理可以弃之不顾。根据现有的残存资料，小心求证，慎下断语，仍然可以推测近代时期两湖地区的人口结构及其空间分布的粗略形态。

七、余　　论

虽非直接相关，但对本课题有参考价值的成果，计有：张建民《湖北通史·明清卷》（华中师范大学出版社，1999年）、张国雄《明清时期的两湖移民》（陕西人民教育出版社，1995年）、梅莉、张国雄、晏昌贵《两湖平原开发探源》（江西教育出版社，1995年）、鲁西奇《区域历史地理研究：对象与方法——汉水流域的个案考察》（广西人民出版社，2000年），彭恩《清代湖北地区经济开发与生态环境变迁》（西南大学2007年硕士学位论文）、龚政《清代湖南的经济开发和生态环境的变迁》（西南大学2008年硕士学位论文）、杨乔《王东原与战后湖南重建（1946—1948年）》（湖南师范大学2007年硕士学位论文）；等等。不可遗漏新近出版的"湖湘文库"著作，尤其是刘泱泱主编的《湖南通史·近代卷》、宋斐夫主编的《湖南通史·现代卷》（湖南人民出版社，2008年）、刘云波、李斌主编的《湖南经济通史·近代卷》、王国宇主编

---

① 龚胜生：《清代两湖农业地理》，华中师范大学出版社，1996年，第18—53页。

的《湖南经济通史·现代卷》(湖南人民出版社,2013年)。

  由上可见,有关近代两湖经济地理的研究缺乏系统性,加之资料条件欠佳,在某种程度上实属学术空白。从上文提及的著述看,绝大多数成果属于宽泛的社会经济史的范畴,与经济地理的关联度不高。它们或多或少论及两湖的地理环境,但却不是重点所在,只是作为背景材料加以运用罢了。同样是研究近代两湖经济,从经济地理的角度切入,与从社会经济史的角度切入存在显著区别。将近代两湖经济变迁纳入经济地理的框架内,旨在弄清楚人们经济活动的空间分布,以及各类经济现象在空间上的呈现状态。这种"空间感"或对"空间"的凸显,是历史学意义上的经济地理研究与一般性的社会经济史研究的最大差异。对于前者,空间概念是最重要的,尤其是经济空间的位移频次和变化幅度,它着力于对经济结构的把握;对于后者,空间的感觉止于"区域",虽将研究定位在区域史的研究层面,但不太关注经济行为或经济现象在空间上的格局及变动,至少不以此为考察重点。当然,这两种不同视角的研究不全然对立,而是存在诸多重叠之处。两者的最大交集,是对"时间"的强调:经济活动的空间分布在不同时段是有变化的,因此,经济地理呈现阶段性特征。空间形态随时间而改变,不同的历史时段必然呈现不同的历史结构。经济空间的结构性改变,在时间的尺度上就是历史周期。大体上,近代两湖经济地理的变化周期存在两个关键时点:一是1861年汉口辟为通商口岸,一是1937年抗日战争全面爆发。在大周期下,还存在小周期,湖北、湖南各不相同,暂不详述。由于社会经济史框架(制度层面与实践层面并重)之内的研究内容多与经济地理框架之内的研究内容相同或相似,因此,充分吸纳前者的成果对于后者大有裨益。这也是本课题研究的意义所在。上升到方法论层面,两者只是研究视角的不同,没有高下、优劣之分,既不要苛责社会经济史研究者不以经济地理为重点,也不要片面夸大经济地理研究的学术价值,而是应该相互对话,汲取对方之精华,共同推进相关课题的历史学研究。

第一章　环境、资源与人口

简言之,经济地理所要探讨的就是经济活动的空间分布及其变迁。因此,研究某一区域的经济地理,首先需要弄清楚该区域的环境与资源状况。在很大程度上,自然环境与资源类型决定了经济地理的现有格局与可能走向。

第一节　自然环境与资源

本节所谈论的自然环境,主要包括地质、地貌、气候、土壤、水文。自然资源,主要涉及不同类型的植物与各地所拥有的多种矿物。

一、政 区 沿 革

湖北,《禹贡》荆州之域。明置湖广等处承宣布政司,旋设湖广巡抚及总督。清康熙三年(1664年),分置湖北布政司,始领8府:武昌、汉阳、黄州、安陆、德安、荆州、襄阳、郧阳,并设湖北巡抚。迨至清末,共领10府、1直隶州、1直隶厅、60县。民国时期,湖北的行政督察区屡有更易。据1941年的统计,总有8区,下辖76县。[①] 至1947年,湖北省计有1市(武汉市),70县。[②]

湖南,《禹贡》荆州之域。明属湖广布政使司,置偏沅巡抚。清初因之。清康熙三年(1664年),析置湖南布政使司,为湖南省,移偏沅巡抚驻长沙。清雍正二年(1724年),改偏沅巡抚为湖南巡抚,并归湖广总督兼辖。迨至清末,共领9府、5直隶厅、4直隶州、3属州、64县。民国初年,湖南废置府、厅、州,保留道制,形成省、道、县三级行政建置,计有湘江道、衡阳道、辰远道3道,下辖75县。国民政府时期,湖南的行政建置由省、道、县三级变为省、县两级,另设行政督察区。1936年,划定4个行政督察区,下辖25县。1937年,将全省划为9个行政督察区,下辖75县。至1947年,湖南省计有2个直辖市(长沙市、衡阳市),10个行政督察区,下辖77县。[③]

中华人民共和国成立之初,湖北省包括武汉、黄石、宜昌、沙市、襄樊5个市,并黄冈、孝感、荆州、宜昌、恩施、襄阳6个专区,下辖71个县,土地面积约为187 500平方公里。湖南省包括湘潭、常德、邵阳、衡阳、郴县、黔阳6个专区及湘西土家族苗族自治州,下辖86个县,另有长沙、衡阳、株洲、湘潭、邵阳、洪江、常德、津市8个市,土地面积约为210 500平方公里。[④]

[①] 湖北省政府统计室:《湖北省统计年鉴》,湖北省政府统计室,1943年,第394页。
[②] 内政部编:《中华民国行政区域简表》,商务印书馆,1947年,第33—38页。
[③] 内政部编:《中华民国行政区域简表》,商务印书馆,1947年,第39—44页。刘泱泱:《近代湖南社会变迁》,湖南人民出版社,1998年,第14—17页。
[④] 孙敬之主编:《华中地区经济地理》,《中国科学院中华地理志经济地理丛书》之三,科学出版社,1958年,第9、55页。

二、环 境 概 况

在地质结构上,湖北位于秦岭褶皱系与扬子准地台的接触带上,湖南北部属于扬子准地台江汉断拗,湖南南部属于华南褶皱系赣湘桂粤褶皱带。[①] 长江中游地貌类型多样,山地、丘陵、岗地、平原兼备。湖北境内的山地约占全省面积的55.5%,丘陵和岗地约占24.5%,平原湖区约占20%。全境西、北、东三面被山地环绕,山前丘陵岗地广布,中南部为江汉平原,与湖南洞庭湖平原连成一片。[②] 湖北全境地势呈三面高起、中间低平、向南敞开、北有缺口的不完整盆地。湖南山地约占总面积的51.2%,丘陵约占15.4%,岗地约占13.9%,平原约占13.1%,河湖水面约占6.4%。全境西、南、东三面为山地环绕,北部地势低平,中部为丘陵盆地。详言之,湘西主要为武陵和雪峰两大山地,有碍东西向交通发展。湘南山地为长江与珠江水系的分水岭,其低谷垭口间为南北交通要道。湘东山地是湘赣两大水系的分水岭,其隘口为湘赣通道。湘中多为波状起伏的丘陵盆地。湘北有中国著名的淡水湖——洞庭湖。气候类别及土壤特性,是制约经济作物和经济发展模式的关键因素。在气候类型上,两湖地区属亚热带季风气候,参见下表。

表 1-1-1 两湖地区的气候

省 区	气候类型	年均温	年降水量	无霜期
湖 北	北亚热带季风气候	15—17℃	800—1 600 毫米	250—270 天
湖 南	中亚热带季风湿润气候	16—18℃	1 200—1 700 毫米	270—300 天

(资料来源:中国大百科全书编委会:《中国大百科全书·中国地理卷》,中国大百科全书出版社,1993 年,第 201、207 页。)

两湖地区光照充足,热量丰富,雨、热大致同季,有利于主要农作物生长,特别是有利于满足双季稻对热量的要求。但两湖为中国多雨省区,降水季节分配不均及年际变化大,是导致旱涝灾害频繁发生的原因之一。

就土壤而言,潮土(又名潮沙泥)、水稻土等隐域性土壤(又名非地带性土壤)土质肥沃,耕性良好,是最佳的农耕土壤,在江汉平原、湖南滨湖平原,以及湘、资、沅、澧"四水"沿岸的冲积物上分布甚广。红土和黄土是湖南具有代表性的地带性

[①] 鉴于学术界现有的研究成果尚不能系统而精确地描述近代两湖地区的自然地理状况,尤其是不能提供有关气候、土壤、地貌等方面的详尽数据,笔者试图援引现代地理学的相关成果,以资参照。此举的合理性在于,地理环境的变迁有其特定的历史承续性,现代地理状况可以折射若干历史的原貌。近代距今不过百余年,这在历史地理学的视野里只是短时段。应该说,在自然及人文地理的诸多方面,用现代地理学的相关成果去推测近代时期的实态,误差不会太大。"两湖篇"第一章所引用的地理数据,出自孙敬之主编:《华中地区经济地理》,《中国科学院中华地理志经济地理丛书》之三,科学出版社,1958 年;中国大百科全书编委会:《中国大百科全书·中国地理卷》,中国大百科全书出版社,1993 年。
[②] 从地貌上看,两湖平原以荆江为界,北部为江汉平原,南部为洞庭湖平原。江汉平原主要由长江和汉江冲积而成,自元大德四年(1300 年)前后荆北堤分流入江汉平原的穴口完全堵塞后,汉江所带泥沙对江汉平原的发育起了主要作用,其三角洲即成为江汉平原的重要组成部分。洞庭湖平原则主要由通过荆江南岸太平、藕池、松滋、调弦四口南下的长江泥沙冲积而成。江汉平原的地势北高南低,水网密布,土壤肥沃。

土壤。

长江由西向东横贯湖北全省,穿行于江汉平原,再过小池口流入江西、安徽2省。汉江全长的3/4流经湖北省境,与源出边境山地的众多河流,共同汇注长江。省内中小河流计有1千多条。长江干流偏于省境南部,主要支流多集中在北岸,水系发育呈不对称性。省境淡水湖泊众多,有"千湖之省"之称,多分布在江汉平原上。湖南水系完整,除湘南、湘东极少数小河分属珠江和赣江水系外,均属长江流域。以湘、资、沅、澧"四水"及洞庭湖为主干,5公里以上的河流有5千多条,自西、南、东三面汇入洞庭湖,形成扇形水系。洞庭湖在清代仍号称"周围八百里"[①]。长江也有部分水量分泄入湖,会同"四水"经城陵矶出洞庭湖又入长江。由于长江中游水网稠密,每年长江汛期来临,多发生洪涝灾害,因此水利建设对于两湖经济发展及社会安定,有着十分重要的意义。

三、自然资源

这里所谈论的自然资源,主要包括植物和矿产,动物、药材等暂且省略。湖北的植物具有南北过渡性的特征,1 000米以上山地,自然植物有冷杉、云杉、华山松、亨氏油松、白皮松;较低山地以及丘陵地带,以落叶阔叶和常绿阔叶为主,常见树木有黄檀、黄连木、枫香、枫杨、山槐、毛竹等,部分地区有马尾松、杉、栓皮栎、麻栎等残余森林。湖南低山、丘陵为常绿林区,最常见的植物为松、杉、樟、苦槠、枫香等。中、东部地区因开垦过度,面积广大的红壤丘陵,土质瘠薄处稀疏可见矮小的马尾松林,缓坡地段则有人工栽植的油茶与油桐林。路边宅旁,普遍植有成丛的竹林。八九百米以上山地,则是暖温带混交林为主,湘西一带森林较茂密,楠竹遍布,常有成片的松、杉林。

矿产资源方面,湖北以铁、铜、磷、石膏等矿最为重要。铁矿分布地区遍及省内40个以上的县份,主要埋藏区域如下:东部大冶、鄂城一带,属岩浆矿床,矿体集中,为含铁量高而磷、硫均低的赤铁矿与磁铁矿,矿区交通方便;鄂西铁矿,分布达十余县,为水成矿床,以建始、巴东、长阳、恩施等地矿量较富,矿区地质结构简单,便于开采,只是矿层变化不够规则。铜矿分布于阳新、大冶、鹤峰、咸丰等地,储量可观。在鄂西鹤峰和鄂中钟祥等县则有储量较大的磷矿。煤田约有20处,侏罗纪烟煤分布于西部秭归、当阳、南漳等地,以香溪为中心,缺点为煤层较薄;二叠纪乐平煤系(无烟煤)在鄂东、鄂南分布较广。不可遗漏的是,应城一带的石膏矿、盐矿的储量巨大。

湖南是我国矿藏丰富之省,已发现的矿藏多达70余种,金属矿有锑、铅、锌、

---

① 光绪《湖南通志》卷八,地理志八,形势。实际上,唐宋时期即有"八百里洞庭"之说。迨至清初,此说依然成立。邹逸麟指出,清道光年间,洞庭湖扩展到了极致,湖跨4府1州9邑之境,面积达6 000平方公里,为今面积2倍以上。19世纪中叶至20世纪中叶,是洞庭演变最剧烈的时期。由于藕池、松滋两口的出现,湖区面积从6 000平方公里萎缩到不足3 000平方公里。参见邹逸麟:《中国历史地理概述》,福建人民出版社,1999年,第39页。

钨、锡、铜、铁、锰、金,以及稀有金属如铍、铋、锗、镉、锂、钽等,非金属矿有煤、磷、黄铁、雄黄、重晶石、金刚石、萤石、石墨、耐火土、瓷土等。其中,在全国或省内有重要地位者,当推锑、铅、锌、钨、铁、锰、煤、金、金刚石及磷矿等。详言之,锑矿分布遍及50多个县,以资水流域的新化、益阳、安化、新邵和沅江流域的沅陵、溆浦等县较为显著,其中新化的储量在全国县域中位居第一。铅、锌矿的分布也较普遍,约有50多个县,储量居全国第二,尤以常宁水口山、桂阳黄沙坪、郴县金狮岭和临湘桃林储量最大。湖南储藏的钨矿,计有钨锰铁矿(黑钨)和重石(白钨)两种,黑钨分布在沿武功山脉地区和京广路南段两侧地区,而以衡阳、资兴、鄜县、汝城、茶陵等县储量最大;白钨主要分布在雪峰山脉一带资、沅二江之间,另在资兴也有白钨矿床。铁矿分布于湖南60多个县,产地首推茶陵潞水,与江西井冈山区铁矿连成一系;涟源插花庙、双峰钟岭、桃江笛楼坪、益阳七里坪等地储量也较大。钢铁冶炼的重要原料锰矿也很丰富。如湘潭锰矿,矿床延展20余公里,在湘南、湘中等地也有贫锰矿。湖南煤炭分布于省内70多个县市,主要集中在两个地区:一是湘东南,包括永兴、资兴、耒阳、郴县等县,无烟煤多,烟煤少,品质较差;一是湘中,包括湘潭、湘乡、宁乡、涟源、新化、安化、邵东等县,储量为全省之最。此外,在湘东、湘西也有煤田。湖南煤炭资源与金属矿藏在地域分布上的重合,为湘省发展冶金工业提供了良好条件。[①]

第二节 人口要素

人口是考察经济地理的重要内容,也是资源禀赋的关键指标。由于近代人口数据的杂乱、疏漏和错谬,几乎不可能在所有细节上还原历史。尽管如此,相关学者的研究成果仍然为我们把握近代两湖地区的人口状况提供了可资借鉴的学术平台。毋庸置疑,这些论著在材料梳理、方法运用和数据估算等方面作出了很大贡献,但在相关问题上仍有待深入,或曰遗留下了较大的拓展空间,此不赘述。需要说明的是,本节文字主要是对前贤部分成果进行综合性描述。至于近代两湖地区人口的阶级构成、人口的城乡结构、婚姻与家庭结构、少数民族地区的人口状况、外国人口、人口迁徙、人口出生率及死亡率等问题,囿于资料等因素暂不讨论。

一、人口的地理分布

俗话说,一方水土养一方人。自有人类产生,人所创造的历史都是在特定的时空舞台上进行的。因此,考察某一区域人口的地理分布,是认识该区域社会实态的重要窗口。晚清时期,两湖地区的人口数概如下示。

[①] 孙敬之主编:《华中地区经济地理》,科学出版社,1958年,第12、58—60页。

表 1-1-2　晚清时期两湖地区的人口数　　　　　　　　单位：千人

年份	湖北	湖南	年份	湖北	湖南	年份	湖北	湖南
1840	33 196	19 891	1867	32 026	20 997	1883	33 438	21 003
1851	33 810	20 648	1868	32 113	20 998	1884	33 519	21 004
1853	?	20 700	1869	32 202	20 998	1885	33 600	21 005
1854	?	20 725	1870	32 289	20 998	1886	33 682	21 006
1855	?	20 754	1871	32 380	20 999	1887	33 763	21 006
1856	?	20 783	1872	32 469	20 999	1888	33 836	21 007
1857	?	20 812	1873	32 561	20 999	1889	33 912	21 008
1858	30 570	20 841	1874	32 650	21 000	1890	33 994	21 008
1859	30 815	20 867	1875	32 754	21 000	1891	34 112	20 935
1860	31 063	20 940	1876	32 859	21 000	1892	34 159	21 009
1861	31 222	20 990	1877	32 950	21 001	1893	34 254	21 009
1862	31 372	20 992	1878	33 037	21 002	1894	34 340	21 010
1863	31 526	20 995	1879	33 122	21 002	1895	34 427	21 011
1864	31 667	20 996	1880	33 206	21 002	1896	34 518	21 011
1865	31 809	20 996	1881	33 285	21 002	1897	34 614	21 012
1866	31 920	20 997	1882	33 365	21 003	1898	34 716	21 174

（资料来源：李文治编：《中国近代农业史资料·第1辑：1840—1911》，三联书店，1957年，第9—17页。）

由上表可见，湖北的人口在晚清时期一直高过湖南，差距有十余万。论者称，明清以降，湖南人口的增长率一直较低，1746—1895年的年增长率为0.60％，1902—1934年的年增长率为0.59％。个中原因，不外乎天灾人祸、溺婴、对外移民三要点。[①] 近代之初，湖北人口已逾3 000万。截至太平天国战争爆发时，湖北人口接近3 400万。经过惨烈的军事攻伐，湖北人口陡然下降，损失约有300万之巨。战事结束后的20余年，湖北人口一直未能恢复到战前水平。有学者称，湖北人口在此期间的大幅下降，除了大量死于战火，另有原因：江浙等长江下游地区系太平军与清军厮杀之主战场，人口急剧萎缩。战后农业生产急需人手，以故湖北之民数以千万往趋之。[②] 相比而言，太平天国战争前后的湖南人口无甚剧烈变动，反倒略有增加，这与湖南不是太平天国主战场有关。张之洞担任湖广总督时，无论湖北还

[①] 张朋园：《中国现代化的区域研究·湖南省（1860—1916）》，台湾中研院近代史所，1983年，第15—20页。此后的相关研究也证实了张氏的估算大体可信：据曹树基估算，1910—1953年湖南人口年平均增长率为5.4‰，参见曹树基：《中国人口史·第五卷：清时期》，复旦大学出版社，2001年，第553页；侯杨方认为，1911—1949年湖南人口平均年增长率为5.91‰，参见侯杨方：《中国人口史·第六卷：1910—1953年》，复旦大学出版社，2001年，第179页。也有论者指出，清代湖南人口增长速度长时期内仅有1‰左右，参见赵文林、谢淑君：《中国人口史》，人民出版社，1988年，第430页。
[②] [美] 何炳棣著，葛剑雄译：《明初以降人口及其相关问题（1368—1953）》，三联书店，2000年，第288页。对此，苏云峰也有相同看法，参见苏云峰：《中国现代化的区域研究·湖北省（1860—1916）》，台湾中研院近代史所，1987年，第73页。按照珀金斯的估算，直到1957年，湖北人口尚未恢复到太平天国战争前夕的人口水平（3 380万），参见[美] 珀金斯著，宋海文等译：《中国农业的发展（1368—1968年）》，上海译文出版社，1984年，第282页。

是湖南都是政通人和,社会相对安定,新政事业蓬勃发展,人口也稳定增长,达到历史同期最高水平。

表1-1-3　民国时期两湖地区的人口数　　　　　　单位:人

省　区	1911年	1919年	1928年	1936年	1945年	1949年
湖　北	29 590 308	29 590 000	28 000 000	25 515 855	24 759 377	26 212 263
湖　南	28 443 277	29 837 574	31 501 212	30 000 000	29 621 337	31 404 096

(资料来源:路遇、滕泽之:《中国人口通史》,山东人民出版社,1999年,第991、1003、1016、1037、1053页。)

说明:原据《中国经济年鉴》(1934年)、《中国人口问题之统计分析》,以及中华人民共和国成立初期的人口统计数据。

晚清10年间,湖南人口增加数百万,除了历史数据的不确切,还有此间地方政府措办新政、预备立宪等因,着力调查户口,使得长期隐匿的人口得以浮出水面,以故人口呈现较快增长现象。[①] 作为首义之区,湖北经历辛亥革命的猛烈炮火,人口突然减少三四百万,直到中华人民共和国成立,一直未能恢复到清末水平。进入民国,湖南人口起伏不定,但大体平稳。清代以降两湖地区的人口分布及人口密度,概如下列两表。

表1-1-4　历史时期湖北的人口分布及密度

政　区	1820年			1910年			1952年		
	千人	%	人/公里²	千户	%	户/公里²	千人	%	人/公里²
武昌府	6 873	23.6	370	612	12.4	33	3 196	12.0	172
荆州府	4 156	14.3	285	458	9.3	31	2 868	10.7	196
汉阳府	3 683	12.7	254	713	14.4	49	4 571	17.1	315
黄州府	3 621	12.5	205	570	11.5	32	4 211	15.8	238
安陆府	3 325	11.4	270	564	11.4	46	1 710	6.4	139
德安府	2 242	7.7	174	411	8.3	32	2 043	7.7	158
襄阳府	2 123	7.3	108	541	11.0	28	2 489	9.3	127
施南府	920	3.2	51	174	3.5	10	1 440	5.4	79
荆门州	808	2.8	112	362	7.3	50	844	3.2	117
宜昌府	734	2.5	34	288	5.8	14	1 578	5.9	74
郧阳府	587	2.0	23	246	5.0	10	1 738	6.5	67
合　计	29 072	100.0	159	4 939	100.0	27	26 688	100.0	146

(资料来源:姜涛:《中国近代人口史》,浙江人民出版社,1993年,第188页。)

说明:原据《中国历史地图集》、《中国近现代政区沿革表》、《嘉庆一统志》、清末民政部户口调查清册,以及《全国人口统计简表》(1953年)。

---

① 刘泱泱:《近代湖南社会变迁》,湖南人民出版社,1998年,第33页。

表 1-1-5　历史时期湖南的人口分布及密度

政区	1816 年			1910 年			1952 年		
	千人	%	人/公里²	千户	%	户/公里²	千人	%	人/公里²
长沙府	4 349	23.1	105	1 143	26.7	28	9 836	30.5	238
衡州府	2 334	12.4	133	502	11.7	29	3 259	10.1	185
岳州府	1 783	9.5	143	318	7.4	25	1 985	6.1	159
永州府	1 680	8.9	75	405	9.4	18	3 061	9.5	137
宝庆府	1 672	8.9	79	343	8.0	16	4 079	12.6	191
常德府	1 250	6.6	102	304	7.1	25	2 171	6.7	178
澧州	1 042	5.5	69	276	6.4	18	2 213	6.9	146
郴州	1 025	5.4	76	187	4.4	14	1 174	3.6	88
辰州府	909	4.8	68	202	4.7	15	1 098	3.4	83
桂阳州	788	4.2	114	137	3.2	20	789	2.4	114
永顺府	643	3.4	47	151	3.5	11	845	2.6	62
靖州	619	3.3	64	97	2.3	10	518	1.6	53
沅州府	568	3.0	72	123	2.9	16	739	2.3	94
乾州等厅	162	0.9	29	100	2.3	18	530	1.6	95
合计	18 824	100.0	88	4 288	100.0	20	32 297	100.0	152

（资料来源：姜涛：《中国近代人口史》，浙江人民出版社，1993 年，第 189 页。）
说明：原据《中国历史地图集》、《中国近现代政区沿革表》、《嘉庆一统志》、清末民政部户口调查清册，以及《全国人口统计简表》(1953 年)。

上列两表较为清晰地展示了两湖地区三个不同历史时点的人口状况。严格地说，人口分布与人口密度不是一种自然现象，而是人类社会活动在时空上的投影。其中，经济活动的影响尤其巨大。在某种意义上，经济活动的方式制约着人口分布和人口密度的格局。经济发达程度与人口密度成正比。诚然，两湖人口分布的不均衡，是历史发展的结果，受制于自然条件、经济开发、政策导向等诸因素。随着这些因素不同程度的变化，人口分布与人口密度也会发生相应变化。更为详细的近代湖南各地人口密度，概如下表所示，可与上表一并参照。

表 1-1-6　近代湖南各地的人口密度　　　　　单位：人/平方公里

地区	1917 年	1935 年	1947 年	地区	1917 年	1935 年	1947 年
长沙	168.45	217.30	175.59	辰州	156.20	70.10	75.82
衡州	228.71	193.70	154.97	沅州	106.67	124.67	132.00
宝庆	180.38	168.83	150.54	靖州	94.34	46.47	48.36
岳州	172.39	110.00	95.60	晃州	70.83	67.43	82.24
常德	186.34	160.91	154.55	永顺	65.90	60.69	62.07
澧州	130.50	100.78	99.45	乾州	52.45	72.03	76.27
永州	139.37	164.89	145.33	凤凰	49.23	57.58	69.80
郴州	124.79	110.03	87.67	永绥	49.60	134.39	141.10
桂阳州	109.17	255.26	127.98				

（资料来源：刘泱泱：《近代湖南社会变迁》，湖南人民出版社，1998 年，第 45 页。）
说明：原据《中国人口·湖南分册》、《湖南近百年大事纪述》。

如果以省内次一级地理单元为视角,来观察民国时期两湖地区人口的地理分布,则略如下表所示。根据1931年、1946年的人口数据,有学者认为:湖北面积186 384平方公里,约占全国面积之19.42‰。民国初年湖北人口约为全国人口之66.8‰,人口密度为每平方公里159人;民国末年约为全国人口之48.06‰,人口密度为每平方公里141人。湖南面积为210 269平方公里,占全国总面积之22.5‰。民国初年湖南人口约占全国人口之64.21‰,人口密度为每平方公里132人;民国末年约占全国人口之57.58‰,每平方公里人口密度为145人。清代以降,随着经济开发,湖北南部低洼地带成为人口密集之区。详言之,江汉平原南部包括荆门、天门、应城、云梦、孝感、当阳、枝江、宜都、松滋、汉口、汉阳等18个县市,1931年的人口为全省之冠。然后,抗战结束后,该区人口却减少了百余万之巨。无独有偶,洞庭湖平原区是湖南人口最密集之区,日军侵华导致人口骤降20%,与此相仿者还有湘东北丘陵区。[①] 这些人口数据虽不甚确切,亦可见时局动荡、天灾人祸之影响。相对而言,两湖地区的山区偏远地带的人口变动较为平缓,系因交通不便、与外界隔绝所致。

表1-1-7 民国时期两湖人口的地理分布

		1931年	1946年
湖北	江汉平原南部 (18县市,面积37 918平方公里)	9 009 698人 (每平方公里238人)	7 122 438人 (每平方公里188人)
	江汉平原北部 (6县,面积18 452平方公里)	2 694 073人 (每平方公里146人)	1 733 121人 (每平方公里94人)
	鄂北低山丘陵区 (5县,面积18 363平方公里)	2 501 207人 (每平方公里136人)	1 758 699人 (每平方公里94人)
	鄂东低山丘陵区 (11县,面积25 161平方公里)	5 000 372人 (每平方公里199人)	4 483 604人 (每平方公里178人)
	鄂东南低山丘陵区 (10县,面积18 529平方公里)	3 334 086人 (每平方公里180人)	2 128 610人 (每平方公里115人)
	鄂西北山地 (11县,面积38 639平方公里)	2 848 138人 (每平方公里74人)	2 223 237人 (每平方公里58人)
	鄂西南山地 (10县,面积29 322平方公里)	1 872 203人 (每平方公里64人)	1 822 153人 (每平方公里62人)
湖南	湘中丘陵区 (19县,面积65 253平方公里)	12 295 951人 (每平方公里188人)	10 644 614人 (每平方公里163人)
	洞庭湖平原区 (10县,面积21 560平方公里)	4 419 479人 (每平方公里204人)	3 502 960人 (每平方公里162人)

---

① 路遇、滕泽之:《中国人口通史》,山东人民出版社,1999年,第1162—1166页。

续 表

		1931 年	1946 年
湖南	湘东北丘陵区 (5 县,面积 14 222 平方公里)	2 835 159 人 (每平方公里 199 人)	2 246 235 人 (每平方公里 158 人)
	南岭山地 (16 县,面积 33 736 平方公里)	3 413 661 人 (每平方公里 101 人)	2 885 841 人 (每平方公里 86 人)
	湘西山地南部 (11 县,面积 29 621 平方公里)	2 146 047 人 (每平方公里 72 人)	2 271 149 人 (每平方公里 77 人)
	湘西山地北部 (17 县,面积 45 877 平方公里)	3 758 071 人 (每平方公里 82 人)	3 770 415 人 (每平方公里 82 人)

(资料来源:路遇、滕泽之:《中国人口通史》,山东人民出版社,1999 年,第 1162—1166 页。)
说明:原据 1931 年前后及 1946 年各省人口查报数,《中华民国行政区划简表》。

以湖南言之,近代时期该省人口多集中于长沙、衡阳、常德、宝庆、岳州、永州等区域。衡阳、宝庆、常德在明清时期已臻发达,是两湖地区经济较为繁盛之地,既有湘江、资江、沅江水运之便,又有近代新兴铁路、公路之利。引人注目的是长沙的崛起。湖广分省而治之后,长沙成为省会之都市,集政治、经济、文化诸能量于一身,各方面的发展跃上新台阶。步入近代,长沙成为通商口岸,长久居于湖南第一大都市而莫可撼动,自然成为省内人口齐聚之地。时人赞叹:"就整个交通上言,长沙实为全省交通之枢纽。就商业上言,长沙为全省货品集散之中心。而长沙又为湖南省会,执全省行政枢纽,在金融及工业方面,亦以长沙为重心。且人口繁密,而本地农产品亦甚丰富,故长沙成为湖南全省之重镇,盖不为无因也。"①岳州乃湘鄂之要冲、湘北之门户,历史上地位显著,经济文化均称发达,然而,自长沙开埠之后,岳州之地位有所下降,加之战事不断,实力颇有削弱。总之,湘江流域及洞庭湖盆地为经济成长快速且人口繁盛之区,西部及南部偏远山区则经济落后、人烟稀少。附带提及,近代医疗卫生条件的改善、交通运输工具的更新,对人口增长亦有不可小觑的作用。

二、人 口 结 构

人口不是随机的组合,而是蕴含着丰富的社会细胞和社会关系,换言之,人口是有内在结构的社会群体。鉴于人口结构的多样性,笔者在此仅选取人口年龄结构、性别结构、职业结构进行概略论述。

汉代以降,大体以 15 岁以下为未成年,16—60 岁为成年,60 岁以上为老年。这种年龄段的划分,适合传统农业社会的生产方式和生活节奏,有其历史的合理性,至清代相沿成习。成丁之人,要承担国家赋役,未成年之儿童及老年之人,则受

---

① 平汉铁路经济调查组:《长沙经济调查》甲编"概述",平汉经济调查组,1937 年,第 2 页。

到呵护和赡养,所谓"老吾老以及人之老,幼吾幼以及人之幼"(《孟子·梁惠王上》)。也就是说,16—60岁之成丁,是从事社会生产的主力军。

表1-1-8 湖北省壮丁的分布统计(1936年)

分 布 地 点	分布地点数	占男子人数百分比
鹤峰、当阳	2	10.1—15.0
保康、宣恩、房县、来凤、监利、郧西、远安、竹山、麻城、武昌、沔阳、英山	12	20.1—25.0
利川、随县、京山、石首、长阳、江陵、枣阳、建始、黄冈、黄陂、潜江、荆门、秭归、通山	14	25.1—30.0
罗田、巴东、汉川、广济、黄安、恩施、郧县、浠水、均县、天门、松滋、鄂城、孝感、公安、汉阳、竹溪、钟祥、(武昌城区)	18	30.1—35.0
咸丰、蕲春、五峰、应山、咸宁、安陆、南漳、崇阳、礼山、襄阳、宜昌、黄梅、阳新、云梦、蒲圻、兴山、宜城、(大畈)、(汉阳城区)	19	35.1—40.0
嘉鱼、通城、枝江、宜都、谷城、光化、(汉口市)	7	40.1—45.0

(资料来源:湖北省政府秘书处统计室:《湖北人口统计》,1936年,第78页。)

壮丁分布表显示,经济发达之区的鄂东南、鄂东北所占男子人数百分比最高,似可说明劳动密集型之稻—麦—棉种植结构对成年男丁需求较大,近代工商业的繁盛也会吸引相当多的劳动人口聚集。经济欠发达之区的鄂西则偏低,因为山区农业对人口需求较低,加之近代工商业极不发达,以故在人口吸附方面没有多少优势,加之本地山高路远、人烟稀少,所以成年壮丁所占男子人口之比例不如平原湖区和低山丘陵区。

表1-1-9 1946—1947年湖北人口年龄统计

年 龄	人 口	百分比	年 龄	人 口	百分比
未满周岁	517 929	2.52	41—45	1 337 460	6.50
1—4	1 516 988	7.37	46—50	1 277 309	6.21
5—10	2 236 883	10.87	51—55	1 150 790	5.59
11—15	2 242 193	10.89	56—60	1 020 577	4.96
16—20	1 913 796	9.30	61—65	816 666	3.97
21—25	1 277 172	6.21	66—70	620 527	3.02
26—30	1 397 381	6.79	71及以上	383 522	1.86
31—35	1 430 916	6.95	总 计	20 580 608	
36—40	1 440 499	7.00	百分比		100.00

(资料来源:路遇、滕泽之:《中国人口通史》,山东人民出版社,1999年,第1067页。)
说明:原据《中华民国年鉴》(1947年)。

从上表看,16—60岁的成丁超过1 000万,约占湖北全省人口60%,未成年及老年人约占40%,说明人口年龄结构基本合理,但需要养育的幼童和需要赡养的老人为数庞大,负担不小。由于近代时期妇女儿童在人口统计或调查过程中漏报之现象十分严重,因此更多可靠的有关两湖人口年龄结构的资料难以获得,只能从零散数据窥其一二。不过,在民国有关调查中,或可发现某地之较详细资料。如湖北大冶农户之年龄结构显示,青壮劳力占一半以上,参见下表。

表1-1-10　20世纪30年代湖北大冶农民性别及年龄结构

调查户数148(口数698)	人口数	百分比	每户平均人数
10岁以下男女	151	21.6	1.02
11—17岁男子	57	8.2	0.38
11—17岁女子	49	7.0	0.33
18—50岁男子	166	23.8	0.78
18—50岁女子	173	24.7	1.17
51—60岁男子	34	4.8	0.23
51—60岁女子	28	4.0	0.19
61岁以上男女	40	5.9	0.27

(资料来源:李若虚:《大冶农村经济研究》,萧铮主编:《民国二十年代中国大陆土地问题资料》第42册,台湾成文出版社、美国中文资料中心,1977年,第21027页。)

与人口年龄结构一样,人口性别结构是人口结构的最基本方面,属于人口的自然结构。相对而言,性别结构更加一目了然,不像年龄结构具有某种模糊性。根据相关资料,民国时期两湖地区的人口性别结构略如下表所示。

表1-1-11　民国时期两湖人口性别比(以女性为100)

省 区	清宣统年间	1912年	1928年	1937年	1945年	1947年	1948年
湖 北	118.3	118.3	123.9	116.5	115.1	109.19	107.6
湖 南	127.3	127.3	125.8	112.2	108.6	110.68	111.6

(资料来源:路遇、滕泽之:《中国人口通史》,山东人民出版社,1999年,第896、1072、1074—1076页。)
说明:原据《中国经济年鉴》、《各省市户口调查统计报告》、《内政部户口统计》、《户政导报》、《中华民国年鉴》、《内政年鉴》。

由于留存下来的人口资料极其残缺,以致这些资料容易造成男多于女的片面印象。如果考虑到两湖地区历史上盛行溺女婴之陋习,加之多种原因导致历次人口统计或调查过程中女性漏报现象极为普遍,那么,就应该对这种男多女少的性别结构保持警惕。虽有质疑之心,但目前得到的性别比仍有一定的参考价值。粗略言之,近代湖南的性别比在多个年份高于湖北。值得注意的是,湖北、湖南的性别比均有下降趋势。应该说,此与战争、灾荒、流亡等有关,但似乎也从某一侧面反映了成婚比例的提高,以及反映了这样一种历史的进步,即民国时期较之晚清,妇女的地位有所提高,妇女不入户籍的状况有了明显改变,溺女婴之风有所收敛。当然,重男轻女之社会意识依然浓厚,妇女解放之路依然遥远。

再看人口的职业构成。限于资料等因,仅以1946—1947年的湖北省为例,略作说明。

表1-1-12 1946年湖北省人口职业结构

业 别	共计		男		女	
	人数	百分比	人数	百分比	人数	百分比
农 业	8 824 250	55.82	5 478 363	34.65	3 345 887	21.17
工 业	1 323 986	8.37	483 639	3.06	840 347	5.31
矿 业	14 046	0.09	8 037	0.05	6 009	0.04
商 业	1 044 495	6.61	767 617	4.86	276 878	1.75
运输业	109 950	0.70	91 511	0.58	18 439	0.12
公 务	261 604	1.65	238 402	1.51	23 202	0.14
自由职业	196 943	1.25	128 154	0.81	68 789	0.44
人事服务	1 531 846	9.69	213 025	1.35	1 318 821	8.34
其 他	370 064	2.34	167 153	1.05	202 911	1.29
有业人口	13 677 184	86.52	7 575 901	47.92	6 101 283	38.60
无业人口	2 131 652	13.48	788 050	4.98	1 343 602	8.50
总 计	15 808 836	100.0	8 363 951	52.90	7 444 885	47.10

(资料来源:湖北省民政厅:《湖北人口:三十五年冬季户口总复查实施纪要》,湖北省民政厅,1947年,提要第4页,正文第67页。)

与上表相类似的统计资料表明,民国三十六年(1947年)湖北省在业人口约13 209 493,其中农业人口占66.46%,矿业人口占0.10%,工业人口占9.03%,商业人口占6.69%,交通运输业人口占0.98%,公务人员占1.63%,自由职业者占1.35%,人事服务者占11.32%,其他占2.17%。[①] 可见,民国时期的湖北就业人口中,农业人口(包括农、林、牧、渔)占多数,体现了近代中国仍然是农业大国,近代实业在国民经济结构中的比重和地位不可高估。需要强调的是,所谓工业人口,实际上包括了机器工业和手工业两大类的从业人员,不全是近代意义上的工厂工人。商业和运输业的情况也是如此:没有多少近代技术含量的传统产业大量存在,各类小商贩和人力车夫均包含其中。湖北就业人口以12周岁为限,比国民政府《工厂法》规定的14岁法定雇工年龄下降两岁,说明许多平民家庭为了生计,被迫让低龄儿童外出打工。人事服务人员(包括家庭服务、仆人、佣役等)在职业结构中的高

---

① 路遇、滕泽之:《中国人口通史》,山东人民出版社,1999年,第1086页。

比例,似可显示社会底层人们的生活窘态。所谓无业人员,包括受教育阶段之学生、被抚养者、娼妓、囚犯、残疾者、慈善机构收留者等。按照官方规定,商业包括贩卖、经纪、金融、保险、旅馆、饭店等,交通运输业包括邮电、陆运、空运、货栈等,公务包括党、政、军、警等,自由职业者包括医生、律师、工程师、会计师、新闻工作者、教育界人士、文艺界人士等。这种职业的广泛性,表明民国时期人们的就业途径较之从前有了新的拓展,社会的发展亦要求人们掌握新的职业技能。

第二章 产业结构

产业结构是经济地理的核心内容,它显示出相关经济部门在空间上的分布状况。这种产业布局在不同时期往往呈现不同面貌,甚至出现若干重大变化,反映出社会变迁的轨迹。本章旨在探讨近代时期两湖地区的农业、工业、金融业、交通运输业的总体格局,以期深刻认识该区域社会发展的内在逻辑。

第一节 农业的基本格局

农业是中国立国之基,是中国历史长期发展的最重要的经济基础。近代时期的两湖,农业仍然是最重要的产业。农业的发展水平制约着两湖地区的社会转型。本节将集中论述近代两湖地区的耕地面积、粮食作物和经济作物,暂不涉及作物产量、生产技术、租佃关系等内容。

一、耕 地 面 积

耕地面积是衡量农业生产力的关键指标之一。

表 1-2-1 清代两湖地区的耕地面积　　　　　单位:亩

省 份	嘉庆十七年 (1812年)		咸丰元年 (1851年)		同治十二年 (1873年)		光绪十三年 (1887年)	
	面积	%	面积	%	面积	%	面积	%
湖　北	605 186	7.65	594 439	7.70	594 439	7.72	592 202	6.98
湖　南	315 816	3.99	313 042	4.06	313 403	4.07	348 743	4.11
全国总计	7 913 939	100	7 716 254	100	7 703 515	100	8 477 606	100

(资料来源:李文治编:《中国近代农业史资料》第1辑,三联书店,1957年,第60页。)

上表所示耕地,包括民田、庄田、屯田、旗地和官田。有学者指出,清代两湖的民田约占耕地总数之86%,官田则包括学田等类。庄田又叫"更名田",约占耕地总数之7%。屯田包括归并屯田、漕运屯田,系卫所分辖。旗地又称"牧地",系荆州八旗驻防之区域垦辟出来、纳粮升科的土地。另有仅征租银之"芦田",以及专属湖南之"苗疆地",大多由兵丁屯种,少部分由民、苗佃种。[①] 不难看出,两湖耕地面积在清代长期占据10%以上,诚为农业大省。"湖广熟、天下足"的谚语,印证了明清以降两湖经济开发取得了巨大成就,有着全国性影响。

---

① 龚胜生:《清代两湖农业地理》,华中师范大学出版社,1996年,第54—58页。

从耕地类型上看,清代两湖地区的耕地主要有田、地、塘、山几大类。田指栽种水稻之水田,根据灌溉条件划分若干等级;地指旱地,也依土质划分若干等级;塘指水利设施,因与农田直接相关,也载入地籍;山指竹山、草山、柴山等山林之地,湖南多竹山,湖北多草山、柴山。有关清代两湖地区的耕地结构,概如下示。

表1-2-2 清代两湖地区的耕地结构

地名	载籍耕地类型(%)				水旱耕地(%)		地名	载籍耕地类型(%)				水旱耕地(%)	
	田	地	塘	山	水田	旱地		田	地	塘	山	水田	旱地
江夏	34.9	19.9	4.4	40.8	55.9	44.1	长沙	86.9	7.1	6.0		92.4	7.6
蒲圻	60.3	35.7	4.0		62.8	37.2	善化	83.6	7.8	8.6		91.5	8.5
咸宁	68.4	27.2	4.4		71.5	28.5	浏阳	88.4	8.7	2.9		91.3	8.7
武昌	66.6	28.5	4.9		70.0	30.0	湘乡	80.4	3.3	8.8	7.5	96.0	4.0
汉阳	31.0	26.9	4.6	37.5	61.6	38.4	湘潭	87.7	2.7	9.6		97.0	3.0
汉川	40.3	24.9	29.0	5.8	61.8	38.2	茶陵	86.5	6.5	7.0		93.1	6.9
黄陂	69.8	18.0	9.7	2.5	79.5	20.5	醴陵	87.1	4.0	8.9		95.6	4.4
孝感	71.0	12.3	9.8	6.9	85.0	15.0	清泉	88.6	1.1	10.2	0.1	98.8	1.2
沔阳	75.9	13.1	11.0		85.2	14.8	衡阳	86.6	1.1	12.3		98.7	1.3
江陵	60.1	31.3	7.8	0.8	65.8	34.2	衡山	91.7	4.4	3.9		95.4	4.6
宜都	30.0	69.4	0.6		30.2	69.8	耒阳	84.7	6.3	9.0		93.1	6.9
监利	46.5	53.5			46.5	53.5	常宁	88.5	1.9	9.6		97.9	2.1
松滋	39.5	33.1	5.2	22.2	54.4	45.6	安仁	87.9	4.1	8.0		95.6	4.4
枝江	36.6	48.9	14.5		42.8	57.2	酃县	94.1	3.7	2.2		96.2	3.8
石首	19.8	35.8	44.4		35.6	64.4	嘉禾	85.0	11.6	3.4		88.0	12.0
公安	58.7	20.2	10.4	10.7	74.4	25.6	临武	85.9	13.5	0.6		96.4	3.6
潜江	90.3	9.7			90.3	9.7	蓝山	84.9	15.0	0.1		84.9	15.1
钟祥	31.1	60.7	7.4	0.8	33.9	66.1	武陵	79.3	15.7	5.0		83.5	16.5
京山	40.5	33.6	4.1	21.8	54.5	45.3	桃源	87.6	9.7	2.7		90.0	10.0
景陵	100.0				100.0		龙阳	94.8	4.3	0.9		95.7	4.3
荆门	58.3	28.4	6.6	6.7	67.3	32.7	沅江	68.7	28.5	2.8		70.7	29.3
当阳	26.3	36.4	2.3	35.0	42.0	58.0	邵阳	91.2	1.7	7.1		98.1	1.9
安陆	64.8	23.7	7.6	3.9	73.2	26.8	城步	98.6	0.2	1.2		99.8	0.2
黄冈	67.7	25.4	6.9		73.0	27.0	新化	86.4	11.4	2.2		88.3	11.7
麻城	70.6	23.1	6.3		75.4	24.6	武冈	95.0	0.6	4.4		99.4	0.6

续表

地名	载籍耕地类型(%)				水旱耕地(%)		地名	载籍耕地类型(%)				水旱耕地(%)	
	田	地	塘	山	水田	旱地		田	地	塘	山	水田	旱地
光化	24.0	75.9	0.1		24.1	75.9	新宁	95.5	0.7	3.8		99.3	0.7
南漳	9.9	90.1			9.9	90.1	靖州	93.9	4.2	1.9		95.7	4.3
东湖	22.3	60.7	0.8	16.2	26.9	73.1	天柱	96.2	3.4	0.4		96.6	3.4
长阳	5.3	31.4	0.1	63.2	14.4	85.6	会同	97.8	1.4	0.8		98.6	1.4
兴山	12.5	87.5			12.5	87.5	通道	98.7	0.6	0.7		99.4	0.6
巴东	0.1	99.9			0.1	99.9	绥宁	96.4	3.5	0.1		96.5	3.5
郧西	0.7	99.3			0.7	99.3	零陵	88.3	4.2	7.5		95.5	4.5
房县	72.4	27.6			72.4	27.6	祁阳	87.6	1.3	11.1		98.5	1.5
宣恩	53.5	46.5			53.5	46.5	安东	92.4	0.7	6.9		99.3	0.7
新田	90.4	0.2	9.4		99.8	0.2	道州	87.1	9.4	3.5		90.2	9.8
华容	67.3	29.9	2.8		69.2	30.8	宁远	90.1	0.2	9.7		99.8	0.2
石门	59.7	39.1	1.2		60.1	39.9	永明	99.9	0.1			99.9	0.1
慈利	75.8	23.9	0.3		76.1	23.9	江华	98.5	0.4	1.1		99.6	0.4
桂阳	98.5	1.5			99.2	0.8	保靖	95.2	4.8			95.2	4.8
桂东	98.4	1.6			98.4	1.6	龙山	82.2	17.8			82.2	17.8
兴宁	98.3	1.7			98.3	1.7	黔阳	88.8	10.7	0.5		89.3	10.7
桑植	72.0	27.9	0.1		72.1	27.9	晃州	94.4	0.6	0.1		94.5	5.5
永顺	75.7	24.3			75.7	24.3							
湖北总计	48.4	38.2	4.6	8.8	55.9	44.1	湖南总计	86.8	6.8	5.9	0.5	92.8	7.2
两湖总计	62.3	26.8	5.1	5.8	69.9	30.1							

(资料来源：龚胜生：《清代两湖农业地理》，华中师范大学出版社，1996年，第61—64页。)
说明：原据《古今图书集成·职方典》，以及《江夏县志》等33部清代及民国方志。

此表显示，在两湖地区的耕地结构中，水田居于十分之七，旱地约占十分之三，说明此地是以水稻种植为主的农业区。其中，湖南的水田比重高达93%，而湖北则是水田、旱地大体相当。故此，湖南水稻生产的重要性超过湖北，在湖南农业生产乃至整体产业布局中居于核心地位，所谓"湖广熟"也主要是指湖南的粮食产出具有长距离贩运之重要意义。在地域上，两湖水田比重最低者是鄂西北山区，包括均州、南漳、远安、宜昌、长阳等地，最高者是湘南地区，包括酃县、安仁、攸县、醴陵、湘潭、湘乡、邵阳、会同、平江、益阳、龙阳、桃源、安化、新化、黔阳、晃州等地。

对近代两湖地区的耕地面积,不同学者有不尽一致的统计口径,对资料选取的角度与诠释的方法存在较大差异。珀金斯对包括卜凯、何炳棣等学者的观点进行了广泛而委婉的批评,态度谨慎地估算各种数据,提出不同于他人的看法。这里仅列举珀氏将明代耕地面积与民国耕地面积进行比较的例证,这种大跨度的手法令人耳目一新:

表 1-2-3　历史时期湖北的耕地面积　　　　　　　单位:亩

府	方位	明成化八年（1472年）	20世纪30年代	府	方位	明成化八年（1472年）	20世纪30年代
武昌	东南	3 215 721	5 560 000	荆州	西南	3 139 704	12 120 000
汉阳	东北	422 959	8 060 000	襄阳	西北	686 116	8 040 000
沔阳	中南	844 712		郧阳	西北	148 975	1 350 000
黄州	东	3 614 960	5 730 000	安陆	中	480 080	7 640 000
德安	中北	995 135	3 460 000				
总计		13 548 362	51 960 000				

（资料来源:[美]珀金斯著,宋海文等译:《中国农业的发展（1368—1968年）》,上海译文出版社,1984年,第309页。）

说明:原据[日]藤井宏论著、《湖北省年鉴》。

上表不仅表明自明清以降,湖北的土地开发有了长足进展,耕地面积成倍增长,从明初1 000万亩上升到民国时期的5 000万亩,而且显示该地区的耕地集中于长江以南和东部。珀金斯另一项有参考价值的工作,是确定1766年、1873年的耕地面积是接近饱和点的数字,力图弄清楚真实的清代耕地面积数据。他指出,1766年官方统计的耕地面积（单位:百万清亩）,湖北是59,修正数（单位:百万市亩）是51,湖南是34,修正数是50;1873年的耕地面积（单位:百万市亩）,湖北是51,湖南是66。[①] 接下来,珀金斯估算了1873—1957年的不同时点的数据。

表 1-2-4　1873—1957年两湖地区的耕地面积　　　　　　　单位:百万市亩

省　区	1873年		1893年		1913年		1933年		1957年	
	面积	%	面积	%	面积	%	面积	%	面积	%
湖　北	51	4.2	53	4.3	55	4.1	65	4.4	65	3.9
湖　南	66	5.5	58	4.7	59	4.4	58	3.9	58	3.5
全国总计	1 210	100	1 240	100	1 356	100	1 471	100	1 678	100

（资料来源:[美]珀金斯著,宋海文等译:《中国农业的发展（1368—1968年）》,上海译文出版社,1984年,第316—318页。）

说明:原据刘大中、叶孔嘉、孙敬之等人著作,以及《中国近代农业史资料》等文献。

---

① [美]珀金斯著,宋海文等译:《中国农业的发展（1368—1968年）》,上海译文出版社,1984年,第314页。

这些数据显示的两湖耕地在全国的比重,较之前引李文治之书的统计资料要低一些,但似乎并未削弱两湖农业在全国之地位。

二、粮食作物与经济作物

近代两湖地区的粮食作物,包括谷类作物、薯类作物、豆类作物。从作物种类上看,湖北耕作业以水稻、小麦为主,又以水稻所占比重大,江汉平原、鄂中丘陵是主要产区。双季稻普遍种植。同治《广济县志》记载:"稻,有早稻、中稻、迟稻。上乡高田一熟,湖乡有一岁两熟者。"鄂北岗地盛行旱地冬种小麦,鄂东地区则盛行水田冬种小麦。杂粮主要产于鄂西山区、鄂北岗地。湖南主要种植水稻,遍及各县,双季稻多分布于滨湖和湘中丘陵盆地,其稻谷产量居中国首位。湖南的杂粮产地主要在湘西北山地。从粮食的品种看,明清方志披露:湖南仅稻谷就有数十种之多,大体上可分为早稻、中稻、晚稻。另有豆、麻、粱、黍、稷、麦、穇、稗、粟、玉米、薏苡等,还可细分。如麦,有大麦、小麦、荞麦之别,"滨湖之民多种之"。玉米,"宝庆、岳、澧间多种之,用以佐食"①。比较而言,珀金斯的相关成果具有较高的学术价值。在此,选取若干数据以为例证。

表 1-2-5　近代两湖地区的粮食作物面积　　　　单位:千亩

粮食作物	湖北						湖南					
	1914—1918年均		1931—1937年均		1957年		1914—1918年均		1931—1937年均		1957年	
	面积	%	面积	%	面积	%	面积	%	面积	%	面积	%
水稻	26 730	6.5	26 730	6.8	32 530	6.7	50 390	12.1	34 580	8.8	56 690	11.7
小麦	17 490	5.0	17 490	4.3	17 340	4.2	3 630	1.0	4 720	1.2	5 000	1.2
玉米	1 630	2.1	1 630	1.6	6 920	3.5	340	0.4	770	0.7	2 490	1.3
高粱	2 670	1.9	2 670	1.5	—		910	0.7	480	0.3	500	0.4
薯类	1 350	5.3	1 350	2.5	5700	3.6	1 600	6.3	3 190	5.8	12 820	8.1
大麦	15 930	13.2	15 930	12.3	8 730	14.1	4 070	3.4	2 680	2.1	2 210	3.6
大豆	3 170	3.0	3 170	2.0	5 280	2.8	1 420	1.4	1 340	0.8	2 540	1.3
杂粮	12 170	7.5	12 170	7.1	10 330	4.4	2 860	1.7	7 980	4.7	7 430	3.1

(资料来源:[美]珀金斯著,宋海文等译:《中国农业的发展(1368—1968年)》,上海译文出版社,1984年,第337—348页。
说明:(1)原据刘大中、叶孔嘉、孙敬之、金善宝、吴元黎等人著作,以及《伟大的十年》等文献。(2)表中"薯类"包括甜薯、马铃薯;"杂粮"包括豌豆、蚕豆、燕麦、荞麦;百分比是指占全国总数之比重。

从种植面积看,两湖地区在全国最有地位的粮食作物是水稻,湖北的小麦、杂粮也有一定比重。令人惊奇的是,湖北的大麦面积在全国的比重竟然超过水稻。湖南

---

① 乾隆《湖南通志》卷五十,物产。

的水稻面积大规模超过湖北,在全国仅次于四川、广东。湖南的薯类作物较之湖北更有经济影响力,但小麦、玉米、大麦、大豆、杂粮均不及湖北。

经济作物主要包括纤维作物(棉花、麻类、蚕桑),油料作物(花生、油菜、芝麻等),以及糖料作物(甘蔗等)、饮料作物(茶叶等)、嗜好作物(烟草)等。近代两湖地区的经济作物略如下示。

表1-2-6 近代两湖地区的经济作物面积　　单位:千亩

粮食作物	湖 北						湖 南					
	1914—1918年均		1931—1937年均		1957年		1914—1918年均		1931—1937年均		1957年	
	面积	%	面积	%	面积	%	面积	%	面积	%	面积	%
棉花	7 190	10.2	7 190	10.3	8 750	10.5	1 530	2.2	1 930	2.8	1 210	1.4
花生	960	3.6	960	3.1	1 100	2.9	500	1.9	720	2.3	500	1.3
油菜	—	—	4 620	5.9	2 640	7.6	—	—	8 400	10.7	2 940	8.5
芝麻	2 380	27.6	2 380	10.3	3 090	21.9	—	—	440	1.9	220	1.6
烟草	360	3.4	360	3.2	—	—	2 450	23.2	940	8.3	160	2.0
麻类	330	3.5	—	—	330	3.9	1 470	15.6	—	—	250	2.9
甘蔗	—	—	—	—	—	—	130	3.6	526	14.6	—	—

(资料来源:[美]珀金斯著,宋海文等译:《中国农业的发展(1368—1968年)》,上海译文出版社,1984年,第349—355页。)

说明:(1)原据陈乃润、理查德·克劳斯、卜凯等人的著作,以及《中国经济年鉴》等文献。(2)表中"麻类"包括黄麻、大麻、苎麻、亚麻;"甘蔗"栏526千亩,仅指1932年;百分比是指占全国总数之比重。

从经济作物的种植面积看,湖北的棉花在全国占有相当分量,诚为产棉大省。湖北棉田绝大部分集中于江汉平原、鄂东和鄂北三个棉区。湖北油料作物有芝麻、油菜、花生,以芝麻最重要,主要分布于鄂北岗地和江汉平原。湖北的芝麻在全国所占比重相当高,油菜种植极为广泛,显示出该省种植业之特色。其他经济作物,如花生、烟草、纤维作物则没有多少重要价值,甘蔗几乎可以忽而不计。相比之下,湖南的棉花种植在全国无甚影响,棉田多分布在滨湖各县,以华容、澧县、安乡等县较为集中。湖南的花生、芝麻给人的印象平平,倒是麻类、甘蔗种植普遍,其中湖南苎麻种植历史悠久,产量居全国首位。湖南经济作物最引人瞩目者,一是油菜,二是烟草,不仅种植规模超过湖北,而且声名远播,在全国之地位与四川、山东、河南等油菜大省、烟草大省不相上下。据龚胜生的研究成果,两湖地区经济作物的地域结构分为两大块:一是中部平原盆地丘岗区,包括江汉洞庭平原亚区、鄂北岗丘亚区、湘中盆地丘陵亚区,主要种植集约经营型的棉花、烟草、蚕桑、芝麻、花生、油菜等;二是四周丘陵山地区,包括东缘低山丘陵亚区、湘南山地亚区、湘西南山地亚区、湘西北鄂西南山地亚区、鄂西北山地亚区、湘中雪峰山地亚区,主要种植无需太多劳动人手的草本植物(苎麻)和木本植物(茶叶、油桐、油茶等）。①

不可遗漏的是，两湖地区还有一种相当重要的经济作物——茶叶。两湖地区茶叶种植历史悠久，种植面积较广，产量居全国前列。《旧五代史·梁纪》称，湖南岁贡茶25万斤。所谓"邑茶，盛称于唐，始贡于五代。马殷旧传：产灉湖诸山。今则推君山矣"②。《新唐书·刘建锋传》、《宋史·食货志》、《文献通考》等史籍，均有两湖地区岁贡茶叶之记载。元至元二十三年（1286年）二月，设立常德、澧州榷茶提举司。元元贞元年（1295年）二月，废置。元元统元年（1333年）十月，复立湖广榷茶提举司。明清以降，湖北蒲圻成为中国重点产茶地区之一。湖南茶园则主要集中在三大区：以安化、桃江为主的资水中下游地区；以临湘、平江为主的湘东北地区；以涟源、宁乡为主的湘中地区。

第二节　新旧杂糅的工业布局

近代时期，两湖经济地理的重大变迁之一，就是出现了机器工业、现代交通、现代金融等过去完全没有的经济门类，出现了新旧杂糅的工业布局。关于此议题，张朋园、苏云峰、皮明庥、刘泱泱等学者已有相关研究。稍显遗憾的是，前贤之论述，或囿于时段，或限于空间，未能对晚清民国百余年间之状貌予以总体勾勒。有鉴于此，笔者希冀在现有成果之基础上，对此问题进行综合性论述。

一、机器工业的架构

相对于"五口通商"地区，两湖机器工业的起步是比较晚的，约在鸦片战争爆发20余年之后。确切地说，两湖地区接受欧风美雨之浸透，当以1858年中英《天津条约》将汉口列为通商口岸为标识。③ 但是，两湖地区大规模且富有成效的工业化运动，是在1889年张之洞由两广总督调任湖广总督之后才开始的，其声势可谓波澜壮阔。

1. 外资企业的楔入

从汉口开埠到张之洞莅鄂的30年间，西方列强相继在汉口开办了10余家工厂，这是两湖地区最早的近代企业。毫无疑问，这些采纳近代机器、技术和管理制度的外资企业起到了文明示范的效应，首开两湖地区近代工业之先河。当然，这些外资企业数量尚少、部类残缺、生产能力有限，并未促成近代两湖工业格局的形成。直到辛亥革命前夕，两湖地区的外资企业主要集中于武汉地区，先天造成了两湖工

---

① 龚胜生：《清代两湖农业地理》，华中师范大学出版社，1996年，第209—212页。
② 光绪《巴陵县志》卷七，舆地志七，物产。
③ 咸丰八年（1858年），中英《天津条约》签订，决定增开汉口等9处为通商口岸。当时，清军正在长江中下游与太平天国农民军鏖战，所以汉口镇的正式开埠延迟到清咸丰十一年（1861年）。是年3月，英国官方商务代表威利司等人抵达汉口镇，与湖广总督官文谈论通商细节。光绪二十五年（1899年），在湖广总督张之洞的奏请下，清廷在汉口镇正式设立夏口厅，隶属汉阳府。自此，阳夏分治，汉口成为独立行政区。

业布局的畸形因子。由于资料缺失,关于晚清时期武汉地区的外企情况只能略示如下。

表1-2-7　1863—1937年在武汉地区的外资企业(依开办先后排序)

企业名称	国别	开办年	资本	业务
顺丰砖茶厂	俄国	1863	合计约400万两	制造砖茶
新泰砖茶厂	俄国	1866		制造砖茶
英商砖茶厂	英国	1872		制造砖茶
阜昌砖茶厂	俄国	1874	—	制造砖茶
汉口熔金厂	英国	187?	—	熔炼金银
平和洋行打包厂	英国	187?	18万镑	机器打包
隆茂洋行打包厂	英国	187?	—	机器打包
汉口英商压革厂	英国	1876		皮革加工
罗办臣洋行	英国	1878	—	制造乐器
瑞兴蛋厂	法国	1887	40万元	蛋品加工
美最时蛋厂	德国	1887		蛋品加工
礼和蛋厂	德国	1887	1932年50万元	蛋品加工
元亨蛋厂	德国	1889	—	蛋品加工
和盛蛋厂	澳大利亚	1891	—	蛋品加工
汉口制冰厂	英国	1891	20万两	机器制冰
公兴蛋厂	法国	1893	—	蛋品加工
嘉利蛋厂	德国	1895	4万两	蛋品加工
亨达利有色金属精炼厂	法国	1899	109万元	金属精炼
英商通和有限公司	英国	1900	—	建筑工程
和利冰厂	英国	1904	2.5万元	制冰、冷藏
恒丰面粉厂	英国	1905	2.8万元	面粉加工
和丰面粉厂	英国、中国	1905	—	面粉加工
金龙面粉厂	荷兰	1905	1.6万元	面粉加工
礼和机器面粉厂	德国、英国	1905	7.5万元	面粉加工
日信榨油厂第一工场(设于汉阳)	日本	1905	10万元	榨油
日信榨油厂第二工场	日本	1905	10万元	榨油

续 表

企业名称	国 别	开办年	资 本	业 务
棉花打包厂	日 本	1905	—	棉花打包
棉籽榨油厂	日 本	1905	—	榨油
汉口英租界电灯公司	英 国	1906	1.8万元	电力供应
东亚面粉会社	日 本	1907	49万元	制造面粉
汉口美最时电灯厂	德 国	1907	—	电力供应
和记洋行冰冻食物厂	英 国	1908	35万元	[冷藏]
颐中烟公司汉口宗关工厂	英国、美国	1908	总公司资产987万元	制造卷烟
法华蒸酒公司	法 国	1909	5万元	制酒
永源蛋厂	英 国	1909	—	蛋品加工
贝格德蛋厂	德 国	1909	—	蛋品加工
康成造酒厂	法 国	1910	35万两	制酒及食品
和记蛋厂	英 国	1911	—	蛋品加工
颐中烟公司汉口六合路工厂	英 国	1912	总公司资产987万元	制造卷烟
汉口机械修理厂	德 国	—	6万元	机械修理
民丰机械修理厂	德 国	—	4万元	
汉口日租界电灯厂	日 本	1913	4万元	发电
中国电气股份公司汉口支店	美 国	1917	100万美元	电气机械类
慎昌洋行蛋粉公司汉口分厂	美 国	1917	与上海分厂合计100万元	蛋品加工
东方修焊公司汉口支店	法 国	1918	总资产300万元	氧气、电石、碳酸瓦斯熔接
美孚行制罐部	美 国	1920	—	制造煤油桶和油罐
安利洋行蛋厂	英 国	1920	总公司资产590万元	蛋品加工
安利洋行打包厂	英 国	1920		机器打包
中华丝厂	日 本	1921	—	制丝
汉口福中桐油公司	英 国	1922	30万元	桐油加工
南星颜料厂汉口支店	美 国	1923	2.5万美元	染料药品

续 表

企业名称	国 别	开办年	资 本	业 务
泰安纱厂	日 本	1924	500万元	
培林蛋厂	英 国	1927	—	蛋品加工
大美烟公司汉口支店	美 国	1927	—	制造卷烟
丽安电气公司汉口支店	美 国	1929	35万两	电气
大昌实业公司汉口支店	美 国			铁道用品
其乐公司	美 国	[1932—1937]	—	桐油加工和输出
裕丰纺织株式会社武昌制炼厂(设于汉口)	日 本	[抗战期间]	100万日元	—

（资料来源：佚名：《湖北省之蚕丝业》，《中外经济周刊》第102号，1925年3月；陈真、姚洛、逄先知编：《中国近代工业史资料》第2辑，三联书店，1958年，第20—27、270—272、274—276、422—423、611、626附表、719—721、757—761、795页；皮明庥等编：《武汉近代(辛亥革命前)经济史料》，武汉地方志编纂办公室内部资料，印行时间不详，第11—13页。）

非常明显，晚清武汉地区的外企主要是为商业贸易服务的原料加工业，如砖茶厂、压革厂、打包厂、蛋品加工厂等。在少数几种轻工业中，金银熔炼厂和乐器制造厂的短暂存在，说明列强对在两湖地区大规模创办近代工业缺乏兴趣。值得注意的是，发电厂和电灯开始出现在荆楚之域，表明电业是两湖最早的近代公用事业之一。初步估计，在外资经营的12家主要工厂中，加工业占83%，其他行业约占17%，说明加工工业占据主导地位。在加工工业中，各国之优势各不相同：俄国人的砖茶工业独占鳌头，英国人的机器打包工业颇具实力，德国人的蛋品加工工业锐气夺人。尤其是，这些近代工业是先于1895年中日《马关条约》而设立的，是列强对华资本输出之先兆和前奏。此外，这些工业在全国具有开风气之先的意义，如俄商砖茶厂、德商蛋品厂均使得汉口成为近代中国砖茶加工业、蛋品加工业之滥觞地。这些外企大多设备先进、技术力量较为雄厚，是张之洞莅鄂之前两湖生产力水平的最高标识。例如，英商隆茂洋行在汉口的棉花包装业，备有两座水压机，德商蛋品厂则使用蒸汽打蛋机。这种近代生产力水平的另一标识是，在这些外资企业里诞生了两湖地区最早的产业工人，例如俄商砖茶厂雇工数以千计。关于俄商砖茶厂，有必要申论如下。[①]

为了垄断砖茶贸易，俄商几与汉口开埠相同时，在1863年创办了顺丰砖茶厂，

---

① 参见杜七红：《清代汉口茶叶市场研究》，陈锋主编：《明清以来长江流域社会发展史论》，武汉大学出版社，2006年，第328—330页。以下两段文字直接采录杜氏论述。

地址在汉口英租界(当时俄国尚未划定自己的租界),①工人近千人,使用机器生产。1866年,俄商新泰砖茶厂建于汉口江边,工人700人。1874年,第三家俄商砖茶厂——阜昌砖茶厂在汉口英租界设立,工人400人。②

时人认为,"砖茶系俄人在汉口制造,名曰华茶,实则利权已入俄人之手"③;"汉口之茶砖制造所,其数凡六,皆协同俄国官民所设立者,其旺盛足以雄视全汉口"④。这是张之洞督鄂营造"湖北新政"之前汉口最重要的工业。据称,19世纪90年代初,汉口俄商砖茶厂共有15台砖茶机,7台茶饼机,装有发电机,日产茶砖2 700担,茶饼160担。在90年代的10年里,这些砖茶厂共生产茶砖和茶饼价值银2 640多万两。⑤机器制造比手工劳作显示出巨大的优越性,生产成本降低,经济效率明显提高。以汉口为例,"(制砖茶业)手压机每日出产六十篓,有百分之二十五的废品,而蒸汽压机每日出产八十篓,只有百分之五的废品,并且因使用机器而节约的费用,每篓计银一两,按照以上产量计每日即达银八十两或英金

图1-2-1 俄商设于汉口的顺丰砖茶厂

---

① 俄国在汉口正式设界时间为光绪二十二年(1896年)。据该年签订之俄国汉口租地条款,俄国租界紧靠英、法租界,占地四百一十四亩六分五厘,每年四月由俄国领事将应纳租价银八十三两八钱四分二厘,送交汉阳县查收汇解。参见民国《湖北通志》卷五十,经政志八,榷税。
② 曾兆祥主编:《湖北近代经济贸易史料选辑》第1辑(1840—1949),湖北省志贸易志编辑室,1984年,第27页。
③ [清]李哲睿:《呈度支部农工商部整顿出洋华茶条议》,《东方杂志》第7卷第10期,1910年,文件第二,公牍。
④ 民国《汉口小志》之《商业志》。历史文献关于汉口俄商砖茶厂数目的记载比较混乱,一说两家(Commercial Reports, 1875年, 汉口, p. 46);一说三家(Trade Reports, 1876年, 总论, pp. 64—65);一说四家(Trade Reports, 1877年, 汉口, pp. 14—15);一说六家(Trade Reports, 1878年, 汉口, pp. 42—44)。参见汪敬虞:《中国近代茶叶的对外贸易和茶业的现代化问题》,《近代史研究》1987年第6期。笔者采3家说,因为顺丰、新泰、阜昌均有翔实记载,可考。
⑤ Decennial Reports, 1892—1901年,汉口,第304页。转引自汪敬虞:《中国近代茶叶的对外贸易和茶业的现代化问题》,《近代史研究》1987年第6期。原计算单位为篓,汪氏将其换算为担。关于汉口俄商制造砖茶的工艺,参见彭泽益:《中国近代手工业史资料》第2卷(1840—1949),中华书局,1962年,第111页,以及姚贤镐编:《中国近代对外贸易史资料》,中华书局,1962年,第1321—1322页,此略。

二十磅"①。

砖茶工业的兴起使汉口市场在茶叶方面形成了工商一体化的新格局,工业与商贸相互促进,砖茶的数量、质量、包装、销售在蒸汽机的隆隆声中发生了历史性的惊人变化。20世纪初的一部文献在论及汉口时,明确指出:汉口砖茶厂在俄、英租界各有两家。安置新式机器,雇用工人数以千计。在过去10年间,由江汉关出口的砖茶货值为银 26 000 000 两。茶业主要掌握在俄国商人手中。②据统计,在1894年中日甲午战争爆发前,俄商汉口砖茶厂的资本约占外商对华投资总和的六分之一。③当时,在福州、九江也有几个砖茶厂,均是汉口俄商设立的分厂。这些分厂无论在资金、规模还是在技术、影响方面,都不足以与汉口砖茶厂相比。

应该指出,从经办者看,两湖地区最早的外资企业大多是洋行投资创建的。所谓洋行,主要是作为商业贸易组织而存在的。这一现象映现了那一时期社会进程的若干特点:西方列强对华的经济掠夺尚处于商品输出时期,有限的资本输出是为大量的商品输出服务的,所以,这一时期外企的重心必定落在原料加工工业上。这一格局的负面影响在于:没有一家重工业作为依托,生产部门缺乏整体性。尤其是,近代工业集中在通商口岸(汉口),一方面促使汉口突破传统的商业市镇性质(也有部分手工业),以较高的起点向近代工商业都市方向发展;另一方面,也使汉口乃至武汉地区的发展走上了一枝独秀的畸形道路,与内陆城乡严重脱节,限制了区域经济向近代方向的协调发展,带有明显的"浮肿症"。④两湖地区另一值得关注之处是,近代时期除了武汉地区有若干外资企业,湖南几乎没有列强创设之机器工厂;武汉地区的外企创建高峰集中于清末,进入民国时期则趋于式微。

附带提及,日本在两湖地区直接投资之企业为数不多。其在华纺织企业主要分布于上海、青岛和天津,在武汉地区寥寥无几。要言之,日人在两湖之产业重心在矿冶业,而不在制造业,详于下文。抗战时期,日本在湖北之工业,主要有三井火柴厂、泰安纱厂、华中电气股份公司、日华纺织株式会社、华中烟草株式会社、日华制油厂等,集中于武汉地区,不赘述。

2. 张之洞"湖北新政"的工业结晶

众所周知,当今武汉是华中地区政治、经济、文化中心。但许多人未必知道,一百年前的武汉已是中国近代化的样板地区。这一显赫的地位,与湖广总督张之洞的眼光与经营密不可分。

---

① Trade Reports,1878年,汉口,p. 43. 转引自彭泽益编:《中国近代手工业史资料》第2卷(1840—1949),中华书局,1962年,第302页。
② Arnold Wright(editor-in-chief) and H. A. Cartwright(assistant editor), *Twentieth Century Impressions of Hong, Shanghai, and Other Treaty Ports of China: Their History, People, Commerce, Industries, and Resources*, London: Lloyd's Greater Britain Publishing Company, Ltd, 1908, p. 694.
③ 郭其耀:《武汉最早的外商工厂——俄商砖茶厂》,《武汉工商经济史料》第2辑,1984年。
④ 陈钧,任放:《世纪末的兴衰——张之洞与晚清湖北经济》,中国文史出版社,1991年,第43—44页。除了武汉地区,两湖其他地区的外资企业有资可查者:沙市,(英国)安利洋行打包厂,1929年设立,总公司资产590万元,业务是机器打包。参见陈真编:《中国近代工业史资料》第2辑,三联书店,1958年,第26页。

图 1-2-2 张之洞像

张之洞（1837—1909），字孝达，号香涛，直隶南皮（今属河北）人。张之洞所处的时代，恰逢西力东侵、国难深重的"数千年未有之大变局"。面对国门洞开后列强的欺侮与掠夺，一批睁眼看世界的封疆大吏力图有所更张，在传统与近代的交汇处突破旧格局，打造新气象，"洋务运动"（又称"自强运动"）由是而兴。张之洞涉足"洋务"稍晚，但是后来居上，终于在武汉地区开创了一番耸动中外视听的近代化新格局。1889年由两广总督调任湖广总督，时间长达18个春秋。这是一位恪守儒家精神，同时具有创新能力的人物。张之洞在武汉创办的近代化事业可谓轰轰烈烈，举凡经济、文化、军事等众多领域均有开风气之先的重大举措，史称"湖北新政"。

表 1-2-8　晚清湖北的官办企业

厂　名	创办者	开办年	地点	资本	工人数	业　务
湖北枪炮厂	张之洞（湖广总督）	1890	汉阳	70万两	1 200	生产军火
蚕桑局	张之洞（湖广总督）	1890	武昌	—	—	生产绸缎
汉阳铁厂	张之洞（湖广总督）	1891	汉阳	580万两	3 000	钢铁生产
湖北织布局	张之洞（湖广总督）	1893	武昌	13万两	2 500	生产棉布棉纱
湖北纺纱局	张之洞（湖广总督）	1894	武昌	11万两	1 600	棉纱生产
湖北缫丝局	张之洞（湖广总督）	1894	武昌	6万两	300	缫丝
湖北制麻局	张之洞（湖广总督）	1895	武昌	70万两	453	制麻
汉阳赫山官砖厂	张之洞（湖广总督）	1897	汉阳	—	—	生产砖瓦
两湖茶叶改良公司（汉口机器焙茶厂）	莫尔海（江汉关税务司）	1898	汉口	6万两	—	茶叶加工
八旗劝工厂	喜源（道员）	1904	荆州	—	100余	工艺制造
湖北工艺学堂附属工厂	张之洞（湖广总督）	1904	武昌	—	—	生产织布机等
湖北模范工厂	张之洞（湖广总督）	1905	武昌	—	—	工艺制造

续　表

厂　名	创办者	开办年	地点	资本	工人数	业　务
恒丰（裕隆）面粉厂	朱畴（铜元局总办）	1905	汉口	28万元	60—70	生产面粉
劝工迁善习艺所	宜昌知府	1905	宜昌	—		工艺制造
福丰烟公司	孙泰圻（商务局总办）	1906	汉口	2万元	—	生产香烟
武昌下新河毡呢厂	张之洞（湖广总督）	1907	武昌	40余万两	200余	生产毡呢
武昌白沙洲造纸厂	张之洞（湖广总督）	1907	武昌	40余万两	—	造纸
武昌南湖制革厂	张之洞（湖广总督）	1907	武昌	5万两	206	制革
贫民大工厂	张之洞（湖广总督）	1907	汉口	—	—	工艺制造
湖北水泥厂①	程祖福（道台）	1907	大冶	42万元	—	生产水泥
清华实业公司	程祖福（道台）	1907	汉口	50万元	—	生产水泥兼营豆油豆饼
郧阳工艺局	郧阳知县	1907	郧阳	—	—	生产棉布
施南劝业公所	施南知府	1907	恩施	—	—	生产绸锦及漆器
天门织布厂（?）	宋灿（知县）	1907	天门	—	—	生产棉布
汉阳针钉厂	张之洞（湖广总督）	1908	汉阳	30万两	—	生产缝钉、洋钉
湖北印刷局	陈夔龙（湖广总督）	1909	武昌	3万两	—	印刷
谌家矶财政部造纸厂	度支部	1910	汉口	200万两	—	造纸
京汉铁路汉口机械厂	邮传部	1911	汉口	—	300余	生产机械

（资料来源：孙毓棠编：《中国近代工业史资料》第1辑，科学出版社，1957年，第566、885—892页；苏云峰：《中国现代化的区域研究·湖北省(1860—1916)》，台湾中研院近代史所，1987年，第354—393页；陈钧、任放：《世纪末的兴衰——张之洞与晚清湖北经济》，中国文史出版社，1991年，第68—111页；罗福惠：《湖北通史·晚清卷》，华中师范大学出版社，1999年，第227—229、349—352页；杜七红：《清代两湖地区茶业研究》，武汉大学2006年博士学位论文。）

说明：陈、罗、杜等论述，原据《张文襄公全集》、《中国近代工业史资料》、《洋务运动》、《捷报》、《湖北通志》、《出使日记》、《出使日记续刻》、《海关十年报告》、《申报》、《张之洞电稿》、《光绪朝东华续录》、《中国近代史词典》、《支那经济全书》、《刘忠诚公遗集》、《益闻录》、《督楚公牍》、《海关华洋贸易报告册》、《政艺通报》、《东方杂志》、《中国十大矿厂调查》、《端方署邸残档》、《张文襄公治鄂记》、《汉口》、《扬子江》、《现代中国实业志》、《裕大华纺织资本集团史料》等文献。

在近代军事工业方面，张之洞创办了近代中国首屈一指的设备最新、规模最大的兵工厂——湖北枪炮厂。

---

① 论者多将湖北水泥厂视为商办企业，然而，由于总办程祖德的官僚身份以及他本人对厂务的实际掌控，这个企业名为商办、实为官办。

图 1-2-3　湖北兵工厂旧影

  该厂系由张之洞筹划之中的广东枪炮厂衍生而来,它的胚胎形成于广州而非汉阳。随着张氏由两广移督湖广,清廷同意将已经起步之广东枪炮厂移至湖北。1894年,湖北枪炮厂在汉阳最终建成,总监是德国工程师迈尔(Meyer)。机器设备系张之洞电请清朝驻德国公使全权订购,包括:制造各种炮架机器全副,年生产能力为6—12 cm口径大炮的炮架及炮车100套;制造克虏伯炮弹机器1副,日生产能力为6—12 cm口径大炮的各种炮弹100颗;制造小口径枪弹机器1副,日生产能力为枪弹25 000颗,等等。1889年,作为枪炮厂分厂的炼罐子钢厂和制造无烟火药厂,也在汉阳破土动工。鉴于湖北枪炮厂发展迅速、规模宏伟,张之洞将其易名为湖北兵工厂。枪炮厂的常年经费以年均计算,在银50余万两左右。[①] 1908年7月,张之洞的继任者陈夔龙上奏朝廷,对枪炮厂的成就作了一番总结,声称枪炮厂"经升任督臣张之洞经营缔造,十有余年,逐渐扩充,规模卓著。综计自开机制造以来,共造成步马快枪十一万余枝,枪弹四千数百万颗,各种快炮七百四十余尊,前膛钢炮一百二十余尊,各种开花炮弹六十三万余颗,前膛炮弹六万余颗,枪炮器具各种钢坯四十四万六千余磅,无烟枪炮花二十七万余磅,硝镪水二百数十万磅"[②]。值得一提的是,湖北枪炮厂生产的改进型德国1888年式七九步枪——口径7.9 cm,去套筒,加护盖,后改表尺,将刺刀移中——后来成为闻名全国的汉阳式步枪,俗称"汉阳造"。

  与江南制造局、金陵制造局等其他18家晚清兵工厂相比,湖北枪炮厂至少有

---

① 陈钧、任放:《世纪末的兴衰——张之洞与晚清湖北经济》,中国文史出版社,1991年,第58页。
② [清]陈夔龙:《兵工钢药两厂请拨款接济折》(光绪三十四年六月二十四日),《庸庵尚书奏议》卷九。

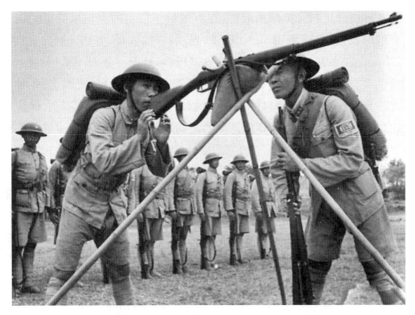

图 1-2-4　近代中国产量最大、参战最多、使用时间最长的步枪——汉阳造

两点不同：一是不靠库款，自筹资金；二是创建最晚，但成效最大。无论从规模上还是从技术上看，湖北枪炮厂堪称全国军工企业之冠。张之洞声称："伏查枪炮一项，外洋制作日新，迟速利钝之分即战守胜负所系。此时，中国自炼精钢精铁，自造快枪快炮，仅此一区。"[①]时人高度评价湖北枪炮厂，称其为"植中国军械专厂之初基"[②]。民国初立，黎元洪任大总统期间，经国务会议表决，决定在全国确定 6 家大型兵工厂，湖北枪炮厂定名为全国兵工制造第一厂。

汉阳铁厂是亚洲第一家集开矿、采煤、炼铁为一体的大型钢铁联合企业。如同湖北枪炮厂一样，汉阳铁厂的缘起始自张之洞两广总督任内的构想。广东以其地理位置之优长，得开风气之先，为张之洞在近代实业方面施展抱负创造了适度的氛围。他的洋务兴趣一开始就展示了骛远之势，没有囿于枪炮厂那一方天地。1889 年，张之洞筹划在广州创建一个钢铁厂，并与驻英公使刘瑞芬、驻德公使洪钧往返电商，订购国外机器。不久，张之洞调任湖广，筹办之中的广东钢铁厂一变而为湖北的汉阳铁厂。1891 年初，汉阳铁厂正式动工。至 1893 年底，各分厂陆续建成，包括炼生铁厂、炼贝色麻钢厂、炼熟铁厂、炼西门士钢厂、造钢轨厂、造铁货厂 6 个大厂；机器厂、铸铁厂、打铁厂、鱼片钩针厂、打铜厂、翻砂厂、木模厂、锅炉厂 8 个小厂。初设化生铁炉 2 座、炼钢炉 4 座，并在汉阳铁厂内另行添设洗煤机、炼焦炭炉。汉阳铁厂的机器设备，除了在粤所订部分机器外，张之洞又致电驻英公使薛福成，

---

① [清]张之洞：《恳拨湖北枪炮厂经费折》（光绪二十一年八月二十八日），《张文襄公全集》卷三十九，奏议三十九。
② [清]吴禄贞等：《湖北请建专祠折》，《张文襄公荣哀录》卷一。

代为添购各种机器工料。据薛福成称,在英国贝丁沙甫阿克司尔滴里公司订定制造贝色麻钢厂及拉钢路厂屋顶,一切铸铁、熟铁料件、底板、方垫、圆柱、扁柱、横梁、斜架、撑竿、水溜、水管、螺丝钉、帽钉、弯纹铁板等,计价英金13 735镑;又与谛塞德厂订购铸铁房、样子房、装配房、打铁房、修理锅炉房、汽机房、铸钱房、各种制造修理机器之器具,以及所用屋顶料件、玻璃等物,计价12 730镑。① 不久,薛氏还为张之洞在比利时色林地方郭克力耳厂订购西门马丁炼钢炉厂以及炼生铁为熟铁炉厂的屋顶屋料。② 甚至连汉阳铁厂的生铁炉砖也购自国外。与此同时,张之洞聘请了一批外国技师,请其参与矿产勘探和汉阳铁厂的建设。其中,较为著名者计有白乃富、毕盎希、巴庚生、骆丙生、时维礼、柯克斯、贺伯生、约翰生等数十人,分别来自英国、德国、比利时。

1894年2月15日,汉阳铁厂锻铁炉点火开炉,标志运行投产阶段正式开启。6月28日,生铁大炉升火开炼,30日出铁。据悉,从开办到1895年10月,铁厂共生产生铁5 660余吨,本厂用2 700余吨,外售1 100余吨,枪炮厂等处用200余吨,存1 600余吨;炼成熟铁110吨;生产贝色麻钢料940余吨,本厂用630余吨,枪炮厂用6吨,外售并外处用18吨,存280余吨;生产马丁钢料450余吨,本厂用210余吨,枪炮厂用40余吨,外售并外处用40余吨,存150余吨;生产铁货拉成钢条板1 700余吨,本厂用330余吨,枪炮厂用150余吨,外售并外处用340余吨,存880余吨。③ 这在当时的历史条件下,应该是一个不俗的成绩。

1896年5月,张之洞札委盛宣怀督办汉阳铁厂,从此汉阳铁厂由官办阶段进入官督商办阶段。1908年,盛宣怀奏准添招股本,定额2 000万,合并汉阳铁厂、大冶铁矿、萍乡煤矿,成立"汉冶萍煤铁厂矿公司"。清末十年间,汉阳铁厂年均出产生铁10万吨以上、钢5万吨左右;大冶铁矿年均开采矿砂50万吨以上;萍乡煤矿的日产量约为3千吨煤,可炼焦500—1 000吨。④ 汉阳铁厂如此大规模的发展,在某种程度上见证了中国近代工业的进步。

就经济地理而言,厂址问题是探讨汉阳铁厂不可回避的问题。许多论者批评张之洞选址不当,没有把炼铁厂设在煤矿、铁矿产地附近,而是设在距大冶120公里的汉阳大别山下,造成运输繁重、费用高昂,提高了生产成本,是铁厂长期亏损的原因之一。其实,从张之洞的大量奏稿看,他对炼铁厂与煤铁矿的关系有着清醒认识。张之洞的厂址择定基于如下理由:

其一,铁厂南枕大别山,东临长江,北滨汉水,交通方便,又与武昌、汉口相视而望,互为襟连,呈三足鼎立之势,气象不凡。

---

① [清]薛福成:《庸盦全集》之《出使日记》卷六,光绪十七年正月二十八日记。
② [清]薛福成:《庸盦全集》之《出使日记续刻》卷四,光绪十八年六月初十日记。
③ 陈钧,任放:《世纪末的兴衰——张之洞与晚清湖北经济》,中国文史出版社,1991年,第72页。
④ 民国《湖北通志》卷五十四,经政志十二,新政二,实业,汉阳炼铁厂。

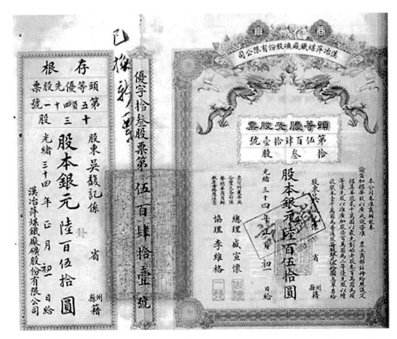

图 1-2-5 清末汉冶萍公司发行的股票

其二,设在汉阳,懋迁繁盛,商贩争趋,货多值贱。铁厂距大冶铁矿虽远,但大冶陆运有铁路,水运有驳船,码头装卸有起重机,均属利便,矿石运费尚不为贵。而且,上游之煤运至汉阳,因该地商业素称繁荣,水脚必然减少。

其三,大冶有铁矿而无上等好煤,江夏县属马鞍山有炼铁之煤。大冶在下游,江夏在上游,设厂于汉阳,适居中间,可以两就。

其四,将湖北炼铁、织布、枪炮三厂并举于一地,既可以建构一个在地理上相对完备的近代工业体系,又可以合理使用人才,"三厂若设一处,洋师、华匠皆可通融协济,煤厂亦可公用"①。

其五,厂址若设在大冶,钢铁炼成之后,尚需运达汉口销售,并须运至枪炮厂供制造之需。炼铁厂移置湖北的内因之一,是为了扶助卢汉铁路与湖北枪炮厂。今设于汉阳,则炼成发售,如取如携,可省重运之费。

其六,矿渣、煤渣每年有 30 000 余吨,除填筑铁厂地基外,兼可运往汉口后湖填充,可使汉口城垣免遭洪水冲灌。

其七,炼铁厂设在武昌对岸,"督察甚易"。有些论者指责张之洞把厂址设在汉阳而非大冶,是不着眼于降低成本,较多考虑到官员们借督察之机炫耀权势。事实恰恰相反。张之洞指出:"员司虚浮,匠役懒惰,为中国向有之积习,不可不防。厂

---

① [清]张之洞:《致上海盛道台》(光绪十六年四月初八日发),《张文襄公全集》卷一百三十五,电牍十四。

距省远,物料短数,煤斤搀杂,百人仅得八十人之用,一日仅作半日之工,出铁不多不精,成本即赔。"①又称,"在中国与外洋不同,此厂若不设在附省,将来工料员役百弊丛生,必致货不精而价不廉,一岁出入以数十万计,过于运费多矣"②。鉴于此,张之洞主张:"此等要工巨款,若非近在省城之外,臣及总办大员不能亲往督察,则经费必难核实,竣工更恐无期,是以酌设汉阳。"

其八,与国外互为参照,将铁厂设在汉阳。当时,德国克虏伯厂的钢铁产量位居世界前列,其矿石自西班牙购运,远在数千里之外。张之洞据此认为在汉阳设厂,"较其远近难易,实觉此胜于彼多矣"③。

其九,在汉阳设立铁厂,是经过中外工程技术人员论证的结果。在汉阳建厂,"筑地虽费,较之他处筑闸开河,所省尚多"。而且,"外洋各工师佥以为宜,洞亦亲阅可用"④;"当经督饬局员及学生、洋匠详加考核,佥以为此地恰宜建厂"⑤。

可见,张之洞择定汉阳为炼铁厂的厂址并不盲目,他所列举的理由是成立的。而且,在当时的条件下也别无选择。

从严格的意义上讲,近代中国钢铁工业的真正起步是从张之洞这里开始的。也就是说,中国最早的钢铁工人不是诞生在上海、天津等地,而是诞生在湖北的长江之滨,诞生在汉阳铁厂熊熊灼人的炉火旁。因为,此前的江南制造总局和天津机器局曾设立钢厂,但规模小、产量少,产品不进入商品流通领域,而且炼钢所需之生铁基本上依赖进口。此外,汉阳铁厂是亚洲第一家大型的近代化钢铁联合企业,具有广泛的世界性影响。1894年6月,汉阳铁厂的生铁大炉正式出铁。这一消息惊动了设于上海的外国各报馆,它们纷纷刊发传单,用电报通告世界。更有甚者,将此视为中国崛起之象征,惊呼:"汉阳铁厂之崛起于中国,大有振衣千仞一览众山之势……呜呼!中国醒矣。此种之黄祸,较之强兵劲旅、蹂躏老羸之军队,尤其虑也。"⑥需要强调的是,日本第一家钢铁厂——八幡制铁所于1901年建成投产,较之汉阳铁厂晚了7年。因此,日本人格外关注汉阳铁厂。清廷出使日本的大臣汪凤藻致函张之洞,内称"日本现亦拟创设铁厂,拟派员来华观看湖北铁厂"⑦。美国领事在实地考察后,难掩赞美之情:"登高下瞰,使人胆裂,斯奚翅美国制造之乡耶。烟囱凸起,矗立云霄;屋脊纵横,密于鳞甲。化铁炉之雄杰,碾轨床之森列,汽声隆隆,锤声丁丁,触于眼帘、轰于耳鼓者,是为中国二十世纪之雄厂耶!"⑧

---

① 孙毓棠编:《中国近代工业史资料》第1辑,科学出版社,1957年,第777页。
② [清]张之洞:《致海署》(光绪十六年七月二十二日发),《张文襄公全集》卷一百三十五,电牍十四。
③ [清]张之洞:《查覆煤铁枪炮各节并通盘筹划折》(光绪二十一年八月二十八日),《张文襄公全集》卷三十九,奏议三十九。
④ [清]张之洞:《致海署》(光绪十六年七月二十二日发),《张文襄公全集》卷一百三十五,电牍十四。
⑤ [清]张之洞:《勘定炼铁厂基筹办厂暨开采煤铁事宜折》(光绪十六年十一月初六日),《张文襄公全集》卷二十九,奏议二十九。
⑥ 陈钧、任放:《世纪末的兴衰——张之洞与晚清湖北经济》,中国文史出版社,1991年,第96页。
⑦ 孙毓棠编:《中国近代工业史资料》第1辑,科学出版社,1957年,第791页。
⑧ 顾琅:《中国十大矿厂调查记》,第1篇,汉阳铁厂,商务印书馆,1916年,第1—2页。

图 1-2-6　汉阳铁厂旧影

"布衣兴国、蓝缕开疆"是张之洞为湖北织布局题写的楹联,显示了他的进取精神。机器纺织厂是张之洞从广东移植到湖北的第 3 个大型实业项目。1888 年,两广总督张之洞委托驻英公使刘瑞芬在英国订购布机 1 000 张,照配纺纱、染纱、轧花、提花各种机器,以及汽炉、锅炉、水管、汽管、机轴等物,需银 40 余万两(含运脚、保险等费)。不久,这批机器落户湖北。1890 年,张之洞决定在武昌文昌门外设立湖北织布局。翌年 1 月正式动工,5—10 月间,自英国进口之机器运抵湖北。1892 年 2 月,建厂工程基本完成。1893 年 1 月,织布局开始生产,共有纱锭 3 万枚,布机 1 000 张,工人 2 500 人,并聘请了若干名外国技师。其中,摩里斯在英国纱厂工作了 42 年,并负责在世界各地组建分厂。织布厂产销两旺,1893—1901 年共生产原色布 33 万匹,斜纹布 1 万余匹,棉纱 13 万余担。[①] 1894 年,张之洞增设纺纱厂,请薛福成在英国订购新式上等精利机器全副,纱锭 9.7 万余枚,以及电灯、通风、洒水、灭火、打包、自来水等件,分为南北两厂。翌年 4—5 月,纱厂机器运抵,开始兴建厂房。1897 年,北纱局竣工,投入生产。南纱厂因经费难筹,未能兴建。[②] 就原料来看,纺纱局基本上使用湖北产的短纤维棉花。[③] 该厂日产量为 30 大包,每大包 400 磅,合 41 小包,每包趸卖价为 80 两。1905 年,纺纱局年产量达到 13 000 包。[④] 在设置纺纱局之际,张之洞打算在缫丝工业方面有

---

① 孙毓棠编:《中国近代工业史资料》第 1 辑,科学出版社,1957 年,第 920 页。
② 张之洞强调新式纺织业应该"官开其端,民效其法,庶可以渐开利源"。就此而言,最经典的例子莫过于张謇的崛起。南纱厂曾从国外订购了一批机器设备,它们后来由民族资本家张謇承接。张謇以此为创业根基,含辛茹苦,在通州开办了闻名全国的大生纱厂。
③ 为了优化棉种,提高机器纺织品的质量,张之洞鼓励农民试种美棉。美国棉花丛高叶茂,朵重棉多,绒细而长、色白而亮,一本收成超过中国棉花两本之多。他于 1892 年 5 月 3 日颁布《札产棉各州县试种美国棉子》,提倡在湖北江夏、兴国、大冶、武昌、孝感、黄陂、汉阳、汉川、沔阳、黄冈、广济、蕲州、麻城、应城、天门等地种美棉。试种结果并不理想,美棉未能得到推广。除了进口美棉到货太晚,主要是因为农民未能掌握种法,栽种太密,光照不足,致使析桃包桃较厚,桃多不能开,以致收成不佳。
④ [日]水野幸吉:《汉口:中央支那事情》,东京富山房,1907 年,第 118—119 页。

所作为。为此,他曾饬令湖北候补道刘保林前往上海考察机器缫丝之法。1894年底,张之洞在武昌望山门外设立湖北缫丝局,属于官督商办性质。丝局的机器是通过上海德商瑞记洋行向国外订购的。据悉,该局釜数208,每日生产上制丝品30斤、普通丝品18斤左右。① 辛亥革命前夕,该局共有缫丝车308台,每台为5锭,②生产原料系湖北所产,沔阳之产最多,专用黄丝,制品全部销往上海。鉴于湖北素产苎麻,1898年张之洞在武昌平湖门外设立湖北制麻局,从德国订购了40张机器,聘请了若干名日本技师。该局的生产原料取之湖北各地,制品有中西时花各样缎匹、细纹斜纹各色麻布、柿色军衣麻布、新式各花大小麻织台布、粗细各号麻纱等,运销汉口。

　　上述湖北织布、纺纱、缫丝、制麻四局,占地1.6万余平方米,历时五六年始竟全功。代表着近代两湖以纺织业为核心的轻工业的最高水平。仅织布局就安装了1140盏电灯,并从英国进口了2台发电机,推动了湖北近代公用事业的进步。1902年,商人韦紫封、邓纪常组织应昌股份有限公司承租接办"四局",租期20年。1911年,瑞澂督鄂之后,又将"四局"改租给大维股份有限公司。是年8月28日,民族资本家徐荣廷、苏汰余、张松樵、黄师让联袂租办"四局",在此基础上创建了著名的裕大华纺织资本集团。1919年,裕大华股份有限公司武昌裕华纱厂成立。民国时期,裕华与申新、一纱、震寰成为驰名全国的武汉四大纱厂。1949年之后,裕华改组为国营武汉第四棉纺织厂。1994年,四棉又改组为武汉裕大华集团股份有限公司。

　　应该承认,布纱丝麻四局在近代中国的经济成长上具有重要意义。当时,全国兴办机器纺织业的仅有上海、广东等地,设厂数量较少。据统计,湖北织布、纺纱两局共有纱锭90 656枚,布机1 000台。1898年,其纱锭数占全国华商纺织厂总锭数之30%,诚为近代中国最大纺织厂之一。③ 就规模而言,湖北缫丝局是当时华中地区最大的机器缫丝厂。至于湖北制麻局,其规模虽然不大,却为中国机制麻业之滥觞,仿效者有天津、辽宁、上海、厦门等地,影响可谓不小。

　　除了上述枪炮、钢铁、纺织3个大型的近代实业建设项目,张之洞及其继任者在湖北还兴办了一批中小型企业,计有:武昌白沙洲造纸厂、武昌南湖制革厂、武昌下新河毡呢厂、武昌湖北模范工厂、汉阳赫山官砖厂、汉口机器焙茶厂、汉口特别区电灯厂、汉口贫民大工厂、湖北蒲圻炼锑厂、湖北竹山邓家台铜矿、湖北大冶水泥公司、湖北印刷局、鄂省洸成水电公司等。较著名的是,汉阳赫山针钉厂首开中国机械制针业之先河,占地约1 700平方丈,所购机器价值约银21万两,步其后

---

① 孙毓棠编:《中国近代工业史资料・第1辑:1840—1895》,科学出版社,1957年,第956页。
② [日]水野幸吉:《汉口:中央支那事情》,东京富山房,1907年,第119页。
③ 《裕大华纺织资本集团史料》编辑组:《裕大华纺织资本集团史料》,湖北人民出版社,1984年,第3页。

尘者有上海、济南等地。汉口谌家矶财政部造纸厂资本 200 万两,在当时全国造纸工业系统之中最雄厚。它有抄纸机 2 台,生产钞票纸、证券纸、新闻纸、印书纸等。

客观而论,在武汉近代化的过程中,最具实绩、最富时代意蕴的当推三大成果,即钢铁工业、纺织工业、军事工业及新军的编练。也就是说,机器与新军构成了武汉近代化的主调。这正是张之洞效法西方"由炼铁而制器,由制器而练兵,用能扩充工商诸务"的重大决策所导致的成果。清末民初,武汉成为中国仅次于上海的最发达地区。近代武汉经济变迁具有历史地理学的意义:由东往西,上海代表近代中国经济发展水平的第一个高峰,武汉则是第二个高峰;从南向北,由广东引进的西方物质文明,随张之洞北上督鄂而落实于荆楚大地。近人杨铨所著《五十年来中国之工业》称,"汉阳之铁政局,武昌之织布、纺纱、制麻、缫丝四局,规模之大,计划之周,数十年以后未有能步其后尘者"。另有论者称,"区区武汉一隅,各业工厂应时而兴,且均具相当规模,盖已极一时之盛"云云。①这种繁盛景象并未延续到民国时期,两相比较,后者大为逊色。辛亥革命之后,张之洞"湖北新政"的工业结晶仅剩下汉阳兵工厂尚未改制,官办工业大幅萎缩,新办者仅有大冶铁厂(1917 年破土动工、1923 年建成投产)和四五家采矿企业。②初步统计,抗战前夕湖北原有官矿几乎全部停闭,其他官营企业较重要者计有:

——武昌水电厂(1935 年,由湖北省政府筹办,资本 1 200 万元);

——湖北省建设厅麻织厂(1939 年,由湖北省建设厅将张之洞所设之湖北制麻局机器迁至四川,1940 年定名如此,职工 602 人,生产麻袋、官布、帆布);

——湖北建设厅机械厂(原系 1936 年设于武昌之湖北省建设厅武昌机厂,1939 年改称此名,迁四川万县,资本 74 万元,职工 504 人,生产各种车床、刨床、抽水机、印字机等机器,兼营船舶修理);

——湖北省建设厅造纸厂(1930 年,所有机器由湖北宜昌三斗坪、巴东等地运至四川万县,翌年正式开工,资本 38 万元,职工 211 人,生产道林纸、票据纸、印刷纸、牛皮纸、书面纸等);

——鄂南电气公司(1946 年,由湖北省政府与资源委员会合办,资本 80 亿元,经营电灯、电力、电热、自来水等业务)。③

张之洞身为湖广总督,统辖两湖,但其重心却在湖北。这在某种程度上造成湖北在近代实业建设方面超过湖南。其影响延续到民国时期。仅以 1913 年为例,湖北在机器制造业方面有 17 家工厂,而湖南却是空白。在器具制造领域,湖北工厂

---

① 湖北省政府秘书处统计室:《湖北省年鉴》第 1 回,湖北省政府秘书处统计室,1937 年,第 291 页。
② 宋亚平等:《辛亥革命前后的湖北经济与社会》,中国社会科学出版社,2011 年,第 108—116 页。
③ 陈真编:《中国近代工业史资料》第 3 辑,三联书店,1961 年,第 1359—1362 页。

数虽少于湖南,但职工数是湖南的6倍。同样地,湖北的纺织印染工厂少于湖南,但职工数却是湖南的2倍。相比之下,湖南仅在船舶车辆制造业、金属品制造业方面有优势。具体情形如下:

表1-2-9　1913年两湖机器工业概览

业　别	湖　北		湖　南	
	工厂数	职工数	工厂数	职工数
机器制造业	17	630	—	—
船舶车辆制造业	1	26	4	116
器具制造业	10	3 676	51	600
金属品制造业	22	403	40	582
纺织印染业	120	7 605	143	3 847
机器工业企业合计	50	4 735	95	1 298

(资料来源:苏云峰:《中国现代化的区域研究·湖北省(1860—1916)》,台湾中研院近代史所,1987年,第364、382页。)

说明:原据《中国年鉴》(1917年及1919年)、第1—10次农商统计表。

湖北工业的一个非正常的发展时期是抗战时期,受惠于政府主导下的工厂内迁,详于后文。1945年11月18日,湖北省建设厅发布《接收敌伪工矿情形及处理办法总报告》,内称:省府已接收139个单位,其中化工类39个、纺织类15个、建筑类3个、机械类15个、农业类13个、矿业类1个、印刷类1个、洋行类17个、仓库类10个、公司类7个、产业类5个、其他13个。这些资产多被转化成官办企业,例如第11兵工厂、第26兵工厂、武汉总被服厂,均是在日军兵工厂基础上改组而成;武昌机械厂之基础,是日伪酒井铁厂、东亚株会社、岩崎洋行机厂、中山钢铁厂等8家企业,一跃而为湖北最大规模之机械厂;官营的华中钢铁公司,则接续日本制铁株式会社(汉冶萍公司)之体系。此外,尚有湖北民生茶叶公司、应城石膏公司等官办企业。[①]

关于湖南的近代工业,论者评价甚低:"湖南的现代工业,始于19世纪之末,清季稍有进展,民国则呈停滞状态。仅有的几种实业机构,大多集中在长沙一地,州县几无工业可言。"并指出,迟滞之因盖有缺乏资本、环境动荡、西方列强之挤压,以及领导者既无眼光也无魄力。[②] 先是,湖南巡抚王文韶于1875年筹办军工企业——湖南机器局,翌年建成开工。不久,因资金困难,宣告停工,可谓昙花一现。除此之外,近代湖南之工业建设概如下表所示。

---

① 田子渝、黄华文:《湖北通史·民国卷》,华中师范大学出版社,1999年,第660—662页。
② 张朋园:《中国现代化的区域研究·湖南省(1860—1916)》,台湾中研院近代史所,1983年,第335页。

表 1-2-10 湖南近代官办工业概况

工　　厂	开办年	地点	创办者	资　本	职工	业　务
宝善成制造公司	1896	长沙	巡抚陈宝箴等	1.5万两	—	生产电灯、织辫机等
和丰火柴公司	1896	长沙	巡抚陈宝箴等	3万两	3千	生产火柴
湖南瓷业有限公司	1905	醴陵	熊希龄	5万元	7 600余	生产瓷器
湖南省造纸厂	民国初年	长沙	湖南省政府	30万元		生产纸张
湖南金工厂	1912	长沙	湘督谭延闿			生产军火
经华纺纱公司（后改名为湖南第一纺纱厂、湖南第一纺织厂）	1912	长沙	湘督谭延闿等	60万两	3千	生产纺织品
湖南陆军工厂	1916	长沙	湘督谭延闿	—	—	生产军火
湖南兵工厂	1918	长沙	湘督张敬尧	—	500余	生产军火
湖南造纸公司	1934	长沙	湖南省政府	5.2万元	—	
衡阳电厂	1936	衡阳	湖南省政府			
株洲总机厂	1936	株洲	铁道部	—		修理机车
湖南酒精厂	1937	沅江	湖南省政府	28万元	—	生产酒精
湖南机械厂	抗战前夕	长沙	—			
汽车修造总厂	抗战前夕	长沙	—			
湖南第一玻璃厂	1941	辰溪	湖南省建设厅	28万元		生产玻璃
湖南省火柴厂	1942	冷水滩	湖南省政府	—		生产火柴
湖南炼油厂	1942	耒阳	湖南省建设厅等	450万元	398人	生产汽油、柴油、火油等
湖南制革厂	1942	衡阳	湖南省建设厅	2千万元	82人	生产军需品
湖南第二纺织厂	1943	安江	湖南省建设厅等	—		生产纺织品
湖南第三纺织厂	1943	衡阳	湖南省政府经济部等			生产纺织品
湖南实业公司	1943		湖南省政府			支配的工矿企业达22家
邵阳纱厂	抗战期间	邵阳	财政部花纱布管制局	—	—	生产棉纱
辰溪兵工厂	抗战期间	辰溪	—	—	1万	生产军火
湘西荣军生产处机械厂	抗战期间	靖县	联勤总部			

续 表

工　　厂	开办年	地点	创办者	资　本	职工	业　务
新渝纺织厂	抗战期间	衡阳	官商合办	—	—	生产纱机等
裕湘纺织厂	1945	长沙	湖南省政府等	—	—	生产纺织品
冷水滩火柴厂	—	—	中国工业合作协会			生产火柴
湖北火柴厂	—	宁乡	湖南省政府		200余	生产火柴
湖南机械厂(重建)	抗战之后	祁阳	湖南省建设厅	700万元	—	生产机床等
湘潭电机厂	1947	湘潭	湖南省政府等	—	400余	生产小型机器设备

（资料来源：陈真编：《中国近代工业史资料》第3辑，三联书店，1961年，第347—357、670—679、682—683、1344—1346、1352—1354、1356—1358页；宋斐夫主编：《湖南通史·现代卷》，湖南出版社，1994年，第494—495页。）

说明：(1) 将熊希龄所办之湖南瓷业有限公司归入官办企业，是因为熊氏本人与官府关系深重，尤其是该瓷业公司之开办及运作多依赖官府资金，经营管理亦由官方掌控，与一般民间资本所创之企业殊不同途。(2) 宋斐夫之书未列资料出处。

严格而论，湖南近代制造业之开掘，首推宝善成制造公司。虽则构思宏大，却因条件欠缺，真正落到实处者仅电灯公司。抗战前夕，湖南计有省营机器厂3家。抗战期间，伴随工厂内迁之浪潮，至1943年湖南官营机器厂约有362家。迨至抗战后期，部分工厂迁往西南，破坏严重。1949年中华人民共和国成立前夕，湖南官办工厂计有13家。[①] 发展迟缓，基础薄弱，大起大落，这便是湖南近代官办机器工业之写照。纺织业方面，湖南第一纺纱厂建成之后的20年间，再无新厂添设，独占鳌头。不料抗战爆发，第一纺纱厂辗转拆迁，致伤元气。抗战期间，相继成立湖南第二、第三纺织厂。抗战胜利后，这3家官办纺织厂合并为裕湘纺织厂，1949年1月正式投产，旋因湖南解放而终结。军火工业方面，湘督谭延闿创建之湖南金工厂及湖南陆军工厂影响较大，在某种程度上奠定湖南军工企业之初基。抗战军兴，湖南军工企业最大者是湘西辰溪兵工厂，职工多达万人，下辖10个制造所，机器2 000台，生产轻重机枪等。辰溪兵工厂系由内迁之汉阳兵工厂改组而成。另有联勤总部湘西荣军生产处机械厂，以及衡阳、祁阳等地的机械厂。抗战结束后，内迁工厂陆续回迁，辰溪兵工厂的9个制造所全部迁往武汉，成立第十一兵工总厂，辰溪兵工厂成为总厂之分厂，气象远逊从前。[②] 机械工业方面，株洲总机厂浴火重生，1949年后改称株洲铁路工厂，如今已发展成为南车株洲电力机车有限公司，是中国唯一通过国际铁路行业标准(IRIS)认证的机车车辆整车研制企业，有"中国电力机车摇篮"之美誉。

---

① 刘泱泱：《近代湖南社会变迁》，湖南人民出版社，1998年，第223—224页。
② 刘泱泱：《近代湖南社会变迁》，湖南人民出版社，1998年，第208—212页。

图 1-2-7 遭受日军轰炸后的株洲总机厂厂房

3. 民营企业及其分布

在张之洞官办企业的直接影响与推动下,湖北地区的民营企业出现了勃兴之势。初步统计,张之洞莅鄂之后到辛亥革命前夕,湖北地区共出现 136 家民营企业。如果把先由官办、后又招商承办的 7 家企业包括在内,①则有 143 家近代民营企业。

表 1-2-11 晚清湖北地区的民营企业

厂名	开办年	创办者	地点	资本	工人(名)	业务
新昶机器厂	1894?	—	汉口	—	—	造船
炭山湾煤矿	1896	刘人祥 余正裔	阳新	17万元	—	采矿
美盛榨油厂	1896	关美盛	汉口	3万元	—	生产豆油豆饼
兴商砖茶厂	1896	黄云浩	武昌	50万元	700	生产砖茶
中同机器厂	1897	—	汉阳	2万两	36	制铁及修理汽机
燮昌火柴厂	1897	宋炜臣	汉口	42万元	1 400	生产火柴
茂大卷叶制造所	1899	粤商江? 等人	宜昌	1.4万元	—	生产卷烟
周恒顺机器厂	1900	周庆春 周仲宣	汉阳	4.8万元	40	制造机械及修船造船
华胜军服厂	1900?	宋炜臣	汉口	—	—	生产服装

---

① 这 7 家由商人承办之官营企业分别是:1896 年由盛宣怀承办之汉阳铁厂,1902 年由韦紫封等人承办之湖北织布、纺纱、缫丝、制麻四局,1908 年由吴干臣承办之湖北模范工厂,1911 年由梁炳农承办之湖北针钉厂。

续　表

厂　　名	开办年	创办者	地点	资本	工人（名）	业　　务
金龙面粉厂	1900	张绘初	汉口	15万元	84	生产面粉
蒸木厂	1900	汉商？	汉口	11万元	110	木材加工
歆生填土公司	1901	刘歆生	汉口	—	—	建筑工程
歆生记铁工厂	1901	刘歆生	汉口	—	—	生产轻便铁轨、机车
洪顺机器厂	1902	周文轩	汉阳	4千元	45	生产轧花机等
广利砖瓦厂	1902	粤商？	汉口			制造砖瓦
祥泰肥皂厂	1903	汉商？	汉口	4万两	32	生产肥皂
德源制砖厂	1904	汉商？	汉口	4万元	40	制砖
汉口玻璃厂	1904	林松唐	汉口	28万元	—	生产镜子、玻璃器皿
耀华玻璃厂	1904	蒋可赞	武昌	70万元		生产平板玻璃等
华升昌布厂	1904	—	武昌	1千元		生产棉布
和丰面粉厂	1904	朱士安	汉口	10万元		生产面粉
亚新地学社	1904	邹伯庚	武昌	1万元	56	印制地图
益利织布厂	1905	汉商	武昌	—		生产棉布
宜人组织机厂	1905	黎荫三	宜昌	2.5万串	10余人	生产棉布
汉丰面粉厂	1905	黄兰生	汉口	28万元	34	生产面粉
瑞丰面粉厂	1905	胡德隆　朱敬益	汉口	22万元		生产面粉
元丰豆粕制造所	1905	阮雯衷	汉口	28万元	140	生产豆油豆饼
同丰榨油厂	1905	—	汉口	20万元		生产豆油豆饼
汉阳钢丝厂	1905	万炳臣	汉阳	数万元		生产钢丝铁丝
武昌竟成电气公司	1906	周秉忠	武昌	280万元	396	火力发电
汉口既济水电公司	1906	宋炜臣等人	汉口	300万元		火力发电及自来水
鼎升恒榨油厂	1906	张群叔	武昌	1万元		生产豆油豆饼
求实织造公司	1906	刘继伯	武昌	—		生产花布、毛巾等
广利公司	1906	—	汉口			生产棉布
物华烟公司	1906	—	汉口	30万元		
湖北广艺兴公司	1906	程颂万	武昌	4万元	—	造纸、石印等
？制纸厂	1906	杜君权等人	汉口			造纸
？丝绸厂	1906	王蓉棠等人	汉口			生产丝绸
沙市织布厂	1906	邓？	沙市	20万元		生产棉布
老河口织布厂	1906	谢武刚	老河口	—		生产棉布
硚口造纸厂	1906	陈光泰	汉口			造纸
亚献公司化炼厂	1906	汪庆庸	汉口			化炼矿石

续表

厂　　名	开办年	创办者	地点	资本	工人(名)	业　　务
汉口制革公司	1906	张开文	汉口	—	—	制革
中西报印刷所	1906	王华轩	汉口	2万元	31	印刷
宝信公司	1907	黄州商人？	武昌	—	—	工艺
兆丰机器碾米厂	1907	刘建炎	汉阳	14万元	—	碾米
久丰榨油厂	1907	—	汉口	30万元	—	生产豆油豆饼
允丰榨油厂	1907	凌盛禧	汉口	42万元	—	生产豆油豆饼
顺丰榨油厂	1907	浙商？	汉阳	—	70	生产豆油豆饼
歆生榨油厂	1907	刘歆生	汉口	—	—	生产豆油豆饼
广生织业公司	1907	徐克詹	武昌	—	—	生产东洋柳条布
中立织布公司	1907	王？	汉口	—	—	生产棉布
富华织布厂	1907	孙家灏	汉阳	—	—	生产棉布
扬子机器厂	1907	顾润章　王光	汉口	49万元	1 000	生产机具机械
同德砖瓦厂	1907	徐俊三	汉口	—	—	制造砖瓦
广茂砖瓦厂	1907	粤商？	汉口	—	—	制造砖瓦
美兔砖瓦厂	1907	粤商？	汉口	—	—	制造砖瓦
李正顺机器厂	1907	李开荣	宜昌	—	—	生产铁木织布机
上新洲工艺厂	1907	许贻孙	汉口	—	—	木材加工
武昌白沙洲伞厂	1907	黄佑先	武昌	5万元	—	制造洋伞
汉口雄黄厂	1907	浙商？	汉口	—	—	制造中药
兴商砖茶厂	1907	唐朗山	汉口	25万元	700	生产砖茶
大发机器红砖厂	1907？	范小亭	汉阳	—	—	制造砖瓦
顺裕打砖机器厂	1907？	杨顺记	汉阳	—	—	制造砖瓦
大半机器红砖厂	1907？	严惕吾	汉阳	—	—	制造砖瓦
裕记机器红砖厂	1907？	周子云	汉阳	—	—	制造砖瓦
福记机器红砖厂	1907？	肖绍周	汉阳	—	—	制造砖瓦
福兴盛机器红砖厂	1907？	周春波	汉阳	—	—	制造砖瓦
巢兴机器红砖厂	1907？	刘球	汉阳	—	—	制造砖瓦
直万机器红砖厂	1907？	戴明卿	汉阳	—	—	制造砖瓦
华泰机器红砖厂	1907？	朱岳辉	汉口	—	—	制造砖瓦
协兴机器红砖厂	1907？	胡萍三	汉口	—	—	制造砖瓦
利用肥皂厂	1907？	—	汉口	—	—	生产肥皂
汉口肥皂厂	1907？	孙克臣	汉口	—	—	生产肥皂
升新机器油茶公司	1907？	吕端璜	汉阳	—	—	榨油及制茶
兴盛豆饼制造所	1907？	—	汉口	—	—	生产豆油豆饼
华昌豆饼制造所	1907？	—	汉口	—	—	生产豆油豆饼

续表

厂　　名	开办年	创办者	地点	资本	工人(名)	业　　务
裕历碾米厂	1907?	黄锡令	汉口	—	—	碾米
同茂仁蛋厂	1907?	汉商?	汉口	—	—	生产蛋粉
天孙织布公司	1907?	沈宝田	汉口	—	—	生产棉布
两宜纸烟厂	1908	严子嘉	汉口	—	—	生产香烟
天盛榨油厂	1908	桑铁珊	汉口	28万元	—	榨油
大成印刷公司	1908?		汉口	—	—	印刷
汉口泰昌机器厂	1909	邓志瑞	汉口	2千元	21	修理机具
汉口李兴发机器厂	1909	李耀德	汉口	1千元	14	修理机具
汉口义同昌机器厂	1909	高星五	汉口	8百元	10	修理机具
武昌机器厂	1909	顾维笙	武昌	9千元	20	修理机具
傅集文石印刻字馆	1909	傅时斋	汉口	3千元	—	铅印及石印
蔚华印刷厂	1909	朱佩之	汉口	5千元	13	印刷
肇新织染有限公司	1909	—	汉口	15万元	370	染织
美伦机器制造麻袋公司	1909	李平书	汉口	20万元	—	生产麻袋
振新茶砖总公司	1909	万国梁	蒲圻	70万元	—	生产砖茶
湖北富池口铜煤矿	1910	宋炜臣	阳新	—	—	采矿
胡尊记机器厂	1910	胡尊五	汉阳	2.3万元	32	生产柴油机等
吕锦花机器厂	1910	吕方根	汉阳	2万元	45	修理机具
汉口普润毛革厂	1910	刘歆生	汉口	140万元	—	生产皮毛
汉口豆泰蛋厂	1910	—	汉口	—	—	蛋品加工
汉口公益蛋厂	1911	—	汉口	—	—	制造蛋粉
汉阳宝善米厂	1911	陈秀珊	汉阳	7.2万元	95	碾米
谭花机器厂	1911	谭益禧	汉口	5.5千元	20	修理机具
同吉祥织布厂	1911	—	宜昌	—	—	生产棉布
世丰机器碾米厂	辛亥前	—	汉口	—	—	碾米
大同煤砖厂	辛亥前		汉阳	—	—	
源丰榨油厂	辛亥前		汉阳	—	—	榨油
永昌榨油厂	辛亥前		汉阳	—	—	榨油
德栈榨油厂	辛亥前		汉口	—	—	榨油
纽合昌机器厂	辛亥前		汉口	—	—	修理机具
义昌机器厂	辛亥前		汉口	—	—	修理机具
顺兴昌机器厂	辛亥前		汉口	—	—	修理机具
汉康印刷局	辛亥前	张玉涛	汉口	—	—	印刷

续 表

厂　名	开办年	创办者	地点	资本	工人(名)	业　务
工业传习所	辛亥前	李国镛　徐自新	武昌	3万元	46	印刷及制墨
扬子公司炼锑厂	辛亥前	—	汉口	—	—	金属加工
东福炼锑厂	辛亥前		汉口	—	—	金属加工
玉兴银珠厂	辛亥前		汉口	—	—	金属加工
裕宁银珠厂	辛亥前		汉口	—	—	金属加工
华兴肥皂厂	辛亥前		汉阳	—	—	生产肥皂
生茂玉记肥皂厂	辛亥前	—	汉口	—	—	生产肥皂
光华洋烛厂	辛亥前	杨启风	汉口	2万元	—	生产蜡烛
协应公司织毛厂	辛亥前	—	汉阳	—	—	毛纺
恒丰织袜机器厂	辛亥前	—	汉口	—	—	制袜
鸿昌织布厂	辛亥前	黄伯陶	汉阳	3万两	150	生产棉布
劝工院织布厂	辛亥前		汉口	—	—	生产棉布
锦云织布厂	辛亥前		汉口	—	—	生产棉布
培德厚织布厂	辛亥前		汉口	—	—	生产棉布
莫记公司织布厂	辛亥前		汉口	—	—	生产棉布
昌发织布厂	辛亥前		汉口	—	—	生产棉布
第一实业制造厂	辛亥前		武昌	—	74	生产爱国布、花布
务本织业厂	辛亥前		武昌	—	36	生产爱国布
凤昌织业厂	辛亥前		武昌	—	21	生产爱国布
广顺记玻璃厂	辛亥前		汉阳	—	—	生产玻璃
张国源面粉厂	辛亥前		汉口	—	—	生产面粉
阜成面粉厂	辛亥前	—	汉口	10万元	200余人	生产面粉
天生银球颜料厂	辛亥前		汉口	—	—	生产颜料
宝兴恒服务公司	辛亥前		汉口	—	—	—
大顺砖瓦厂	辛亥前	—	鄂城	—	9	生产砖瓦
万丰砖瓦厂	辛亥前	—	鄂城	—	9	生产砖瓦

（资料来源：武群文：《辛亥革命前武汉的民族资本主义工商业》，《江汉学报》1961年第4期；苏云峰：《中国现代化的区域研究·湖北省(1860—1916)》，台湾中研院近代史所，1987年，第381—391页；陈钧、任放：《世纪末的兴衰——张之洞与晚清湖北经济》，中国文史出版社，1991年，第113—123页；杜恂诚：《民族资本主义与旧中国政府(1840—1937)》，附录"历年所设本国民用工矿、航运及新式金融企业一览表(1840—1927年)"，上海社会科学院出版社，1991年；罗福惠：《湖北通史·晚清卷》，华中师范大学出版社，1999年，第347—359页。）

说明：原据《东方杂志》、《支那省别全志》、《时报》、《中国年鉴》、《政府公报》、《中国近代工业史资料》、《张文襄公全集》、《中日甲午战争前外国资本在中国经营的近代工业》、《湖北建设最近概况》、《捷报》、《现代中国实业志》、《湖北年鉴》、《湖北省年鉴》、《远东工商业》、《东西商报》、《武汉春秋》、《中华民国元年第一次农商统计表》、《夏口县志》、《中外经济周刊》、《江汉时报》、《江汉日报》、《最近汉口工商业一斑》、《支那之工业》、《支那经济报告书》、《大公报》、《商务官报》、《楚产一隅录》、《辛亥革命与产业问题》、《申报》、《汉口商业月刊》、《农商公报》、《湖北全省实业志》等文献。

上表所列136家民营企业是在近代机器工业的诱惑下兴起的，而且与张之洞竭力营造之实业氛围密切相关。这136家民营企业中，有80家是在张之洞担任湖广总督期间出现的，约占总数之59%。晚清湖北的民营企业之所以能够勃兴，受惠于一个特定的历史环境及其相关因素。汉口开埠之后，诸多的条件和契机在一个特定的时空凝聚成一股合力，将发展民营企业的呼声推向了高潮。这股合力的构成有如下几个方面：

其一，中日甲午战争给近代中国历史带来的一个惊变，就是西方列强对华资本输出获得了清廷的"钦准"。国内爱国思潮经由这一刺激而发展到了一个崭新的阶段，在经济领域作出的最强烈反应是民营资本要求跻身于近代实业的舞台。鉴于此，清廷于1895年8月2日颁布"上谕"，承诺保护民间资本在近代实业方面的发展。随即出台了系列政策，例如：1898年，总理衙门议定《振兴工艺给奖章程十二条》；1903年，设立商部，后改为农工商部；1907年，农工商部颁布《华商办理农工商实业爵赏章程及奖牌章程》，等等。1909年，清廷特定在武昌举办物品展览会，以奖励工艺、推动民营企业的发展。

其二，张之洞莅鄂之后，大力举办近代工业，注意吸收商股，提倡"官商合办"，起到了开风气之先的作用。他对民间资本创业持一种比较宽容和灵活的态度，予以积极扶助。例如，宋炜臣创办汉口燮昌火柴厂，张之洞立即批准该厂享有十年专利权。对于另一位民营企业家刘歆生，张之洞保举他为"候补道员"。张之洞的作为刺激了民间资本一试身手的胃口，点燃了商民们把湖北作为开辟近代工业实验场的热情和决心。可以说，没有张之洞以总督之职权从政策、资金等方面予以提携，没有他的开明态度和开拓性的洋务实践，晚清湖北出现民营企业的勃兴是不可想象的。

其三，湖北民营企业的勃兴不全是白手起家，而是在一定程度上具备传统根基。这主要体现在某些手工工场经过技术改造，完成了向近代机器工业的过渡。也就是说，手工工场原有的劳动力、制度、技术、资金、设备、厂房、产品、原料、流通渠道等，为它们实现近代转型准备了某种必要的基础，如周恒顺机器厂等企业即是。

其四，大量闲散资金与充足的劳动力市场，为湖北民营企业的勃兴提供了某种条件。汉口开埠后，买办阶层开始滋生、壮大，在他们手中积累了大量财富。据统计，1865—1911年汉口进出口贸易额为25亿两。如果按买办经纪费用通常占进出口贸易额之5%计算，那么就有1亿两白银流入买办的口袋中。那些具有时代眼光的买办多用这笔财富投资近代实业，设厂开矿，广为开拓。其中，著名者计有刘歆生、黄兰生、刘人祥、唐朗山、邓纪常、刘子敬等。盛宣怀更是闻名全国的大买办。此外，有名可查的由商人投资的近代企业约有30余家，资金总额在1 000万元以上。当时，在武汉地区的劳动力市场，可供利用的人手多达10万之众,工厂使用职工数不下 3 万。①

其五,湖北所在华中地区物产丰富、矿藏充裕,尤其是武汉地区优越的地理水运条件和传统的商业地位,均以独特的魅力吸引着四面八方的有识之士。在 136 家民营企业中,许多是由外地商人所创办的。例如,祖籍浙江镇海的宋炜臣是由上海来汉口的,梁炳农则是南洋华侨。

湖北民营企业起步较晚,但其发轫却先于中日甲午战争,可追溯到 19 世纪 70 年代。那时的民营企业举步维艰,数量稀少。甲午一役之后,民营企业大举挺进、声势浩大。初步统计,张之洞莅鄂之后直到辛亥革命之前,湖北民间资本在工业方面的投资涉足 30 多个领域,包括采矿业、机器制造业、榨油业、火柴业、卷烟业、服装业、面粉业、木材加工业、砖瓦业、肥皂业、玻璃业、棉织业、造纸业、金属加工业、制革业、印刷业、水电业、碾米业、水泥业、制药业、制茶业、建筑业、漂染业、麻织业、制蜡业、毛纺业、钢铁业、纺纱业、缫丝业等,是一种轻工业畸重、重工业畸轻的产业格局,恰好与张之洞建构的以重工业为主体的官办工业格局形成了鲜明对照,同时又是后者的必要补充。

迨至民国,湖北工业的进步未曾停止。初步估计,到 1949 年,湖北工业企业约 4 004 家,其中民营企业 3 997 家,占总数之 99.8%。② 从机械动力的角度看,张之洞督鄂是一个关键时点。1889 年之前,湖北工业的机械动力不过 3 千匹马力。1890 年之后,到 1898 年,八九年间湖北的机械动力增至 3.7 万匹马力。1903 年,再增为 4.3 万匹马力,1915 年已近 4.8 万匹马力。③ "湖北新政"期间是一个高峰,此后增长虽缓,但仍有稳定上升。据统计,1928—1930 年的二三年间,湖北兴办了 70 余家工厂,较著名者计有汉口第一毛绒厂、东亚布厂、鼎升丝光纱厂、惠丰打包厂、沙市纸厂等。彼时,仅武汉地区符合实业部规定资格的工厂就有 400 家,其他小厂则有 500 家左右。④ 1936—1937 年,湖北按《工厂法》登记的工厂达 548 家,资本额 5 137 万元,职工 4.7 万人,年产值 20 323 万元。⑤ 在地域分布上,武汉地区的近代工厂高度集中,计有 516 家,占全省工厂总数之 94%;资本 4 725 万元,占全省资本之 92%;职工 4 万余人,占省职工总数之 94%;年产值 18 853 万元,占全省年产值之 94%,延续晚清以来畸形发展之产业格局。相比之下,其他县域的工厂数多者 10 家,少者 1 家,详如下表。

---

① [日]外务省通商局:《清国事情》第 1 辑,日本外务省通商局,1907 年,第 690 页。
② 田子渝、黄华文:《湖北通史·民国卷》,华中师范大学出版社,1999 年,第 677 页。
③ [日]东亚同文会:《支那省别全志》,第九卷·湖北省,日本东亚同文会,1918 年,第 719 页。苏云峰:《中国现代化的区域研究·湖北省(1860—1916)》,台湾中研院近代史所,1987 年,第 395—396 页。
④ 田子渝、黄华文:《湖北通史·民国卷》,华中师范大学出版社,1999 年,第 295 页。
⑤ 湖北省政府秘书处统计室:《湖北省年鉴》第 1 回,湖北省政府秘书处统计室,1937 年,第 293 页。

表 1-2-12　1936—1937 年湖北工厂概况

地点及业别	厂数	资本(元)	工人(人)	年产值(元)
汉口	408	39 827 548	21 285	157 561 024
水电	6	8 860 000	1 129	15 230 758
冶炼	8	1 506 288	460	1 059 960
金属品	3	7 500	22	20 600
机器	57	207 350	906	684 490
电器	7	27 000	117	219 200
木材	6	77 000	50	161 960
土石品	16	651 600	539	255 100
化学	48	1 622 010	1 789	2 699 388
饮食品	162	5 402 600	4 501	19 823 088
烟草	3	11 950 000	3 481	102 486 000
纺织	29	7 036 700	4 630	13 454 000
服饰品	9	855 100	363	157 300
交通工具	7	2 500	1 364	13 000
文化	37	1 530 350	1 320	1 140 980
其他	10	31 550	614	155 200
武昌	58	5 886 800	15 990	23 429 273
水电	2	700 000	196	290 000
机器	1	50 000	253	173 000
化学	3	40 000	202	200 000
饮食品	39	128 300	350	1 812 073
纺织	6	4 904 500	10 249	15 805 000
服饰品	3	50 000	4 150	5 000 000
交通工具	2	10 000	524	100 000
文化	1	4 000	56	40 000
其他	1		10	9 200
汉阳	50	1 533 200	6 568	7 540 740
水电	2	128 000	15	54 000
冶炼	2	4 000	34	22 000
机器	13	117 000	458	303 440
化学	4	315 000	978	2 450 000
饮食品	17	952 400	1 333	4 651 300
烟草	1	3 000	36	5 000
纺织	9	13 800	897	55 000
军火	2	—	2 817	—

续　表

地点及业别	厂数	资本(元)	工人(人)	年产值(元)
广济	10	82 000	75	45 000
水电	1	69 680	17	23 000
饮食品	9	12 320	58	22 000
江陵	6	2 961 500	1 836	13 950 000
水电	1	120 000	12	108 000
机器	1	1 500	31	12 000
饮食品	2	340 000	115	830 000
纺织	2	2 500 000	1 678	13 000 000
蒲圻	5	300 000	—	500 000
饮食品	5	300 000	—	500 000
大冶	2	12 600	711	—
水电	1	12 600	6	—
土石品	1	—	705	—
光化	2	110 000	19	16 000
水电	1	80 000	19	16 000
饮食品	1	30 000	—	—
宜昌	1	400 000	39	135 000
水电	1	400 000	39	135 000
应城	1	80 000	10	15 000
水电	1	80 000	10	15 000
沔阳	1	80 000	8	15 000
水电	1	80 000	8	15 000
襄阳	1	39 000	10	12 000
水电	1	39 000	10	12 000
荆门	1	30 000	4	—
水电	1	30 000	4	—
宜都	1	15 000	5	9 100
水电	1	15 000	5	9 100
随县	1	8 000	3	3 600
水电	1	8 000	3	3 600
总计	548	51 365 648	46 563	203 231 737

（资料来源：湖北省政府秘书处统计室：《湖北省年鉴》第1回，湖北省政府秘书处统计室，1937年，第293—295页。）

从工业部门的结构看,与晚清相比,纺织业仍是重心所在,纺织工人约占全省工厂总数之37.7%。其次是以面粉厂为主体之食品工业(时人所谓"饮食品业"),工人约占总数之13.4%。两者合计,约占51.1%,表明纺织、面粉两业在湖北工业结构中的比重大、发展快。但是,军火行业的重要性迅速下降。令人瞩目的是,水电业成为湖北各地发展最快之行业,显示出公用事业的大规模扩张,以及社会生活面貌的显著变化。与此同时,化学、烟草、服饰品等行业势头良好,与晚清产业格局之间已有诸多不同。概言之,抗战前夕湖北已形成以纺织、食品、水电等行业为主体的工业布局。一些企业卓有声名,在湖北工业发展史上留下了不俗业绩。例如,纺织业方面有裕华纱厂、震寰纱厂、申新纱厂、汉口第一纱厂、沙市纱厂等,水电业方面有既济水电公司、武昌电灯公司、汉阳电气公司等,饮食品业方面有金龙面粉厂、裕隆面粉厂、福新面粉厂、宝善机米厂、大生机米厂、信元油厂、福华油厂、兴商砖茶公司、新泰砖茶厂、羊楼洞茶厂等,机器业方面有周恒顺机器厂、武昌机器厂、江岸车辆厂、新华机器厂、沙市长丰机器翻砂厂等,烟草业方面有南洋烟草公司汉厂,印刷业方面有武汉日报印刷厂、大公报印刷厂,等等。

上表中最值得注意者,乃是汉口成为湖北工业之中心,此与晚清迥异。彼时,汉口虽有华洋各厂,但其经济主轴是商业而非工业。武汉地区或湖北地区近代工业之中心有二:重工业在汉阳,轻工业在武昌,亦即张之洞"湖北新政"之工业架构。二三十年后,汉口挟商业雄风,在工业领域突飞猛进,在工厂数、职工数、资本数、产值等方面,整体实力超过汉阳、武昌,引领湖北工业之新浪潮。彼时,汉口计有工厂408家,资本约4千万元,占全省总数之77%;年产值1.5万元以上,占全省总数之78%;职工约2.1万人,占全省总数之44%。位列第二的工业重心是武昌,计有工厂58家,资本约600万元,占全省总数之11%;年产值2千余万元,占全省总数之12%;职工1.6万人,占全省总数之34%。第三大工业重心是汉阳,计有工厂50家,资本150余万元,占全省总数之3%;年产值约700万元,占全省总数之4%;职工超过6千人,占全省总数之14%。[①] 有意思的是,再过三四十年,武汉地区的工业布局又发生重大转变:武昌成为湖北工业之中心,既肩担重工业(武汉钢铁厂、武汉重型机床厂等),又领航轻工业(众多大型国营棉纺厂等),汉口的商业遗风犹存、工业雄风不再,汉阳的产业地位一落千丈,往昔之辉煌已成追梦。

与湖北相比,湖南民营企业之发展较为逊色,其发展状况略如下表。

表1-2-13 湖南近代民营企业概况

工厂	开办年	地点	创办者	资本	职工	业务
大经丝瓣公司	1899	长沙	王先谦等	—	—	生产织瓣机
麓山玻璃厂	1906	长沙		—	—	生产玻璃

---

① 湖北省政府秘书处统计室:《湖北省年鉴》第1回,湖北省政府秘书处统计室,1937年,第291—292页。

续表

工　　厂	开办年	地　点	创办者	资本	职工	业　　务
民立实业社	1906	长沙	—	—	—	生产油墨、酒精、花露水等
湖南电灯股份有限公司	1909	长沙	陈文玮等	20万元	—	发电
裕湘荣机器厂	清末	长沙	—	—	—	生产零部件
发昌机器厂	清末	长沙	—	—	—	生产零部件
全美记机器厂	清末	长沙	—	—	—	生产零部件
萧汉记机器厂	清末	湘潭	—	—	—	生产零部件
崔麻子锅炉修理厂	清末	湘潭	—	—	—	锅炉修理
张仁美冶金铸造厂	清末	湘潭	—	—	—	冶金铸造
湘潭玻璃厂	1913	湘潭	—	—	—	
东海电灯公司	1914	岳阳	—	—	—	发电
楚南玻璃厂	1915	长沙	—	—	—	
湖南制粉会社	1916	长沙	—	20万元	—	生产面粉
光华电灯公司	1916	长沙	—	—	—	发电
益阳电灯公司	1916	益阳	—	—	—	发电
昌明电灯公司	1916	澧县	—	—	—	发电
津市电灯公司	1916	澧县	—	—	—	发电
泰记电灯公司	1917	衡阳	—	—	—	发电
大明电灯公司	1918	湘潭	—	—	—	发电
光雄电灯公司	1920	洪江(隶属会同)	—	—	—	发电
鼎新电灯公司	1922	常德	—	—	—	发电
光明电灯公司	1924	邵阳	—	—	—	发电
新明电灯公司	1925	湘乡	—	—	—	发电
长沙火柴厂	1946	长沙	章用中等	—	68	生产火柴
湘中火柴厂	1946	长沙	—	—	26	生产火柴
同济火柴厂	1946	长沙	—	—	27	生产火柴

（资料来源：张朋园：《中国现代化的区域研究·湖南省(1860—1916)》，台湾中研院近代史所，1983年，第328—335页；刘泱泱：《近代湖南社会变迁》，湖南人民出版社，1998年，第216—217、223—224、233—237、241—243页。）

说明：(1) 原据《湖南近百年大事纪述》，*Reform and Revolution in China*，《中国年鉴》(1919年及1926年)、《湖南省政治年鉴》(1932年)、《湖南历史资料》、《时报》、《民立报》、《湖南地理志》、《东方杂志》、《安乡县志》、《汝城县志》、《慈利县志》、《湖南省志·轻工业志》、《湖南省志·机械工业志》、《湖南省志·纺织工业志》、《葵园四种》、《长沙日报》、《长沙电力志》、《实业杂志》(湖南)、《中国实业志·湖南省》、《当代中国的湖南》等文献。(2) 此表不含纺织业。

抗战前夕，湖南民营机器厂计有50余家，到1943年增为352家。1949年中华人民共和国成立前夕,湖南约有226家民营机器厂,集中于长沙、衡阳、常德、湘潭。① 与湖北相比,电力工业是湖南之优长。湖南电灯公司在抗战前夕已由二类电厂进入容量1千瓦以上一类民营电厂之列,这类电厂在全国共有12家。到1935年,湖南电灯公司计有10家,分布于长沙、湘潭、岳阳、衡阳、澧县、湘乡、会同、常德、浏阳、邵阳等县,覆盖面较广。但是,这些发电厂主要生产目的是解决照明问题,工业用电很少,1922年约占全省发售电量之1.0%,1931年约占13.1%,1937年约占27.8%,增长缓慢。② 这从一个侧面反映了近代湖南工业不发达之真相。

采矿业和纺织业堪称湖南近代工业有代表性之新兴行业。采矿业见下文。在此,仅论述纺织业之格局。湖南纺织业在清末民初乏善可陈,仅有1家垄断性质之官营企业——湖南第一纺纱厂。抗战期间,湖南纺织工业骤然升温,一度达到病态繁荣之水平。官营者计有第一、第二、第三纺织厂等四五家,更多的是民营纱厂之崛起。初步统计,约有11县市25家民营纺织企业密集出现,基本情况见下表。

表1-2-14 抗日战争期间湖南民营纺织企业统计

厂　名	地　点	设　备	生产能力	备　注
建成纺织厂	衡阳	"新农式"纺纱机500锭	—	附设机器厂,拟自造大型纺纱机
华实纺织厂	衡阳	小型改良印式纱机300锭	日产20支棉纱150磅	能生产小型纱机
浩华纺织厂	衡阳	—	—	能自造纱机
经纬实验纱厂	衡阳	自造中型纺绒机2组	—	能自造纱机
求新纺织厂	衡阳	—	—	能自造中型纱机
华新纺织厂	衡阳	—	—	—
中国纺织设计社	衡阳	—	—	附设机器厂,自造纱机
永明纺织厂	祁阳	自造"万方式"纺纱机300锭	—	—
福湘纺织厂	祁阳	"万方式"纺纱机320锭	—	—
华生纺织厂	零陵	"自力式"纺纱机3组432锭	—	—
军纺厂	白牙市(东安)	印度机3组	—	—

---

① 刘泱泱:《近代湖南社会变迁》,湖南人民出版社,1998年,第223—224页。
② 刘泱泱:《近代湖南社会变迁》,湖南人民出版社,1998年,第236—237页。

续表

厂　　名	地点	设　备	生产能力	备　注
中国纺织公司	长沙	200锭	—	能自造中型纱机
申新纱厂	湘潭	印度机2组	—	—
利民纱厂	蓝田(今娄底)	"自力式"纺纱机	—	共有纱锭600余锭
永安纱厂	蓝田(今娄底)	"自力式"纺纱机？锭		
宏大纱厂	蓝田(今娄底)	"自力式"纺纱机？锭		
裕新纱厂	蓝田(今娄底)	"自力式"纺纱机？锭		
新友企业公司宝庆厂	邵阳	"新农式"纺纱机2套		自造小型面粉机
万利纱厂	辰溪	设备均由辰溪兵工厂制造	—	共有纱锭800余锭。抗战后,万利纱厂、力生纱厂合并为利生纱厂
力生纱厂	辰溪		—	
民新纱厂	辰溪		—	
裕民纱厂	辰溪		—	
桐湾溪抗建纺织机械厂	辰溪	"印度式"纺纱机160锭		
福甡纱厂	泸溪	"印度式"纺纱机3组	日产16支纱200磅	
七七纺织厂	慈利	纱锭300余锭	—	—

(资料来源:刘泱泱:《近代湖南社会变迁》,湖南人民出版社,1998年,第241—243页。)
说明:原据《湖南省志·纺织工业志》等。

上表所见之畸形发展,原因在于抗战军兴,对纺织品出现畸形之需求,加之湖北素为中国产棉大省,湖南亦为后方四大棉区之一,以故刺激了棉纺织工业之设厂速度。时人称,"境内小型纱厂,如雨后春笋,纷纷成立。论其单位,恐全国后方各省,无有出其右者"。由于没有深厚之根基,所以抗战胜利之后,战时经济对棉织品之大量需求遂不复存在,终致湖南民营之小厂纷纷歇业,"已无一存在者",湖南纺织工业再度沦入沉寂。① 抗战胜利后,湖南民营企业开始恢复,仅机械工厂在1946年就有300余家。此外,造纸、印刷、火柴、肥皂、玻璃等行业均有不同程度之勃兴。

---

① 刘泱泱:《近代湖南社会变迁》,湖南人民出版社,1998年,第241—243页。

二、手工业的发展与不发展

在近代工业出现之前及之后,两湖地区均存在大量的手工业,在工业布局上形成所谓"二元结构"。那种认为五口通商后,外力的进入导致传统手工业遭受毁灭性打击的论点是不成立的。客观而论,近代时期中国的手工业面临发展与不发展的矛盾纠结,两湖地区概莫能外。上述湖北136家民营企业,大多是简单机器生产,技术落后,资金短少,规模狭小,手工操作部分比重较大。据农商部之统计,1912年湖北工厂数约为1 218,其中使用原动力者9,约占0.74%,不使用原动力者1 209,约占99.26%;湖南工厂数约为1 199,其中使用原动力者19,约占1.58%,不使用原动力者1 180,约占98.42%。1913年湖北工厂数约为598,其中使用原动力者59,约占9.87%,不使用原动力者539,约占90.13%;湖南工厂数约为752,其中使用原动力者9,约占1.20%,不使用原动力者743,约占98.80%。① 另据1948年统计,武汉地区工厂数目有459家,其中合于《工厂法》者86家,不合于《工厂法》者373家,手工劳作占绝大部分。② 两湖地区手工业的行业概貌,略如下表所示。

表1-2-15 两湖手工业作坊和手工工场统计(1912—1913年)

业别	1912年 湖北 家数	%	职工	%	1912年 湖南 家数	%	职工	%	1913年 湖北 家数	%	职工	%	1913年 湖南 家数	%	职工	%
棉织	38	33.0	448	24.5	17	14.8	258	14.1	12	1.2	297	1.1	61	6.3	1 561	6.0
制线	22	9.1	161	4.8	6	2.5	48	1.4	8	22.2	63	11.2	6	16.7	55	9.8
织物	78	3.7	1 376	1.6	69	3.2	1 720	2.0	82	6.4	6 996	11.7	5	0.4	88	0.1
刺绣	—	—	—	—	3	37.5	1 274	94.2	1	3.8	17	1.4	3	11.5	790	64.3
成衣	41	4.2	462	3.1	49	5.0	822	5.5	1	0.2	27	0.3	32	5.9	701	9.0
染坊及漂洗	31	11.7	259	7.2	25	9.4	292	8.2	8	3.1	129	3.8	28	11.0	320	9.3
针织	—	—	—	—	1	1.4	23	0.3	7	33.3	67	22.6				
窑瓷	51	2.3	637	0.9	92	4.2	16 711	24.7	26	1.4	1 161	3.7	114	6.1	1 893	6.0
造纸	202	7.1	1 946	5.1	323	11.9	3 776	9.8	154	6.4	1 500	4.1	180	6.9	2 538	7.0
制油及制蜡	163	9.6	2 205	10.6	42	2.5	398	1.9	98	9.7	1 699	14.1	21	2.1	158	1.3
制漆	2	11.1	14	6.9	2	11.1	14	6.9					3	9.4	33	4.6
火药火柴	1	1.3	4 000	38.2	2	2.5	911	8.7					1	3.0	780	12.4

---

① 彭泽益编:《中国近代手工业史资料》第2卷,中华书局,1962年,第448—449页。
② 谭熙鸿、吴宗汾主编:《全国主要都市工业调查初步报告提要》,《厂数·地域别》之表2,经济部全国经济调查委员会,1948年。

续 表

业别	1912年 湖北				1912年 湖南				1913年 湖北				1913年 湖南			
	家数	%	职工	%	家数	%	职工	%	家数	%	职工	%	家数	%	职工	%
洋皂烛	1	1.3	7	0.5	1	1.3	36	2.4	—		—		—		—	
染料	3	4.1	23	3.2	26	35.6	219	30.4	—		—		14	26.9	118	25.5
制香烛	29	11.0	219	2.3	9	3.4	65	0.7	14	13.1	114	11.1	—		—	
酿酒	80	5.8	792	4.1	36	2.6	318	1.6	28	1.1	274	0.9	28	1.1	294	1.0
制糖	3	0.4	21	0.2	15	2.1	300	3.2	2	0.2	14	0.1	2	0.2	15	0.1
制烟	17	1.7	1 288	7.2	35	3.5	335	1.9	16	2.1	1 276	9.1	17	2.2	193	1.4
制茶	59	9.6	72 912	50.0	96	15.6	40 230	27.6	24	3.4	10 860	10.8	51	7.3	29 809	29.7
糕点制造	45	16.9	363	15.6	26	9.7	252	10.8	8	4.0	72	3.2	7	3.5	48	2.1
印刷刻字	1	2.0	7	0.4	12	24.0	87	4.4	1	1.8	16	0.3	1	1.8	7	0.2
纸制品	3	2.6	30	0.9	—		—		—		—		5	1.6	50	0.7
木竹藤柳器	49	7.8	412	5.2	44	7.3	695	6.7	16	2.7	180	1.7	13	2.2	93	0.9
毛皮革制品	4	0.9	30	0.4	8	1.9	320	4.2	1	0.2	10	0.1	9	1.6	461	4.7
玉石牙骨介角制品	6	10.5	64	10.5	—		—		—		—		1	1.4	7	0.7

(资料来源:彭泽益编:《中国近代手工业史资料》第2卷,中华书局,1962年,第433—447页。)
说明:表中的百分比系指占全国总数之比重。

上表显示,两湖地区在全国较有影响的手工业计有棉织业、制线业、刺绣业、染坊及漂洗业、针织业、窑瓷业、制油及制蜡业、制漆业、火药火柴业、染料颜料业、制香烛业、制茶业、糕点制造业、印刷刻字业、玉石牙骨介角制品业等,尤以制茶业、染料颜料业、火药火柴业、窑瓷业、针织业、刺绣业、棉织业、制线业较为凸显。在相关年份,或家数、或职工数所占全国比重均有超过20%之记录,集中于服装(棉织等)和日用消费品两大领域。下面再以湖北地区的面粉业和制茶业为例,略作申论。

在面粉业方面,近代武汉地区的机器面粉厂不足10家,但畜力磨坊却有数百家。这种畜力磨坊基本上有两种:一种是自给性的小磨坊,自备石磨1个,手摇小圆筛数个,将小麦加工后自食,这种小磨坊为数较少;另一种是作坊式的畜力磨坊,为数众多。作坊式磨坊大小不一,小者备有一二副石磨,牲畜一二头,罗柜1台,一般不雇用帮手,每日每副石磨加工3斗左右的小麦,所产面粉主要供自家做油条、大饼、油面条、馒头或糕点之用,有剩余的就拿出去卖。大的磨坊至少有2副以上的大石磨和2头以上的牲口,大多有学徒并雇有帮手,日产面粉200斤以上,属于商品生产性质,以本地为销售市场,而且是自产自销。①

在制茶业方面,羊楼洞茶区是闻名全国的茶叶产销基地。近代时期,咸宁有7家茶厂,分别是:长裕川茶砖厂、大德成茶砖厂、长盛川茶砖厂、顺丰茶厂、新商茶厂、天聚和茶厂、宏益裕茶厂。蒲圻有18家茶厂,分别是:天聚和茶砖厂、长盛川茶砖厂、大德生茶砖厂、兴隆茂茶砖厂、宝聚兴茶砖厂、王玉川茶砖厂、天顺长茶砖厂、巨贞和茶砖厂、巨盛川茶砖厂、永茂祥红茶厂、福盛谦红茶厂、大德兴红茶厂、阜昌茶包厂、顺丰茶包厂、新商茶包厂、和记茶包厂、祥兴永红茶厂、兰斯馨红茶厂。每家雇工少至90余人,多至五六百人,但基本上是手工生产,没有多少机器工业色彩。② 据日本学者的相关论著,羊楼洞茶区的茶叶制作可分茶芽、粗茶、精茶3个阶段。茶芽生产"以本来为米作农家的兼营形态的茶户来担当",在此基础上,茶户也承担粗茶制作。这些茶户"系以农主工从的农家副业形态,为补助家计,来从事家内劳动的姿态而出现"。由于茶叶制作以补充家计生活为目的,以故茶户的经营规模不免狭小。中国茶叶生产"几乎全是称为茶户及贩户的农家的副业的(实为兼业的)经营,并未实行大规模的茶园及组织的栽培法,因而一户以极小的产出量各自独立的直接卖予市场,并不能有收得充分利益之能力,而又无如生产者的共同贩卖法一类的处理法,此间自不能不为中间商人所乘,以至利润之大部分为商人所剥削,生产者收入被大为减轻,而农家所生产之粗茶,由茶号及茶栈予以加工精制放进市场"。粗茶制作又分为萎凋、搓揉、发酵、焙烘诸工序。从粗茶制作的繁复过程看,清末羊楼洞的茶叶生产工序已相当完备,不过其技术仍为手工劳作。有学者称:"由农家以狭小规模所生产之原料茶(按:指茶芽),经同一农家之手实施粗茶加工,经过这个阶段,即离开农家而移于纯粹的企业经营",后一阶段称之为精茶制作。总之,清末羊楼洞精茶工场已达到"机械以前的工具与手工业劳动的大型制造业阶段"。然而,直到民国初年,羊楼洞制茶业并未出现机械化的近代工场。当时的考察记录可以为证,即"职工在每次茶季,即自五月初旬,聚集此地,各制茶家雇用工人男女合计四五百人,制茶繁盛时季,达千余人之多。女工自其住宅或客栈中来从事专门撰茎工作,男人在制造所内起居,从事火干、分筛、搬运等工作,并有夜班。三等职工概属农人,过半自江西地方前来,薪银不论男女,日给百文乃至百六十文,男工供膳,女工则不供膳"。虽然规模有所扩大,但生产技术及组织"依然徘徊于工具与手劳动的机械以前的阶段,向机械化转换的痕迹毫无"③。羊楼洞的情形似可视为近代两湖茶业生产技术水平

---

① 武汉市粮食局、湖北大学合编:《武汉市资本主义机器面粉工业发展史》,未刊稿。
② 武汉大学历史系中国近代史教研室编:《辛亥革命在湖北史料选辑》,湖北人民出版社,1981年,第281页。
③ [日]平濑己之吉:《近代支那经济史》,引述明治四十二年山田繁平:《清国茶叶调查复命书》。[日]安原美佐雄:《支那的工业与原料》。参见贾植芳:《近代中国经济社会》,辽宁教育出版社,2003年,第211～215页。

的缩影,传统的手工业仍然是制茶业的主体形态。

由于资料方面的原因,近代时期湖南手工业的状况较之湖北更为明晰。晚清时期,湖南手工业之较著名者,计有纺织业、制茶业、造纸业、陶瓷业、制烟业等。这些手工业的地理分布如下:湘乡、耒阳、衡山、益阳、石门、巴陵之棉纺业,浏阳、湘乡、攸县、醴陵、茶陵之麻纺业(夏布),安化、平江、醴陵、临湘、桃源之制茶业,邵阳、武冈、新化、安化、益阳、浏阳、桃源、衡山、衡阳、会同、新宁、新安、东安、新田、蓝山、零陵、祁阳、常宁、桂东、桂阳、绥宁、安仁、永兴、黔阳、攸县、郴县、资兴、汝城、平江、湘乡、常德、靖县、宁远、茶陵之造纸业,长沙、宁乡、醴陵之陶瓷业,衡阳、长沙之制烟业,此外尚有益阳、澧州之竹器编织业,浏阳之鞭炮制造业等。清末民初,湖南部分手工业因外力之冲击而受挫,如土纱业。

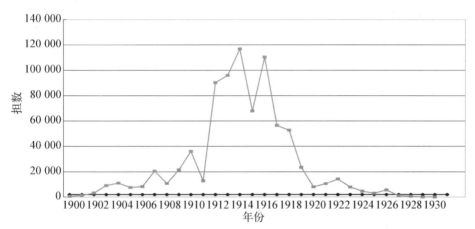

图 1-2-8 1900—1931 年湖南海关进口洋货棉纱担数走势图

(资料来源:张绪:《民国湖南手工业研究》,武汉大学 2010 年博士学位论文,第 52 页。)

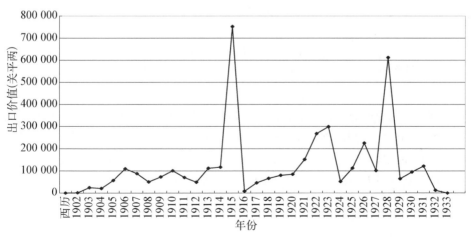

图 1-2-9 1902—1933 年湖南海关出口棉布土货价值走势图

(资料来源:张绪:《民国湖南手工业研究》,武汉大学 2010 年博士学位论文,第 54 页。)

对比上面两幅走势图,可见清末 10 年湖南的洋纱进口较为缓慢,似可映现湖南经济受外部因素之影响不大。民国初年,洋纱进口陡增,至第一次世界大战前夕达到顶峰。一战期间,虽有大幅回落,但仍保持较高增长势头。一战之后,洋纱进口陡然下滑,然后一直走低。个中原因,一则两湖及国内其他区域机器纱厂成长较快,其产品已有一定竞争力;二则清末以降,两湖棉纺织手工业经由先购置进口洋纱、后购置国产机纱之阶段,以生产新式土布,实现了初步的"产业升级",对洋纱之依赖程度遂普遍降低。再看土布出口,清末民初十余年间无甚佳绩,进展平缓。一战期间,湖南土布出口迎来历史最高峰,但 1916—1918 年期间又猛然下跌,此与洋布进口和国内机制布之双重夹击有关。不过,一战后的近 20 年间,湖南土布出口大体呈增长之势,1928 年前后达到第二个高峰,然后在 20 世纪 30 年代回落到清末水平。

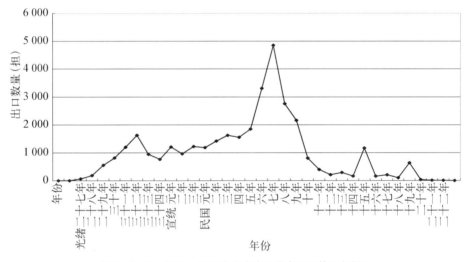

图 1-2-10　1901—1933 年湖南海关夏布出口数量变化图

(资料来源:张绪:《民国湖南手工业研究》,武汉大学 2010 年博士学位论文,第 57 页。)

与土纱业相似的还有夏布业,其出口概况如上图。由于印度绸等进口丝织品的竞争,湖南夏布的出口空间被挤压,清末民初长期在 1 千担上下波动,一战期间直线上升,但很快又直线下降,在低谷徘徊。此外,土靛业、油坊业、肥皂业等均受到进口商品的强力挑战。与上述进口商品不同的是洋纸。

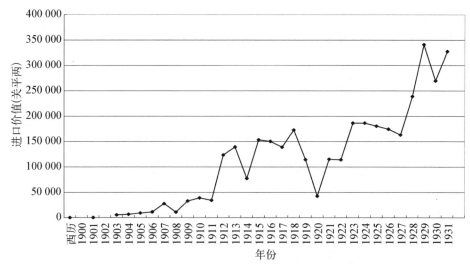

图 1-2-11　1900—1931 年湖南海关进口洋货纸张价值变化图
(资料来源：张绪：《民国湖南手工业研究》，武汉大学 2010 年博士学位论文，第 62 页。)

清末以降，湖南洋纸的进口一路走高，势不可挡。加之国人机器造纸厂之开动，传统土纸业几乎没有什么竞争力，市场尽失，惨不忍睹。时人发出"湘产纸料全被舶来品浸销"之惊叹，指出：

> 湘产纸料，衰落不堪。查厥原因，多被舶来品抵制。用将本省产销情形，分志于下。
>
> （一）宝庆新化一带，前清有槽户二万余户，且今不上一万户。所产时仄最多，专销东三省、天津、牛庄、烟台、河南、西北一带。今则减去九分，且被舶来品、白洋毛边完全抵制。至老仄、重仄、裱仄、官堆各纸，则被矶纸、报纸、美连史各种舶来品，完全抵制。
>
> （二）浏阳石古山所产之浏大贡、浏二贡，放切料半各纸，分销申、汉、本省埠，现被磅纸、木造片料等舶品完全抵制。
>
> （三）永州东安所产东山纸、千张粗纸、五印纸、帐连纸、时仄纸，被舶品牛皮纸、报纸抵销，现已减至二成。
>
> （四）衡山所产白果纸最多，专销汉口、沙市、天津一带，被舶品抵销八成，仅存二成。
>
> （五）邵阳属龙山所产造帐连最多，老仄、官堆亦有，现被舶品美连纸完全抵制。
>
> 外货充斥，国产衰落，希望政府注意之。①

---

① 长沙《大公报》1937 年 3 月 25 日。

当然,湖南土纸业并未全军覆没,只是机制纸品来势凶猛,抢占了大部分市场。原因很明了,就是机制纸适应现代社会诸种需求,而土制纸则差强人意。虽则如此,湖南传统造纸业仍有生存空间,尤其在抗战期间。

在传统手工业整体面临生存压力之同时,某些手工业因为较强的市场需求而获得长足发展,它们或可称为"外向型"手工业,包括爆竹业、湘绣业、桐油业等。湖南爆竹业上溯唐宋,历史悠久。近代时期,产地遍布湘东的平江、浏阳、醴陵,湘西的沅陵、永绥、乾城、泸溪、凤凰、芷江、晃县、会同、靖县,湘南的衡阳、郴州,而以浏阳、醴陵最为著名。醴陵爆竹起步晚、进步快,民国时期几与浏阳爆竹并驾齐驱。史载:"县境之货,皆由庄客贩往浏阳,转售外埠。故外间仅知有浏阳编爆之名,而不知有醴陵编爆,实则两县之产额正相埒也。光绪三十年,海关记载出产数量,为一万余担,值银七万两。宣统三年,则为五万担,值银九十余万两。民国纪元后,发展甚速,销场几遍于国内外。"①20世纪20年代后期,醴陵爆竹作坊近千家,年产量10万箱。直至1956年,醴陵尚有爆竹作坊500余家,②显示手工业在遭遇近代工业之际并非一触即倒,而是有其发展契机,在这背后存在着复杂的历史逻辑。湘绣是国内四大名绣之一,历史久远,精美绝伦。晚清以降,湘绣进入大发展时期,绣庄集中于长沙,常德、衡阳也有少数作坊。据民国《湖南实业杂志》统计,1913年长沙有细绣庄8家,粗绣庄13家,共计21家,至1935年细绣庄增为25家,粗绣庄增为40家,共计65家。③桐油业在第一次世界大战后逐年递增,出口量年均达30万担以上,仅次于四川。1929年出口量高达51万担,占湖南出口贸易总值44%,到抗战前夕仍占全省出口额38%,替代了19世纪末的茶叶和20世纪初的矿产,成为湖南最重要的出口货物。④另有通过"石磨+蒸汽机"式的技术改良而继续存在和发展的手工业,包括平江、湘潭、邵阳、芷江、洪江、醴陵的土布业,祁阳的草席业,等等。也有个别手工业保持故态,不作任何改变,如浏阳、长沙的豆豉业。⑤

抗战军兴,因战时经济之需求,加之政府强力介入、工合组织积极推导等因,湖南手工业出现峰回路转的繁盛态势。

表1-2-16 抗日战争期间湖南手工业的发展情形

行　业	地点	数　　量	设　　备	从业者	产量或销量
土布业	平江	——	——	——	年产平大布30.3万匹,平官布21.8万匹,产值2 000余万元

---

① 民国《醴陵县志》,食货志,工商,编爆业。
② 醴陵市志编纂委员会:《醴陵市志》,湖南出版社,1995年,第262、269页。
③ 杨世骥:《湘绣史稿》,湖南人民出版社,1956年,第28页。
④ 孙敬之主编:《华中地区经济地理》,《中国科学院中华地理志经济地理丛书》之三,科学出版社,1958年,第61—62页。
⑤ 参见张绪:《民国湖南手工业研究》,武汉大学2010年博士学位论文,第70—73页。

续 表

行业	地点	数量	设备	从业者	产量或销量
	祁阳	600余家	木织机2 000余架	——	年产土竹布6万匹,土洋布3万匹,土棉布26万匹
	醴陵	700余家	——	——	年销各色布32万匹
	浏阳	县城12家			年产布402.6万匹
	益阳	千余家	织布机2 000余架		年产布60万—70万匹,产值4 000余万元
	茶陵	城区9家			
	新化	——	织布机7 000余架,纺纱车7万余架	2 000人	
	津市	——			年产土布8万余匹
土纱业	平江	——	多锭纺纱机2千余架,单锭纺纱机3万余架		
	长沙	——	纺纱车10万架	12万人	8.5万担
	衡阳		纺纱车1万架		
	茶陵		纺纱车5 910架		每日产纱约3万两
土靛业	醴陵	染坊百余家	——	——	所染土布销行江西及彬州
	蓝山				出产之量,几可恢复昔年盛况
纱布业	衡阳	纱布店220家	——	——	衡阳运销重庆的布匹,年达80万元
	祁阳	700余布摊			双桥墟市,交易者千人以上,本地占65%,外地占35%,年销量达94万匹
	龙山	——			石羔山纱市,三天一场,人数多达上千人,销量为3 000多斤。土布集市,土白布销量在1 000匹以上,远销恩施、宣恩、咸丰、黔江、澎水、酉阳、川中等地
	慈利	纱行、布行、染行30余家	——		土白布年产销约20余万匹,销往龙山、桑植、白果坪、江垭等地

续 表

行 业	地点	数 量	设 备	从业者	产量或销量
针织业	长沙	工厂74家,资金5 000万元	织机3 700架	工人5 000人	年产袜100万打,价值350兆元
	醴陵	—		女工二三百人	除销本县外,并销茶陵、攸县、袁州一带
	邵阳	80多家		工人五六百人	年产量达400万打,远销湘西、云南、贵州等地
	常德	—			棉丝光袜年产量达24万打
土纸业	宁乡	纸棚数百所			—
	黔阳	槽户70余家			年可出纸3 000余担,年产值约10余万元,运销洪江、安江一带
	浏阳	—	—	—	生料纸有折表纸和炮料纸之分,多销于本县;熟料纸分贡纸、报纸、本色花胚、五色等数种,产于东乡、张坊、石鼓山、白沙等处,每年可产1.8万余石,其中以贡纸及报纸为最多,销往长沙、桂林、重庆等地
	衡阳	—	—	—	兴盛年份可达8万担,衰落年份为3万担,常年约为6万担。以渣江为初级市场,再转运至衡阳或长、潭一带
	汝城	80户,资本120万元	—	3千人	分肉口、山贝、草纸、表芯纸四种,营业总额为210万匹,盈利20万元。外销两万担,以县属集龙圩、热水圩、壕头圩、土桥圩为集中市场,再运销广东的乐昌、仁化、江西的崇义及□县等地
	武冈	—	—	—	兴盛之年可达7万余担,外销达6.8万担,衰落之年亦能出产4万余担

续表

行 业	地点	数 量	设 备	从业者	产量或销量
	新化	槽户2 720家,资本20万元	—	81 602人	生产时仄纸、老尖纸2 600吨,夹板纸8 000吨
	茶陵	纸槽67处	—		出产湘包、毛边、土报等纸张,常年产量约达7 079担
制烟业	长沙	56家	—	4千人	年产手工卷烟3万余箱,每箱5万支。其中,华中烟草公司(华中手工卷烟厂)有职工1 000余人,生产"七七"、"坦克"、"挺进"等牌卷烟,行销本市、湘西南、广西等地
	桂阳	—			年产烟叶2.46万担
	常德	乌龙港手工卷烟厂		20人	年产"白猫"牌、"前进"牌香烟10万多条
	益阳	—		6千余人	益阳大中、新中国两家烟草公司雇工200—300人,手工生产,年产香烟20万条
制糖业	道县	各乡植蔗,随处设榨。专造片糖之糖坊23家	糖锅210口	仅亲仁乡就有1 500户	年产糖6万—7万担
	溆浦	70余家			年产糖5.2万担
制瓷业	醴陵	250余家	—	8 000余人	年产日用瓷器7 000余万件

(资料来源:张绪:《民国湖南手工业研究》,武汉大学2010年博士学位论文,第73—85页。)
说明:原据《湖南省银行经济季刊》、《湖南省银行月刊》、《醴陵县志》、《醴陵市志》、《新化县志》、《慈利县志》、《常德市志》、《宁乡县志》、《桂阳县志》、《益阳市志》、《道县志》、《祁阳文史资料》、《祁东文史资料》、《衡阳文史资料》、《龙山文史》、《邵阳市西区文史》、《长沙经贸史记》、《湖南民国经济史料选刊》、《湘东各县手工业品调查》、《醴陵瓷业调查》等文献。

不难看出,棉纺织业和日用品行业是抗战期间最紧要的行业之一。其中,棉纺织业尤为关切时局之大端。当时,平江、祁阳均成为国民政府军政部指定的军装布料采购点。祁阳军布最高产量达到日产万匹,仅双桥镇就有作坊145家,织机363架,从业人员650人,年产各种土布7.8万匹,另有18家染坊,有580个大染缸,每天可染布570匹。政府采购人员多达数十人,一次性采购多在2千匹以上。初步估计,抗战期间湖南75县,农村棉纺织业呈增长势头者计有34县,占总数之45%,无变化者有5县,占总数之6.7%,其余36县缺乏相关资料。① 总体上,作为湖南手工业主体的棉纺织业处于发展状态。需要强调的是,抗战使进出口贸易形势大变,许多洋货无法进入内陆,国内商品流通渠道不畅,所需之商品来源断绝,本地土货的输出也困难重重。这在一定程度上刺激了市场需求不减反增,促使手工业突然进入非"常态"的发展状态,甚至成为制造业之主角。与此同时,也应该看到,一旦战事结束,发展之动力不复存在,这些手工业又将复归"平常",成为近代工业之附庸。

综上所述,晚清以降两湖地区的工业格局出现变异,其界标不是汉口开埠,而是张之洞督鄂。尽管此前已有若干近代性质之企业出现,但是大多属于外资企业,零散而不成体系。真正有计划、大规模构建两湖近代工业格局之历史时点,是1889年。是年,张之洞由两广移督两湖,成功地将筹办中的新式企业移植湖北,并着手新一轮的实业建设。动作之大、成就之显、影响之巨,令世人为之瞩目,改变了近代中国的经济格局。进入民国,湖北的工业建设有所拓展,但气势已不如往昔,在全国之地位明显下滑。相比之下,晚清时期张之洞之关注点在鄂而不在湘,以故湖南的工业实绩乏佳可陈。民元之后,湘省之建设轰轰烈烈,大有追赶湖北之劲头。抗战军兴,湖南成为工厂内迁之枢纽,工业格局大变,出现战时经济常见之畸形繁荣。不可忽视的是,晚清民国时期,两湖地区的手工业普遍存在,发展态势良好,与机器工业构成所谓"二元经济"之格局,不似某些论著贬低手工业之臆断。其实,在技术层面,许多中小型企业内部存在大量的手工劳动,机器之比重不高。外资企业方面,民国不如晚清,但其中值得关注之处,是日本超越西方列强成为在华经济实力最强之一方。日本在两湖地区的经济重心是矿冶之开采而非机器之制造,掠夺程度之疯狂令人发指。抗战结束后的三四年间,由于时局动荡、经济危机,两湖之工业已无甚实绩可言。

三、矿业的突飞猛进

两湖矿藏之丰富,全国闻名。矿业是近代实业之要目,其发展之步伐实与机器制造、交通运输等行业密切相关。虽然两湖地区的矿冶可以上溯远古,但是大规模、产业化的采矿业却是晚清时期才形成的,而且取得了跨越式发展。对前贤相关成果的采纳,散见于字里行间。在结构上,笔者主要论及矿业踏察和近代采矿业之兴起。

1. 矿业之踏察

清季湖北矿业之踏察,不仅意义重大、影响深远,而且颇具经济地理之意蕴,是

---

① 张绪:《民国湖南手工业研究》,武汉大学2010年博士学位论文,第74、77页。

人类智识与经济活动在空间上的结合所形成的生动的历史图像。张之洞督鄂之前，盛宣怀已聘请英国矿师郭师敦等人勘探湖北各地煤铁矿，足迹遍及武穴、黄石港、当阳、归州、大冶、武昌、兴国、宜都等地，取得惊人成果，对湖北近代采矿业影响甚巨。在此基础上，1889—1894年，张之洞组织中外专家数十人再度进行勘矿活动。人员之多，规模之大，成果之巨，远超盛宣怀。这次勘矿，足迹遍及湖北之郧阳、兴山、巴东、当阳、京山、大冶、武昌、兴国州、广济、荆州、归州、王三石、黄安、麻城、鹤峰、百泉湾等地，湖南之宝庆府、衡州府、攸县、醴陵、辰州府、辰溪、浦市、永州府、益阳县、石门县、沅陵县等地，甚至远涉贵州、陕西、四川、山西、山东等省，积累了丰富的第一手地质学方面的资料，为近代采矿业的发展创造了某种契机。通过勘矿，张之洞决定集中力量开采大冶铁矿、大冶王三石煤矿、江夏马鞍山煤矿，实行机械化作业，与此前盛宣怀的土法开采殊不相同。兹将张之洞勘矿活动开列如表1-2-17。

表1-2-17　湖广总督张之洞主持下的勘矿活动

时间	地点	人员	内容
光绪十五年（1889年）十二月	湖南省宝庆府所属各地	高培兰、王天爵	踏察煤铁。光绪十六年（1890年）八月复勘，督劝商民开采
光绪十五年（1889年）十二月	湖南省衡州府、攸县、醴陵，江西萍乡接界等地	欧阳柄荣、欧阳梦	踏察煤铁矿
光绪十五年（1889年）十二月	湖南省辰州府、辰溪、浦市等地	杨湘云、蒋允元	踏察煤铁矿
光绪十五年（1889年）十二月	贵州省青溪县	杨秀观、张福元	踏察煤铁矿
光绪十五年（1889年）十二月	湖北省郧阳、兴山、巴东、当阳、京山等地	—	踏察煤铁矿
光绪十五年（1889年）十二月	陕西省汉中、兴安等地	—	踏察煤铁矿
光绪十五年（1889年）十二月	四川省夔州府	—	踏察煤铁矿
光绪十六年（1890年）正月	湖北省大冶	白乃富、毕盎希、巴庚生、札勒哈里、盛春颐、易象等	踏察铁矿
光绪十六年（1890年）正月	湖北省武昌、兴山、广济、荆州、归州等地	白乃富、毕盎希、巴庚生、札勒哈里等	踏察铁矿，备汉阳铁厂之用。光绪十七年（1891年）正月复勘，督饬荆州、当阳等地商民开采

续表

时间	地点	人员	内容
光绪十六年（1890年）二月	山西省泽州、潞安、平定、盂县等地	陈占鳌、周天麟等	踏察铁价与运道情形
光绪十六年（1890年）三月	湖北省兴国州	梅冠林、毕盎希、柯克斯等	踏察锰矿。光绪三年（1877年）英国矿师郭师敦曾踏察，是年复勘
光绪十六年（1890年）八月	湖南省永州府祁阳县、衡州府各地	徐建寅、张金生、欧阳柄荣等	踏察煤矿
光绪十六年（1890年）九月	山东省	凌卿云	踏察煤矿出产情形
光绪十六年（1890年）十月	湖北省大冶、王三石等地	张飞鹏、毕盎希、柯克斯、王树藩、游学诗、黄建藩等	踏察煤矿
光绪十六年（1890年）十一月	湖北省黄安、麻城等地	朱滋澍、舒拜发、巴庚生、斯瓦而滋	踏察煤矿铅矿
光绪十六年（1890年）十二月，光绪十七年（1891年）五月	湖北省鹤峰	丁国桢、杨钧	踏察铜矿，以备枪炮厂、铸钱局之用
光绪十七年（1891年）正月	湖南省益阳县	高培兰	踏察煤矿，令地方官督劝官民开采
光绪十七年（1891年）五月	湖南省石门县	铁政局	踏察铜矿，令铁政局开采
光绪十七年（1891年）八月	湖南省沅陵县	夏时泰	踏察金矿
光绪十七年（1891年）九月	湖北省兴国州富池口	汪彦份、元复	踏察银铅矿，令由官开采
光绪十八年（1892年）十月	湖北省大冶马叫堡等地	张飞鹏	踏察铅矿，以备枪炮厂之用
光绪十九年（1893年）三月	湖北省兴国州秀家湾等地	夏峻峰等	踏察煤矿
光绪十九年（1893年）三月	湖北省兴国、大冶交界之百泉湾等地	欧阳柄荣、张金生等	踏察铅矿
光绪十九年（1893年）八月	湖北省兴国州富山头	欧阳柄荣	踏察煤矿
光绪十九年（1893年）九月	湖北省兴山千家坪	徐家幹、池贞铨、查有镛	踏察铜矿

（资料来源：孙毓棠编：《中国近代工业史资料》第1辑，科学出版社，1957年，第768、769页。）

迨至清末,湖北已有所谓矿政调查局,负责清厘现开、已开、已报、已勘诸事项。① 民国初年,张謇出任农商部总长,决定各省矿政局添设地质调查所,并聘请英国矿师卫勒等人调查湖北等省矿藏。1913—1918年间,在湖北一地,共调查85次,负责踏察之矿师44人次,随行之调查员260人次,所踏察矿区之矿工3.4万余人,获得矿区面积累计1.4万余亩。② 其间,民间踏察活动也渐次展开。

表1-2-18　1914—1915年湖北民间勘察矿藏的活动

县名	矿区	面积(亩)	禀请者	禀请权	给照日期
蒲圻	西乡白纯团藕荡堪上崇林山肢脚之煤矿	272	利生公司 唐余庆	探	1914年10月21日
蕲春	横霸头迎山支下刘姓山内之煤矿	275	泰来公司 陈蔚山	探	1915年3月31日
竹山	西乡西区陈家山房后之铜矿	72	宋炜臣	探	1915年9月25日
秭归	香溪乡万古寺口之煤矿	1 032	周开基	探	1915年11月9日
蒲圻 崇阳	交界雪峰山之煤矿	270	恒丰公司 王从吾	探	1915年12月
广济	第九区金银团之煤矿	1 036	武穴公司 郭复初	探	1915年12月3日
广济	第九区郭家冲鹞鹰岩之煤矿	922	武穴公司 郭复初	探	1915年12月3日
兴山	南乡五甲游家河之煤矿	931	周开基	探	1915年12月3日
京山	东北乡大庙团之铅矿	106	陈凌汉	探	1915年12月31日

(资料来源:苏云峰:《中国现代化的区域研究·湖北省(1860—1916)》,台湾中研院近代史所,1987年,第346页。)

说明:原据《政府公报》(1917年10月)附录之统计局编:《行政统计汇报》,第660、666、668、671—673、681、685页。

湖北的勘矿活动在中国矿冶史上占有重要一席,它不仅广开风气、启发民智,而且运用科学之方法实地踏察,掌握了系统的省情国情资料,其价值非采矿一事所能涵盖。从踏察活动的组织者看,由盛宣怀到张之洞、再到农商部,显示主事者之层级愈来愈高,调动社会资源之能力亦愈来愈大。从踏察人员看,由外国矿师包揽到中外专家联合调查,再到民间力量之介入,亦显示中国矿业之进步。相比之下,同一时期的湖南却没有出现有计划、有组织的大规模勘矿活动,湘人对近代矿业之探索未免有些迟滞。

2. 采矿业的新格局

湖北近代意义上的采矿业在张之洞莅鄂之前已经起步。1875年,盛宣怀受直

---

① 湖北咨议局议员:《兴矿业以辟利源案》,宣统元年十月十八日呈。转引自吴剑杰主编:《湖北咨议局文献资料汇编》,武汉大学出版社,1991年,第227页。
② 苏云峰:《中国现代化的区域研究·湖北省(1860—1916)》,台湾中研院近代史所,1987年,第345页。

隶总督李鸿章、两江总督沈葆桢、湖广总督李瀚章的委托,督办开采湖北广济兴国煤矿。开办资本约为制钱30万串,属于官办性质。此矿初创之际,立誓宏大,"盖欲以湖北一厂树之准的,使由鄂省以推及各省,由煤矿以推及各矿,皆得闻风乐从,而踵行无弊"。① 结果事与愿违,1879年,该煤矿宣告停顿,但人员及设备移至荆门开采,改为商办,号称荆门煤矿,仍由盛宣怀主持。荆门煤矿资本不详,规模较小,其所开之煤远销镇江、上海等地。1881年,鹤峰矿务局成立,开采湖北长乐鹤峰铜矿,资本约为10万两,属于商办性质。② 稍后,泰来亨茶栈意图募集商股开办湖北施宜铜矿,最终无果。

表1-2-19 清末民初湖北采矿业简表(按开办时间排序)

矿　厂	开办年	创　办　人	性质	资本
广济兴国煤矿	1875	盛宣怀	官办	制钱30万串
荆门煤矿	1879		商办	
长乐鹤峰铜矿	1881	—		10万两
大冶铁矿	1890	张之洞	官办	由汉阳铁厂经费开支
大冶王三石煤矿	1891			
江夏马鞍山煤矿				
常(宁)耒(阳)锰矿	1908	汉冶萍公司	商办	—
阳新锰矿	1916	汉冶萍公司(此前湖广总督张之洞已设局开采)	商办	—
大(冶)(阳)新铜矿	1916	湖北官矿公署	官办	—
武昌炼锑厂	1917	湖北官矿公署	官办	
大冶象鼻山铁矿	1918	湖北官矿公署	官办	由湖北官钱局筹划

(资料来源:孙毓棠编:《中国近代工业史资料·第1辑:1840—1895年》,科学出版社,1957年,第1170—1171页。)

汉阳铁厂的建设把湖北的机器采矿业推进到一个全新的时期。大冶铁矿储量丰富,具有长远的开采价值。1891年4月17日出版的《捷报》对此评论道:"英国煤铁最富。然而,湖北省所雇用的外国矿师则认为中国的铁矿比英国为尤富。大部分的钱很纯,只要加工,即可制成器物与铁轨。大冶铁矿现已开采……"汉阳铁厂奠基之初,在大冶铁矿方面,运矿铁路、铁桥、开矿机器、轧铁矿和灰石的机炉、起矿机器房、沿江码头等,均已修建、安置完毕。1893年5月19日的《捷报》跟踪报道,

---

① 《湖北煤厂试办章程八条》(光绪元年九月下旬至十月初),陈旭麓、顾廷龙、汪熙主编:《湖北开采煤铁总局·荆门矿务总局》,上海人民出版社,1981年,第26页。
② 孙毓棠编:《中国近代工业史资料》第1辑,科学出版社,1957年,第1170、1171页。

称"大冶煤铁矿已大规模在开采,每日雇佣工人超过一千人"。几乎同时,江夏马鞍山煤矿亦开通出煤。江夏马鞍山煤矿自1891年夏季开采以来,"出煤极旺"。该煤矿与大冶铁矿一样,使用机器生产,"用泰西机器凿孔之法,做井字架掘采而下,工省利倍"①。比较之下,大冶王三石煤矿的运营情况不如人意,症结是积水太多。1894年6月1日的《捷报》称,该矿已停办,前后三年之开销约有50万两。张之洞打算先购运湘煤、外国焦炭与马鞍山之煤参用,以应急需。稍后,汉阳铁厂转而大规模开采江西萍乡煤矿,从而保证了湖北工业的大部分用煤,也相应摆脱了湖北煤质不佳、煤产不敷使用之困境。在此过程中,因资金筹措艰难,张之洞等人遂向日本举债,迄1913年共计3 200万元。后来又陆续举债,1922—1927年两次对日本举债累计达日金1 050万元。②经由此途,日本逐渐掌控汉冶萍公司。先是,日本获得用大冶铁矿石和汉阳铁厂之生铁作为抵押之特权,后来又获得将公司全部资产作为抵押之特权,并借此监督并参与公司之运作。由于日本钢铁工业急需铁矿石及生铁,所以湖北境内之矿厂成为其长久觊觎之对象。下表所示,可见一斑。

表1-2-20　日本资本控制下的湖北铁矿及生铁生产情况　　　单位:吨

种类	厂矿名	1918年	%	1926年	%	1930年	%	1936年	%
铁矿	湖北大冶(汉冶萍公司)	684 756	70.3	85 732	8.3	377 667	21.3	660 180	22.6
	湖北大冶象鼻山	—	—	103 822	10.1	128 096	7.2		
	全国总计	974 698	100	1 033 011	100	1 773 536	100	2 922 180	100
生铁	湖北汉冶萍公司	139 152	75.6						
	湖北六河沟铁厂			7 498	3.3			18 000	2.7
	全国总计	184 144	100	228 352	100	376 080	100	669 696	100

(资料来源:陈真编:《中国近代工业史资料》第2辑,三联书店,1958年,第973—975页。)

1938年10月武汉沦陷后,汉冶萍公司被日本强行霸占,所产铁矿石全部运往日本八幡制铁所锻炼。据统计,1938—1945年日本掠夺大冶铁矿之矿砂多达5千余万吨。③与此同时,应城膏盐公司亦被伪政权控制,所产膏盐大量输往日本。

民国时期,湖北矿业发展的一大特征是民营企业有了长足进步。截至1937年,概有35家民营矿厂,开采对象包括煤矿、铁矿、锰矿、石膏矿、石棉矿等。其中,

---

① [清]薛福成:《庸盦全集·出使日记续刻》卷三,光绪十八年二月二十五日记。
② 全汉升:《汉冶萍公司史略》,文海出版社有限公司,1982年,第167—171页。苏云峰:《中国现代化的区域研究·湖北省(1860—1916)》,台湾中研院近代史所,1987年,第353页。杨春满、段锐:《1922—1927年汉冶萍公司对日举债考略》,《湖北师范学院学报》2010年第2期。
③ 田子渝、黄华文:《湖北通史·民国卷》,华中师范大学出版社,1999年,第582页。

煤矿业最为发达,分布广,数量多(30家),占总数之85.7%,但多系小型矿厂,职工超过100人者仅6家。整体上讲,民营矿厂之规模普遍较小,且大多没有依法登记注册。可见,政府对矿业之管理存在较大漏洞。尽管如此,民间资本对推动湖北矿业发展功不可没,其概况列如下表。

表1-2-21 民国时期湖北民营矿业概况(1937年)

县别	公司	类型	面积(亩)	资本(元)	职工(人)
大冶	汉冶萍	铁矿	—		
大冶	华记	水泥	—	2 777 778	—
汉阳	资若	锰矿	6 830.64		
阳新	民生	石棉	1 092.85		
应城	应城石膏	石膏	—		
武昌	源昌	煤矿	12 193.19	60 000	80
武昌	裕兴	煤矿	2 669.88	—	
武昌	晋昌	煤矿	2 568.99	896	48
蒲圻	富德	煤矿	2 714.40		
蒲圻	益昌	煤矿	786.90		
阳新	福东	煤矿	5 382.14	5 000	112
阳新	裕利	煤矿	5 905.38	300 000	550
阳新	福星	煤矿	783.52	—	
大冶	新华	煤矿	5 069.90		
大冶	源华	煤矿	94 290.96		
大冶	富源	煤矿	35 866.47	800 000	2 600
大冶	华利	煤矿	3 862.11		
大冶	振华	煤矿	3 579.58		
大冶	德和	煤矿	3 155.80		
大冶	利源	煤矿	4 958.95		
大冶	春大	煤矿	3 505.00		
大冶	四维	煤矿	3 416.06	2 000	500
大冶	协合	煤矿	2 662.42	—	
大冶	利华	煤矿	49 334.86	500 000	1 000
大冶	兴华	煤矿	1 934.81		
大冶	慈惠	煤矿	21 143.53		
荆门	瑞记	煤矿	2 011.00	3 000	50
当阳	同裕	煤矿	1 337.15	—	

续　表

县　别	公　司	类　型	面积(亩)	资本(元)	职工(人)
宜都	开源	煤矿	1 800.19	625	14
宜都	信义	煤矿	4 915.20	—	—
宜都	同兴	煤矿	2 352.84	—	—
宜都	全城	煤矿	267.26	—	—
秭归	正大	煤矿	1 892.35	100 000	200
秭归	桂元	煤矿	1 677.31	400	20
秭归	协成	煤矿	6 199.91	—	—

(资料来源：湖北省政府秘书处统计室：《湖北省年鉴》第1回,湖北省政府秘书处统计室,1937年,第293页。)

湖南工业的龙头是采矿业。[①] 其开采虽可上溯明代,但官方主导下的大规模投产却是清末民初。大约在20世纪20年代之前,湖南矿业已形成产业化之格局,其标志是各类矿藏均有程度不同之开发,官营、民营之公司林立,主要矿产之销售畅旺,基本确立矿业大省之地位。

表1-2-22　湖南近代官办矿业一览表

企业	开办年	地点	主办者	资　本	职工(人)	沿　革
湖南矿务总局	1895	长沙	湖南巡抚陈宝箴	50余万两	—	下辖阜湘公司、沅丰公司。1903年,湖南巡抚赵尔巽将其合并,成立湖南矿务总公司。民国初年,再度恢复矿务总局,一度易名为官矿经理处,1927年并入湖南省建设厅。
常宁水口山铅锌局	1897	常宁	湖南巡抚陈宝箴	75万元	职员73,技工231,粗工1 195	明朝开采。晚清陈宝箴收归官办。1904年改用西法开采。民国初年划归省营,由湖南省建设厅主持。
湖南省炼铅厂	1908	长沙	湖南巡抚岑春蓂	—	—	1910年建成投产,机器购自美国。民国初年划归省营,1928年由湖南省建设厅主持。
醴陵煤矿局	1930	醴陵	湖南省建设厅	52万元	职员134,伕役28,工人2 176	原系民营,后收归省营。原名醴陵石门口煤矿局,1940年易今名。月产量最高达12 000吨。

---

① 清末湖南25家企业中的17家(占资本总额之72.3%),主要从事省内矿产开发。参见[美]周锡瑞著,杨慎之译：《改良与革命——辛亥革命在两湖》,中华书局,1982年,第84页。按,有关清代湖南矿业的发展实态,可参见林荣琴：《清代湖南的矿业开发》,复旦大学2004年博士学位论文。

续 表

企业	开办年	地点	主办者	资本	职工(人)	沿革
桃源金矿局	1936	桃源	湖南省建设厅	30余万元	职员84,伕役38,技工1156,粗工54	1932年由商人开采,翌年收归省营,成立试探工程处。经营三载,成立矿局。
观音滩煤矿工程处	1937	醴陵	湖南省建设厅	31万元	—	原系商办。
江华矿务局	1938	江华	湖南省政府与资源委员会	50万元	—	前身为1911年之官办上伍堡锡矿局,用土法开采。
云湖煤矿工程处	1938	湘潭	湖南省建设厅	20万元	职员32,工役矿警等800余	1937年湘省建设厅派人踏察,翌年试采。日产烟煤50吨。
湖南金矿工程处	1940	平江	湖南省建设厅	28万元	职员28,伕役11,技工400,粗工94	明朝开采。清末收归官办,聘请洋匠,安置机械。民国初年划归省营。
湖南实业公司	1943	长沙	代理董事长为湖南省主席薛岳	6亿元	数以千万计	仿照美国托拉斯之制,在章程中规定可设立分公司。

(资料来源:陈真编:《中国近代工业史资料》第3辑,三联书店,1961年,第1346—1352、1354—1356页。)

上表中的湖南矿务总公司,其资本构成为:民股300万元,官股20万元,实为官督商办之企业。此后七八年间,矿务总局逐渐变为行政机构,湘省矿业之开采几乎完全处于矿务总公司的管控下。抗战军兴,湖南矿业出现崛起势头,实因抗战对矿产之急需。其中,最令人印象深刻者,就是宛若庞然大物的湖南实业公司,它令人想起清末张之洞创建"湖北新政"之气势。从规模、资本等方面看,湖南实业公司堪称民国两湖地区最大之企业集团,下辖企业22家,涉及矿冶、机械、火柴、造纸、器材、玻璃、纺纱、制革、农林、化工诸行业。在资本构成中,官股占6/10,以湖南省建设厅主持之22家轻工业及重工业厂矿抵充,另有湖南省政府、资源委员会之投资36 000万元;民股占4/10,约24 000万元,认股者包括孔祥熙、孙科等显贵。据1943年12月23日重庆《国民公报》称,官办之湖南实业公司支配的矿业单位计有11家,占其名下之企业总数一半,于此可见该公司对矿业之倚重。其中,醴陵观音滩煤矿工业处辖第1区和第2区,增加资本1 540万元;湘潭云湖煤矿工程处,下辖5个矿区,增加资本2 456万元;桃源冷家溪金矿局,下辖3个矿区,增加资本1 470万元;平江黄金洞金矿工程处,增加资本1 985万元;益(阳)汉(寿)金矿工程处,增加资本750万元;江华锡矿局,增加资本664万元;临武香花岭锡矿局,增加资本722万元;晃县酒居塘汞矿区,增加资本869万元,另有汝城山塘钨矿、东安钨矿,可谓财大气粗。① 抗战结束之后,湖南矿业处于恢复时期,产销大不如前。

湖南矿藏种类繁多,地位最重要者当推锑、铅、锌三矿。锑矿遍布湘省各地,尤以新化、安化为最。新化之矿有世界第一锑矿之称。详言之,中国锑矿之宏富,甲于天下。世界之内,中国产量第一;中国之内,湖南产量第一。以1913年为例,中国锑矿产量占世界总量之54%,湖南产量占中国之83%。第一次世界大战期间,军火工业飞速运转,需锑甚多。受此影响,中国锑的产量达到世界总量之80%,湖南之产量仍占全国总量之80%以上,产销两旺,达到鼎盛。② 1923年的统计表明,湘省锑矿公司多达522家,其分布如下表所示。

表 1-2-23　1923年湖南锑矿公司的分布

地点	公司数	地点	公司数	地点	公司数	地点	公司数	地点	公司数
新化	125	沅陵	17	邵阳	154	麻阳	2	慈利	2
临武	6	石门	2	桂阳	15	桃源	4	宜章	4
平江	4	永明	3	黔阳	10	资兴	4	芷江	3
郴州	19	城步	2	东安	16	茶陵	6	常宁	17
泸溪	2	祁阳	3	凤凰	6	新田	14	溆浦	41
安仁	6	辰溪	35						

(资料来源:张朋园:《中国现代化的区域研究·湖南省(1860—1916)》,台湾中研院近代史所,1983年,第269页。)

说明:原据《湖南实业杂志》第70号。

公司最多之新化、邵阳位于湘中,这是锑矿最为集中的三大地区之一,另外两个地区是湘南、湘西。上表也显示出湖南锑矿产地的公司绝大多数未超过10家,产业布局极不均衡。在技术层面,除了华昌公司等少数厂家使用机器生产,大多数锑商均不用机器,而是采用土制炼炉。土法炼锑简便易行,成本低廉,广为流传,竟使华昌公司处于不利地位,最后只得关门歇业。

与锑矿同等重要者,是铅锌矿,人称"省矿之霸王"。此矿在湖南分布极广,如常宁、浏阳、醴陵、衡山、宝庆等地均有,尤以常宁为最,该地产量占湘省总量之90%。常宁水口山铅锌矿最为著名,先用土法,1905年改用西法。民元之后,增长速度加快,1930年前后已有蒸汽房、洗砂厂、机械厂、电灯厂、木工厂、锻工厂、翻砂厂等,拥有抽水机、锅炉、铁道、火车等设施,规模为全国之最。虽然铅锌矿之利润不及锑矿,但常宁官矿局在湖南矿业中的地位倍受推崇。1927年领有执照之湖南

---

① 陈真编:《中国近代工业史资料》第3辑,三联书店,1961年,第1355、1357—1358页。
② 傅角今:《湖南地理志》,武昌亚新地学社,1933年,第206页。

铅锌矿企业,列如下表。

表 1-2-24　1927 年湖南铅锌矿公司一览表

县名	公司名	地　点	面积（亩）	县名	公司名	地　点	面积（亩）
浏阳	协　昌	北乡额头尖桑木洞	211	郴县	保　湘	秀才乡金船塘	1 535
浏阳	长　丰	北乡八宝山枫林镇	277	郴县	裕　国	永丰乡东坡大庙鱼鳞山	258
浏阳	和记道生	枫林镇大岭芭蕉城	782	临湘	六　合	忠防株坡陆家岭	758
浏阳	信　昌	北乡枫林福臻团	688	临湘	丰　大	忠防丁家畈	282
浏阳	兴　利	北乡蕉溪岭七宝山	1 387	慈利	狮子岩	狮子岩黄栗谷	185
临武	富　源	香花岭茶山清明山	274	资兴	裕　厚	瑶冈仙大岭	304
常宁	官矿局	水口山	—	邵阳	宝　隆	隆中团四都银坑山	85
湘乡	涵溪段	永丰镇涵段夏子托	502	醴陵	致　大	西乡周家坊长岭坡	866

（资料来源:傅角今:《湖南地理志》,武昌亚新地学社,1933 年,第 179—180 页。）

上表所示,除了常宁官矿局,其他多为商民所办之公司,面积大小不一,资本数目不详。炼铅厂方面,湖南曾有 3 家:第 1 家 1903 年由湖南巡抚赵尔巽设于衡阳,第 2 家 1905 年设于长沙,第 3 家 1908 年由湖南巡抚岑春煊设于长沙,但均命运不济。大体上湖南矿业"前三甲"之锑、铅、锌各矿,在 20 世纪 30 年代趋于式微,风光不再。

湖南其他矿种较重要者,还有钨、锰、锡等矿。湖南钨矿和锰矿在民国之前不为人所知,1913 年始被发现。中国钨矿储量世界第一,约占 52%。湖南钨矿产量在国内位居第三,在江西、广东之后。湖南钨矿之开采,集中于资兴、汝城、临武、郴县、宜章、茶陵等地。湖南锰矿之储量及产量,为中国各省之最。其主要分布于湘中、湘南,首推湘潭,其次为岳阳、耒阳、常宁。湖南所产之锰,不仅大量供应国内各需锰之产业,而且制约着日本钢铁业之发展。因为日本八幡制铁所等企业,每年需用锰 10 万吨,其中 9/10 需从中国进口。而湖南所产,实占中国输出日本之绝大部分。在锡矿方面,中国在世界排名第四,湖南在国内各省之中排名第三,仅次于云南、广西。湖南之锡集中于南部,尤以江华、临武为最。明清即有开采,直至民国,多用土法。砒之产量,1927 年之统计约在 600—1 000 吨之间,占全国总数之 90%。不太重要之矿种,有金、铜、硫黄、汞等。湖南之金矿分为脉金、沙金,前者产于平江、沅陵、会同,后者产于沅水河床之中。清代已设局开采,产量不稳定,入不敷出。铜矿储藏有限,明清已有开采。据 1923 年调查,在桂阳、绥宁、浏阳、桃源、石门、辰溪、麻阳、会同、永兴、常宁、永顺等地,铜矿公司多达 52 家,另有官方矿务局一试身手,但开采结果均不如人意。硫黄矿清初已开采,集中产于湘南,基本上是土法生产。汞矿以贵州为大宗,湖南所产集中于湘西凤凰,亦用土法。

饶有兴味的是,湖南矿藏在全国名声颇著,种类全、储量大、品质佳、产销多,诚为矿业大省。但是,有两类重要矿种却系湘省之短项:一为煤,二为铁,均关系近代工业之根基。与北方产煤大省相比,湖南之煤储量不多,且无上等煤田。虽则如此,煤矿公司所在多有。据1927年调查,湘省煤矿公司分布于湘乡(25家)、湘潭(9家)、耒阳(6家)、永兴(4家)、浏阳(4家)、常宁(4家)、安化(3家)、邵阳(3家)、祁阳(3家)、资兴(2家)、醴陵(2家)、攸县(2家)、衡山(2家)、衡阳(1家)、辰溪(1家)、宜章(1家)、宁乡(1家)、溆浦(1家),共计74家。虽然品质欠佳,但煤与民生日用相关,以故人们纷纷采办。当然多用土法,规模偏小。再言铁矿。湘铁分布集中于湘水流域和资水流域,品质不高,因此投资者少。据1927年统计,湖南全省领有矿照之铁矿公司仅有6家:安化(2家)、攸县(2家)、茶陵(1家)、耒阳(1家)。大半土法开采,规模狭小,产出有限。[①] 如果以英国产业革命作为参照,似可指出:(采)煤(冶)铁工业之发达为产业革命之开展奠定了能源基础,反之,则近代意义之重工业(钢铁业等)无从建立。湖南之煤矿及铁矿分布虽广,但品质欠佳、产量不高、手段落后,无法承受重工业之建设。若想取得重工业之实绩,必须设法从省外之区域获得煤铁资源,方有施展之助力。换言之,煤铁之匮乏,历史地成为湖南发展近代工业之瓶颈。锑、铅、锌、钨、锰等矿脉虽旺,但不足以构架近代工业之完整格局,也无力将矿业大省之湖南打造成工业强省。

从总体上看,近代时期的两湖地区在矿业发展上取得了实质性成果。由于湖广总督张之洞大力举办近代实业,对矿产需求强劲,从根本上改变了两湖地区的工业格局,使矿业成为"湖北新政"的重要组成部分。其中,煤矿和铁矿的开采格外引人注目,奠定了以武汉为龙头的两湖近代工业化的能源基础。由于复杂的历史原因,"湖北新政"对湖南的影响不大。湖南矿业的提振是在民元之后。因锑、铅、锌等矿的大规模开采,湖南一跃而为中国矿业大省。然而,因缺乏优质的煤矿和铁矿,湖南的近代工业化严重"缺氧",动力不足。矿业资源的结构性缺陷,加之其他因素,导致近代时期的湖南实业一直落后于湖北。

第三节 金融业

资金融通是经济发展之必需。晚清民国之际,中国本土之钱庄、票号与西方传入之银行并驾齐驱,出现了不同于以往的金融格局。在此,笔者着力于金融业在时空上之演进,暂不论述货币种类及发行。对前此学者的相关研究,本节多有参照,兹不赘述。

一、银 行 业

在某种程度上,银行是汉口开埠后最早进入两湖地区的外国经济组织之一。

---

① 参见傅角今:《湖南地理志》,武昌亚新地学社,1933年,第185—188页(铜矿)、188—190页(铁矿)、190—198页(锰矿)、198—203页(锡矿)、203—205页(砒矿)、212—214页(汞矿)、214—218页(钨矿)、219—234页(煤矿)、234—239页(硫黄矿)。

虽然遭遇坎坷,但其对于两湖社会经济之转型有着多元影响,是讨论近代区域经济地理不可忽略之课题。

1. 外资银行

外资银行入驻汉口与茶叶贸易密不可分。汉口开埠后,第一批进入汉口市场的外国商人组织是俄国洋行,包括新泰、顺丰、阜昌等,它们是为了茶叶而来。不久,英商怡和、天祥等洋行也涉足汉口茶叶市场。① 当时,这些英、俄茶商的资金均由其国内汇款来汉。由于汉口没有相应的近代金融服务机构,以致这些汇款须先通过上海的外国银行办理结汇手续,然后转汇汉口。令英、俄茶商感到头痛的是,他们在接受汇款时不仅要多付一笔汇费和电报费,而且还要有足够的心理承受力去面对汉口市面银根吃紧带来的汇率方面的损失。由于外商与汉口旧式钱庄、票号的隔膜,以及钱庄、票号没有外汇业务,因此,茶叶贸易的资金需求使他们强烈呼吁本国银行进驻汉口,设立分支机构,以支撑茶叶乃至其他商务的发展。鉴于此,英国设在上海的麦加利银行于1863年夏季汉口茶市正旺之时,派职员到汉口赁屋,向外商提供购茶贷款、押汇业务,着手处理正式营业之前的一切事务性工作。诚如论者所说,这家银行"起先还是针对着茶叶生产的季节,循照茶商春来秋去的习惯,作为出庄的性质"②。这表明,正是茶叶拉开了汉口金融系统近代化的序幕。1865年,麦加利银行在汉口英租界选址买地(今洞庭街55号),正式挂牌营业。随之蜂拥而入的有英国汇丰银行、美国花旗银行、法国东方汇理银行、俄国道胜银行、德国德华银行、日本正金银行、比利时华比银行等。金融工具的更新和融资条件的改善极大地推动了汉口商务的发展,尤其是茶叶对外贸易的发展。故此,茶叶使汉口金融业发生了质的变化,直接促成了近代银行系统的产生。③

以资本衡量,汇丰银行当列第一。截至1882年,汉口一地约有40家外国银行。它们的业务,涉及存贷、汇兑、投资,承办中国政府的借贷及关税,外税收入的保管,并插手进出口贸易。由于本地钱庄之竞争、传统的商业习惯以及茶叶等贸易之不顺,外国银行纷纷停业,1891年仅存4家,同年钱庄数却高达500家,是10年前的2倍。据悉,清末民初,汉口有8家外国银行,分别是:英国汇丰银行、英国麦加利银行、法国法兰西银行、俄国道胜银行、德国德华银行、日本横滨正金银行、英属印度有利银行,以及中国银行代办处(Agency of National Bank of China,位于英租界华昌洋行内)。外国银行数目虽少,但在业界之信用却不低,它们发行外币,并

---

① [英]菲尔德维克著,姚伟均译:《汉口》(1917年)记载,英国在远东最早最著名的商行是渣甸等人经营的怡和洋行,"自汉口改为对外开放港口之日起,怡和洋行就在那里建立起来了。从此,公司业务飞跃地发展,扩大了贸易往来,增加了贸易设备,如今已是租界上的最重要的贸易商行"。转引自冯天瑜、陈锋主编:《武汉现代化进程研究》,武汉大学出版社,2002年,第334页。
② 蔡尊英:《汉口英商麦加利银行梗概》(未刊稿),转引自皮明庥等编:《武汉近代(辛亥革命前)经济史料》,武汉地方志编纂办公室内部资料,印行时间不详,第35页。1861年,英国汇隆银行已先期到汉口设立代理处,但不久汇隆总行破产,其汉口代理处亦随即关门。参见皮明庥主编:《近代武汉城市史》,中国社会科学出版社,1993年,第152页。
③ 该段论述录自杜七红:《清代汉口茶叶市场研究》,陈锋主编:《明清以来长江流域社会发展史论》,武汉大学出版社,2006年,第330—331页。

接受本地钱庄的汇兑业务。① 据统计,1922年在汉口的外国银行增至20家,②回升势头强劲,但远未达到40年前的最高水平。10余年后的1935年,湖北境内的外国银行约有10家,又跌回民国初年的低谷。与之同时,湖北的国内银行已有66家,显示国人在银行界之力量已远超外人。③

日伪时期,日本在武汉的正金、台湾、汉口3家银行地位凸显,负责军用票与法币的兑换。欧美银行在汉口的机构,悉数被日军霸占。1940年5月,日伪成立中江实业银行,掌控鄂湘赣豫的金融业务。该银行作为日伪在华中地区的金融核心,同时在武昌、沙市、九江设有分行,在应城、岳阳、南昌、信阳等地设有办事处,形成了一张金融大网。1942年8月,日伪中央储备银行汉口分行成立,承担储备券之发行。日本战败后,国民政府接收的日伪银行计达23家。

相关资料显示,晚清民国时期,湖南境内没有一家外国银行。其中之原因,有待进一步探讨。

2. 国人创设的官私银行

客观而论,外国银行的文明示范作用对国人创建银行有直接影响。清末,在汉口开业的中国银行有7家:上海通商银行(1897年)、上海中国银行(1905年)、大清银行(1906年)、浙江兴业银行(1906年)、上海交通银行(1908年)、上海四明银行(1908年)、信义储蓄银行(不详)。

湖广总督张之洞对筹办银行的热情不如工矿,但他高昂的商战姿态以及对更新币制的努力,却使其改革作风在金融方面收到了实效。1893年,张之洞在武昌设立湖北银元局(后改称银币局),铸造大银元(重七钱二分)、两开银元(重三钱六分)、五开银元(重一钱四分四厘)、十开银元(重七分二厘)。后来,又开铸一两一元的银币,欲以此作为全国统一使用的银币,发行量达7千余万元。1897年,张之洞在武昌设立铜钱局(后归并银元局),购置美国造币机生产。1902年,他设立湖北铜币局,所铸当十铜元、当二铜钱畅行全国。张氏创设的银元局、铜币局,在当时产生了广泛影响,"其性质略如今之省银行"④。

截至1935年,湖北已有中外银行76家,其中华资银行66家。这些银行的地区分布为:汉口41家,武昌8家,宜昌6家,老河口3家,武穴2家,沙洋2家,宜都、巴东、恩施、黄石港、石灰窑、樊城、岳口、随县各1家。⑤ 其中,中央银行、湖北省银行、上海商业储蓄银行、中国银行、交通银行、中国农民银行等堪称巨头。抗战结束后的三四年间,湖北新成立的商业银行有26家。然而,政局动荡、货币贬值、物

---

① [日]东亚同文会:《支那经济全书》第2辑,1907年,第514—515页。苏云峰:《中国现代化的区域研究·湖北省(1860—1916)》,台湾中研院近代史所,1987年,第113—114页。
② 湖北省地方志编纂委员会:《湖北省志·金融》,湖北人民出版社,1993年,第35页。
③ 田子渝、黄华文:《湖北通史·民国卷》,华中师范大学出版社,1999年,第306页。
④ 扬铎:《武汉经济略谈》,《武汉文史资料》第5辑,1981年。
⑤ 田子渝、黄华文:《湖北通史·民国卷》,华中师范大学出版社,1999年,第306页。

价飞涨、民不聊生,金融形势相当糟糕,银行纷纷歇业。1948—1949年间,中央银行汉口分行等官方银行在金圆券泛滥成灾、金融危机造成社会恐慌的过程中,扮演了不光彩的角色。在恶性通货膨胀的压力下,仅1949年3—5月,武汉就有汇通银行汉口分行等16家银行倒闭,剩余的28家亦岌岌可危。①

1909年,大清银行湖南分行在长沙设立,是为湖南有新式银行之始。1912年,湖南官钱局改组为省级银行,名叫湖南银行,成为湖南金融之中枢,常德、湘潭等分局一律改为湖南银行分行。② 其后,官办之湖南实业银行、湖南储蓄银行、鄂州兴业银行、实兴矿业银行等相继设立。同时出现的商办银行,则有裕商、航业、绸业、木业、米业、公益等。但是,这些商办银行资本较少,与钱庄无异。截至1915年,省内银行约33家,分布12县市:长沙、湘潭各7家,衡阳、常德各4家,岳阳、益阳、平江各2家,宝庆、澧县、零陵、祁阳、慈利各1家。③ 不久,因政局变幻无常、票币发行过量等因,银行纷纷关闭,直至1929年方才走出低迷,湖南省银行复由政府拨款开设。据1934年的调查,长沙有9家银行,资本3千万元,常德、衡阳等地多有银行之分行。抗战时期,湖南银行业得到大发展。截至1941年底,湖南计有143家银行,遍及三湘。如果将筹备之银行包括在内,那么各县市拥有银行之情形为:衡阳18家,沅陵9家,零陵、常德、洪江各6家,邵阳、长沙各5家,辰溪4家,湘潭、耒阳、芷江各3家,茶陵、祁阳、郴县、晃县、新化、泸溪、东安各2家,新宁、渌口各1家,津市等59县市各有省银行1家。④ 此与1915年之分布状况相比已有显著进步。再将各银行分支行设立之情形列如下表。

表1-2-25　1941年湖南境内各银行的支行设立情况

银行名称	支行或分行所在地	说明
中央银行	衡阳、沅陵、零陵、常德、邵阳、长沙、茶陵、辰溪、洪江、芷江、湘潭	
中国银行	零陵、沅陵、衡阳、祁阳	长沙支行迁往零陵
交通银行	常德、零陵、衡阳、邵阳	长沙支行迁往沅陵
中国农民银行	沅陵、零陵、衡阳、常德、芷江、邵阳、湘潭、新化、泸溪	农行信贷所设在耒阳、新宁、东安

---

① 田子渝、黄华文:《湖北通史·民国卷》,华中师范大学出版社,1999年,第677页。
② 湖南官钱局系1895年由湖南巡抚陈宝箴在长沙创办,称阜南官钱局。资本4万两,发行银票。其性质介于钱庄与银行之间。1905—1909年,湖南官钱局之分局,子局遍布湘潭、常德、益阳、衡州、永州、醴陵、平江、洪江、辰州、湘潭等地,极为兴旺,于湖南省财政大有裨益。参见经济学会编:《湖南全省财政说明书》之《岁入部·官业收入类·官钱局余利》,1911年,第7—8页;张朋园:《中国现代化的区域研究·湖南省(1860—1916)》,台湾中研院近代史所,1983年,第256—258页。另,湖北省之情形与之类似。1896年,湖广总督张之洞在武昌设立官钱局,"行用官票,以补钱之不足"。官票行销甚广,导致商民持票兑钱诸多不便,翌年又在沙市、宜昌、樊城、老河口、武穴、安陆等地设立分局,"专司应兑各项纸币"。1908年,官方又在武昌添设公储钱局,"收集细民零碎之资金,酌与相当利息,是仿外国储蓄银行办理"。参见经济学会编:《湖北全省财政说明书》之《岁入部·官业类·官钱局收入·官钱局余利》,1911年,第49页。
③ 张朋园:《中国现代化的区域研究·湖南省(1860—1916)》,台湾中研院近代史所,1983年,第258—259页。
④ 邱人镐、周维槼主编:《湖南省金融概况》,湖南省银行经济研究室,1942年,第4—12页。

续 表

银 行 名 称	支行或分行所在地	说　　明
上海商业储蓄银行	沅陵、衡阳	
复兴实业银行	衡阳、渌口、长沙、邵阳、洪江	
金城银行	沅陵、辰溪	
聚兴诚银行	常德	长沙办事处迁往沅陵
江西裕民银行	衡阳、沅陵	
广东省银行	衡阳、长沙	
广西省银行	衡阳	
湖北省银行	衡阳	
浙江地方银行	衡阳	
江西建设银行	衡阳	
江西实业银行	衡阳	
川京平民银行	衡阳	
亚西实业银行	衡阳	
湖南省银行	衡阳、常德、沅陵、长沙、邵阳、南县、洪江、湘潭、零陵、津市、益阳、耒阳、郴县、衡山、溆浦、祁阳、安化、芷江、乾城、醴陵、晃县、湘乡、辰溪、慈利、攸县、茶陵、桃源、东安、会同、沅江、宁乡、泸溪、黔阳、永绥、华容、汉寿、宁远、永顺、安乡、道县、汝城、酃县、浏阳、新化、武冈、大庸、桂阳、桂东、靖县、常宁、龙山、蓝田、东坪、冷水滩、宜章、临武、永兴、所里、浦市、通道、凤凰、保靖、新宁、嘉禾、临澧、洞口、绥宁、城步、新田、江华、平江、石门、资兴、安仁、桑植、麻阳、蓝山、安江、古丈、永明	总行迁往耒阳

（资料来源：邱人镐、周维櫆主编：《湖南省金融概况》，湖南省银行经济研究室，1942年，第6—8页。）

纵观各银行设立分支行情形，可知湖南省银行的分支行数量最多，尽揽天时地利之便。其次为中央银行、中国农民银行、中国银行、交通银行、复兴实业银行等，至少有4家分支行。分支行集中之地，皆为湘省重要之区。例如，衡阳是抗战时期西南交通之枢纽，常德是湘西之门户，零陵、邵阳、沅陵均为战时后方重要城市，洪江是商业繁盛之所，长沙金融地位之下降则系战争所致。解放战争时期，湖南金融出现危机，银行业处于风雨飘摇之中。需要指出的是，晚清至民国，没有任何一家外国银行入驻湖南，此与湖北大不相同。

二、传统的金融工具

大体上，在清末民初的两湖地区，传统的钱庄、票号与新式的银行在业务上是平分秋色的。那种以为国门洞开之后,传统经济在外力冲击下快速崩坍之论点,是缺乏历史依据的主观想象。

1. 钱庄

图 1-2-12 民国时期湖北地区的钱庄票

两湖地区的钱庄有较长的历史,可上溯明代,实力不可小觑。至少在太平天国战争之前,汉口已形成一个"完整而富裕的银钱业体系",大钱庄的资本通常在 6 千到 2 万两之间。由于武汉地区是太平军与清军厮打的主战场之一,钱庄业遭到毁灭性打击。大钱庄被那些仅有几百两资本的小钱庄所取代。据 1869—1871 年汉口英国领事报告,战事平息之后,汉口钱庄开始复苏,资本多在 2 千到 8 千两之间,能够"对任何与它们有业务往来的、有地位的商贩开发期票"。另据 1882—1891 年汉口海关报告,到 19 世纪 70 年代末,汉口的大钱庄增至 40 家。其后,由于茶叶贸易受挫,那些为茶行融通资金的钱庄大受影响,所以到 80 年代末,汉口大钱庄减为 24 家,但一批为小茶行融资的小钱庄顺势而起。所以,1891 年汉口钱庄多达 500 家,创历史新高。值得注意的是,在竞争之同时,外国银行与钱庄互通声气、协同发展。据悉,汉口的外国银行和洋行"纵容自己的买办和钱庄勾结起来,以钱庄作为获得赊销洋货乃至周转投机的头寸的工具"。钱庄在对待银行信贷新手段问题上,也表现出较灵活的接纳态度。人们看到,"本埠(汉口)银钱市场的一个重要特点,是中国商人对外国银行(特别是汇丰银行)的信任日增,……最近发现中国的钱庄比较愿意以外国银行的汇票向上海汇款"。1882—1892 年间,汉口钱庄和商人对外国银行发放的钞票表示"欣然接受"。究其原因,在于钱庄具有调节商品流通和资金周转的作用,切合列强在中国内陆腹地推销商品、掠夺原料的需要。外国银行借助钱庄的信贷关系以开拓口岸和内地市场的贸易。反之,由于外国银行实力雄厚,钱庄也企图博取周转资金,通过假手银行资金以扩大自身的金融活动。例如,汉口开埠之初,买办利用庄票作为支付手段为外商推销商品。但是,到了1865年,外商却强调以售现货代替期票,结果造成洋货滞销。对此,汉口英国领事报告指出:"接受期票支付货款,远比用卖了货的现款再来买货要销出更多的货物。"不可忽略的是,晚清钱庄稳定发展的一个背景是:买办采取附股或自设钱庄的办法,以扩大自身的经济实力。例如,东方汇理银行汉口分行买办刘歆生,开设了阜昌钱庄;买办商人黄兰生,在汉口开设了怡和兴、怡和永、怡和生3家钱庄;德华银行、道胜银行买办刘子敬,开设了广大钱庄。清末民初,汉口钱庄计有145家,其中属于浙宁帮的有丰大等8家、属于绍兴帮的有裕德厚等10家、属于南昌帮的有裕大昌等17家、属于徽帮的有汇原等6家、属于湖北帮的有源茂隆等65家。在武昌,有祥泰等39家钱庄。[①] 上述事实,似可说明钱庄之历史基础相当坚固。于此,亦可看出:近代对外贸易是钱庄趋于兴盛并引发诸多变化的主要动力。[②] 据民国元年之统计,两湖地区的钱庄业情形略如下表所示。

表1-2-26　1912年统计的两湖地区钱庄业

县别(湖北)	户数	资本(元)	县别(湖南)	户数	资本(元)
兴　国	15	49 667	浏　阳	2	76 153
咸　宁	5	1 980	宁　乡	14	42 750
蒲　圻	1	14 286	衡　阳	23	210 000
通　城	8	73 800	沅　陵	10	38 900
夏口(汉口)	32	281 000	湘　阴	2	36 768
黄　陂	2	5 833	衡　山	3	20 000
蕲　水	11	25 275	慈　利	6	4 400
麻　城	21	121 000	平　江	30	669 150
蕲　春	7	24 000	祁　阳	12	296 000
广　济	11	52 500	江　华	7	35 000
黄　梅	4	21 000	益　阳	11	83 695
当　阳	2	11 000	会　同	18	209 600
枝　江	1	10 000	石　门	1	15 000
襄　阳	33	247 057	源　江	1	10 000
枣　阳	8	125 000	南　州	1	10 000
南　漳	3	7 100	桃　源	1	10 000

---

① 姚贤镐编:《中国近代对外贸易史资料》,中华书局,1962年,第1573—1576页。汪敬虞:《十九世纪外国在华银行势力的扩张及其对中国通商口岸金融市场的控制》,《历史研究》1963年第5期。张国辉:《晚清钱庄和票号研究》,中华书局,1989年,第57页。扬铎:《武汉经济略谈》,《武汉文史资料》第5辑,1981年。陈钧、任放:《世纪末的兴衰——张之洞与晚清湖北经济》,中国文史出版社,1991年,第11—14页。按,另有史料披露:"武汉钱庄向有浙绍帮(包括宁波)、江西帮(包括南昌、吉安)、徽帮及本地帮之分。其中,徽帮较弱,南昌帮皆小钱庄,浙绍帮有上海同业支持,(资金)来源方面比较有利……在大钱庄中,以合肥李氏所开的义元钱庄列入浙帮,以山西票号所开的百川盛而列入本帮,其后复以陕西帮所开设的协雍昌列入本帮。"所谓本地帮或本帮,实指湖北帮。参见上引姚贤镐书,第1573—1574页。
② 陈明光:《钱庄史》,上海文艺出版社,1997年,第28页。

续 表

县别(湖北)	户数	资本(元)	县别(湖南)	户数	资本(元)
光 化	5	35 000	常 宁	1	4 500
郧 县	6	9 500	永 定	1	2 000
房 县	2	2 500	郴 县	2	61 200
竹 溪	2	2 500	湘 乡	2	45 000
宜 昌	7	40 000	岳 州	2	11 533
宣 恩	1	3 000	常 德	22	75 000
利 川	12	20 450	溆 浦	10	45 000
咸 丰	8	42 600	长 沙	156	27 948 400
			邵 阳	8	375 680
			零 陵	3	56 831
			澧 县	5	65 764
			湘 潭	9	541 200
			醴 陵	6	238 560
			攸 县	5	164 590
合 计	207	1 226 048	合 计	374	31 402 674

(资料来源：农商部总务厅统计科编：《中华民国元年第一次农商统计表》,上卷,中华书局,1914年,第239—240页。)

上表值得关注之处,是汉口钱庄的骤减,甚至低于襄阳,更是远不及长沙。彼时,湖北钱庄数量及资本均落后于湖南。这是因为辛亥一役对武汉地区工商业之破坏极为严重所致,元气大伤。时人叹曰："湖北商务变迁最大。起义以生命财产博共和,百业退步。编商业史者,所深痛也。"①虽则如此,钱庄已遍布两湖各地,对工商业之促进意义不容低估。经过10年之恢复,1922年汉口钱庄增至180余家,武昌钱庄亦有30余家,此为钱庄极盛时期。好景不长,1926—1927年间,政局不稳、金融恐慌,钱庄业遭受重创。汉口钱庄几乎全军覆没,仅存四五家。由于银行扩张、币制改革、水灾冲击、上海银根吃紧等因,钱庄业的发展遇到阻力。到1937年,汉口钱庄减为20余家,勉强支撑。②武汉沦陷时期,钱庄一度达到60余家。抗战胜利后的二三年间,武汉地区的钱庄恢复到110家。但是,伴随全国范围的恶性通货膨胀,武汉地区的钱庄业也是噩梦连连,先是减为58家,1949年又减为36家,③无不苦苦挣扎。

---

① 林传甲：《大中华湖北省地理志》,京师中国地学会,1919年,第167页。
② 湖北省政府秘书处统计室：《湖北省年鉴》第1回,湖北省政府秘书处统计室,1937年,第406页。
③ 俞雨庭：《武汉钱庄业概况》,《武汉工商经济史料》第2辑,1984年。田子渝、黄华文：《湖北通史·民国卷》,华中师范大学出版社,1999年,第677页。

表 1-2-27　近代湖北各县市的钱庄设立情况(不含汉口)

县 市	商 号	设立年份	资本(元)	县 市	商 号	设立年份	资本(元)
宜 昌	元 吉	1917	2 000	老河口	鼎盛信	1894	40 000
宜 昌	集成祥	1928	50 000	老河口	同 和	1894	20 000
宜 昌	汇 丰	1932	40 000	老河口	立 兴	1904	4 000
宜 昌	积 裕	1933	5 000	老河口	恒升明荣记	1914	10 000
宜 昌	蜀 丰	1934	20 000	老河口	天昌丰	1917	10 000
宜 昌	鼎昌厚	1934	10 000	老河口	同 义	1920	10 000
沙 市	裕茂得	1920	10 000	老河口	乾 昌	1920	10 000
沙 市	谦 信	1925	5 000	老河口	均吉昌	1922	10 000
沙 市	荣 泰	1927	20 000	老河口	天源永	1924	5 000
沙 市	久余庆	1928	8 000	老河口	同 茂	1928	8 000
沙 市	晋 安	1929	40 000	老河口	慎 远	1928	5 000
沙 市	谦 裕	1930	5 000	老河口	瑞源长	1929	8 000
沙 市	懋 生	1932	4 000	老河口	宏盛永	1929	4 000
沙 市	茂 盛	1933	6 000	老河口	世 慎	1929	6 000
沙 市	积 祥	1935	5 000	老河口	振义永	1929	5 000
樊 城	宜 昌	1900	4 000	老河口	庆 源	1931	10 000
樊 城	祝瑞记	1918	5 000	老河口	天德合	1931	5 000
樊 城	瑞昌森	1918	12 000	老河口	恒裕成	1931	4 000
樊 城	崇丰厚	1928	4 000	武 穴	永 安	1926	32 000
樊 城	冠 华	1930	2 000	武 穴	源 成	1928	40 000
樊 城	亿中恒	1933	5 400	黄石港	福 生	1934	16 000
樊 城	晋升厚	1934	4 500	应 城	应城银号	1935	250 000
樊 城	永 孚	1934	150 000				

(资料来源：湖北省政府秘书处统计室：《湖北省年鉴》第1回,湖北省政府秘书处统计室,1937年,第409—410页。)

可见,湖北各地钱庄 45 家绝大多数开设于民国时期。若以 10 年为断,1894—1914 年间共有 5 家,主要集中于老河口,说明这一传统商镇的经济发展在湖北地区非常凸显;1915—1925 年间共有 10 家,其中宜昌 1 家、沙市 2 家、樊城 2 家、老河口 5 家,均系商道之枢纽、商贸次级中心地,其中宜昌、沙市是近代通商口岸,但老河口之重要性丝毫未减;1926—1935 年间共有 30 家,其中黄石港 1 家、应城 1 家、武穴 2 家、宜昌 5 家、樊城 5 家、沙市 7 家、老河口 9 家,钱庄稳步增长,老河口仍然是湖北钱庄最为集中的地方之一,是汉口之外湖北地区次一级的金融中心。1915 年湖北钱庄之分布及经营实态,有助于我们了解更多历史细节。

表 1-2-28　1915 年湖北境内钱庄的分布情况

地　　点	钱庄(家)	资本(元)	存款(元)	公债(元)
通　城	6	51 700	—	—
大　冶	3	17 000	—	—
阳　新	14	29 000	—	36 000
夏口(汉口)	56	488 500	32 000	83 410
黄　陂	3	3 000	—	—
沔　阳	18	90 000	—	—
黄　梅	6	27 000	—	—
蕲　春	5	20 200	—	—
麻　城	11	55 000	11 000	—
广　济	7	42 000	51 500	—
襄　阳	29	80 400	23 100	—
当　阳	2	8 300	—	—
光化(老河口)	39	247 000	—	12 500
房　县	2	10 600	2 060	700
竹　溪	5	27 600	—	1 140
宜　昌	8	70 000	15 000	10 000
江陵(沙市)	63	2 335 430	837 558	198 711
宜　都	1	10 000	—	—
宣　恩	2	10 000	—	—
利　川	6	21 500	—	—
来　凤	1	7 000	—	—
咸　丰	8	12 800	—	—
合　计	295	3 664 030	972 218	342 461

（资料来源：苏云峰：《中国现代化的区域研究·湖北省(1860—1916)》，台湾中研院近代史所，1987年，第 334 页。）
说明：原据《中国年鉴》(1919 年)，第 1261—1262 页。

此表似可说明，1915 年前后是湖北钱庄发展的一个高峰，因为这一年仍在营业中的钱庄数远远超过 1937 年统计的数目，分布地点也多于 1937 年之统计。不同之处在于，1915 年湖北钱庄最多的地方不是汉口，而是沙市。排名前四的是：沙市、汉口、老河口、襄阳。此外，沔阳、阳新、麻城均超过 10 家。从钱庄分布之变化，似可窥见湖北商业格局始终处于动态发展之中。

湖南的钱庄始自清初。道咸年间，长沙的钱庄有数十家，湘潭、衡阳、常德、益阳等地亦有开设。清末更形繁盛，接近 400 家。时人评价："湖南一省，钱业资本金几占全国总额之半。"[①]湖南钱庄特别之处，在于清光绪年间，它还办理湘省向中央

---

① 黄炎培：《民国元年工商统计概要》，商务印书馆，1915 年，第 61 页。

解款之事项。据统计,1915年的湖南计有213家钱庄,分布情形如下:长沙71家,常德27家,津阳14家,湘潭13家,平江10家,祁阳8家,澧县7家,宝庆、益阳各6家,桃源、湘阴、醴陵、会同各5家,岳阳、永顺各4家,零陵、安化、临澧各3家,衡山、浏阳、临湘、芷江各2家,宁远、华容、沅江、石门、沅陵、黔阳各1家,共28县市,没有钱庄者尚有46县市。① 其中,长沙钱庄与汉口、重庆往来密切,银号均系赣帮,每家资本多达五六百万两。② 抗战军兴之后,湖南钱庄趋于衰退,逐渐被信用合作社、邮政储汇机构所取代。

2. 票号

票号晚于钱庄,道咸间始入两湖,其主要业务是商业汇兑,兼营存放款项,多为山西商人所设。③ 鉴于汉口之商业地位,票号商人遂选择它作为在长江流域开展业务的重要据点之一。太平天国战争期间,汉口票号或撤回北方,或转移上海。在战事结束20年后的1881年,汉口票号约有32家,资本数以几十万两计算。在时人眼里,在武汉地区的金融市场,山西票号的作用"几乎与英国的银行同样重要"。清末,汉口的山西票号计有蔚泰厚等32家,④执金融业之牛耳。山西票号有"汇通天下"之称,意指分号遍布全国。据悉,日升昌在晚清全盛时期在全国有26处分号,其中就有设在汉口、沙市、长沙、湘潭、常德者。下表系山西票号在全盛期(清光绪年间)设于两湖之总数,于此可以管窥其气势。

表1-2-29 清光绪年间两湖地区的山西票号

地 点		票 号 名 称
湖北省	武昌府	百川通
	汉 口	大德恒、三晋源、蔚长厚、百川通、永泰发、新泰厚、蔚泰厚、大德通、蔚盛长、乾盛亨、日升昌、长盛川、大盛川、天成亨、志成信、大德玉、协同庆、蔚丰厚、协成乾、中兴和、合盛元、存义公
	沙 市	三晋源、长盛川、中兴和、蔚丰厚、蔚泰厚、蔚长厚、大德恒、大德通、蔚盛长、乾盛亨、存义公、协同庆、新泰厚、日升昌、天成亨、百川通、永泰发
湖南省	长沙府	新泰厚、大德恒、协同庆、乾盛亨、百川通、日升昌、蔚丰厚、蔚泰厚、天成亨
	湘潭县	百川通、新泰厚、协同庆、蔚丰厚、日升昌、志成信、天成亨
	常德府	百川通、蔚长厚、蔚盛长、中兴和、蔚丰厚、大德通、蔚泰厚

(资料来源:陈其田:《山西票庄考略》,商务印书馆,1937年,第106—107页。)

---

① 张朋园:《中国现代化的区域研究·湖南省(1860—1916)》,台湾中研院近代史所,1983年,第255—256页。
② 许涤新、吴承明主编:《中国资本主义发展史·第2卷:旧民主主义革命时期的中国资本主义》,人民出版社,2003年,第712页。
③ 有人将票号归入钱庄范畴,认为若按全国分类,钱庄可分南派(绍兴钱庄派)、北派(山西票庄派)。参见潘子豪:《中国钱庄概要》,华通书局,1931年,第33—34页。
④ 姚贤镐编:《中国近代对外贸易史资料》,中华书局,1962年,第1573—1574页。扬铎:《武汉经济略谈》,《武汉文史资料》第5辑,1981年。陈钧、任放:《世纪末的兴衰——张之洞与晚清湖北经济》,中国文史出版社,1991年,第12—13页。

论者称,北方的北京、天津,长江流域的上海(下游)、汉口(中游)、重庆(上游),是山西票号最为集中、营业最盛之地。相比之下,南方的重要商业城市广州、厦门、福州的票号均未超过10家,连长江中游地区的沙市、长沙都不如,也不如北方的归化、张家口、营口、盛京等地。这表明,山西票号着力经营的区域在北不在南,资金主要分布于东北、西北、黄河流域、长江流域,对于南部地区不甚关注。[①] 票号的业务网络可从一个侧面披露其经营之细节,有如下表。

表1-2-30 1907年蔚长厚汉口分号汇兑对象统计   单位:两

收交地区	收汇对象					交汇对象				
	商号	公款	外国银行	私人等	合计	商号	公款	外国银行	私人等	合计
山西平遥	99	—	—	526	625	5 542	—	—	1 668	7 210
京都	38 523	—	—	21 732	60 255	18 448	—	—	11 276	29 724
上海	294 640	—	—	82	294 722	564 806	—	9 672	80	574 558
福建	—	—	—	428	428	2 472	—	—	4 853	7 325
江西	55 038	—	—	7 933	62 971	26 056	70	—	11 593	37 719
重庆	361 671	—	—	2 947	364 618	509 232	9 888	—	29	519 149
常德	438 582	—	—	67 508	506 090	223 744	—	—	63 416	287 160
沙市	171 556	—	—	—	171 556	12 360	—	—	67	12 427
三原	106 874	—	—	1 687	108 561	253 407	—	—	246	253 653
成都	173 087	—	—	—	173 087	3 408	—	—	1 376	4 784
广州	—	—	—	—	—	6 415	—	—	2 223	8 638
合计	1 640 070	—	—	102 843	1 742 913	1 625 890	—	—	96 827	1 742 347

(资料来源:李永福:《山西票号研究》,华东师范大学2004年博士学位论文,第86页。)

说明:(1)原据蔚长厚汉口分号1907年合总帐编制,原始文件藏于山西财经学院。(2)作者将收汇对象成都商号的数据173 087两,在"合计"栏误记为73 087两。

虽然汇解官款成为晚清票号的一大业务,但是蔚长厚汉口分号1907年的营业记录显示:商号是其重要的业务来往对象,因为这一年它为商号收汇、交汇之地区多达11个,金额3 265 960两,占业务总额之80.2%,比重相当大。相比之下,官款交汇仅有江西、重庆两地,金额9 958两,占业务总额之0.03%,微不足道。值得注意的是,该分号也为外国银行办理交汇业务,数额不大(9 672两),而且仅上海一地,但却表明票号与银行在金融协作方面存在着微妙关系,并非水火不容。民国改

---

① 陈其田:《山西票庄考略》,商务印书馆,1937年,第109页。按,另有资料显示,清代山西票号以山西最多,计有143家,其次为汉口,计有39家,超过上海(31家)、北京(30家)、天津(30家)。在湖北的分布为:沙市17家,武昌、宜昌、老河口(今光化)各1家。在湖南的分布为:长沙15家,常德11家,湘潭8家,岳州(今岳阳)1家。参见田树茂:《清代山西票号分布图》,《山西文史资料》1998年第6期。

元,票号衰败。1918年前后,汉口票号仅存10余家,①以后愈来愈少,终致湮灭于无声。在票号告别历史之际,钱庄成为延续传统金融血脉之主角。

综上所述,与外国银行相对应,近代两湖地区形成了中国人自己的官私共存的多层次金融体制。既有官方的银元局、铜币局、官钱局,也有新式银行,更有众多民间金融机构,包括钱庄、票号、钱铺、当铺、银炉房、公估局等。尤其是,传统的金融业对社会经济的影响力相当强大。据民国元年之粗略统计,湖北的钱庄业资本为123万元,工业资本为54万元,②显示了钱庄业之力量。钱业商人有自己的行业组织,如钱业公所、票帮公会等。论者称"武汉各工商行业十九咸仰赖钱庄"③,当为不虚。不过,20世纪30年代之后,传统的金融工具在社会生活中的实际作用下降,到40年代中后期已成强弩之末。

第四节 交通运输业

近代时期,新式交通工具——轮船、铁路、公路——相继出现,成为两湖地区(湖北、湖南)社会转型的重要杠杆。它们不仅使商品流通渠道大为改观,而且刺激了近代实业向纵深方向发展。限于篇幅等因,航空业不予讨论。前贤的相关成果,主要见之于断代性质的区域史论著。④将近代两湖作为一个地理单元,就交通运输予以专门叙述者尚属罕见。故此,笔者尝试从经济地理的角度,对近代时期(晚清民国)两湖地区的交通运输业进行系统论述,考察其在时空维度上的拓展。

一、轮船业的勃兴

长江航线素有黄金水道之称:河床深度充足,水量宏富,无结冰封冻之虞,与国内其他水网相连,兼有海运之便;唐宋以降,中国经济重心转移江浙地区,加之明清两湖、四川之开发,长江流域人口稠密、商品性农业发达,蕴藏着巨大的经济能量;货物品种繁多,运输量蔚为大观,贸易历史悠久,市场网络庞大。伴随着螺叶轮汽船、燃煤汽船、油机轮船的出现,长江逐渐告别木船运输一统天下的时代,进入了新式轮船航运的新天地。

1. 中外轮船业的纠葛

湖北横绵于1 053公里的长江航线上,几乎占有全程之半(重庆至上海的通航

---

① 陈其田:《山西票庄考略》,商务印书馆,1937年,第56页。
② 农商部总务厅统计科编:《中华民国元年第一次农商统计表》,上卷,中华书局,1914年,第202,239页。
③ 龚榕庭:《解放前武汉地方金融业溯往》,未刊稿。
④ 张朋园:《中国现代化的区域研究·湖南省(1860—1916)》,台湾中研院近代史所,1983年。苏云峰:《中国现代化的区域研究·湖北省(1860—1916)》,台湾中研院近代史所,1987年。陈钧、任放:《世纪末的兴衰——张之洞与晚清湖北经济》,中国文史出版社,1991年。皮明庥主编:《近代武汉城市史》,中国社会科学出版社,1993年。宋斐夫主编:《湖南通史·现代卷》,湖南出版社,1994年。刘宏友、徐诚主编:《湖北航运史》,人民交通出版社,1995年。刘泱泱:《近代湖南社会变迁》,湖南人民出版社,1998年。罗福惠:《湖北通史·晚清卷》,华中师范大学出版社,1999年。田子渝、黄华文:《湖北通史·民国卷》,华中师范大学出版社,1999年。等等。

里程为2 500公里);汉水全长1 500公里,其中858公里航道在湖北境内;另有大小河流千余条,湖泊数百个,水运条件十分优越。晚清以降,汉口不仅是中国腹部工商业之中心,而且是中国最大的内港,与上海、大连、天津、广州并列为中国五大商埠,堪称长江航线之明珠。① 最早在汉口开展轮船业务的,是美国旗昌轮船公司(内有华商股份)。1862年,旗昌开辟申汉线,揭开了两湖地区近代航运业的帷幕。当时,每吨货物的运价为40两,一条轮船往返一次的收入便可添置一条新船。② 长江航运的丰厚利润,引发各国轮船势力的激烈角逐,"闻利共逐,如蚁慕膻,商船增加,日未有艾",汉口成为"扬子江航路竞争之中心点"③。嗣后,英、法、德、日等国纷纷在湖北经营轮船航运。辛亥革命之前,曾有11家外国轮船公司(其中的鸿安轮船公司为中英合办)在汉口经营航运,轮船总计32艘。④ 以怡和、太古为代表的英国轮运势力发展迅速,逐渐取代了旗昌在长江的航运优势。后来,日本又超过了英国。

表1-2-31 晚清汉口—上海航线各轮船公司概览

公司	国别	开办年	船名	吨位	公司	国别	开办年	船名	吨位
招商局	中	1875	江孚	1 468	大阪	日	1898	大利	1 315
招商局	中	1875	江永	1 451	大阪	日	1898	大贞	1 681
招商局	中	1875	江宽	1 451	大阪	日	1898	大福	1 758
招商局	中	1875	江裕	1 490	大阪	日	1898	大吉	1 827
太古	英	1877	大通	1 264	西湖	法	1898	—	—
太古	英	1877	安庆	1 714	瑞记	德	1899	瑞泰	1 145
太古	英	1877	鄱阳	1 893	瑞记	德	1899	瑞安	1 145
太古	英	1877	金陵	2 831	美最时	德	1900	美大	1 151
怡和	英	1877	吉知和	1 924	美最时	德	1900	美利	1 151
怡和	英	1877	瑞和	1 931	美最时	德	1900	美顺	1 151
怡和	英	1877	德和	2 355	东方	法	—	立大	1 727
鸿安	英、中	1892	德兴	937	东方	法	—	立丰	1 726
鸿安	英、中	1892	长安	789	东方	法	—	立茂	1 727
鸿安	英、中	1892	益利	519	太平	英	—	华利	661
鸿安	英、中	1892	宝华	434	太平	英	—	萃利	663

(资料来源:[日]水野幸吉:《汉口:中央支那事情》,东京:富山房,1907年,第168—179页。)

---

① 朱建邦:《扬子江航业》,商务印书馆,1937年,第71页。
② [清]徐润:《徐愚斋自叙年谱》,"咸丰十一年辛酉二十四岁"条,载沈云龙主编:《近代中国史料丛刊续编》第50辑,台湾文海出版社,1978年,第17页。
③ 张继煦:《叙论》,《湖北学生界》1903年1月第1期。
④ 扬铎:《武汉经济略谈》,《武汉文史资料》第5辑,1981年12月。

伴随着轮船航运业的兴起,汉口、宜昌、沙市等商埠的近代码头也相继出现。汉口最早的码头是1863年英国宝顺洋行建造的五码头(今天津路江边)。随后,俄国、日本、德国、法国、美国也纷纷在汉口建造码头。据民国《夏口县志》记载,中国人开办的招商局、华盛、宁绍等轮船公司,也分别在汉口的张美之巷河街、英租界、法租界、德租界建造了码头(今海员文化宫附近的洪益巷、闻家巷一带江边)。

图 1-2-13 民国时期的汉口码头

清末民初,以英国、日本为代表的外商在两湖轮船航运业中的优势地位一直未能打破。与之同时,中国人经营的轮船公司在竞争中缓缓前行。据统计,1900—1911年间,中国轮船公司在汉口进出口船只吨位方面所占百分比大体如下:1900年22%,1903年16%,1907年14%,1911年12%,呈递减趋势。相比之下,美国、英国、丹麦、荷兰、芬兰、法国、德国、意大利、日本、挪威、瑞典、俄国等外轮力量逐年攀升,占绝对优势。[①] 如果细察沪汉线、汉宜线之航运,在船只数量及吨位方面,英国势力最强,中国与德国并列第二,日本居后,列如下表。

表 1-2-32 清末沪汉线、汉宜线轮船公司统计

国别	船只(艘)	吨位	占总吨位之百分比	国别	船只(艘)	吨位	占总吨位之百分比
英国	15	18 048	46.6%	德国	6	6 890	17.8%
中国	6	7 088	18.3%	日本	5	6 724	17.3%
总 计	船只32艘,吨位38 750吨						

(资料来源:[日]东亚同文会:《支那经济全书》第3辑,1907年,第348—349页。)

---

① 实业部国际贸易局编:《最近三十四年来中国通商口岸对外贸易统计》,商务印书馆,1935年,第218—219页。

在中外轮运业的竞争中,中国人不甘示弱。1875年招商局在汉口设立轮船公司,江宁、江永、江宽、江裕4艘轮船投入运行。这是汉口出现的第一家轮船公司,它标志着两湖地区近代轮运进入了创建时期。招商局有过辉煌的时刻:1877年它收购旗昌产业之后,拥有轮船33艘,吨位总计23 967吨,[①]事业臻于顶峰。截至1911年,湖北的官轮、商轮已有38艘,吨位总计2 688吨,民营公司有14家。[②]在民间资本经营的轮船公司中,较著名者如下表所示。

表1-2-33 清末湖北民营轮船公司示例

公司名	创立年	创办者	资本(两)	蒸汽船名
泰 安	1899	吴心九(汉川商人)	3 000	安泰、安济
春 和	1899	姚冠卿(汉口商人)	2 000	紫云、飞云
利 记	1900	冯启钧(夏口巡警道)	12 000	利江、利源
厚 记	1900	—	13 000	楚裕、楚盛

(资料来源:[日]水野幸吉:《汉口:中央支那事情》,东京富山房,1907年,第203—205页。)

需要强调的是,利记公司、厚记公司专营武汉地区轮渡业务,首开武汉近代轮渡之先河。[③] 与外国轮船航运力量相比,中国人经营的轮船公司,除招商局外,大多规模狭小,以内河航线之客运为主。两湖地区内河轮运业之初始,大约在1898年。是年,在湘鄂绅商的请求下,湖广总督张之洞批示成立"两湖善后轮船局",分设长沙、汉口两地,长沙局名曰南局,汉口局名曰北局,在汉口、长沙、常德、湘潭、岳州、沙市六地之间航行。[④] 1901年之后,湖南陆续有开济、湘济等轮船公司开业。截至1914年,湖南计有轮船公司17家,吨位达9 410吨。[⑤] 另据民国初年的调查资料,以汉口为中心之两湖民营轮运公司计有11家,其运营状况概如下表所示。

表1-2-34 民国初年两湖地区的民营轮船运输业

公司名	地点	航线	船只数	公司名	地点	航线	船只数
利济	汉口	汉口—黄州	3	全鄂	汉口	汉口—黄州	1
利济	汉口	汉口—仙桃镇	2	全鄂	汉口	武昌—黄州	1
利济	汉口	武昌—咸宁	1	泰安	汉口	汉口—常德	1
道生	汉口	汉口—长沙	1	仁义	汉口	汉口—嘉鱼	1

---

① 李时岳、胡滨:《从闭关到开放——晚清"洋务"热透视》,人民出版社,1988年,第156页。
② 扬铎:《武汉经济略谈》,《武汉文史资料》第5辑,1981年12月。[美]周锡瑞著,杨慎之译:《改良与革命——辛亥革命在两湖》,中华书局,1982年,第96页。陈群:《建国前湖北的轮船运输航线》,《湖北省志资料选编》第2辑,1983年12月。皮明庥:《辛亥革命与近代思想》,陕西师范大学出版社,1986年,第237页。
③ 据1933年调查,武汉轮渡有4条航线:汉口一码头—武昌上码头,汉口王家巷清佳码头—武昌下码头,汉阳东门—武昌平门,渡船计有13艘。参见周荣亚年:《武汉指南》第2编·交通,新中日书局,1933年,第3页。
④ 聂宝璋、朱荫贵编:《中国近代航运史资料》第2辑,中国社会科学出版社,2002年,第994—995页。
⑤ 张朋园:《中国现代化的区域研究·湖南省(1860—1916)》,台湾中研院近代史所,1983年,第304页。

续　表

公司名	地点	航　线	船只数	公司名	地点	航　线	船只数
森记	汉口	汉口—武昌	3	厚记	汉口	汉口—武昌	6
森记	汉口	汉口—黄州	1	三顺	汉口	汉口—咸宁	4
森记	汉口	汉口—长沙	3	康济	汉口	汉口—仙桃镇	3
森记	汉口	汉口—仙桃镇	3	德安	汉口	汉口—岳州—常德	1
开济	长沙	汉口—长沙	1				
合计	公司 11 家,航线 17 条,轮船 36 艘						

（资料来源：[日]东亚同文会：《支那省别全志》,第 9 卷·湖北省,日本东亚同文会,1918 年,第 287—289 页。）

近代时期,两湖地区形成以汉口为中心之轮运格局。在诸多航线中,最发达者是汉口—上海线,全程有许多停靠点,在湖北境内有黄州、黄石港、武穴三处。顺流而下,3 日可达上海;溯江而上,4 日方抵汉口。经营此航线的中外公司情形略如下表所示。

表 1-2-35　民国初年汉口—上海航线中外轮船公司概览

公司（国别）	每周定期航班	船只数	总吨位
日清汽船会社（日）	4—5 次	8	24 331
太古洋行（英）	4 次	6	16 763
怡和洋行（英）	3—4 次	5	15 197
轮船招商局（中）	4 次	7	17 448
鸿安公司（英、中）	5 日 1 次	2	3 017
美最时洋行（德）	5 日 1 次	2	3 364
宁绍轮船公司（中）	10 日 1 次	1	1 920
合计	18—20 次	31	82 040

（资料来源：[日]东亚同文会：《支那省别全志》,第九卷·湖北省,日本东亚同文会,1918 年,第 275—278 页。）

汉口长江航线以上下伸展为主轴。上游通往宜昌,下游通往上海。因此,仅次于汉口—上海线者,是汉口—宜昌线。顺流而下,3 日可达汉口;溯江而上,5 日方抵宜昌,沿途停靠沙市、新堤、城陵矶等处。1891 年重庆开埠之前,此航线由招商局垄断。重庆开埠之后,英国、日本船只吨位赶超于前,中国退居第三。[①] 另有汉口—湘潭线,系由汉口经洞庭湖到达长沙、湘潭,主要轮运势力是日清、怡和、太古

---

① 1908 年,华商陈政齐开办合利亨轮船公司,经营宜沙线、宜汉线。

三家公司。运输之货物,由汉口出发者,以豆类、木材、大米、煤炭、陶瓷、桐油、茶叶等为主;由湘潭出发者,以棉纱、棉布、砂糖、海产、金属等为主。汉口—常德线由日清汽船会社垄断,沿途停靠宝塔州、新堤、城陵矶、岳州等处。运往汉口之货物与湘潭相同,运往常德之货物以木材、桐油为主。上述四条航线,都是长距离轮船运输线,多由外国公司掌控,资本雄厚,吨位庞大,客货兼营。至于宜昌—重庆航线,大略情形是外人试航在前、华人经营在后。民国初年,已有数家华人公司经营此航线,不赘述。

  轮船使两湖地区的商业贸易的流通渠道发生了实质性变化,形成了轮船与木船既竞争又互补的新型航运格局。轮船之于商业贸易至少有如下效果:一是拓展了市场的贸易能量,例如1881年进出汉口装运茶叶的远洋轮船有30艘,吨位达48 670吨。1899年江汉关贸易报告称,"目前正在本区建筑矿井,并已将出产的煤用轮船运到本地市场"①。二是加快了商品流通速度,例如汉口—宜昌轮运航线的出现,使货物运抵四川市场的日期缩短了一个月。三是提高了商品的长距离运销能力,如20世纪初,申汉线轮船之载重能力,介乎400—1 900吨之间,汉宜线轮船之载重能力介于700—900吨之间。② 轮船之于商业贸易如此重要,以致时人将汉口开埠之后的商业贸易称为轮船贸易期。

  从近代化需要物质技术层面出现实质性变迁这一角度出发,汉口、宜昌、沙市等通商口岸的经济价值、商业拓展与轮船航运业之间有着极其微妙的关系。这意味着,是否拥有或在多大程度上拥有近代交通工具,制约着口岸城市的发展规模及速度,影响着它们迈向近代都市化目标的历史步伐,刺激着它们内部产业格局的调整及经济运行机制的转换。武汉地区正是依靠"两通"(水运和商业)步入近代并获得长足发展的。不幸的是,张之洞在轮船航运业方面没有多少作为。由于轮船航运业未得到及时的、有力的开发,致使张之洞忽视了武汉地区的港口建设(其核心是大型的多样化的码头建设)。这在客观上削弱了武汉作为经济/贸易一体化、工业/运输一体化的中心城市的功能,使武汉在走向近代城市化过程中未能构建港区与产业—贸易区并举的外向型结构,这是一个重大的失误和缺憾。此外,外商轮船势力在航运业中的称霸地位始终未能打破。这一现象至少造成了两方面的不利影响:一是对传统木船运输业的打击,虽然后者继续顽强地存在;二是阻碍了"湖北新政"在工业和商业上的双重展拓:在工业上,轮船制造业与"湖北新政"无缘;在商业上,如果有来自中国人担纲主角之轮船航运业的力量相佐,那么,"湖北新政"框架内的商业贸易将会摆脱对旧式木船的依附,同时在流通速度、辐射区域、资金周转、货源数量、贸易气势、市场发育等方面面貌一新。

---

① 参见 Trade Reports,1881年,汉口,第6页;Hankow Trade Report for the Year 1899。转引自陈钧、任放:《世纪末的兴衰——张之洞与晚清湖北经济》,中国文史出版社,1991年,第190页。
② 朱建邦:《扬子江航业》,商务印书馆,1937年,第130页。

从整体上看，近代时期两湖地区存在着汉口、长沙两级互补型轮船航运体系。汉口不仅是湖北境内的航运中心，而且是带动湖南与长江商道相联系，从而将两湖航运连为一体的最重要经济中心。单就省内而言，长沙则是湖南航运之中心，从长沙沿湘江而下岳阳、汉口，可称为外江航线，主要由外国轮运势力掌控；从长沙经水路通达省内各县市的10余条航线，可称为内河航线，基本上操纵于国人之手。截至抗战前夕，以汉口为中心的轮船航线增加为68条，其中上江航线21条、下江航线22条、汉江航线16条、汉湘航线9条、武汉轮渡航线9条。同时，太古、怡和、日清等外国航运公司仍有较强实力。彼时，湖南境内中外轮船约160艘，其中民营者104艘，占总数之65.0%，多系小汽船。到1949年，湖南尚有民营轮船公司35家。①

2. 传统木船业的生存态势

轮船的出现一度使传统的木船运输业受到重创。湖北巡抚奎斌奏称："溯自轮船驶行内地，系中外通商条约所载，无敢异议，惟商民凋敝情形日甚一日。即以湖北一省而论，臣道光年间随任湘南，曾经路过。自汉口以抵襄（阳）、樊（城），由长江而达瓜镇，数千余里，市廛栉比，樯帆络绎，允称繁庶之区。及臣奉命抚鄂，重到此邦，顿讶其民物萧条，迥非前比。初尚以屡遭兵燹，元气或未能骤复。及至广加采访，据绅耆佥称，受困之由实因轮船畅行，民间衣食之途尽为攘夺，江河船只顿减十之六七，失业之人不可胜计。而襄、樊一带，行店关闭，车户歇业，痡苦情状尤不堪寓目。"由湖南巡抚擢升闽浙总督的卞宝第亦有类似议论，云："中国人烟稠密，水陆两途舟车负载，小民实资生计。自轮船行于江海，执业者半无所归。就臣所临地方察看情形，湖南患在散勇，湖北则多游民。总缘行客货商均以附轮为便，江船及陆路小车无人价雇，此辈悉成游手"②。但是，由于中外轮运势力在清末两湖地区处于艰难起步阶段，所以轮船不可能迅速而彻底地将传统木船排挤出近代商品流通渠道。仅以1881年为例，汉口进出船只中，夹板及一般木船为250艘，吨位达41 887吨；外商租赁的木船为127艘，吨位达11 289吨。③ 而且，中国民船在汉口沿江建造了简易码头，计有王家巷码头、四官殿码头、熊家巷码头、苗家码头、花楼码头等。武汉地区以土货进出口为主轴的市场，基本上依傍木船运输。

再以宜昌为例。尽管轮船使宜昌的运输和贸易发生了实质性的变迁，但是，木船业依然在宜昌近代经济生活中占据主导地位。如果说，在宜—汉线上轮船比木船更有优势，那么，在宜—渝线上轮船则大为逊色，呈现之画面完全是一派古风：绵延不绝的帆船、赤足弯腰的纤夫、高亢悲壮的号子，"由宜昌至万县、重庆之客货

---

① 皮明庥主编：《近代武汉城市史》，中国社会科学出版社，1993年，第432页。彭六安：《湖南民营航业五十年》，《湖南文史资料选辑》第4辑，湖南人民出版社，1982年，第328、333页。
② 〔清〕奎斌：《遵议兴修铁路据实覆奏折》，《杭阿坦都统奏议》卷七。〔清〕卞宝第：《为遵议铁路事宜恭折覆陈仰祈圣鉴事》，《卞制军奏议》卷十一。
③ 聂宝璋编：《中国近代航运史资料》第1辑，上海人民出版社，1983年，第395页。

运,皆赖适于行驶川河之柏木船为之。行程最短要超过一个月,多则两月。途中绝大部分皆以拉牵为主,过滩还必须'绞滩'。……全柏木船之生命财产,皆系于'梢公'(舵把子)一人之手"①。尽管自宜昌至上海的航运业已进入轮船运输时代,然而,由于川江水文条件复杂、险恶,加之德商"瑞生"轮触礁沉没事件,使得外轮公司望而却步,"然蜀道之难,非轮船可彼飞渡,故必利用上制之毛板船,以为输运之器,而该港(按:指宜昌)遂如天造地设,为木船、轮舟汇集交拨之区也"②。木船垄断川江运输的格局,直到1914年才得以打破。③ 在宜昌木船业中,有所谓川楚八帮、湖南两帮、荆沙一帮之格局,他们活跃于上至重庆、下达汉口、湖南的漫长航线上。据民国《巴县志》记载,在川宜航线上,中外商人贩运货物多依赖民船,常常雇木船运输而悬挂外国商旗,俗称"挂旗船"。即使轮船运货至宜昌,其货物也必须改装木船,才能进入四川市场。1895年,从宜昌前往重庆的英、美、中三国挂旗船为1200艘,载货量为3.7万吨;1897年升至1444艘,载货量为4.9万吨。上述三国的下水挂旗船,1895年为917艘,载货量为1.7万吨;1904年升至1743艘,载货量为5万余吨。④

从地理分布看,湖北以长江和汉江干流为运输货物之最发达航线,其支流以分布于江汉平原者利用率最高。长江航线下运货物,以粮食、木材、桐油、猪鬃、茶叶等为大宗,上运货物以煤铁、布匹、百货等为大宗。长江右岸支流航线,重要者计有松滋河、虎渡河以及城陵矶,经岳阳、湘阳到长沙;或经岳阳、沅江,再到常德,均可通行小轮。两湖平原的米、棉、麻等货物,大多通过这些水道汇聚武汉。鄂省西南部的清江,资坵以下可四季通航,下运货物主要有木材、桐油、生漆、药材、苎麻、茶叶等。汉江干流系湖北中部、北部货物运输的主要通道,老河口以下,通常水位可通行20吨以上之木船。汉江下运货物,主要有粮食、棉花、桐油、生漆、药材等,上运货物为食盐、棉纱、棉布、百货等,其中以米、盐为大宗。

直到20世纪30年代,木船航运仍然相当活跃。据较为保守的估计,战前数十年间,中国帆船贸易长期年增长率为2%。⑤ 1937年统计表明,汉口、宜昌、沙市三个商埠,计有载重200担以上的木船7711艘,总重量303万担,折合18万吨(按每担60公斤折算)。⑥ 截至抗战前夕,若将长江干支流航线17万艘木船,其载货量以5吨/艘计算,总计为85万吨左右,相当于外轮入侵之前木船载货量的1/4。船主、船工按5—6人/艘计算,那么长江航线以木船为生计者,多达百万人。⑦ 抗战期

---

① 李再权主编:《宜昌市贸易史料选辑》(一),宜昌市商业局《商业志》编委会,1986年,第22页。
② 《清议报全编》第3辑《扬子江》,1900年。转引自陈钧、任放:《世纪末的兴衰——张之洞与晚清湖北经济》,中国文史出版社,1991年,第243页。
③ 徐凯希:《近代宜昌转运贸易的兴衰》,《江汉论坛》1986年第1期。
④ 邓小琴:《近代川江航运简史》,重庆地方历史资料组,1982年,第33、34页。
⑤ [美]托马斯·罗斯基著,唐巧天、毛立坤、姜修宪译:《战前中国经济的增长》,浙江大学出版社,2009年,第396页。
⑥ 刘宏友、徐诚主编:《湖北航运史》,人民交通出版社,1995年,第314页。
⑦ 江天凤主编:《长江航运史(近代部分)》,人民交通出版社,1992年,第415页。

图 1-2-14 民国时期汉江上的民船

间的工厂内迁,是关系国计民生乃至民族存亡之大事。由于轮船多被征调而用于军事目的,因此宜昌到重庆一线,主要依靠 300 余艘木船装运机器设备。[①] 1942年,川湘航线开辟,以重庆为中心,东南沿长江至涪陵,入黔江,经彭水、龚滩至龙潭,入酉水,经沅江、湘江,抵达衡阳。据 1944 年统计,此航线水陆联运的起运吨数为 64 735,延吨公里合计 10 305 996,其中汽车 2 474 680,轮船 1 967 822,伕运 470 333,木船 5 393 161,占总数 47%,[②] 可见木船航运之地位。甚至 20 世纪 50 年代后期,湖北各类交通线在货物运输中所占比重,仍以水运为最,约为铁路运量的一倍,其次为铁路,公路运输所占比重很小。关键在于,在水运工具中,木帆船仍然占据主导地位,轮驳船运量仅占内河货运量 10% 左右,大多属于长江干流的远程运输。湖南亦如是,河运工具大部分为木帆船运输,运输货物占河运总量之 80%,只有小部分轮船运载粮食、木材、食盐等重载货物,往来于长江和四水干流各大港埠间。铁路是对外联系的动脉,公路为铁路、航路的辅助运输工具,货运量最小。[③] 可见,在较长的历史时段内,传统的木船一直是湖北水运的一支有生力量。撇开这一现象的历史合理性一面,它至少说明了两个问题:一是传统的力量仍然强大,二是湖北社会转型之过程十分艰难。

二、陆路交通的开拓

清末民初,两湖在水路交通取得进步之际,陆路交通也有新的展拓,但稍晚于

---

① 许涤新、吴承明主编:《中国资本主义发展史·第 3 卷:新民主主义革命时期的中国资本主义》,人民出版社,2003 年,第 545 页。
② 交通部统计处编:《中华民国三十三年交通部统计年报》,交通部统计处,1946 年,第 171 页。
③ 孙敬之主编:《华中地区经济地理》,科学出版社,1958 年,第 36、88、90 页。

轮运业。这里所谓陆路交通,主要包括铁路、公路两大类。大体上,两湖地区之近代交通,先有轮船,再有铁路,公路随即接踵而至。

1. 京汉铁路与粤汉铁路

如果说,张之洞对轮船没有多少热情,只是认为"不得谓之淫巧"、"确有利用之实",①那么,他对铁路却极为倾心,耗费了大量的精力。"湖北新政"的经济效应是连锁式的。为了将大冶铁矿的矿石及时运到汉阳铁厂,降低生产成本,张之洞决定在修筑码头的同时,建造一条铁路,从矿厂直达江边,约60里长。1891年7月24日的《捷报》称:"大冶铁路的建设工程正在推进。"大冶铁路所需枕木、火车头、客车、货车等,均购自德国。这是湖北境内第一条铁路。1895年,为了湖北纺纱局的建设,在纱厂到织布局的码头之间修造了一条窄轨铁路。这或许是湖北境内的第二条铁路。之后,凡重要矿区均建铁路。例如,1918年开工兴建的大冶象鼻山铁矿,专门修筑矿区到沈家营江边的铁路,长约22.25公里,标准轨距,路面宽约7.3米,有桥梁17座,涵洞16个,水管36道。该铁路在运输铁矿石之际,还可搭载乘客及货物。1921年底,大冶铁厂至石堡车站的铁路竣工。②湖南矿业之情形与之类似。1912年,常宁水口山官矿局修筑一条铁路,全长9里半,32磅钢轨,30马力机车3辆,每次可牵引矿车14辆、客货车各1辆。③

张之洞是近代中国铁路交通的奠基人,因为他是力主修筑卢汉铁路的关键人物。在某种意义上,他由两广移督两湖正是因为铁路。清末,朝廷众臣围绕修筑铁路问题聚讼不已。1889年4月1日,身为两广总督的张之洞以一纸《请缓造津通改建腹省干路折》倾倒廷臣,由是调任湖广,着手修筑北起卢沟桥、南抵汉口的卢汉铁路。1857年,英国铺设了世界上第一条钢轨铁路。40年后的1897年4月,卢汉铁路在中国正式开工。1906年4月,全线正式通车。自北京前门西站至汉口玉带门车站,全长1 215.5公里,投入资金89 634 488.17元。④卢汉铁路竣工后改称京汉铁路,它使用的钢轨大部分为汉阳铁厂所造。在残烛晚照之年,张之洞又饱含热情地投身于筹建粤汉、川汉铁路的事务之中。张之洞认为,铁路可以开士、农、工、商、兵五学之门。遍观清末政坛,尚无人有此识见。

应该说,卢汉铁路奠定了中国近代铁路运输业的第一块重要基石。在此之前,中国没有真正意义上的大型铁路。1865年,英国人杜兰德在北京宣武门外修建了一条小铁路,慈禧太后下令拆除。1874年,英国人狄克松在上海修筑淞沪铁路,被清廷拆毁并扔进大海。到19世纪80年代,李鸿章修筑唐山—胥各庄铁路,但用牲口牵引。直到1889年张之洞赢得路政之争的胜利、卢汉铁路成为纲举目张式的第一条大

---

① 宓汝成编:《中国近代铁路史资料》,第一册,中华书局,1963年,第167页。
② 宋亚平等:《辛亥革命前后的湖北经济与社会》,中国社会科学出版社,2011年,第110、116页。
③ 傅角今:《湖南地理志》,武昌亚新地学社,1933年,第182—183页。
④ 金士宣、徐文述:《中国铁路发展史(1876—1949)》,中国铁道出版社,1986年,第99页。

图 1-2-15　民国时期的汉口火车站

型建设项目,中国的铁路建设才真正进入创建时期。至于同期兴建的台湾铁路(基隆—台北—新竹),则在甲午战败后割让给了日本;而大冶运矿铁路(狮子山—石灰窑—铁山辅—铜鼓地)规模较小,没有全国性影响。不唯如此,卢汉铁路的修建也构成了"湖北新政"出台的内在动因,此为许多论者所忽视。事实是,没有兴建卢汉铁路的动议,也就不可能出现张之洞一手经营的"湖北新政";没有"湖北新政"的开展,也不可能完成卢汉铁路浩大的修筑工程。张之洞由两广调任两湖的最直接原因是兴建卢汉铁路,否则,初露端倪的一揽子实业计划就会衍化成"广东新政"而非"湖北新政"。为张之洞在国外订购机器的薛福成注意到,汉阳铁厂最先投产的是制造贝色麻钢厂和制造钢轨厂。在很大程度上,汉阳铁厂投入运行,就是为了修筑铁路。

卢汉铁路通车之后,对经济之拉动可谓立竿见影。例如,1904 年河南货物由汉口输出之总值达 740 万两,卢汉铁路通车后至 1910 年,其输出额飙升到 1 790 万两。又如,1910 年汉口土货出口总值较之上一年度有大幅提升,海关方面认为,"土货出口贸易的增进因素是京汉铁路通车,有利于开辟货物新的来源,并减轻了运输成本,加速了运输时间,保障了物资运输的安全"[1]。再扩大视界,卢汉铁路的兴建还具有深远的时代意义,为一场风格殊异于农民战争的革命拉开了序幕。1911 年 5 月,川、鄂、湘、粤四省掀起保路运动,这是辛亥革命的前奏。就此而言,铁路又是两湖从中世纪走向新生之路。民元之后,卢汉铁路(一称平汉铁路)之商品流通价值日渐增大,铁路沿线物产运销汉口者众多,计有煤铁、焦炭、稻米、小麦、高粱、棉花、棉纱、棉布、绸缎、哔叽、毯子、黄豆、绿豆、芝麻、花生、粉条、药材、香油、花

---

[1]《上海总商会月报》之"言论",1921 年第 1 卷第 6 号,第 20 页;Hankow Trade Report for the Year 1910。转引自陈钧、任放:《世纪末的兴衰——张之洞与晚清湖北经济》,中国文史出版社,1991 年,第 196 页。

生油、笋类、烟叶、红枣、梨、蛋品、木耳、木炭、火砖、香皂、牛皮、牲骨、树皮等,①颇为繁伙,拉近了华北与华中两地之经济联系。附带提及,卢汉铁路通车伊始,便开征火车化捐,"鄂豫各半,按照海关半税值百抽二五之例,以法磅为标准,二十吨车计载重三万三千斤,十五吨车计载重二万四千七百五十斤,凡整捆整件及零件之货,均照章抽捐"②,亦为湖北财政一项新的收入来源。

至于粤汉铁路,由于资金问题等纠缠不清,到1918年才从武昌通到长沙,仅完成全部工程四分之一左右。拖沓至1936年,终于完工。此为穿越湖南之第一条铁路,湖南部分占全线之一半。川汉铁路更是困难重重,工程时断时续,民元之后几近瘫痪。总之,近代时期两湖的铁路运输,以南北向之京汉铁路和粤汉铁路为主轴,辅以若干矿区小型铁路,开创了陆路交通运输新格局。③ 尤其是,武汉居于京汉路、粤汉路之中枢,在全国之地位更加显要,也使得两湖经济地理之重要性得以提升。

从地理分布看,湖北的铁路密度小于湖南,但京汉线、粤汉线的货物吞吐量大,因此铁路之于湖北相当重要。京汉线由河北、河南至武胜关进入省境,再经广水、花园、孝感抵达汉口。该铁路线所能贯通者不仅仅是华中与华北,而且将华南、西南、华北、东北、西北均吸纳于自己的货物流通圈之内,经济功能十分强大。粤汉线由广东、湖南经羊楼司进入省境,再经蒲圻、咸宁抵达武昌,运量小于京汉线,但也不容忽视。这两条纵贯南北的铁路大干线,其过境货物运输量远大于省内货物的装卸量。南方诸省及两湖经由此路北运之货物,主要是粮食、木材、百货等;北方诸省经由此路南运之货物,主要是煤铁、食盐、布匹、百货等。

2. 公路的铺设

秦汉以降,中国形成以都城和各级城市为中心、四通八达的驿路与铺路相交织的交通网,数千年间没有实质变化,两湖地区概莫能外。迨至清末,公路交通在湖广尚未出现。湖北陆路交通工具,"始终以一轮小车、轿子、驴马车、牛车与人伕为主,缺乏现代化之意义。迄民国初年,才有汽车在北部出现"④,历史之场景宛在眼前。

两湖公路之铺设,系因军事缘故,然后及于商业、民用。1913年,督湘之谭延闿决意兴修以长沙为中心、向南向西扩张的军用公路,遂有长潭路(长沙—湘潭)之开工。这是中国公路之始。但是工程进展迟缓,竣工时间延至1926年。1921年,湖南发生严重旱灾。翌年,华洋义赈会发起以工代赈,修筑潭宝路(湘潭—宝庆),

---

① 铁道部联运处:《中华民国全国铁路沿线物产一览》,铁道部联运处,1933年,第115—150页。
② 魏颂唐编:《湖南财政纪略》,歹人,货物税捐,火车货捐,湖北吏治研究所,1917年。转引自北京图书馆出版社影印室编:《清末民国财政史料辑刊》第19册,北京图书馆出版社,2007年,第631页。
③ 民国时期,湖南境内另有若干条铁路:1937年9月动工、1938年9月竣工之湘桂线,1937年动工、后因抗战而拆除之湘黔线,以及冷水滩—蔡家埠之支线,等等。1972年,湘黔线最终建成通车。参见行政院新闻局:《湘桂黔铁路》,行政院新闻局,1948年;刘泱泱:《近代湖南社会变迁》,湖南人民出版社,1998年,第368—369页。
④ 苏云峰:《中国现代化的区域研究·湖北省(1860—1916)》,台湾中研院近代史所,1987年,第431页。

图 1-2-16 民国时期湖南郴资桂公路施工照片

但仅完成湘潭至湘乡一段的路面施工。1926年,官督民办之湘中、湘南、湘西汽车路局成立,修路款项由田赋、厘金、盐税、杂税等项附加。1928年,湖南省政府将此三局改为湖南第一、第二、第三汽车路局,翌年撤并为"湖南省公路局",隶属省建设厅。所谓"自十八年十月起,为湘省公路由湘中、西、南三路民办,蜕化为全省公路局统一路务时期"①。事权归一之后,湖南省打算修筑七大公路干线:湘赣、湘黔、湘桂、湘川、湘粤各1线,湘鄂2线。20世纪30年代,是湖南公路建设的高峰期。1934年10月,湘赣公路建成通车;1935年8月,湘黔公路、湘桂公路建成通车;1937年1月,湘川公路建成通车。湖南虽然开风气之先,但截至1937年,全国17省已有公路,通车里程10.9万公里,湖南通车里程数(4千公里)占总数之3.7%,仅排名第13位,名次靠后。② 1922年,襄阳道熊宾筹集荆襄各县商股,创办长途汽车公司,开辟襄阳到沙市的公路,是为湖北修筑公路之始。③ 湖北由政府主导之公路建设,始于1929年。是年,省建设厅将商办之襄花、襄沙、汉新等段收归省办,同时设立汉宜路、鄂东路工程处。20世纪30年代初,计划修筑之国道从湖北穿过者,约有京川路(南京—四川)、汴粤路(开封—南雄)、洛韶路(洛阳—韶关)3条。同时,计划省内修筑15条支线,包括麻城—汉口、罗田—英山、田家镇—英山、宋埠—花园、(江西)瑞昌—赵李桥、崇阳—阳新、长江埠—安陆、京山—潜江、襄阳—花园、青河口—孟家楼、沙市—崇阳,等等。囿于时局、财力等因,进展颇缓。截至1936年10月,湖北省内干线及支线的通车里程约4千公里,尚未竣工者382公里,另有县道14条,约457公里,④在全国属于落后之列。

---

① 湖南公路局:《湖南公路辑览》,第1编·沿革,湖南公路局,1932年,第4页。
② 湖南省志编纂委员会:《湖南省志·第1卷:湖南近百年大事纪述》(修订本),湖南人民出版社,1979年,第697—698页。张朋园:《中国现代化的区域研究·湖南省(1860—1916)》,台湾中研院近代史所,1983年,第309页。
③ 白叔:《湖北之公路与航务》,《经济建设季刊》第1卷第2期,1942年10月。
④ 实业部统计处:《各省市经济建设一览》,实业部总务司第四科,1937年,第74页。田子渝、黄华文:《湖北通史·民国卷》,华中师范大学出版社,1999年,第310—311页。

纵观两湖地区，截至 20 世纪 30 年代，仍有不少县区没有像样的公路。如湖南之安化、东安、新田、蓝山、临湘诸县，"凡无铁道、船舶可通之处，则纯恃窄狭之土路"①，极不方便。衡阳县近代交通的发展水平堪称湖南之最，但传统的运输方式仍有很强的生命力，所谓"肩挑贸易循邮路而行，熙熙攘攘，往来如织"。②湖北的情形大体相仿，绝大多数县区未通公路，或公路尚未竣工。传统的铺递及驿道仍然存在，汽车远非陆路主要交通工具。即便那些开通公路的县区，传统的陆路交通方式仍占主导地位。如英山县，有"英浠路由县城至鸡鸣河一段汽路"，但该县"陆路通行，系用人力土车，或肩舆"。再如麻城县，近代有汽车通往市镇，"省有汽车路，自歧亭至县城七十里（即麻宋段），自县城至路口九十里（即麻界段），山中驿于项家河九十里（中中段），现已通车"。但是，近代交通工具并未对商品流通发挥积极作用，"搬运货物全持(恃)竹簰及独轮车"③。这不是个别现象，而是普遍存在的实况。此外，民国时期的公路，在路基、路面、桥梁的工程质量上多不如人意。混凝土路面或柏油路面很少，多系砂石、土石之路，而且多数未铺路面，④加之维护不力，以故路况欠佳。遇到阴雨天气，往往不能行车。概如时人所谓湖北省"已成通车之省道，虽号称二千三百余里，而概属未铺砂石之土基，偶遇天雨，泥淖载途，不能通车。桥梁涵洞，俱系因陋就简，设备不完，偶遭事变，即易摧毁。以与江浙湘赣公路成绩相比拟，霄壤悬殊"⑤。

附带提及，随着公路线之延展，汽车修理业务也相伴而生。迨至 1933 年，湖北省道汽车修理厂在汉口成立，计有发电机、车床、钻孔机、磨刀机、起重机等机器设备，规模粗具。同时，在关键路段设立分厂，包括鄂东之黄陂、武穴，鄂南之武昌、羊楼洞，鄂西之应城、沙市、巴东，鄂北之随县。为应付临时性的修理业务，于麻城、大冶、沙洋、宜昌、樊城、老河口、襄阳等处，各设立修理所，隶属于各管段之分厂。⑥

从地理分布看，鄂东丘陵低山区是公路最为集中之地，反观江汉平原，因水道纵横、航运兴盛，公路无多。襄樊、宜昌以西之山区，航运受困，公路也罕见。公路与航路、铁路相交错，是后者之附庸，货物运输能力偏低。虽则如此，由公路运往航路和铁路之货物，通常为粮食、棉花和土特产，返运货物则为布匹、百货、食盐等。

大体上，通过航路、铁路、公路，湖北境内及过境之运输货物主要为米、棉、纱、布、盐、油、麻、木、煤、铁、百货。迨至 20 世纪四五十年代，湖北与华东、西南诸省的货物往来，多依赖长江水运；与华北、东北、西北、华南诸省的货物交流，则经由京汉铁路、粤汉铁路。

---

① 曾继梧编：《湖南各县调查笔记》"地理类"，和济印刷公司，1931 年，第 20、36 页。
② 曾继梧编：《湖南各县调查笔记》"地理类"，和济印刷公司，1931 年，第 61 页。
③ 湖北省政府民政厅：《湖北县政概况》第 2 册，湖北省政府民政厅，1934 年，第 406、512 页。
④ 截至 1937 年初，湖北省内公路干线，有路面者，计 858 公里；无路面土路通车者，计 717 公里。参见湖北省公路工程处：《湖北省公路工程专刊》，湖北省公路工程处，1937 年，第 2 页。
⑤ 湖北省政府建设厅：《湖北建设最近概况》，湖北省政府建设厅，1933 年，第 62 页。
⑥ 湖北省公路管理局：《湖北省公路管理局成立周年纪念特刊》，1936 年，第 8—9 页。

晚清以降,两湖地区的交通运输业出现了结构性变动,新式交通工具(轮船、铁路、汽车)成为近代工商实业能否持续发展的制约因素,也成为社会变迁的重要标志。不可忽视的是,传统的交通工具(如木船)并未退出历史舞台,而是伴随新生事物一同前行,在社会经济生活中扮演着不可替代的重要角色,与轮船等新式交通相契合,形成多层次、多功能的交通格局。笔者曾有专文指出,包括两湖在内,直到20世纪30年代,中国近代交通运输的整体发展还处在一个较低水平,对市场需求和商品流通的拉动力是有限的。过高评估轮船、铁路、公路等近代交通工具对中国早期现代化的作用,有违历史真相。[①] 相关学者的论述亦可引为例证。例如,施坚雅在探讨中国传统市场体系的现代化问题时,感叹"在民国时期,看似足够的工业化和交通现代化使大量的农业经济商业化,然而真正的现代化却少得可怜"[②]。珀金斯注意到近代交通对长距离贸易和城市化的影响,同时强调"20世纪的工业化和铁路改变了中国城市化的方式,但只是部分地改变了城乡关系"[③]。珀氏的高徒罗斯基更全面地指出:"新式水陆运输方式的出现,使生产和贸易的总量和格局都发生了显著变化。但不能把这些变化完全归结于新技术的影响。在战前中国(按:指清末至1936年),不只是轮船和铁路,而是在多种多样的新旧运输方式组合基础上产生的运输技术新格局,推动着专业化和商业化水平向更高层次发展。"[④]可见,单纯强调近代性变革的力量,有意或无意忽略牵制其发挥作用的诸多因素,其结果可能正好相反,即这种强调本身遮蔽了"近代性"的实际效应。

---

① 任放:《中国市镇的历史研究与方法》,商务印书馆,2010年,第190页。
② [美]施坚雅著,史建云、徐秀丽译:《中国农村的市场与社会结构》,中国社会科学出版社,1998年,第105—106页。
③ [美]珀金斯著,宋海文等译:《中国农业的发展(1368—1968年)》,上海译文出版社,1984年,第165、186页。
④ [美]托马斯·罗斯基著,唐巧天、毛立坤、姜修宪译:《战前中国经济的增长》,浙江大学出版社,2009年,第232页。

第三章 市场体系

大体上,"近代"(晚清以降)中国的经济发展历史地构成了以西方工业革命为中心的经济全球化进程的一部分。① 在此,夸大或忽视西方影响都不是历史主义的态度。就两湖地区而言,近代时期的市场体系与传统时代已有重大变异,不过这种变异的基础部分地根植于传统。或者说,明清时期的市场体系部分地融入了近代,被改造以至放大,重获生机。关于近代两湖地区的市场体系,前贤的研究主要集中于汉口市场,②从经济地理角度对近代两湖地区进行宏观论述之文似乎罕见。经济地理的核心问题之一,是市场体系的形成及其变迁。本章将集中论述口岸与腹地、贸易与商路等问题。

第一节 通商口岸及其商业腹地

通商口岸的出现是近代中国经济变迁的标志之一。在某种意义上,它们成为区域经济与社会发展的引擎。口岸不是孤立的经济中心地,而是拥有边界相对清晰、关系相对密切的经济腹地。口岸本身的经济成长或衰退,在很大程度上受制于腹地能够给予的支持或带来的阻碍,总体上两者之间是一种互为因果的关系。

一、"东方芝加哥"——汉口

明清之际,汉口已是全国四大商镇之一。像汉口这样具有显赫地位的商业中心地,自然成为西方列强挑选通商口岸的重要对象。早在汉口开埠之前,西方人已注意到了汉口这个"华中的大市场"。③ 根据中英《天津条约》,汉口定于1858年6月正式对外开放。然而,由于太平天国战争的冲击,致使汉口的真正开埠推迟到了1861年3月。3月7日,英国官方及商界代表威利司、韦伯等人抵达汉口,与湖广总督官文议定通商事宜;3月18日,英国外交官巴夏礼在上海宣称,英国和其他缔约国的船只可在长江通航,上至汉口。如果把两湖近代社会转型比喻为一场地震,那么,汉口就是震中地区。从传播机制上看,汉口既是接受外来影响的受容中心,

---

① 按:全球化绝非当代独有之事物。从历史的角度看,凡是跨越国界、民族、文化的帝国式扩张,都是全球化的体现。在不同历史时期,曾经出现不同类型的全球化。第二次世界大战后,全球化愈益呈现从军事征服到技术宰制的特质。
② 代表性论著计有:张朋园:《中国现代化的区域研究·湖南省(1860—1916)》,台湾中研院近代史所,1983年;苏云峰:《中国现代化的区域研究·湖北省(1860—1916)》,台湾中研院近代史所,1987年;陈钧、任放:《世纪末的兴衰——张之洞与晚清湖北经济》,中国社会科学出版社,1991年;皮明庥主编:《近代武汉城市史》,中国社会科学出版社,1993年;刘泱泱:《近代湖南社会变迁》,湖南人民出版社,1998年;[美]罗威廉著,江溶、鲁西奇译:《汉口:一个中国城市的商业和社会(1796—1889)》,中国人民大学出版社,2005年;等等。
③ 姚贤镐编:《中国近代对外贸易史资料》,中华书局,1962年,第1088页。

图 1-3-1 江汉关旧影

又是向周边区域扩展影响的辐射中心。之所以在谈论两湖近代变迁时,汉口的内容占了很大篇幅,其意义正在于此。严格而论,近代两湖地区的系列历史话剧首先是在商业贸易的大舞台开场的。

汉口开埠稍迟,但其后 20 余年间,它的商业贸易地位却跃居国内各商埠之前列,似可说明它对不断变化的生存环境具有很强的调适能力。在直接对外贸易出口货值方面,汉口 1867—1869 年的年均值为 96 万海关两,1870—1879 年的年均值为 494 万海关两,1880—1888 年的年均值为 615 万海关两,超过了同期的牛庄、天津、烟台、九江、厦门、汕头等商埠。在直接对外贸易进口货值方面,汉口 1867 年 1 万余海关两,1871 年大幅增长为 11 万海关两。据统计,1865—1888 年汉口的洋货净进口总值为 2 亿 5 千万海关两,土货净进口总值为 2 亿 4 千万海关两,土货出口总值为 3 亿 9 千万海关两,仅次于上海。① 伴随汉口商业贸易的转型,若干新事物、新现象开始出现:其一,近代关税制度的确立。为了"督理华洋交涉事务",清廷于 1861 年 9 月移汉黄德道于汉口,在青龙巷设立海关,统称汉黄德道兼监督税务江汉关团署,简称"江汉关",稽查来往船只及进出口货物,并征收关税。据《北华捷报》称,1865—1867 年间,江汉关征收关税 299 万鹰洋,超过广州、天津,仅次于上海、福州。江汉关之设立,是两湖地区迈向近代的标志之一。其二,钱庄及银行在服务性贸易中异常活跃,前文已述,不赘。其三,商业贸易的发展刺激了人口的增加。1872 年汉口人口约 60 万,1883 年增为 70 万,1888 年上升为 78 万,比鸦片战争前

---

① 姚贤镐编:《中国近代对外贸易史资料》,中华书局,1962 年,第 1610、1614、1619 页。

夕至少增加60万。① 在汉口这个"执业者少、赋闲者多"的地方，②人口密度的升高无疑拓宽了商业贸易的基础，同时加快了社会分工，充实了产业后备军。其四，汉口从事进出口贸易的华商成为外商惮忌的竞争对手，英国驻汉口领事报告称"各类土货主要为华商所控制"，同时"有二分之一的洋货进口贸易操之于华商之手"，因此"最重要的障碍可以说是本地商人的竞争"③。其五，买办群体应运而生，成为汉口对外贸易不可缺少的中介。这些买办受雇于洋行，经手各种票据和钱币，介入中外经济谈判、操纵丝茶贸易，身兼多重角色。买办中的精英日后成为汉口商界领袖。汉口成为近代中国仅次于上海的商业大都市。日本的"中国通"水野幸吉1907年刊行《汉口：中央支那事情》，该书第1章《地理》开篇之语高度评价晚清汉口的商业地位，说："与武昌、汉阳鼎立之汉口者，贸易年额一亿三千万两，夙超天津，近凌广东，今也位于清国要港之二，将近而摩上海之垒，使视察者艳称为东方芝加哥"④。这种赞誉绝非耸人听闻之论，汉口的商业地位得到一致推崇。在时人眼中，"长江沿岸之商场，除上海以外，其交易总额无一能凌驾汉口者……"⑤又称"（汉口）自咸丰八年立约与外人开埠通商后，乃由国内贸易市场，一跃而为国际贸易商埠"⑥。以茶叶为例，汉口茶叶市场不仅是中国茶市之冠，而且在国际上亦颇有声誉。汉口茶商的25种茶品曾在南洋赛会（1910年）和巴拿马赛会（1915年）上获得大奖，充分展示了"东方芝加哥"的独特风采。截至20世纪30年代，汉口在全国的商业地位有所下降，但仍然显赫。时人评曰："汉口，在长江方面，除上海外，为唯一大市场。在全国方面，与上海、天津、广州、青岛等共称为五大港之一。……然汉口之对外贸易，现因种种之关系上，而降至第四、五位，惟对内贸易（移出入）却保持第二位，有九省总汇之称。"⑦

所谓经济腹地，系指与某一经济中心地在地理上相互襟连、经济上互动频繁之区域。汉口素有"九省通衢"之称，这九省（两湖、四川、陕西、河南、贵州、江西、安徽、江苏）大体上就是汉口的经济腹地，确切地说是商业腹地。史载："汉口镇，在城北三里，分居仁、由义、循义、大智四坊。当江、汉二水之冲，七省要道，五方杂处"⑧；"闻昔兹邑，汉皋最为殷阜，地当八达之衢，舟楫所萃，上自三巴、两粤、南楚，下迄江淮，西则密迩荆襄，商船连樯，几于遏云碍日。百货充牣，摩肩击毂"⑨；"汉口镇，古名夏口，为九省通衢，夙称烦剧。自通商口岸以来，华洋杂处，事益纷繁"⑩。所谓

---

① 姚贤镐编：《中国近代对外贸易史资料》，中华书局，1962年，第1637页。
② 范植清：《鸦片战争前汉口镇商业资本的发展》，《中南民族学院学报》1982年第2期。
③ 陈钧、任放：《世纪末的兴衰——张之洞与晚清湖北经济》，中国文史出版社，1991年，第174—175页。
④ 将汉口比喻为芝加哥，多见于清末民国文献。例如，美国学者葛勒石在其著作中，将上海喻为中国的纽约，武汉则是中国的芝加哥。[美]葛勒石著，谌亚达译：《中国区域地理》，正中书局，1947年，第157页。
⑤ 民国《汉口小志》，商业志。
⑥ 陈绍博：《汉口市二十三年国内外贸易概况》，《汉口商业月刊》第2卷第10期，1935年10月。
⑦ 曾兆祥主编：《湖北近代经济贸易史料选辑》第2辑，湖北省志贸易志编辑室，1984年，第375页。
⑧ 乾隆《汉阳县志》卷六，城池。
⑨ 同治《续辑汉阳县志》，知汉阳县事无锡王庭桢序。
⑩ 民国《湖北通志》卷五，舆地志五，沿革二。

"七省要道"、"八达之衢"、"九省通衢",以及提到的三巴、两粤、南楚、江淮,都说明汉口的商业辐射力极强,市场发育状况和贸易吞吐机制均属上乘。清初,刘献廷在《广阳杂记》卷四写道:"汉口不特为楚省咽喉,而云、贵、四川、湖南、广西、陕西、河南、江西之货,皆于此焉转输。虽欲不雄天下,不可得也。"这表明,拥有水运优势的汉口,是周边广阔的经济腹地商品交换的中介市场,也是区域市场网络中最高一级的经济中心地。清乾隆十年(1745年),湖北巡抚晏斯盛上奏《请设商社疏》,认为"楚北汉口一镇,尤通省市价之所视为消长,而人心之所因为动静者也",俨然湖北社会经济生活之中心;又称,汉口"地当孔道,云贵、川陕、粤西、湖南处处相通;本省湖河,帆樯相属,粮食之行不舍昼夜"云云。① 此处披露之汉口经济腹地范围,也与上述相一致。

汉口开埠后,商业贸易格局出现重大变迁:一方面继续保持传统时代之土货总汇中心,另一方面,新晋为洋货分散之处及土货转口贸易中心。时人回顾汉口开埠数十年间之走势,指出:"近年来输入外洋土货,多有先运上海,再由上海运出外洋者,汉口乃又变为转口贸易之重要商埠矣。"② 其商业腹地出现若干变化。中英《天津条约》规定,湖北境内之武穴、沙市、陆溪口作为轮船停泊码头对外开放。江汉关包括2关3卡:大关设立于汉口英租界花楼外滨江处,以总汇税务;南关设立于汉阳县南岸嘴滨河处,以稽查船只;北卡设立于汉口租界18段之下沙包滨江处;子口卡设立于汉口襄河上游桥口滨河处;武穴总卡设立于广济县武穴镇滨江处。这是近代汉口贸易网络最初的几个联结点。10余年后宜昌辟为通商口岸,并成为江汉关分关,使得湖北境内形成汉口—宜昌—沙市三角形之核心经济区,汉口之商业腹地出现变更。稍后,重庆、岳阳、长沙相继开埠,进一步加深了汉口与四川、湖南之经济来往,形成新型的口岸—口岸关系、口岸—腹地关系。论者称,在长江流域的商业网络中,宜昌、沙市、岳阳、长沙"在相当程度上充当了汉口贸易的主要转口口岸"③,成为汉口商业网络之四大支点。尤其是,贯通南北的交通干线——京汉铁路、粤汉铁路,使汉口在保持传统水运优势的同时,通过陆路交通将商业腹地在南北纵向上大为拓展,北至华北,南达广东。④ 时人称,汉口商业之进步可分为三个时期:一是开埠前之帆船贸易期,二是开埠后之轮船贸易期,三是京汉通车后之铁道、轮

---

① [清]晏斯盛:《请设商社疏》,[清]贺长龄辑:《皇清经世文编》卷四十,户政十五,仓储下。
② 陈绍博:《汉口市二十三年国内外贸易概况》,《汉口商业月刊》第2卷第10期,1935年10月。
③ 沈祖炜:《近代沿江城市的商业和埠际贸易》,张仲礼、熊月之、沈祖炜主编:《中国近代城市发展与社会经济》,上海社会科学院出版社,1999年,第25页。
④ 在通往华北一线,河南之市镇与湖北关系紧要者,计有:赊旗镇,为汉口、老河口货物上行之销路;荆紫关,为陕西汉中、兴安两地土货运销两湖之出口,街长二里,市肆殷阗;漯河湾,为汉口吸收中原农副产品之中心,尤以芝麻为盛。参见林传甲:《大中华河南省地理志》,第47章,商业,武学书馆,1920年,第94页。

船、帆船俱盛贸易期。① 这三个时期,也是汉口商业腹地不断调整、扩展的历史时期。

二、相继开埠的宜昌、沙市、岳阳、长沙

图 1-3-2　1908 年宜昌城鸟瞰

继汉口开埠之后,湖北地区在商业贸易领域最重要的一次震荡是宜昌开埠。1876 年 9 月,中英签署《烟台条约》,规定宜昌、温州、芜湖、北海开放通商。翌年,宜昌正式开埠,并成为江汉关之分关,其传统之转运贸易格局为之一变。跃入眼帘者,是洋纱洋布为主导的外国商品流冲向宜昌港。1878 年宜昌洋货净进口总值为 1.9 万海关两,1880 年为 100 余万海关两,1888 年猛增为 224 万海关两。在土货出口方面,1877 年为 4 千余海关两,1880 年跃至 86 万海关两,1888 年仍然保持增长势头,达到 249 万海关两。其中 1882—1888 年间,宜昌出现了洋纱进口激增的趋势。主要原因是内陆民众用洋纱织成土布,以与洋布相竞争。宜昌开埠不仅意味着其转运贸易进入了新的发展时期,而且促使它由"过载码头"向近代都市转变。1877 年宜昌人口约 1.3 万,10 年后的 1888 年上升为 3.4 万。② 需要

---

① 周以让:《武汉三镇之现在及未来》,《东方杂志》第 21 卷第 5 号,1924 年 3 月。论者称,由于交通便利,全国各地大量货物在武汉集散。湖北省除了鄂东、鄂北部分货物的输出入直接与华东、华北相通,省内其他地方外销内运的商品,都集中于武汉装卸或过境。邻省之四川广元、成都、乐山以东地区,湖南洞庭湖流域和湘西沅江流域,黔东沅江各支流流域,河南西南部南阳地区,陕西南部之汉中盆地东部,均以武汉为货物之吐纳口(主要通过水运)。参见孙敬之主编:《华中地区经济地理》,《中国科学院中华地理志经济地理丛书》之三,科学出版社,1958 年,第 44 页。另有论者指出,清末(以 1907 年为例),汉口对外进口贸易额超过国内转输贸易额。这种贸易结构的改变,使汉口多元吸引和网状辐射的商路格局发生变化,原因有三:一是上海取代广州成为新的对外贸易中心,二是长江航运日益国际化,三是川江通航及宜昌、沙市、重庆相继开埠,长江干线成为对外开放走廊。以故,汉口长江干线商路的地位上升,对汉口商业交通网有决定性作用。由此导致的结果,便是汉口传统的多元吸引和网状辐射的商路格局,不断被强化为以上海为指向的单元吸引、一元辐射的商路格局。参见周军、赵德馨主编:《长江流域的商业与金融》,湖北教育出版社,2004 年,第 190—191 页。不过,罗威廉批评"将汉口视为上海的主要附庸,显然是一种误解"。参见罗威廉著,江溶、鲁西奇译:《汉口:一个中国城市的商业和社会(1796—1889)》,中国人民大学出版社,2005 年,第 115 页。
② 姚贤镐编:《中国近代对外贸易史资料》,中华书局,1962 年,第 1631、1640 页。

强调的是,1878年英商立德洋行的"彝陵"轮从汉口试航宜昌成功,使长江轮船航线的起点由汉口延展到了宜昌,有利于川货下楚以及汉口市场的繁荣。显然,由于宜昌在长江中上游商品流通领域之中枢位置,因此宜昌最重要的商业贸易腹地是四川。[1]

再申论之,宜昌是川、滇、黔三省商品流通的主要门户,张之洞曾誉之为"上游商埠重镇"。尤其是,素有"天府之国"美称的四川殷实富足,货物繁多,其商品必须由宜昌外运以达四方。与之同时,宜昌也构成了汉口市场与四川市场之间重要的中转站。大体上,航运业之发达,长江上、中、下游商品流之穿叉与汇合,经济地理条件之得天独厚,是宜昌近代转运贸易日趋兴旺的三大要素。据统计,1889—1894年,宜昌每年的进出口货值(海关两)净数都突破了百万大关,1900—1910年的年均数则超过2千万。[2]

沙市被誉为中国的曼彻斯特,与汉口、宜昌共同构成近代湖北的三大商业贸易中心。[3] 1895年中日签订《马关条约》,增开沙市、重庆、苏州、杭州为商埠。翌年8月,清廷设立沙市海关。同年10月,沙市正式对外开放,标志着以汉口—宜昌—沙市为轴心的大三角构成了湖北地区近代转型的中心区域。这三个商埠各有特色:汉口是由古代商镇转变为近代商埠的,宜昌是由古代"过载码头"一变而为近代商埠的。沙市与之不同,它是由近代停泊口岸转变为近代商埠的。

图1-3-3　1911年沙市江边风景

早在20年前的1876年,中英《烟台条约》即规定:宜昌作为通商口岸对外开

---

[1] 有论者称,宜昌位于三峡东口,是长江中游与上游航运的中转港,往来汉渝之间的货物多在此换船转驳。其商业腹地不广,物资集散区域仅以宜昌和长阳、兴山之局部,吞吐物资大多为中转性质。经宜昌下运之货物,主要有四川之稻米、食油、四川及鄂西南之木材、桐油、生漆、猪鬃、药材等;上运货物,主要有华北、华东之布匹、百货、煤铁等。参见孙敬之主编:《华中地区经济地理》,科学出版社,1958年,第51页。
[2] 李再权主编:《宜昌市贸易史料选辑》第2辑,宜昌市商业局《商业志》编委会,1986年,第936—937,939—943页。
[3] 〔日〕森时彦:《华西的曼彻斯特——沙市与四川市场》,《东洋史研究》第50卷1号,1991年6月。

放,沙市同时辟为停泊口岸,"轮船准暂停泊,上下客商货物,皆用民船起卸,仍照内地定章办理"。停泊口岸与通商口岸之不同在于,"外国商民不准在该处居住,开设行栈"①。有趣的是,在宜昌开埠之初,有一位外国人对宜昌与沙市予以评估,认为宜昌"它的价值恐怕仅在于是长江航运的起点——至少就目前(1878年)所使用的这种轮船来说是如此。沿江而下,不远的沙市,虽只是一个泊船港,似乎是主要的贸易地"②。这的确是一种异乎寻常之见解。时人称:"该埠为中国西部的曼彻斯特,沙市附近的地带为中国最大的织布中心。供应该地区(中国西部)的土布均在此分等、包装,并装船运出。在四川和云南的每一乡村,我们都曾见过沙市土布。其输出量达二千万磅以上——或者要大大超过此数。沙市海关税务司曾告诉我们说,有一天他曾数过候装棉布的木船,共有一千五百只"③。1901—1911年,沙市海关税收(关平两)指数稳定在3.00以上,1911年的进出口货值突破300万大关。④沙市进出口贸易的迅猛发展,使之赢得了"小汉口"之称。大体上,沙市的商业腹地包括川东、鄂西、鄂北、湘北。

图1-3-4　民国时期的长沙湘春门

岳阳、长沙之开埠,使湘潭作为湘省商业中心不复存在。曾几何时,湘潭是湖南气势如虹的经济中心地,史载"衡(州)、永(顺)、郴(州)、桂(阳)、茶(陵)、攸(县)二十余州县之食货,皆于是乎取给,故江苏客商最多。又地宜泊舟,秋冬之交,米谷骈至,樯帆所舣,独盛于他邑焉","帆樯蚁集,连二十里,廛市日增,蔚为都会,天下

---

① 王铁崖编:《中外旧约章汇编》第1册,1957年,第349页。
② 姚贤镐编:《中国近代对外贸易史资料》,中华书局,1962年,第686页。
③ 姚贤镐编:《中国近代对外贸易史资料》,中华书局,1962年,第240页。
④ 实业部国际贸易局编:《最近三十四年来中国通商口岸对外贸易统计》,商务印书馆,1935年,第119、243页。

第一壮县也"。①淮盐销楚,湘潭是重要中转地,甚至能够左右汉口盐市,"潭之铺户又转支汉商之盐,以为囤卖。汉商至潭,不能自行分售,亦不得不假手于各铺户。价昂则铺户资之以为利,价平则铺户又资之以为那(挪)此填彼之项。至铺户亏折,而汉商之讼控兴矣。多者数千金,少者数百金,追赔无着,案牍滋繁,是铺户之利在此,其弊亦在此也"②。彼时,岳阳仍属无名之地,"岳州地处省北,货裁取给一郡,即商船之停泊亦少"③。长沙虽为省城,但商业地位并不显要。然而,岳阳、长沙开埠令局面发生巨变。岳阳的正式开埠是1899年,长沙稍晚,正式开埠是1904年。长沙府城"近开通商埠,日本货物输入最多。长街十里,帆樯舣集,为湖南一大都会"④。相形之下,岳阳无甚发展,商业地位远逊长沙。清末民初,长沙取代湘潭成为湖南近代化程度最高的大都市。单就稻米一项,抗战前每年集散量高达400余万担,被誉为全国"四大米市"之一。⑤至于长沙之商业腹地,可从史乘之中窥其大要。所谓"邑负省会之南郭,控湖湘之上游,吐纳洞庭,依附衡、岳、荆、豫唇齿,黔、粤咽喉,保障东南"⑥,显示本省洞庭湖区,连带衡阳、岳阳地区,是长沙商业腹地之核心;湖北、河南、贵州、广东等,则是其腹地之扩展。参照民国时期之论述,称"长沙经济属区之范围甚广,北至津市、澧县、石门、慈利等地,南通永兴、郴县、祁阳、零陵,而远达广西之全县,东至浏阳、醴陵,以达江西之萍乡、安源,西至沅陵、辰溪、芷江、洪江、黔阳等地,其范围之广,几及全省"⑦。这应该是长沙商业腹地之主要部分。

需要强调的是,汉口镇的对外开埠,对长江中游地区商品流通网络的变化有重大影响。一部分商路依旧存在,一部分商路则出现变异。以湖南为例,湘潭是湖南传统商品流通的最大集散地,时称"湘潭亦中国内地商埠之巨者。凡外国运来货物,至广东上岸后,必先集湘潭,由湘潭再分运至内地。又非独进口货为然,中国丝、茶之运往外国者,必先在湘潭装箱,然后再运广东放洋。以故湘潭及广州间,商务异常繁盛,交通皆以陆,劳动工人肩货往来于南风岭者,不下十万人"⑧。汉口镇辟为商埠后,北方货物不再由湘潭出口海外,而改由汉口镇从长江运抵上海出口。加之原先的广东货物及进口商品不再逾五岭运抵湘潭,而改由海船运抵上海,以故湘潭商务受到严重冲击。所谓"从前海禁方严,番舶无埠,南洋、五岭之珍产,必道吾埠,然后施及各省。维时湘潭帆樯鳞萃,繁盛甲于东南,

---

① 乾隆《湖南通志》卷四十九,风俗,类纪,商贾。光绪《湘潭县志》卷十一,货殖第十一。
② 乾隆《湘潭县志》卷九,积贮,盐政。
③ 乾隆《湖南通志》卷四十九,风俗,类纪,商贾。
④ 辜天佑编:《湖南乡土地理参考书》第1册,群益图书社,1910年,第37页。
⑤ 论者称,交通便利是粮食聚散市场形成的首要条件,"一方面要有很多的水运航道通达各处产地市场,另一方面要有通往大都市的轮船铁路交通系统可以输送成批的粮食。江西省的南昌和湖南省的长沙是最理想的聚散市场"。参见许道夫编:《中国近代化农业生产及贸易统计资料》,上海人民出版社,1983年,第154页。
⑥ 光绪《善化县志》卷三,疆域,形势。
⑦ 平汉铁路经济调查组:《长沙经济调查》甲编《概述》,平汉铁路经济调查组,1937年,第1页。
⑧ [清] 容闳著,徐凤石等译:《西学东渐记》,湖南人民出版社,1981年,第46页。

相传有'小江南'之目。厥后轮船、租界曼衍沿边,商旅就彼轻捷,厌此艰滞,而吾湘口岸,始日衰耗"云云。① 彼时,汉口镇成为湖南对外贸易关系的枢纽:湖南的粮食、茶叶等商品大量运抵汉口镇,再输出海外;国外进口商品如棉布、棉纱等,则经由汉口镇进入湖南市场。如果说汉口镇的开埠使传统的以湘潭为中心的湘南商路趋于式微,那么,19世纪末20世纪初岳州、长沙的对外开放,则导致以岳州、长沙为中心的湘北商路迅速发展,相形之下,湘南商路更趋衰落。这条湘北商路是由长沙溯湘江,越洞庭,经岳州入长江达汉口。而且,一改湘南商路肩挑驮负的陆路交通格局,转变为以帆船、轮船为主要运输工具的水运交通格局。②

以省区为视域,汉口进入近代之后继续保持其湖北商业中心之地位,而且更形扩展,拉大了中心地与腹地之经济差距。对比之下,湖南的情形与之不同:原有的商业中心发生位移,省区内部的经济差异性有所减小,若干重要城市之间的经济关系趋于均衡。

第二节 贸易的拓展

近代经济之引擎,在某种意义上实指商业贸易,尤其是对外贸易。③ 为了深入论述近代两湖地区的经济地理变迁,有必要对该地区贸易情形进行梳理。在此,主要就两湖对外贸易格局、长距离贩运贸易这两大要目予以讨论。

一、对外贸易的格局

汉口开埠之初,外国商人"立即趋之若鹜"④。不久,一种以10日为期的外商对华商赊销制度在汉口开始确立。到19世纪七八十年代,汉口的子口税单广泛实行,体现出中外商人之间形成了多重的经济关系。1875年汉口签发的子口税单多达9 219张,比上海的7 555张多出1 664张,货物价值也超出上海100余万海关两,达195万海关两。1879年汉口的子口贸易总值增至544万海关两,超过上海、九江、镇江、宁波、福州、厦门等商埠。当时,可以利用子口税单运销洋货到内地的也只有上述7个商埠。1880年,汉口专门出售子口税单的洋行竟达6家之多。⑤

随着对外贸易份额的不断上升,汉口传统的以米、布、盐、木材为大宗商品的贸

---

① [清]谭嗣同:《谭嗣同全集》(增订本),中华书局,1981年,第424页。
② 刘泱泱:《近代湖南社会变迁》,湖南人民出版社,1998年,第94—96页。
③ 论者称:近代中国形成两类对外贸易城市群:一是以上海为中心,南北沿海、东西沿江的港口城市群,二是西南、西北、东北内陆边疆地区的陆路商埠群。它表明中国的城镇体系在职能组合结构、等级规模结构、地域空间结构等方面,均发生了巨大变化。参见顾朝林:《中国城镇体系——历史·现状·展望》,商务印书馆,1996年,第132—133页。
④ 姚贤镐编:《中国近代对外贸易史资料》,中华书局,1962年,第685页。
⑤ 历年海关报告及领事报告,参见陈钧、任放:《世纪末的兴衰——张之洞与晚清湖北经济》,中国文史出版社,1991年,第169页。

易结构开始松动。与此同时,以洋纱洋布和茶叶为交换主体的新型市场体系开始确立。这一实质性变动,体现在两个方面:一是洋货贸易构成了一股新的商品流。在广东商人开设的商业里,人们可以买到外国制造的杂货,例如玩具、工具、铅笔、图画、装饰品、伞、肥皂、利器(铁刀等)、饼干、糖果、杀虫药片、炼乳、吊灯、桌灯、玻璃器皿、陶器、蜜饯、果酱等。此外,在汉口市场还可见到鸦片、煤油、针,以及英国和瑞典制造的火柴。一些衣着外国毛呢的"穿得好吃得好的士绅"在汉口大街上高视阔步,引起人们的注目。在涌入汉口的外国商品中,来势最猛的当推洋纱洋布。"自天津诸约成立后,外国棉布之输入数量,大见兴奋。……因汉口、天津、芝罘等埠商人努力推销,且利用镇江海关所发子口税单,洋布销路日有扩展";"本年(按:指1879年)全国输入之棉布,泰半系被天津、汉口、烟台三埠所吸收"。① 在19世纪70年代,一度出现英、美棉布在汉口市场激烈角逐的局面。② 湖广总督张之洞感叹:"洋纱一项进口日多,较洋布行销尤广。江、皖、川、楚等省或有难销洋布之区,更无不用洋纱之地。"③ 二是大批土货成为汉口对外贸易的抢手货,如牛皮、烟叶、锡、棉花等,最重要的是茶叶。

早在清雍正五年(1727年),中俄签订《恰克图条约》,俄商获准来华贸易。随之而来的是,大批茶叶在汉口镇集中,转道上海、北京、张家口、恰克图,再输入俄国内地。与欧洲商人的胃口不同,俄国商人在汉口市场购置红茶和砖茶。据研究茶叶史的外国专家称:"约在一八五〇年,俄商开始在汉口购茶,于是汉口成为中国最佳之红茶中心市场。俄人最初在此购买者为工夫茶,但不久即改购中国久已与蒙古贸易之砖茶。"④ 毋庸置疑,茶叶市场之于汉口的进出口贸易具有头等重要的意义,"鄂之汉口固贸易汇集之巨区也,汉口之茶又商务盈缩之大象也"。翻阅江汉关历年的海关报告,茶叶贸易时常显赫地置于土货出口最重要一栏。海关人士认为,在汉口直接对外贸易方面,"土货直接出口以茶叶为大宗"。不唯如此,汉口茶叶市场还具有广泛的全国性影响,"汉口为中国内地之一大茶叶口岸,……茶叶市场至六十年之久";"汉口茶市素为中国茶市之冠"。⑤

贸易统计之净值,往往能够反映市场进出口之能力。以下是汉口在洋货进口和土货进口方面的比较示意图。

---

① [英]班思德著,海关总税务司署统计科译:《最近百年中国对外贸易史》,印者不详,1931年,第131、172页。
② 历年海关报告,[英]班思德:《最近百年中国对外贸易史》。参见陈钧、任放:《世纪末的兴衰——张之洞与晚清湖北经济》,中国文史出版社,1991年,第170页。
③ [清]张之洞:《增设纺纱厂折》(光绪二十年十月初三日),《张文襄公全集》卷三十五,奏议三十五。
④ [美]威廉·乌克斯著,中国茶叶研究社译:《茶叶全书》下册,中国茶叶研究社,1949年,第54页。
⑤ 《湖北商务报》1899年第21期;Hankow Trade Report for the year 1898;[美]威廉·乌克斯著,中国茶叶研究社译:《茶叶全书》,中国茶叶研究社,1949年;《农商公报》1917年第33期。转引自陈钧、任放:《世纪末的兴衰——张之洞与晚清湖北经济》,中国文史出版社,1991年,第216页。

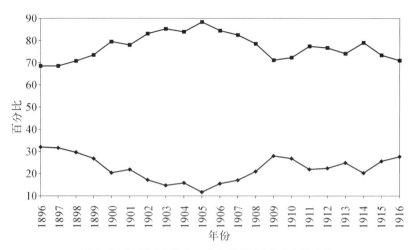

图1-3-5 清末民初汉口输入洋货及土货之净值比较
(上线表示输入洋货%,下线表示输入土货%)

(资料来源:苏云峰:《中国现代化的区域研究·湖北省(1860—1916)》,台湾中研院近代史所,1987年,第418页。)

此图显示,汉口输入洋货净值约占总数之70%,输入土货净值约占总数之30%,两者之走势大体上围绕此一百分比上下波动。与之同时,汉口输出洋货及土货则是另外一番情形:输出国外之货值约占总数之20%,输出土货之货值约占总数之80%,清末民初的20年间虽有变动,但基本格局如此。

表1-3-1 清末民初汉口市场商品输出之国内外比较　　　　　单位:海关两

年份	输出总额	输往外国(%)	输往国内(%)	年份	输出总额	输往外国(%)	输往国内(%)
1896	2.3千万	15.2	84.8	1906	5.4千万	13.1	86.9
1897	2.5千万	7.4	92.7	1907	6.0千万	16.5	83.5
1898	3.1千万	8.2	91.8	1908	6.7千万	20.4	79.6
1899	3.7千万	12.3	87.7	1909	7.2千万	20.7	79.3
1900	3.2千万	14.9	85.1	1910	8.3千万	17.8	82.2
1901	2.9千万	8.0	92.1	1911	7.4千万	22.4	77.6
1902	4.1千万	7.0	93.0	1912	8.3千万	16.1	83.9
1903	5.6千万	6.9	93.1	1913	7.3千万	16.3	83.7
1904	6.3千万	8.7	91.3	1914	8.7千万	18.0	82.0
1905	5.7千万	13.1	86.9	1915	10.2千万	13.1	86.9

(资料来源:苏云峰:《中国现代化的区域研究·湖北省(1860—1916)》,台湾中研院近代史所,1987年,第419页。)

说明:原据China, Imperial Maritime Customs: Decennial Reports, 1892-1901; Chinese Maritime Customs Publications, 1860-1948; Returns of Trade and Trade Reports for the year 1902-1916。

数十年间,汉口市场的洋货进口超过土货,似可说明列强之经济力量已经占有内陆市场相当份额,而且保持增长势头,对腹地之渗透程度逐渐加深。汉口货物输出一项，直接出口国外之比重相对偏低，也表明汉口位居远离海洋之内陆奥区，在地理位置上不若上海、广州等口岸拥有交通外洋之便利条件，对外贸易功能不够发达，只能扮演国内商品集散之中心。

总体上看，清末民初的汉口市场商品结构为：洋货的主流是棉纱棉布，土货的主流是茶叶。由是形成倾斜型的贸易格局：土货贸易超过洋货贸易，间接贸易大于直接贸易，农产品贸易压倒工业品贸易，原料及半成品贸易优于各类制成品贸易，消费品贸易领先于生产资料贸易。外国商人（洋行等）很难操纵汉口市场，大量从事居间代客买卖的中国商人成为中坚力量。辛亥革命前夕，汉口的直接对外贸易货值在全国排名第三，间接对外贸易货值排名第二。

湖南的对外贸易情形与湖北有较大差异。湖南因其保守、闭塞、排外、民风强悍，对外开放步伐迟滞。鸦片战争之后五六十年间，尚无一处通商口岸。在上海、汉口等地相继开埠后，湘省商务中心之湘潭日益衰落。直到岳阳、长沙开埠，湖南外贸才打开新格局。

表1-3-2　清末湖南进出口贸易一览

年份	进口			出口			入超（－）出超（＋）
	长沙	岳州	合计	长沙	岳州	合计	
1902	—	499 041	499 041	—	330 556	330 556	－168 485
1903	—	1 520 468	1 520 468	—	1 336 581	1 336 581	－183 887
1904	1 988 237	1 015 203	3 003 440	614 395	898 816	1 513 211	－1 490 229
1905	3 587 043	147 086	3 734 129	1 621 874	316 956	1 938 830	－1 795 299
1906	2 864 682	174 917	3 039 599	1 293 835	342 955	1 636 790	－1 402 809
1907	4 203 140	501 371	4 704 511	2 288 864	817 894	3 106 758	－1 597 753
1908	4 520 773	378 396	4 899 169	3 934 285	2 396 486	6 330 771	＋1 431 602
1909	4 853 871	777 575	5 631 446	4 890 387	1 907 352	6 797 739	＋1 166 293
1910	5 438 786	855 655	6 294 441	6 116 110	805 970	6 922 080	＋627 639
1911	6 452 501	1 195 197	7 647 698	9 570 735	1 456 325	11 027 060	＋3 379 362

（资料来源：张朋园：《中国现代化的区域研究·湖南省(1860—1916)》，台湾中研院近代史所，1983年，第115页。）

说明：原据 China, Imperial Maritime Custom Decennial Report，1902-1911。

可见，清末之湖南贸易，进口态势强于出口，因此入超年份多于出超年份。相对于汉口，岳、长口岸在两湖只能算是次级市场，贸易货值较小，但其贸易走势总体上是上升的。不过，岳、长口岸之进出口绝大部分是埠际贸易，直接出口国外者每年均在千两（海关两）以下，占贸易总值之比重微乎其微。诚如论者所言"长、岳两地不过内陆港埠的地位，尚鲜国际贸易的发展"[①]。

从1901—1931年湖南海关贸易趋势指数看，这30年间湖南海关的进出口货

---

① 张朋园：《中国现代化的区域研究·湖南省(1860—1916)》，台湾中研院近代史所，1983年，第117页。

值大体呈上升趋势。抛开天灾人祸等因素,这种贸易的稳步前进是相当明显的,总额指数只是到了1929年后开始走低。此与世界经济形势开始恶化有关,表明岳、长开埠后湖南经济与对外贸易之间已形成较为密切的关系,对国际市场之波动已觉敏感。进口指数也基本平稳,只是1927年受长沙"马日事件"等重大事件之影响,出现异常下挫,但很快恢复正常走势。值得注意的是,在第一次世界大战期间,进口指数仅出现小幅下跌,没有大起大落,似可说明进口货物在内地有较大的市场需求。相对而言,出口指数时有起伏,盖因天灾之祸、时局之险使然。

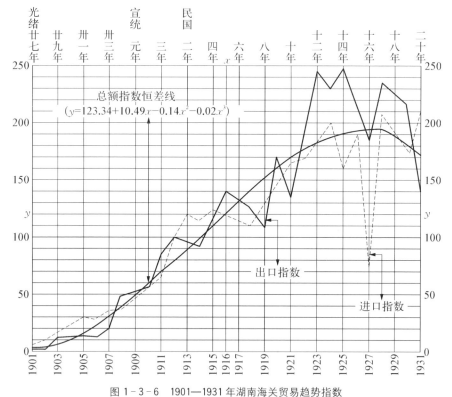

图 1-3-6 1901—1931 年湖南海关贸易趋势指数

(资料来源:刘世超:《湖南之海关贸易》,湖南省经济调查所,1934年,第23页。)

二、长距离贩运贸易

清代,湖北市场的商品流通亦十分可观。据章学诚所著《湖北通志检存稿》统计,商品种类多达18类230余种。计有山陕的木材、皮毛,江汉平原的棉花、布匹,湖南及鄂南的茶叶、粮食,吴越的丝绸、海产品,赣闽的瓷器、果品,云贵的木耳、生漆,两广的洋货、鸦片,安徽的茶叶、笔墨,四川的桐油、药材,以及南北各种土产。

传统时代,汉口市场众多商品之中,最引人注目者当推盐、米、木材,皆为长距离贩运之货物。汉口镇在清代前期是重要的行盐口岸,曾设置"匪商",其转运分销淮盐之地多达 8 府 4 州 1 厅 41 县。① 清代《汉口竹枝词》有载"上街盐店本钱饶,宅第重深巷一条。盐价凭提盐课现,万船生意让他骄";"一包盐赚几厘钱,积少成多累万千。若是客帮无倒账,盐行生意是神仙"②。这两首竹枝词充分证明盐行商人是汉口镇商界的巨头。清代汉口镇的粮食贸易十分旺盛,"所幸地当孔道,云贵、川陕、粤西、湖南处处可通;本省湖河,帆樯相属,粮食之行不舍昼夜,是以朝籴夕炊,无致生困"③。1884 年《申报》称"汉口人烟稠密,日用浩繁,向来煤、米两项皆赖楚南连樯而来,若本省所产者不过补凑而已。近年多由两江运来之米,亦一大宗";1895 年该报又称:"在昔米石多来自川、湘,今则川米到者寥寥,惟湘南仍舳舻相接。"④木材也是大宗贩运商品,与盐、米合为汉口市场三大商品。清人姚鼐曾有《汉口竹枝词》一首,云:"扬州锦绣越州醅,巨木如山写蜀材。黄鹤楼头望灯火,夜深江北估船来。"⑤汉口开埠之后,传统的贸易格局被打破,茶叶成为汉口进出口贸易的最重要商品。⑥

湖北巡抚晏斯盛论及汉口时曾指出:"查该镇盐、当、米、木、花布、药材六行最大,各省会馆亦多,商有商总,客有客长,皆能经理各行、各省之事。"⑦言下之意,各省会馆实际上是外地商帮将家乡之货物或他处之商品运销汉口的商品集散处,也是将汇总汉口市场之货物及商品运销家乡或他处的赢利型机构,其中盐业、典当业、木材业、棉布业、药材业是生意最大的行当。因此,一个经济中心地之会馆,往往是地域商帮之身份标签,其所彰显之地域,在某种程度上可视为该中心地的商业腹地。会馆的数目多寡及运作状态,皆能反映该经济中心地的吸引力和辐射力,并可作为评估其市场规模、发展潜能和经济地位的指标。现有资料表明,清代时期全国各地商帮在汉口镇修建的会馆为数不少。时人所写《汉口竹枝词》亦云:"一镇商人各省通,各帮会馆竞豪雄。石梁透白阳明院,瓷瓦描青万寿宫。"⑧清末民初,汉口的商人会馆公所由早先的 38 个增加为 200 余个。⑨ 其中,徽商、晋商等均为汉口市场之中坚。如果将晏斯盛所提及的六大行业,与清人叶调元《汉口竹枝词》相比对,⑩那么,可以

---

① 陈锋:《清代盐政与盐税》,中州古籍出版社,1988 年,第 34、64 页。
② 叶调元:《汉口竹枝词》卷一,市廛,总第 25、27 首。按,本章所引《汉口竹枝词》俱见徐明庭辑校:《武汉竹枝词》,湖北人民出版社,1999 年,下同。
③ [清] 晏斯盛:《请设商社疏》,[清] 贺长龄辑:《皇清经世文编》卷四十,户政十五,仓储下。
④ 皮明庥等编:《武汉近代(辛亥革命前)经济史料》,武汉地方志编纂办公室内部资料,印行时间不详,第 248 页。
⑤ [清] 姚鼐:《汉口竹枝词》,《惜抱轩全集》卷七。按,同治《续辑汉阳县志》卷二十七,艺文下,亦录有此诗。
⑥ 参见杜七红:《茶叶与清代汉口市场》,武汉大学 1999 年硕士学位论文。
⑦ [清] 晏斯盛:《请设商社疏》,[清] 贺长龄辑:《皇清经世文编》卷四十,户政十五,仓储下。
⑧ [清] 叶调元:《汉口竹枝词》卷一,市廛,总第 22 首。按,阳明书院即绍兴会馆,万寿宫是江西会馆。第 23 首所记咸宁会馆,其精巧壮观不亚于绍兴会馆、江西会馆,所谓"咸宁会馆后湖头,局面恢宏愿莫酬"。又如徽州会馆,总第 33 首写道:"京苏洋广巧妆排,错彩盘金色色佳。夹道高檐相对出,整齐第一是新街。"
⑨ 民国《夏口县志》卷五,建置志,各会馆公所。
⑩ [清] 叶调元:《汉口竹枝词》卷一,市廛,总第 4 首云:"四坊为界市廛稠,生意都为获利谋,只为工商帮口异,强分上下八行头。"注:镇分二分局,自桥至金庭公店,立068仁、由义二坊,属仁义司。自此以下至茶庵,立循礼、大智二坊,属礼智司。银钱、典当、铜铅、油烛、绸缎布匹、杂货、药材、纸张为上八行头,齐行敬神在沈家庙;手艺作坊为下八行头,齐行敬神在三义殿。沈家庙常有戏曲演出,《汉口竹枝词》卷一,市廛,总第 24 首云:"沈家庙里戏酬神,一节一官二百文。求福人多还愿众,戏台押得一包银。"原注:庙供关帝,愿戏颇多。管台者率以一本得钱二百,闻其押银五百两,亦异事也。俗以五百为一包。这说明汉口镇八大行的商人财大气粗。

大体推断出商人们热衷的行当为金融、典当、粮食、木材、药材、服装面料、纸张、杂货各业。这与清咸丰五年(1855年)湖南巡抚骆秉章奏称之湖南商民通常将"谷米、煤炭、桐茶油、竹木、纸、铁及各土产运赴汉口销售"①大体吻合。汉口开埠后,各地商人纷纷涌入,促进了区域间的交流。如湖南商人"涉洞庭而抵鄂汉者络绎不绝";河北商人"多贸易京津间,张家口、盛京、汉口亦甚伙"。在汉口,"本地布商几乎都是安徽太平县的人";"汉口、沙市、宜昌之间的买卖,主要操于安徽太平(县)人之手"。江西、广东商人也相当活跃,"运货往四川及湘潭的都是江西人","汉口的中国茶商,主要是广东人"。②

另据徐焕斗编纂之《汉口小志·商业志》,汉口市场所谓"大宗"贸易,基本上都是长距离贸易商品,概有:粮食、煤炭来自湖南,"聚于洞庭,经岳州出长江而达汉口";茶叶、药材、鸦片来自四川,"沿长江而下达汉口";茶叶、兽皮、药材来自陕西、河南、甘肃,"自襄阳、樊城而下汉水",运抵汉口;药材、棉布、海产、人参、樟脑等来自上海,"经长沙而集汉口"。湖北长距离贩运情形,还可从晚清民国汉口的地域商帮得以揭示。

表1-3-3 晚清民国汉口的地域商帮

商帮名称	经营优长	输入商品	输出商品	年贸易额(两)
湖北商帮	粮食、牛皮、棉花	粮食、牛皮、棉花等	—	
湖南商帮	船运	茶叶、谷米占贸易额80%,另有杂粮、黄豆、铅、锑、铁、桐油、苎麻、夏布、药材、石膏、雨伞、纸等	洋货、洋布、棉纱、煤油、杂货、矿砂	2 600万—3 000万
宁绍商帮(含沪商、宁商、越商)	海产、金银加工、船运	棉纱、棉布、绸缎、海产等	杂粮、黄豆、桐油、牛皮、麻等	3 600万—4 000万
四川商帮	—	药材、桐油、蜡、麻、生漆、辣椒	洋广杂货、洋布、土布、棉纱等	2 500万
广东商帮(含港商)	外贸	洋广杂货、砂糖、蒲葵扇、食品	杂粮、药材、黄豆、豆饼、油类、油麻	3 600万
赣闽商帮	金融、苎麻、生漆	茶叶、生漆、瓷器、夏布、苎麻、药材、果品	谷米、雨伞、烟草	1 000万
山陕商帮(含甘商)	票号	牛皮、羊毛、牛肉、生漆	棉纱、棉布、洋广杂货	700万—800万
山东商帮	—	棉纱、棉布、胶布、绸料	米、麦	800万

① [清]骆秉章:《采买淮盐济食分岸纳课济饷折》,《骆文忠公奏议·湘中稿》卷五,乙卯下。
② 参见同治《祁阳县志》卷二十二,风俗;光绪《束鹿县志》卷八,实业志;1869—1917年汉口海关商务报告。

续　表

商帮名称	经营优长	输入商品	输出商品	年贸易额(两)
徽州商帮	典当、茶叶、笔墨	—	—	700万
河南商帮	药材	大豆、胡麻、小麦、牛羊皮、药材、油类、丝、烟叶、煤		2 600万
天津商帮	—	布匹、土产		—
云贵商帮	—	木耳、生漆、麻油、蜡、木材、烟土		1 000万

(资料来源：王保民：《汉口各行帮业及其贸易》，《武汉文史资料》1994年第2期。)

说明：海运未通之前，福建商人之货物多经江西转运，以故两地关系密切，商人联合为一帮。迨海运通行，遂一分为二。山东帮以祥帮为最。祥帮系以"祥"字为名的济南商号，其运输路线为二：或经上海，或经河南以达汉口。

从汉口市场之商帮的地域身份看，汉口的商业腹地也超越"九省通衢"之范围，其触角延伸到了云南、广东、浙江、上海、山东、天津、山西等地，尚未涉及者有东北、蒙古、新疆、西藏、广西、台湾等地，基本上是边陲之区。各地域商帮所贩运之货物，种类繁多，各有特色。就进出汉口市场的长距离贩运商品而言，有茶叶等10余种，可谓之大宗，列于下表。

表1-3-4　晚清民国汉口市场长距离贩运之大宗商品

商品	产地(货源)	流向(从汉口运销之地)	流通环节(从产地到汉口)	运营商
茶叶	鄂、湘、赣、皖、川、陕、甘、豫、桂、黔	以俄国为主	茶农—茶贩、茶商—茶庄—茶栈—洋行	俄商、晋商、粤商等
棉花	鄂、湘、豫、陕、晋	本地纺织厂、外省、日本等	棉农—花贩—花庄、号客—花行—纱厂、出口业之棉商	日商、沪商、川商、云贵商等
棉纱	印度、日本、英国、美国、华人纱厂	鄂、川等内陆省份	—	华洋各商
棉布	国外、鄂省	粤、皖、滇、黔、赣、豫、晋、陕、川、苏	(土布)生产者—贩运商—布行—布铺、染坊—顾客	华洋各商
小麦(面粉)	(小麦)豫、陕、湘、赣	(面粉)长江上游等地	—	华洋各商
谷米	鄂、湘、皖、赣、泰国、越南	上海、华南、华北、甘陕	—	华商
蛋品	鄂、湘	上海、国外等	—	德国、英国、法国、中国等华洋各商

续 表

商品	产地(货源)	流向(从汉口运销之地)	流通环节(从产地到汉口)	运 营 商
桐油	鄂、湘、川、豫	长江下游、国外	—	华洋各商
鱼类	鄂、湘	鄂、川	—	鄂商、川商
海产	宁波、福州、汕头、广东、牛庄、日本、南洋、朝鲜	鄂、湘、豫、川、陕、赣等	—	日商、浙江商帮、咸宁商帮、汉商
牛皮	豫、川	英国、美国、德国等	—	华洋各商
猪鬃	鄂、晋、陕、云、黔、川、湘、豫、赣	英国等		

(资料来源:陈钧、任放:《世纪末的兴衰——张之洞与晚清湖北经济》,中国文史出版社,1991年,第213—238页。)

说明:原据历年海关贸易报告,《汉口商业月刊》、《今世中国贸易通志》、《六十五年来中国国际贸易统计》、《东方杂志》、《茶叶全书》、《中国商业地理》、《最近汉口工商业一斑》、《武汉市进出口商业解放前历史资料》、《汉口》、《汉口小志》、《中国近代农业史资料》、《湖北商务报》、《农商公报》、《武汉之工商业》、《近代武汉的贸易行栈》、《湖北通志》、《申报》、《中国棉纺织史稿》、《清国商业综览》、《湖北近代经济贸易史料选辑》、《武汉文史资料》、《支那经济全书》、《中外经济周刊》、《武汉市资本主义机器面粉工业发展史》、《武汉蛋业发展概况》、《夏口县志》、《咸宁县志》、《汉口贸易志》、《楚产一隅录》等文献。

上表所示之大宗商品,以土货居多。土货之中,以茶叶为大。确切地说,茶叶是汉口市场长距离贩运贸易之拳头商品,汉口的贸易地位因之在全国通商口岸中雄居前列。粗略统计,汉口市场出口的茶叶约有20种之多,主要是各类砖茶,销往俄国。晚清时期,汉口砖茶输俄数量约占全国总数70%—80%。砖茶运销俄国之商路至少有3条:一是从汉口溯汉水北上,经樊城抵达老河口,然后换陆路运输到河南赊旗镇,继而入山西的潞安府,再往沁州、太原府直抵大同的西南,然后或经张家口到恰克图,或经归化厅到蒙古;二是从汉口装船运抵天津,然后转陆路经张家口到恰克图;三是由汉口装船,经地中海运抵敖得萨。除了径运俄国外,汉口运销国内外市场的茶叶大多是先运到上海,再转口或复出口运往目的地,如英国等欧洲国家,以及天津等国内商埠。在茶叶来源上,湖北的茶叶除兴国州之茶运销九江,咸集中于汉口市场。同时,湖南安化、湘潭等地之茶溯湘江、沅江、澧江,陕甘之茶溯汉水,江西九江、宁州之茶、安徽祁门之茶皆逆江而上,四川之茶则顺江而下,纷纷载往汉口,蔚然大观。汉口"街市每年值茶时,甚属盛旺。届时,则各地茶商云屯猬集,茶栈客栈俱属充满,坐轿坐车络绎道路,比之平时极为热闹",外商也行动起来,"各行麕集,江面各国轮船络绎不绝矣"。[①] 1871—1880年间,汉口茶叶的年均流转量约为60万担,1881—1910年间增为90余万担,1911—1927年则由最初70余万

---

① 民国《汉口小志》,商业志。

担降至 30 余万担,①市场走势表明这个中国最大的茶叶集散市场民元之后趋于衰落。

明清以降,棉花的商品性日益凸显,是中国市场之大宗流通货物。近代时期,汉口是华中最大棉花市场,也是中国仅次于上海的第二大棉花市场。1919 年日本人的调查称,"湖北为中国产棉主要之地,以汉口为中心,其势力范围所及者,为湖北、河南、陕西、山西、湖南五省。总产额 81 万担,每年集散于汉口市场者约 50 万担,就中湖北产额占 40 万担,汉口回转额有 28 万担。"②仅以鄂棉而言,"鄂省向产土棉一种,以德安府属之随州、黄州府属之麻城出产最多。若武、汉、荆、宜、施、安、襄、郧八府属,产棉多寡不等。……其行销之处,四川、云贵、河南、湖南等省,汉属之花大半行销外洋"③。汉口棉花市场的贸易,从每年的农历十月开始,到年底最为鼎盛,进入翌年正月出现疲软征兆,二三月间尚有少量交易,四月以后进入淡季。从事贸易的外国商贩,有三井洋行、三菱洋行、隆茂洋行、礼和洋行、平和洋行等。在汉口市场之外,还有老河口、沙市等次级棉花市场。棉纱、棉布方面,也有宜昌、沙市等次级市场。作为产棉大省,湖北棉织品主要销向周边诸省。湖北总督张之洞奏称:"向来四川、湖南、河南、陕西皆销湖北棉布,湘江沿汉岁运甚多,实为鄂民生计之一大宗。"④在此,仅以沙市为例略为论述一下。沙市不仅以盛产棉花著称,而且是一个重要的棉花集散市场。沙市与汉口两个市场,在近代"实网罗鄂省棉花的全部,及豫、晋、陕、湘之一部"⑤。在出现机器打包厂之前,沙市市场的棉花流向以汉口为销售尾闾。活跃于此的花号,计有黄、申、川、陕、荆、汉等帮,全盛期有 100 家左右,另有 40 余家花行,诚如时人所言,沙市"为中国最重要棉花输出商埠之一"⑥。与之同时,沙市的洋纱洋布贸易十分畅旺,品种计有 30 余种,"荆沙四乡需用者多",其余"分输上游及湖南、四川地方",⑦专营商号多达数十家。鉴于此,沙市被称为中国西部的曼彻斯特。⑧

粮食流通方面,汉口在清末是国内最大的米市,其来源以湖南大米为最。根岸佶《清国商业综览》(1906 年)称:"从汉口沿长江而下,至上海、华南、华北,以及逆汉水而上,至陕西、甘肃,调出大量大米来看,无疑汉口市场集散的大米数量要比上海、芜湖多。"

---

① 章有义编:《中国近代农业史资料》第 2 辑,三联书店,1957 年,第 238 页。
② [日]吉冈直富:《湖北省之棉织物》,《农商公报》第 54 期,1919 年 1 月。转引自皮明庥等编:《武汉近代(辛亥革命前)经济史料》,武汉地方志编纂办公室内部资料,印行时间不详,第 238 页。
③ 农工商部辑:《棉业图说》卷三,中国棉业现情考略,清宣统年间刊本,第 5—6 页。
④ [清]张之洞:《粤省订购织布机器移鄂筹办折》(光绪十六年间二月初四日),《张文襄公全集》卷二十九,奏议二十九。
⑤ 严中平:《中国棉纺织史稿》,科学出版社,1955 年,第 321 页。
⑥ 胡邦宪:《沙市棉花事业调查记》,金陵大学农学院农业经济系,1934 年。朱建邦:《扬子江航业》,商务印书馆,1937 年,第 89—90 页。
⑦ 《明治三十一年沙市贸易年报》(译通商汇纂,东五月),《湖北商务报》1899 年第 13 期。《沙市输入洋布类情形》(译通商汇纂,东十月),《湖北商务报》1899 年第 27 期。
⑧ 除了棉花、棉纱、棉布贸易,沙市还是桐油、面粉、米谷、海产、染料、胡椒、钢、洋伞、花生、鸡蛋、芝麻、漆、烟叶、毛皮、盐、黄丝、煤油、卷烟等商品的重要集散市场。穿梭其间者,既有日本、英国等外商,也有鄂商、晋商、粤商等华商。

桐油贸易一项，汉口一度成为中国出口额最大的商埠，出口量最高年份占中国桐油出口总数之80%左右，以故，国外常将中国桐油称为汉口桐油。[①] 集散于此者多系湖南、四川所产，品质以四川秀山县之秀油为上。每年的交易季节在农历一月至八月间。品种有红、白两种，红油内销，白油外销。

海产市场之产品，以日本海产为大宗。据悉，1890年日本大阪商船会社在汉口挂牌营业，由三井洋行、伊藤忠洋行代理经销日本海产。[②] 在此前后，华商在汉口相继设立同业公会，计有浙宁商人之海味同业公会、咸宁商人之糖盐海味同业公会、汉帮商人之同业公会。其中，浙宁商帮的业务网遍及两湖、陕西、四川、江西等，咸宁商帮的销售网局限于湖北，汉帮包括武昌、青山、黄陂等地商人，大多系汉阳商人，业务网横跨湖北、河南。

牛皮曾是汉口大宗贸易中仅次于茶叶的商品，大量运往欧洲，因为中国牛皮优于美洲、非洲所产。经营牛皮的外商多达15家，分别属于英、美、德、法等国，以美最时洋行势力最大。华商牛皮行亦多达70家，它们基本上属于代客买卖的中间商，习惯将被洋行拒收的次等牛皮运销上海。

除了表1-3-4所列12类大宗商品，汉口市场进入长距离贩运贸易渠道的较重要商品，尚有柴炭、鸡鸭、豆类、竹木、药材、靛青颜料等，不赘述。

迨至20世纪30年代，汉口及湖北商业陷入萧条。个中原因，1929年世界经济危机，1931年湖北大水均有直接影响。此外，若干商路发生变更：原先集中郑州、经平汉铁路南运武汉的陕、豫之货物，其中一部分改由陇海铁路东运连云港；原先汇集武汉之湘、粤、桂之货物，可由粤汉铁路、平汉铁路径直北上；川、滇之货物则因沪渝间实现长江直航，在武汉"多经而不驻"，等等。[③] 凡此种种，皆表明汉口市场之转运功能趋于式微。

再论湖南。粮食是清代湖南流通最广、市场交易额最大的商品，其次便是食盐。民元之后，米盐贸易重要性下降，进口洋货成为市场大宗商品，本地出产之土货（爆竹、桐油、陶瓷、矿产、湘绣等）亦成为长距离贩运之重要商品，不赘述。

吴承明指出，鸦片战争前的国内商品流通，粮食居第一位，占42%，棉布居第二位，占24%，后面依次为盐、茶、丝等。鸦片战争后，逐渐发生变化。到1936年，在埠际贸易中占第一、第二的已是工业品，粮食退居第4位，盐、丝等排名第20位之后。值得注意的是，排名第一的棉布基本上是机制布，排名第二的棉纱全是机制品。从埠际贸易的整体看，工业品占34%，手工业品占42%，农产品仅占24%。这是一种不合理的、畸形的市场结构。因为20世纪30年代的中国还是一个农业国，

---

① 复旦大学历史地理研究中心主编：《港口—腹地和中国现代化进程》，齐鲁书社，2005年，第184页。
② 张鹏飞：《汉口贸易志》，华国印书局，1918年，第95页。
③ 湖北省政府秘书处统计室：《湖北省年鉴》第1回，湖北省政府秘书处统计室，1937年，第339页。

工业十分落后。[①] 以之观察两湖地区,诚为不虚之言。无论通商口岸及其腹地之变迁,抑或对外贸易和长距离贩运贸易,均可显现近代两湖市场体系存在着结构性缺陷,主要体现于如下方面:一是汉口独大,实现传统市镇向近代商业都市之转型,但并未带动两湖区域经济的整体提升,此外,由于区位因素之局限,汉口一直以转口贸易见长,不能成为国际性的贸易巨港。二是贸易结构不对称,恰如上文所示:土货贸易超过洋货贸易,间接贸易大于直接贸易,农产品贸易压倒工业品贸易,原料及半成品贸易优于各类制成品贸易,消费品贸易领先于生产资料贸易。进口的大宗商品(洋纱洋布)对区内的工业化影响甚微,出口的大宗商品(茶叶)则过度依赖国际市场,且对区内产业结构优化造成负面效应。三是湖北与湖南的经济整合度不高,甚至不如近代之前,湖南市场发育长期滞后。四是始终没有形成有特色有影响力的地域性商帮——汉商,上文所谓"湖北商帮"仅是历史文献留给我们的一个不太贴切的用语。直至今日,仍然没有终结没有"汉商"的历史。

[①] 吴承明:《中国的现代化:市场与社会》,三联书店,2001年,第170—172页。

第四章　经济发展的区域性差异

经济发展在空间上往往呈现区域性特征,以及由此带来的区域差异。明清时期,两湖地区的经济开发获得实质进步,"湖广熟、天下足"以及"湖广填四川"等民谚生动地反映了历史演变的实态。近代时期,伴随时局变化,两湖地区的经济开发总体上又有新的展拓。为了叙述之便利,本章将对湖北、湖南进行单独论说。按照孙敬之等学者的见解,建国初期湖北省内的经济区概有4个,湖南省内的经济区概有5个。[①]孙氏等人划分经济区的理据是各区呈现的经济特征,以及在工农业生产和交通运输方面的联系。应该说,这一划分有历史及现实的依据,是客观而准确的,虽有不完善之处,但自成一家之言,在学界影响深远。截至目前,尚无其他论点超过孙氏等人关于两湖经济地理之诠释,"孙氏分析模式"堪称经典。另,建国初期之经济地理格局直接承续民国,在时间空间上非常接近,大体可视为民国时期之状貌。甚至部分统计数据,也可回溯推测民国时期之实态,以至还原为历史数据。鉴于此,本章有关两湖经济区的划分,直接采用孙氏著作之框架与论析,不过在论证之文献上另有补充。需要说明的是,划分经济区只是为了叙述的便利,是研究者的一种分析工具,在实际生活中这些经济区之间并无绝对的界限,也很难明确彼此的边界何在。正因为如此,在论述过程中,有些县域可能"跨界"出现,凡此皆属正常。

第一节　湖北经济区的划分

湖北经济区大致可划分为4个,即鄂东南区、鄂东北区、鄂西北区、鄂西南区。其中,鄂东南区、鄂东北区属于经济发达之区,鄂西北区属于经济中等发达之区,鄂西南区则是经济欠发达之区。

一、鄂 东 南 区

鄂东南区,包括江汉平原和鄂东南长江以南的丘陵区。江汉平原占全区土地面积2/3,耕地面积3/4。该区是湖北棉花、苎麻的主产区,粮食产量仅次于鄂东北区,但粮食商品化率最高。

中国号称有三大平原:东北平原、华北平原、长江中下游平原。江汉平原是长江中下游平原的重要组成部分,与洞庭湖平原合称两湖平原,是两湖地区经济开发较早、发展水平最高之区域。江汉平原位于湖北省的东南部,西起枝江,东迄武汉,

---

[①] 孙敬之主编:《华中地区经济地理》,科学出版社,1958年,第9—54页,55—105页。下文基本援引此书之论述,除图表和直接引述外,不再标注。非此书之文献,另加注。

北抵钟祥,南越长江与洞庭湖平原相接,面积4万余平方公里,占据两湖盆地北半部的大部分,系由长江与汉江冲积而成的平原,因地跨长江和汉江而得名。整个平原按泥沙冲积形势向东南略有倾斜,高度由西北的海拔40余米逐渐至东南的25—28米。在地貌上,江汉平原分为两部分:一是处于河床与人工堤防之间的滩地,地势在海拔30米以上,土壤为沙壤质;二是人工堤防以内的平原,较堤外滩地海拔高度低3—6米,土壤自粘壤至沙壤,堤内和湖沼之间地区,常有厚层粉沙壤土,肥力很高。江汉平原有洪湖等湖泊300余个,水产养殖业发达。属北亚热带季风气候,有利于棉花、水稻等喜温作物的生长。江汉平原地势较洞庭湖为低,夏季易生洪涝,秋季干旱较多。江汉平原之旱地、水田约各占一半:水田集中分布于河间凹地和平原边缘,粮食商品率高;旱地集中分布于堤内平原,其中棉田约占耕地面积之40%—60%,是我国高产棉区之一。下表所示,寻常年份该区棉花产销数均超过百万担。

表1-4-1　民国时期鄂东南区的棉花产销情况

产棉县	植棉数		棉产额		销量	
	1920年(担)	1921年(担)	1920年(担)	1921年(担)	1920年(担)	1921年(担)
武昌	40 000	40 000	34 000	17 000	—	—
鄂城	—	40 000	40 000	48 000	16 000	28 000
崇阳	3 000	3 000	3 000	2 250		
大冶	60 000	50 000	72 000	65 000	30 000	39 000
汉阳	150 000	150 000	112 500	142 500	130 000	150 000
夏口	13 000	13 000	13 000	10 400		
汉川	153 840	100 000	166 320	150 000	133 036	120 000
沔阳	130 000	150 000	148 000	150 000	108 500	57 500
潜江	280 000	150 000	378 000	125 000	340 000	112 500
天门	80 050	110 000	160 000	137 500	144 180	123 750
江陵	20 000	30 000	23 000	22 500	20 700	20 000
公安	300 000	100 000	300 000	130 000	285 000	123 500
石首	67 000	54 000	67 000	57 300	60 000	55 000
监利	300 000	300 000	350 000	300 000	300 000	270 000
松滋	60 000	60 000	51 000	45 000	45 900	40 500
合计	1 656 890	1 350 000	1 917 820	1 402 450	1 613 316	1 139 750

(资料来源:整理棉业筹备处:《中国棉业调查录》,1922年,"湖北省棉产总表"第1—2页。)

就城镇分布而言,江汉平原是湖北省城镇集中之地。详言之,汉江下游和武汉、黄石港(大冶)之间的沿江地区,是湖北省的主要城镇带;宜昌、洪湖之间沿江平原和以襄樊为中心的汉江中游地区,是次级城镇带。这3个区域,拥有湖北省万人以上城镇的绝大部分,略如下表所示。

表1-4-2 1957年湖北省城镇人口分布

人口数	城 市	地理位置
100万以上	武汉(215万)	
9万以上	黄石(16万人)、沙市(12万人)、襄樊(9万余)	
	宜昌(11万)	
2万以上	天门、孝感、洪湖(新堤)	
	光化(老河口)	
1万—2万	恩施、宜都、江陵、藕池、监利、朱河、金口、彭家场、黄陂、鄂城、浠水、广济(武穴)	长江及其支流沿岸
	郧县、均县、谷城、房县、南漳、枣阳、钟祥、沙洋、岳口、沔阳(仙桃)、马口、汉川、汉阳(蔡甸)、随县、安陆、应城	汉江及其支流沿岸
2千至1万	180个左右的集镇	全省各地

(资料来源:孙敬之主编:《华中地区经济地理》,科学出版社,1958年,第15—16页。)

与城镇人口相对应的乡村人口,占湖北省总人口之86％以上,以务农为主。江河湖汊地区的渔业人口约60万,大多渔、农兼营,单一从事捕捞业者约7万人。湖北素有"鱼米之乡"之美誉,这一称号盖因江汉平原而兴。江汉平原不仅汇集了湖北省绝大多数的城镇人口,而且集聚了该省大量的农业人口,充分显示其农业发达、工商兼擅之态势。

表1-4-3 20世纪50年代湖北省的乡村人口密度

人口密度(人/平方公里)	地 理 分 布
平均300—400(部分地方达500人)	汉江下游平原,宜昌、沙市之间及武汉以下长江两侧的平原和低缓丘陵区
平均200—300	汉江中游平原
平均100—200	江汉平原中部地势较低部分,清江、汉江两侧和省内其他低山丘陵区
平均50人以下	鄂西和其他个别高度较大的山地

(资料来源:孙敬之主编:《华中地区经济地理》,科学出版社,1958年,第16页。)

比对人口密度和垦殖指数,可以发现耕地人口密度不同于土地总面积之人口密度。江汉平原人少地多、劳力缺乏,某种程度上影响了农业的精耕细作。论者称,"鄂东、鄂中丘陵、低山区,耕地人口密度最大,每一农业人口平均耕地仅1.5亩左右,相对地说,是本省劳力最充裕,也是耕作业最精细的地区。江汉平原各县虽然人口密度较大,但垦殖指数很高,却是一个耕地人口密度最小的区域,每人平均耕地3亩以上,投入的劳动力较少,以致耕地潜力的发挥尚不及上类地区"①。

具体到农业生产,江汉平原是湖北耕地密度最高的地区之一,垦殖指数超过40%,高出全省平均数近1倍。全省耕地面积中,水田之比重不到一半,较湖南为低。江汉平原属于旱地比重较高之区域,沿河两岸和堤垸周边,地势较高,土质多为沙壤、粉沙壤,持水力差,大多是旱地。其水田约占耕地面积之40%—50%,多分布于地势较低、土壤较粘的地方。在耕地利用率方面,全省复种指数存在较大差异。与鄂东北区相比,江汉平原复种指数并不高,表明耕地利用率不高,原因在于劳力缺乏,许多地势低下的水田排水困难,以故冬季休耕现象较为突出。有论者指出,江汉平原农民的经济策略在相当程度上不是受市场驱动,而是受环境驱动,换言之,其经济策略是降低风险以保生存的效用最大化,而不是利润最大化。因此,在清代至民国时期,在江汉平原可以发现"灾害驱动的农业生产活动"。例如,在频繁水灾之地,农民会选择种植耐水作物(深水稻、高粱),而不是常规作物;水灾之后,农民将受灾之田恢复为湖,捕鱼而不是耕作;经济作物通常种在地势较高的地方,以免减少水患带来的损失。② 于此可见农民之经济理性,以及环境与生存之关系。

在粮食作物方面,湖北的稻谷年产量仅次于四川、湖南、广东,是全国排名第四的稻米产区。本省稻谷产区主要分布于鄂东南,即随县、荆门、宜昌一线以东各县,产量占全省90%左右。以蒲圻为例,1920年稻谷占粮食产量40.7%,以后增长迅速,1936年升为79.4%,1942年竟占84.2%。③ 再如浠水县,滨江带河,水利条件优越,农田肥沃。该县水田占耕地面积8/10,旱地占2/10,以稻谷为农产大宗,全县90万亩耕地,每亩可收稻2担。另如黄梅县,水田接近25万亩,每亩可产谷4石,总产量约为99万石。广济县之水田占耕地1/3,上田每斗可收谷5石,中田可收谷三四石。④ 江汉平原的稻田大多先种植早稻,然后接种晚稻。以应城为例,20世纪30年代早稻面积40 134亩,产量149 799担;晚稻面积312 367亩,产量1 029 187担;糯稻面积36 493亩,产量103 692担。⑤ 出于洪涝之虑,这种双季稻田位于沿江滨湖地势较高的地方。大麦是湖北种植面积排名第三的粮食作物,主要产区位于江汉平原和鄂中丘陵区。由于大麦耐渍,因此水田种植率高于旱地。此外,江汉平原还是蚕豆、荞麦、大豆等作物的主产区。

---

① 孙敬之主编:《华中地区经济地理》,《中国科学院中华地理志经济地理丛书》之三,科学出版社,1958年,第16页。按,由于历代围垦,江汉洼被占,江汉平原的容水区域不断缩减,加之内部排水系统紊乱,江堤维护不力,遂致多雨之年,往往造成洪渍灾害。1931年的大水,淹没耕地800万亩,500余万人流离失所。1935年的大水,天门、汉川两县遭到灭顶之灾。寻常年份之水患,更是屡见不鲜,以故民谚有"沙湖沔阳州,十年九不收"之叹。
② 张家炎:《环境、市场与农民选择——清代及民国时期江汉平原的生态关系》,黄宗智主编:《中国乡村研究》第3辑,社会科学文献出版社,2005年。
③ 蒲圻市地方志编纂委员会:《蒲圻志》,海天出版社,1995年,第100页。
④ 湖北省政府民政厅:《湖北县政概况》第2册,湖北省政府民政厅,1934年,第327、357、380页。
⑤ 湖北省政府秘书处统计室:《湖北省农村调查报告》第4册,应城县,湖北省政府秘书处统计室,1937年,第21页。

在经济作物方面,湖北是种植比重最高的省份之一。抗战之前,"湖北乃中国最要之产棉区,全省共六十九县,其适于植棉者达四十余县"①,棉花种植集中于襄阳、枣阳、汉川、天门等县。1928年棉田超过1 000万亩,产量高达420余万担,为全国之最。抗战军兴之后,产量锐减,1949年棉田面积仅500万亩,产量不足100万担。湖北产棉虽丰,但优质棉不多,仅有襄阳、枣阳、松滋、宜城等少数县域所产可纺20支纱,其他县域所产大多品级较低,杂质和水分含量高,只能供应外省和国外作配棉及絮棉。通常情形下,湖北棉田之面积仅次于稻谷和小麦。土壤肥沃的江汉平原是湖北棉花主产区之一,棉田集中,单产最高,产量约占全省70%。全省棉田大都复种冬季作物,实行一年两熟制。其中,江汉平原以棉花与蚕豆换茬轮作为主。湖北是中国苎麻主产区之一,以鄂南麻区(浠水、鄂城、武昌、嘉鱼以南)为主,其中阳新、大冶、咸宁、蒲圻、嘉鱼之产量占全省70%。阳新之麻纤维细软、色泽亦佳,可与湖南平江、浏阳所产相媲美。在湖北油料作物中,芝麻的种植面积最大,产量占全国1/3。江汉平原是主产区之一,以监利、嘉鱼、武昌等县产量为最。油料作物——油菜的种植遍布全省,江汉平原是主产区之一,与稻谷换茬轮作。

图1-4-1 羊楼洞砖茶

鄂南茶区是湖北两大茶区之一,包括通山、崇阳、通城、蒲圻、咸宁等县,种植面积为全省1/3,产量占全省一半,分布于海拔200余米、坡度20°—30°的丘陵地带,以老青茶(此系压制砖茶之原料)为主。羊楼洞位于蒲圻县之南乡,是湘鄂交界地区的重要市镇。据1936年人口调查,该镇有住户885户、人口5 574人,茶季外来之临时工通常有千余人。"环镇皆山,绵延数县。境内茶地颇多,每年茶农采制之茶,大部售于该镇茶庄,加工制造,就地或运销汉口压制茶砖,然后运销俄国、蒙古、察哈尔、绥远及新疆等处。所制之绿茶砖,以数量言,占汉口输出各种茶叶之首席。近年虽销路较前大减,但仍未失首席资格,其于我国茶叶输出贸易之重要可知。"②除羊楼洞举世闻名外,咸宁之柏墩、马桥亦颇有来历:清廷曾在此两地设立茶厘局、茶厘分局,由"行户领贴开行,商人贩买委卖",销行甚远。迨至1929年,咸宁有茶园3.73万亩,柏墩被列为湘、鄂、赣边区四大茶区之一。③

---

① 逄壬:《湖北之棉产》,《钱业月报》第13卷第12号,1933年12月。
② 金陵大学农学院农业经济系:《湖北羊楼洞老青茶之生产制造及运销》,1936年,第1页。据悉,羊楼洞茶叶以老茶为最多,大部分在当地压制茶砖后再转输外地,不经制茶而装包运销者亦有,但为数甚少。参见曾兆祥主编:《湖北近代经济贸易史料选辑》第1辑(1840—1949),湖北省志贸易志编辑室,1984年,第11页。
③ 湖北省咸宁市地方志编纂委员会:《咸宁市志》,中国城市出版社,1992年,第189—190页。

湖北工业之发达,远超湖南。在地理分布上,湖北工业80%集中于鄂东南之武汉、黄石港(大冶)、沙市。其中,钢铁工业、棉纺织工业、食品工业(碾米、面粉、榨油、卷烟等)绝大部分集中于武汉,黄石港(大冶)有钢铁、水泥、煤炭等企业,沙市有少量工业(打包厂、纺纱厂等①)。以故,该区是全省的工业基地。这种工业分布集中于鄂东南区之状态,一直延续到20世纪50年代而没有根本改变。

二、鄂东北区

鄂东北区,包括鄂省中部和东部的低山丘陵地带,南以江汉平原北缘诸湖及武汉以下长江干流与东南区为界,西起随县、荆门,东至省界。该区大部分为海拔二三百米和相对高度数十米之丘陵,平原面积狭小。

与江汉平原一样,鄂北汉江中游平原也是湖北耕地密度最高的地区,稻田大多实行稻麦两熟制。该区水田密度占耕地面积60%以上,稻谷产量为全省之最。试举例说明之:随县水田约占耕地面积40%,旱地占60%,粮食作物首推稻、麦。上田每亩可收稻3石左右,麦1石左右,中田每亩可收稻2石左右,麦7—8斗,足以自给。安陆县之稻田占可耕地80%,旱田(种植麦、棉、杂粮)约20%,产米最多,麦次之。应山县之农产以稻麦为多,上田每亩可收稻3石五六斗,中田每亩可收稻2石一二斗。云梦县之水田约占耕地2/3,旱地占1/3,农产首推稻麦,上田每亩可收稻4石五六斗,麦1石七八斗,中田每亩可收稻三四石,麦1石二三斗。由于人多地少,耕地投入劳力最多,耕种制度上旱地大多实行一年两熟制,水田冬闲比率低,稻谷收获后,冬作物种植前,往往增种一次再生稻、荞麦或泥豆等晚秋作物,因此,大多县域复种指数很高。如安陆之农田均实行两季收成,水田麦稻,旱田麦棉。孝感农田普遍一年两收,垸田可收3次,一麦二谷。再如云梦县,农田一年多三收。②该区也盛产荞麦、大豆。经济作物方面,鄂东棉区是湖北三大产棉区之一,产量以新洲、黄梅、鄂城、麻城等县为最,种植制度以棉麦换茬轮作为主。史载棉花"自荆州、安陆以下,则为出产之大宗,汉(阳)、黄(州)、德(安)三府尤盛。旧行川、滇诸省,近则洋商争购。小民生计半多赖是,不独供本境衣被之需也"③。据1937年统计,湖北地区中棉产地,集中于黄冈、孝感、麻城、云梦、沔阳、大冶、应城、浠水、黄梅、嘉鱼等县,耕种面积总计1 685 040亩,年产量为997 765担;洋棉主要产于监利、枣阳、

---

① 民国时期之沙市打包厂系英商汉口打包有限公司之分厂,代客打包,每年四五万包,运销上海等处。生产原料之棉花产自沙洋等处,每担货值约40元。机器设备计有英国罗斯顿机5部,打包机、发电机等6部,另有水管防火设备,规模颇大。职员30余人,工人无定。工价由商号自定自给。聘有长年西医。设于宝塔河之沙市纺纱厂系有限公司,华资100万元,纺机均购自英国,马力750匹,工人1 200名,女工居8/10,职员20余人。每日出纱,16支约60件,20支40余件,销往川陕等省最多。生产原料之棉花系附近各县出产。其安全与卫生设备,与打包厂相同。参见湖北省政府秘书处:《鄂西视察记》,湖北省政府秘书处,1934年,第23—24页。沙市纱厂出产之纱,销路甚广,南至湘西,北至老河口,东至监利,西至川东。参见曾兆祥主编:《湖北近代经济贸易史料选辑》第5辑(1840—1949),湖北省志贸易志编辑室,1987年,第56页。据海关贸易报告,沙市另有面粉、电灯、煤油等工厂。参见曾兆祥主编:《湖北近代经济贸易史料选辑》第3辑(1840—1949),湖北省志贸易志编辑室,1985年,第275—277页。
② 湖北省政府民政厅:《湖北县政概况》第3册,湖北省政府民政厅,1934年,第575—576、584—585、615、645、697页。
③ 民国《湖北通志》卷二十四,舆地志二十四,物产三、货类、棉。

沔阳、江陵、公安、潜江、襄阳、石首、天门、松滋等县,耕种面积总计5 988 200亩,年产量为2 323 720担。① 可见,洋棉产量高于中棉,耕种面积也超出400余万亩。湖北重要油料作物——油菜、花生,主要产于鄂东北丘陵区。此外,钟祥是湖北芝麻重要产地之一,也是盛产稻米之处。若遇丰收年景,钟祥每年可输出稻谷百万石左右,麦豆、芝麻20万石左右。② 鄂东北区工业及交通水平不如鄂东南,虽然没有较大的经济中心,但却是湖北境内经济发展水平位居第二的区域。

三、鄂 西 北 区

鄂西北区,位于汉江及其支流丹、唐、白、南、堵诸河流域之内。由于接壤华北,本区经济开发较早。但另一方面,本区为华北、华中之交通要冲,历代颇受纷扰,经济状况起伏不定,工业不发达。

该区西部为山区,均县、郧县、房县、竹山等地之小盆地是耕作中心,但生产条件不容乐观。均县水田少而旱地多,以种植小麦为主,但"粮食收获总量,不足供全县民食,每年由外县输入者约三成"。郧县农田类型,概有上活水田、中沟水田、下死水田、上平地、中漫地、下岗地、陡坡地、杂产地等,"农产品虽以稻麦为大宗,丰年亦不足自给"。房县以旱地为主,水田仅占百分之一二,而且旱地多在山岭之上,"开挖栽种工程极苦"。竹山县荒山遍野,水田无多,"全县生产以苞谷、小麦、杂粮为大宗,米谷为最少"。竹溪县的耕种环境大体相仿,水田占1/3,山地占2/3,农产首推稻麦,次为洋芋、苞谷、豆及棉花,上田每亩可收稻麦各1石,中田可收稻麦各8斗。③ 东部为平原和丘陵区,襄(阳)宜(城)平原的垦殖指数接近江汉平原。汉江中游的谷城、宜城等地,水田位于汉江两旁的丘陵谷地,占耕地比重为40%—50%。汉江干流沿岸水田不多,干流和丘陵之间地势较高的岗地,灌溉不利,水田稀少。小麦是湖北种植面积仅次于稻谷的农作物。由于水田冬种小麦的比重较高,加之旱地广泛种植,因此小麦也是该省最重要的冬季作物,约占冬作总面积之半。该区耕地以旱地为主,是湖北省小麦的主产区,年产量占全省40%。④ 20世纪30年代的统计数据表明,湖北的小麦生产具有相当水准,在长江流域各省中排名第二,湖南的小麦生产则处于低水平。⑤ 此外,粟、豌豆也以鄂北为多。经济作物方面,鄂北棉区与江汉平原棉区、鄂东棉区合称湖北三大棉区,⑥该区棉花产量以枣阳最为凸显,种植制度以棉麦换茬轮作为主。民国时期,枣阳号称其产量在湖

---

① 中国统计学社湖北分社:《湖北省统计提要》,中国统计学社湖北分社,1937年,第10页。
② 湖北省政府民政厅:《湖北县政概况》第3册,湖北省政府民政厅,1934年,第861页。
③ 湖北省政府民政厅:《湖北县政概况》第6册,湖北省政府民政厅,1934年,第1644、1668、1714、1735、1756页。
④ 以襄阳、樊城一带为例,若以长时段观之,可获如下印象:1886—1922年,小麦居粮食产量之最。此后20年间,小麦种植面积及产量次于水稻。1949年之后,小麦产量居夏粮之首,所占比重50年代为70%,60年代为95%,到80年代上升为95%。参见湖北省襄樊市地方志编纂委员会:《襄樊市志》,中国城市出版社,1994年,第289页。
⑤ [韩]田炯权:《中国近代社会经济史——义田地主和生产关系》,中国社会科学出版社,1997年,第184页。
⑥ 此区亦有外地棉花输入,如清末陕西棉花,"从商州漫川关一带肩挑而来,贸于郧西、二竹(按:竹山、竹溪二县)者络绎不绝"。参见仇继恒、宋联奎:《陕境汉江流域贸易稽核表》,卷上,陕西通志馆,1936年。

北各县之中居第二位,常年种植面积达84万亩左右,产棉10万担左右,1936年种植面积增为90余万亩,产量升至20余万担。① 该区是湖北芝麻主产区之一,以襄阳产量为大。

全区粮食、棉花产量大于鄂西南区,但桐油、生漆、药材等则不及前者。位于汉水上游的老河口、樊城,是鄂、豫、陕三省交界地区重要的商业贸易中心,同属湖北西北部之地方性商业中心。史载:"乡村市镇之中,惟老河口,当豫陕川之要冲,为远近商旅所麇集,水陆交通便利,市面素称繁荣,共有街衢一百二十一道,商业一千三百余家,洵为鄂北第一商场。"② 其实,明清时期,老河口已是天下闻名之市镇,近代之发展有赖传统之基础。再言樊城,"樊城当汉水中流,属襄阳县境,与襄阳县城隔河相望,俨如汉口之与武昌。其地市廛繁盛,人烟稠密,鄂省西北部分除老河口外,当以此为巨镇。按,襄阳在历史上早已著名,夙称为冲要之地,迨至今日,其县城方面只系一政治区域,商业市场则在樊城"③。一水之隔,武昌与汉口、襄阳与樊城,此等双核城镇结构之形成、效应及意义,有待进一步比较。

值得注意的是,湖北虽为产米大省,但20世纪二三十年代却需要湖南、江西、河南、四川等外省之米接济。史载湖北稻米"每年产量虽颇可观,但另一方面,则因鄂省人民对于米之消费量亦颇巨大,故实际上每年尚须另由外省输入大宗之米粮,以补济湖北省内二千七百万人民之需求。此项米粮,以来自湖南省者最多。鄂省所产米粮,运销外省者为数颇少"④。另有文献记载,湖北"普通作物以稻麦为大宗。西北部产,类皆稻麦。东南于连作二毛稻者,如江夏、武昌等处是也。而年年仰给湖南、江西之米,辄数十万担。盖以武汉三镇客商麇集,固不无影响。究其根本问题,则以可耕地未尽辟,山泽之利未尽启,游民未尽归农,尤以水旱偏灾为害尤甚"⑤。其中提及的荒地问题,在20世纪30年代似有加重之势。其原因盖有兵患天灾、粮价太贱、水冲沙压等因。荒地增多意味着耕地减少,以致可耕田亩竟然低于晚清。据同治十三年户部则例所载,湖北纳赋之田为59 443 944亩,而1934年的调查结果显示,全省耕地为41 784 216亩,较前者减少17 659 728亩。⑥ 据1937年统计,湖北粮食不足县份,计有武昌、汉阳、嘉鱼、咸宁、蒲圻、通山、阳新、大冶、鄂城、英山、罗田、礼山、汉川、天门、沔阳、潜江、枝江、光化、谷城、远安、宜都、秭归、巴东、郧县等20余县;粮食有余县份,计有蕲春、黄梅、黄陂、孝感、云梦、应城、安陆、应山、随县、京山、监利、石首、荆门、襄阳、当阳、兴山、来凤、利川等10余县;粮食自给县份,计有崇阳、通城、浠水、广济、麻城、黄安、钟祥、公安、松滋、宜城、枣阳、保

---

① 湖北省枣阳市地方志编纂委员会:《枣阳志》,中国城市经济社会出版社,1990年,第109页。
② 湖北省政府民政厅:《湖北县政概况》第4册,湖北省政府民政厅,1934年,第1191页。
③ 平汉铁路管理局经济调查组:《老河口支线经济调查》之《樊城经济调查报告》,平汉铁路管理局经济调查组,1937年,第1页。
④ 胡哲民:《湖北省概况》,中国文化学会总会,1934年,第70页。
⑤ 白眉初:《鄂湘赣三省志》,北京师范大学史地系,1927年,第305页。
⑥ 湖北省政府民政厅:《湖北县政概况》第6册,湖北省政府民政厅,1934年,第58页。

康、南漳、长阳、鹤峰、五峰、宣恩、咸丰、恩施、建始、房县、均县、竹溪、郧西等20余县。[①] 由此观之,有余粮之富足县份所占比重偏低,湖北之粮食格局可谓兴盛之中蕴藏危机。

四、鄂 西 南 区

鄂西南区,北面以汉江和长江之间的分水岭与鄂西北区为界,东面与江汉平原毗邻,西面和南面与贵州高原和湘西山地对接,大多是海拔六七百米以上的山区。该区经济开发较晚,是汉族农民移垦最晚的地区,主要居民是土家族、苗族。清代改土归流后,汉民移垦有了较大进展。其实,山区垦殖进程一直未曾中断。据1933年统计,恩施、光化、襄阳、均县、竹溪、宜都、宣恩等地,已垦面积达16 181亩,垦殖所用经费97 788元,垦殖人数14 268人,垦民来源包括难民、编遣士兵、业主自垦、农民自垦,以及各县财委会招佃承垦。[②] 工业不发达,交通阻塞,棉花、苎麻等经济作物产量少。

耕地面积占土地面积不足10%,多分布于海拔700—800米、坡度30°以下的谷地或低缓山坡。鄂西山地之水田,集中于地势低缓的谷地,宣恩、咸丰、来凤等少数县域的水田比重超过40%,大部分县域因坡度较陡、耕地分散、浇溉不易,水田比重只有10%左右。鄂西山地耕作条件较差,耕地冬闲比重较高,作物生长季节短,大多县城实行一年一熟制,因此复种指数偏低。稻谷、小麦种植不广,产量稀少。以宜都为例,全县水田约占2/5,只能种一季稻,每斗种收谷2石或2石5斗。江河岸边之田,名曰河田。有堤防之河田,春夏两季各收1次;无堤防之河田,只能春季收1次。春季为大小麦或豌豆,夏季为棉花,或洋芋、番薯、高粱、苞谷,洋芋、番薯、高粱、苞谷每亩可收1石或1石2斗,棉花每亩可收30—40斤。因县境多山,另有坡田,春种大小麦或豌豆,夏种棉花或番薯、高粱,产量仅及河田之半。"米麦杂粮尚供不应求,粮须仰给于公安、松滋等县。"[③]这不是个别现象,在鄂西南较为普遍。该区是湖北玉米主要产区,保康、兴山、长阳、五峰、鹤峰等山区普遍种植,分布于低山丘陵,与大豆等间作,冬季与麦类、马铃薯套种。据1936年统计,恩施、建始、均县、竹山、郧西的玉米耕种面积均在10万亩以上。其他县域玉米耕种面积概况:兴山3万亩,长阳3.5万亩,宜昌5万亩,鹤峰5.6万亩,房县7万亩,保康7.5万亩,竹溪8.4万亩,巴东8.4万亩,宣恩8.4万亩,咸丰8.6万亩,五峰9.8万亩。[④] 海拔高的山地,实行玉米一年一熟制。

经济作物方面,鄂西麻区以恩施、建始、巴东产量较多,但苎麻品质不及鄂南麻

---

① 曾兆祥主编:《湖北近代经济贸易史料选辑》第4辑(1840—1949),湖北省志贸易志编辑室,1985年,第108页。
② 湖北省政府统计室:《湖北省统计年鉴》,湖北省政府统计室,1943年,第509—510页。
③ 湖北省政府民政厅:《湖北县政概况》第5册,湖北省政府民政厅,1934年,第1371页。
④ 湖北省政府秘书处统计室:《湖北省概况十种》,三(甲),"湖北省主要农产耕种面积估计(以市亩计)",1936年。

区。茶叶方面,抗战前湖北茶叶年产量30余万担,仅次于浙江、湖南。经战争破坏、时局纷扰,1949年产量降至3万余担。鄂西茶区与鄂南茶区合称湖北两大茶区,该茶区包括宜昌、宜都以西各县,种植面积为全省一半,分布于海拔500—800米、坡度20—40度的丘陵低山区,以红茶为最。湖北经济林产品主要为桐油、生漆等,桐油产量仅次于四川、湖南、贵州,鄂西之桐油占全省90%,产区主要分布于郧县、郧西、竹山、秭归、巴东、恩施、建始等县域。生漆产量全国第一,主产区在鄂西,尤以宜恩、利川、咸丰之坝漆,建始、巴东之建漆最为著称。

宜昌是该区之经济中心,其他较重要城市概有宜都、巴东、恩施等。与之同时,区内分布着若干重要的商品集散市镇:远安之洋坪(本区东北隅沮河之水运起点)、当阳之河溶(漳河与武汉至宜昌公路交叉点)、长阳之资坵(清江木船航运之转驳点)、五峰之渔洋关(清江支流渔洋河之木船航运起点)、来凤之百福司(酉水之木船航运起点)等。近代时期,宜昌进出口货物品种繁多。土货方面,计有煤炭、水果、药材、烟叶、榨菜、黄表纸、米谷、布匹、山货、瓷、铁、盐、糖、生漆、五倍子、棉花、生丝、茶叶、桐油、猪鬃、肠衣、皮油、木油、芝麻等;洋货方面,计有煤油、油漆、匹头、棉纱、车糖、五金、海产、百货、西药、香烟、颜料、纯碱等。其中,土货贸易占主导地位,如1909年宜昌土货复出口货值,占进出口贸易总值之96.4%。① 土货贸易的激增,一方面促进了宜昌市场的繁荣,另一方面也刺激了鄂西及宜昌地区农副产品的商品化。史载,宜昌之兴得益于川货之转运,"加之施鹤道属之桐油、药材,兴山、保康、南漳之木耳、兽皮,房县之生漆,荆、沙之棉花、土布,亦多运此销售,故商业位置颇居重要"②。巴东地当川、鄂要道,商务尚称发达,风俗亦很奢华,有"小宜昌"之称。此地农产以玉米、黄豆为大宗,沿江一带盛产棉、麻,山中产松、杉、栗、竹、漆,药材也颇多,矿产有煤及铜。③ 宜都地当清江与长江交汇之处,商业较为繁荣。由清江水运而来者,多系长阳、五峰出产之漆、茶、纸、油、皮毛、药材、木材等。另有粮食、洋布、杂货等输入品。宜都的商店约400家,多为小本生意。恩施的商店比宜都少,约有300家。商品除了土产,均由宜昌运来,但运输不易。史载:"每一挑伕担货约百斤,自宜昌起脚,行八九日,计路程七百余里,始抵县城;或有自巴东起脚者,比较宜昌约近三百余里,然亦须五六日方能到达。运输如是困难,商品价格,因此愈益昂贵。"④自宜昌输入恩施之商品,多为洋广杂货、布疋、食盐;输出商品,则以药材、漆、茶等为大宗。截至抗战前夕,包括宜昌在内,鄂西南几无近代工业之踪影,全然农业社会。对外贸易局限于宜昌一地,对该区域经济之拉动作用并不明显。

---

① 李再权主编:《宜昌市贸易史料选辑》(一),宜昌市商业局《商业志》编委会,1986年,第18、31、71页。
② 於曙峦:《宜昌》,《东方杂志》第23卷第6号,1926年3月。
③ 陈博文编、陈铎校:《湖北省一瞥》,商务印书馆,1928年,第40—41页。
④ 湖北省政府民政厅:《湖北县政概况》,第5册,湖北省政府民政厅,1934年,第1374、1483页。

第二节 湖南经济区的划分

据前贤研究,湖南经济区可划分为五大块:湘东区、湘北区、湘中区、湘南区、湘西区,兹分别简述如下。其中,湘东区、湘北区即湘江中下游及洞庭湖区,是湖南经济发达之区,集中了大部分的工业,商品性农业有长足发展。相比之下,湘中区大体属于中等发达之区,湘南区、湘西区皆偏僻荒蛮之地,交通闭塞,工农业均属落后。

一、湘 东 区

湘东区位于湘江中下游干支流域,主要是冲积平原和低缓丘陵,水陆交通发达。经济开发较早,是湖南人口最多、经济最发达之区。

表1-4-4 湖南各流域的人口分布(1931年)

区　域	人　口	百　分　比
湘水流域	16 335 509	54.02
资水流域	5 211 843	17.24
沅水流域	4 970 092	16.44
澧水流域	2 236 891	7.40
洞庭湖东北沿岸	1 482 521	4.90
总计	30 236 856	100

(资料来源:湖南省政府秘书处第五科编:《民国二十一年湖南省人口统计》,湖南省政府秘书处,1933年,第5页。)

该区农业发达,粮食产量仅次于湘北区。湘江干流平原及丘陵地带之耕地占土地面积约为60%,垦殖指数及作物单产量略低于湘北区。其中,水田比重高,大多县域之水田占耕地面积90%。劳力充裕,精耕细作,复种指数为全省之最。稻谷是本区最重要的农产品,普遍种植双季稻,是湖南仅次于湘北的第二大稻谷产区。例如,衡山"全县水田,扫数用以种稻。每年谷之产量约为二百七十万担,除二百万担为本县所消费,尚有七十万担输出长沙、湘潭、衡阳等处。每担以三元计,可得谷价二百一十万元,于本县经济极关重要"[①]。又如,汝城县,"稻为县属农产之一大宗,……丰年有四分之一产额余售粤省城口、乐昌地方,及江西之崇义、本省之资兴";宁乡县,"宁乡谷米为物产大宗,岁收丰歉平均约四五百万石。除供食及酿酒、熬糖、线粉外,水陆输出尚有四十余万石";[②]湘潭县,农产以稻谷为大宗,计有耕地

[①] 中华平民教育促进会:《湖南的实验县——衡山》,中华平民教育促进会,1937年,第7页。
[②] 戴鞍钢、黄苇主编:《中国地方志经济资料汇编》,汉语大词典出版社,1999年,第68—69页。

150 余万亩,岁收稻谷 590 余万石。① 此外,广泛种植的粮食作物是甘薯、荞麦和小麦。经济作物仅占作物面积 4%,其中绝大部分是油菜。

因为拥有长沙、湘潭、株洲 3 个湖南最大的工业城市,所以该区堪称湖南工业基地,占有全省加工工业(碾米业等)的大部分。此外,该区的手工业相当发达,著名者计有:醴陵之瓷器,②浏阳、醴陵之夏布,长沙之湘绣,长沙、湘潭之纸伞,茶陵、攸县之铁器等,驰名中外。

二、湘 北 区

湘北区包括洞庭湖周边县域,大多属于长江及四水冲积之平原,海拔在 50 米以下,东、南、西三面被 50—100 米的阶地和低丘陵所环绕。洞庭湖区人工围筑之垸,计有百余条,面积约 7 千平方公里。垸田(垸内耕地)面积 4 千余平方公里,折合 600 余万亩,约占该区耕地面积之半。县志载:"山农苦旱,垸农苦潦。年丰,垸农一岁之收,可抵山农数岁之收。垸民至厌粱肉,山民恒苦菜食。近则山农多趋垸,以山田瘠而亩狭,垸田肥而亩阔,但所苦者堤工耳。"③水田占全区耕地面积 80% 以上,稻谷年产量占全省 30%,稻谷商品率高,约占全省商品粮之 40%。该区号称湖南"粮仓",是全省最重要的农耕区,稻谷、棉花、苎麻产量均为全省第一,区内各县垦殖指数高达 30%—45%。1941 年湖南推广二熟稻,安乡种植面积 27 467 亩,比上年增加 11 027 亩;常德种植面积 38 454 亩,比上年增加 14 066 亩,显示湘省对农业改良之重视。据悉,二熟稻较一熟稻每亩增产 110 斤。④ 该区旱地之半为棉田,棉花产量占全省 80% 左右,尤以澧县、常德、华容、安乡为最。以澧县为例,1930 年棉田面积 301 000 亩,皮棉产额 48 500 担,为各县之最。1931 年大水后,棉花减少。1931 年棉田面积减为 265 072 亩,皮棉产额也减至 51 708 担,仍为湘棉之魁首。详言之,澧县主要产地以东南两乡垸地最多,北乡次之,棉种为土花(即中棉)之白籽、铁籽,以及洋化(即退化美棉)。⑤ 于此,时人早有定评:"湘省地方,如滨湖九县,产量亦颇丰富。"⑥不过,也有人有微词:"至木棉一种,为衣被必需之物。近年,濒湖新淤沙滩不下数千顷,水深土厚,种之最为得宜,而湘省向不多种者,一则木棉之种不佳,二则种植未能如法。"⑦另有人言湘江、资江、沅江流域及洞庭湖,"土质肥沃,无不宜棉,但一般农民喜种杂粮,而不事植棉,故棉产稀少,尚不足本省之

---

① 曾继梧编:《湖南各县调查笔记·物产》,和济印刷公司,1931 年,第 163 页。据悉,湘潭所产稻谷"颗粒圆满,米色最佳,斛比汉口每担多三升六"。参见辜天佑编:《湖南乡土地理参考书》第 1 册,群益图书社,1910 年,第 37 页。
② 时人感叹:"湖南瓷业之发达,闻于时矣。"参见黄炎培:《民国元年工商统计概要》,商务印书馆,1915 年,第 14 页。另称"吾国以瓷器著名于世界,而产瓷之地,在昔为江西景德镇,近世则首推醴陵"。参见民国《醴陵乡土志》第六章,实业,瓷业。
③ 光绪《华容县志》卷一,地理志,风土。
④《湖南省三十年度粮食增产总报告》,1941 年,第 8 页。
⑤ 湖南省政府秘书处第五科:《民国二十二年湖南年鉴》,湖南省政府秘书处,1934 年,第 689 页。孟学思:《湖南之棉花及棉纱》,湖南省经济调查所,1935 年,第 2—3 页。
⑥ 整理棉业筹备处:《中国棉业调查录》,1922 年,第 146 页。
⑦ 陆元鼎:《劝兴树艺告示》,《湖南官报》第 901 号,1905 年 1 月 24 日。转引自周正云编:《晚清湖南新政奏折章程选编》,岳麓书社,2010 年,第 500 页。

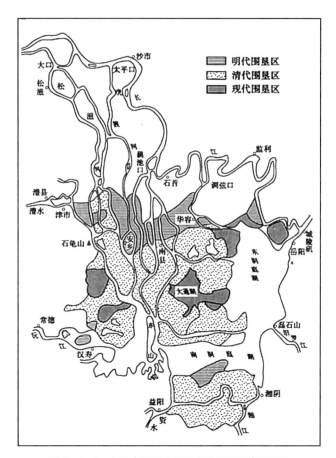

图 1-4-2 长江中游荆江与洞庭湖垦区形势示意图

需要。棉业发达之年,为民国四年(按:1915年),棉田八十余万亩,产棉四十余万担,其棉事之扩充,似已达到极点。普通每年全省棉田不过二十五万亩,棉产仅十五万担而已。主要之产地,为澧县、石门、桃源、常德、汉封、沅江、岳阳、华阳、湘乡、衡山、永明、来阳、茶陵等诸县。出产最多者,首推常德,岳阳、沅江次之"[①]。与棉田相邻的是苎麻地,产量占全省1/3,以沅江、汉寿种植最多。沅江苎麻产值高达百万元,"大部分皆销于外商,为制人造丝,织麻纱、麻布之用",是当地出口之大宗,民国时有麻商7家。[②] 关于苎麻,时人之认知颇有见地:"苎麻属荨麻科,其纤维直而有节,且沿具粗条细纹。长约五吋,色白如棉,光泽如绢,富强韧力,极耐久,在植物纤维中,允推第一。但弹力不如羊毛,且弱挠性,故织布质硬。主产地,首推湖南,其次江西、四川、湖北……"[③]

---

① 杨大金:《近代中国实业通志》,据旧本重印,台湾学生书局,1976年,第22页。
② 陈建棠等:《湖南沅江县经济调查》,国民经济研究所,1935年,第2—3页。
③ 秦含章:《中国农业经济问题》,新世纪书局,1931年,第217页。

区内水道四通八达,常德、益阳、津市、岳阳是四水流域货物汇聚之商埠,是长沙以外湖南境内重要的商品集散地。位于沅江下游的常德,是沅江流域之商业中心,中外商帮在此收购桐油、木材、粮食等。抗战之前,每年汇集常德的桐油达 30 万担,木材达 80 万两(每两合 0.8 立方米),稻谷达 50 万担,棉花达 20 万担。开设于南门大河街的油行、木行、粮行、山货行等商号,其商业网笼罩本地及湘西地区。常德是民国时期仅次于长沙的湖南第二大城市,其商业腹地远及黔东、川东南、鄂西南。位于资水下游之益阳,有"竹城"之称,因其竹器制造业发达之故。益阳是湖南重要的手工业城市,所产雨伞、水竹席久负盛名。与此同时,益阳也是资水流域货物集散中心,举凡木材、纸张、煤炭、矿石、土产、粮食等多在此换船外运,尤以木材输出量最大。益阳之竹木(包括外县及本地所产),民国时期每年出口货值达 250 万元,除行销汉口、九江、南京、镇江外,还销往上海。其鼎盛期约在清末民初,以后渐呈衰退之势。① 该地从事转运贸易之人口占全市人口 1/3 以上。津市是澧水流域货物集散中心,外运货物计有粮食、棉花、木材、土产等。岳阳居于洞庭湖与长江之交汇处,集散货物以木材、粮食为大宗。史载民国初"每年经过岳阳附近之帆船,约二万六千只,与汉口贸易之盛可想见矣"②。另据海关报告,"湖南每年由长沙、岳州二关出口之米,平均在四百万石以上,由汉口商帮输运各地"③,商务可谓兴隆。

不可忽视的是,迨至民国,湖南仍有大量荒地,实际情形殊为复杂。1912 年的调查报告有言:"湘省荒地,不外淤荒、山荒两种。安乡、巴陵、武陵、沅江、湘阴、益阳滨湖一带,多淤荒。淤荒又分三类:田废粮存,有主可稽曰有主荒;田塌粮豁曰无主荒;彼崩此涨,泥沙之所壅积曰新淤荒。沧桑变迁,滨湖居民动因垦淤兴讼。……至于资水下游,不少沙洲废垸;沅湘接界,尚多废围荒墟。山荒如泸溪、麻阳、桑植、会同、通道、蓝山、嘉禾、临武、永兴、桂东、宜章、乾州、晃州等厅县,地过硗瘠,未易垦辟,其余亦所在多有。"④民国时期,由于利益纠葛,湖南水利纷争不断,沅江流域垸田所产生的水利矛盾即为突出例证。⑤

三、湘中区

湘中区位于资水中上游流域,兼有湘江支流(涟水)及沅江支流(巫水)流域之局部。资水以西为山地,耕地仅占土地面积 1/5,多为旱地;资水以东为地势平缓之丘陵,垦殖指数和水田比重较高。据统计,资水流域历经 6 县,常年产稻 188 815 558

---

① 陈建棠等:《湖南益阳县之竹木》,国民经济研究所,1935 年,第 8 页;《湖南益阳县之经济》,国民经济研究所,1935 年,第 15 页。
② 陶履恭、杨文洵编译:《中外地理大全》,第 2 编第 5 章第 3 节之"湖南省",中华书局,1934 年,第 46 页。
③ 邹翰芳:《最新中国人文地理》,北新书局,1931 年,第 14 页。
④ 湖南法制院:《湖南民情风俗报告书》第 4 章,职业,农,据旧本校点,湖南教育出版社,2010 年,第 50—51 页。
⑤ [日]森田明著,雷ือ山译,叶琳审校:《清代水利与区域社会》第 10 章《民国时期湖南沅江流域垸田地区的水利纠争》,山东画报出版社,2008 年,第 210—233 页。

担,占全省总量之14%。[1] 以湘乡为例,"种稻是农民主要正业,照民国十八年调查,全县可耕的田达九十三万四千亩。遇着好的年岁,估计平均收获谷四百万硕以上。其余大约占七分之一,可种杂粮"[2]。区内人口密集,冠于全省。稻谷面积低于全省平均数,产量不足,[3]但杂粮及小麦种植较广。本区主要杂粮是甘薯,种植面积仅次于稻谷,产量在全省仅次于湘南区。种植面积少于甘薯的旱地粮食作物,是小麦、荞麦和大麦。小麦产量为湖南之最,产地分布于涟源、新化、新邵、邵东等县域。荞麦是中稻之晚秋作物,主要用来食用;大麦是中稻之冬季作物,主要用作饲料。粮食仅能自给,外调数量有限。这是该区与湘东、湘北在粮食生产方面的显著差别。

经济作物方面,油菜广泛种植,约占经济作物总面积之70%。特别要强调的是,本区茶叶产量占全省40%,安化县几占一半,其次为新化、涟源、双峰等县。晚清时期,安化茶园占地35万亩,年产量高达25万担,设有红茶、黑茶加工厂各1所,茶业臻于顶峰。时人称:"清初茶业日兴,陕、甘两省茶商领引来安采办者甚多。迨咸丰八年,粤商估帆取道湘潭,抵安化境,倡制红茶,转输欧美,称为广庄。及洪杨事息,西北商亦接踵而至。嗣后各国需要增加,销路日广。至光绪初,每年安茶外销不下九十余万箱,约占全国总出口四分之一。惟自光绪末叶以后,印、锡、日之茶产蒸蒸日上,华茶销路为之减缩,湘茶输出亦仅及往昔十分之一,茶业之衰落,可想而知矣。"[4]民元之后,外销迟滞,茶园荒芜,1949年之前年产量仅有3万担。安化县资水沿岸之市镇兴衰,与茶叶集散关系紧密。本区所产茶叶,以外销红茶为主,其次是黑茶和青茶。

本区是湖南锑矿、煤矿、铁矿集中之地。新化之锑矿远近闻名,其矿产运至资水边之冷水江,然后装船下运外地。本区货物如木材、粮食、矿产等,大多经由资水运抵益阳输出,部分货物经涟水下运湘潭,少量经由公路外运。位于资水与邵水交汇点之邵阳,是本区商业中心,也是湖南客货运输最繁忙的公路枢纽之一。作为资水流域仅次于益阳的最大商埠,邵阳盆地的农产和资水上游的林产皆在此转输。由于本区林产、矿产丰富,劳力充裕,所以手工业较为发达。邵阳一带出产竹器、毛笔等,北部各县出产纸张、煤炭等。

四、湘 南 区

湘南区之经济地理可谓形态各异:南部山地,富藏煤炭和有色金属;中部和西

---

[1] 朱羲农、朱保训:《湖南实业志》,据旧本重印,湖南人民出版社,2008年,第493页。
[2] 谭日峰:《湘乡史地常识》,湘乡县教育会,1935年,第87页。
[3] 建国之初对邵阳震中乡十七保农村调查资料,显示田分3种:上田(为平田)收成,每石谷田可收毛谷1石,每年放水1次;中田(为梯田),每石谷田亦可收毛谷1石,用水车车水,费人工多;下田(为坎田),每石谷田可收8斗谷子,靠天雨灌溉。平田收获期需140—150天,捞田需110—120天,坎田需70—80天。参见新湖南报社:《湖南农村情况调查》,新华书店中南总分店,1950年,第88页。
[4] 经济部资源委员会、中央农业实验所:《湖南安化茶业调查》,绪言,经济部中央农业实验所,1939年,第1页。

北部的低山丘陵,林产丰富,耒阳、常宁、桂阳等县域的山间盆地垦殖指数高;湘江干流之衡阳、祁阳、零陵一带开阔之盆地,是本区最重要的农耕区。以衡阳为例,据1930年统计,衡阳产稻米438万担,消费436万担,余粮达2万担。①

本区水田占耕地比重,低于湘东区,高于湘北区和湘中区。水田占耕地面积90%以上的地方:一是衡阳、祁阳等县之湘江两岸河谷地带,水利灌溉条件良好;二是东南部山区县域,耕地集中于河谷之地,旱地较少。本区是湖南第三大稻谷产区和粮食外调区,仅次于湘北区和湘东区。例如,安仁之地宜稻,普遍种植早、晚稻,谷米为农产品之最。常年产量约达93万石,"每年若遇五成收获,除供本县消费外,尚可盈余五万市石,运售湘潭、长沙、酃县、耒阳等地"。攸县平畴万顷,土壤肥沃,农产品以谷米为大宗,常年产量约计:粘谷194万石,糯谷5万余石。攸县人口密度小,余粮率高,每年大量运销长沙、湘潭、衡阳等邻近各县,俗有"一年收获足供本县三年食用"之谚。不过,祁阳稻谷常年产量虽达270余万石,但不敷本县之用,缺额达170余万石,须仰给滨湖各县及零陵、新田等县,并须加种甘薯、玉米、荞麦、高粱等杂粮,以资补救。无独有偶,郴县也是粮食供应紧张之县,"本县农产,丰稔之年尚可自给,倘若欠收,则感不敷,有待滨湖各县之接济"②。稻田普遍种植一季稻,衡阳、祁阳、酃县有少量双季稻,复种指数低,70%左右的水田冬闲。除了湘江干流,本区其他地方灌溉条件差、劳力不足、抗旱能力低、施肥少,以致稻谷单产不高。仅次于稻谷的重要粮食作物,是甘薯和小麦。甘薯产量居全省之冠,90%的旱地都有种植。南部山区之甘薯占粮食产量30%,是山民糊口之重要食品。本区小麦种植仅次于湘中区,主要产区分布于湘江中游及潇水流域,种植面积约为甘薯面积之半,且与甘薯换茬轮作。值得注意的是,本区经济作物仅占种植面积之3%,比重偏低。经济作物以花生为主,产量占全省之半,产区分布于道县、江永、祁东、耒阳、郴县。本区林木繁盛,冷水滩是最大的集材场,大桥墟、富民墟、毛俊市是蓝山县木材贸易专业市镇。③木材也是酃县出产之大宗,"曩昔多在茶陵脱售,近年以来木业发达,运至株州、湘潭、长沙等地销售者不少"④。该县木商分别在城区、王家渡、水口墟、沔都墟4处,设立县河、西河、南河、东河木商同业公会。⑤油茶林分布广泛,以耒阳、永兴、常宁、桂阳等县种植最多,油茶产量占全省40%左右。油茶是当地居民食用油之主要来源,茶饼可作肥料。以耒阳、资兴为例,民国时期耒阳油茶栽培面积13万亩,年产茶油1 400石;资兴全年输出茶油1 800石左右,输往郴县、汝城、乐昌。⑥

---

① 衡阳县调查委员会:《衡阳县调查报告书》,衡阳县调查委员会,1930年。
② 邱人镐、周维樑主编:《湖南各县市经济概况》,湖南省银行经济研究室,1942年,第38、82、92—93、106页。
③ 民国《蓝山县图志》卷二十一,食货篇第九上。
④ 邱人镐、周维樑主编:《湖南各县市经济概况》,湖南省银行经济研究室,1942年,第69页。
⑤ 邱人镐、周维樑主编:《湖南各县市经济概况》,湖南省银行经济研究室,1942年,第69页。
⑥ 邱人镐、周维樑主编:《湖南各县市经济概况》,湖南省银行经济研究室,1942年,第21、32页。

在矿产方面,本区矿藏之丰,为全省之冠,概有铁、锰、钨、锡、铅、锌、铜、煤、硫、砒、云母、石墨等数十种。桂东县粮食无多,"境内惟矿产丰富"①,矿种齐备,尤以钨、铁、锡、煤蕴藏最大,20世纪三四十年代矿业公司多达20余家。② 常宁水口山之铅锌矿闻名全国。初步估计,1896—1916年的20年间,共开采铅矿石7.1万吨,锌矿石18.4万吨。③ 关于湖南矿产,一个基本的印象是"矿区最多之县为新化,面积最广之县为常宁,而矿质种类最多者亦以常宁为首,而郴县次之"④。

本区经济中心是衡阳,它位于耒水、蒸水汇入湘江之口,系古代南北驿道必经之地、水陆转运码头。粤汉铁路贯通之后,衡阳发展成为拥有20万人口、横跨湘江两岸的商业城市。衡阳是湘南最大的货物转运市场,来自湘南大部分地区及湘中部分地区的输出入货物(稻谷、生猪、木材等)均汇集于此,经湘江或经铁路运出。本区另一重要城市——郴县,素有湘南门户之称,原系水陆转运码头。粤汉铁路通车后,郴县成为货物过境之地,经济顿形萧条。

五、湘 西 区

湘西区包括沅、澧二水之中上游地区,大多是崎岖山地,坡陡谷狭,航行不便,经济落后。区内差异显著:地势开阔、劳力充裕之沅江中游及澧水中游低山丘陵区,水利灌溉条件良好,农业较为发达,复种指数、作物单产及余粮率均较高,还有丰富的经济林产(油茶等);苗民等少数民族居住区则是谷地狭窄,耕地稀疏,灌溉不力;南部之靖县、通道、绥宁等山区县,"居万山之中,冈阜重叠"⑤,人烟稀少,农业状况类似于湘南之酃县、桂东、汝城诸县,耕地比重低(6%—8%),呈线状分布于深沟峡谷。总体上,本区水田比重高,种植一年一季稻,即一季中稻,实行一年二熟制,冬季作物为油菜、大麦、小麦、蚕豆等。复种指数、垦殖指数,均为全省最低。稻谷在北部占种植面积之40%左右,杂粮占30%左右。南部水田比重大,是稻谷主产区,余粮由沅江、资水外运。杂粮以玉米为主,年产量占全省60%,主产于龙山、桑植、花垣、保靖等县域。民国时人对湘西所作田野调查,关于山地耕种制度有全新描述,指出《凤凰厅志》对"刀耕火种"的记载有误,称"苗疆跬步皆山,因此山多田少,大部农作为杂粮,多种于山坡。山坡倾斜,不能下肥料,开垦三四年后,地土即变为硗瘠,势必用轮耕之法,弃之而另择新地开垦,使已变硗瘠的熟地恢复地力。过三四年后,草木丛生,又成荒地,苗人视为地力已经恢复,到了春天乃砍断树木,使其稍干而纵火焚烧。烧后所余灰烬则留在田中,用以肥土。此即所谓刀耕火种,又名剎畲。这种田名为火种田或名畲田,第一年种植,收获常加倍。所种杂粮,苞谷最多,粟米、荞麦、高

---

① 邱人镐、周维櫆主编:《湖南各县市经济概况》,湖南省银行经济研究室,1942年,第59—60页。
② 邱人镐、周维櫆主编:《湖南各县市经济概况》,湖南省银行经济研究室,1942年,第59—60页。
③ 吴承洛:《今世中国实业通志》,商务印书馆,1929年,第181页。
④ 郭绍仪、刘基磐、粟显俅:《湖南矿业纪要》,湖南建设厅地质调查所,1929年,第143页。
⑤ 光绪《靖州乡土志》卷二,山水。

粱次之，麻、豆、薏苡又次之。大都四五月种植，八九月收获"。① 时人认为，这一种植制度乃民俗之传承与湘北区一样，本区经济作物比重较高，尤以油菜为最。油菜籽产量占全省40%，与中稻、玉米换茬轮作。本区林地面积超过耕地一倍，占土地面积20%，出产之木材、桐油、五倍子为全省之冠，茶油产量仅次于湘南。

就木材而言，沅江流域是湖南重要林区。上流木材流送到湖南较大规模之集材场——洪江，改排后直放常德，下至沅江木材最终集散地——桃源陬市。油桐各处皆有，尤以沅陵、永顺产量最大。据民国文献，沅陵"桐油出产特多，各乡分布均是。其重要产地，计有保平、忠平、义平、仁平、信平、敬平、广平、亲平等乡。境内山坡起伏，高冈环绕，除奖植油桐外，别无生利途径，故各乡遍设榨坊，农人以种桐为主要副业"。再如永顺，此地"为桐油出产之地，品质优良，几冠全省。每年产量约二万余担，兴盛年尚有增加"②。本区所产桐油，先汇集于洪江、沅陵，然后运到常德、长沙等地，再输往外省。由于地理环境所限，本区对外交通不便，货运能力欠缺，仅能依赖木船和人力挑负。

位于沅、巫二水交汇处之洪江，是沅江上游之经济中心，也是湘黔交界地区之特货、木材、桐油的集散地，此三者乃洪江商业繁盛之基础。20世纪30年代之前，举凡贵州东部、广西北部、湖南西南部之各种土产，皆汇集洪江，再转运常德、行销上海、汉口。由于赢利巨大，外省外县商人"相率来此，竞营商业。故当时外籍人口，几占全人口百分之六十以上，致有内地小汉口之称"③。洪江出产的洪油十分有名，畅销江浙地区，设有制油厂10余家，皆手工操作。沅江中游之经济中心是沅陵，是湘西较为重要的水陆转运市场，本地及川鄂边境东运之货物（粮食、桐油、山货等）多在此装船下运。沈从文曾游历沅水，洪江给他留下深刻印象，"由辰溪大河上行，便到洪江。洪江是湘西中心，出口货以木材、桐油、雅（鸦）片烟为交易中心。市区在两水汇流一个三角形地带，三面临水，通常有'小重庆'称呼"。由于商务繁盛，洪江还是地方小军阀争夺之地，甚至能够左右贵州政局之变动。商业与政治之关系于此昭然。沈氏提及之鸦片，实乃民国时期湘西区交易之重要商品。在沈从文笔下，"烟土既为本地转口货大宗生意，烟帮客人是到处受欢迎的客人，护送烟帮出差军人为最好的差事，特税查缉员在中国公务员中最称尽职。本地多数人的生存意义或生存事实，都和烟膏烟土不可分"④。此一现象，当为论者所注重。

第三节　区域性差异之由来及变动

上文所述湖北4个经济区、湖南5个经济区，经济结构及功能各不相同，经济

---

① 凌纯声、芮逸夫：《湘西苗族调查报告》，商务印书馆，1947年，第54—55页。
② 邱人镐、周维樑主编：《湖南之桐茶油》，湖南省银行经济研究室，1943年，第84、88页。
③ 邱人镐、周维樑主编：《湖南各县市经济概况》，湖南省银行经济研究室，1942年，第114—115页。
④ 沈从文：《湘西》（一名《沅水流域识小录》），开明书店，1944年，第60、68页。

发展呈现明显的区域性差异。这些差异的产生,是区域历史长期演变的结果,是人与自然之关系不断调适的结果。毫无疑问,地理环境是导致经济发展呈现区域性差异的主因之一。此外,还有族群—人口、风俗、政治、军事等要因。

概言之,两湖地区经济发达之区,基本集中于平原湖区和低山丘陵区,拥有四通八达的水陆交通网,尤其是水运条件良好,农田灌溉便利,货物运输快捷,人口密度较大。湖北之长江、汉江及其支流,众多之湖泊河汊,湖南之四水及其支流,洞庭湖之水系,其所在之地,大多是经济开发最早、农业人口众多、垦殖指数及复种指数高、水田比重大、旱地收获多、种植制度先进、内外交通畅达之区。相比而言,鄂西南、湘南、湘西之山地,偏远闭塞,山高谷深,交通困阻,人烟稀少,稻谷无多,杂粮为主,生产方式及技术手段落后,其经济发展水平远逊于平原湖区和低山丘陵区。由于历史之复杂原因,大体上汉族为主的地区,人口繁衍,农耕文化较为发达,少数民族为主的地区,人口偏少,农耕文化相对落后。这一格局完全对应两湖经济区之划分:大凡经济发达之区,多系汉人农耕区;纵观经济欠发达之区,几为少数民族居住区。人种无优劣,但因生存环境存在较大差异,遂有经济发展快慢之别。

风俗对经济区之形成也有不容忽视之影响。以湖南为例,史乘皆谓湘人劲悍决烈,谭其骧提醒人们注意"近代湖南人中的蛮族血统",世有"湖南驴子"之称,此乃尽人皆知。湖南民风之强悍倔强、血性贲张,既与由来已久之汉苗杂居通婚有关,也与湘省东、西、南三面环山,境内 4/5 为山区,导致交通极为不便有关。加之明清时期,大量移民进入湖南,土客矛盾尖锐,争斗之性格益发张扬。晚清时期,湖北因汉口辟为商埠而对外开放,但湖南人却长久予以反对:反对传教士,反对开埠通商,反对新的生产方式……结果迟至 19 世纪末年(1899 年),才有"偷梁换柱"式的岳州开埠,这距汉口开埠已有 40 余年。湖南人的强烈排外,使湘人郭嵩焘也大为感叹湘省乃"愚顽之乡"。实际上,这种排外拉大了湖南与湖北在经济上之差距,延迟了湖南自身的社会转型和经济进步。若将省区视为经济区之单位,那么近代时期的两湖地区,可以明显看到湖南在近代工商业领域没有太大作为,长期落后于湖北。湘人自叹:"民元以来,湖南经济未能长足发展";"湖南本为华中腹地,人物虽称殷阜,经济未臻发达。"①

在诸多影响因子中,政治一项甚为重要。在中国经济史上,区域经济中心往往是该区域之政治中心,是各级官府所在地。以故,中国的经济地理格局往往政经不分、政经互动。张之洞营造之"湖北新政",坐落于湖广总督官府所在之武昌及其对

---

① 张人价:《湖南经济概况》之《湖南经济之一般》(1935 年),转引自曾赛丰、曹有鹏编:《湖南民国经济史料选刊》(一),湖南人民出版社,2009 年,第 7 页。湖南省银行经济研究室编:《湖南省银行五年统计》,概述,湖南省银行,1942 年,第 2 页。有趣的是,湖南民风虽一度阻碍近代实业之开拓,却在政治、军事领域刚猛精进,敢为天下先。湘军之兴起自不待言,甲午一役后,湖南在全国率先兴起新政运动,耸动中外视听。从戊戌变法到辛亥革命,湘人之谭嗣同、黄兴、蔡锷之流,无一不是人杰。稍后,中国革命史上之毛(泽东)、刘(少奇)、彭(德怀)等,皆为影响历史走向之人物。同一时期,湘人之风云人物其夥,不赘述。

岸——汉阳,以便"督抚司道等皆可亲往察看"①。张之洞的这一建厂选址策略既有助于提升武汉地区之经济中心地位,但也带来负面效应,使两湖近代实业基本上在行政中心铺陈展开,官办官督之色彩太过浓厚,不利于优化产业布局、提高经济效益。由于行政干预,鄂东南区成为湖北工业基地,近代以来不曾改变。政治因素之影响也有合理一面,绝非全然负面。长沙乃湖南首府,开埠之后挟行政中心之地位,迅速赶超湘潭,成为近代湘省工商业中心,其所在之湘东区也顺势成为全省工商业之重心。不过,政治中心之转移或受挫,也会影响经济格局。例如,抗战期间之1937—1943年,湘南之衡阳成为国民政府重要军政机构驻地,资本及难民纷至沓来,人口多达50万,经营工商业者多达8千家。然而,1944年沦陷后,元气大伤,久未恢复。②

区域性差异并非一成不变。于此,军事形势之变化有重大作用。例如,抗战时期大规模的工厂内迁,对湘南、湘西经济拉动有巨大贡献,可视为战争状态下政策导向型之区域发展。无独有偶,武汉成为抗战时期工厂内迁之中枢,发挥了承东启西、继往开来之重要作用。一时间,鄂东南之工业地位陡然上升许多。同理,抗战时期鄂西经济之崛起亦是典型例证。限于篇幅,兹不赘述。需要强调的是,战争之影响因为基础不牢、决策短促,而不能持久。一旦硝烟散尽,伴随中央及省级政府机构之回迁故地,经济与文化之繁华即如浮云般飘逝,一切重归过去。试看湘西鄂西,战后数十年间仍然地处边陲、步履蹒跚。③

最后要指出的是,晚清民国时期,中国虽有机器工业之发轫、轮船铁路之新生,但农业仍然是最重要的经济部门,中国仍然是农业人口占绝大多数、传统力量十分强大的农业大国。有鉴于此,所谓近代经济区之划分,在相当程度上根植于农业发展的区域性特征,基本上是传统之延续。④ 在此基础上,伴随时代之变迁,经济区也会出现局部调整。鸦片战争前夕两湖地区内部不同地区农业水平的空间梯度呈现出差异。农业经济发展水平最高者,当推鄂东南之江汉平原,其次是鄂东北、湘东、湘北,均属发达之平原湖区。农业不发达之区是鄂西南、湘南、湘西,均属崇山峻岭之山区,另有农业不甚发达之鄂西北、湘中地区。这样的一种农业区域格局,从根本上制约了两湖近代经济地理的变迁,也框定了两湖近代经济区之轮廓。

---

① 孙毓棠编:《中国近代工业史资料》第1辑,科学出版社,1957年,第777页。
② 孙敬之主编:《华中地区经济地理》,科学出版社,1958年,第102页。
③ 仅以湖北恩施为例,抗战时期省府迁驻,百业兴旺。抗战胜利之后,省府迁回武汉,"恩施各业萧条,农业渐次衰落"。参见湖北省恩施市地方志编纂委员会:《恩施市志》,武汉工业大学出版社,1996年,第194页。
④ 论者称,及至明末,两湖地区农作物在种类和产量方面已基本上达到近代的规模。参见孙敬之主编:《华中地区经济地理》,科学出版社,1958年,第3页。

结　语

综上所述,近代两湖地区在农业、工业、商业、交通运输业诸方面均出现了不同于往昔的变化,经济地理格局为之一变。这种变化的动力虽然部分地来自汉口等城镇开埠通商,但是根基却深埋于传统之中,因为汉口等通商口岸原本就是区域经济之中心地,商业网络细密,经济充满活力。必须承认,晚清以至民国,两湖地区的社会转型虽然缓慢艰难,但在经济领域仍然出现了若干实质性的进展,如机器工业、轮船铁路等近代实业的产生,如海关、银行、对外贸易等新生事物的出现,等等。与此同时,传统的经济力量顽强存在,在区域经济格局中扮演重要角色,如钱庄票号、木船航运业、城乡手工业,更不论农业的耕作制度与技术手段与往昔无甚差别。传统与近代相交织,先进与落后相缠绕。在此,欲就如下两个问题略作申论:一是张之洞营造之"湖北新政"的现实效应,二是"汉口模式"与中国早期现代化。现分述如下:

其一,尽管在张之洞莅鄂前湖北地区已经出现机器工业,不过湖北近代工业框架的耸立,确乎出现于张之洞莅鄂之后。这主要是通过两条途径完成的:一是张之洞及其后继者们创办了近 20 家洋务企业,使湖北出现了一种全新的工业面貌,即以重工业为主、轻工业为辅的实业格局;二是民营企业的勃兴,创制了一种以轻工业为主、重工业为辅的实业格局。这两大类实业格局的拼合,构成了湖北近代工业的总体格局。晚清如此,民国亦如是。仅就民营企业而言,它是通过购买机器的方式实现技术变革,从而完成近代转型的。也就是说,湖北没有发生类似英国产业革命那样的技术突破和经济格局的解构。在这里所产生的近代意义上的工业建设,基本上是以技术移植和仿效西方为前提的。因此,湖北近代民营企业的创生,既是西方资本主义工业发展道路的补充,也是中国近代社会肌体所具有的时代特质的放大。

耐人寻味的是,张之洞逝世后仅两年,辛亥革命的枪炮声便在他昔日的官署旁骤然响起,宣告了清王朝末日的来临。起义军的主体正是张之洞精心编练的湖北新军,起义者手中的新式武器正出于张之洞创建的湖北枪炮厂。张之洞的"种豆得瓜",充分凸显了历史发展的客观性与历史事件本身的戏剧性。辛亥革命首先在武汉地区发难,绝非偶然。这与晚清湖北的工业布局密切相关。汉口开埠是近代时期的湖北走向世界的历史转折点。由于各方面的原因,张之洞的"湖北新政"基本上以武汉地区为中心舞台,各类大中型企业分布于武昌、汉口、汉阳 3 处。晚清湖北勃兴的 136 家民营企业有 125 家荟萃于此,占总数之 92%。这样的一种工业布局,不仅使武汉地区成为湖北近代文明的中心,造成此后百余年间湖北经济独此为大的畸形格局,而且使之成为湖北新军、民族资产阶级、革命党人以及各种人物熙熙攘攘、穿梭演出的大舞台;不仅使起义者容易获取并控制湖北地区的枪炮弹药、粮草银饷、通讯渠道、交通运输,容易联络各地革命党人,而且可以独享近代文明的各种现实成果,拥有一种高文化势能,使革命火种在短时期内迅速传播,收到登高一呼应者云集之效。时人曾注意到武汉地区作为后期洋务运动中心与辛亥革命之间的制妙关系,精辟指出:"辛亥革命曷为成功于武昌乎?论者以武昌地处上游,控扼九省,地处形胜,故一举而全国响应。斯固然矣。抑知武汉所以成为重镇,实公(按:指张之洞)二十年缔造之力也。其时工厂林立,江汉殷赈,一隅之地,足以耸动中外之视听。……精神上、物质上皆比较彼时他省为优。以是之故,能成大功。虽为公所不及料,而事机凑泊,种豆得瓜。"[①]

其二,不可否认,汉口辟为通商口岸对于两湖地区、长江流域乃至更大的区域都是不同寻常的事情。这一事件是两湖地区与近代接轨的开始。由此引申出来的一个理论问题,是"汉口模式"与中国早期现代化的关系。

英国以工业革命为基础的早期现代化模式被称为英国模式。最新研究成果表明,英国模式尽管为世界范围内的现代化进程提供了成功范例,但它并不具有普遍意义。由是引出如下思考:既然英国模式不是唯一的现代化发展道路,那么是否存在没有发生工业革命,却发生了以商业革命为主导的现代化模式?这种模式在英国以外的国家或地区是如何生成的?中国是否存在可以解剖的历史文本?事实上,中国存在以商业革命为主导的早期现代化模式,汉口模式即其一。这里所说的早期现代化,在历史语境中可以置换成"近代化"或"近代转型"。

所谓汉口模式,是指汉口在其传统商业高度发达的基础上,借助外部因素,成功完成了近代转型。汉口模式的核心不是通常所说的工业革命,而是中国版本的商业革命。中国在宋代至清代的历史进程中有过三次商业革命:第一次是宋代商业革命,表现为坊市制的崩溃和市场化程度加深;第二次是明清商业革命,以市镇经济的繁盛为标志;第三次是近代商业革命,出现以通商口岸为核心的近代化商业群落。将英国模式与中国早期现代化历程相比照,可以看出中国早期现代化有两条道路:一条是商业化道路,以传统商业的高度发达为依托,借助外部因素得以展拓;另一条是工业化道路,不是依靠传统手工业的发展,而是近代封疆大吏(所谓"洋务派官僚")通过购置外国机器设备得以铺陈。

汉口自明代成化年间因汉水改道而肇始,至清前期已跻身全国四大商镇之列。近代开埠之际的汉口,已经发展成为"拥有 100 万人口,控制由两湖的全部、江西、河南、陕西的各一部组成的商业圈——'长江中游大地区'——的中枢首府;而且成长为集地区首府、大城市、地方城市三重商圈的交易功能于一体,各种功能兼而备

[①] 张继煦:《张文襄公治鄂记》,"文襄督鄂之时代及其环境",湖北通志馆,1947 年。

之的商业中心"①。汉口的商业成长史表明,明清商业革命最具革命性的意义在于中国自古以来政治中心与商业中心合一的格局被打破,出现了政治中心与商业中心剥离的现象,广大市镇如雨后春笋涌现,成为商品经济的中心舞台。明清市镇商品经济的飞速发展,在区域内及区域间形成了各种专业市镇及长距离贩运市场,促进了基层社会的商品化,为中国早期现代化创造了必要条件。当然,并不是所有的传统市镇都迈进了近代化的门槛。由于历史机缘的不同,许多传统市镇在近代化的背景下趋于式微。在中国传统的四大商镇中,只有汉口依托自身的商业实力,在外部因素的刺激下完成了近代转型,主要体现为机器工业、海关制度、银行系统、买办群体、近代商会使汉口的产业结构及市场机制发生了重大变化,人口急剧膨胀是汉口升格为近代大都市的重要指标,近代公用事业(电灯、自来水等)及第三产业的发达是汉口社会生活近代化的显著标志。汉口成为近代中国仅次于上海的工商业大都市,有"东方芝加哥"之美誉。在此基础上,汉口以商业优势拉动武汉地区的经济发展,使武汉成为华中最大的经济中心。从这一角度看,汉口模式堪称研究中国早期现代化的重要文本,同时也表明汉口模式有其特殊性,不具有普遍意义。

  详言之,汉口模式的特殊性体现在:其一,汉口是由一个传统市镇蜕变为具有近代色彩的工商业大都市的。之所以能够完成此种蜕变,主要取决于四个因素,即汉口得天独厚的水陆交通网络及商品流通渠道,汉口成熟的市场体系及其在全国的商业地位,汉口辟为通商口岸尤其是俄国商人对汉口市场的强力浸透,汉口发达的金融业(钱庄票号)为其近代化提供了必不可少的资金援助。其二,汉口模式不同于张之洞的"湖北新政",它代表了中国早期现代化的商业化道路。史家瞩目的张之洞在武汉地区兴办的早期现代化事业(所谓"湖北新政"),基本上集中于汉阳、武昌:汉阳成为重工业基地,武昌成为轻工业基地、新式教育荟萃之所及湖北新军驻扎地。汉口的近代转型是内生型的,具有深厚的传统商业基础,先于张之洞督鄂而启动;张之洞"湖北新政"是移植型的,通过引进国外技术及机器得以完成,可以视为英国模式的翻版。客观而论,汉口的近代转型与张之洞"湖北新政"分别代表中国早期现代化的两条道路,相互推引,又风格各异,共同构成武汉早期现代化的整体进程。其三,尽管汉口在开埠后的四五十年间出现了近百家外资企业和民族资本企业,行业涉及造船业、榨油业、火柴业、服装业、面粉业、食品加工业、木材加工业、机械制造业、砖瓦业、肥皂业、玻璃业、棉织业、烟草业、造纸业、化工行业、制革业、水泥业、碾米业、制药业、制茶业、建筑业、印刷业、麻织业以及水电等公用事业,但多为雇工人数少、资金不足、设备落后的小规模经营。更重要的是,英国模式的以煤铁重工业为主导的两大部类生产格局在汉口并未出现,汉口近代工业格局以轻工业为主,重工业极少且弱。只能说,机器工业使汉口早期现代化在技术层面

---

① [日]斯波义信著,方健、何忠礼译:《宋代江南经济史研究》,江苏人民出版社,2001年,第30页。

出现了突破,但远不足以导致一场英国式的工业革命。历史的事实证明,汉口早期现代化的动力来自商业化,而非工业化。

李伯重在研究江南早期工业化时,认为明清江南工业的发展属于斯密型成长。换言之,劳动分工和专业化推动了江南工业的发展,这种推动作用的大小和持续时间的长短主要取决于市场的变化。确切地说,明清江南工业的发展主要是受中国国内贸易的推动。如果没有西方的入侵,江南早期工业化发展成为近代工业化的可能性很小。其主要原因,是由于斯密动力无法导致工业革命。江南尚且如此,更何况经济水平落后于江南的其他地区?以湖北为例,汉口开埠前,湖北从乡间到城镇构成了一个以手工棉纺织业为主体的传统手工业生产网络。与江南一样,湖北传统工业的发展属于斯密型成长,无法导致近代工业化。即使张之洞督鄂后创制了所谓"湖北新政",但在湖北广袤的农村,传统小农经济的主导地位并未动摇。李伯重的研究及笔者讨论的汉口模式均表明,来自传统的中国早期现代化的基础及动力不在工业领域,而在商业领域。这是异于英国模式的中国版本的现代化。正因为如此,所以当西方的坚船利炮打开国门后,潮水般涌入中国市场的机制棉纱棉布便逐渐瓦解了中国传统的纺织结合的农民家庭棉纺织手工业:首先割断了纺与织的有机统一,后来伴随着机器织布厂的建立,又在开风气之先的地区将手工棉纺织业排挤出历史的中心舞台。但是,明清时期形成的传统商业网络及市场机制虽受到冲击,仍能保持原有活力,成为近代商品流通的主要渠道之一。西方列强利用了中国传统的商业化成果。① 这一方面便利了西方列强对中国的掠夺,另一方面使得中国部分地区的传统商业能够抓住历史机遇,实现近代转型。

由于历史机缘、地理及人文环境、区域经济水平等条件的制约,中国早期现代化成为一个复杂的历史命题:两条道路,多种模式。汉口模式之外,尚有上海模式、天津模式、重庆模式、广州模式、福州模式等,它们之间既有重叠,也有区别,各具特色,都是考察中国早期现代化进程的历史模式。

---

① 论者称,迨至19世纪末,以上海等通商口岸为中心、深入内地和农村的商业网基本建立,"这个商业网的某些环节利用了传统的商业渠道,并对其实行改组和重构"。参见刘佛丁、王玉茹、于建玮:《近代中国的经济发展》,山东人民出版社,1997年,第232页。另有论者指出,中国近代市场体系可上溯明代中叶,"19世纪中叶外国资本主义的入侵,并非创建了一个新的市场体系,不过是利用和部分改造了中国原有的市场体系来为之服务"。参见许檀:《明清时期城乡市场网络体系的形成及意义》,《中国社会科学》2000年第3期。不独商业,中国近代工业也并非全盘西化之产物,"近代工业既(以)传统的工商业为基础,利用了传统工商业的资金、原煤、技术、生产组织以及市场条件,又对传统的工商业进行了改组和淘汰,形成了与传统工商业共生并存的过渡型工业结构,其工业化有着'本土化'的特点"。参见隗瀛涛主编:《中国近代不同类型城市综合研究》,四川大学出版社,1998年,第33页。笔者认为,西方的历史分期与中国的情况有巨大出入。大体上,明代嘉靖万历年间至清代道光咸丰年间,是中国经济的前近代时期;19世纪60年代至20世纪30年代,是中国经济的近代转型时期。两个时期相互衔接,富有高度的历史传承性。参见任放:《明清长江中游市镇经济研究》,武汉大学出版社,2003年,第317、318页。

第二篇
安徽近代经济地理

第一章 自然环境与历史开发的基础*

第一节 自然地理环境概况

一、地形特征

安徽作为一个独立的省级政区,是由清初江南省分析而出,康熙六年(1667年)省级政区得以确立。其辖境在雍正十三年(1735年)之前,有七府七个直隶州,其后增改调整,为八府五直隶州,长江以北有四府四州,长江以南有四府一州,空间格局与政区边界大体确立。乾隆朝《大清一统志》记安徽地形特征,认为"上控全楚,下蔽金陵,扼中州之咽喉,依两浙为唇齿。洪流沃野,甲于东南。故六代以来,皆为重镇。其名山则有皖山、龙眠、大鄣、黄山、齐云、敬亭、九华、青山、梁山、采石、霍山。其大川则有大江、皖水、泾水、丹阳湖、巢湖、肥水、滁水、淮水、颖水、涡水。其重险则有集贤关、马领关、陡岩关、清流关、昭关、石门关、柳林关、金鸡关。作藩南服,据吴上游,诚江界之要冲,淮南之雄镇也"①。由地理上作安徽地域观察,山河壮丽,地貌丰富,地形的主要特点是,山水镶嵌,平原和低山丘陵相间排列。区域北部是淮北辽阔平坦的平原,中部的江淮地区是随大别山脉逶迤东向的丘陵和岗地;沿长江两岸的河湖圩田,与沿岸山岗镶嵌一起;南部的皖南丘陵山地、谷地和盆地之间,有黄山、九华山、白岳等耸崱。长江、淮河穿越安徽地域,把安徽省辖境分成三个自然区,地形地貌都有较大差别。一位对安徽地理和历史文化特征的研究者,曾经用文学笔法形容道:

  天光乍现,文明蓦然自某个历史端口喷薄而出,打开了一幅丰富多彩、辽阔壮美的山水画卷:皖风徽韵,诗酒风流,大河沧桑,潮起江淮。悠悠淮水,平原千里,麦香浓郁,生命气息滔滔不绝。阴开阳合,龙腾虎跃。涡河岸边通天究地,颖水河畔笑傲春秋,东临碣石挥鞭中原,麻沸竹林妙手余音,择地而生,不屈不挠。大江东去,巨流奔涌,山峦起伏,万木葱茏。风云际会的皖江,像一条神奇的"龙脉",吸纳着人文之盛。清音黄梅唱响皖山皖水,文房四宝书写桐城文采,杏花幽雨吟出诗情池州,广济寺前墨洒楚皋鸠兹。黄金水道,璀璨夺目。烟雨迷蒙,澄江如练,黛瓦乌篷,徽杭古道。深潭与浅滩,万转出新安。夹江两岸,群山叠嶂,飞流瀑布,村舍隐

---

* 第二篇由陆发春主持,陆发春、吴松弟、方书生、张绪、徐智、刘杰等撰稿。
① 《大清一统志》卷七十五,安徽统部,文渊阁《四库全书》本。

见。曾经的帆影竹筏,还有那长长的竹篙,在新安江的肌肤上划过或深或浅的痕迹;曾经的徽商,渐行渐远,时间如水,大美不言。皖北、江淮之间、皖南被上苍妥帖的分置在安徽这片土地上,地理揽胜,得天独厚。

二、山脉和水系

安徽也是长江中下游一个多山地区,长江之北的安庆府、六安州、皖南地区的徽州府、宁国府、池州府、太平府等地域内,群山逶迤,重峦叠嶂。《安徽舆图表说》述安徽地理:

> 江北之山,潜岳为大脉,自桐柏东来至霍山县西之金钩山入境,冈峦连属,逶迤而东,循安庐界经多智、雷公诸山,庐征、北峡诸隘,又东入庐州府境,尽放濡须水之西,是为干脉,而省城钲山,实惟大龙由潜山干脊分支南迤,东至怀、桐界,迭起崇峦,兀峙放省城之北,余支尽放纵阳河之西,而省北之南山集贤关,亦其南出余支也。其余江淮之间及与鄂豫交界诸山,皆干脉南北分支,而以霍山北出一支为最远,入六安境,转东为龙穴山,东入庐州府境,为大潜山,迤北三十余里,起将军、鸡鸣、大蜀诸山(肥水所出)。鸡鸣而东,土冈歧出,北抵淮南及江东,接江苏境。凤台之八公、峡石,定之喜羊,怀之荆涂,滁之清流关,滁、泗界之嘉山,和之昭关、小岘、大岘、夹山皆其冈脉分迤者也。

长江以南的主要大山脉,为跨徽州府和宁国府之间的黄山山脉。"脉自江西彭蠡之东连山东迤,至建德县入境,循徽、池界,经大洪、羊栈诸岭,东起黄山,又东入绩溪境,为丛山关。又东入宁国与浙江界,东连浙江之西天目山,是为干脉。宁广与江浙交界诸山,则另由天目分支北出,其余徽、池、宁、广诸山,皆由干脊分支,而最大者为二:一由大洪岭东循石埭、太平界北,少东迤入青阳境,为九华山,逶迤东北入太平府境,尽于大江之南;一由正干钓鱼岭,循祁、黟界南迤,西至婺、休,与江西交界,起率山,折而东南至婺源南界之大鳙岭,入浙江境,南连浙、闽界山,此南北山脉之大略也。"①

安徽拥抱长江、淮河等大川河渎,长江自江西九江府东北流入皖境,经安庆、池州、庐州、太平、和州进入江苏江宁府境。"江水自四川来,过湖北黄梅县,东流入安徽界,径宿松县境,其对岸为江西湖口彭泽,小孤山在焉。又东北径望江县与池州东流县对,又东北绕安庆府城,径桐城东南,潜水、枞阳水注之,名曰三江口,其对岸为贵池。铜陵县有石横截中流,名曰拦江矶。又北径无为州,巢湖水自东北注之,古之所谓濡须口也。又南径繁昌、芜湖,至当涂,古名曰牛渚,采石矶在焉。又南径

---

① 《安徽舆图表说》卷一,清光绪二十二年(1896年)刊本。

和州境,东西梁山对峙两岸,古之所谓天门山也。径旧乌江县,东与江苏上元县中流为界,自此径浦口,过瓜步入江苏界。"①

淮河水系的重要一段在安徽境内。淮水自河南光州东流入境,经颍州、凤阳、泗州,潴为洪泽湖,与江苏淮安府分界。这是一条近代以来对黄淮海平原人们生活有重大影响的大河。"淮水自河南来,东北径固始县化,又东北径颍州府南,入安徽境合汝水,东径霍邱、颍上二县,过正阳关,至寿州西北合肥水,又东过怀远县合涡水,又受濠水、涣水、潼水,其势始盛,遂出于荆山之左,涂山之右,过故临淮县,径五河县南,盱眙县北,古之所谓洪泽镇者,今潴为大湖。泗州凤台,虹县旧治,皆沦入焉,而其势极矣。自此出安徽,入江苏清河县境,与黄河合流而入海。"②

南部的新安江水系是安徽三大主要水系之一。"本省之水,由黄山干脊北出者,皆由南岸入江,以张溪、贵池、青弋、水阳四水为大,南出者皆入徽州府境,歙、休、绩、黔四县水皆合新安江,东入浙江。婺、祁二县之水,皆西南流,入江西境。"

江淮之间的主要河流水系,皖西大别山山脉之南,"由潜山干脊南出者,皆北岸入江,以潜、皖、枞阳、泥汊四水为大"。流向北面的为淠河,经六安、凤阳北,入于淮。入淮之水,主要是汝、颍、涡、睢、浍五水,"皆来自河南,余皆出自凤阳府、颍州府各属。冈陵沟浍之间,无大来源,易盈易涸"。其余的肥、洛、濠、池诸水,"则出自鸡鸣、喜羊诸山之阴,皆由南岸入淮者也"③。江淮之间近八百平方公里的淡水湖巢湖,汇聚合肥县、舒城县、庐江县、巢县及无为河流小溪,构成环巢湖流域水系网,再由和州的濡须口(即裕溪口)入长江北岸。山水形胜,构成了安徽省"安徽负江淮之胜,面潜霍之势,合岳渎之雄邦也"④。

三、气候特征

安徽省位处南北气候过渡带,大体以淮河为界,气候呈明显的过渡性。淮河以北属暖温带半湿润季风气候区,冬季寒冷干燥,与华北平原很相似;南为亚热带湿润季风气候区,温暖湿润,夏秋伴有梅雨。雨量气温均系由北向南递增。同时,由于受季风影响,冷暖气团交替频繁,天气多变,常有旱、涝、雹、冻等自然灾害出现。

全省年平均温度约14℃—17℃之间,随地形及纬度而异。1月平均温度大致淮河以北在0—12℃之间,江淮之间在0℃以上,而长江以南,则高达3.6℃。7月平均温度一般相差不大,南北都在28℃左右,淮河流域平均始霜期是11月中旬或下旬,终霜期在3月至4月间,全年无霜期约为200—230日。而长江流域的无霜期则长约230—250日,可以种植双季稻以及茶叶、油桐、油茶等亚热带作物。

---

① 道光《安徽通志》,舆地志,江水,道光朝·五。
② 道光《安徽通志》,舆地志,江水,道光朝·五。
③ 《安徽舆图表说》卷一,清光绪二十二年(1896年)刊本。
④ 光绪《安徽通志》,序。

全省年平均降雨量在750—1 700毫米之间,1 000毫米的年降雨线穿过本省的中部;全省雨量分布自南向北递减,大别山区和皖南山区由于地形地貌的影响,分别成为本省两个多雨中心。皖南的屯溪、祁门一带年平均降雨量多达1 600毫米以上,大别山区岳西一带也可达1 400毫米以上。而淮北平原由于位置偏北,雨量较少,年平均降雨量在800—900毫米左右。由于淮河流域一带适当西伯利亚气团交绥之地,气流变化复杂,降雨量的季节分配很不均匀。大致冬半年内淮河流域一带为西伯利亚大陆性气团所控制,降水稀少,而入春以后(2月、3月)气温增高,蒸发强烈,土壤里水分消耗过多,植物生长困难,容易造成春旱。夏半年内温暖而饱含水分的热带气团,向北推进,与冷气团遭遇形成锋面,降水量大为增加。南部长江流域一带,降水量分布比较均匀,年降水量一般在1 000—1 800毫米之间,降水分布受地形的影响很大,山地降水较多,而平原地带则相对较少。6月下旬以后,有梅雨现象,乌云密布,阴雨连绵,常达一月之久。梅雨降临的迟早,雨期的长短,降水的多少对农作物的影响很大。

四、河流与水文

安徽省地表水系发达,河流均属雨源河类型,降水是河流补给的主要来源,由北向南分属淮河、长江、新安江三大水系。沿江、沿淮湖泊众多,河网密布,水域辽阔。

长江自湖北叶家坝入境,向东北流入江苏,在本省境内全长400余公里,流域面积占全省土地总面积的46%,两岸支流密集。其主要支流在左岸有华阳河、皖河、巢湖水系、滁河等,在右岸有青弋江、水阳江、秋浦河等。长江水量大,含沙量小,水流四季不冻,枯洪水位变化不很剧烈,为发展农田灌溉和航运提供了极其有利的条件。但长江河身曲折较大,江心沙洲较多,而且迁移不定,航道情况比较复杂。长江左岸湖泊众多,能起一定的调节水量的作用,但湖泊多已淤浅;右岸坡降较陡,支流来水较急。洪水期间,沿江湖河的泄水易受江水顶托,因此,两岸的圩田(特别是右岸)有时也有洪涝的威胁。

淮河发源于河南的桐柏山。安徽省位于淮河中游,自阜南洪河口入境,至嘉山七里湖出省,干流过境长度432公里,是安徽省北部的重要河流,两侧有许多支流来汇。其主要支流北有洪河、颍河、西肥河、涡河、北肥河、浍河、沱河、濉河等,南有史河、淠河、东肥河、池河等。北部支流多而长,南部支流少而短,形成不对称羽毛状水系,其中以颍河、涡河、史河、淠河、池河等流量较大,属长年性河流,其余诸河均为季节性河流。每年6月至9月为淮河的汛期,这一时期淮河流域雨量较多,淮河干支流水位普遍上涨,各支流的洪水均靠淮河干流排泄。特别是当整个淮河流域为夏季暴雨带所控制时,干支流差不多同时出现洪峰,这时候淮河的水情就比较紧张。

新安江是安徽省南部的重要河流,发源于安徽省休宁县与江西省交界处的五股尖山,汇合支流横江、率水诸水注入钱塘江。沿江多属山区,比降很大,流域内雨量丰沛,水量多,流速大,水力资源较丰富。在安徽省境内的新安江干流长242.3公里,面积6 500平方公里,占钱塘江流域面积的11.9%。[①]

全省大小湖泊500余个,较集中地分布于沿江和沿淮一带,长江北岸多于南岸,淮河南岸多于北岸,总面积约5 800平方公里。巢湖是省内最大的湖泊,面积约800平方公里。

第二节 经济发展的社会历史环境

一、政治经济嬗变基本概况

从地理区位来看,安徽地处华东腹地,地跨江淮,虽然建省较迟(清康熙六年建省,即1667年),但在其区域里,地腴物丰,经济开发历史悠久。特别是隋唐时期,国家统一,安徽地区社会经济都有了稳定的发展。康熙二十五年(1686年)全国各税关收入白银122万两,其中芜湖、凤阳两关即收26万两,占全国的20%。可以说安徽地区长期的经济发展,在全国占有重要的地位。鸦片战争赔款的2 100万元,安徽是被派发首年赔付600万元的三省之一。

咸丰元年(1851年)太平天国兴起,随后咸丰三年(1853年)安徽北部爆发了捻军起义,席卷整个淮河流域,势力不断地扩大,并与南部的太平天国运动互相呼应,极大地动摇了清朝地方统治的根基。先后崛起的湘军、淮军在江淮区域内与太平军、捻军作战,不断地坐大。就安徽区域内来看,形成了以李鸿章为首的淮系势力,在清末政治经济变局中扮演着重要的角色。安徽因地居东西南北要冲,多年沦为战场,城乡遭受破坏,经济凋敝。随着外来势力的不断入侵,商业上的渐趋衰落,加上长期战祸和水旱灾害频发,安徽经济持续性下滑,出现了长期赤贫的局面。

光绪二十一年(1895年)甲午战争以后,中国的民族资产阶级开始逐步走上历史舞台。安徽区域内的各个革命团体积极响应号召,投身反清革命。光绪三十一年(1905年),陈独秀在省府安庆组织岳王会,组织了一大批革命力量。光绪三十四年(1908年),岳王会领导人熊成基等在安庆发动革命武装起义。

1911年10月,武昌起义震撼了海内外,腐朽的清王朝摇摇欲坠,安徽各地的革命志士在武昌首义的鼓舞下,纷起抗争,光复安徽。11月18日,安徽省咨议局宣布安徽独立,推举朱家宝为安徽都督。随后,安庆、芜湖等县市相继光复。南京临时政府成立后,安徽革命党人孙毓筠在省会安庆正式组织成立了安徽省军政府。1911年12月15日,北洋军阀袁世凯的亲信倪嗣冲凭借武力盘踞阜阳城,占据了安

---

① 安徽省地方志编纂委员会:《安徽省志·自然环境志》,第三章,新安江流域,方志出版社,1999年。

徽一隅。1913年6月,"二次革命"爆发,袁世凯罢免柏文蔚的安徽都督职务,柏文蔚在安徽组织讨袁军。柏文蔚失败后,倪嗣冲窃踞安徽全省,安徽进入北洋军阀统治时期。

从二次革命到南京国民政府成立这一时期,安徽和中国其他地区一样,政局动荡不安。从政治上考察,1913年到1920年为倪嗣冲掌皖军政大权时期,倪嗣冲去职后,安徽省又先后经历了张文生、马联甲、王普、王揖唐、吴炳湘以及陈调元等主皖。[①] 直至1927年北伐军占领安庆、蚌埠后,北洋军阀在安徽的实际统治才宣告结束。

二次革命后,安徽省地方设置都督。北洋军阀统治时期,安徽军政机构不断更改。安徽光复后,军政首脑称为都督,1913年1月军民分治后,军事首脑称为都督,1914年6月改称为将军,1916年7月称督军,1922年10月又更名为督理军务善后事宜,简称为督理。1924年11月更名为督办军务善后事宜,简称为督办,1925年12月后最高军事长官为总司令。安徽行政首脑,自1913年起称为民政长,1914年7月改称巡按使,1916年7月更名为省长。[②] 安徽的民政首脑机关设在安庆,军事长官却在蚌埠。所谓军民分治,实际上军事首脑为"一把手",民政官徒有虚名,处于附从地位。

安徽军政首脑变动频繁,但在1913年7月至1920年9月期间,安徽的军政实权主要掌握在倪嗣冲手中。张勋虽曾一度担任安徽督理军务,但他驻扎在徐州,安徽实权仍然掌握在倪嗣冲手里,民政首脑虽然频繁换人,但他们均无实权。从1912年4月到1927年3月,安徽军政首脑累计变更40余次。官长频繁易人,是民初安徽政治的特点,也为历史上所罕见。时间最短的如1921年8月李兆珍复任省长,仅过了8天就被逐下台。在短短16年时间里负责安徽财政事务的负责人,更换次数也达到22次之多。具体情况可以参见表2-1-1。

表2-1-1 1911—1927年安徽军政首脑任职简表

年 份	职 务	姓 名	备 注 说 明
1912年	都 督	孙毓筠	后为柏文蔚
1913年	都 督	柏文蔚	后为孙多森、倪嗣冲
1914年	都 督	倪嗣冲	
1915年	都 督	倪嗣冲	
1916年	督 军	张 勋	省长倪嗣冲掌实权
1917年	督 军	张 勋	后为倪嗣冲
1918年	督 军	倪嗣冲	
1919年	督 军	倪嗣冲	

---

① 安徽省地方志编纂委员会:《安徽省志·总述》,方志出版社,1999年,第70—71页。
② 安徽省地方志编纂委员会:《安徽省志·总述》,方志出版社,1999年,第72页。

续表

年份	职务	姓名	备注说明
1920年	督军	倪嗣冲	后为张文生代理
1921年	督军	张文生	
1922年	督理	马联甲	省长为许世英
1923年	督理	马联甲	省长为吕调元
1924年	督理	马联甲兼	后为王普,同年冬改为督办,由王辑唐兼任
1925年	督办	王辑唐	省长王辑唐,后为吴炳湘,吴离任后由江绍杰代理
1926年	总司令	陈调元	副司令兼省长王普,省长后为高世读、何炳麟
1927年3月—7月	政务委员会主席	陈调元	后由蒋作宾代理

(资料来源:安徽省政协文史委员会编:《安徽近代史辞典》,中国文史出版社,1990年,第563—568页;中共安徽省委党史工作委员会编:《安徽现代革命史资料长编》第一卷,安徽人民出版社,1986年,第147—149页。)

政局动荡和政治黑暗极不利于经济发展,必然伴随着经济发展缓慢、财政上常年收不抵支,管理混乱不堪。

北伐军进入安徽后,从政治上基本结束了北洋军阀对安徽的统治。1927年3月26日,国民政府任命陈调元为安徽省政务委员会主席,掌管安徽行政,负责办理安徽省境内一切行政军事事务。① 国民政府初步建立在安徽的统治后,于7月2日发布政令,任命蒋作宾等15人为安徽省政府委员,在财政厅下增设了司法、军事、农工三厅,政务委员会在8月10日结束了过渡政权的历史使命,安徽省于1927年8月10日正式建立了省政府。② 宁汉对峙后,在南京、武汉两派纷争下,武汉何键部退出了安徽,陈调元再次回皖,重新组建安徽省政府。1927—1937年大致为安徽省地方军民分治时期。主政行政首脑先后经历陈调元、吴忠信以及刘镇华等阶段。刘镇华主皖政务时间最久,历时4年时间。

安徽基层统治长期动荡。以安徽省地方县一级的治理来看,据学者的研究统计,把安徽的南北县平均起来看,县长平均任期为0.9年。③ 县长变动频繁,可以看到地方治理的混乱情况。

抗日战争全面爆发后,为了统一抗战力量,协调军务行政,国民政府下令1938年2月由第五战区司令长官李宗仁兼任安徽省主席一职。后又由二十一集团军司令廖磊担任,廖病逝后,由李品仙继掌安徽政务。

大体上来看,进入国民政府统治时期后,安徽政局表面上还是趋于统一和平静的。实际上陈调元与中央、刘镇华主皖均存在派系之争,加大了政治的动荡性。如

---

① 安徽省地方志编纂委员会:《安徽省志·总述》,方志出版社,1999年,第74页。
② 安徽省地方志编纂委员会:《安徽省志·总述》,方志出版社,1999年,第75页。
③ 王生怀:《民国时期安徽文化与社会研究(1912—1937)》,安徽人民出版社,2008年,第118页。

论者所言,国民政府时期,蒋介石总是把安徽省军政首脑的职位作为其巩固统治的一个筹码不停地变换,以致政局继续不能稳定。①

表 2-1-2　1927—1942 年安徽军政首脑任职简表

年 份	职 务	姓 名	备 注
1927 年 3 月—7 月	政务委员会主席	陈调元	后蒋作宾短暂代理
1927 年 8 月 10 日—9 月	省政府主席	管 鹏	后由雷啸岑短暂代理
1927 年 10 月	省政府主席	陈调元	
1928 年	省政府主席	陈调元	
1929 年春	省政府主席	方振武	后为吴醒亚、石友三等短暂代理
1930 年春	省政府主席	马福祥	
1930 年秋	省政府主席	陈调元	王金钰年初曾任职数月
1931 年	省政府主席	吴忠信	
1932 年	省政府主席	吴忠信	
1933—1937 年	省政府主席	刘镇华	
1937 年	省政府主席	刘尚清	1937、1938 年之交蒋作宾一度任职
1938 年	省政府主席	李宗仁	第五战区司令长官李宗仁兼任安徽省主席一职
1938 年秋	省政府主席	廖 磊	
1939 年 10 月	省政府主席	李品仙	
1940 年	省政府主席	李品仙	
1941 年	省政府主席	李品仙	
1942 年	省政府主席	李品仙	

（资料来源:安徽省地方志编纂委员会:《安徽省志·总述》,方志出版社,1999 年,第 71—77 页;安徽省地方志编纂委员会:《安徽省志·政权志》,方志出版社,1999 年,第 74—76 页;安徽省政协文史委员会编:《安徽近现代史辞典》,中国文史出版社,1990 年,第 563—568 页;安徽省档案馆:《安徽档案史料丛书:安徽概览》,安徽省档案馆,1986 年,第 19—20 页。）

长达 8 年的抗日战争结束后,1946 年国共两党和谈破裂,安徽是国共两党争夺的战略重点区域。全面内战爆发后,蒋介石集团军事上连连失利,政治上陷于孤立,经济上日渐全面崩溃,国民党在安徽的统治已经摇摇欲坠,②经过 4 年的内战,1949 年 5 月,安徽全境解放。

与政治上的动荡不安相伴随的是持续不断的自然灾害。就区域来看,安徽位于季风区,最北在北纬 34 度,最南在北纬 29 度,属于暖温带与亚热带的过渡地带,皖南、江淮以及皖北自然生态迥异。境内淮河从北部腹地穿过,南部长江穿省而过。每至夏季,常因冷暖气流消长与地形地貌的差异而频繁发生水旱灾害。

---

① 王生怀:《民国时期安徽文化与社会研究(1912—1937)》,安徽人民出版社,2008 年,第 101 页。
② 张南等:《简明安徽通史》,安徽人民出版社,1994 年,第 606 页。

皖西、皖南山区连续降雨,必引起山洪暴发,冲没田舍;皖北平原则因黄河多次夺淮入海,河床淤塞,往往雨多则涝,无雨则旱。安徽省从1667年至中华人民共和国成立的282年中,全省遭受水灾254次,旱灾208次,且每十年内必有1至2次重灾,或南涝北旱,或南旱北涝,或先涝后旱,或先旱后涝,甚至旧灾未除,新灾又起。①

由于政局长期动荡,当局无暇顾及兴修和维护水利设施。长时期的水旱灾害,导致的直接后果是地方的生态不断地脆弱。特别是江淮地区自然生态逐渐恶化,自然灾害频仍。1921年,安徽江淮地区发生特大水灾,特别是皖北地区罹灾最重,"皖北阜阳、寿县,淮河下游及附淮21县均被水灾"②。这一年不仅淮河泛滥引发大规模的区域水灾,皖中皖南也受灾严重。据海关十年报告记载:"1921年8月,雨量非常集中,长江水上涨到10.5英尺,皖南至少有11县遭殃,芜湖、当涂、繁昌县44万亩水稻被淹没。"灾害造成了大量的灾民。1921年10月26日《申报》报道:"安徽省财政困难,已达极点,上年旧债应还约二百万元,本年水灾,各项县局税收,已甚减色,全省重要厘金,大半被武人占去……据计算,今年收入当短去二百万元。去今两年所借中交两行之欠款,既不能还,而今中交两行,恐无磋商之余地也。"③淮河流域长期成为"大雨大灾一片光,不雨旱灾一片荒"的全国闻名的多灾多难的地区。1931年安徽全省大水灾,受灾县48县,被灾田亩31 550 000亩,直接损失31 464万元。④ 1938年为了阻止日本的进攻势头,国民政府掘开黄河大堤,导致黄河南泛,夺淮而行,致使沿淮地区黄水泛滥,水利严重破坏,酿成了大面积的水灾。⑤

近代安徽人口在规模上经历了一个大落的过程。先是经历了太平天国、捻军等的起事,长期的战乱导致了人口数量的锐减。因人口锐减,又出现了大量的抛荒现象,严重地影响了地方的财政收入。同时水灾引发的大量的流民,甚至形成了近代以来著名的皖北流民与灾民,形成了独特的流民文化,"无论丰歉,习以为常的流民文化现象,成为皖北流民的一大特色"⑥。受此影响,民国时期的人口素质较差。据1923年的全国26省市比较,安徽高等学校、中等学校和初等学校均在全国居落后位置,若以各省人口与小学学生数百分比进行比较,则安徽小学生仅占全省人口的0.49%,仅比新疆略高一些,在全国居25位。民众文化素质的普遍落后,也是阻碍安徽近代化的一个重要因素。⑦

---

① 王生怀:《民国时期安徽文化与社会研究(1912—1937)》,安徽人民出版社,2008年,第195页。
② 王鹤鸣、施立业:《安徽近代经济轨迹》,安徽人民出版社,1991年,第588页;原见安徽通志馆:《安徽通志稿》,1934年。
③ 《芜湖快讯》,《申报》1921年10月26日。
④ 《安徽省概况统计》,1933年。
⑤ 王鹤鸣、施立业:《安徽近代经济轨迹》,安徽人民出版社,1991年,第560—562页。
⑥ 池子华:《从凤阳花鼓谈淮北流民的文化现象》,《历史月刊》1993年第7期。详细介绍见王生怀:《民国时期安徽文化与社会研究(1912—1937)》,安徽人民出版社,2008年,第396—399页。
⑦ 王鹤鸣、施立业:《安徽近代经济轨迹》,安徽人民出版社,1991年,第27页。

表 2-1-3　近代安徽部分年份人口数统计情况

年　份	人口数	年　份	人口数
1840 年	37 386	1904 年	14 085
1841 年	37 407	1911 年	16 229
1842 年	37 499	1916 年	20 517
1843 年	37 471	1919 年	19 154
1844 年	37 500	1921 年	20 199
1845 年	37 514	1928 年	21 715
1846 年	37 533	1933 年	22 159
1847 年	37 553	1934 年	22 696
1848 年	37 572	1935 年	23 527
1849 年	37 592	1939 年	22 195
1850 年	37 611	1940 年	22 391
1851 年	37 631	1942 年	22 642
1852 年	37 650	1947 年	22 490
1892 年	20 597	1949 年	27 866
1902 年	23 672		

（资料来源：王鹤鸣、施立业：《安徽近代经济轨迹》,安徽人民出版社,1991 年,第 31—32 页。）

二、经济演变的基本路径及过程概况

对安徽近代经济产生重大冲击的应该是席卷整个南中国的太平天国运动。从咸丰三年(1853 年)太平军入皖到天京沦陷的同治三年(1864 年),太平军在安徽活动了长达 12 年之久,大的战役如省城安庆争夺战,双方都投入了大量军力。咸丰三年(1853 年)太平军占领庐州后,势力迅速在安徽扩展,先后占据了皖江、皖南等重要的城市和农村,其中安庆、芜湖、巢县、太湖、潜山、六安州、太平府、宁国府等地区是太平军活动的主要区域。

而兴起于江淮之北的捻军,则在安徽北部活动,进行了长达数年的反清斗争。

围绕着安徽的区域争夺,清军与太平军、捻军等进行了激烈的战争。特别是咸丰四年(1854 年)太平军定都南京后,安徽成为拱卫南京的重要外围防线。太平军先后与曾国藩的湘军、李鸿章的淮军等在安徽区域内展开攻守。在这场太平军与清军历时数年的战争里,清军联合外国势力对太平军占领区进行了激烈的争夺战。这场战乱严重地破坏了区域内的生产力。

从经济发展来看,这场持续的战争带来了几个主要的破坏。一是战争导致的人口的锐减。据统计,太平天国前的咸丰元年(1851 年),安徽省全省人口数为 3 763 万,而到同治十年(1871 年),人口减少到了 1 450 万,在 22 年的时间里,人口锐减了 2 313 万人之多。江淮之间,人烟几绝。二是农村生产力受到极其沉重的打击。战争时期与战争之后,大量的土地被废弃。由于战争导致的劳动力数量急剧减少,无人耕种,土地出现了大量的抛荒现象。有关文献有如下记载:"自安庆至宿、亳千余里,人民失业,田庐荡然,""六安产米之区,近日百姓流亡,田荒不耕,""四省受害最烈者,厥为皖南和赣北,生者寥寥,昔日良田美园,当日则变为荒原矿场,无复有人过问矣。"[①]战争带来的最大影响就是生产的停滞和生活水平的持续下降,人民趋于赤贫。这一时期,区域内甚至出现了人相食的现象。可见,在饱经战争困苦后,人民已经走上了破产的绝境。[②]

安徽近代经济出现重大转折的又一个标志是中英《烟台条约》的签订和芜湖商埠的开放。道光二十年(1840年),以第一次鸦片战争为端,中国的门户被打开。随着外来侵略的不断加剧,西方列强与清政府签订了一批不平等条约。外来势力越来越方便地深入到中国的内部区域。就安徽省来看,真正的标志性事件是光绪二年(1876年)作为皖江重要城市的芜湖被开辟为通商口岸。《烟台条约》内容规定:"由中国议准在湖北宜昌、安徽芜湖、浙江温州、广东北海四处添开通商口岸……"

芜湖开为通商口岸,相关文献有重要的评述:"本省襟江带淮,控引吴越,地非滨海,大部环山,四境货物多各以其便利输入邻省,有若干间接转趋外洋,故在外人未入内地经商以前,即经济方面亦不与外邦发生何等关系,至政治方面更无论矣,厥为芜湖租界之开辟。"芜湖自光绪三年(1877年)设关开埠后,凭借优越的地理区位、便利的水道交通和周边丰饶的物产,[③]"作为贸易港极为便利"[④],迅速跻身于沿江重要口岸之一。清末,芜湖"商场地位进居上海、汉口以次之第三位"[⑤]。进入民国后,虽然个别年份有波动,但芜湖口岸贸易依旧保持一定幅度的上升势头,1931年的口岸贸易值已是开埠初期的33倍。

芜湖被强制开埠后,安徽的门户正式被外来侵略势力打开。随后,列强在芜湖谋划获得芜湖城西门外土地,设立

图2-1-1　1934年的安徽芜湖海关

[①] 金陵大学农林经济系主编:《豫鄂皖苏四省之租佃制度》,民国间印本,第7页。
[②] 程必定:《安徽近代经济史》,黄山书社,1989年,第70—72页。
[③] 林熙春、孙晓村主编:《芜湖米市调查》,引言,社会经济调查所,1935年。
[④] [日]中野孤山著,郭举昆译:《近代日本人中国游记:横跨中国大陆——游蜀杂俎》,中华书局,2007年,第23页。
[⑤] 建设委员会调查浙江经济所统计课:《安徽段芜乍路沿线经济调查》,1933年,"芜湖县经济调查"第1页。

了租界,与安徽政治经济核心关联的大通、安庆等,虽然没有被划入开放口岸和租界地,但是在随后的演变中,这些沿江重要城市仍然被允许接洽往来商船等。这些城市虽然没有直接开辟为口岸,但随着时间的推移,外国势力进一步深入,实际上已经控制了沿江等重要线路,并逐渐控制了这些重要城市的腹地,包括皖中、皖南等大部分地区。如果以芜湖被强制开辟为通商口岸这一事件来看,安徽逐渐被纳入了侵略势力的发展轨道,逐渐沦为了半殖民地半封建的、穷困落后的地区。原有的自给自足的小农经济模式,在洋枪、洋炮、洋船的冲击下,不断地解体,同时新的经济模式也在不断地构建中。从随后若干年的发展历程来观察,我们看到了近代工业、近代手工业、新的金融发展等在安徽这片区域内不断出现,因在各章会有所涉及,在此处就不详细阐述了。

伴随着外来侵略势力的扩张,从政治到经济,安徽地区显现的半殖民地半封建性的社会性质更加明显。自芜湖开埠后,深入到安徽腹地的各种势力强烈影响着近代安徽的变局。从经济上考察,这些外来势力对地区经济的干扰、侵略和控制不断地加深。随着帝国主义控制方式的转变,资本的力量显示了其难以抗拒的优势。光绪二十一年(1895年)中日甲午战争、光绪二十六年(1900年)的八国联军侵华后,清政府被迫继续出让主权,先后签订了《马关条约》、《辛丑条约》等一系列极为不平等的条约,外国资本输出不断地深入到中国的内地。

以甲午中日战争后所签订的不平等条约《马关条约》为标志,晚清的统治更趋于半殖民地半封建化。条约不仅仅涉及被迫支付巨额的战争赔款,履约更伴随着大量的内陆被开放。《马关条约》直接约定外方有在内地设厂、开矿山的经济利权,这些更加加剧了经济独立地位的丧失。大量的"剩余资本"在这一时期疯狂涌入内地,不仅控制了重要的贸易,而且越来越加紧了对区域经济的强力控制,经济的殖民化不断地加剧。

光绪二十七年(1901年)《辛丑条约》签订以后,海关50里内常关的收入被帝国主义指定为支付庚子赔款之用,于是距离芜湖海关通商口岸的常关收入,自此以后,即归海关税务司管辖,这标志着安徽财政进一步被帝国主义控制。[①]

光绪二十一年(1895年)中日甲午战争后,清政府对外赔款剧增。于是清政府令户部向各省摊派。地方政府在巨大的债务压力下,无力举办其他实业。"清末新政后,恶化的地方财政与练兵、兴办实业所形成的财政需求之间矛盾加剧,地方政府掀起了举债的高潮。"[②]

光绪二十七年(1901年),在庚子之变后清政府再一次被迫进行大量对外战争赔款。孱弱的中央财力无力支付巨额赔款,部分赔款只得由19省分摊,安徽光绪

---

① 王鹤鸣、施立业:《安徽近代经济轨迹》,安徽人民出版社,1991年,第491、492页。
② 马陵合:《晚清外债史研究》,复旦大学出版社,2005年,第329页。

二十七年(1901年)分摊100万库平两,光绪三十一年(1905年)分摊50万库平两,两次合计达到150万库平两,与山东、山西持平,但是远高于福建等省。光绪三十二年(1906年)安徽地方岁入3 349 000库平两,而庚子赔款额就达到了1 500 000库平两,占到了岁入比重的45％。额外的摊派开支加重了地方财政负担,安徽财政出现了长期的入不敷出的局面。

表2-1-4 光绪二十七年、三十一年(1901、1905年)庚子赔款各省分摊数额

单位:万库平两

省份	1901年分摊额	1905年分摊额	合计	省份	1901年分摊额	1905年分摊额	合计
江苏	250	80	330	湖北	120	90	210
四川	220	70	290	湖南	70	60	130
广东	200	70	270	福建	80	50	130
江西	140	80	220	陕西	60	0	60
浙江	140	70	210	甘肃	30	0	30
直隶	80	50	130	新疆	40	0	40
山东	90	60	150	广西	30	0	30
山西	90	60	150	云南	30	0	30
安徽	100	50	150	贵州	20	0	20
河南	90	50	140	合计	1 880	840	2 720

(资料来源:[清]王彦威:《西巡大事记》卷十,1933年线装排印本,第18—21页;[日]大山嘉藏:《支那国债与列强》,东京文影堂书店,1912年,第70—71页。)

表2-1-5 光绪三十二年(1906年)各省岁入与庚子赔款摊派比较

单位:万库平两

省份	岁入额	摊派偿还额	摊派所占岁入比重
直隶	5 747 000	1 300 000	22
江苏	23 269 000	3 300 000	14
安徽	3 349 000	1 500 000	45
山东	5 452 000	1 500 000	27
山西	4 155 000	1 500 000	36
河南	4 268 000	1 400 000	33
陕西	2 301 000	600 000	26
甘肃	564 000	300 000	53
福建	4 798 000	1 300 000	29
江西	5 155 000	2 200 000	40
浙江	6 985 000	2 100 000	30
湖南	3 343 000	1 300 000	39

续　表

省份	岁入额	摊派偿还额	摊派所占岁入比重
湖北	2 479 000	2 100 000	85
四川	4 842 000	2 900 000	60
广东	1 068 000	2 700 000	25
广西	1 618 000	300 000	19
云南	1 851 000	300 000	16
贵州	500 000	200 000	40

（资料来源：蒋士立：《国债辑要》，商务印书馆，1915年，第62—63页。）

就安徽来看，庚子赔款比重高居当年全国的第四位，远远超过当时税赋之地江苏、浙江以及广东等省份。因此，时任巡抚王之春在藩司署内设立筹议公所专任筹款事宜，由司、道会督办理，以"岁歉则绌，均不能为常数"请求减免三成筹募。①

表2-1-6　庚子赔款部分年份安徽款项来源(1905—1907年)　单位：万库平两

款　　目	光绪三十一年(1905年)	三十二年(1906年)	三十三年(1907年)
合计	1 485 860	1 256 522	929 047
官捐	79 218	127 169	82 428
房捐	81 193	67 475	61 971
铺捐	105 636	88 841	78 650
酒捐	21 085	19 618	12 189
丁漕加捐	340 161	283 050	239 117
典捐	48 101	57 313	52 643
牙捐	70 510	43 400	39 621
芜湖出口米捐	318 394	221 390	62 142
盐斤加价	382 613	306 627	253 164
茶厘加成	23 949	38 474	45 822
泗州湖滩价	15 000	3 165	1 300

（资料来源：安徽省财政厅编：《安徽财政史料选编》，第一卷，安徽省财政厅，1992年，第28页；［清］冯煦主修，［清］陈师礼总纂：《皖政辑要》，据钞本点校，黄山书社，2005年，第370—371页。）
说明：以上所列数字均为银数折合为库平两单位。

伴随着外来资本的冲击，侵略势力也逐渐加大了对地方固有的资源物权的侵占，矿权、路权纠纷等不断出现。光绪二十一年(1895年)《马关条约》签订后，日本等侵略势力取得了在内地设厂、开矿的专权。由此以后，外国势力扩大了在华直接投资。安徽地域内拥有丰富的矿产资源，特别是淮南、马鞍山等地拥有储量

---

① 《清代安徽财政概略》，安徽省财政厅编：《安徽财政史料选编》，第一卷，安徽省财政厅，1992年，第28页。

丰富的煤、铁等资源。从一系列与外国商人签订的协定中我们可以略窥这一过程。如光绪二十七年(1901年),盛宣怀与日本签订宣城采煤协议;光绪二十八年(1902年),商务局与英商签订了在安徽安庆、池州、太平、宁国、广德、潜山等地采矿的合同;光绪二十八年(1902年)与英商凯约翰订立了在安徽歙县、铜陵、大通、宁国、广德、潜山等处勘矿的合同,光绪二十九年(1903年)与意大利公司签订了在凤阳府、庐州府等处采煤的合同;光绪三十年(1904年)安徽巡抚与英国签订开采铜官山矿的合同;1916年中日实业公司与北洋政府签订了关于安徽怀宁董家冲煤矿的合同;1916年安徽裕繁公司与日本中日实业公司签订了出售铁质矿石的合同,合同约定将繁昌县北乡铁冲铁矿山所采的铁矿石出售给日本,时间约定为40年。一系列的协定,加大了外来侵略势力对安徽区域内矿权的干涉。日、英等国不仅通过协议约定控制采矿权,而且通过一系列的手段,背后谋取更长远的矿权。如影响深远的铜官山矿、桃冲铁矿等冲突事件,均是这一时期矿权斗争的集中体现。①

  与大量的矿权等权利丧失一起相随的是大规模的进口产品倾销对地方社会经济的持续性冲击。最早是鸦片战争后部分进口产品对中国小农经济的自给自足造成冲击,安徽由于距离港口相对较远,受到倾销的时间相对滞后。但是随着光绪二年(1876年)芜湖口岸的开辟,外商直接便捷地控制了芜湖、安庆等沿江城市以及它们所属的广大腹地。外国的商品倾巢而来,以芜湖租界为基地,加大了商品的倾销规模和力度。目前无法对商品倾销的规模作出详细的统计,但是从芜湖海关资料数据里可以发现这一情况。如芜湖海关记载的光绪二年(1876年)到1916年的贸易额,外国输入额为9 340 126海关两,而对外国输出额为165 775两,进出口比较,出口仅占进口的1.78%。就进口的产品种类来看,进口的货物中纺织品占据了相当大的比重,其中占份额最大的是英国,其次是日本。根据芜湖海关的不完全统计,每年进口的布匹达到了40多万匹,仅此项每年流失的海关银就达到了200万两。除了布匹,砂糖、石油、棉纱等商品也大量涌入。此外,日常的生活用品,诸如香烟、肥皂、火柴等也不断运往广大的腹地。外商为了控制安徽区域内的贸易往来,在沿江以及其他经济地位比较重要的城市开设了洋行,通过洋行发展地区进口贸易。②

  总之,在这一时期,在资本输入与商品倾销的联合夹击下,安徽原先独立自主的经济格局被彻底打破,新的经济模式开始出现,大量的贸易逆差,以及权利的丧失,使近代安徽经济在这一时期陷入了前所未有的黑暗局面。但是黑暗中仍然出现了星星之光,那就是在本国封建压迫与外来侵略势力夹缝中不断生长的民族资

---

① 程必定:《安徽近代经济史》,黄山书社,1989年,第151—156页。
② 程必定:《安徽近代经济史》,黄山书社,1989年,第156—158页。

本开始出现,尽管是零星的力量,但是带来了转型时期新的希望。

宣统三年(1911年),距离安徽不远的湖北武汉,武昌起义的一声炮响,将早已摇摇欲坠的清王朝埋葬。政治变革在全国各个区域内形成连锁反应,就安徽来看,就先后经历了淮上军起义到"二次革命"、北洋军阀统治安徽的过程。

以孙中山先生为核心的南京临时政府,虽然存在的时间很短,但是新的政权代表着资产阶级的利益。南京临时政府发展经济的核心目标就是大力发展民族工商业,改变落后贫困的现状。因此,南京临时政府在短期内就颁布了一系列发展民族工商业的政策。但是在激烈的政治动荡中,南京临时政府很快被北洋政府取代,革命党人提出的发展工商业、振兴民族产业的愿景不得不逐渐消逝。1912年3月10日,袁世凯宣布在北京就任临时大总统,拉开了北洋势力统治中国的序幕。为了巩固势力,袁世凯与孙中山为代表的革命党人不断争斗,从"二次革命"到洪宪帝制,一幕幕活剧陆续上演。袁世凯死后,北洋军阀分裂成直系、皖系和奉系等几股势力,继续把持着民国政权。

不过,北洋军阀统治中国的这段时间里,政治斗争不断,军事斗争也时时出现,但是关于发展本国工商业的一些基本政策仍然在动荡的环境中得到了延续。

从宏观政策上来看,主要是设立了规范的工商行政管理机构。1912年北京政府设立了工商部,其主要职责就是管理工矿业等事务。后又设立农林部,1913年复将工商部与农林部合并为农商部,集中性地管理全国工商业。在用人上,启用了一批拥有社会威望的工商业人才,如著名实业家张謇等。最关键的是完善了近代以来的工商业立法。在北洋政府初期,就制定了一系列工商法规,如《暂行工厂通则》、《公司保息条例》、《公司条例》、《公司注册规则》、《矿业条例》、《商标法》、《商人通例》等若干规范的法规。而以区域来看,安徽省地方政府也积极顺应商业发展需要,制定了《安徽官矿权限章程》、《安徽官矿大纲办法》,[1]并发行债券募集资金。

与此同时,当局还出台了一系列奖励发展工商业的措施,也开展了提倡国货等运动,都促进了民族工商业的发展。[2]

外部环境产生的机遇也加速了地方工商业经济发展的步伐。1914年第一次世界大战爆发,列强忙于争斗,无暇东顾,使国内出现了一次难得的发展机会。安徽区域内兴起了办实业的浪潮,特别是矿业等出现了迅速的发展。据1919年统计数据,安徽全省注册煤矿81家,领有矿地99区,分别比第一次世界大战前增加了2.5倍和2.1倍。矿石产量也有了较为显著的增长,如当涂和繁昌等地的铁矿产量,1920年为10.6吨,1923年增长到37.5吨;产量占全国七大铁矿总产量的比例,1920年为7.7%,1925年上升到了35.3%,已经超过了三分之一。其中,繁昌

---

[1] 王生怀:《民国时期安徽文化与社会研究(1912—1937)》,安徽人民出版社,2008年,第419页。
[2] 王生怀:《民国时期安徽文化与社会研究(1912—1937)》,安徽人民出版社,2008年,第415—421页。

桃冲铁矿的年产量1925年达到了31万吨，一跃居全国七大铁矿的首位。[①]

诚然，由于落后的封建生产关系桎梏，加上安徽政局持续动荡，倪嗣冲等军阀督皖肆意搜刮财富，北洋政府时期的安徽地方社会经济一直也是动荡不安。但是工商业初步向近代化演进的事实，也是显而易见的。

1927年，北伐军进入安徽，经过多年的军阀统治，安徽终于迎来了较为稳定的政治经济发展时期。安徽历史步入了国民政府军政分治时期，时间大致为1928年至1937年。1938年以后，逐渐步入党政军一元化统治时期。

这一时期的安徽工业在困难中发展。"本省工业，战前尚未固植根基，及自二十七年（按：1938年）战争转入内地，环境日感困难，遂益限于停滞状态，惟以本省地临前线，军民结集，日用物品，消费浩繁，年来复以交通梗阻，外货输入不易，因而罗致技术人员，设立各种工厂，从事生产，一面扶植县营及私营企业，以期自给自足，惟以财力维艰，经营不易，一时难达到预期成效。"[②]

战前各业均在缓慢地发展，各项建设也逐步开始。以安徽省这一时期公路建设为例，1927年安徽省政府组织了工程处，1932年为了适应不断发展的工程建设的需要，设置了安徽省公路局，掌管全省公路建设计划的实施和行车等事务。从编制上看，是直隶财政厅的。安徽省公路建设自1932年以来，发展尤为迅速，到1937年时已经完成修建路线达5 500公里。[③]

安徽建设厅首先拟订修建四大干线公路，一为安宁路，由安庆对江经芜湖至首都南京；二为安浔路，由安庆经潜山、太湖至江西九江；三为安蚌路，由安庆经桐城、舒城、合肥至蚌埠，以与津浦铁路连贯；四为芜屯路，由芜湖至屯溪，与浙江省公路相接。这4条道路均属于国道和省道的级别。同年11月，李范一任建设厅长后，要求省会与省内各地有公路直接相联系，不必绕道外省，主张利用长江、淮河及津浦铁路作为辅助，建立起安徽的交通网。当时制定的安徽筑路计划，明确了筑路的重点是安庆、芜湖、蚌埠一带。时论谓"皖省安芜蚌三市虽以经济困难，而路政进行仍属突飞猛进。近来如安庆市马路之增建，芜湖市马路之修拓，蚌埠市街道之宽展"[④]，皆引人注目。同时有关方面积极开展七省公路联通四年计划，大力修建了一批高质量的公路基础设施。

至于其他产业发展，不一一赘言，在涉及的章节会有具体的阐述。总之，抗日战争全面爆发前的10年，是安徽近代社会发展相对来讲最为稳定的时期，无论政治还是经济都保持了相对稳定的状态，这也为经济的进一步发展创造了一定的环境和条件。"黄金十年"中的中国经济进入了相对稳定发展的时期，安徽区域内的

---

① 程必定：《安徽近代经济史》，黄山书社，1989年，第222—224页。
② 安徽省档案馆：《安徽档案史料丛书：安徽概览》，安徽省档案馆，1986年，第210页。
③ 安徽省档案馆：《安徽档案史料丛书：安徽概览》，安徽省档案馆，1986年，第231页。
④ 悟非：《皖省安芜蚌三市路政》，《申报》1930年9月10日。

发展成绩也是显而易见的。公路、铁路、商业、港口、城市等保持了较快的发展。

20世纪初,芜湖轮船客运益臻兴盛,先后增辟江河航线10条,长648公里。1934年,由芜湖始发的客运航线达26条,长2 339公里,另有起讫点不在芜湖的营运航线18条,长1 359公里,①其中包括芜湖到沿江城市或周边重要集镇的。芜湖仍然是皖江的交通枢纽。芜湖的传统工业也开始利用机器生产。一些新兴的现代工业也在芜湖渐次出现,如电灯厂、无线电台、电话公司都在芜湖率先设立。1921年,芜湖已可与马鞍山的采石、当涂、宣城、荻港、大通、安庆直接通航。1926年芜湖改称为市,人口已有17万之多,市政建设也被提上日程,在市内修筑马路、疏浚沟渠方便市民生活,同时进行交通整治,重点整治脚踏车,使脚踏车在市内运行规范化,还兴修中山公园和新市口广场等公共设施供市民游赏。芜湖已经有了现代城市的雏形。

图2-1-2 民国时芜湖的益新面粉厂

安庆素有"千年渡口百年港"之称。民国时期,安庆一直是安徽省会,一省的政治、文化中心,1945年抗战胜利后省会才迁往合肥。1912年起,子口改称常关,外轮从上海领取凭单后即可直抵安庆,安庆地区的对外贸易从此活跃起来。沿江河岸线长,商业发展,市面比较繁荣。安庆的市政建设上也发展得较快,马路修筑、沟渠疏浚以及公园修建等公共利民工程逐渐完善。安庆的名特产品生产商如胡玉美蚕酱园实行半自动化生产,产品行销全国,并在南京、汉口开设分店,在上海设立经销处。外国的产品不断涌入安庆,也刺激了安庆工商业的发展。1937年,安庆人口已达10万,大小商店1 100家,同业公会46个,当时的利民街、吴樾街等主要的商业街两旁,

---

① 芜湖市地方志编纂委员会:《芜湖市志》,社会科学文献出版社,1995年,第517页。

店堂林立,市面比较繁荣。①

1937年,随着卢沟桥的一声枪响,这种相对的和平局面被彻底打破,日寇全面侵华,沿江而上,占领南京后,迅速占据了安徽沿线。战争带来了巨大的破坏,经济发展的良好势头被打断了,战时体制的确立,决定了以军事战略为首要,而原本较为脆弱的经济遭到了灭顶之灾。

七七事变后,日本侵略军在华先后扶植了一批傀儡政权,在华推行殖民主义统治。1938年10月,由汉奸组织的"安徽省维新政府"在蚌埠成立,并于1940年9月改组为"安徽省政府",其统治范围为安徽沿江、沿淮以及铁路线等30县,两个特别区的重要城镇。日本侵略势力于是依靠这一政权,加大对安徽的搜刮和横征暴敛。②

八一三淞沪会战后,"京沪沦陷,敌骑西犯……八年抗战,敌伪匪交相破坏,地方遭受摧残之重,损失之巨,亦以本省为重烈"③。

1937年下半年抗日战争全面爆发以来,安徽中心城镇地区相继沦陷,安徽省财政收入急剧减少。从财政收入方面来看,由于经济比较繁荣之区沦于敌手,财政来源大半断绝,收入锐减;从支出方面来看,因抗战需要,军费支出大大增加,支出剧增,安徽财政面临严重战时危机。1938年2月,国民党第五战区司令长官李宗仁兼任安徽省政府主席,④李宗仁在当时抗日形势推动下,军事上积极抗战,政治上也比较清明,在安徽省组织了由共产党员、国民党左派人士参加的动委会,并聘请理财专家、爱国人士"七君子"之一的章乃器来安徽担任财政厅长。⑤ 章乃器⑥受命于安徽财政危难之时,在1938年3月正式出任安徽财政厅长。针对安徽省自治财政,向无基础,抗战军兴,紊乱益甚的情况,在1938年下半年,召开了皖西财政会议,决定商讨整理方法,派员整理。1939年选择安全县份设立税务局,统一征收省县税捐。1940年,依照县各级组织纲要规定,划分省县及乡镇财政。"各县收支预算,逐年增加,抗战以还,应事业需要数字尤巨。"⑦1938年,安徽省政府西迁立煌县,面对内外危机,他召开了抗战时期具有代表性意义的皖西财政会议。会议主题是解决财政上的困难问题。对省库空虚、财源短绌的危急形势,他首先提出了"公平是解决财政困难的原则",主张收入方面,一切纳税的负担要与纳税人的力量相称,不可有倚重倚轻之弊,支出方面,要分配公平。在任期间,他提出了"穷干苦干

---

① 董首玉:《航运近代化与皖江地区的开发(1877—1937)》,安徽大学2012年硕士学位论文。
② 安徽省地方志编纂委员会:《安徽省志·财政志》,方志出版社,1998年,第563页。
③ 安徽省政府:《安徽政绩简编》,安徽省政府,1946年,第4页。
④ 武菁《论抗日战争时期安徽的新桂系》(《安徽史学》1992年第4期)一文就新桂系在安徽政治经济改革做了详细的讨论。
⑤ 王鹤鸣、施立业:《安徽近代经济轨迹》,安徽人民出版社,1991年,第501页。
⑥ 章乃器(1897—1977),浙江青田人,救国会"七君子"之一,著名民主人士,经济学家。抗战时期,战火波及安徽,富县不断沦表,皖省财政几近不支,至1938年2月,公教、军人欠薪饷达两三个月。号称地方理财能手的省财政厅长杨绵仲同天乏术,第五战区司令长官李宗仁乃邀章乃器出任财政厅长。章乃器未正式上任前就摸清了皖省财政主要靠田赋和鸦片特税维持,另需国库补贴。针对当时发国难财成风的情况,他向李宗仁提出"铲除贪污,节约浪费"的主张。章乃器主持安徽财政,节约了中央财政400多万元,对皖西财政进行了细致的整理,起到了很大的成效,对进入抗日持久战的安徽维持经济来源贡献很大,后因受地方派系排挤离开安徽。
⑦ 安徽省档案馆:《安徽档案史料丛书:安徽概览》,安徽省档案馆,1986年,第56页。

的精神",为扭转财政入不敷出的局面,采取了不少措施,对抗战初、中期财政收入的增加起到了一定作用。①

抗战期间,日寇的铁蹄踏遍了江淮各地,安徽省的经济建设事业几乎停滞。《安徽政绩简编》一书对战时经济建设情况有相关的记载:本省建设事业,自抗战军兴,原有基础,遭敌破坏后,后以财力之限制,尤感困难。抗战以后,安徽内地工业基本停滞,如内地造纸冶铁等各项工业,均停滞于手工业状态。战争期间,各交通较便之工业地区,相率沦陷,内地民营及县营工业应运而生,制造军需及民用各种物品,亦颇可观,省营工业则有机械、纺织以及造纸等厂,制造各种条件,训练技术工人,颇收成效。②

抗战爆发后,安徽的芜湖、蚌埠、合肥、安庆等主要交通线上的重要城市相继沦陷,这几个市县是安徽工业、商业中心,沦陷后遭到了日本侵略者的严重破坏。③如芜湖沦陷后,芜湖的益新面粉公司被日本强行接收,改为华友面粉厂益新工场,实施军事化的管理,千方百计进行压榨。日寇疯狂掠夺,在合肥以设立洋行的手段,大肆搜刮土特产及军需物资。市场上米、麦、棉花、皮革、钢铁等被日寇搜刮强行运出,人民所需要的油盐、日用百货,则由日寇严密控制配给,不准自由交易。此外,日本侵略者还疯狂掠夺安徽的矿产资源。如大肆掠夺当涂、繁昌、铜官山铁矿、庐江汞矿等资源。1941年10月,日本侵略者又从汪伪政府那里攫取了当涂硫铁矿的开采权……同时在马鞍山建立了炼铁厂,建成20吨炼矿炉10座,利用沿江煤铁资源冶炼生铁,为其侵略服务。④

经过长达8年的抗战,日本帝国主义最终在1945年8月15日宣布无条件投降。中国人民的抗日战争取得了伟大的胜利。抗战以后,经过短暂的和平,国共两党最终和谈破裂,以蒋介石进攻解放区为开始,国共开始了4年的内战。从区域位置上看,安徽地处华东腹地,是国共交锋的前沿,为了加强对安徽区域的统治,国民政府也是集结重兵把守,特别是沿江淮一带,成为重要军事区。随着通货膨胀的加剧,物价疯涨,工业等发展停滞,加上官僚资本无限度的搜刮,1948年国统区经济完全失控。安徽作为拱卫南京政府的重要地区,经济形势也与其他地区一样。处于崩溃的边缘。1949年安徽全境基本解放,安徽经济开始随着新政权的建设步入一个新的发展阶段。

1946年6月5日,蒋介石从财政上做好了全面内战的准备,进一步加强对地方财权的控制,重新修订了财政收支系统,将先前二级财政重新恢复到中央、省、县市三级财政。安徽财政紊乱是全国危机的一个缩影。全面内战爆发后,国民党政府军政费用支

---

① 《安徽政治》第3、4期合刊,"专载"第13页。特别是皖西财政会议后,对沦陷区和皖西各县经济财政作了规划和集中整理,对抗战的持续帮助很大。
② 安徽省政府编:《安徽政绩简编》,安徽省政府,1946年,第4页。
③ 王鹤鸣、施立业:《安徽近代经济轨迹》,安徽人民出版社,1991年,第333页。
④ 王鹤鸣、施立业:《安徽近代经济轨迹》,安徽人民出版社,1991年,第404页。

出愈来愈大,以致横征暴敛的收入已远不敷开支。为了弥补巨额财政赤字,国民党政府大肆发行纸币,法币急剧贬值,导致物价疯涨。恶性的通货膨胀与经济的溃乱形成了恶性循环,最终经济由于失去控制,全面崩溃。①

抗日战争胜利后,国民政府派遣大员到地方负责战后接收,加强对地方经济的控制。在接收中迅速加强了对金融机构的控制。1945年9月,由官方控制的金融机构战后迅速控制地方金融大权,安徽四行二局接管了日伪在安徽的金融机构,并加速恢复原来的旧机构。到1946年上半年,全省已建立或者恢复各种银行机构88家,一年后又增至119家,其中归国民党中央政府官营的33家,省政府官营的49家,县市政府官营的15家。官僚资本操纵和控制的银行总计达92家,占全省银行机构总数的四分之三以上。官僚资本通过控制地方金融加大了对地方经济的操控。②

另一方面,国民政府战后接收后加大了对地方工业等的控制。如收回皖北淮南煤矿、马鞍山铁矿等,接管招商局,控制皖江航运。无论中央还是地方势力,大多以接收之名肆意抢占,占据了大量的产业。例如安徽经济重镇芜湖,近代化企业如大昌火柴厂、益新面粉厂等民族资本企业,在抗战胜利后国民党政府的大规模接收中被强占,成为官僚资本企业。③ 与此同时,战后外国资本,特别是美系资本大规模涌进中国内地,安徽作为华东腹地,有着广阔的市场,大量的外国商品倾销基本上打垮了省内本土资本产业。1945年以后,美制的石油、金属、机器等商品源源不断涌进安徽城乡各级市场,致使刚刚饱经战火煎熬的民族工业复兴无望。外国资本同时还进一步加大了对区域资源的掠夺,并通过成立合作性农场试图进一步掌握原料产地和市场。在这些因素的综合作用下,与国民政府其他区域的经济情况一样,伴随着恶性的通胀、持续的战争以及官僚的侵占等,安徽区域经济基本上在1948年崩溃。1949年后,随着国内战争的结束和新政权的建立,安徽区域经济走上了另外一条不同以往的发展之路。

---

① 安徽省地方志编纂委员会:《安徽省志·财政志》,方志出版社,1998年,第506、507页。
② 程必定:《安徽近代经济史》,黄山书社,1989年,第383页。
③ 程必定:《安徽近代经济史》,黄山书社,1989年,第365页。

第二章　农牧经济的变迁与地理分布

第一节　农业经济的发展与变迁

一、粮食生产格局及其贸易之兴盛

安徽在区域地理上兼跨江淮两地，具有鲜明的南北过渡性特征。由于地理因素的影响，该省境内农作物的空间分布也存在着显著的差异，大致可划分为四个显著的农产区域，"一为皖北旱粮区，一为皖中稻米区，三为皖南茶山区，四为皖西茶山区"①。

就粮食作物来说，可以淮河为天然分界线，淮河以北地区，主要为旱粮产地，以高粱及大豆为代表作物，淮河以南地区，则为稻米产地。小麦是全省各地主要的冬季作物，在产量上，淮北要略高于淮南②。

皖北地区属冬麦高粱区的南部，小麦、高粱、大豆是其主要粮食作物。"皖北一般农人之食粮，多以高粱为主，小麦栽培虽广，然因其容易出售，售价又昂，故贫农不肯自食也。"③皖北地区主要以杂粮为出产大宗，如麦、稷、豆等。皖北各县豆的产量，"第一要算颍河流域，如阜阳县，应占第一位；第二为涡河流域，如亳县、蒙城、涡阳等县，而其中又以亳县为佳，占第二位；第三为迎河流域，如正阳关及其附近润河集、迎河集等，占第三位；第四为淮河下游，如凤台、寿县、怀远、凤阳、五河等县，产量比较略少，则占在第四位了"④。皖北豆产由于质量较佳，具有包薄出油、粒大而明等优点，深受市场欢迎，销量也十分可观，据估计，皖北各地每年从蚌埠转口的豆子销量，平均数约达 500 万包。每到粮产出售时节，从江浙来的采粮帮就纷纷到蚌埠市场上来采办，通过津浦铁路运销到上海、无锡、丹阳、常州、南通等处。运销数量以上海、无锡、常州三处为最多，还有一部分是由产区各县自己直接通过水路运出，销售到洪泽湖附近各县如高邮、清江浦等地和长江一带⑤。

巢湖流域及沿江两岸平原是安徽粮食生产的主要基地。早在明清时期，当地的粮食生产能力就已十分可观，每年都有不少粮食被运往外地出售，据研究者估计，乾隆时期安徽南部的粮食外输量年均达 100 万石⑥。这些粮食主要运往江南地

---

① 胡焕庸：《安徽省之人口密度与农产区域》，《地理学报》第 2 卷第 1 期，1935 年，第 4 页。
② 胡焕庸：《安徽省之人口密度与农产区域》，《地理学报》第 2 卷第 1 期，1935 年，第 3 页。
③ 王劲草：《皖北植棉调查报告》，《中农月刊》第 4 卷第 8 期，1943 年。
④ 芸轩：《皖北豆产概况》，《皖事汇报》第 6 期，1936 年，第 4 页。
⑤ 芸轩：《皖北豆产概况》，《皖事汇报》第 6 期，1936 年，第 4 页。
⑥ 邓亦兵：《清代前期内陆粮食运输量及变化趋势——关于清代粮食运输研究之二》，《中国经济史研究》1994 年第 3 期。

区,用于满足江浙地区的粮食需求。到了近代,随着镇江七浩口米市迁入芜湖,安徽的米粮贸易更趋繁荣。在巢湖流域及长江南北两岸的许多县份,米粮都是当地出产的大宗产品,如舒城县出口的农产物"尤以米为大宗,丰年输出额,常在五十万石以上"[①];合肥出口的农产品也以米粮为大宗,"农村之盛衰,即以米市为转移也"[②];庐江县是江北产米重镇,"农产全恃米稻,米市之盛衰,为本县社会经济荣枯之所系"[③];南陵地处宣芜平原,为皖南主要产米县份,该县社会经济的盛衰,亦"全以米市为转移"[④]。

随着粮食交易的兴盛,安徽地区粮行林立,如在皖北凤阳县,有粮行"约一百三十余家,以小麦、黄豆、芝麻、高粱为大宗输出,其来源系由皖北各县,以船运至,由津浦路分运津济、苏常、无锡、上海,视南北各省岁收丰歉为运输之标准,但以运往南方各地为多,业粮行者,以信孚、源大营业较盛,每年全县销售总数,约九百余万元"[⑤]。蚌埠原为淮河之畔的一个小集市,由于津浦铁路的通车,逐渐发展成"豫东皖北之经济中心,洋货土产之集散地点",集散商品"尤以盐粮为大宗,淮盐行销皖豫岸,以此为总荟萃之区,粮食由此运往南北各地,在此出口者,年约二百万石,黄豆、小麦,又为其中之首要者"[⑥]。粮食交易与运输成为当地的一个支柱性产业,"皖北暨豫东一带之杂粮,均以此间集中出境……夏秋两季尤为粮业活跃之旺月,近月各县农人纷将麦豆杂粮向蚌运集,河下及各栈行存粮堆积如山,以是往来帮客,络绎不绝,大多集蚌待售。而粮行营业,更为活跃,各地粮商麕集蚌渚,尤以天津帮客活动最力"[⑦]。

与此同时,安徽地区还形成了一些以米粮贸易为特色的专业性市镇,其中以三河镇最为著名。该镇位于合肥县南 90 里,地在舒城、庐江、合肥三县的交界处,是江北米粮的主要集中地,"皖省米市,芜湖以次,即当推本镇为盛,合肥、六安、舒城、庐江等四县皆有一部份米粮向此汇聚,年达百万石"[⑧]。在民国时期,该镇设有米行 130 多家,大米年外运量达 4 亿斤以上,有着"装不完的三河"之说。[⑨] 无为县是皖中地区一个著名的米粮生产大县,"其圩田之多甲于全皖,即巢湖五属舒、庐、无、巢、合,亦无与拟者。……或以无为为皖省产米中心……并非过誉"[⑩]。随着粮食贸易的发展,该县境内的一些集镇相继发展成为当地重要的米粮集散市场,如襄安镇,"为西河永安水汇流处,且为陆路往桐庐之渡口,昔汉襄县治也,在城西南四十

---

① 韦仁纯:《舒城社会的一般状况》,《农业周报》第 3 卷第 49 期,1934 年。
② 吴正:《皖中稻米产销之调查》,交通大学研究所,1936 年,第 41 页。
③ 吴正:《皖中稻米产销之调查》,交通大学研究所,1936 年,第 44、45 页。
④ 吴正:《皖中稻米产销之调查》,交通大学研究所,1936 年,第 64 页。
⑤ 民国《凤阳县志略》,经济。
⑥ 李絜非:《凤阳风土志》,《津浦铁路日刊》第 1560—1585 期,1936 年。
⑦ 《皖北商业渐转机》,《国际贸易情报》第 1 卷第 22 期,1936 年。
⑧ 吴正:《皖中稻米产销之调查》,交通大学研究所,1936 年,第 31 页。
⑨ 巢湖志编纂委员会:《巢湖志》,黄山书社,1989 年,第 131 页。
⑩ 民国《无为县小志》第四,物产。

里,为西部米粮集中地"①。位于县北 35 里的黄洛河镇,"当外河濡须水汇流之冲,东往含山,北入巢境必经之地,米之出口多由是,故成市集"②。

二、经济作物的种植与分布

由于土壤、气候等自然条件的复杂性和多样性,安徽境内的物产资源向为丰富,除盛产米、豆、麦等粮食作物外,当地的经济作物种类也繁多。近代以来,尤其在芜湖开埠通商之后,随着国内外市场环境的深刻变化,在市场需求的刺激和引导下,茶叶、棉花、蚕桑、烟草、麻等一些经济作物的种植面积得到了进一步扩展。

(一)茶叶。自古以来,安徽就是一个重要的产茶省份,植茶历史悠久,早在魏晋时期就已有绿茶生产。近代茶叶作为安徽省主要外销农产品之一,在市场上颇受顾客青睐,"皖南祁门之红茶,婺源之绿茶,皖北六安之青茶,均驰誉寰球,早为中外人士所欢迎"③。

安徽的产茶区分布较广,"大江南北几无县不产"④,"在长江以南者,有至德、祁门、休宁、歙县、太平、泾县、石埭等县,统称叫做皖南产区,俗有'祁红屯绿'之谚,在国际市场占有相当地位;在长江以北者,有六安、霍山、立煌、舒城、岳西、太湖、庐江等县,统称叫做皖西产区,⑤俗称皖西青茶,亦畅销华北,驰名全国"⑥。

在皖西产茶区,茶的生产与分布并不均匀,其中,茶的重点产区以前为六安、霍山两地,后来因为立煌县设立,六安、霍山两县西南重要产茶地区被划入立煌县境内,所以皖西茶的重要生产区域就变为霍山、立煌两县,在这两县中茶业生产"全境皆有";其次为六安、舒城两县,在六安县,只有东南两部出产茶叶,在舒城县,产茶的地点也仅限于西南两部,"其余英、太、潜、桐、庐江等县,则只与舒、霍接壤之处略微产之,余则渐少茶之踪影矣"⑦。

皖南茶业,徽州茶区占有举足轻重的地位,当地农家多视种茶为副业,茶树种植十分普遍,不仅在山坡平原有种植,即悬崖深壑,亦所在多有。同样,徽州的茶叶生产也有主要地区和次要地区之分,其中以"婺源、祁门、休宁、歙县四县所产尤多,不但为徽属之大宗,且执全球之牛耳"⑧,而黟县、绩溪两县的茶叶产额则较少,品质也较差。

除上述皖南与皖西两大茶叶主产区外,地处皖南的繁昌、青阳、南陵、当涂、芜湖、东流六县也均有茶叶出产,但产额有限,输出量不大。

---

① 民国《无为县小志》第四,城镇略述。
② 民国《无为县小志》第四,城镇略述。
③ 陈序鹏:《皖北茶业概况调查》,《安徽建设》第 8 期,1929 年。
④ 《安徽茶业状况调查》,《工商半月刊》第 3 卷第 22 期,1931 年,第 43 页。
⑤ 皖西产茶区,在有的文献中也称为"皖北产茶区"。
⑥ 《皖省茶产概况》,《农业生产》第 3 卷第 12 期,1948 年,第 8 页。
⑦ 张本国:《皖西各县之茶业》,《国际贸易导报》第 6 卷第 7 期,1934 年。
⑧ 傅宏镇:《皖浙新安江流域之茶业》,《国际贸易导报》第 6 卷第 7 期,1934 年。

就所产茶叶的种类来说,"皖北专制绿茶,皖南红绿茶参半,间亦有制青茶者"①。其中,绿茶的种植范围较广,遍布皖省大江南北,红茶生产则主要集中于皖南祁门、秋浦两地。在茶的品质上,皖南绿茶以祁门东乡"四大名家"所产的绿茶最为著名,皖北绿茶以六安所产为最优;皖省所产的红茶则以祁门西历口所产最为有名。

就近代安徽茶叶销售市场格局看,皖西茶叶主要为内销茶,以国内市场为主,在此地采办茶叶的客商主要有本庄、苏庄、口庄及鲁庄等帮。在清朝同治、光绪年间,苏、口两庄在皖西的茶叶市场中曾占据着重要地位。苏庄将在皖西采办的茶叶运到苏州后,进行加工,经由海道运销至关东的辽、沈、吉、黑等地;口庄所采办的茶叶,则由浿、颍两河运至周口,再由周口分销至齐、鲁、燕、赵、汴、宋、山、陕以及口外、蒙古各地。在这一时期,鲁庄也开始进军皖西的茶叶市场,但其力量在当时还较弱,最初多是一些小商贩进行贩运,他们用手车运来当地的土货,变卖后,将其作为购茶资本,购买数十篓或百余篓的茶叶,再用土车运回当地销售(这些小商贩被称为"车把客")。进入民国后,因为交通和商业环境的变化,苏、口两庄先后退出皖西茶叶市场。与之不同的是,鲁庄因津浦铁路的通车,交通上有了较大便利,开始在皖西茶市中"独占市权",该省"各大庄号,多皆入山",而随着这些大庄号的进入,昔日忙碌的车把客也逐渐绝迹。此时,皖西茶叶"以鲁省为最大销场","其行销鲁境者,占十之八七",每年专运山东的茶叶贸易总额,多至五六十万篓,少亦三四十万篓,贸易总价多则三四百万元,少亦二三百万元,②其他如"北平、天津及苏北、豫东、皖北一带,亦有相当销场"③。

(二)烟草。烟草,又名淡巴菰。有研究称,烟草传入中国的时间大致在明朝万历年前后,自吕宋岛传播而来,最早于闽广地区种植,明末清初传入安徽境内。④至近代,烟草种植成为安徽农村地区农家经营的一项重要副业,是农民增加家庭收入的一个重要来源。如在皖北地区,农民副业"以凤阳、怀远、定远三县土产薰烟叶为大宗。每年种户,约在四万户以上,收入当在数百万元,财政部仅收统税可征五六十万元,有关国税民生甚巨"⑤。

烟草在安徽省南北地区均有种植,"皖省之桐城、凤阳各县,向以产烟名"⑥。在皖北,"种烟区域,计有凤阳、怀远、定远三县,其他灵璧、宿县、五河、寿县,亦有种者,但为数甚少,统计种烟农民,当在四万户以上"⑦。其中,凤阳县是皖北地区的一个重要产烟区,在晚清时期,当地盛产晒烟,曾外销至徐州、济南等地,尤其以城西留守司和刘府小塔寺烟叶制成的"皮丝烟",油分足,弹性强,驰誉黄淮一带。在凤

---

① 《安徽茶业状况调查》,《工商半月刊》第 3 卷第 22 期,1931 年,第 43 页。
② 张本国:《皖西各县之茶业》,《国际贸易导报》第 6 卷第 7 期,1934 年。
③ 《皖西茶业近况》,《国际贸易导报》第 8 卷第 4 期,1936 年。
④ 汪银生:《安徽烟草起源探究》,《农业考古》2006 年第 1 期。
⑤ 《皖北凤怀定三县土产烟叶概况》,《农村副业》第 1 卷第 3 期,1936 年。
⑥ 徐剑东:《安徽植烟事业之研究》,《安徽建设》1929 年第 5 期,第 33 页。
⑦ 《皖北凤怀定三县土产烟叶概况》,《农村副业》第 1 卷第 3 期,1936 年。

阳县城西门,烟行林立。每年秋季,慕名而来的豫、鲁、皖等地客商络绎不绝。由于"近城西乡一带,所产烟叶,较他处为佳",所以"七、八月间,商贩四集,其产量年不下五六百万元"①。此外,在凤台县,烟草业也很兴盛,"治烟最勤,利亦最大,近城诸坊多种之"②。

在皖省其他地区,种烟业亦有发展。如宿松县,当烟草未入境以前,"农民于种稻外,其他高阜地亩均种棉花,出产亦富"。后来逐渐改种烟草,"棉产渐稀",原因在于"以每亩产量平均计算,烟草者可收叶八九十斤,种棉花者仅收花五六十斤,棉之收获短于烟,其价格又无以超过乎烟,故种棉之地多改而种烟,亦趋势使然"③。由于种烟利润高于棉花,所以在宿松地区出现了弃棉种烟的现象,这也反映出在近代安徽农村地区,当地农民已经具有了较强的市场经济意识,他们会以获利的多少来安排自己的生产经营活动。在市场利润的刺激下,当地的烟叶出产量颇为可观,年产烟草可达数万担,以前多由本地商人贩往外埠售卖,后来外埠客商多亲自入境购买。这些外地客商以上海帮为最多,其次为镇江帮,其他如邻境的潜山、东流、石牌、黄泥阪等城镇的制烟店也多"挟资来购"。宿松烟最大的销场,"首推上海与镇江,至如南京、芜湖及沿江诸埠,虽亦各有销售,但无大宗贸易",以致当地烟市,每年"畅销滞销,均视沪、镇情形为标准,沪、镇销场能畅,则本地价格自昂,否必低落"④。

图 2-2-1 民国时蚌埠街头的烟叶搬运

---

① 李絜非:《凤阳风土志》,《津浦铁路月刊》第 1560—1585 期,1936 年,第 11 页。
② 光绪《重修凤台县志》卷四,食货志,物产。
③ 民国《宿松县志》卷十七,实业志,农业。
④ 民国《宿松县志》卷十七,实业志,商业。

桐城一县的烟业也具有一定的规模。至 1919 年,该县已种土晒烟达 1 300 余亩,行销上海、汉口等地。20 世纪三四十年代,桐城晒烟进入发展盛期,东北部几乎户户种植,因为其品质优良,厦门烟商遂在今吴桥等地设立了两个大型烟行,为其代收本地烟叶,"桐城晒烟"一时驰名。

位于长江以南的宁国县原来并不产烟,至光绪三十年(1904 年),在邑人吴之彦的倡导下,当地民众"仿桐、宿种烟法,开辟利源,普及一乡",每年产烟价值总额可达六七万金。①

歙县的产烟历史较早,在清朝中叶以前当地就已有烟草种植。20 世纪 20 年代,该县烟叶产量达到 3 000 余担,以大谷运、溪头等地所产烟草最为著名,曾远销苏、杭一带。

就全省来看,至 1919 年前后,全省已有 25 个县较大面积地种植晒晾烟,共计约 187 000 亩,总产量达 26 万多担。其中,凤台县的种植面积最多,达到 66 000 亩,产量 13 万多石。

(三)麻。在近代,麻也是安徽地区出产的一项大宗经济作物,在许多地区均有种植。如在滁县,苎麻为该县三大出产之一,麻的种类有大麻、苎麻、青麻数种,盛产于北乡、西北乡及西南乡一带,"全县每年植麻亩数迨两万亩,年可产万余石"。麻的收获时节一般在 7 月,收后,经过作绳打捆,然后由各乡产地,"运至县城,或自陈家浅水路出县境,至六合出口入江,运镇江、无锡等处销售,年可出口千余石"。②青阳县所产苎麻,"色纯白,纤维细长",多产于该县六泉口、四板桥、高家坂等地,占地面积1 200 亩,"每亩平均可产五十斤,每年全县约产六百石,值万元"。苎麻在收获之后,需要将其"晒干成捆",然后再"由各乡产地,销售县城,或遵陆道运往徽州、屯溪等处"③。在含山地区,麻则"由各乡产地运至县城或运南京、无锡等处销售"④。

安徽所产的麻类主要有大麻、苘麻、苎麻、黄麻四种。由于各类麻的喜性不同,它们的分布区域也有所差别,苎麻因喜温暖多雨,主要分布于江南及皖中西南山区,大致与茶区的分布相吻合;黄麻因喜润湿温暖,尤其适宜于冲积土壤栽培,所以在舒城南部的前河流域多有种植;大麻的适应性最强,分布的地域范围也很广阔,"南跨大江,北逾淮河,咸有栽培",其中又以合肥、六安、立煌、霍山、阜阳五县为最多;苘麻的耐寒性较强,所以它的产区主要分布于淮北,在淮南地区也偶有栽培。就各类麻的产量而言,以大麻为最高,年产量约在 28 万担以上,占全省产麻总额的 97.9%;在全国的大麻生产额中也占有重要地位,仅次于豫、鄂、川三省,居第四位。安徽的外销麻类,也以大麻为主,多远销至上海、镇江、青岛、烟台、日照、德州等地,

---

① 民国《宁国县志》卷八,物产志,植物。
② 李絜非:《滁县风土志》,《学风》第 3 卷第 6 期,1933 年,第 53,54 页。
③ 李絜非:《青阳风土志》,《学风》第 3 卷第 10 期,1933 年。
④ 李絜非:《含山风土志》,《学风》第 3 卷第 8 期,1933 年,第 53 页。

仅六安、立煌两县,每年运往外省的大麻将近八万担。①

第二节 畜牧业的地域分布与市场化发展

近代以来,随着国内外市场的交融与发展,我国的农村经济结构在市场机制的牵引下发生了显著变化,农村经济呈现出明显的商品化发展趋势,在粮食商品化率提高、经济作物广泛种植的同时,农村的畜牧经济也有了不同程度的发展。

安徽是我国内陆地区一个重要的农业省份,在其近代农村经济的发展过程中,畜牧经济的发展也比较突出,饲养鸡、鸭、鹅等家禽以及牛、羊、驴等牲畜,成为该省多数农民家庭普遍经营的一项重要副业。畜牧业不仅在其农村经济结构中占据着一定的比重,成为农村经济的一个重要组成部分,而且与农民的经济生活有着密切的联系,是农户增加家庭收入的一个重要渠道。

一、家禽养殖及产品的外销

与传统社会经济不同的是,在近代,随着商品经济的发展,农民家庭经济与市场的联系变得更为密切,这在安徽地区也表现得尤为明显。在近代安徽的市场交易中,除有大宗的粮食贸易外,畜牧产品诸如鸡、鸭、鹅、猪、牛、羊以及禽蛋、皮革、羽毛等,也是该省向外输出的重要商品。畜牧业逐渐成为许多农民家庭普遍经营的一项重要副业。

作为畜牧经济的一个重要方面,近代安徽地区的家禽养殖业十分兴盛,在该省很多地区,都有家禽的饲养。如在位于巢湖之滨的庐江县境内,鸡、鸭等家禽的养殖就较为普遍,所养殖的鸡"盛销于安庆、南京各商埠","鸭则有顺流放至上海出售者"。②在圩田经济发达的无为县,其家禽饲养"鸡、鹅均有之",其中"以鸭为最多,有畜至千万头者",③鸭是该县仅次于米的第二大出口农产品,"常千百成群驱往南京上新河求售",脍炙人口的南京制鸭业,其原料也"多由无为供给"。④除养鸭外,当地"畜鹅亦多"⑤,城内还设有专门的鹅市。在巢县,"家禽、畜牧亦富,俱为农民主要副业"⑥。在太湖县,"人民多喜养鸡,鸭次之,平均每户养鸡约在四只以上"⑦。天长县的畜牧业"以鸡、鸭、豕为大宗,其生产之数量,大都视年岁之丰稔与否而定,每年约有十万元左右之收入"⑧。在凤台县,"近水滨者多以渔为业,又广畜鸡、豚,贩卖谋利"⑨。除了以副业形式经营家禽养殖业外,一些地区还出现了专业的家禽养

---

① 王劲草:《安徽麻类作物调查》,《中农月刊》第 7 卷第 3 期,1946 年。
② 宛书城:《庐江风土志正讹》,《学风》第 3 卷第 8 期,1933 年。
③ 民国《无为县小志》第四,物产。
④ 民国《无为县小志》第五,交通与商务。
⑤ 龚光朗、曹觉生:《安徽各县工商概况:安徽工商业之概况及其发展之途径(一续)》,《安徽建设》第 3 卷第 3 期,1931 年。
⑥ 洪雨:《安徽乡土地理(续)》,《新学风》第 1 卷第 6 期,1946 年。
⑦ 王远明:《太湖县经济概况》,《安徽建设》第 2 卷第 6 期,1942 年。
⑧ 郁官城:《天长风土志》,《学风》第 5 卷第 6 期,1935 年。
⑨ 光绪《重修凤台县志》卷十,舆地志,风俗。

殖户,如在宿松县滨湖地区,"若荆桥、赤冈等处,专以养鸭为生活者,亦所在多有"①。由此可知,在这一时期,农民从事畜牧业生产的目的,已不仅仅是为了满足家庭内部的日常消费需求,更多的是为了参与市场交易,获得额外的经济收入,畜牧业成为当地农民家庭增加其经济收入的一个重要来源。

鸡、鸭、鹅等家禽的大量养殖也为安徽在全国的蛋业市场上争得了一席之地,其禽蛋出口数量十分可观。据文献记载:"皖省鸡蛋出产,为农村副业大宗,蛋质优于苏、赣所产,尤以皖北出产为最丰,除供本地购食外,每年销于蛋厂、输出国外者,约居十分之七。"②

就禽蛋产区来看,皖北无疑是安徽省内鸡蛋出产的一个重镇,在当地,"除靠山农民间有养鹅者外,其余皆以养鸡为唯一副业,因而各地均为产蛋之区,其中出产最多者,则为寿县、凤台、六安、阜阳、颖上、涡阳、蒙城、亳县、怀远等,其次则为定远、嘉山、五河等"③。

在皖北的许多地方,禽蛋都是流向市场的一类重要商品,如在皖省西北的太和县,由于当地"饲鸡者盛",鸡蛋的出产量也比较大,"岁出约三万篓,向贩行阜阳,近沪商设厂于此"④。涡阳县输出的农产品也"尤以鸡蛋为大宗,每岁输款不下五十余万元"⑤。在蒙城县南大街有一家英商开设的和记蛋品公司,每年"约坐买鸡蛋八千篓"⑥。

津浦铁路全线通车于1912年,是贯穿于皖北地区的一条重要铁路运输线,沿线各地均有鸡蛋出产,每年的鸡蛋产量"为数极为可观",并且各地都有上海的蛋商派人设庄坐收,经过装篓,运至上海、南京等地销售。其中,又以滁县、明光二地所产的鸡蛋品质为最佳。明光出产的鸡蛋,其来源地有东南路与北路之分,质量以前者为佳,多为红壳大蛋,"每千约在一百零四五磅之谱。北路出产的蛋,都是小白壳蛋,每千重量只有九十三四磅左右"。在明光镇从事鸡蛋收购的蛋行,有张昌记蛋行、胡利源蛋行、同裕公司,另有锁顺兴、张永生、马廷芝、张文瀚、秦朋记等代办数家。⑦

在毗邻江苏南京的天长县,饲养鸡、鸭等家禽是农家的主要副业之一,由于当地所产的鸡蛋多被蛋商视为上品,"故每至春、秋季,营蛋行业者竞起,有京、沪埠和记、茂昌、班达等公司之分庄,其产额年在五十万篓以上,在曩昔蛋值高涨时,每年可有四十万元左右之收入"。由于收入可观,鸡蛋业也成为春荒时当地借以调剂农

---

① 民国《宿松县志》卷十八,实业志,畜牧。
② 《正阳关蛋厂合作运销》,《国际贸易情报》第 2 卷第 11 期,1937 年。
③ 《复兴农村消息——皖北蛋业调查》,《社会经济月报》第 4 卷第 1 期,1937 年。
④ 民国《太和县志》卷四,食货志,物产。
⑤ 民国《涡阳风土记》卷八,食货志。
⑥ 汪篯:《蒙城县政书》,出版者不详,1924 年,第 22—23 页。
⑦ 王亚亭:《明光蛋业概况》,《鸡与蛋杂志》第 1 卷第 5 期,1936 年。

村金融的一项重要产业。①

皖中地区巢湖之畔诸县乡,是安徽省的一个粮食主产区,由于家禽养殖业兴盛,禽蛋出产量大,也吸引了不少外地蛋商前来开展禽蛋收购业务,如在1921年间,"英国资本家韦恩典兄弟在合肥设立英商和记蛋品公司,低价收购合肥地区的禽蛋,运往南京和记洋行加工冷藏,然后转销欧洲市场,该公司垄断合肥禽蛋市场达十三年之久"②。

此外,在安徽沿江一些地方,禽蛋的出口数量也比较可观。如在和县,"蛋业交易货物为鸡蛋一种,本地出产,每年销售数量约三万篓,值五十万元,三分之二运至上海,三分之一运往南京"③。在此地开展收蛋业务的蛋商有英商和记蛋品公司,葡商茂昌蛋品公司,美商班达蛋品公司和培林蛋品公司等。④ 和县境内的雍家镇,"鸡、鸭蛋年产一千五百万个,皆装盛筐篓,转销外洋"⑤。在另一个沿江城市安庆,鸡蛋的出产数量也"尚属不少","收蛋公司有班达、茂昌、协和以及私人蛋庄,合共七八家,常年装出十万篓左右"⑥。所辖怀宁县,除盛产稻米外,"各乡所产之鸡蛋,亦为蛋贾运售于海外之物也"⑦。

随着市场需求的增加,在一些地区,鸡蛋的收购业务变得比以往更为兴盛。如在安徽省西南地区的宿松县,有记载说:"鸡之生蛋每年不过百余枚或数十枚,且蛋价素贱。近年以来,因通商各大埠有设蛋厂制蛋,收买鸡蛋,凡蛋粉、蛋饼各公司均需蛋甚广,兼以贩运出口,故蛋价日趋昂贵,近亦有专营贩蛋之业者,先到各村收买,贩至九江、汉口等处售卖。"⑧

除了出产鸡蛋外,在沿江滨湖地区,由于水草资源丰富,鸭禽的养殖有着良好的自然条件,当地的养鸭业也较为兴盛,鸭蛋的出口数量比较可观,如在口岸城市芜湖就曾设有8家蛋行,每年外销的鸭蛋数量约为200万颗,"内南京打蛋厂约销半数,亦有零星运往上海者"⑨。在和县的裕溪镇,"鸭蛋年可运出八百万个,分销芜湖、南京等地"⑩。

除家禽养殖外,近代安徽地区的牲畜养殖业也有一定程度的发展,尤其在皖北地区,由于地势平坦,水草资源充足,畜牧条件相对较好,猪、牛、羊等牲畜的饲养比较普遍,当地农民"多豢养牛、羊,以为副业"⑪。在田间地头,牛、羊等牲畜的放养情形随处可见,有文献记载:"皖北各县人民多惯饲畜黄牛、山羊、绵羊及驴等,若由蚌

---

① 郁官城:《天长风土志》,《学风》第5卷第6期,1935年。
② 合肥市地方志编纂委员会:《合肥市志》,安徽人民出版社,1999年,第19页。
③ 铁道部财务司调查科:《京粤线安徽段经济调查总报告书》,20世纪30年代,第226页。
④ 龚光朗、曹觉生:《安徽各县工商概况:安徽工商业之概况及其发展之途径(一续)》,《安徽建设》第3卷第3期,1931年。
⑤ 张善玮:《淮南铁路沿线生产交通情形及其业务发展之计划》,《铁路杂志》第2卷第8期,1937年。
⑥ 彭荫轩:《安庆之经济概况》,《交行通信》第5卷第5期,1934年。
⑦ 马延乾:《怀宁风土记》,《安徽教育月刊》第52期,1922年。
⑧ 民国《宿松县志》卷十八,实业志,畜牧。
⑨ 民国《芜湖县志》卷三十五,实业志,商业。
⑩ 张善玮:《淮南铁路沿线生产交通情形及其业务发展之计划》,《铁路杂志》第2卷第8期,1937年。
⑪《安徽省农村与合作情报:皖北牛羊皮产丰富》,《农友月刊》第4卷第11期,1936年。

埠往正阳关,则见淮河两岸之牛、羊、驴三五同行,散在荒地,沿岸未植树木之石山,牛、羊等畜尤多。"①

除饲养牛、羊等牲畜外,在皖北地区,养猪也很普遍,有文献记载:"皖北农村饲养家畜,除牛、马、驴专供役用外,莫不养猪。"②1931年,蚌埠安徽省立第二师范学校的师生在对该校周边的360个村庄进行调查时发现:"各村人民皆喜养猪,……每村养猪头数,多者七十五头,少者亦有六头。"③随着牲畜养殖业的兴盛,在皖北不同地区还形成了各自的养殖特色,如"颍州、亳州两县出产山羊,细毛、白板最为特色,蒙城、颖上、寿州等县出产黄牛"④。在淮河以南地区,牲畜饲养也较为常见,如怀宁县,"牛、羊、犬、豕、鸡、鸭,家家畜之,豕尤妇子饲养,以佐终岁油薪之费",有"无豕不成家"之说。⑤

在太湖县西北多山地带,"农民养牛甚夥,每年输运邻县约千余头"⑥。在一些地方,有的农户还自发地组织起来,采取合作放养方式。如宿松县,"东南两乡闲旷宜牧之地既所在多有,凡各村农民,每常冬季农隙或春作未兴时,其所畜之牛皆系联群牧养,村落较大者,则合一村为一群,村落稍小者,则联数村为一群,俗称牛群为牛阵,其送牛入场者谓之上阵,退出即谓之下阵,牧事完竣,即谓之散阵。邑境上乡之牛,每值春草发生时,多移送下乡附阵牧养,各村牧场均有一定之地点,各场牧事均有专请之工人,虽属家庭畜牧之性质,俨具场所畜牧之规模"⑦。这种合作放养方式具有一定的优势,它可以发挥规模效益,有效地节约经营成本,有利于提高经济收益。

二、畜牧产品加工业及其产品的外销

近代以来,随着畜牧养殖业的发展,一些畜牧产品加工行业也随之悄然兴起。就安徽地区而言,其畜牧产品加工行业也在国内外市场需求的刺激下,有了一定程度的发展,其行业种类主要有制毡业、皮革业、制蛋厂、羽毛加工业等。

(一)制毡业。制毡业主要以羊毛为生产原料,在近代皖北地区,由于山羊、绵羊等牲畜的大量饲养,羊毛的出产量较大,这为当地制毡手工业的兴起与发展提供了重要条件,据称:"安徽淮河流域农家以饲羊为主要副业,羊毛出产甚多,惟其毛质欠佳,仅可供制造毡毯之用,其主要产地在皖北之亳县、太和二地,尤以亳县北关外为最盛。所制之毡毯,以其用途不同,可分为桌毡、床毡、地毡数种,其上等者,纯用羊毛制成,次等者则掺以棉花若干成,平均每年出产约在一万条左右,其中桌毡

---

① 《正阳关牛羊驴皮之输出近况》,《中外经济周刊》1926年第190期。
② 《复兴农村消息——皖北蛋业调查》,《社会经济月报》第4卷第1期,1937年。
③ 杨季华:《皖北农村社会经济实况》,蚌埠安徽省立第二乡村师范学校,1933年,第76—77页。
④ 《安徽之农村与合作报:皖北牛羊皮产丰富》,《农友月刊》第4卷第11期,1936年。
⑤ 民国《怀宁县志》卷六,物产。
⑥ 王远明:《太湖县经济概况》,《安徽建设》第2卷第6期,1942年。
⑦ 民国《宿松县志》卷十八,实业志,畜牧。

及床毯多销于国内,地毯则多销于日本。"① 太和县境内的制毡业以旧县集最为驰名,早在明朝万历年间该地就出现了制毡手工业,"清乾隆极盛,用羊毛捻成棹垫、床垫、衫裤等物,精制色染,贩行邻省"②。到了民国初年,徐州资本家袁大个子曾在旧县集成立制毡厂,"盛时工人有五百多,所制毡裤、毡马褂、花毡等甚畅销,其中花毡远销日本、德国"③。除亳县、太和两地外,怀远县也是制毡业较为发达的一个地区,主要"收集沿淮羊毛以制毡,可为褥及帽、袜、靴、鞋"④。可见,当地制毡业的发展一方面是由于羊毛等原料出产的丰富,另一方面,也与国际市场的需求有着十分紧密的联系。

(二)制革业。随着猪、牛、羊等牲畜的大量饲养,皮革加工业在安徽地区也有所发展。蚌埠是淮河流域的一个重要商埠,由于交通便利,皖北地区的皮货多在此交易,其皮革加工业较为发达,当地"有皮坊三四十家,用土法熟皮制革"⑤。除制革作坊外,当地还有一家机器制革厂,即凤阳制革厂。该厂于1928年在蚌埠开办,"资本八千元,购柴油引擎(八匹马力)机一座,雇用工人十名,向各皮行收买黄、水牛生皮,用机漂成熟皮,如绿皮、黄来根皮、黑充纹皮、棕充纹皮等类,每日出皮四五整张,所制皮革除供给本埠外,并分销至皖北、皖东及苏北一带"⑥。在亳县,制革业也是当地的一项重要实业,"收淮上之牛皮,制淮军之用品,可获厚利"⑦。涡阳县所产牛皮则就近运销亳县,作为皮革制作业的重要原料。⑧

(三)制蛋业。作为近代中国禽蛋出口的一个重要省份,安徽地区所产禽蛋不仅数量多,而且质量佳,除直接用于出口外,在一些禽蛋主产区或集散地还设有专门的制蛋厂,从事禽蛋的加工与运销。如在阜阳县,"各种工业之资本,以鸡蛋厂及丝织厂为最大","鸡蛋粉每年约在三十万元左右……鸡蛋粉完全输出","鸡蛋厂有大同、裕阜各厂,前者为英,后者为华商"。⑨ 在亳州,禽蛋加工也是当地一项著名的实业,《皖北经济概况调查报告》记载:"亳州现有鸡蛋厂二家,福兴厂设在北关外马厂街,资金约三万元,有三十匹马力引擎一座,飞黄机两座,每年制蛋二千数百万个,制成蛋白七百箱,蛋黄二千箱;福义厂设在河北承德聚圩,资金二万元,有十五匹马力引擎一座,飞黄机一座,出货数量较福兴稍逊,均运销于津沪一带,现在二厂工人约有三百余人,每年可产五六十万元。"⑩ 亳州的禽蛋加工不仅技术先进,而且生产规模较大,其制蛋业的兴盛可见一斑。

---

① 贾宏宇:《安徽经济建设》,《钱业月报》第19卷第2期,1948年。
② 民国《太和县志》卷四,食货,物产。
③ 阜阳市地方志编纂委员会:《阜阳地区志》,方志出版社,1996年,第330页。
④ 林传甲:《大中华安徽省地理志》,中华印刷局,1919年,第282页。
⑤ 《安徽省农村与合作情报:皖北牛羊皮产丰富》,《农友月刊》第4卷第11期,1936年。
⑥ 《皖北工厂概况》,《国际贸易导报》第5卷第12期,1933年。
⑦ 铁道部财务司调查科:《京粤线安徽段经济调查总报告书》,20世纪30年代,第182页。
⑧ 林传甲:《大中华安徽省地理志》,中华印刷局,1919年,第299、300页。
⑨ 龚光朗、曹觉生:《安徽各县工商概况:安徽工商业之概况及其发展之途径(一续)》,《安徽建设》第3卷第3期,1931年。
⑩ 朱一鹗:《皖北经济概况调查报告》,安徽地方银行,1937年,第35页。

芜湖的制蛋厂开办较早,据文献记载:"芜湖出口土货,惟蛋白、蛋黄两种,系从前年(按:光绪二十二年,即1896年)开设之两洋行工艺制成,即为本口径运外洋之货。"①至光绪二十七年(1901年),制蛋洋行虽减为一家,但其制蛋产量仍然可观,文献记载:"此一洋行,本年(按:1901年)用鸭蛋一百五十五万个,计出蛋白八十六担,蛋黄五百九十八担,有七十五担蛋白报运美国,其余运往伦敦,蛋黄概系运往法国。"②到了光绪三十一年(1905年),"所有英商蛋业公司,盘于华商茂盛办管,制成之蛋黄、蛋白,均系运出外洋"③。

(四)羽毛加工业。近代随着鸡、鸭、鹅等家禽的大量养殖,安徽地区的羽毛加工与出口也十分兴盛。如在通商口岸城市芜湖,就有洋商专门经营羽毛生意。芜湖市场上的羽毛主要来自庐州府(即今合肥)及其周围地区,先是由小贩四处收集羽毛,然后再以每斤10文的价格卖与趸售商。趸售商在收货之后,还要仔细拣选,然后运往上海,经过初步加工,再运到德国汉堡、柏林、斯图加特等地,以供制造床垫之用。④国外市场需求的旺盛大大刺激了安徽省内羽毛出口贸易的发展,在一些商业市镇,羽毛成为市场集散的一类重要商品,如在皖中商业重镇三河镇,每年该镇出口的鹅绒、鸭毛就有五六十万元,货源主要来自合肥、庐江、舒城、六安等羽毛输出地。⑤含山县的运漕镇为江北首镇,"凡舒、六、合、巢之五谷百货,均由此出",1919年,该镇出口的鸭、鹅毛有万余包,主要运销到南京、芜湖、上海等重要商埠。⑥

三、畜牧交易市场

近代随着畜牧业的发展,安徽地区还出现了许多畜牧交易市场,每逢集期开市,各地商贩云集,交易颇为兴盛。

如前所述,禽蛋是近代安徽向外输出的一类重要农副产品,随着此类商品贸易的兴盛,省内出现了不少禽蛋集散市场。在皖北地区,由于农民多以养鸡为副业,鸡蛋的出产量较大,不少外地蛋商纷纷来此开展收购业务,并在一些重要商埠设有办事机构,这也带动了一批禽蛋集散市场的兴起。

具体而言,"皖北蛋之集中地,为蚌埠与正阳关两处"⑦。蚌埠是近代皖北地区一个新兴且重要的交通枢纽城市,其商业除以麦、豆等大宗粮食贸易而闻名外,禽蛋也是当地市场上集散的一类重要商品,"在沿津浦路一带的地方,蛋商收买鸡蛋

---

① 《光绪二十四年芜湖口华洋贸易情形论略》,《通商各关华洋贸易总册》下卷,第30页。引自彭泽益编:《中国近代手工业史资料》第2辑,三联书店,1957年,第399页。
② 《光绪二十七年芜湖口华洋贸易情形论略》,《通商各关华洋贸易总册》下卷,第35页。引自彭泽益编:《中国近代手工业史资料》第2辑,三联书店,1957年,第400页。
③ 《光绪三十一年芜湖口华洋贸易情形论略》,《通商各关华洋贸易总册》下卷,第42页。引自彭泽益编:《中国近代手工业史资料》第2辑,三联书店,1957年,第400页。
④ 姚贤镐编:《中国近代对外贸易史资料》,中华书局,1962年,第1546—1547页。
⑤ 《三河镇经济概况》,《交行通信》第7卷第2期,1935年。
⑥ 李絜非:《含山风土志》,《学风》第3卷第8期,1933年。
⑦ 《正阳关蛋厂合作运销》,《国际贸易情报》第2卷第11期,1937年。

顶多的地点,要算是蚌埠了,但是蚌埠并不是鸡蛋出产的地方,出产鸡蛋的地方是靠近蚌埠沿涡、淮二河的地方。在涡河方面,如龙亢、庙集、涡阳、亳州等处;在淮河方面,如正阳关、三河尖、迎河集等处。因为蚌埠扼涡、淮二河的要冲,且涡、淮二河的鸡蛋运往上海,必须在蚌埠装车,所以无形中形成了蚌埠为一鸡蛋集中地"①。

正阳关位于淮河之滨,是一座古老的商业重镇,因其"为寿县、霍邱、颍上、六安等县输出鸡蛋之要道",很多蛋商都将目光聚焦于此,纷纷来到该地设立收蛋公司,从事鸡蛋收购业务,著名的蛋厂"有鼎记、胜昌、胜源、裕记、松茂、海宁等六家,专事收买鸡蛋,运销京、沪各地"②,这些蛋厂"实即中外制蛋商所派往该处收蛋人之办事处"③。三河镇是皖中地区的一个商业重镇,"位居合肥、舒城、庐江三县交界之点,河流四通八达","为舒城、六安、霍山、合肥、庐江各县物产与进口货物需求汇集之地"。该镇除米粮贸易十分发达外,也是一个重要的禽蛋集散市场,每年由此转输的鸡蛋数量约三四万篓,计值三四十万元。在镇上,开设有不少从事蛋类收购业务的公司,"计有协和、茂昌、班达、培林等分庄暨华昌蛋行,均甚殷实"。此外,还有协记、福记、永记等蛋行。④

在皖南,芜湖是一个重要的禽蛋集散市场,蛋的来源"本地约占一成,皖南各县来者占二成,其余大部分由江北运来"⑤。据《芜湖市县经济调查报告书》记载,当地从事禽蛋交易的店数共有16家,"分布于河南南门洋码头一带",店主多为江北人,著名的店号有源泰、华和、祥泰、永大、祥异、慎和等,"全年交易最旺时期为三、四、五、十、十一、十二等月,最淡时期为一、二、六、七、八、九等月"⑥。经芜湖关出口的禽蛋数量也很大,有统计显示,1928年经芜湖关出口的鲜蛋颗数为11 228万枚,价值117.839 4万两,居全国32个鲜蛋出口的第二位,占全国蛋类输出量的六分之一。⑦

除禽蛋市场外,近代安徽的牲畜交易市场也较为发达,遍布全省南北两个区域。在皖北,太和县界首集的牲畜交易市场颇为著名,市场位于县城颍河南岸的牛行街,从20世纪30年代初私人创办牛行开始,该集的牲畜交易一直繁盛,牲畜经纪人有300余人,日上市量高达4 000多头,日成交1 000头左右。1941—1945年,牲畜交易更盛,当时有私人牛行105家,4 000余人参与交易。各种牲畜日上市量达10 000头以上,日成交量3 000头左右,成为全国颇负盛名的牲畜集散地之一。⑧除界首集外,太和县境内还有几个以牛、骡等牲畜为交易对象的专业性集市,如县

---

① 黄绍宗:《蛋商在蚌埠收买鸡蛋的概况》,《鸡与蛋杂志》第1卷第4期,1936年。
② 《正阳关蛋厂合作运销》,《国际贸易情报》第2卷第11期,1937年。
③ 《正阳关之鸡蛋公司》,《中外经济周刊》第183期,1926年。
④ 《三河镇经济概况》,《交行通信》第7卷第2期,1935年。
⑤ 铁道部财务司调查科:《京粤线安徽段经济调查总报告书》,20世纪30年代,第235页。
⑥ 铁道部财务司调查科:《京粤京湘两线安徽段芜湖市县经济调查报告书》,1930年,第63—64页。
⑦ 《中国之蛋业概况》,《安徽建设》第3卷第4期,1931年。
⑧ 张崇旺:《论近代淮河流域畜牧业和水产业的商品化生产》,《畜牧与饲料科学》2009年第5期。

北的肥河口集"岁以秋季成牛市",县北的洪山庙"岁以二月一日成骡市,鲁、豫客商贩此"。① 在亳州城东南二里的薛家塔有一个观音庵,每逢观音菩萨诞辰(每年的农历仲春十九日),当地都会举行盛大的庙会活动,"自十七日至二十一日,历五日之久,全境农民,莫不顶礼膜拜,人山人海,极一时之盛,会场面积,约占五六方里,如演剧、如说书、如食铺、如陈售各类玩具等,莫不应有尽有"。在这个庙会市场中,"尤以牲畜及农具市场为大观,举凡县境及附近邻县之马、牛、骡、驴等牲畜,赶赴庙会而求售者,毕集于斯,购者亦预往论价,交易而退,各得其所"②。牲畜交易成为该庙会市场的一个重要特色。

皖南的牲畜交易市场也颇为兴盛,如作为通商口岸城市的芜湖,在当时就是一个重要的牲畜集散地。其"牛支之来源为南陵、宣城、无为等处,宰坊有六家,北坛有牛行三家,北门一带有牛皮作坊五家",由于"各处之牛来源甚涌,多余者则由牛贩赶往下游南京等地出售"③。位于桐城县境内的姚王集也是一个著名的牲畜集散市场,该集"在县境石溪之西北,钱家桥之西南,有姚王庙一座,庙前有荒山一片,每年法历二月,庙前开集,各省商贾均贩牛、马、驴、骡于此集(最盛时约有三四万头),民间或卖或买,各听其便,大有日中为市之风。每届开集,土著即以芦席撑制茅舍,以蔽风雨,真所谓万商云集,百艺咸至,一时之盛,难以尽述"④。由于交通的便利,姚王集很快就发展成为安徽省第一大牛市,"凡潜、太、宿、望以及舒、庐、霍等县耕牛贩皆以斯为集中点,大多运销南京,再转往上海、丹阳、溧阳销售,余者为邻近农户留用,或赶往虾儿港、杨家巷、老牛埠等牛市"。

除姚王集外,皖南较大的牛市还有沈家邑集,"集期为每月十六,集址在和县南乡,集牛每自巢、铜、含、合等地运来,约三百至一千五百头,再转售芜湖、南京、行销上海、丹阳、常州等地","老牛埠集,集期为三、六、九,集址在无为县东南角,牛行十余家,牛多洗脚牛,来自江北庐、桐等地,在此集市后,即转售南京、芜湖等地行销。此外,杨家巷、汤家沟、无为北门集、虾儿港、杨家市等处,均为较大之牛集"⑤。含山县的仙踪镇也是一个有相当规模的牲畜集散市场,"合肥、定远猪、牛,皆于此交易"⑥。这些牲畜交易市场规模较大,其市场辐射范围至少在两三个县以上,它们的大量出现在一定程度上也折射出近代安徽畜牧经济的整体发展水平。

在牲畜交易市场繁荣的同时,近代安徽的皮货市场也十分兴盛。随着猪、牛、羊等牲畜的大量养殖,皮货的出产与外销也随之剧增,这在皖北地区尤其明显。如

---

① 民国《太和县志》卷四,食货,物产。
② 李汉信:《皖北见闻录》,四、亳县之庙会,《农业周报》第 4 卷第 20 期,1935 年。
③ 《实部调查皖南牛市概况》,《农业周报》第 4 卷第 20 期,1935 年。
④ 民国《桐城志略》,经济。
⑤ 《实部调查皖南牛市概况》,《农业周报》第 4 卷第 20 期,1935 年。
⑥ 铁道部财务司调查科:《京粤线安徽段经济调查总报告书》,20 世纪 30 年代,第 222 页。

亳州所产的牛、羊皮"运沪销售,终年不绝"①,阜阳出产的牛皮亦多运往汉口销售。②随着出货量的增加,皖北地区还出现了一些规模较大的皮货交易市场。这其中,以蚌埠、正阳关两处交易市场最负盛名。蚌埠的皮货交易市场形成较晚,"往年南北各皮商多至出产各县设庄收买,后因运输不便,兑款困难,民二十年(按:1931年)以后,始集中蚌埠",至此,"每逢农历八月后,各皮贩纷纷运至蚌埠牛皮行销售","现在牛皮行已有十一家,专代客商买卖……上海皮商在埠设庄收买者,计义立生、集义生、蔡世兴、精益、萧受记、仁记六家,平均每年(夏历八月后至十二月底止)牛皮由蚌出口约一百多票,每票一万斤,每一百斤约值洋四十元左右,共计约四十万元,羊皮由蚌出口约四五十票,每石八九十元,共计约四十余万元"③。

另一商业重镇正阳关,由于地处交通要道,该地的皮货生意十分兴隆,据记载:"皖北各县每年输出牛、羊、驴皮及牛羊油、毛甚多,由正阳关输出者多皖北西各县货,每年各地客商之来正阳关以冬季为最盛,春、夏、秋三季颇少。各客商之买货多不揭书庄号,仅寓于后街一带客栈。各县之运货来正阳者,亦住后街客栈或行内,皆系凭行议值及过称……现在正阳关领有行帖之老牛羊皮、油行仅有二家,一名杨同兴,设行于东门街,一名复兴,设行于后街,全镇未经领帖之行,约五六家,亦皆在后街一带……每年所做生意以二领帖行为最多,每年冬季,牛、羊、驴皮一项,每家每日可经手收售七八十担至一百数十担;毛、油二项,每家每日亦可各代售出五六十担。"④这些皮货交易市场的繁荣也从一个侧面反映了近代安徽境内尤其是皖北地区牲畜养殖业的兴盛状况。

从上述几个方面可以看出,近代以来,随着与外部市场联系的加强,安徽地区的畜牧经济有了较大程度的发展,家禽、牲畜饲养的兴盛,畜牧品加工业的发展,畜牧交易市场的发达等,都是其重要表征。

在这一时期,畜牧业已经成为近代安徽农民家庭普遍经营的一项重要副业,与农民的家庭经济生活有着密不可分的联系。在市场浪潮的裹挟下,农民经营畜牧生产的目的已不仅仅是为了满足自己家庭成员内部消费的需要,而是为了参与市场交易,以此来增加其家庭经济收入。如在皖北地区,"养鸡一项为农家最当之副业,饲育者甚众,补助农家之经济,利益实繁"⑤。在天长县,"饲养家畜(猪、鸡、鸭、鹅等)是农民经常的副业(半自耕农、佃农也是如此)。他们在这一方面每年全部的投资约二三十元,待饲养到相当程度售出,除去本银,可净余五六十元。其所生之

---

① 《皖北商务说略》,《集成报》1901年第1期。
② 林传甲:《大中华安徽省地理志》,中华印刷局,1919年,第290页。
③ 《安徽省农村与合作情报:皖北牛羊皮产丰富》,《农友月刊》第4卷第11期,1936年。
④ 《正阳关牛羊驴皮之输出近况》,《中外经济周刊》1926年第190期。
⑤ 杨季华:《皖北农村社会经济实况》,蚌埠安徽省立第二乡村师范学校,1933年,第78、79页。

蛋大多出卖,这部份收入或作男子纸烟费,或为女子、小孩添置衣服"①。饲养家畜已然成为天长县农民增加收入、贴补家用的一个重要方式。再如潜山县,"妇人一年内最大出产,厥为养猪,一家必养一口至数口,每口一年生长往往重至百余斤,每斤售洋二毛,年可得二三十元收入,颇可为家计之助"②。在怀宁县,当地的妇女除了帮助耕作外,"大都以养家畜为副业",此项收入成为该县农民家庭副业收入的一个重要方面。有统计显示,该县的畜牧收入为2 287 970元,总收入为9 577 360元,畜牧收入约占总收入的24%。③ 在阜阳县,"畜类的豢养有牛、马、驴、骡、羊、猪、鸡、鸭等。牛、马、驴、骡,既可利用以耕田,又能积聚肥料,固为农家所不缺;鸡、鸭虽小,功用也很大,牠们本身既可换钱,所生的蛋,更为掉换油(煤油)盐,交易蔬菜,招待客人的妙品;至于猪、羊,更为一般农家积蓄钱财的唯一方法"④。由此可见,畜牧经济的发展对于当地农民家庭经济而言,具有十分重要的意义,其作用不仅在于能够为农业生产提供所需的肥料,减少农业生产成本,而且有助于增加农民家庭收入,拓宽他们的收入来源。

在该时期,安徽地区的畜牧业发展还出现了新的特点:一是专业化发展趋势明显。如前所述,在近代安徽地区,除了以副业的方式进行畜牧业经营外,在有的地方如宿松县,还出现了专业的畜牧养殖户。二是在近代安徽畜牧经济的发展过程中,雇佣现象开始出现。如"皖北各县之畜牛、羊、驴者,每家皆雇贫农子弟之十三四岁者一二人,专任放牧之事,每童每年之工资仅钱二十余串"⑤。雇佣现象亦存在于家禽养殖业中,如"皖北一带多有以鸭为业者,每年于秋分时,鸭户将子鸭交养鸭人代养,至冬至为期,工资每年十六元或二十元不等,代养鸭复雇人向业经收获后之田宕内散放,每日即于田塍埋锅烧饭,明日又往他处,待鸭户售罄鸭只,始完其事"⑥。三是畜牧租赁关系发达。在近代,受市场化因素的影响,在安徽地区的畜牧业经济发展中,租赁关系也很常见,畜牧业成为资本投资的一个重要领域。如在望江县,"穷民无力买猪,须赖有资者买小母猪一口,租与蓄养。出租者只出猪之成本,俟母猪长大,滋生小猪,⑦每届取小猪一口,以为利息。如租户不愿再租,即将所蓄之母猪归还原主"⑧。与此类似的是,在宣城县境内,有租牛的习惯,"有专以耕牛租借与人为业者,贫苦农民无力蓄养耕牛,即向之租牛耕种,并不立约,此项租资,每亩至新收时,秤稻二十斤左右"⑨。在来安县,也有租养牲畜的习俗,"驴、骡、马、

---

① 娄家棋:《安徽天长县的南乡》,《新中华杂志》第2卷第17期,1934年。引自冯和法:《中国农村经济资料续编(上)》,黎明书局,1935年,第83页。
② 王恩荣:《安徽的一部:潜山农民状况》,《东方杂志》第24卷第16期,1927年。
③ 余醒民:《安徽怀宁县农村经济概况调查》,《中国经济评论》第1卷第4期,1934年。
④ 阎采章:《安徽阜阳佃农概况》,《安大农学会报》第1卷第2期,1937年。
⑤ 《正阳关牛羊驴皮之输出近况》,《中外经济周刊》第190期,1926年。
⑥ 《安徽民商事习惯调查会第二期报告书》,《司法公报》第172期,1922年。
⑦ 按:原文为"滋生大猪",疑误。
⑧ 《安徽省之债权习惯(续):租猪(望江县习惯)》,《法律评论》第72期,1924年。
⑨ 《安徽省之债权习惯(续):租牛(宣城县习惯)》,《法律评论》第72期,1924年。

牛均可租养使用。就牛一头而论,每年租钱约十元、十余元不等,其驴、骡、马三畜,全年所得不及牛租三分之一。自寄养后,任凭使用,其滋生之雏畜,仍归属于原主。遇有意外天灾,以致牲畜死亡,租养之家不负赔偿之责;如系被盗遗失,仍应赔偿半价;至因使用而受残疾,则应赔偿全价"[1]。以上三点,即畜牧业的专业化经营、雇佣现象的出现以及租赁关系的发达,足以说明近代安徽畜牧经济的发展已不再囿于传统的自然经济范畴,而是开始走向市场,呈现出显著的商品化生产特征了。

---

[1] 《安徽省之债权习惯(续):租养牲畜(来安县习惯)》,《法律评论》第 71 期,1924 年。

第三章 交通和工矿业的变迁

第一节 交通运输

近代的安徽省交通运输可以分为三个次部门：水上航运、陆上铁路运输、陆上公路运输。其中以水运为主，陆上铁路、公路运输为辅。随着近代新式轮船、铁路等交通方式的出现，并在全省部分地区建成站点网络，近代式的交通运输部门逐渐形成。

一、水 上 航 运

安徽省内的三个水系（长江、淮河、新安江）分流，互不沟通。长江是安徽省中部，以及与长江流域各省相联系的主要交通线。干流航道水位深度常在 6—10 米之间，常年可以通航 3 000—5 000 吨的江轮，洪水期可通行万吨海轮。两岸支流比较短小，大部分只能季节性通航，其中通航条件较好的是水阳江、青弋江、裕溪河（漕河）等支流，多在芜湖附近入江。沿江地区外运的农副产品大部分先由小船集中到芜湖和安庆二港，然后转由江轮运出。大致贵池以东向芜湖集中，贵池以西向安庆集中。

淮河流贯安徽省北部，干支流可通航的河道较多。淮河干流在本省境内均可通行轮船，正阳关以上正常水位只能通行吃水 0.75 米的轮船，枯水期只能通行木船。正阳关以下能全年通行轮船，但在枯水期也只能通行吃水 1.3—1.65 米的轮船。淮河两岸的支流可以通航的主要有颍、涡、浍、濉、淠、池等河。省内沿淮河一带的粮食、油料、棉花、土特产多是由支流汇集到干流，由干流集中到蚌埠和淮南田家庵二港，然后再转铁路运输。河南省的东部和南部地区也有一部分农产品顺颍河、淮河下运。

皖南新安江流域因河流多系上源，通航条件较差，航道内多礁石，只能通行小木船，外运的茶叶、木材、土特产顺新安江下运至杭州。

19 世纪后期，大小轮船开始在长江流域航行，小轮船在淮河、长江支流航行，民船在多数河流航行。往来安徽运载客货的轮船，有太古洋行、怡和洋行、大阪公司、日清公司、招商局等公司，上海至重庆、上海至长沙的大轮船途经安徽主要商埠停靠。据 1916 年的统计，进出芜湖的大轮船共 4 160 艘，日均 11.56 艘，总吨位 6 994 818 吨，经芜湖关的内河小轮船共 6 104 艘，日均 16.96 艘，总吨位 178 964 吨。[①]

---

① 王鹤鸣：《安徽近代经济探讨(1840—1949)》，中国展望出版社，1987 年，第 190 页。

图 2-3-1 民国早期芜湖的长江航运码头

小轮船的航线,在长江流域主要有芜湖至南京线、芜湖至南陵线、芜湖至无为线、芜湖至三河线、芜湖至东坝线等,一般客货兼运,冬季有时停航;在淮河流域小轮船通行于正阳关至马头镇,约935里,五河以上四时通行,五河以下因浅滩,冬季不能航行。①

近代安徽的民船运输,遍布长江、淮河、新安江流域,长江流域以芜湖为中心。据1916年的统计,通过芜湖常关的民船206 830艘,日均5 475艘,②大多为本地民船,也有来自湖北、湖南、江西、江苏等省的。淮河、新安江流域的民船同样为客货两种。

1931年7月1日,南京国民政府为加强对全国航运事业的管理,将全国江河航运业按区域划分,分属上海、汉口、天津、哈尔滨四个航政局管理,安徽属于上海航政局。上海航政局起初在安徽组建了芜湖、安庆、蚌埠3个航运办事处和运漕、三河、南陵、华阳、盱眙、正阳6个登记所,后因精简机构需要,仅保留了芜湖办事处。③

1933年,省内以安庆为起点的航线共7条,有民营小轮船公司4家,船只7艘,总吨位数达348吨。④抗战前夕,芜湖口岸的码头共有19座,趸船19艘,其中,民族轮船公司(局)8家,有码头9座,趸船9艘,占总数的47%;外国航商6家(含两家

---

① 王煜:《民国时期安徽公路建设研究(1920—1949)》,安徽大学2012年硕士学位论文,第11页。
② 王鹤鸣:《安徽近代经济探讨(1840—1949)》,中国展望出版社,1987年,第192页。
③ 安徽省内河航运史编写办公室:《安徽航运史》,内部印行,1987年,第541页。
④ 安徽省地方志编纂委员会:《安徽省志·交通志·水运》,方志出版社,1998年,第536页。

火油公司),有码头 10 座,趸船 10 艘,占总数的 53%。[1]

二、铁 路 运 输

近代安徽铁路运输方面,主要有 3 条线路:津浦线、淮南线、宁芜线。津浦线自北而南穿过安徽省的东北部地区,是安徽省对外的重要联系线,也是中国南北运输的大干线。经津浦线外运的物资主要是从淮南铁路转来的煤和淮河流域的农产品(粮食、大豆、油料、烤烟等),多数南运上海、苏南地区,运入省境的物资以建筑材料、机器设备、日用百货等工业品为主。[2] 津浦铁路的建成,不仅促进了安徽省东北部地区与省外的物资交流,而且对全省商品经济的发展起了重要作用,尤其对蚌埠迅速崛起意义重大。

图 2-3-2　1927 年津浦铁路上的蚌埠淮河大桥

淮南线分两段:裕溪口至水家湖(1935 年筑成)段,水家湖至蚌埠、大通至八公山(1944 年筑成)段。水家湖另有支线通淮南的煤炭矿区。淮南铁路建成后,解决了煤炭外运问题,使淮南煤矿的产量、销量大增,由此淮南煤矿得到了快速的发展。淮南煤矿最早在 1931 年开始在产地售煤,并陆续在洛河、蚌埠设栈。1932 年 1 月,淮南煤矿局浦口煤厂建成,淮南煤炭开始运销长江流域。淮路建成后,每日发运煤列车 11 列,直达裕溪口卸下,再通过其他交通工具,在三五天内即上达安庆、九江、汉口,下至南京、镇江、南通、上海。这样,既节省了运输时间,又降低了运费。

淮南铁路的开通使淮煤有了相当独立的销售通道,淮煤市场竞争力提高,对外销售量大增。1936 年的对外实际销售量为 66 万多吨,比 1935 年的 36 万吨增长近

---

[1] 芜湖市地方志编纂委员会:《芜湖市志·交通》,社会科学文献出版社,1995 年,第 506—518 页。
[2] 中国科学院中华地理志编辑部:《华东地区经济地理》,科学出版社,1959 年,第 90 页。

一倍。淮南铁路通车后,淮矿销煤量的快速增长带动了淮矿生产的发展。淮煤总产量由通车前1935年的29万吨增加到1936年的58万多吨,增长了一倍,占当时安徽煤产量的四分之一以上。①

宁芜线,始建于1933年,时称江南铁路,起于江苏省南京,讫于安徽省芜湖,是联结皖南至华东、上海的支线。江南铁路规划提出后,曾受各方充分肯定,认为此路"路境所经,多属村野,文化可以输入,物产可以输出,保障治安,利用资源,诚属百利",可以推动沿线米、柴、茶、纸、煤的外运,也可以使夙称富庶的徽州六县更加繁荣。② 1936年4月,江南铁路首度与皖省公路局联运,祁门至宣城,用公路局汽车运输,宣城至上海,则经江南铁路用火车运输,当年共运红茶4万余箱,约占年产茶额的60%。③ 1936年京沪杭地区输出江南路沿线各站的各种日用生活品达10余万吨,提高了当地人们的生活水平,有力地加强了两地的经济互动。④

另外,未完成的铁路线尚有浦信铁路、宁湘铁路和安正铁路,浦信铁路原计划经安徽乌衣、全椒、合肥、霍邱等地,进入河南;宁湘铁路原计划自南京起,经安徽当涂、芜湖、湾沚、宣城、宁国、绩溪、歙县、休宁、黟县、祁门等地,与株萍、长株两铁路相接;安正铁路经安徽绅商发起,原计划自省城安庆经过桐城、舒城、六安等县至正阳关,连通长江、淮河。⑤

三、公 路 运 输

作为补充的公路运输,相对不甚重要,1949年解放时,安徽全省公路通车里程只2 088公里,而且绝大部分是土路,时通时阻,⑥公路干线有芜湖—屯溪、贵池—屯溪、蚌埠—阜阳、合肥—六安、合肥—安庆、合肥—浦口等线。近代公路修筑之前,陆上道路以省会安庆为中心,连接省内主要城市的道路为大路,县、镇、村之间的道路为小路,形成一整套的路上驿路、邮路,其中最重要的是北京至广东,途径安庆的官路,这是最重要的南北要道之一。至宣统元年(1909年),据当时安徽省全图,已有官路1 075公里、大路6 250公里,其中,淮北平原上的一些官路、大路,加以修理、维护后,成为修筑近代公路的基础。

1920年,泗县绅士筹办汽车公司,将泗县至五河45公里原大车道,修整后通车营运,这是安徽最早通行汽车的商办公路。近代安徽第一条官办公路是1922年的怀集路,从怀宁城(今安庆市)北门至集贤关,全长10公里。1923年合肥六安长途

---

① 参见马陵合、廖德明:《张静江与淮南铁路——兼论淮南铁路的积极意义》,《安徽师范大学学报》2005年第1期。
② 洪书行:《江南铁路与江南地理》,《大公报》1935年3月15日。
③ 国民党中央党部国民经济计划委员会主编:《十年来之中国经济建设(1927—1937)》,上篇,第一章,铁道,(台湾)中国国民党中央委员会党史委员会,1985年影印,第42页。
④ 《江南铁路京河段沿线各地运进货物吨数表》,《江南铁路公司计划书》附表二(甲),建设委员会档案23-04-25-(1),1936年。
⑤ 宓汝成编:《中华民国铁路史资料(1912—1949)》,社会科学文献出版社,2002年,第70页。
⑥ 中国科学院中华地理志编辑部:《华东地区经济地理》,科学出版社,1959年,第93页。

汽车公司成立,合肥六安公路全长 80 公里,起自六安东门外迄于合肥西门外。① 1922 年,皖东北的凤阳刘府至蚌埠间,修建了一条专运烟叶的公路。1923 年,阜阳商人开设三民汽车公司,在阜阳、蚌埠之间作不定期行驶。同年,商办淮北汽车公司买车 5 辆,正式营运于蚌埠至亳县、蚌埠至颍上两线。1926 年,商办的宣城宝丰煤矿矿主为运煤,自修了一条自矿区至宣城东门水河口,长达 30 公里的公路。

1927—1937 年是近代安徽公路网建设的十年快速发展期。1928 年安徽省建设厅拟定修建 4 大干线公路,属于国道、省道的级别,即安宁路(由安庆、芜湖至首都南京)、安浔路(由安庆经潜山、太湖至江西九江)、安蚌路(由安庆经桐城、舒城、合肥至蚌埠,连贯津浦铁路)、芜屯路(由芜湖至屯溪,与浙江公路相连)。1928 年 11 月,李范一就任建设厅长后,计划实现省会与省内各地的交通联络,并利用长江、淮河、津浦铁路,建立起安徽省的交通网络。当时制定的安徽筑路计划,以安庆、芜湖、蚌埠为中心,时论以为,"皖省安、芜、蚌三市虽以经济困难,而路政进行仍属突飞猛进,近来如安庆市马路之增建,芜湖市马路之修拓,蚌埠市街道之宽展……"②,均颇为可观。

1928—1935 年,全国经济委员会筹谋苏浙皖三省联合公路、七省(皖浙苏赣鄂豫鲁)公路计划,安徽省结合自身的交通与需求,筹建跨省国有干道 5 条 1 667 公里、邻省联络线 11 条 1 071 公里、省内联络支线 21 条 2 077 公里。③ 至抗日战争全面爆发前夕,安徽已经形成了以省会安庆为中心的省内公路交通运输网络,公路建设里程高达 5 731 公里,位居当时全国各省公路建设里程数第四位,仅次于经济较为发达的江苏、浙江等省。④ 历经抗战期间的拆毁以及战后的恢复,截至解放前夕,安徽省可通车公路里程约 2 000 公里。

长江、淮河干河流贯全省,是近代安徽省内两条东西方向的运输动脉,铁路公路和江河支流则为它们的辅助线,在皖南和皖西的山区由于交通不便,公路成为主要的交通线,在城市与乡村、先发展地区与后发展地区,现代化、非现代化的各类交通方式,分别成为近代安徽交通运输的一部分。

第二节 安徽近代工业发展历程

安徽靠近长江三角洲,离我国近代最早开埠且迅速发展为全国重要的口岸和新兴工业中心的上海并不遥远,就此而言自可以较早卷入全球化现代化的浪潮。道光二十三年(1843 年)上海开埠,咸丰十一年(1861 年)镇江、九江、汉口三个长江口岸对外开放。咸丰十一年(1861 年)岁末,两江总督曾国藩于安庆设军械所,制

---

① 李克贤:《合六汽车创办计划》,《申报》1923 年 3 月 31 日。
② 悟非:《皖省安芜蚌三市路政》,《申报》1930 年 9 月 10 日。
③ 杨德惠:《皖将建九大公路》,《申报》1934 年 3 月 14 日。
④ 宋霖、房列曙主编:《安徽通史·民国卷》,安徽人民出版社,2011 年。

造洋枪洋炮,尽管是以制造军火为主的洋务企业,却成为安徽近代企业的开端。同治二年(1863年),安庆军械所试制成功一艘小火轮,长约3丈,后依此放大改进工作,于同治四年(1865年)制成大型轮船黄鹄号,长50余丈。这是中国技术人员和工人独立试制成功的第一艘轮船。①

光绪三年(1877年),安徽南部商业重镇芜湖开埠。凭借优越的地理区位、便利的水道交通和周边丰饶的物产,芜湖迅速跻身于沿江重要口岸之列,并逐渐发展为安徽近代工业中心。光绪三年(1877年),买办杨德创办池州煤矿,资本10万两,聘用德、美矿师,购置采矿机器,为安徽第一家近代化矿山。②

光绪二十一年(1895年)马关条约签订后,外国资本取得了内地开矿、设厂的专权,侵略势力加大了在华直接投资。由于外资可以在内地办厂,自然不能阻止中国百姓在各地设厂。光绪二十一年(1895年)甲午战争以后各地兴起办厂之风,安徽也不例外。光绪二十二年(1896年),芜湖汇丰碾米厂创立,资金65万元,职工140人,为安徽较早使用机器生产的碾米企业。光绪二十三年(1897年),芜湖益新面粉公司开业,资本21万元,为安徽成立较早、规模较大的近代民族资本企业,也是国内最早使用机器生产面粉的工厂之一。同年,芜湖蛋白蛋黄公司设立,以经营出口业务为主,每年收购鸡蛋1 200万枚,腌制蛋黄6 000担左右,主要出口德国、法国;制造干蛋800担左右,大部分出口英国。这是安徽第一家以出口为主的禽蛋加工企业。光绪二十五年(1899年),商人王希仲创立晋康公司,开采繁昌铁矿。③截至1908年,安徽共创设各种规模较大的工厂约40家,其中织布厂15家,其余为面粉、肥皂、电灯、榨油等工厂。④

根据《民国元年工商统计概要》的数据,全国各地成立于光绪二十九年(1903年)以前的工厂共有12 415家,其中安徽为314家;至1912年全国工厂数为20 749家,较光绪二十九年(1903年)增加8 334家,安徽为343家,较光绪二十九年(1903年)增加29家。安徽的343家工厂,无一使用"原动力"(即蒸汽机、柴油机、电动机等为动力)。该年全国已注册的公司资本金额为110 890 781元,安徽为728 000元,还不到1%。⑤这些数据,说明安徽兴办企业虽然不算晚,但投入资金都比较少,而且基本上采用手工劳动为主,总体水平并不高。

至于安徽省1912年的产业部门,在相关统计上比较居前的有两个部门:一是矿业部门,其中的开矿区数(即矿山数量),安徽是9个,居全国第十八位;已领执照之矿安徽有12个,居全国第七位。二是制茶厂(茶叶加工场)的数量,安徽名列

---

① 李允俊主编:《晚清经济史事编年》,上海古籍出版社,2000年,第218、224页。
② 王鹤鸣、施立业:《安徽近代经济轨迹》,安徽人民出版社,1991年,第602页。
③ 王鹤鸣、施立业:《安徽近代经济轨迹》,安徽人民出版社,1991年,第602—605页。
④ 王鹤鸣、施立业:《安徽近代经济轨迹》,安徽人民出版社,1991年,第326页。
⑤ 黄炎培:《民国元年工商统计概要》,商务印书馆,1915年,第2页。

第一。①

辛亥革命推翻了清王朝的封建统治，提高了民族资产阶级的地位，民国政府颁布了一些有利于工矿业发展的条例。1912年3月10日，袁世凯宣布在北京就任临时大总统，拉开了北洋系军阀统治中国的序幕。尽管北洋军阀统治中国时期政治斗争不断，军事斗争时时出现，但发展本国工商业的一些基本政策仍然在动荡的环境中得到了延续。1914年第一次世界大战爆发，列强忙于争斗，直到1918年战争结束，由于列强无暇东顾，国内工业出现了一次难得的发展机会。

辛亥革命以后，尤其是一战期间，安徽新设立的织布工厂共33家，为清末设立织布厂数的一倍以上，共有职工1 200人，棉纱主要来自印度和日本。同期设立印刷厂15家；碾米厂17家，职工达400人，少数厂用机器碾米；火柴厂1家，1914年建立在凤阳县，职工600人，年产1.2万箱。②

矿业的发展尤为迅速。据1919年统计数据，安徽全省注册煤矿有81家，领有矿地99区，分别比第一次世界大战前增加了2.5倍和2.1倍。矿石产量也有了较为显著的增长。如当涂、繁昌等地的铁矿产量，1920年为10.6吨，1923年增长到37.5吨，铁矿产量占全国七大铁矿总产量的比例，1920年为7.7%，1925年上升到了35.3%，已经超过了三分之一。其中繁昌桃冲铁矿的年产量1925年达到了31万吨，一跃居全国七大铁矿的首位。③1912年安徽全省从事探矿的办事人员55人，矿师10人；从事采矿的办事人员61人，矿工535人。到了1920年，全省从事探矿的办事人员9人，矿师2人，矿工4 025人；从事采矿的办事人员307人，矿师29人，矿工753 966人。④1920年在矿山从事探矿和采矿的职工人数高达75.8万人，是1912年区区661人的1 147倍，可见安徽矿业规模扩大之迅速。

据《中国年鉴》第一回统计，1903年安徽全省包括大量手工业作坊在内，共有工厂236个，占全国工厂数的3.9%，到1918年全省工厂数达424个，占全国2.9%。这些数据说明安徽近代工业在一战期间比清末有所发展，但在全国仍处于落后地位。⑤

1927年北伐胜利至1937年抗战爆发前的这10年，安徽无论是政治还是经济都保持了相对稳定的状态，从而为经济的发展创造了一定的环境和条件。不过这期间安徽的经济发展呈现的是比较复杂的状态，各行业发展极不平衡。公路、铁路、港口等交通方面得到较快的发展，城市规模也有扩大。但民族工业发展速度迟滞，而且一些此前经营状况比较好的企业陷入困境，经济上与江浙地区的经济差距

---

① 黄炎培：《民国元年工商统计概要》，商务印书馆，1915年，第17、70、74页。
② 王鹤鸣、施立业：《安徽近代经济轨迹》，安徽人民出版社，1991年，第330页。
③ 程必定：《安徽近代经济史》，黄山书社，1989年，第222—224页。
④ 《北京政府时期安徽矿工人数简表》，引自宋霖、房列曙主编：《安徽通史·民国卷》，第六章，安徽人民出版社，2011年。
⑤ 王鹤鸣、施立业：《安徽近代经济轨迹》，安徽人民出版社，1991年，第330页。

进一步扩大。

南京国民政府成立后,安徽省政府下设建设厅,主管全省工商业,但由于工业"向不发达",加上受财力限制,无力进行大规模的政府投资,只能"以倡导为入手",要求各县举办一些所谓民生工厂。① 自20世纪30年代以来安徽的工矿业总体上处于衰退的状态,新的工矿增加不多。投资主要集中在电力方面,全省有29家电厂,总投资为450万—500万元,占了机器工业投资总额的近40%。但除了芜湖明远电气公司和蚌埠耀淮电力公司因专家治厂经营状况颇佳外,其他企业由于资金、技术、管理等方面的原因,亏损者居多。此外,建立较早且具较大规模的芜湖益新面粉厂和芜湖裕中纱厂,在20世纪30年代也因亏损而破产。②

图2-3-3 民国时芜湖的明远电气公司

津浦铁路通车后,蚌埠迅速成为皖东北物资集散之地,1927年当地出现了两家大型面粉厂——宝兴面粉厂、信丰面粉厂。宝兴面粉厂聘德国工程师主持生产,经营得法,企业经营规模逐渐扩大。信丰面粉厂后因难以维持,工厂只得租赁给他人经营。1919年,英美烟公司建在凤阳县境内的烤烟厂投产,日烤烟叶1万公斤,烤烟成品均装车运往上海,一直经营良好。1926年英美烟公司买办兼翻译范雨田集资,办起蚌埠第一家卷烟厂——大来烟厂,抗战爆发后烟厂迁出蚌埠,后因日军占领而倒闭。③

安徽近代机器工业发展极为缓慢,20世纪30年代仍以芜湖、蚌埠、安庆三地较为发达。芜湖工业居全省第一位,但1935年也只有176家工厂,资本总额

---

① 安徽省建设厅:《安徽建设现况》,《中国经济》第8期,1935年。
② 宋霖、房列曙主编:《安徽通史·民国卷》,第十章,安徽人民出版社,2011年。
③ 宋霖、房列曙主编:《安徽通史·民国卷》,第十章,安徽人民出版社,2011年。

2 360 924元,工人数合计2 264人;工厂以碾米厂最多,90家;棉织厂次之,49家。①1933年各县共有工厂45家,其中宣纸厂14家,纺织厂10家,染织厂3家,电灯、碾米、面粉、冶铁、造船各2家,其他如肥皂、铁工、制革各1家,且大多为百人以下小厂,其中真正使用机器者仅13家,其他皆为手工业生产。②

安徽矿藏丰富,1929年鉴于以前官矿管理不善,安徽省建设厅拟订安徽省开发矿产办法大纲及官矿让与商矿章程,全省保留官矿18区,其余官矿区一律开放,准由人民依法承领。国营矿业区以淮南煤矿规模最大,由建设委员会投资,1930年3月成立淮南煤矿局,1936年产量已达50万吨以上。省营矿业主要有水东及馒头山煤矿,因经费困难先后转为商营。此期安徽商办矿业数量不断增多,成为矿业的主体力量。至1936年,全省有商办煤矿79区,铁矿13区,硫黄矿1区,锑矿1区,金矿2区,共计102处。③

1937年卢沟桥事变以后,日本全面展开侵华战争,日军沿江而上,占领南京后,迅速占据安徽沿线,铁蹄踏遍了江淮各地。一方面是战争的严重破坏,另一方面是经济建设陷于停滞,工业也不例外。八年抗战之后又是三年的国共内战,直到中华人民共和国成立,才迎来了全面建设的新时代。

第三节 矿业地理

安徽是长江中下游矿业资源富饶的矿业大省,至20世纪末,已发现的矿物种类有近百种。安徽又是古代志书记载矿业资源丰富的省份,《大清一统志》中对安徽南陵、宁国、铜陵、当涂、庐江、凤阳、怀远、灵璧、定远、霍邱、全椒、天长等县的矿藏,都有记载。到了近代,由于安徽的近代制造业和加工业发展缓慢,规模有限,矿业的较大规模的开发便成为近代工业经济中令人关注的重点。

安徽古代矿业资源的开发利用,主要在江淮地区和长江以南的皖南地区。近代意义的矿业开发及其呈现的时空地理特征,主要在鸦片战争以后,但在1840—1949年间,不同历史年代,有其不同规模、性质以及时空特点。

一、矿业开发的历程及其概况

安徽矿业开发,始于洋务运动时期。光绪三年(1877年),杨德在池州投资10万两银子,创立池州煤矿,成为安徽近代矿业开发的先声。该矿雇洋员,采用西方进口的抽水机、钻探机械,具有一定开采量。出产的煤炭主要供上海地区及轮船招商局汽轮动力之需,因为销路不愁,发展甚为迅速。进入19世纪90年代后,由于

---

① 《安徽手工业状况统计表(1916年)》,引自宋霖、房列曙主编:《安徽通史·民国卷》,第六章,安徽人民出版社,2011年。
② 王鹤鸣、施立业:《安徽近代经济轨迹》,安徽人民出版社,1991年,第331页。
③ 刘贻燕:《最近安徽经济建设概况》,《经济建设半月刊》第4期,1936年。

图 2-3-4 兴办于清末的淮北烈山煤矿

矿质差,设备闲置而衰落。① 光绪九年(1883年)开办狮形山铜矿,②光绪二十四年(1898年)王希仲在繁昌创办晋康煤矿,光绪二十五年(1899年)王仲侯在贵池创办礼和煤矿四处。光绪二十六年(1900年)宿州秀才周绍荣获得采矿权;出资组建合众公司,开采淮北烈山煤矿。

清末是安徽矿业发展较快的一个时期,主要原因是《辛丑条约》之后,西方列强对中国矿业的攫取更加猖獗,仅仅是与安徽签订矿业条约合同的就有英国、日本、意大利三个国家,而在具体开采中,德国也紧随上述三国加入了掠夺安徽矿产的行列。

光绪二十七年(1901年)盛宣怀与日商土仓鹤松氏在宣城创立宣城煤矿,光绪二十八年(1902年)英国商人凯约翰在皖南六县开办伦华公司(安裕公司),光绪二十九年(1903年)德国商人内播克在安庆大凹山创办永顺煤矿公司,光绪二十九年(1903年)徐安澜先后与日、英商人在贵池创办裕通公司,光绪二十九年(1903年)安徽商务总局与意大利公司在巢县等皖中四县创办意大利公司。③ 据编纂于清末的具有官方文献性质的《皖政辑要》一书记载,光绪三十四年(1908年)时安徽矿区有27个。具体地县域为贵池10区,繁昌5区,广德、泾县、东流各2区,宿松、宿州、天长、歙县、绩溪、宣城各1区。④ 根据民国初北洋政府对矿业的统计,兹制表如下。

表 2-3-1　1905—1911年安徽开矿领照件数及矿界统计

时间	铜(区)	矿界	锑铜(区)	矿界	煤(区)	矿界
光绪三十一年(1905年)					4	134.00
光绪三十二年(1906年)					10	98.40
光绪三十三年(1907年)					9	161.40
光绪三十四年(1908年)					1	0.61
宣统元年(1909年)			1	27.6	2	1.03
宣统二年(1910年)					1	2.00
宣统三年(1911年)	1	0.78			2	36.69
总计	1	0.78	1	27.6	29	434.13

(资料来源:殷梦霞、李强选编:《民国统计资料四种》第1册,国家图书馆出版社,2010年,第496—499页。)

---

① 引见王鹤鸣、施立业:《安徽近代经济轨迹》,安徽人民出版社,1991年,第392—393页。
② 欧阳发等:《经济史踪》,安徽人民出版社,1999年,第178—185页。
③ 陈真编:《中国近代工业史资料》第2辑,三联书店,1958年,第142—147页。
④ 王鹤鸣、施立业:《安徽近代经济轨迹》,安徽人民出版社,1991年,第412—413页。

在 1912—1919 年的 8 年间,安徽的矿企成立和开发利用出现一个发展小高潮。一个重要原因是第一次世界大战期间,西方列强势力干扰减弱,安徽民族资本家在矿业上的投资加快和增加,1915 年有 13 处矿区,1916 年 38 处,1917 年 11 处,1918 年 31 处,1919 年 46 处,成矿和探矿总计 141 处,矿业开发出现显著的增长。自此一阶段开始,安徽矿业开采达到一定规模,这些企业绝大多数为民族资本家的商办矿企和一些小型矿业。

表 2-3-2　1912—1919 年安徽新注册铁矿统计

年 份	铁矿区数	涉及县数	具体矿区及其所属公司(矿点)
1912 年	0	0	
1913 年	1	1	天长铁矿①
1914 年	5	0	当涂县 4 区,繁昌县 1 区②
1915 年	0	0	
1916 年	4 家 13 区	2	当涂:利民公司(扇面山、妹子山、小凹山、归善乡栲栳山、戴山、南山)、宝兴公司(东山、凹山黄山沿、碾屋山、平岘冈)、福民公司(小姑山常埝圩)、振冶公司(南乡钟山) 繁昌:裕繁公司(北乡桃冲)
1917 年	0	0	
1918 年	7 家 12 区	4	怀宁:阜宁公司(受泉乡)、丰宁公司(大丰乡黄上山) 繁昌:振冶公司(西北乡储圻岭)、昌华公司(北乡赵冲)、富华公司(西北乡杨山冲)、益华公司(小陶冲银坑山) 当涂:益华公司(巧山栲栳山、大小马山黄梅山、龙家山矿屋山、虾蟆山、老虎山) 铜陵:来远公司(钟鸣镇陶村一带)
1919 年	3 家 3 区	2	繁昌:富华公司(北乡十一、二都仙霞冲)、宝华公司(横岭冲) 当涂:益华公司(北乡萝葡山)

(资料来源:安徽省实业厅:《安徽省六十县产业调查繁表》,安徽省实业厅,1922 年,第 1432—1435 页;何清:《安徽铁矿概况》,《是非公论》第 29 期,1937 年,第 17—19 页。)

说明:学界对于民国初年的铁矿开办时间的界定多有分歧,主要争议在对注册矿照时间、探矿时间、实际开采时间三个时间点,究竟以何作为开矿时间的认识上。

以上共计 20 家,34 处矿区,外加此前已经开办的泾铜矿务公司总计 21 家 35 区。

---

① 殷梦霞、李强选编:《民国统计资料四种》第 2 册,国家图书馆出版社,2010 年,第 558 页。
② 殷梦霞、李强选编:《民国统计资料四种》第 4 册,国家图书馆出版社,2010 年,第 40、41 页。

表 2-3-3 1912—1919 年安徽新注册煤矿统计

年 份	煤矿区数	涉及县数	所属县域及其公司(矿点)
1912 年	0	0	
1913 年	0	0	
1914 年	4 家 4 区(其中探矿 2 区)	4	泾县：泾阳公司(施杨村)[探矿] 无为：赵韦庵(北乡高家岭)[探矿] 宣城注册 1 区,宿县注册 1 区①
1915 年	12 家 13 区(其中探矿区 5 家 6 区)	7	贵池：六合公司(馒头山火烧凹)、池裕公司(馒头山孙家冲)、金泳榴(馒头山赵家冲)[探矿] 宣城：安平公司(凤翼村后山场)、陈则民(北乡牛茨山)、金牌公司(金牌团)[探矿] 宿松：鼎兴公司(东乡麻木山) 繁昌：荣昌公司(南乡茶冲)[探矿]、荣昌公司(南乡石潭冲)[探矿]、大成公司(南乡九塘冲)[探矿] 泾县：泾川公司(宣阳都石壁山摇头岭一带) 宿县：普济公司(小黄山长山)[探矿、铅矿] 怀远：大通公司(怀远舜耕山倪家庄)
1916 年	20 家 24 区(其中探矿区 8 家 8 区)	9	繁昌：大兴公司(大信冲)、天生公司(北乡顺冲阴山里)[探矿] 贵池：振殷公司(董村人形山)、池裕公司(邱家冲、受三保黄梅冲)、高文伯(黄梅冲龙台山)、周寅旸(北乡太平桥紫岩山)、倪文骏(东乡凤形山)[探矿]、振殷公司(西二保人形山一带)、九成公司(馒头山)[探矿] 宣城：宣衡公司(牛茨山大山)[探矿] 东流：厚生公司(团山凸)[探矿] 青阳：裕华公司(东乡袁家冲)[探矿]、丰利公司(东乡方冲)[探矿]、姜孝维(骆家潭)[探矿] 怀宁：长康公司(叶家冲)、中日实业公司(渌水乡叶家冲、渌水乡叶家冲)、长康公司(渌水乡一带) 泾县：泾铜公司(北乡鼓楼铺茨山、摇头岭娄公塘、杨梓山狮子潭) 宿松：振兴公司(北乡松塘庄王家沟) 宿县：普益公司(北乡濉溪镇小环山)
1917 年	12 家 12 区(其中探矿区 3 家 3 区)	5	宣城：李培英(东乡屠村)、大康公司(南阳团蔡村虎山)、金牌公司(金牌团荒村)、宣煤公司(后潭团稽亭岭一带)[探矿] 怀宁：大丰公司(土桥保雷庄一带) 繁昌：崇实公司(北乡荻港镇幢山寺)、晋康公司(东南乡三角包)、阜宁公司(东南乡雷家涝) 贵池：民生公司(馒头山赵家冲一带)、另外一家不详② 泾县：宝兴公司(北乡杨梓山东冲)[探矿]、泾川公司(北乡百羊山)[探矿]

① 殷梦霞、李强选编：《民国统计资料四种》第 4 册,国家图书馆出版社,2010 年,第 40,41 页。
② 《安徽实业》第 2 期第 1—4 页,显示 1917 年贵池注册矿区一区。殷梦霞、李强选编《民国统计资料四种》第 7 册,国家图书馆出版社,2010 年,第 592 页,记录贵池本年注册煤矿区有 2 处,具体名称不详。

续　表

年　份	煤矿区数	涉及县数	所属县域及其公司(矿点)
1918年	19家19区 (其中探矿区8家8区)	9	怀宁：大正公司(大丰乡磨山保)、永丰公司(双城保倪家冲) 繁昌：晋康华记公司(五华山)、云瑞公司(柿冲)[探矿] 宣城：宝善公司(南阳团大汪村)、华兴公司(南阳团大汪村)、益华公司(犬形山靠山)、豫济公司(小东乡东冲团)、青山公司(南阳团大汪村青山)[探矿]、宝宣公司(东冲团王胡村)[探矿]、利宣公司(西响团凤凰山)[探矿] 贵池：池裕公司(仁一保梅精山)、华盛公司(下六保猪形山)、豫通公司(洗马埠陡岭山) 青阳：裕青公司(北乡五佛冠山一带) 太湖：裕熙公司(南乡新仓镇)[探矿] 广德：通惠公司(赵庄、大北乡一带)[探矿] 泾县：王丰镐(西山庵后毛出王村)[探矿] 怀远：淮兴公司(上窑镇一带)[探矿]
1919年	37家42区 (其中探矿8家9区)	11	巢县：振远公司(南乡五区乌梅冲)、华大公司(西一保平顶山) 繁昌：保昌矿厂(北乡小矶山冲、西北乡郑家冲)、天福公司(北乡江家冲)、阜昌公司(南乡密起峰)、裕昌公司(南乡狮子山一带)、荣昌公司(南乡十八都茶冲)[探矿]、利远公司(北乡里远冲大干冲)[探矿] 宣城：益华公司(南乡周工村一带)、照惠公司(后坑团大梅村)、宣通公司(后坑团牛皮塌山)、昆南公司(西觉团战鼓山)、胡茂林(青柏茗团虎山店)、潘志成(水东镇下马山)、宝丰公司(九里团图凸山)、集义公司(东乡汪姓小村一带、冲岭团瑞溪冲)[探矿]、豫济公司(青柏茗团双庙岗)[探矿] 南陵：阜陵公司(上北乡官塘冲) 泾县：永泰公司(北乡双狼都王家村)、刘机(北乡岸前都鸣坑山)、源盛公司(北乡前半石碧山)、瑞昌公司(泉北都安子坑一带)、刘华山(青东都罗家冲)、宝兴公司(北乡方家冲画眉岭)[探矿]、昌大公司(北乡李村)[探矿] 宁国：昭惠公司(北乡毛平坦冲)、裕宁公司(北乡许村大山脚) 贵池：久大公司(东乡元三保南塘湾)、保裕公司(元四保方家冲、仁一保旧溪、西二保李子坑、上三保滴水涯)、乾大公司(殷溪甲灵田甲)、和陵公司(竹塘区仁三保何岭)、昌大公司(北乡灰山程山)[探矿]、九成公司(上二保白云小九华塘) 铜陵：富鑫公司(东乡钟鸣镇罗家冲) 广德：广信公司(北乡徐家山一带) 东流：厚生公司(晋阳乡方冲一带) 怀远：宝华公司(山、毛山)

(资料来源：安徽省实业厅：《安徽省六十县产业调查繁表》，安徽省实业厅，1922年，第1436—1450页；《安徽实业》第2期，第1—4页。)

上述资料统计的矿区外,尚有1916年协义公司在贵池县东北乡太平桥紫岩山创办的硫黄矿和1919年益华公司在贵池县际头山创办的铅矿。

进入20世纪20年代,安徽作为北洋政府皖系军阀直接控制下的重要省份,矿业开发开始受到官方的重视和垂涎。1923年安徽官矿督办处成立,是以官方名义控制安徽矿产的最重要的政府机构。另外第一次世界大战结束后,日本势力深入中国内地,安徽的矿产尤其是铁矿石成为日本的专属矿产被大量运走。至1927年北伐战争结束前,安徽已有矿业公司144个,领有矿区211区,其中煤矿有176区,铁矿32区,另外有铅矿2区和硫黄矿1区。[①] 矿区数目与1919年相比,8年间增加了70区,其中铅矿1区,铁矿区超过10区,煤矿区超过50区。

表2-3-4 1920—1926年安徽新注册铁矿统计

年 份	铁矿区数	涉及县域	具体公司及矿点
1920年	2家2区	2	繁昌:振矩公司(西北乡茨墩头) 铜陵:益华公司(东南乡城山)
1921年	1家1区	1	当涂:益华公司(北二区矿屋山)
1922年	1区1家	1	铜陵:大陵公司(叶山冲)
1923年	3家 5区	3	铜陵:泾铜公司(铜官山)、 当涂:益华公司(北乡龙虎山小安山) 繁昌:安徽官矿督办处(孤山、甑山、墓奇山)
1924年	0	0	
1925年	0	0	
1926年	1家 1区	1	繁昌:安徽官矿督办处(徐冲)

(资料来源:詹玉鼎:《安徽矿业近况》,《安徽建设》第16,17期合刊,1930年,第72—85页;俞道五:《安徽省官矿局成立史略》,《安徽建设》第16,17期合刊,1930年,第137页;《安徽二十二年私营煤铁磺矿矿区面积表》,《矿业周报》第267期,1933年,第11—14页。)

说明:大陵公司在资料记载中并无确切开矿日期,其本身为私营矿企,并且长期欠缴矿税,无法形成对具体时间的界定。又据许汉山、路径:《民国初期铜官山采矿业》,铜陵新华印刷厂,1992年,第171页,以及根据其截止于1928年该公司欠税13期(按照矿区税每年6月、12月业主缴纳给实业厅,所以矿区税每年为两期,另外矿税是每年1月和7月征收也是一年两期[②]的实际情况,其公司共欠税6年半,所以其最迟创办于1922年。另外《矿业》杂志在1922年第5卷第4期"矿业界消息"第4页的记载中曾讲到安徽绅士前湖南巡抚余诚格,拟创办大陵铁矿正在进行中,故将其列入1922年统计。

由上揭统计,1920—1927年4月间安徽共开铁矿10区,其中官矿区4区。但是开办的10家铁矿,却没有一家真正实施铁矿开采的,并未获得实质性的成果。

---

① 詹玉鼎:《安徽矿业近况》,《安徽建设》第16,17期合刊,1930年,第72—85页。
② 邓中华:《我国矿税演化研究》,《经济师》2008年第3期,第144页。

其中有 3 处在 1930 年时被政府清查,1 处被注销。

表 2-3-5　1920—1926 年安徽新注册煤矿统计

年　份	煤矿区数	涉及县域	具体公司及矿点
1920 年	4 家 4 区	2	宁国：裕宁公司(三十七都朱家庄大山脚) 繁昌：元康公司(北乡十一二都大凹冲)、裕成公司(北乡十一二都杨公岭)、协昌公司(北乡程家山)
1921 年	2 家 2 区	2	宁国：灰山公司(北乡灰山程山) 芜湖：裕芜公司(南乡管平铺赵家冲)
1922 年	3 家 3 区	3	贵池：吉益公司(西二宝李子坑) 泾县：惠民公司(宣阳都晏公塘) 繁昌：利元公司(北乡里远冲)
1923 年	3 家 55 区	9	芜湖：安徽官矿督办处(外赵冲) 繁昌：安徽官矿督办处(王家坪)、勋荫公司(南乡山冲村)、昌明公司(北乡长垅山)、裕昌公司(西北乡蟹子冲) 东流：安徽官矿督办处(墓公山) 南陵：安徽官矿督办处(草屋店) 贵池：安徽官矿督办处(金鸡铺、琅山、殷坑、叶叶排、马鞍山、长龙山、前范冲) 泾县：安徽官矿督办处(螺丝墩) 广德：安徽官矿督办处(琉珠洞、小牛头山、大牛头山) 宁国：安徽官矿督办处(白石岭、钟村、黄渡镇、长山)、义成公司(石灰山狗头湾)、义合公司(狮子山头)、富民公司(小汪村靠山、兔子岭) 宣城：安徽官矿督办处(桃园冲、撩石岭、黄家山、大汪村、水巷、峄山、凤凰窝、蔡村、鸟石岗、下河山、狮山)、保和公司(来龙山狮子山)、宝丰公司(九里团图凸山)、东岭公司(冲岭团平顶山)、广通公司(孟东团胡家山)、益宣公司(来龙山)、大全公司(汪村)、丰源公司(狮子山)、阜宁公司(庙沟西山)、南洋公司(梨树咀)、长康公司(大小劳山)、捷成公司(机坎团袁村)、东成公司(高桥头毕窿山)、西成公司(小宝山、小胡村)、富民公司(象鼻山、东冲团乌纱岭)、东孟公司(孟东团大塘沟)、东青公司(青柏茗狮子山)
1924 年	4 家 7 区	5	芜湖：安徽官矿督办处(蒿子山、火龙岗) 铜陵：安徽官矿督办处(大南冲) 宿县：普益公司(烈山、卢家沟) 泾县：宝兴荣公司(宣阳都蚕眉岭) 贵池：福利公司(仁一保穿山)

续 表

年　份	煤矿区数	涉及县域	具体公司及矿点
1925年	6家10区	5	贵池：安徽官矿督办处(钱家山)、六合公司(东二保獭猫山) 泾县：安徽官矿督办处(画眉岭、金宁岗、金家岭) 含山：安徽官矿督办处(青山) 芜湖：矿商黄銮(石危铺周家山) 繁昌：协和公司(北乡蒋家冲)、裕生公司(西北乡分水岭)、矿商牧庭芳(十八都施家冲)
1926年	2家2区	1	繁昌：雪瑞公司(北乡柿冲小冲)、复康公司(北乡吴家冲)

(资料来源：俞道五：《安徽省官矿局成立史略》，《安徽建设》第16、17期合刊，1930年，第134—139页；詹玉鼎：《安徽矿业近况》，《安徽建设》第16、17期合刊，1930年，第72—85页；《安徽全省各商矿按照颁布矿业法变更亩数及税额一览表》，《安徽建设》第3卷第2期，1931年，第5页；《安徽全省各商矿积欠矿区税额统计表》，《安徽建设》第3卷第1期，1931年，第13—17页。)

说明：1923年宣城、宁国县所包含的矿区有20区为未曾注册矿区，而这些矿区也并未进行实质性的大规模矿业开采。另外这些矿区由于没有矿照，于1923年被安徽官矿督办处所强行收回，成为官矿矿区，故此处将这些矿区列入为安徽省实业厅备案过的1923年。

上述83区注册煤矿区外，另有1923年集益公司于贵池县元一保紫岩山铜坑口注册的硫黄矿1区。据1930年詹玉鼎《安徽矿业近况》记载中另外有64处探矿区由于欠税超过六期(三年)被注销。在被注销的矿区中，1919年以前开办的有32区，另外于1920—1927年间创办的有30区，同时被注销的还有铜陵铁矿1处，贵池铅矿1处。注册于1920—1927年间的矿厂有126区。在创办的126处矿区中，10处铁矿有4处为官办，另外煤矿中除了安徽官矿督办处注册的38区外，为其所控制的另有27家，总计达到65家。也就是说在新创办注册的126处矿区中，有69家为官办矿区，占这一时期注册矿企业的半数以上。

官矿的大量开办压缩了商人群体办矿的积极性，而且在矿区的注册中，身为北洋政府大总统特派员的王达成为北洋政府掠占安徽煤矿资源的代理人，来到安徽后依据督办安徽官矿事宜的六条权限章程，大肆占有各地潜在矿山。其依据权限章程的第二条云："安徽原有官矿区域，经部核准有案者，均归督办管辖办理。"[①]建立的42处矿区中，最后开工建设和投入的仅有大汪村水东、蒿子山、金鸡铺、钱家山4处。在督办的官矿矿区中，面积达到了351030.35亩。[②] 外加27处为其兼并的矿区，面积约有40万亩之巨。

这一时期的商业办矿呈现出动力不足的情况。8年间，仅有57家新注册开办

---

① 俞道五：《安徽省官矿局成立史略》，《安徽建设》第16、17期合刊，1930年，第135页。
② 俞道五：《安徽省官矿局成立史略》，《安徽建设》第16、17期合刊，1930年，第139页。

的商业矿区,而且其中有 32 处在 1928 年为政府所取缔。剩余的 25 处甚至不及 1918 和 1919 年其中任何一年注册矿区的数目。值得称道的是在这 25 处矿区中实现开采的达到了 20 家,矿企开采率占存留商办矿企的 83%,占 8 年间创办商办矿企的 1/3。官矿开采和商办矿企的开采形成了鲜明的对比。只是官矿虽然有国家作为后盾却难以实际执行开矿计划,圈出的大片矿区往往闲置;商办矿企经营规模有限,少则仅有一处,多则三四处,反而便于执行开采和管理,进入实质性的施工开采阶段。所以这一阶段虽然官矿在安徽建立很多,却并没能带动安徽社会经济发展。

由前揭表格将北洋政府统治的 16 年间每年安徽注册创办的矿企作进一步梳理和分析,可知民国前 16 年间安徽矿企的创办规模已经相当可观。在这 16 年间,通过政府部门注册过的矿区有 267 个,矿厂的数目相比于清末时期仅有的 32 区,已经有了数目上的巨大飞跃。但是,我们仍能清晰地发现,这一阶段的矿业开发仍然仅仅集中在煤、铁的开发上,铅矿和硫黄矿仅有 3 个矿区。

图 2-3-5 民国时怀远西舜耕山麓的大通煤矿矿场

另外,资源开发地的分布局限于皖江及皖南地区,267 处矿区中,除了宿县注册 3 矿区、巢县注册 4 矿区、怀远注册 3 矿区外,其余均为沿江及皖南各县注册的矿企。巢湖及其以北地区的矿业开发十分缓慢,仅占开发矿区数量的 4%,而沿江及皖南地区的矿区占全省矿区的 95% 以上。参酌此一时间段安徽矿区资料,从时间序列上分析矿区注册时间及其统计分析,可参见表 2-3-4 及图 2-3-6。

表 2-3-6 北洋政府时期安徽历年可查注册矿区统计

年 份	注册矿区数目(个)	年 份	注册矿区(个)
1912 年	0	1920 年	6
1913 年	1	1921 年	3
1914 年	7	1922 年	4
1915 年	13	1923 年	61
1916 年	38	1924 年	7
1917 年	12	1925 年	10
1918 年	31	1926 年	3
1919 年	46	1927 年 4 月	0

说明：1920—1928 年间注册，但由于欠税注销的 31 处矿区，由于最低欠税 6 期(3 年)，故这 31 处矿区注册年限应为 1920—1925 年，但由于确切年份难以考证，故不列于表。

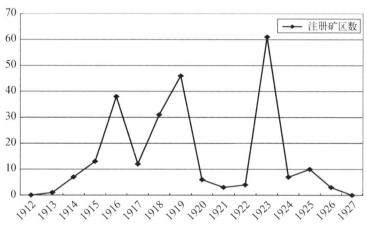

图 2-3-6 北洋政府时期安徽注册矿区折线图

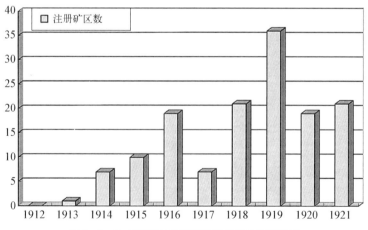

图 2-3-7 民国初年安徽领照注册矿区数统计图

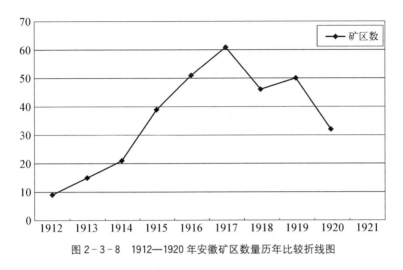

图2-3-8　1912—1920年安徽矿区数量历年比较折线图

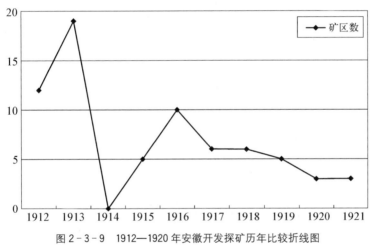

图2-3-9　1912—1920年安徽开发探矿历年比较折线图

从上揭几个表图所见,北洋政府统治时期,矿业开发有其成就,在其初期和末期是矿区开发的薄弱期,而从1912—1926年,每年都有矿企注册领照。

1927年后,国民政府在安徽的统治较为稳定,安徽矿业开采出现了新局面。官矿在南京国民政府农矿部从安徽官矿督办处接收后,对一些富矿进行了整改并进入实质性的开采阶段,1930年5月国民政府颁布《中华民国矿业法》,10月公布《矿业法施行细则》。虽然规定了国家权益,绝大部分矿产收归国有,但对于煤矿的开采没有设限。《矿业法》规定了矿区税和矿产税的税额,税额虽不低,但在一定程度上稳定了商人对矿税的信心。1931—1932年间公司组织及登记、劳资争议处理、矿税征收等涉及矿业开发的法规条例相继出台,使得矿业开发逐步规范化。南京国民政府建立后,首都南移,行政中心也是资源

第二篇　安徽近代经济地理　**221**

消耗的最重要地区。中国煤炭北多南少,国家行政中心转移到了长江中下游地区,但所需的北方煤炭需长途运输,成本甚巨,中央为此提倡开发南方煤矿,同时抵御外煤倾销,这些因素都有利于矿商积极主动参与开发活动。而以发展南方煤矿为先务,一方面促成了淮南煤矿的现代化开发,另一方面则导致皖南煤矿的继续开发和重建。以至于一些以前矿业开发未曾涉及的望江、东流、含山等县都出现了矿业开采企业。

表 2-3-7　1927 年 4 月—1937 年安徽历年新注册商办矿区统计

年份	矿区数	涉及县域	具体公司及矿点
1927 年 4 月后	7 家 8 区	3	繁昌:矿商丁瀚(南乡葛寺冲)、矿商黄晓潭(南乡石龙山)、四合公司(北乡徐冲)、昌华公司(西北乡朱山涝山)[铁] 贵池:和陵公司(贵池县仁三保何岭、仁三保磨子山) 怀宁:矿商潘香尘(集贤保官塘冲等处)、矿商何云翔(士桥保实林山学堂塝等处)
1928 年	5 家 5 区	4	繁昌:矿商吴国琛(南乡箬勘冲) 铜陵:矿商胡合顺(朱村耆永岭冲) 怀宁:矿商张竞群(十里保莲花塄等处)、矿商孙孝庆(集贤保枣树光等处) 巢县:裕宁公司(东南乡八区面山李家山)
1929 年	5 家 5 区	4	广德:通裕公司(北乡大小牛头山) 繁昌:矿商朱筱翔(北乡杨山冲)、矿商孔庆松(北乡刘家拐子) 怀宁:矿商葛荣魁(冈子保牛眠旁等处) 巢县:矿商夏钺武(散兵镇大小黄山)
1930 年	0 家 0 区	0	
1931 年	5 家 5 区	4	望江:潘公威(北乡泉塘寺二甲南山鹅公包) 铜陵:张子琴(东乡朱村耆蜂子岭栗柴山) 怀宁:安宁铁矿公司(西北乡十里保火龙山)、程士桢(渌水乡十里保三甲蔡家山蛇形山) 巢县:鲍子远(东南乡第八区芦塘营北放牛山)
1932 年	7 家 8 区	5	繁昌:陈美庭(西二区三四都阳山团山黄荆山石)、李萃文(北乡骆冲纱帽山、北乡杨波冲园山竹园涝) 贵池:陆大道(西二保下董村甲鸡子头仁信山)、邱育全(西乡下六保保护山腰里王村) 芜湖:周毓英(西南乡管平铺胜家冲龙灯山) 青阳:姜华(北乡二十三都八甲七房冲虎形山斗笠尖) 怀宁:王华齐(渌水乡集贤保小坦罗家大坦)

续 表

年份	矿区数	涉及县域	具体公司及矿点
1933年	14家15区	7	繁昌：胜昌煤矿(东乡蒋家冲高姓五标山丁山谷姓山周山)、洪添铭(北乡一、二都吴家冲口冠山尚姓山)、周宏森(南乡十五都六甲城山冲前山后山洞山)、赵秋生(北乡石城都一甲童家山长地山)、张楷南(北乡一、二都周冲洪公山蛇形山)、陈汉章(西二区幛山象鼻山天台山) 贵池：池惠矿煤公司(东一保罗家山徐家山孙家山)、王莘农(西二保上区阴牛形山美女山)、杨佑卿(西乡下六保象山一带) 宿松：王宏光(北区赤庄传家垅) 芜湖：吴葆齐(南乡石栀镇移风铺篙子山) 铜陵：丁卢锦(东乡朱村耆五甲杉木山火柴山) 东流：童新华(东门外金字牌山) 含山：裕含煤矿公司(东关镇江家圳一带、东关镇老官山一带)
1934年	9家10区	7	宣城：姚雨耕(东乡水东大汪村西窑山一带及宁国县南乡白石岭马鞍山一带、东乡水东项村鸟石岗大茅山一带) 繁昌：裕成煤矿公司(北乡一、二都张冲脑牛形山等处)、陆子冬(南乡十八都新林铺北约半里古路冲地方) 宁国：宁丰煤矿公司(山乡七里凉亭七里桥松树山 程村等处) 贵池：王鉴(西乡第六区土名下六保即五显堂陈岭一带)、沙溪煤矿公司(西北乡上三保母山脚闵龙冲小山冲等处) 怀宁：张森(北乡大丰乡磨山保长口何山凸竹庄汪山等处) 巢县：鲍逸民(南乡第六区高桥大山尾苏家垅一带) 绩溪：金成锑矿公司(十四都荆州镇杨家坞)[锑]
1935年	8家9区	4	繁昌：陈中恒(西北乡一、二都沙塘埂陈家山螺形等处)、郑希成(北乡第一区第三十四保湖洋冲绣花形山土泥塘山等处)、义成公司(北乡十一、二都胡阳冲杨公岭等处) 贵池：楚奇煤矿公司(西一乡下六保鸡鸣山来龙山雷冲等处)、通汇煤矿公司(西乡第六区下六保江家冲狮形山王家岭等处) 宿松：大盛煤矿公司(北乡第三区松塘庄下保资福寺七叶坞山一带地方) 巢县：裕原煤矿公司(南乡第六区七十三保龙泉庵霸王衡山羊耳岗等处)、瑞中煤矿公司(南乡第六区八十三保净土庵主山陡子岭募化岭等处、南乡第六区八十三保三甲打铃塘冲陶家冲王家回形等处)
1936年	7家10区	6	繁昌：协和煤矿(北乡一、二都蒋家冲)、刘哲之(西北乡朱山涝山等处) 泾县：茨山矿煤公司(北乡青东都鼓楼铺西北茨小煤垄岗等处) 贵池：宝大煤矿公司(第六区下六保扬村坂操垅排山脚等处) 巢县：王爵三(西乡第五区三保五甲马鞍山脚等处、西乡第五区三保五甲平顶山脚等处) 绩溪：同利公司(东乡十五都大岭脚阳洞水碓下石门口一带、东十五都裹大岭脚垱里山庙前湾一带)[金]
1937年			未有可靠资料记载有注册于此年的矿厂

(资料来源：《安徽省矿业概况(附表)》未完，《经济建设半月刊》第7期，1937年，第18—23页；《安徽省矿业概况(附表)(续)》，《经济建设半月刊》第8期，1937年，第16—21页；詹玉鼎：《安徽矿业近况》，《安徽建设》第16、17期合刊，1930年，第82—85页；《安徽建设厅十八年份转发各矿采照一览表》，《安徽建设》第16、17期合刊，1930年，第3—4页；《安徽建设厅十八年份查勘矿区一览表》，《安徽建设》第16、17期合刊，1930年，第2—3页。)

说明：1. 在1937年《经济建设半月刊》刊登的《安徽省矿业概况(附表)》中义成公司并没有标注设定矿业权的时间，现依据《实业公报》1935年第232、233期合刊，第94—96页，"中华民国二十四年五月二十八日，咨安徽省政府矿字第11691号"《换发郑诗屏接办张鹏翼等原领繁昌县湖洋冲荷花形山等处煤矿案》推知，其创办时间应为1935年。另张鹏翼创办裕成公司注册于1920年，截至1930年一直处于开采状态。2. 表中除特别注明矿产物的公司外，其余均为煤矿公司。

除上述时间可考的新注册的商办矿业企业外,另外有一部分矿区属于官方之间的继转,或由官方继续经营,或官办改商办、官商合办。其中原本属于北洋政府时期安徽官矿督办处开办,1928 年转为由实业部筹办,最后为国营矿业委员会管理的矿区有 3 县 8 处:繁昌铁矿 5 处,铜陵铁矿 2 处,休宁锑矿 1 处。另安徽省建设厅 1928 年接办管理的有宣城煤矿 2 处,1936 年接管的有芜湖煤矿 1 处,休宁锑矿 1 处,广德煤矿 1 处。另贵池地区原有的官矿区于 1931 年改为由霍亚民官办商营,共 5 区。1928 年接受军阀倪嗣冲普益公司改为官商合办的宿县烈山煤矿 1 处,①1933 年改为由商业股份方负责管理。1928 年 4 月,军阀倪嗣冲主办的益华铁矿公司同样作为逆产收归国有,其财产总共价值 50 万元,由农矿部派人接收。1929 年 7 月 12 日王孝起等呈请纠正被误收矿产,后农矿部发还该公司其他商股 20 万元,重新组织董事会。② 1936 年由国营矿务委员会入股改为官商合办的怀远大通煤矿。③ 此外,南京国民政府 1930 年另在淮南地区新办矿企一家——建设委员会淮南煤矿局,开有 4 处矿区,分别为:上窑镇新城口、源泉口长山、舜耕山洞山、舜耕山九龙岗。

通过上述资料作统计可得出 1927—1938 年安徽历年注册新矿区数目的折线图,见图 2-3-10。

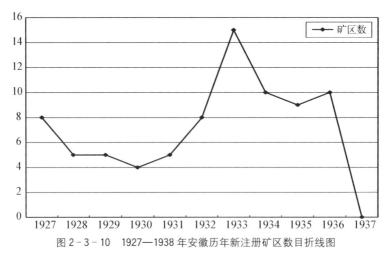

图 2-3-10 1927—1938 年安徽历年新注册矿区数目折线图

据表 2-3-7 可知,安徽在 1927 年 4 月至 1937 年间,共注册商办矿区 75 个,其中 1933—1936 年注册的有 44 区,为重要的商办矿企的热潮期,尤以 1933 年的 15 处为最。可惜 42 处官矿区以及 27 处改为官办的矿区,由于摊子太大,大部分无暇管理,最终只有 18 处得以存续。1929 年,官方划定了淮南煤矿矿区;1930 年,官

---

① 刘克祥、吴太昌主编:《中国近代经济史:1927—1937》,人民出版社,2010 年,第 446 页。
② 指令:第 1778 号,十八年七月十二号,《行政院公报》第 65 期,1929 年,第 25 页。
③ 刘克祥、吴太昌主编:《中国近代经济史:1927—1937》,人民出版社,2010 年,第 447 页。

方成立了淮南煤矿局,矿区进入实际开采阶段,安徽矿业的开发由此出现了新的格局,在一段时期内处于盈利状态,成为全国矿业开发的典范。

1937年日本全面侵华战争爆发后,安徽地区很快遭受战祸。1938年后,先后有15个县完全沦陷,8个县大部分沦陷,12个县半沦陷,5个县小部沦陷,另外有13个县虽未沦陷,但屡遭侵扰,仅皖南山区9县未遭战乱。[①] 完全沦陷的15个县份中,芜湖、广德、当涂为矿业重点区域。大部沦陷的县份中,巢县、宣城、铜陵为重要的矿产区。半沦陷县份中,怀宁、怀远、南陵、繁昌、贵池、青阳等为矿区重镇。而从沦陷、大部沦陷、半沦陷的地区来看,安徽被日军占领的地区,主要集中在津浦铁路的安徽段地区和皖江流域沿岸地区即安徽矿业区。土地一旦沦陷,矿区也便成为日寇以战养战的重要战略支撑点。无论是沿江的铁矿还是国民政府苦心经营的新式煤矿淮南煤矿,都成了日寇大肆掠夺的重点区域。据1939年出版的《时论丛刊》的记录,可作表2-3-8如下。

表2-3-8 侵华日军占领与破坏的安徽矿业调查

性质	矿种	矿区名称	所在地	历史状况备注
官商	煤	烈山煤矿	宿县西北七十里	在皖北游击区内
国营	煤	淮南煤矿公司	怀远舜耕山	在皖北游击区内
国营	煤	宣城水东官矿	宣城大汪村西北	在皖南游击区内
商办	煤	馒头山官矿协记公司	贵池馒头山	在皖南游击区内
商办	煤	大通煤矿公司	怀远舜耕山	在皖北游击区内
商办	煤	六合煤矿公司	贵池县	在皖南游击区内
商办	煤	民生煤矿公司	贵池县	在皖南游击区内
商办	煤	怀大矿公司	怀宁水北十八里	在皖南游击区内
商办	煤	怀集煤矿公司	怀宁水北十八里	在皖南游击区内
商办	铁	福利民铁矿公司	当涂小姑山	在江南游击区
官商	铁	益华铁矿公司	当涂萝葡山	在江南游击区
商办	铁	振冶铁矿公司	当涂钟山	在江南游击区
商办	铁	宝兴铁矿公司	当涂平岘岗	在江南游击区
中日	铁	裕繁铁矿公司	繁昌桃冲	在江南游击区
官商	铁	泾铜铁矿公司	铜陵东南六公里	在江南游击区
	铁	铜陵鸡冠山铁矿		在江南游击区
	磁土	祁门磁土矿	祁门东卅五里	未沦陷
	硫黄	贵池县黄铁矿	贵池东南九十里	在皖南游击区

(资料来源:《抗战后被日占领与破坏的矿业调查(安徽省)》,《时论丛刊》第3期,1939年,第155、156页。)

---

① 安徽省档案馆、蚌埠市档案馆编:《日本侵华在安徽的罪行》,安徽省档案馆,1995年,第1页。

由表2-3-8分析,安徽地区几乎所有重要的铁矿区均告沦陷,集中在沿江流域的重要商业煤矿以及由国民政府创办经营的淮南、烈山两大煤矿,也成为日寇重要的资源掠夺区。日寇采用"委任经营"、"中日合办"、"租赁"、"收买"等多种形式控制安徽矿企。以淮南煤矿为例,在1938年6月到1945年8月间,侵华日军掠夺煤炭4 284 823吨,①并且在其掠夺性开采下,淮南煤矿180米以上煤层已无煤可采。②

二、煤矿的分布与开采

煤矿是安徽近代以来矿产分布区域最广的矿产资源,清末陈独秀主编《安徽俗话报》曾开展过安徽煤炭资源调查。兹据近代安徽历史资料作表2-3-9如下。

表2-3-9 近代安徽注册煤炭各矿区的县域分布(1840—1945年)

县域	数目	所属地区	时期、矿区或经理人
怀宁	16	江淮地区	北洋政府时期:长康公司穆杼斋、中日实业公司(2矿区)、大丰公司王若忱、大正公司胡炳勋、永丰公司吴凤诏、矿商曹玉樵 南京政府时期:矿商葛荣魁、矿商何云祥、矿商张兢群、皖平公司潘香臣、矿商孙孝众、安宁煤矿公司陈少庭、矿商程士桢、矿商王华齐、矿商张森
望江	1	江淮地区	南京政府时期:矿商潘公威
宿松	4	江淮地区	晚清时期:普通公司殷士珩 北洋政府时期:鼎新公司 南京政府时期:矿商王宏光、大盛煤矿公司
太湖	1	江淮地区	太湖地藏丰富,矿甚多,如新仓之煤,虽经开采,现因款绌停办③
东流	4	皖南地区	晚清时期:广裕公司吴澜、龟山煤矿 北洋政府时期:官矿督办处(葛公山) 南京政府时期:矿商童新华
青阳	2	皖南地区	北洋政府时期:裕青公司姜孝维 南京政府时期:矿商姜华
贵池	57	皖南地区	晚清时期:华胜公司定超、安庆公司沈庆坤、中益公司倪鸿、日盛公司焦寿林、华盛公司孙发绪、罐窑山煤矿、池裕公司刘世琛、梅精山煤矿、陈家冲煤矿、分水岭煤矿 北洋政府时期:振殷公司曹文瑜(3矿区)、久大公司倪文骏、豫通公司陈英瑞、乾大公司罗佑卿、三合公司方鑫甫、三合公司潘寿(2矿区)、崇余公司杨祥林、益民公司李采臣、池裕公司高文伯(4矿区)[池惠公司1932年接手]、六合公司陈俊三、

① 张开献:《抗战时期淮南煤矿人口伤亡和财产损失》,中共安徽省委党史研究室:《安徽省抗战时期人口伤亡和财产损失——省级综合卷》,中央党史出版社,2010年,第87页。
② 淮南煤矿特别党部:《日本侵略淮南煤矿节略》,1948年10月,淮南市档案馆档案,卷宗100-1-89。
③ 《一年来皖省各县地方建设概况——太湖县》,《安徽建设》第18期,1930年,第64页。

续 表

县域	数目	所属地区	时期、矿区或经理人
			民生公司金詠榴、福利公司张玉麟(3矿区)、六合公司尉迟庆、和陵公司(2矿区)、吉益公司王周钦、久裕公司、官矿督办处(金鸡铺、琅山、殷坑、茶叶排、马鞍井、长龙山、前范冲、钱家冲)[后于1931年霍亚民接办名为馒头山协记公司] 南京政府时期：矿商陆大道、矿商邱育全、矿商王莘农、矿商杨佑卿、矿商杨鉴、沙溪煤矿黄佳秋、楚奇公司周子方、通汇公司刘禾生、大明公司、宝大煤矿孙炎、汇通公司、宝隆公司、矿商高仲文、五丰公司
铜陵	6	皖南地区	北洋政府时期：官矿督办处(大南冲)、富鑫公司、豫丰公司 南京政府时期：矿商胡合顺、矿商张子琴、矿商丁卢锦
含山	4	江淮地区	北洋政府时期：官矿督办处(青山)、矿商陈中恒 南京政府时期：裕含煤矿公司叶雨青(2区)
和县	2	江淮地区	调查矿区域是在和县西乡绰城70里绰庙集之观音洞山，及距城40里香泉之覆釜山，各有煤矿发现①
芜湖	6	皖南地区	北洋政府时期：官矿督办处(赵冲)、官矿督办处(火龙岗)[后改为省建设厅办理]、裕芜公司鲍光清、矿商黄鋈 南京政府时期：矿商吴葆齐、矿商周毓英
南陵	1	皖南地区	北洋政府时期：官矿督办处(草屋店)
繁昌	61	皖南地区	晚清时期：阜宁公司丁士庆、协和公司吕宝贤、灵山寺煤矿、天成公司车毓霖、晋康公司吴德懋 北洋政府时期：大兴公司朱庭志、矿商温光煦、天福公司章庆凤、阜昌公司刘翰芳、裕昌公司陶子卿、溥运公司殷溥卿、韫山公司姚学渊、普燃公司李梯云、济繁公司李宝琛、晋康公司姜志彬、阜宁公司江寿庆、泰丰公司汪永鸿、利民公司张宏英、振南公司汪海秋、矿商陈殿英、矿商张浩斌、矿商奈迺成、崇实公司王星明、保昌公司李蕴宸、元康公司洪殿元、裕成公司张鹏翼、协昌公司胡家典、利元公司李成美、勋阴公司佘纪堂、昌明公司郑诗屏、裕昌公司陈先烈、协和公司高本亨、裕生公司陈叔良、矿商牧庭芳、云瑞公司关伯平、复康公司沈添钧、官矿督办处(王家坪)、义成公司郑诗屏、矿商胡家兴 南京政府时期：矿商朱筱翔、矿商孔庆松、矿商丁瀚、矿商黄晓潭、四合公司王光鹭、矿商吴国琛、马为镫、矿商陈美庭、矿商汪永鸿、胜昌公司李毓纯、矿商李萃文(2区)、矿商洪添铭、矿商周宏森、矿商赵秋生、矿商张楷南、矿商陈汉章、裕成公司、矿商陆子冬、矿商陈中恒、矿商郑希成、矿商刘哲之
广德	8	皖南地区	晚清时期：广益公司郑芳荪、梁家山煤矿 北洋政府时期：广信公司、通惠公司、通裕公司周炎、官矿督办处(琉珠涧)、官矿督办处(大牛头山、小牛头山两处)[后归省建设厅办理]

---

① 《一年来皖省各县地方建设概况——和县》，《安徽建设》第18期,1930年,第83页。

续 表

县域	数目	所属地区	时期、矿区或经理人
泾县	30	皖南地区	晚清时期：万安公司张荣舜、裕成公司李鋆 北洋政府时期：官矿督办处（螺丝墩、蜜眉岭、金家岗、金家岭）、永泰公司、珍裕公司、泾华公司、瑞昌公司、盛源公司、和兴公司、兴盛公司、源丰公司、泾铜公司（3矿区）、惠民公司、宝兴荣公司（2矿区）、泾阳公司、源盛公司、矿商刘机、永泰公司、宝兴公司、泾川公司（2矿区）、矿商王丰镐、昌大公司 南京政府时期：茨山煤矿公司
宁国	17	皖南地区	北洋政府时期：官矿督办处（白石岭、钟村、黄渡镇、长山、桃园冲、撩石岭、黄家山等7矿区）、昌大公司、昭惠公司、裕宁公司、义成公司、义合公司、富民公司汪宗尧、富民公司吴桐冈、鹤记公司 南京政府时期：灰山公司、宁丰公司
宣城	46	皖南地区	晚晴时期：晋康公司吴德懋 北洋政府时期：官矿督办处（水巷、峄山、凤凰窝、蔡村、鸟食岗、下河山、狮山）、宣通公司、青山公司、大康公司、豫济公司（2矿区）、礼和公司、矿商胡茂林、矿商潘志诚、矿商李应魁、普济公司、利宣公司（2矿区）、安平公司、道生公司、昭惠公司（2矿区）、金牌公司、宝丰公司、益华公司（2矿区）、东岭公司、广通公司、益宣公司、大全公司、丰源公司、阜宁公司、南洋公司、长康公司、捷成公司、西成公司（2矿区）、东成公司、崑山公司、保和公司、富民公司储翰圆、富民公司储继乔、东孟公司、东青公司 南京政府时期：姚雨耕（2矿区）[由省建设厅接收安徽官矿督办处矿区租予办理，所以为旧开矿区]
怀远	5	江淮地区	晚清时期：大通煤矿公司段书云 南京政府时期：淮南煤矿局（4矿区）
宿县	5	淮北地区	晚清时期：普利公司、合众公司周纯秀 北洋政府时期：普益公司（烈山矿区）、普益公司（卢家沟） 南京政府时期：实业部直辖烈山煤矿局（小环山凤凰山烈山卧牛山雷家沟）
巢县	12	江淮地区	北洋政府时期：华大公司、庆诚公司、矿商程朝阶 南京政府时期：矿商夏钺武、裕宁公司胡公愚、矿商鲍子远、矿商鲍逸民、矿商王爵三（2矿区）、裕原煤矿公司、瑞中煤矿公司（2矿区）
歙县	1	皖南地区	晚清时期：致泽公司汪林

（资料来源：《安徽省六十县产业调查繁表》，安徽省实业厅，1922年，第1436—1450页；《安徽实业杂志》第2期，第1—4页；詹玉鼎：《安徽矿业近况》，《安徽建设》第16、17期合刊，1930年，第72—85页；俞道五：《安徽省官矿局成立史略》，《安徽建设》第16、17期合刊，1930年，第137页；《安徽全省商矿十八年内缴纳矿区税统计表》，《安徽建设》第16、17期合刊，1930年，第4—6页；《安徽全省各商矿按照颁布矿业法变更亩数及税额一览表》，《安徽建设》第3卷第2期，1931年，第5页；《安徽全省各商矿积欠矿区税额统计表》，《安徽建设》第3卷第1期，1931年，第13—17页；《安徽省矿业概况（附表）》，《经济建设半月刊》第7期，1937年，第18—23页；《安徽省矿业概况（附表）（续）》，《经济建设半月刊》第8期，1937年，第16—21页。《安徽二十二年私营煤铁硫磺矿区面积表》，《矿业周报》第267期，1933年，第11—14页。）

说明：1. 本图表将长江以南称为皖南地区、江淮之间称为江淮地区、淮河以北称为淮北地区。2. 表中太湖、和县为作者在整理资料时所发现的文献记载，但是在正式的矿区注册统计中并未有，所以计算时候不算在内。

结合前揭资料对近代历史时期安徽煤矿统计作分析,可以看出安徽煤矿矿区地理分布概观。皖南地区占比83%,江淮地区占比15%,淮北地区占比2%。

三、铁矿的分布与开采

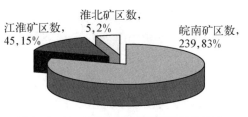

图 2-3-11 近代安徽注册煤矿矿区的地区数目及其所占比例图

铁矿是安徽的第二大矿产,也是长江中下游地区铁矿主要供给地之一。民国时期出版的《扬子江下游铁矿志》记载:"东北自南京附近之凤凰山牛首山起,经过当涂之大凹山南山,芜湖之赭山,繁昌之三山镇长龙山,西迄铜陵之铜官山,铁矿丛集,延绵不断。"①位于安徽的这些铁矿富集区,出产大量的赤铁矿和磁铁矿,是中国少有的接触石磁矿。据该书引外人丁格兰曾经的估计,安徽铁矿储量达到 2 522 万吨,而当时全国储量估计也只有 8 300 万吨,安徽储量已占到全国储量的大约三分之一。《扬子江下游铁矿志》如此评价安徽地区等铁矿资源:"扬子江下游之铁矿总量,则约当全国总储量的百分之四·二,约当于接触式铁矿总储量百分之四十八左右,虽不能称为十分丰富,而因为位置适中,交通便利,矿质优良,故发展至易,实不能不认为具重大之经济价值,而为我国重要富源之一矣。"②

被开采的铁矿,由于便捷的长江航运交通,可以被源源不断地运出。近代以来大部分被输往日本,小部分运往上海等地。据有关资料查证,从 1917 年开始,至 1945 年止,安徽的铁矿石基本上都成为日本人独享的矿产资源。据近代安徽历史资料和前揭近代历史时期矿业开发历程作分析,制作表 2-3-10 如下。

表 2-3-10　近代安徽注册铁矿各矿区的县域分布(1840—1945 年)

县域	矿区数	所属地区	矿区及其经理人
繁昌	6	皖南	昌华公司(共 2 区)、裕繁公司、振钜公司、宝华公司、振冶公司、富华公司、益华公司
当涂	18	皖南	益华公司(共 7 区)、宝兴公司章兆奎(共 3 区)、福民公司与利民公司徐国安(共 7 区)、振冶公司方聘商
铜陵	5	皖南	益华公司、大陵公司、泾铜公司、实业部(2 矿区)
怀宁	2	江淮	阜宁公司张伯衍、丰宁公司张伯衍

上述为正规在政府注册过的铁矿区,并且形成规模开采。另外有一些县,虽然没有大规模的矿脉,但是由于依托广袤的大别山区地形,形成了自身特有的河砂铁

---

① 谢家荣、孙健初等:《扬子江下游铁矿志》,国立北平研究所地质学研究所,1935 年,第 1 页。
② 谢家荣、孙健初等:《扬子江下游铁矿志》,国立北平研究所地质学研究所,1935 年,第 2 页。

矿,经当地百姓和部分商人采掘加工后,转运邻县及淮河两岸与豫省南北各县,以供制造农具兵器之用,获利甚厚。① 兹概括文献所述,对这些开发炼河铁的县域作一番介绍。

潜山:潜山县向产铁砂,由当地居民用土法冶炼,质量甚佳。②

土中之铁砂每随水流沉河底,居民淘之,铁炉铸之,是名生铁。邑之北部有铁炉六所,亦可见其出铁之富也。③

立煌:皖西立煌县境,产铁砂,西起桥口河,东至杨家滩王家店等约一百四十里,均产铁砂,南北各支流含有铁砂者,亦近百里,土人于河内淘得石沙,经炉熔炼,每铁砂百片,可炼得纯铁约四十斤。④

皖西金家寨近改设立煌县,山中并出产铁矿,土人多利用流出铁质,镕炼成铁。往昔约计五十余厂,七十余炉,均系私人开设,年产纯铁约一千六百八十万斤。业此致富者颇多。⑤

太湖、霍山、舒城、英山、桐城:皖省太和(按:据后文疑为太湖)、霍山、舒城、英山、桐城、潜山六县向有铁炉商人淘取皖山下注各砂河内之铁砂,冶作农具锅罐等。⑥

岳西:岳地铁矿,或加以大量开采,或建立大规模工厂,不仅可称为安徽之财库,亦可为国防经济资源之重要供给地。⑦

另据1926年叶良辅在《安徽南部铁矿之种类及成因》一文中所述安徽南部更大范围的铁矿蕴藏调查情况,可知除当涂、繁昌、铜陵等铁矿大县和大别山区铁矿外,芜湖、巢县、郎溪县亦有铁矿分布。

芜湖:芜湖东门外有小山,名赭山与神山,赤铁矿细脉分布于斑岩与石英岩之中,为量甚微。

郎溪:郎溪县城东二十五里之龟山,产褐铁矿与赤铁矿之碎块,其地岩石,属志留纪之砂岩层。

巢县:巢县东乡之石铺村附近,有小山,均为石英砂岩所成,山之顶部,产褐铁矿石头,按实地情形所见,该矿质显系交换砂岩而成。⑧

有关文献叙述安徽铁矿资源情况云:"铁矿:潜山县、铜陵县、当涂县、南陵县、天长县、繁昌县。"⑨

根据安徽矿业资源专业研究成果进一步来分析,安徽的铁矿资源生成有其自

---

① 《皖省兴办金家寨铁矿》,河北省《建设公报》第6卷第4期,1934年,第97页。
② 《皖省潜山县发现铬矿及云母石棉》,《矿业周报》第184号,1932年,第241页。
③ 《潜山物产调查记》,《安徽实业杂志》1917年第4期,第24—25页。
④ 《安徽立煌县铁矿采冶业待恢复》,《矿业周报》第324期,1935年,第180页。
⑤ 《皖省兴办金家寨铁矿》,河北省《建设公报》第6卷第4期,1934年,第97—98页。
⑥ 《各地通信:安徽细微铁业将受摧残》,《矿业周报》第25—48期,1929年,第156页。
⑦ 周耀庭:《岳西县乡土志略》,《安徽建设》第2卷第6期,1942年,第52页。
⑧ 叶良辅:《安徽南部铁矿之种类及成因》,《科学》第11卷第7期,1926年,第849—858页。
⑨ [日]东亚同文会:《支那省别全志》,第十二卷·安徽省,日本东亚同文会,1918年,第638页。

身特点,主要为两类,一类是长江中下游铁矿带所形成的赤铁矿和磁铁矿区,这部分铁矿为火成岩铁矿;另外一类是西部大别山区以及皖山等地,由于河流对山体的冲刷和沉淀形成的独特的沙河铁砂,也就是水成岩铁矿。此两类矿区构成了近代安徽铁矿开采的基本类型。前者成为工业化生产大机器、火车、轮船、汽车以及枪炮等的原料,而后者则多用于一般生活用品的制作和销售。

近代以来安徽地区开发铁矿资源的县域,有明确铁矿企业注册并能够深度开采的县域并不多,大型的铁矿生成带比较聚集,主要集中在长江沿岸的县域,共31矿区。

据统计,近代安徽涉及铁矿的共有16个县,即当涂、繁昌、铜陵、怀宁、潜山、立煌、太湖、霍山、舒城、英山、桐城、岳西、芜湖、巢县、郎溪、六合,全部位于淮河以南地区。而且从其分布看,基本是围绕"一江一山"进行的开发和利用。一江就是指长江流经安徽的沿江两岸地区,一山就是指皖西大别山区,安徽铁矿的开发围绕这两个地区形成规模,一商用,一民用,形成互补。相比较两区,近代安徽铁矿区还有二特例,分别为巢县和郎溪这两个县域,此两区虽具有铁矿资源,但近代郎溪地处偏僻,巢县则重煤,并未形成实际开采规模,空有其名。此外,芜湖县域内铁矿由于矿量太少也没有开采价值。

另从铁矿资源依靠矿区的开采历史(也就是沿江流域的矿山开采)作分析,开发最早的是铜陵地区,产销量最大的是繁昌和当涂二县。铜陵的铁矿开采远早于20世纪初英国商人凯约翰的铜官山矿务之争。抗战时期,日本利用操控的华中公司大肆掠夺,只是铜官山地区的铁矿运量不大,矿质也不属于上乘。而繁昌和当涂的铁矿则不同,整个近代时期,当涂发现18处铁矿,富裕的铁矿资源一直让很多矿商垂涎,甚至曾经出现几大矿商为争夺开矿权而纠纷不断的情况,这里也是抗战时期侵华日军主要掠夺的资源矿区。

四、明矾矿的分布与开采

明矾矿在安徽古代历史上即为重要矿藏,有上千年开采的历史,尤以清代庐江府辖境的庐江县出产为甚。据《民国统计资料四种》中介绍,民国初期庐江有明矾矿区19处,面积130亩。明矾矿又是一种药用矿产,具有澄清水质的功能,为旧时生活必需品。明矾"其成分为钾铝之硫酸盐,故可制硫酸钾(肥田料)及氧化铝,再由氧化铝提取金属铝"[①]。安徽的明矾矿藏量仅次于浙江,和福建相当,远高于四川、吉林、山西、湖南、山东等其他省份,在全国位居第二。与浙江、福建相比,因为区位优势,近于西部、北部、西北各省区,不须为销路发愁。但明矾由于采集和提炼必须用人工进行,所以开采明矾最大的问题是效益不高。

---

① 《明矾产地及用途》,《申报年鉴》,1936年,第990页。

安徽明矾矿属于和铁矿相伴生成的矿产,据程裕淇《安徽庐江矾石矿与长江下游铁矿之关系》一文介绍,安徽庐江明矾矿为长江中下游铁矿在生成中相伴生成。①

庐江：庐江矾石在县城东四十余里,西南距安庆一百五十里。含明矾石之岩层,东起石曹岭,西止观音顶,北自龟山南迄夏家院子,纵横各五里。**大小礬山**街二镇,即位于矾石矿旁。②

无为：无为西南乡**三公山**一带,发现明矾矿,面积达四千一百公亩。永利化学工业公司,呈请皖建设厅开采。③

另据1949年的文献记载,在当涂县大黄山也发现了明矾矿。④

据《第七次中国矿业纪要》对中国明矾储量进行了统计,其中安徽有两处被纳入统计范围,而全国也仅有三处属于统计范围内。

表2-3-11 中国明矾储量　　　　　　　　　　　单位：吨

产区	矾石储量	含明矾量	明矾石储量	含明矾率	明矾储量
浙江平阳	552 752 000	30%—60%	236 543 000	74%	175 042 000
安徽庐江	47 610 000	26%—37%	13 893 000	33.3%	4 626 000
安徽无为三公山	43 520 000	60%	26 112 000	74%	19 323 000
合计	643 882 000		276 548 000		198 991 000

（资料来源：白家驹编：《第七次中国矿业纪要》,《地质专报》1945年丙种,第132页。）

全国明矾储量地分布集中,浙江平阳一地即占全国储量的80%,而在其他省区内,安徽以占到12%的储量排名第二。

表2-3-12 1932—1934年全国重要明矾矿区明矾产额　　　单位：吨

产地	1932年	1933年	1934年
浙江平阳	7 000	10 800	12 000
福建福鼎	1 800	2 000	1 000
安徽庐江	2 200	2 000	2 480
四川江北	70	70	70
合计	11 070	14 870	15 550

（资料来源：《明矾产地及用途》,《申报年鉴》,1936年,第990页。）

由表2-3-12可见,安徽庐江1932年的明矾产额占全国的五分之一,1933年占七分之一,1934年占六分之一。每年产额维持在2 000吨以上。

---

① 程裕淇：《安徽庐江矾石矿与长江下游铁矿之关系》,《地质专报》1935年(甲种),第72—77页。
② 《安徽庐江矾石矿》,《矿业周报》1936年第382期,第8页。
③ 《皖省无为西南乡发现明矾矿》,《矿业周报》1937年第422期,第3—4页。
④ 《矿测近讯》第101、102期合刊,1949年,第5—8页。

就矿藏质量论,安徽所产的明矾矿在全国属于上乘,1919 年的文献记载:"查近年外洋赛会,由矾山商会装运白矾,列入安徽出品。如日本东京博览会,荷兰南洋赛会,皆列优等。美国巴拿马赛会,得有优等褒奖证书。足见品质优良。"①

质量上乘,销路亦不愁,但是安徽矾矿石的外运(特指庐江县,无为明矾虽有其名,但并无开采的记录),需要经过陆运至沿水口岸,然后运输至商埠口岸,再行销到全国各地。"查矾先以车载至水口。再以舟载远行,大抵以大通芜湖为转运之枢纽,上抵汉口,销售西北诸省,达上海,销售东南省。近亦有销售外洋者。"②庐江明矾矿主要通过芜湖口岸转运至全国各地。1929 年,有芜湖天富公司以资本 10 万元,与窑户订立合同,每包销 7 万篓。③当时庐江的明矾产量大约每年 7 万篓。矿税征收,由当地两处收税处分别收取。"查大矾山出口统捐,为缺江分卡征收,小矾山出口统捐,一为罗昌河厘局征收。一为黄泥河分卡征收。缺江黄泥河两卡均隶属于罗昌河厘局。"④

五、其他矿产的分布

安徽也是多种矿业开发的重要地区,主要有金、银、锑、水晶、石棉、陶土、硫黄、铅等矿产。历史文献记载:"金矿、石棉产于绩溪,锑矿产于休宁、绩溪,铜矿产于滁县,铅矿产于贵池,明矾产于庐江,石膏产于青阳。"⑤

另有历史文献记述:"安徽矿产丰饶,为东南诸省冠。其已开采者。如……绩溪之金,东流之钨,贵池之锡,青阳县之石膏,潜山县之云母,霍邱县之水晶,潜山、太湖、六安、霍山、舒城等县之砂铁,滁县、宣城、休宁、铜陵等县之铜,休宁、天长、绩溪等县之锑,铜陵、繁昌等县之锰,宿县、宿松、宣城、铜陵、南陵等县之铅,曾经有人试采。"⑥安徽其他矿藏的发现与开发利用情况,散见于多种旧报刊。

表 2-3-13　民国时期杂志对于安徽稀有矿产发现和开发的记录

县别	地点	矿种	时间	当时开采情况	资料出处
绩溪	东乡十五都万段金光岑下之裹脚大岑脚至弋止,约计三十里河流	金砂	1934 年	农民私采中	《国际贸易导报》第 6 卷第 3 期,1934 年,第 434、435 页。

---

① 毛熙淦、洪范:《调查庐江县矾山矿业报告书》,《安徽实业杂志》1919 年第 25 期,第 6 页。
② 毛熙淦、洪范:《调查庐江县矾山矿业报告书》,《安徽实业杂志》1919 年第 25 期,第 5 页。
③ 杨大金:《现代中国实业志》,下,《民国史料丛刊》第 564 册,大象出版社,2009 年,第 401 页。
④ 毛熙淦、洪范:《调查庐江县矾山矿业报告书》,《安徽实业杂志》1919 年第 25 期,第 5 页。
⑤ 詹玉鼎:《安徽经济建设与开发矿产》,《经济建设半月刊》第 3 期,1936 年,第 9 页。
⑥ 安徽省建设厅:《安徽矿产之新规划》,《安徽建设》第 3 卷第 4 期,1931 年,第 15—16 页。

续　表

县别	地　点	矿种	时间	当时开采情况	资料出处
绩溪	下坞金山一带	沙金	1931年	建设厅现正核中	《财政公报》第47期，1931年，第161页。
绩溪	东乡十五都万段金光岑下之裹脚大岭脚	石金	1935年	郑又新（五分之二矿权）	《经济建设半月刊》第3期，1936年，第6—11页。《中国实业》第1卷第7期，1935年，第1350、1351页。
绩溪	东乡十五都大岭脚湖阳河确下石门口一带及大岭脚挡里山一带	金	1936年	同利公司江绍杰请采	《实业公报》第275期，1936年，第32、33页。
绩溪	第四区荆州杨家坞一带	锑	1935年	金城公司经理郭善潮申请商业开采，曾因经费不足，暂行停顿，现已开采	《中国实业》第1卷第11期，1935年，第2124—2124页。《中国实业》第1卷第7期，1935年，第1350、1351页。
绩溪	第四区东北乡上西川镇附近成功山黄连岭一带	石棉	1935年	发现	《中国实业》第1卷第9期，1935年，第1753页。
绩溪	第三区第二十一保裹十四都西坑头上社屋山一带	石棉	1937年	赵文起请采	《实业公报》第343期，1937年，第63页。
绩溪	成宁交界之下坞	银	1927年	民国十六年，矿商程某雇工开采，矿苗太嫩，折本千余元	《中国实业》第1卷第7期，1935年，第1350、1351页。
绩溪	绩宁交界之安竹坞	锑	1935年	金城公司经理郭善潮申请商业开采，曾因经费不足，暂行停顿，现已开采	《中国实业》第1卷第7期，1935年，第1350、1351页。
绩溪	门前岩（今绩溪县家朋乡）	水晶	1935年	露出土外，有少数资本，即可从事	《中国实业》第1卷第7期，1935年，第1350、1351页。
歙县	北乡罗田村	水晶	1935年	几何式之多角体，小者如米，大者如指	《中国实业》第1卷第2期，1935年，第383页。
休宁	西乡三十二都裹广山村之源头山	锑矿	1935年汪晋唐商采，1936年领归国营	国营开采，约一百六十万吨	《安徽政务月刊》第3期，1935年，第224页。《中国实业》第2卷第2期，1936年，第2731、2732页。《矿业周报》第362期，1935年，第9页。
休宁	西乡第二区三十二都西山冈南山一带	锑矿	1936年	建设厅发现	《安徽政务月刊》第17期，1936年，第202页。

续 表

县别	地 点	矿种	时间	当时开采情况	资料出处
婺源	邑北浙岭,自武口各河流,东北上游河滩	金砂	1921年已有	农人私采	《中国建设》第14卷第4期,1936年,第159、160页。
黟县	东南乡八都木坑	五金矿	1921年发现	化验中	《安徽实业杂志》第1卷第11期,1921年,第3、4页。
祁门	县城东南三十五里张岑脚、上下陈、吴坑口一带	陶土	无具体时间介绍	开发中,供景德镇,由双溪流以竹筏运至景德镇,每年产额约400万斤,每万斤价格为150元上下	侯德封编:《地质专报》1929年(丙种),第151页。
贵池	东乡贤一保分水岭	锡	1921年	矿商吕凌欧晋省呈请	《实业杂志》第1卷第11期,1921年,第3—4页。
贵池	贵池县元一保紫岩山	磺	1923年	用土法开采磺砂,再用土法炼磺,即装石于瓦罐内,以煤炼之	《安徽建设》第3卷第5期,1931年,第85页。
青阳	青阳县北乡丁家洲,牛头山等处	石膏	1936年	发现	《矿业周报》第390期,1936年,第4页。
宿县	宿县北三十里(普济公司)	铅	1936年	含铅百分之七十以上	《矿业周报》第412期,1936年,第3页。
宿县	宿县古饶乡杨庄小黄山、焦山脚、长山、杨山、打鼓山	铅	1937年	申请	《实业公报》第343期,1937年,第64页。
贵池	元三保小福岭际头山	铅	1919年	1919年领采,1926年停采,矿商许瑞宁1937年又呈请开采	《安徽省政府公报》第858期,1937年,第6、7页。
宣城	宣城县北乡	铜	1914年	有杨君聘三者,曾请矿师考验,认定为最优等铜矿。业经呈请农商部立案,不日即可开办	《直隶实业杂志》第3期,1914年,第15页。
绩溪	绩溪县十五都	铅矿	1937年	发现	《矿业周报》第419期,1937年,第3页。
宁国	宁国县浪荡坞	金	1936年	发现,人们前往淘取者极多	《矿业周报》第403期,1936年,第4、5页。
潜山	具体地点不详	铬、云母、石棉	1932年	铬矿面积甚大,云母片大色白,石棉一处面积亦大	《矿业周报》第184期,1932年,第2页。

续表

县别	地点	矿种	时间	当时开采情况	资料出处
当涂	霍里镇东南乡之向山	硫黄	1941	华中矿业股份有限公司发现,呈请汪伪政府开采	《实业部给行政院的报告》(呈矿字第三十一号),《马鞍山市志资料》,江宁县丹阳印刷厂,1984年,第240页
青阳	青阳县白石山	锑酸铅矿	1931年	不详	《安徽建设》第3卷第3期,1931年。

20世纪30年代的《现代中国实业杂志》中记录安徽稀有矿产的发现和分布情况:

石膏:"安徽休宁县及贵池县江林浦均产石膏。"[①]

石墨:"安徽休宁县之石墨岭及黄山之东岛泥关均有产石墨之片麻岩。"[②]

金矿:"安徽徽宁各属多山,河流尽为砂石,亦有金砂矿产生,新安江、婺江河流。当有淘金者时在河州淘取,颇获巨利,吾乡婺源浙岭(又名浙源山)山脉,亘互绵十余里,墨石嶙峋。据民国十年(按:1921年),有德人过此,谓山脉富金属矿质,且易采取。其余如徽宁各县山中,均由极丰富之金矿,惜无人采取耳。"[③]

据表2-3-13统计,民国时期安徽其他矿藏的发现和开采共计28处,分布地域大多集中在皖南地区。这28处矿产,除了宿县的两处铅矿和潜山发现的铬矿、云母矿、石棉矿外,其他无一例外地均位于长江以南的皖南地区。而具有越往南稀有矿产资源种类越多、分布越广泛的特点,尤其是徽州地区金矿、锑矿、水晶、石棉、石墨等矿分布广泛。各种稀有矿产发现和开发时间,集中在1935年至1937年,这一时间段新发现和呈请开采的矿区有15处。20世纪20年代发现和开发的有5处,30年代发现和开发的有19处,主要集中于30年代,由于众多新发现开采的矿区基本上处于接近全面抗战爆发的年代,能够最终实现规模开采的十分有限。

[①] 杨大金:《现代中国实业志》,下,《民国史料丛刊》第565册,大象出版社,2009年,第379页。
[②] 杨大金:《现代中国实业志》,下,《民国史料丛刊》第565册,大象出版社,2009年,第408页。
[③] 杨大金:《现代中国实业志》,下,《民国史料丛刊》第565册,大象出版社,2009年,第170页。

第四章 芜湖口岸—腹地间的经济互动

安徽省近代因中外条约的要求而设关开埠的口岸,早期只有芜湖一地,于1877年4月1日开埠。此后,长江沿岸"有初允停泊上下客货,旋允开埠而迄未开者一,安庆是也",还有"但允停泊上下客货者一,大通是也"。① 蚌埠则是1923年安徽省督军马联甲筹备开埠,1924年9月1日正式开埠,这样,安徽才有了第二个通商口岸。如果要探讨近代的口岸—腹地间的经济互动,最合适探讨的自然是开埠时间最早、持续时间最长的芜湖了。近二十年来对芜湖口岸的研究,绝大部分成果集中在大宗货物的贸易分析及口岸开埠造成的区域社会经济影响等方面,②这些研究帮助我们梳理了近代芜湖口岸的发展脉络,明确了其作为区域现代化趋向的主导因素,为进一步探讨口岸—腹地互动在近代安徽经济社会发展中的历史作用奠定了基础。只是这些研究往往只关注时间层面,缺少了对空间维度的把握,例如对芜湖口岸腹地市场体系的分析便往往语焉不详,因此仍有探讨的空间。

皖江是长江流经安徽段的别称,两岸支流众多,从上游开始,北岸的较大支流依次有皖水、裕溪河和滁河,南岸主要有秋浦河、青弋江和水阳江等。③ 本章所述的皖江地区,不仅包括沿江各县,还包括各条支流所流经的县份。清代时包括安庆府(民国设怀宁县、桐城县、潜山县、太湖县、宿松县、望江县、岳西县④)、池州府(民国设贵池县、铜陵县、青阳县、石埭县、东流县、至德县⑤)、庐州府(民国设合肥县、舒城县、无为县、庐江县、巢县)、宁国府(民国设宣城县、南陵县、泾县、宁国县、太平县、旌德县)、太平府(民国设当涂县、芜湖县、繁昌县)及和州直隶州(民国设和县、含山县)。

19世纪40年代后,西方列强通过一系列不平等条约,强行开放了中国沿海、沿江多个通商口岸,长江流域较早开放的上海、镇江、九江和汉口口岸,很快成为皖江地区商贸活动和商品流通的重要中介,在该地区形成了自己的贸易圈。⑥ 由于区内尚未有口岸开放,皖江地区的商贸活动必须依赖邻近各埠,史载其"四境货物多各以其利便,输入邻省,有若干部分间接转趋外洋,故在外人未入内地经

---

① [清]冯煦主修、[清]陈师礼总纂:《皖政辑要》,交涉科卷一·商约一,据钞本点校,黄山书社,2005年,第1页。
② 主要代表作有林熙春、孙晓村主编:《芜湖米市调查》,社会经济调查所,1935年;王鹤鸣、施立业:《安徽近代经济轨迹》,安徽人民出版社,1991年;谢国兴:《安徽的对外贸易与经济变迁(1877—1937)》,台湾"中央研究院"近代史研究所集刊》第20期,1991年;谢国兴:《中国现代化的区域研究:安徽省(1860—1937)》,台湾中研院近代史所,1991年;王鹤鸣:《芜湖海关》,黄山书社,1994年;周忍伟:《举步维艰——皖江城市近代化研究》,安徽教育出版社,2002年;沈世培:《文明的撞击与困惑——近代江淮地区经济和社会变迁研究》,安徽人民出版社,2006年;等等。
③ 北京大学地质地理系经济地理专业1955级:《中国河运地理》,商务印书馆,1962年,第161、162页。
④ 1936年2月由潜山、舒城、霍山、太湖四县析置,参见郑宝恒:《民国时期政区沿革》,湖北教育出版社,2000年,第280页。
⑤ 原名建德,1914年改为秋浦,1932年10月改为至德,参见复旦大学历史地理研究所、中国历史地名辞典编委会:《中国历史地名辞典》,江西教育出版社,1986年,第567、640页。
⑥ 《芜湖海关》,1994年,第8、9页。

商以前,即经济方面亦不与外邦发生何等关系"①,就是这种情况的反映。此时区内并未有商贸中心的形成,商贸格局处于无序的状态,对地区经济水平的提高造成了不利影响。

芜湖口岸的开埠,推动了皖江地区"与外邦发生直接关系"新局面的出现。自此之后,芜湖口岸以发展商贸活动为契机,在输入、输出各种商品的同时,引入并促进了区域内近代经济要素的不断发展,并在地域上形成了以口岸为主导、腹地为支撑,二者互动的贸易方式和流向,奠定了近代皖江地区的商贸地理格局。

图 2-4-1　1911 年的芜湖港

第一节　芜湖——近代皖江地区的商贸中心

还在明清时,随着长江作为商品运道地位的提高,作为皖省太平府辖县的芜湖就已发展成为皖江地区的商业都会。明初人黄礼就曾描绘道:"芜湖附河距麓,舟车之多,货殖之富,殆与州郡埒。今城中外,市廛鳞次,百物翔集,文彩、布帛、鱼盐襁至而辐辏,市声若潮,至夕不得休。"②到了清乾隆、嘉庆时期,"四方水陆商贾日经其地。阛阓之内,百货杂陈,繁华满目,市声若潮"③。不料咸丰、同治年间的太平天国战争,使得芜湖的繁华市面荡然无存。光绪二年(1876 年),英国借口马嘉理事件强迫清政府签订《烟台条约》,议定增开芜湖等 4 口为通商口岸,规定于次年设关

---

① 安徽通志馆:《安徽通志稿》,外交考,第一章,绪言,1934 年。
② 嘉庆《芜湖县志》卷一,地理志,风俗。
③ 嘉庆《芜湖县志》卷一,地理志,风俗。

开埠。正式开埠后,芜湖口岸发达的贸易成为其重新崛起的重要保证,并在与皖江地区各县开展商贸活动的过程中,完成了从传统商业中心到近代商贸中心的角色转变。作为近代皖江地区的唯一开埠口岸,芜湖成为地区商品进出口中枢,商贸活动中的主导性使其无可争议地成为近代皖江地区的商贸中心。

图 2-4-2　20世纪20年代的芜湖商业街

一、优良的区位和便利的交通

芜湖地处皖江下游段南岸,"扼皖中、皖南及沿大江各县水上交通之枢纽,凡由皖南青弋江、水阳江、清水河,皖中注入巢湖各川流、裕溪河,以及长江上游各支流,顺流而下,芜湖实为必经之地"[1]。由于地区水网密布,芜湖与各县的商贸往来可以通过便利的水路得以实现,在陆路交通不甚发达的20世纪20年代,甚至有"芜湖交通,全恃水道"[2]的夸张说法。

水路交通所依赖的运输载体,主要有传统的民船和近代出现的江船和小火轮。民船行驶于皖江各支流中,有舢板、摆江、斗子、划子等十余种,其中皖省民船主要来自旧庐州府、安庆府和宁国府各县。[3] 各类船只的载重量,平均为500担左右,装运货物主要有各地米杂粮及由芜湖运来的洋货。平时停靠在芜湖的民船,约有600艘,而当秋季稻米上市时,船只更是远远超过此数,成为运输队伍中一支不可忽视

---

① 社会经济调查所:《芜湖米市调查》(日文版),日本生活社,1940年,序文第1页。
② 铁道部财务司调查科:《京粤京湘两线安徽段芜湖市县经济调查报告书》,1930年,第15页。
③ 建设委员会经济调查所统计科:《中国经济志·安徽省芜湖县》,1935年,第18页。

的力量。①

江船分为专运货物、客货兼运和专载客人三种。②芜湖是长江沪汉航线的停靠口岸之一,码头上下客的同时也起卸货物,共有怡和、太古、日清、招商局、三北、宁绍等6个中外航运企业参与其中。③此外,还有小火轮公司若干家,以芜湖作为基地,侧重发展皖江内河航运,兼及长江航运,主要提供搭载旅客的服务。如表2-4-1所示,这些小轮公司开辟的航线,北至合肥、巢县,南至宁国府,沿江至荻港、大通、枞阳、安庆等地。它们的存在,便利了区内的人员往来和商品运输,进一步加强了皖江地区的商贸联系。

表2-4-1 近代皖江段以芜湖为基地的主要小火轮企业

年 份	企业名称	航 线	备 注
1894年	泰昌公司		
1898年	立生祥小火轮公司	行驶于芜湖、合肥一带	挂英商旗号,1905年改名华商森记小轮公司
1900年	顺丰公司	行驶于南京、安庆及巢湖间	挂英商旗号
1900年左右	丰和公司	行驶于当涂、和县、南京、荻港、凤凰颈、大通、枞阳、安庆等处	挂英商旗号
1902年	普安公司	行驶于合肥、扬州、南京、安庆及高淳、高坝	1905年达于鼎盛,1907年亏损日大
1904年	利济公司	辛亥革命后开设芜湖地区性航线,增设并逐步延长沿长江各内港间行驶的航线	1921年在长江有2只小轮从宜昌到九江和九江到南京两条远程直达航线
1905年左右	利全公司	行驶于芜湖、宣城间	
1905年左右	江皖公司	行驶于芜湖、合肥间	
1905年左右	新安和记公司	行驶于芜湖、合肥、运漕镇、雍家镇等处	
1905年左右	快利小轮公司	行驶于高淳、黄池一带	
1906年	公泰公司	行驶于南京、合肥等地	1908年有8只小轮
1906年	源丰轮船公司	行驶于合肥、宣城、安庆和九江之间	1911年前后有5只小轮
1907年	芜庐航路公司	行驶于合肥一带	1908年改名商务轮船公司

(资料来源:聂宝璋、朱荫贵编:《中国近代航运史资料》第2辑,中国社会科学出版社,2002年,第975、976页;樊百川:《中国轮船航运业的兴起》,中国社会科学出版社,2007年,第245、324、325、381页。)

---

① 铁道部财务司调查科:《京粤京湘两线安徽段芜湖市县经济调查报告书》,1930年,第21页。
② 建设委员会经济调查所统计科:《中国经济志·安徽省芜湖县》,1935年,第15页。
③ 铁道部财务司调查科:《京粤京湘两线安徽段芜湖市县经济调查报告书》,1930年,第17—19页。

1930年后,以芜湖为中心的陆路交通有了突飞猛进的发展趋势,截至1937年,先后修筑了京芜公路、芜孙铁路、芜屯公路和京芜铁路。作为水路交通方式的重要补充,它们的出现,缩短了商品运输距离和运输时间,节省了商品销售成本,对皖江地区的商贸活动产生了积极影响。

二、较为发达的金融业

商贸活动的繁荣,离不开金融业的巨大支持。特别是芜湖开埠后,由于贸易日渐繁盛,交易金额的数量不断增大,对资金的调剂和融通等业务更加渴求,这些客观上又为芜湖金融业的持续发展提供了良好的条件。

近代芜湖的金融业,主要包括票号、钱庄、银行三大类。19世纪50年代左右,山西票号就在芜湖设立了分号,到了20世纪初,票号在芜湖参与长江流域各省商贸活动时,于调剂资金方面作出了重要贡献。继票号而起的是钱庄,在芜湖开埠,与资本主义经济成分发生了较多联系后,钱庄迅速地壮大了自己的实力,数量较开埠前有了较大幅度的提高。20世纪20年代时,芜湖已有大小钱庄30余家,为发展的最盛时期。[①] 然而近代以来芜湖金融业最为突出的,则是现代银行业的飞速发展。

如表2-4-2所示,抗日战争全面爆发前夕,在芜湖设立或曾经设立过各种机构的银行共有10家,性质涉及国家银行、商业银行和地方银行。银行"各端口汇划,以上海、广州为较多,次为九江、汉口,再次为南京、安庆、镇江、北平等埠"[②],通过汇划,较为便利地解决了大宗贸易的收支往来等问题。到了20世纪30年代,芜湖的银行、钱庄与各县的金融机构,在皖江地区内外部初步构筑了金融网络,为商贸活动提供了较为充足的融资保证。

表2-4-2 近代芜湖各类银行设立情况

银 行 名 称	在芜建行时间	备　　注
大清银行	1908年	1912年随着清政府垮台而改组
安徽中华银行	1912年	1914年停业
中国银行	1914年	
交通银行	1914年	
中央银行	1929年	
安徽商业储蓄银行	1929年	1934年春因资金周转不灵停闭
中国实业银行	1929年	
上海商业储蓄银行	1930年	
中国农民银行	1934年	
安徽地方银行	1936年	

(资料来源:管天文:《解放前芜湖银行业概述》,《芜湖文史资料》第4辑;芜湖市地方志编纂委员会:《芜湖市志》,下册,社会科学文献出版社,1995年,第911—917页。)

[①] 张仲礼、熊月之、沈祖炜主编:《长江沿江城市与中国近代化》,上海人民出版社,2002年,第179—183页。
[②] 安徽省芜屯沿线物品流动展览会筹备会:《安徽省芜屯公路沿线经济概况》,1935年,第11页。

三、日渐齐备的新式邮电业

新式邮电业主要包括邮政和电信两个部门。它们的作用在于,为商品流通特别是商业信息的传递,提供了便捷的物质和技术手段。

图2-4-3　民国时芜湖的一个邮局

在新式邮政兴起以前,传统的邮政机构有驿站、文报局和民信局,前两者以递送地方政府公文为主,后者则是最主要的民业邮政机关。[①] 光绪二十二年(1896年),清政府开办国家邮政,以海关辖区为基础划分了各邮区,全国共分为35邮区,芜湖邮区即为其中之一。邮局设在芜湖海关署内,以税务司兼领邮政司,[②]管辖7个府州、30个县的邮政,范围基本覆盖皖江地区。民国时期,改变了以海关辖区为基础的邮政格局,将全国按省划分为21个邮区,在省会设立邮务管理局,并对所辖邮局进行等级划分。[③] 如表2-4-3所示,此时安徽邮区的邮务管理局设在安庆,一等邮局则只有芜湖一所,显示了其突出的地位。由于皖江地区的金融机构尚不完善,在缺乏金融机构的一些县份,由贸易产生的汇兑一般由邮局代办,[④]这种服务,无疑又对皖江地区金融业存在的不足作了有效补充。

[①] 谢彬:《中国邮电航空史》,中华书局,1933年,第4、14、17页。
[②] 谢彬:《中国邮电航空史》,中华书局,1933年,第80页。
[③] 徐卫国:《中国近代邮政的经营管理述论(1896—1936)》,刘兰兮主编:《中国现代化过程中的企业发展》,福建人民出版社,2006年,第372页。
[④] 铁道部财务司调查科:《京粤线安徽段经济调查总报告书》,20世纪30年代,第210页。

表 2-4-3　1927 年前皖江地区邮局分布

邮局等次	地　　区
一等邮局	芜湖
二等邮局	旌德、泾县、南陵、孙家埠、青阳、贵池、望江、潜山、太湖、宿松、桐城、合肥、巢县、和县、含山、繁昌、当涂、青弋江、际村街、大通、陵阳镇、汤家沟、枞阳镇、石碑镇、三河、孔城、柘皋、运漕、荻港镇、湾沚、采石、乌衣
三等邮局	宣城、石埭、舒城、建德、铜陵、河沥溪、椰桥河、茂林村、古筑、殷家汇、青草塥、叶家集、苏家埠、桃溪镇、长临、丹阳镇

（资料来源：王金绂：《中国分省地志》，商务印书馆，1927 年，第 350、351 页。）

芜湖的有线电报创办于光绪七年（1881 年），光绪九年（1883 年）设二等电报局，辟通了官督商办的有线电报通信，①可以与省外的南京、镇江、九江，省内的安庆、屯溪、当涂、宣城、宁国、绩溪、大通、采石、荻港等地通电。② 无线电报创办较晚，1929 年始设立商用无线电台，③大多与省外通电，省内只能与安庆通电。④ 电报业务的种类主要有商电、官电和公电，从表 2-4-4 可以看出，芜湖有线、无线电报业务中，商电所占份额最大，甚至超过了官电和公电数量之和。

表 2-4-4　民国间芜湖电报官公商电业务比较　　单位：件

	有　线　电　报			无　线　电　报		
	收	发	转	收	发	转
官电	3 264	2 304		130	220	1 080
公电				4 000	4 050	400
商电	26 472	22 764		7 100	5 350	4 000

（资料来源：铁道部财务司调查科：《京粤线安徽段经济调查总报告书》，20 世纪 30 年代，第 89、90 页。）

商用电话的创办始于 1918 年，该年"商人集资，于二街赁屋开设公司，自是商家住户遂能普及"⑤。1933 年，芜湖开始办理长途电话业务，到了 30 年代中后期，芜湖的长途电话已经可与南京、上海、九江、汉口等地直接通话。⑥

四、成长为皖江地区的商贸中心

芜湖于光绪三年（1877 年）开埠后，凭借着上述优势条件，"作为贸易港极为便

---

① 芜湖市地方志编纂委员会：《芜湖市志》，社会科学文献出版社，1995 年，第 581 页。
② 铁道部财务司调查科：《京粤线安徽段经济调查总报告书》，20 世纪 30 年代，第 89 页。
③ 芜湖市地方志编纂委员会：《芜湖市志》，社会科学文献出版社，1995 年，第 581 页。
④ 铁道部财务司调查科：《京粤线安徽段经济调查总报告书》，20 世纪 30 年代，第 90 页。
⑤ 民国《芜湖县志》卷二十九，政治志，交通。
⑥ 芜湖市地方志编纂委员会：《芜湖市志》，社会科学文献出版社，1995 年，第 581 页。

利"①,很快便跻身于沿江重要港口之一,对比九江、镇江两个早开放15年的口岸,贸易值丝毫不落下风。清末时,"商场地位进居上海、汉口以次之第三位"②。进入民国后,虽然个别年份有波动,但芜湖口岸贸易依旧保持一定幅度的上升势头,仍不失为沿江重要口岸。如表2-4-5所示,我们以5年为一个时间段统计芜湖的贸易量,便能看出这种趋势。

表2-4-5 1877—1931年芜湖口岸贸易值　　　单位：海关两

年　份	贸易值	年　份	贸易值
1877年	1 586 682	1907年	21 390 455
1882年	3 707 514	1912年	29 506 289
1887年	5 831 240	1917年	19 447 194
1892年	10 923 239	1922年	25 339 261
1897年	8 888 361	1927年	33 656 178
1902年	19 090 828	1931年	52 496 857

（资料来源：吴松弟编：《美国哈佛大学图书馆藏未刊中国旧海关史料(1860—1949)》,广西师范大学出版社,2014年。）

与此同时,以芜湖口岸为中介,近代皖江地区形成了"各县商品之输出,与外货之输入,莫不以芜埠为转运吐纳之总汇"③的基本态势,芜湖成为该地区商品进出口的中枢。通过各种商品的运销,芜湖将触角深入皖江各县,腹地范围覆盖了整个地区。通过各种商品的运销,芜湖将触角深入皖江各县,腹地范围覆盖了整个地区。

第二节　民国时期芜湖口岸的腹地范围

为了说明芜湖口岸腹地的情况,不妨选择几种重要的出口商品来加以分析。

一、稻　米

稻米自芜湖开埠以来,一直是其最重要的出口商品。由于稻米质量较好且出口量大,米商云集,形成了著名的芜湖米市,清末时芜湖"每年大米输出额在三百万元以上"④,平均每年的稻米输出量近500万担。⑤民国时虽然受到洋米内销、天灾人祸等因素的影响,芜湖年稻米输出量仍然保持100万担以上,而同期另两大稻米重要输出港——长沙、九江,除个别年份外,稻米输出量仅仅维持在10万担的水平上。⑥

---

① ［日］中野孤山著,郭举昆译：《近代日本人中国游记：横跨中国大陆——游蜀杂俎》,中华书局,2007年,第23页。
② 建设委员会调查浙江经济所统计课：《安徽段芜乍路沿线经济调查》,1933年,"芜湖县经济调查"第1页。
③ 建设委员会调查浙江经济所统计课：《安徽段芜乍路沿线经济调查》,1933年,"芜湖县经济调查"第1页。
④ ［日］中野孤山著,郭举昆译：《近代日本人中国游记：横跨中国大陆——游蜀杂俎》,中华书局,2007年,第23、24页。
⑤ 茅家琦主编：《中国旧海关史料(1859—1948)》,京华出版社,2001年。据该书所载1899—1909年芜湖口岸稻米输出量计算。
⑥ 徐元正：《中国近代四大米市考》,黄山书社,1996年,第38、39页。

表2-4-6　20世纪30年代皖江地区各县年平均向芜湖输出稻米量　　单位：担

县　名	输出量	县　名	输出量
舒　城	100万	含　山	40万
合　肥	80万	和　县	30万
无　为	80万	桐　城	30万
宣　城	80万	贵　池	30万
南　陵	70万	青　阳	30万
怀　宁	70万	当　涂	30万
巢　县	60万	望　江	20万

（资料来源：社会经济调查所：《芜湖米市调查》(日文版)，日本生活社，1940年，第99，100页。）

说明：其中舒城县输出量包含六安县、合肥县一部分，无为县包含庐江县一部分，怀宁县包含潜山、太湖县，青阳县包含铜陵县一部分，南陵县包含泾县、繁昌县一部分。

芜湖输出的稻米来自皖、苏、湘、鄂、赣等省。就安徽省内而言，除北部的涡阳、亳县、太和三县外，各地普遍出产稻米，其中尤以巢湖周围、长江两岸、青弋江、水阳江流域各县的稻米产量最丰，输出量也最大。[①] 如表2-4-6所示，皖江地区各县成为芜湖稻米的重要来源地。

稻米运输的路线主要有三条：一、旧太平府、宁国府属县。该区"濒沿长江及石臼、南漪诸湖各县，产米特多"[②]，区内河网密布，水路交通便利，稻米可通过青弋江、水阳江等水系运销至芜湖。二、旧庐州府、和州属县。该区位于长江以北，"巢湖流域为米之主产地"[③]，其中三河米、襄安米、庐江米和江北米是芜湖米市的著名品种，[④]该区的稻米多由产地经巢湖—裕溪河，或是直接经由裕溪河入江运抵芜湖。[⑤] 三、旧安庆府、池州府属县。该区所产稻米集中后，大多经由桐城县枞阳镇或铜陵县大通镇转口至芜湖。[⑥]

二、药　材

药材也是芜湖的出口大宗。将1877—1919年芜湖每年出口量居前五位的商品出现次数相加，药材一项高居第二位，43年里共计34次，可见药材一直是芜湖港较为稳定的出口商品。表2-4-7所示为光绪七年(1881年)芜湖出口的药材的品种及其产地，粗略地反映了芜湖刚开埠时药材的运销情况，稍加分析便可获知芜湖出口的药材主要来自庐州府、宁国府、太平府、池州府及和州等地。民国时期芜湖药材出口的资料较为稀缺，考虑到"药材出口量多年无多大升降"[⑦]，该时期芜湖的药材出口的规模与产地应该变化不大。

---

① 社会经济调查所：《芜湖米市调查》(日文版)，日本生活社，1940年，第92页。
② 铁道部财务司调查科：《京粤线安徽段经济调查总报告书》，20世纪30年代，第43页。
③ 交通部邮政总局：《中国通邮地方物产志·安徽编》，1936年，第1页。
④ 铁道部财务司调查科：《京粤线安徽段经济调查总报告书》，20世纪30年代，第232页。
⑤ 社会经济调查所：《芜湖米市调查》(日文版)，日本生活社，1940年，第101，102页。
⑥ 社会经济调查所：《芜湖米市调查》(日文版)，日本生活社，1940年，第103页。
⑦ 芜湖市地方志编纂委员会：《芜湖市志》，下册，社会科学文献出版社，1995年，第835页。

表2-4-7　光绪七年(1881年)经芜湖出口的药材品种及产地分布

药材品种	产地	药材品种	产地	药材品种	产地
柴　胡	芜湖	明　党	巢县、运漕、和县	丹　须	繁昌及铜陵
桔　梗	运漕及和县	南　星	芜湖	党　参	南京及宁国
芡　实	含山及桐城	白藓皮	和县	苍　术	芜湖及和县
菊　花	南陵	白　果	和县	紫　菀	徽州及庐州
种　术	徽州	白苏子	芜湖	药　菇	徽州及运漕
二　丑	繁昌	半　夏	庐州	茵　陈	芜湖
枫树叶	铜陵	鳖　甲	芜湖及徽州	银　花	全椒
辛　夷	宁国、徽州	首　乌	繁昌及铜陵	玉　竹	繁昌
花　粉	芜湖	丹　皮	繁昌及铜陵	黄　肉	徽州
黄　芪	泾县	丹　参	繁昌、和县、巢县	龟　板	巢县

（资料来源：芜湖市地方志编纂委员会：《芜湖市志》，下册，社会科学文献出版社，1995年，第835、836页。）

三、棉　花

棉花是民国时期芜湖口岸主要出口商品。由于安徽早先并非生产棉花的主要省份，因而在开埠初期，芜湖鲜有棉花出口。安徽棉花种植较为明显的发展是在清末，宣统二年(1910年)，皖江地区的怀宁、望江、太湖、建德、东流、贵池、繁昌等地，已有了较大面积的棉花种植。[1] 此后由于政府提倡植棉和美国棉种的传播，到了20世纪20年代中期，安徽省的棉田面积已达922 144亩，产额为160 154担，分别占到全国的3.13%和2.16%。[2] 棉产地也有所拓展，除皖江地区外，皖北也有一些分布。[3] 表2-4-8展示了1933年安徽各县的棉产运销情况，除潜山、滁县、芜湖、青阳、至德、泾县等地用于自给外，从表中可以看出芜湖出口棉花主要来源于旧安庆府、庐州府、太平府、池州府、宁国府及和州等地。

表2-4-8　1933年安徽省各县棉产运销概况

县名	运销地	县名	运销地	县名	运销地
怀　宁	芜湖、汉口、上海	巢　县	芜湖	铜　陵	芜湖
桐　城	安庆	和　县	芜湖	繁　昌	芜湖
太　湖	安庆、九江	含　山	南京	当　涂	芜湖
望　江	安庆、汉口	东　流	芜湖、赣省	宣　城	芜湖、徽州
舒　城	桐城、安庆	贵　池	大通、芜湖	南　陵	芜湖
合　肥	芜湖、南京				

（资料来源：安徽省政府建设厅：《安徽省二十三县棉产调查报告》，安徽省政府建设厅，1934年。）

---

[1] 李文治编：《中国近代农业史资料》第1辑，三联书店，1957年，第421页。
[2] 李文治编：《中国近代农业史资料》第1辑，三联书店，1957年，第221页。
[3] 金陵大学农学院农业经济系：《河南湖北安徽江西四省棉产运销》，(日文版)，日本生活社，1940年，第59页。

至于进口商品,文献记载虽较为零散,但总趋势是"亦先经芜湖而分散各地"①,"核计货物销场,最大莫如池州、安庆、六安、宁国、庐州等处"②。其中比较重要的商品,洋棉纱"惟往庐州府、六安州两处",糖、洋布"大都运往安庆、六安、池州三处",煤油"以运往安庆、宁国、池州三处为最多"。③ 具体详见表2-4-9。

表2-4-9　1912年芜湖口岸内销洋货品种及分布情况

县及市镇	内　销　洋　货
当　涂	金属、煤油
繁　昌	金属、煤油
南　陵	煤油
泾　县	火柴、煤油
含　山	煤油
合　肥	煤油、檀香木、糖类、棉纱
巢　县	煤油、檀香木、糖类、棉纱
无　为	煤油、檀香木、糖类
铜　陵	煤油、糖类
青　阳	英国灰白粗布、金属、火柴、煤油、檀香木、糖类
桐　城	英国灰白粗布、金属、火柴、煤油、檀香木、糖类
太　湖	英国灰白粗布、金属、火柴、煤油、檀香木、糖类
西河镇	火柴、煤油
三河镇	煤油、檀香木、糖类、棉纱
柘皋镇	煤油、檀香木、糖类、棉纱
店埠镇	英国灰白粗布、火柴、煤油
麻埠镇	英国灰白粗布、火柴、煤油
石牌镇	英国灰白粗布、金属、火柴、煤油、檀香木、糖类

根据吴松弟提出的通过商品流集散分析来确定口岸腹地的方法,将"与某一口岸相连,直接销售该口岸进口商品和直接提供出口商品的区域",划定为某一口岸的腹地,④那么很明显,近代芜湖口岸的腹地范围覆盖了整个皖江地区。

第三节　腹地商贸活动的开展与运行——以皖江南岸腹地为例

在芜湖这一商贸中心的主导下,近代皖江地区的商贸活动便围绕着芜湖开展和运行。本书选择在20世纪30年代,芜湖、南陵、宣城、泾县、宁国5县范围内,阐

---

① 铁道部财务司调查科:《京粤京湘两线安徽段芜湖市县经济调查报告书》,1930年,第15页。
② 《光绪十五年芜湖华洋贸易情形略略》,茅家琦主编:《中国旧海关史料(1859—1948)》,第15册,京华出版社,2001年,第126页。
③ 《光绪十七年芜湖口华洋贸易情形论略》,茅家琦主编:《中国旧海关史料(1859—1948)》,第17册,京华出版社,2001年,第135页。
④ 吴松弟:《港口—腹地与中国现代化的空间进程》,《河北学刊》2004年第3期,第161页。

述该区域内以芜湖为终极市场的、由大量初级市场、若干中级市场组合而成的、以开拓国内市场为主的内向型商品运销体系。在这个复杂的运销体系中,一系列职能各异、规模不等的市镇相互组合,形成了具有地域特色的空间网络。这些市镇作为腹地市场体系中的重要节点,对于保持市场稳定、发挥市场作用具有重大意义。因此,研究商品运销体系与网络,某种程度上可以视作研究区域的市镇体系与网络。正如一位日本学者所说,宣城、宁国、南陵等县都是芜湖背后的小市场,[①]为近代芜湖商贸中心作用的正常运作发挥了巨大作用。为了行文方便,本文将该区域称为皖江南岸腹地。

一、职能组合结构

皖江南岸腹地以内向型为主的商品运销体系,决定了处于该体系中的市镇都应执行经济职能,为了具体分析各市镇的经济职能,本文拟将皖江南岸腹地市镇划为两大类。一类是商业市镇,以商品集散地或人口消费地闻名;一类是手工业市镇,以传统手工业生产为主,少数市镇还有近代工业,以下各举几例说明。

商业市镇,如芜湖县竹丝港,附近有芜屯公路、芜孙铁路经过,水路有石硊河可通民船,交通便利,"南陵运芜货物水涸时由此舍舟登陆",因而成为一个商品集散地,商业上"有茶馆、饭馆、糟坊、浴堂等十余家"[②],皆为消费性服务业。再如芜湖山口铺、宣城洪林桥,皆位于交通要道,市镇上同样以茶馆、饭店、理发店、屠宰店之类的消费业为主。[③]

比较典型的手工业市镇,如芜湖县鲁港镇,位于鲁港河沿岸,为该县最大的市镇,不仅是"粮米聚贩之所",而且还是米粮加工业的基地,史载其"多砻坊"。芜湖县方村镇也是一个米粮加工业市镇,"跨河两岸,人烟繁盛,商业砻坊居多"[④]。除此之外,诸如泾县、宁国产茶、造纸,南陵加工稻米,宣城产生丝,那些县的市镇,皆属此类。进入民国后,一些较为发达的市镇还出现了近代工业,如宣城县湾沚镇、永宁镇等,都设有电灯公司或电气公司,[⑤]米粮加工业也逐渐从人力改为机器碾米。

二、等级规模结构

在城市地理学研究中,考察区域城市体系的等级规模,目前比较普遍的做法是运用济普夫(G. K. Zipf)提出的位序—规模法则。其核心思想是,在发达国家里,一体化城市体系的城市规模分布可用下列公式表达:

$$P_r = P_1/R$$

---

① [日]马场锹太郎:《支那水运论》,东亚同文书院支那研究部,1936 年,第 193 页。
② 建设委员会调查浙江经济所统计科:《安徽段芜乍路沿线经济调查》,1933 年,"芜乍铁道沿线市镇经济概况"第 2、3 页。
③ 建设委员会调查浙江经济所统计科:《安徽段芜乍路沿线经济调查》,1933 年,"芜乍铁道沿线市镇经济概况"第 2、6 页。
④ 民国《芜湖县志》卷五,地理志,市镇。
⑤ 杨大金编、颜白贞校:《现代中国实业志》,上册,商务印书馆,1940 年,第 939、940 页。

式中，P_r 是第 R 位城市的人口，P_1 是最大城市的人口，R 是 P_r 城市的位序。

位序—规模法则虽然并不是针对历史地理研究提出的，但也可以反映历史时期某一区域市镇规模分布的大致规律。1933 年的历史文献记载了几个市镇的人口数，如表 2-4-10 所示，数据精确性虽令人怀疑，但毕竟给出了一个较为明确的数量级，我们可以从中获取一些信息。

表 2-4-10　1933 年皖江南岸腹地部分市镇人口数量

市　　镇	人口数量(口)	市　　镇	人口数量(口)
芜湖县城	140 554	宣城双桥	10 000
芜湖山口铺	9 000	宣城孙家埠	15 000
芜湖竹丝港	8 000	宣城水东	15 000
宣城湾沚	18 000	宣城洪林桥	5 000
宣城县城	40 000		

（资料来源：建设委员会调查浙江经济所统计课：《安徽段芜乍路沿线经济调查》，1933 年，"芜乍铁道沿线市镇经济概况"第 1—6 页。）

如果我们把芜湖县城和宣城县城也当作市镇来看待的话，根据测算，芜湖县城人口数量是第二位宣城县城人口数量的 3.5 倍，是第三位湾沚镇人口数量的 7.8 倍，再对比位序—规模法则，很明显，首位市镇的规模比第二位、第三位市镇要大得多。学术界一般习惯于把市镇规模分布分为首位分布和位序—规模分布两种基本类型，介于两者之间的，属于过渡类型。[①] 根据以上分析，我们可以判断皖江南岸腹地内的市镇规模分布类型为首位分布。

皖江南岸腹地内的市镇规模呈现出首位分布态势的原因是很明显的。首位市镇芜湖县城，本身即是皖江地区的商贸中心，皖江南岸腹地的商品运销体系就是以它作为终极市场而构建的。作为腹地商贸活动的中介，汇聚了大量的人流、物流、信息流。芜湖县城在传统手工业的基础上，进一步发展了近代工业，较为突出的有米谷加工业、面粉业和纺织业等。集聚效应和规模效应可以说是芜湖县城发展的根本动力，使得其规模在近代皖江地区独树一帜。

我们还发现，其他市镇的人口数量也存在较大的差距。如湾沚、孙家埠和水东，其人口规模就是人口数最少的洪林桥的 3—4 倍。如果结合前面的分析，可以得出这样一个结论，即腹地中手工业市镇的人口数量往往多于商业市镇。前者如湾沚，米粮加工业发达，且出产土布等商品，[②] 孙家埠、水东则有表芯纸和煤的出产。[③] 后者如前述之山口铺、竹丝港等。造成这种现象的根本原因，在于商业市镇

---

① 许学强、周一星、宁越敏编著：《城市地理学》，高等教育出版社，1997 年，第 129 页。
② 建设委员会调查浙江经济所统计课：《安徽段芜乍路沿线经济调查》，1933 年，"芜乍铁道沿线市镇经济概况"第 3 页。
③ 交通部邮政总局：《中国通邮地方物产志·安徽编》，据 1936 年版影印，台湾华世出版社，1978 年，第 7 页。

缺乏生产性产业作为经济支撑,从而限制了市镇的发展,手工业生产则需要各种协作,只有汇集了一定数量的人口、技术才能完成,而且手工业生产能够提供较多的职业需求,因而吸引人口的能力大大强于商业市镇。随着时间推移,这种态势将会越来越明显地显现出来。

但是我们也应该清楚地看到,这些市镇与同期其他地区的市镇相比,人口规模还是偏小。如芜湖县城的人口规模只相当于江南地区的中等县城水平,其他市镇更是如此,一定程度上反映了近代安徽经济发展水平在全国所处的尴尬地位。①

三、地域空间结构

从空间上来看,皖江南岸腹地内绝大部分市镇都分布在河流沿岸,主要有三条市镇密集带。② 一条是青弋江沿岸地带,初级市场有西河镇、马头镇、小岭、章家渡、茂林村,中级市场有湾沚镇、青弋江镇;一条是水阳江沿岸地带,初级市场有新河庄、港口镇、河沥溪镇、胡乐镇,中级市场有水阳镇、孙家埠、水东、宣城、宁国县位于此一线;一条是鲁港河、南陵河沿岸地带,初级市场有石硊镇、黄墓渡、平沟铺、鹅岭镇,中级市场有鲁港镇。

下面我们具体观察这几条市镇密集带,简要分析商贸活动在腹地的运行情况和主要市镇概况。首先需要说明的是,由于市镇的复合职能,下文所确定的中级市场,主要依据其商品集散作用,但并不表明这些市镇仅仅是商业市镇。

青弋江发源于太平县黄山,向北流经太平县县城,称作麻溪,在小河口与自石埭县而来的舒溪汇合继续北流,接纳了由旌德县而来的徽水后,在泾县境内形成干流。干流向北流过宣城县湾沚镇后分为两支,一支流经芜湖城南入江,一支流经当涂县入江。③ 青弋江由于支流多,流域面积广,加上干流水量充足,自然成为芜湖与腹地商贸往来的重要水路。

泾县地当青弋江中上游,出口商品以农产品和简单加工品为主,如茂林村的绿茶、榔桥河的生丝、马头镇的竹木和小岭的宣纸等,④除在本地消费外,一般就近沿着青弋江向下游市镇集散。与此同时,芜湖进口而来的各种商品也沿着青弋江运销到泾县腹地,主要有米麦面粉及日用品。⑤ 南陵县出口商品则以粮食为大宗,芜湖米市的著名米种便有南陵米,沿线的青弋江镇是该县的两个稻米集散地之一。⑥ 不仅如此,青弋江镇还与泾县马头镇一起,成为南陵县棉花的集中地,其中青弋江镇"为皖南棉产及棉市之中心,居宣城、南陵、泾县三大产棉县之焦点",已然成为整

---

① 张仲礼、熊月之、沈祖炜主编:《长江沿江城市与中国近代化》,上海人民出版社,2002年,第399、400页。
② 此外,紧邻皖江南岸腹地的当涂、繁昌二县,县内最大市镇采石镇、获港镇都分布在沿江地带。宝兴公司、裕繁公司将开采的铁矿通过轻便铁路分别运往二市镇,再由此运至日本。它们的兴起,得益于矿业开采和航运业发展,与腹地市镇沿河流分布的基本规律有异曲同工之妙。
③ 安徽通志馆:《安徽通志稿》,交通考,航运,1934年。
④ 交通部邮政局:《中国邮电地方物产志·安徽编》,1936年,第8、9页。铁道部财务司调查科:《京粤线安徽段经济调查总报告书》,20世纪30年代,第298页。朱一鹗:《宣纸业调查报告》,安徽地方银行经济研究室,1936年,第14页。
⑤ 建设委员会经济调查所统计课:《中国经济志·安徽省泾县》,1936年,第13页。
⑥ 社会经济调查所:《芜湖米市调查》,(日文版),日本生活社,1940年,第104页。

个腹地内最大的棉产集散市场。①

青弋江流至宣城、芜湖县交界处，湾沚镇成为中上游各县商品流通的必经之地。大部分商品在这里集中后，再向芜湖输出，湾沚镇因而成为腹地内一个较为重要的中级市场。早在芜湖尚未开埠时，湾沚的盐业和商业就已十分繁荣，②随着芜埠的开放，湾沚作为青弋江沿线的商品集散中心，显得越加重要，"濒于青弋江，泾县、旌德、石埭等县货物之出口，必由于此"，商业主要有粮食业、布业、杂货业、纸业和木业，"以木材与米为盛"③。后来芜宣铁路、宣芜广公路在这里交汇，使得湾沚又具备水陆联运的优势。到20世纪30年代调查时，湾沚已有各业商店400余家，为宣城第一市镇，年营业额100万元，有"小上海"之称。④ 正是由于区位和经济上的重要性，湾沚镇于1971年划归芜湖县，并成为该县县城。

水阳江是皖江南岸腹地内又一条较大的河流，上流为宁国县东、西二溪。二溪合流，向北流入宁国府治后，称作句溪。与宛溪水在府治东汇合后，向北至宣城水阳镇合固城湖水，继续向北流入太平府境。⑤ 与青弋江相似，水阳江沿线也分布着一些市镇，成为皖江南岸腹地商品运销体系中不可或缺的环节。

上游宁国县的出产商品，以桐油、竹木、茶叶和香菇为大宗，进口则主要包括卷烟、食盐、煤油、布匹等。⑥ 由商贸活动发展起来的较大市镇中，以水阳江沿线的河沥溪镇最为突出，不但物产丰富，商业亦很繁盛，⑦县城尤视之不及，故有"小小宁国县，大大河沥溪"⑧之说。他如胡乐镇、港口镇等，既是县内的重要市镇，也是初级市场，二镇所出产的商品，沿着水阳江，向下游市镇汇集。

宣城县的孙家埠、水东是水阳江中游两个较大的市镇，人口都达到15 000人，商店数皆有3 000余家。由于"宁国、广德之竹、木、纸、炭，皆由此出"，故而二者成为水阳江沿线重要的商品集散地，亦即执行中级市场的职能。二者集散的商品又有所不同，其中宁国、广德所产竹木，多由孙家埠转销，而两县所产纸炭，多经水东转销。⑨ 稍处下游的水阳镇"亦为商货散集地"⑩，作为宣城到芜湖的必经之地，由于"泾县、宁国所产之茶，多销宣城"⑪，因而"交易以茶叶为大宗"⑫。作为中级市场，这3个市镇对于初级市场和终极市场——芜湖间商品运销的畅通及商贸活动的正常运行，起到了不可替代的作用。

---

① 《安徽省二十三县棉调查报告》，印者不详，1934年，第75、76页。
② [清] 黄之隽等纂：《江南通志》卷二十七，舆地志，关津三，乾隆二年重修本。
③ 建设委员会调查浙江经济所统计课：《安徽段芜乍路沿线经济调查》，1933年，序第4页。
④ 建设委员会调查浙江经济所统计科：《安徽段芜乍路沿线经济调查》，1933年，"芜乍铁道沿线市镇经济概况"第3页。芜湖市文化局编：《芜湖古今》，安徽人民出版社，1983年，第7页。
⑤ [清] 冯煦主修，[清] 陈师礼总纂：《皖政辑要》卷九十八，邮传科，水道，据钞本点校，黄山书社，2005年，第899页。
⑥ 建设委员会经济调查所统计科：《中国经济志·安徽省宁国县》，1936年，第36页。
⑦ 建设委员会经济调查所统计科：《中国经济志·安徽省宁国县泾县》，1936年，绪论第3页。
⑧ 陈翼、沈霖：《苏浙皖三省公路志游》，稚声出版社，1937年，第70页。
⑨ 建设委员会调查浙江经济所统计科：《安徽段芜乍路沿线经济调查·芜乍铁道沿线市镇经济概况》，1933年，"芜乍铁道沿线市镇经济概况"第4—6页。
⑩ 建设委员会调查浙江经济所统计科：《安徽段芜乍路沿线经济调查》，1933年，"宣城县经济调查"第17页。
⑪ 建设委员会调查浙江经济所统计科：《安徽段芜乍路沿线经济调查》，1933年，"宣城县经济调查"第3页。
⑫ 建设委员会调查浙江经济所统计科：《安徽段芜乍路沿线经济调查》，1933年，"宣城县经济调查"第17页。

南陵河—鲁港河是连接芜湖与繁昌、南陵的重要水路,也是腹地与芜湖进行商品运销的主要通道。

前文已述,南陵县主要出产稻米,除了青弋江镇外,黄墓渡系该县另一个稻米集散地,①该县获取的进口商品则以布匹、苏广杂货等为主。②芜湖县鲁港镇是"粮米聚贩之所",邻县部分集散的稻米就在该镇进行加工,石碓则"壤接南陵"③,为南陵县商品流通的必经之地。

除了以上三条市镇分布密集带外,当公路、铁路等新式交通运输方式于20世纪30年代中后期在皖江南岸腹地内部开始修筑时,随着商品的流通,沿着芜屯公路和芜孙铁路,也形成了一条市镇密集带。它们穿越青弋江、水阳江,将沿岸部分市镇相连,使得皖江南岸腹地更趋繁盛。

芜屯公路全线贯通于1935年,经过芜湖、宣城、宁国、绩溪、歙县、休宁等县,同时沟通了青弋江和水阳江沿线的部分市镇。公路自芜湖至方村镇、湾沚镇跨越青弋江后,直达宣城,宣城以下则与水阳江平行,连接水东、孙家埠和湾沚三大货物集散中心,是区域内又一条重要的货运通道。由于与国民政府首都南京相连,施工标准较一般公路为高,路基大部铺有泥结碎石路面,每日对开客车各两班,货车则络绎于途,④同时还定期举办芜屯路沿线物品展销会,⑤可见其繁盛程度。

芜孙铁路的建设分为两段。以芜湖为端点,向南、北两个方向分别铺筑。1933年开工后,于次年11月延伸至宣城孙家埠,北向则于1936年2月延伸至南京尧化门。芜孙铁路大大促进了闭塞的皖南山区物产外运和京、沪、芜工业品的输入,改善了封闭式的山乡人民传统生活。⑥

综上所述,近代皖江南岸腹地依靠天然水路和陆路交通,形成了以芜湖为终极市场,由大量初级市场,青弋江镇、湾沚镇、孙家埠、水东、水阳镇和鲁港镇6个中级市场组成的,以内向型为主的商品运销体系,从而为芜湖与腹地的商贸联系以及腹地商贸活动的正常开展与运行打下了坚实的基础。

第四节 近代皖江地区商贸地理格局的作用与影响

芜湖开埠形成的近代皖江地区商贸地理格局,是在传统自然经济被迫向近代资本主义经济转变过程中,地区商贸活动在地域上的宏观体现。这种以口岸为主导、腹地为支撑,二者互动的商贸地理格局,在皖江经济发展史上具有深远意义。

前文已述,芜湖未开埠以前,皖江地区商贸活动为4个口岸所操纵,缺乏统一

---

① 社会经济调查所编:《芜湖米市调查》(日文版),日本生活社,1940年,第104页。
② 铁道部财务司调查科:《京粤线安徽段经济调查总报告书》,20世纪30年代,第284页。
③ 民国《芜湖县志》卷五,地理志,市镇。
④ 《安徽省芜屯公路沿线经济概况》,《安徽省政府月刊》1935年第6期,第1,2页。
⑤ 安徽省地方志编纂委员会:《安徽省志·交通志》,方志出版社,1998年,第31页。
⑥ 胡相:《江南铁路芜孙段建设史话》,《芜湖文史资料》第7辑,2000年,第59、60页。

的运行机制。芜湖开埠后,作为近代皖江地区的商品进出口中枢,在区域商贸活动的开展中起着枢纽的作用。无论是进入皖江地区的商品,还是输送至区域外的商品,绝大部分都必须先经由芜湖继而再向各地分散,这就避免了商品流的分散,将皖江地区作为一个整体与外界进行商贸交流,从而最大限度地整合了地区资源,为可能形成的皖江经济区奠定了基础。同时,凭借着口岸一定幅度的拉动和辐射作用,在发展内向型经济的同时,还促进了皖江地区外向型经济的初步发展,有利于地区经济水平的整体提升和现代化发展。

芜湖良好的区位以及条约口岸的地位,决定了其在近代皖江地区无可比拟的优势,从区域经济学角度看,实为近代皖江地区最强大的增长极。增长极一经形成,就会对区域内的经济活动分布格局产生重大影响,产生区域要素流动的极化过程,进而导致区域的空间分异。[①] 芜湖开埠初期,就在发展贸易的过程中迅速扭转了咸同兵燹造成的不利影响,奠定了近代皖江地区商贸中心的地位。以后更凭借这一优势,主导了近代皖江地区商贸活动的开展与运行,强大的极化作用使得皖江地区近代经济要素尽可能地向芜湖汇集,而广大腹地在向芜湖输出资源的同时,也牺牲了自己发展的可能性。这一过程反映在地域上,表现为区域内部的极核式空间结构。

随着时间的推移,特别是进入民国后,随着水陆交通体系的日益完善,区域资源和要素在继续向增长极集聚的同时,也开始向交通线集中,交通沿线地区因而日渐成为新的经济活动密集区。河流沿线市镇数量的明显增长,就突出地表明了这一点。根据重修于光绪三年(1877 年)的《安徽通志》记载,芜湖、南陵、宣城、泾县、宁国 5 县共设有 29 个市镇,到了 20 世纪 30 年代《京粤线安徽段经济调查总报告书》《安徽段芜乍路沿线经济调查》进行统计时,5 县市镇数目增加为 38 个。前者作为方志,记载较为详尽,后两者是经济调查资料,往往选择较大市镇进行统计,故可以认为 30 年代的市镇的增长数还要多些。于是我们看到,到了 20 世纪二三十年代,除了芜湖仍然保持突出的地位外,皖江地区的交通沿线还活跃着大批市镇,它们的存在,在保证口岸—腹地间商贸活动正常运行的同时,也导致了区内空间结构由极核式向点轴式的演化过程。

不过,区外相邻口岸的竞争,对原先由芜湖主导的皖江地区商贸地理格局产生了一些冲击,导致这一格局出现了些许变化。如九江对安庆府、池州府的吸引力,在很多年份是超过芜湖的。九江进口的煤油,相当一部分运销到上述二府,而由东流、舒城、桐城、太湖、望江、宿松集中于安庆的棉花,除运往芜湖外,也分别运往上海、汉口或九江。此外,镇江通过淮河支流,也可以与庐州府北部地区进行商贸往来,南京开埠后,和县等地也不再以芜湖作为主要的商贸活动中介,这些都在一定程度上打破了近代皖江地区的商贸地理格局。

---

① 李小建主编:《经济地理学》(第二版),高等教育出版社,2006 年,第 185 页。

第五章　经济空间的分异与循环

从学术史来看,经济地理学所关注的核心问题未曾改变,即促成人类从不同的尺度解读其所生活空间的经济现象,[①]对于近代安徽经济地理而言,基于空间意义上的分异、流动、循环自然是中心话题之一。

第一节　空间划分的标准

安徽简称为皖,处在沿海诸省的内陆,长江三角洲的外围,南北东西的交通要道跨越长江、淮河、钱塘江、鄱阳湖水系,平原、山陵、岗地兼有,处于亚热带与暖温带过渡区,气候、土壤、植被方面具有明显的南北过渡性与南北兼备的特征,自然资源丰富,适合农林牧副渔多种经营发展,是为农业大省。

一般以长江为界,分称皖北、皖南,其中皖北又分为淮北、淮南、皖中(长江以北的江淮丘陵、巢湖一带)。从地形地貌上看,安徽西部、南部为丘陵地带,其余多为平原,全省由北向南,大致可以分为四个自然区域:1. 淮北平原,黄淮平原的一部分,地势平坦,本来土地肥沃,但随着灾害环境恶化而受损;2. 江淮丘陵,从安徽西部大别山区延伸到长江北岸,地势西高东低;3. 长江冲积平原,包括江北巢湖盆地、江南青弋江流域,为河渠密布的鱼米之乡;4. 皖南山地丘陵区,地势比江淮丘陵高,南侧的新安江上游(徽港)谷地是狭小的沿河冲积平原或盆地,此区山多田少,茶产丰富,西侧祁门、婺源属于鄱阳湖流域。

清代的安徽分为8府5直隶州:安庆府领怀宁、桐城、潜山、太湖、宿松、望江;庐州府领合肥、庐江、舒城、巢县、无为州;徽州府领歙县、休宁、婺源、祁门、黟县、绩溪;宁国府领宣城、宁国、泾县、太平、旌德、南陵;池州府领贵池、青阳、铜陵、石埭、东流;太平府领当涂、芜湖、繁昌;凤阳府领凤阳、怀远、定远、凤台、灵璧、宿州、寿州;颍州府领阜阳、颍上、霍邱、涡阳、太和、蒙城、亳州;广德直隶州领建平(郎溪);滁州直隶州领全椒、来安;和州直隶州领含山;六安直隶州领英山、霍山;泗州直隶州领天长、五河、盱眙。

1914—1927年,安徽分为淮泗道、安庆道、芜湖道3道。1924年安徽省行政督察区一共分为10区,第一区包括怀宁、桐城、潜山、太湖、宿松、望江,第二区包括庐江、无为、巢县、繁昌、铜陵、南陵、芜湖、当涂,第三区包括立煌、霍山、舒城、六安、合肥,第四区包括霍邱、凤台、寿县、怀远、凤阳、定远,第五区包括嘉山、天长、来安、滁县、全椒、含山、和县,第六区包括盱眙、宿县、灵璧、泗县、五河、蒙城,第七区包括亳县、涡

[①] 方书生:《百年维新:中国经济地理近代时段的研究》,待刊稿。

阳、太和、临泉、阜阳、颍上,第八区包括东流、贵池、青阳、太平、石埭、至德,第九区包括宣城、郎溪、广德、宁国、旌德、泾县,第十区包括绩溪、歙县、黟县、祁门、休宁。①

对于安徽地域划分,有一种常见的分法,即按照河流分为皖北(淮河以北)、皖中(淮河长江之间)、皖南(长江以南),但是,从经济地理的视角来看,河流不是经济隔离带,相反是黏合剂。1980年有学者对安徽的经济地理进行了简单分区,即皖北、皖中、沿江、皖南4个经济地理区,虽曰平衡考虑了自然、政治、经济规划等要素,实则问题多多。② 而按照经济要素聚集形式划分经济区(带、块),对安徽近代经济地理格局的区划,大致可以分为两带一块,即淮河经济带、皖江经济带、徽州地区(以及其他零碎地域)。如果再细分,两带之下又可各自分为三区:淮河中上区、淮河中下区、津浦铁路皖东区;芜湖区、安庆区、皖中江北低地区。当然,还可以分得更细,以一县或数县为经济集合体。大体而言,近代安徽经济,在地理是一个松散的组合体,初步的划分可参见表2-5-1。

表2-5-1 安徽经济地理空间分带

	各区属县(一)	各区属县(二)	各区属县(三)
淮河经济带	淮河中上区 立煌、霍山、六安、霍邱、凤台、寿县、太和、临泉、阜阳、颍上	淮河中下区 怀远、凤阳、定远、宿县、灵璧、泗县、五河、盱眙、蒙城、亳县、涡阳	津浦线皖东南区 嘉山、天长、来安、滁县、全椒
皖江经济带	芜湖区 芜湖、繁昌、铜陵、南陵、当涂、宣城、宁国、旌德、泾县、东流、贵池、青阳、太平、石埭、至德	安庆区 怀宁、桐城、潜山、太湖、宿松、望江	皖中江北低地区 合肥、庐江、无为、巢县、含山、和县、舒城
徽州地区	新安江水系:绩溪、歙县、黟县、祁门	鄱阳湖水系:休宁、(婺源)	
其他	郎溪、广德		

第二节 淮河经济带

淮河干流经过正阳关、田家庵、临淮关、蚌埠、小溪集、五河各港口,进入江苏盱眙港,安徽境内著名的港口有正阳关、临淮关、五河港、盱眙港,尤其是前二者,地位较重要。津浦铁路横亘于安徽境内东部地区,③1912年全线通车后,促成了淮河流域经济带地理格局的改变。

---

① 安徽省政府统计年鉴编纂委员会:《安徽省统计年鉴》,1934年。
② 张德生、高本华主编:《安徽省经济地理》,新华出版社,1987年。
③ 由江苏铜山县进入,经过宿县,南达蚌埠,渡过淮河折向临淮关,经明光县,折向东经过滁县乌衣镇,进入江苏至浦口。

一、资源、区位与空间分异

淮河流域安徽段起于阜阳县止于盱眙县,其间最重要一段即正阳关航路,从蚌埠经怀远、凤台至正阳关,匹配颍水、涡河等支流,在中游地段的临淮关(后来的蚌埠)、正阳关形成了两大集聚点,将淮河安徽段分为中上游区与中下游区。

(一)淮河安徽段中下游区

淮河安徽段中下游区,大致起于怀远县讫于盱眙县,包括凤阳、怀远、定远、宿县、灵璧、泗县、五河、盱眙、蒙城、亳县、涡阳等11县。

凤阳县:临淮关在县城东18里处,该关为淮河中游南北交通之道,"各地货物辐辏,民船碇泊常数百只"①。依赖淮河,陆路上南通定远、西至蚌埠,商业与物。"此地商业,多办货的商家,把临淮河支流一带货物,运到镇江,或自镇江运到此地分散,商情的活泼和正阳关相同,且为安徽北部的商业中心地点。"②

蚌埠市:"原为凤阳、灵璧、怀远三县交界的三不管地区"③,属于凤阳县,跨淮河两岸。"当津浦铁路未通之前,蚌埠不过是一个荒村,淮河上流的物产,都用民船运送经临淮关出江苏的清江浦,再由运河输至镇江,自津浦铁路开通后,就多从火车转运至浦口,省却许多曲折路程,故本埠遂成了淮河流域的中心市场,向来临淮关的繁盛,也被转移到此地来了。"④大量帆船云集蚌埠,1908年,利淮河工小轮有限公司从正阳迁入蚌埠,1911年5月蚌埠淮河铁路桥竣工通车。20世纪20年代蚌埠港的吞吐量最高可达5 000吨,成为淮河中游的水运中心,常泊于此的民船多达1 000余艘,小轮船10余艘。此外,附近的小溪集港、五河港、盱眙港一般常年均有30—50艘船停泊。⑤

1929年蚌埠成立市政筹备处,拟定城市发展规划,涉及人口统计、城市测量、功能分区、交通计划、市政工程、城市管理等,⑥后因机构撤销而中止。1932年安徽省政府主席方振武以"市区益形扩大,商业益趋繁盛"为由,"设公安局治理"⑦,初步建立管理体系,1936年蚌埠人口达到11.5万人,1947年人口近28万,正式设市。

怀远县:自蚌埠沿淮河上溯25里即可到达,处在涡河与淮河合流处。从怀远上游可至凤台正阳关、颍州,下游可通蚌埠、清江浦,沿涡河可达蒙城、涡阳、亳州,交通比较便利。贸易之物大多为谷物,多由上游而来。此外,从事麻业的亦较多,制麻绳运至蚌埠。当津浦铁路未通之前,所有安徽北部的物产,都由此地聚集运至清江浦,再输往天津、扬州等处,商业本极繁盛,及铁路开通,蚌埠发达,较大贸易都

---

① 龚光朗、曹觉生:《安徽各大市镇之工商业现状》,《安徽建设》第3卷第2号,1931年。
② 胡去非:《安徽省地理》,商务印书馆,1933年,第57页。
③ 《安徽》,《中国经济年鉴》,1947年,第181—185页。
④ 胡去非:《安徽省地理》,商务印书馆,1933年,第58—59页。
⑤ 马茂棠主编:《安徽航运史》,安徽人民出版社,1991年,第221—232页。
⑥ 许百揆:《蚌埠十九年度建设方案》,1930年。
⑦ 蚌埠市政筹备处编:《蚌埠市政筹备报告》,蚌埠市政筹备处,1946年12月,第1页。

移至蚌埠,往来民船也尽集于蚌埠,因此怀远的商业影响力都被蚌埠夺走了。①

五河县、盱眙县：从临淮关沿淮河东北行90里至五河,小轮可从五河进入淮河,所产以麦、豆、高粱、瓜子等为大宗,由民船运送至临淮、盱眙等处,并从临淮输入洋货杂货。由五河沿淮河下行180里至盱眙,地在安徽东南部,"当津浦铁路未通之前,四时民船辐辏,自铁路通后,货客往来都被蚌埠夺了,内河水运业就渐次衰落下来。陆路东至天长县,水运可达五河、凤阳、淮安、清江浦等处,主要往五河方向"②。

宿县、泗县、灵璧县：由蚌埠铁路北行至宿县,有新建的市街、运送店、旅馆等新商业。物产有高粱、麦、豆、煤、皮革等,运至浦口、镇江等处,运入日用的洋杂货、煤油等。由五河北行90里至泗县,居民多从事农业,也有航运,农产以小麦、黄豆、绿豆、芝麻、高粱等为大宗,运往五河,转输临淮关、盱眙等处,亦有部分运灵璧。泗县北行70里至灵璧,为安徽最北处,离津浦线的宿县110里,居民多从事农业,产出小麦、黄豆、花生,用牛、骡、马运往五河、固镇等处,"商业殊无可言,只有朝市,有商会得发行钱票,但只限于本地商人通用而已"③。

蒙城县、涡阳县、亳县：由怀远沿涡河上溯130余里至蒙城,人民以农业为生活,出产高粱、黄豆、大麦、小麦等,从涡河下行可达各地,陆路到凤台。由蒙城沿涡河上溯90余里至涡阳,处于涡河之岸,市场比蒙城、凤台活跃,可以沿着涡河上至亳州,下至蒙城、怀远、蚌埠。由涡河上溯120里至亳县,下游通涡阳、蒙城、怀远等地,陆路通河南鹿邑。居民生活水平比涡阳、蒙城高出许多。

淮河安徽段中下游区的中心原在凤阳县临淮关,后来逐渐转移到蚌埠,并形成西北、东北两经济片：蒙城县、涡阳县、亳县、怀远县,以及五河县、宿县、泗县、灵璧县。

（二）淮河安徽段中上游区

淮河安徽段中上游区,大致起于阜阳讫于凤台,包括10县：阜阳、颍上、立煌、霍山、六安、霍邱、凤台、寿县、太和、临泉。

凤台县、寿县：从怀远上溯淮河180里至凤台,这是一座小城,"名为县城,实只可当作一个大墟市而已,交通都用民船,惟南至正阳关或东至下游有小轮往来"。陆路到蒙城有144里。从凤台上溯淮河60里至寿县,地在淝河口,城内城外都较寂寥,四条街道就算是城内繁盛的街市。④ 货物往来大多沿淮河、淝河、焦岗湖等水路,东至洪泽湖,西至颍州河,南达六安。

寿县南行60里即正阳关,淮河、淠河合流处,西北可通颍河上游、河南周家口,东可通江苏,南可达六安,是地方商业交通的中心。正阳关地处淮河、淠河、颍河交汇处,属于寿县管辖,为皖西地区的商品枢纽地、淮河中游最大的商业港,是小轮船

---

① 胡去非：《安徽省地理》,商务印书馆,1933年,第61页。
② 胡去非：《安徽省地理》,商务印书馆,1933年,第72、74页。
③ 胡去非：《安徽省地理》,商务印书馆,1933年,第67—73页。
④ 胡去非：《安徽省地理》,商务印书馆,1933年,第62页。

在淮河上水航行的终点,也是镇江民船上水的终点,常年民船云集。各地商人在正阳关设立了一批商业会馆,20世纪初较大的会馆有8个。外商也在此设立企业、公司、药房。内河小轮公司纷纷设立,一时港口"舟车四达,物盛人众",每日除了小轮来往不绝,还有民船1 000余条停泊在港区,每年货物吞吐量达到30万吨,客货码头为自然坡岸,货运分散在沿河地带,有7个码头。①

霍邱县、颍上县:正阳关西行70里到达霍邱,至蚌埠不过300里,西通河南固始县,陆路140里,步行2天可达。小贩为多,有制绿茶、榨油、酿酒等小规模手工业经营,附近所产的米、麦、高粱、豆类等,多由正阳关运往下游。从正阳关西北行60里至颍上,该地工商业殊无可观,畜牧业则较为发达,每年有价值数十万的畜牧产品运往他省。②

阜阳县、太和县:从颍水西北上行120里至阜阳,人口比较稠密,为颍州府府城所在,南门大街一带街市密布。城外基本经营农业,产麦、黄豆、芝麻、枣、高粱、蓝等,由正阳关输往上海,再运入杂货分销至附近地区。陆路交通南接颍上,北达太和,东北可至怀远、涡阳,道路平坦。由阜阳西北行70里至太和,地处沙河、颍河交汇处,城内市场比阜阳繁盛,以蚕丝业为大宗,高粱、麦、豆等也有出产。从颍河西北可达周家口,东北可至颍州、正阳关。陆路与阜阳、亳州往来不盛。③

霍山县、六安县:沿潜山北行240里经过山陵到达霍山,淠河水流急,水浅不能通船的地方,一般使用竹筏。所有的出产,只有麻、漆、桐油等输出外面,"境内日常用物如米、盐、茶叶、纸张等类,多半从正阳关或六安运来"。由霍山西,沿淠河北行90里可到六安,有通合肥大道,"商业状况比霍山稍微热闹,所产茶、麻等项,靠马背或小车运到合肥,由合肥运入砂糖、纸料、杂货,以资供给,人民生活与合肥差不多"④。

淮河安徽段中上游区,以凤台县上游寿县正阳关为枢纽,形成西北、西南两经济片:阜阳、颍上、太和、临泉片,霍邱、霍山、六安、立煌片。

(三)皖东南区

皖东南区起于凤阳县,邻接江苏省,包括嘉山、天长、来安、滁县、全椒5县,津浦铁路线纵贯全境。

滁县:沿蚌埠铁路东南行即达滁县,该地为肥沃的平原,农产品有米、麻、花生、药材等,向南京、镇江方面输出,手工业、商业均不甚发达。滁县至浦口约30里,火车约1个小时。水路一天可达江苏六合县,陆路至全椒约60里。滁县乌衣镇以前"不过一个普通的村镇,村民多务农业,当中只有一条街市,原无商埠资格的希望。自从津浦路线指定了此地为终点站之后,地方忽然昌盛起来","浦口地方的

---

① 马茂棠主编:《安徽航运史》,安徽人民出版社,1991年,第196—197页。
② 胡去非:《安徽省地理》,商务印书馆,1933年,第64页。
③ 胡去非:《安徽省地理》,商务印书馆,1933年,第65页。
④ 胡去非:《安徽省地理》,商务印书馆,1933年,第13、14页。

商业权利,被本镇夺来不少"。①

全椒县:由滁县东南行60里即至全椒,地在津浦线沿线,清末规划的浦信铁路如果建成,将连接全椒、乌衣镇,以至于合肥、正阳关。"人民一部分是经商,一部分是农业,农产以米、麦、花生、麻等为大宗,由商民运至芜湖、镇江等处,而运入杂货、石油、药品等项"。西距合肥240里,3天路程。西北距滁县60里,1天路程,涨水时可由滁河至南京。②

天长县:该县行号代粮商收买米、麦、豆,销往高邮、无锡、南京、镇江。③但在天长南部乡村,"农产物向外运输,主要是靠着牲畜,因之,大批粮食要运输出境非常困难,输入境亦非易事"④。

本区域是基于津浦线而形成的松散体,并没有经济上的中心城市,大抵分趋铁路之两端——蚌埠与浦口,居中的滁县相对经济比较活跃一些。

二、经济带内要素的流动

淮河经济带内要素流动以淮河为主动脉,随着1912年津浦线通车后,陆上铁路通道的分流灼然可见,产生了一些明显的变化,并新增了"蚌埠——浦口"间的要素流动通道。

(一)淮河上的流动

淮河干流与众多支流形成了通畅的水上交通体系。其中,颍河是淮河最大支流,经过太和、阜阳、颍上,在正阳关对面入淮,四季通航,上行可达周家口、西华、临颍、禹县、扶沟县、郾城、襄县、邓县。从颍河外运麦、大豆、芝麻、高粱、西瓜、西瓜子,从河南周家口镇经颍河将铁、烟草、药材、杂货等运往下游。由镇江运至正阳关,再入颍河及其上游的货物有布、药品、杂货、石油、砂糖等。因此,颍河流域有"十里五十只船"⑤之说。涡河是第二大支流,从河南进入本省,经过亳县、涡阳、蒙城、怀远,至凤阳临淮关,外运麦、豆类、胡麻、黄花菜、花生等。涡河"往来于淮泗之间,商货赖以周转","在陇海铁路未通车前,皖北、豫东以及鲁西各县,运输货物,胥惟涡河是赖"。⑥淮河其他支流有史河(固始县以东)、淠河(六安至正阳关)。淠河夏日涨水小轮船可达阜阳,南岸流域的六安、霍邱、寿县,米谷由正阳关转蚌埠。⑦霍山竹筏由淠河下行可达六安,然后帆船沿淠河入淮,皖西茶麻运达六安。⑧

---

① 胡去非:《安徽省地理》,商务印书馆,1933年,第69页。
② 胡去非:《安徽省地理》,商务印书馆,1933年,第71—72页。
③ 安徽省实业厅:《安徽省六十县经济调查繁表》,安徽省实业厅,1922年,第2637—2639页。
④ 娄家基等:《安徽天长县的南乡》,《新中华》第2卷第17期,1934年,第98—100页。
⑤ 马茂棠主编:《安徽航运史》,安徽人民出版社,1991年,第223页。
⑥ 民国《亳县志略》,经济,商业。
⑦ 胡嘉:《安徽地理与安徽资源(附表)》,《安徽政治》第7卷第11期,1944年,第30—51页。
⑧ 贾宏宇:《安徽经济建设》,《钱业月报》第19卷第2期,1948年,第24—31页。

据 1919 年的调查,六安城内广兴、裕源、义源、豫泰、双河、裕丰、德成 7 家米行,用车船将四乡所产之米运到正阳关、合肥一带售卖。寿县县城黄永丰、正阳关俞泰记、庄墓桥谢同兴、吴山庙陶公义、隐贤集赵万盛、马头集许正泰粮行,将米、豆、麦贩卖到凤台、怀远、合肥等地。阜阳城内、北关、东一镇、东三镇、东北镇、南一镇、南二镇、东南镇、西一镇、西二镇、西五镇、西南镇、西北镇、北一镇、北四镇等 23 家粮行,将小麦、黄豆等船运贩卖到南京、镇江等地。颍上县城西门外、各集镇贩卖小麦、黄豆,"陆道者人力、车装,运水道者帆船装运"至正阳关、蚌埠。霍邱县城及各镇,以船运稻麦豆芝麻至怀远、蚌埠、临淮等地。亳县各集镇水陆两路将大麦、小麦、黄豆、绿豆等运往本地、镇江、上海等地;太和县城与集镇贫民负粮资赴粮行售卖。涡阳涡河北岸黄豆、麦子装船运至蚌埠、无锡等地,①该县京货业与杂货业主要来自蚌埠、苏杭,其次是河南商丘、漯河、周口等地,大多船载,少量陆运,每年以当地的小麦、大豆、高粱,从水路运往蚌埠、上海,再从那里运回各种布匹、大小百货、煤油、纸烟、盘纸、红白糖、山里杂货等。②

黄河夺淮之后下游淤塞不能通航,但涨水之时,正阳关与五河之间可通行小汽船。此外,依托田家庵煤矿,淮南港兴起,先后建有田家庵渡口码头、洛河煤矿码头,后来因为田家庵的车站竞争而衰落。1933 年淮南煤矿局修筑了由九龙岗至大通、田家庵的小铁路,并在田家庵修建小火车站。田家庵成为水陆中转集散地,常年民船云集,可供停泊民船的自然岸坡长达百余米。③ 淮南的煤矿,除了本地铁路使用外,全部运往上海。④

概而言之,淮河安徽段水上交通便捷,覆盖至区域内任何一个县域,"交通上沿淮河上游至正阳关,四时都有民船与小轮船自由往来,水涨的时候,西至正阳关东至盱眙县均可通行。正阳关南面的淠水,和北面的颍水水利也可联络,可以南通六安,北通颍上、阜阳、太平各县,还有下流五河县的水运,也和淮河相接触,可以至怀远、蒙城、涡阳、亳县各处,水利交通很为利便"。

(二)陆地上的流动

淮河沿线上主要的商贸节点有周家口、正阳关、临淮关、扬州、清江浦、济宁等,京汉、津浦、陇海铁路与公路网形成后,货运逐渐以铁路、公路为主,以水运为辅,以铁路、公路为主的新商路部分分流了淮河流域以水运为主的传统商路。

津浦铁路通车后,安徽北部涡河、颍水、淮河上游商贸流向改变,"皖北一带物产,调剂出入大都赖之运送"。本来循淮河经临淮关,出清江浦(今淮阴),顺运河而下,改为循淮河到蚌埠,铁路南运浦口、无锡、上海,北运济南、天津各地。"至津浦

---

① 安徽省实业厅:《安徽省六十县经济调查简表》,安徽省实业厅,1922 年,第 2548—2552,2612—2629 页。
② 太和县工商志编撰组:《太和县工商行政管理志》,1986 年。
③ 马茂棠主编:《安徽航运史》,安徽人民出版社,1991 年,第 231—232 页。
④ 胡嘉:《安徽地理与安徽资源(附表)》,《安徽政治》第 7 卷第 11 期,1944 年,第 30—51 页。

铁路通车后,经蚌埠转运公司十余年之招揽",茶商等"纷纷由正阳关运茶至蚌埠,改由火车运输"。① 津浦线沿线的凤阳、嘉山、宿县、滁县,货物在沿线的市镇集中,再随车运出。但是,同小麦有关的面粉工业,安徽并不发达。②

蚌埠附近一带,"土地肥沃,居民生业本来以农业为主,自津浦铁路开通后,沿铁道一带,变为主要货物的集散地,商业日盛,因而旅馆、仓库和转运公司等的机关也逐渐的增加","快车五小时到浦口,十三小时可达天津"。③

图 2-5-1 民国时的蚌埠火车站

相反地,之前一些重要的水路中心,在铁路通车后受到影响。怀远县"由于先前向其输送粮食的亳、涡、蒙、怀四县离蚌埠更近一些,四县输出的粮食均为蚌埠市场所吞并,而一落千丈,甚至连自立都困难了"。④ "近津浦火车通行,凡陆陈之运出者,洋货之输入者,均由临淮、蚌埠转运,而盱眙商务遂减少矣"。⑤ 津浦铁路虽在临淮关设站,但该处"为蚌埠所夺,繁盛远不如从前"。⑥ 20 世纪 20 年代全镇人口仍有 2 万人,商店林立,商货广布,水路交通仍然发挥作用,民船将淮河一带的农产品运到浦口,从运河将镇江的洋货带回内地,及至日本全面侵华,安徽大部沦陷,商贸遂彻底衰落。寿县重镇正阳关,20 世纪初为安徽西北商业中心。⑦ 津浦铁路通车后受到明显影响,此后虽然"一直没有失去周边地区要冲的地位,但是近年来此地盗匪迭起,由于灾害饥荒频发,农产品数量减少,市场形势也逐渐衰微,往昔的繁荣

---

① 蚌埠运输同业公会:《津浦路局亟宜招徕皖北、六安茶商恢复车运以增加铁路收入案》。
② 胡嘉:《安徽地理与安徽资源(附表)》,《安徽政治》第 7 卷第 11 期,1944 年,第 30—51 页。
③ 胡去非:《安徽省地理》,商务印书馆,1933 年,第 58、59 页。
④ 中支建设资料整备委员会:《安徽省北部经济事情》,1940 年。
⑤ 《安徽盱眙县商业调查表》,《安徽事业杂志》第 4 期,1913 年 2 月。
⑥ 黄同仇等:《安徽概览》,1944 年,第 14 页。
⑦ 冯之:《二十世纪初安徽主要城镇商业概况》,《政协文史资料·工商史迹》,1987 年 8 月,第 70、170 页。

也不复存在了"①。

在 1934 年进行的津浦线安徽境内各站运出货物数量统计中,蚌埠、滁州、宿州、临淮关和其他各站（管店、明光、门台子、固镇、符离集）的占比分别为：38.89％、35.61％（其中商运煤为 34.42％）、4.73％、4.29％、16.47％。输出货物主要为煤、黄豆、小麦,以及稻米、芝麻、豆类、禽畜。在 1934 年进行的津浦线安徽境内各站运入货物数量统计中,蚌埠、滁州、宿州、临淮关和其他各站（管店、明光、门台子、固镇、符离集）的所占比例分别为：70.39％、2.62％、7.55％、4.97％、14.48％。②蚌埠在铁路商品输入与输出中（尤其是输入中）,具有显著的优势。

淮南铁路通车后,"客货运极为畅旺,每日营业近一万余元,较浙赣江南两路超出倍余","正阳关已于上月下旬成立营业所,淮河上游之货,今后有望该路运输云"。③

安徽淮河西北部的情况也类似,"从前汴洛间的铁路未通的时候,凡河南省的农产物,多由此地集合,由涡河运出淮河至清江浦,市况尚形发达,如今汴洛铁路可由开封至于徐州,因此河南的农产物大半给这部分铁路夺去了。虽然河南东南部的农产物,还有多少集于安徽西北隅,故此地尚不至于十分零落"④。

远离铁路与良好水道的区域,仍采用道路运输方式。霍山城内长春、永昌 2 家粮行,将米麦人力肩挑到本地销售,凤阳、小溪、蚌埠、临淮、郡城、长淮集、总铺等地齐公和、史三益恒、钱元和、刘协盛、王隆盛、董宝兴等 19 家粮行,通过陆路到津浦、沪宁铁路,将米、麦、豆类粮食运往上海、大通、南京、浙江、镇江、天津等地销售。⑤

三、小结：区域形成及特点

淮河经济带的形成及其成效发挥,是与蚌埠市镇发展、津浦铁路运输及其对皖北农耕区出产的带动作用紧密相关的。诚如历史文献所云："蚌埠前本沿淮一乡镇,自铁路由此渡淮,遂为沿淮上下民船荟萃之区……近代三河尖正阳关之商务,皆合并于此,水陆通衢,淮水流域出百货,俱由此集散。低价腾贵,至数十倍。往岁十亩之家,今为巨富。且安武军设安徽省督军行辕,兼辖江北淮徐海,俨然一新省会,洵与济南、徐州形势,鼎立而三矣。"⑥1911 年蚌埠淮河铁路桥竣工,"依赖于水运的商号纷纷将仓库、货栈、钱庄设立于港区附近,居民、商店、酒馆也日渐增多,从火车站到船塘码头沿途一余华里,渐渐成为最繁荣的新街市"⑦。

"从津浦线成以后,纵则利用铁路,横则利用淮水,绾此淮水和铁路之处,双方

---

① 龚光朗、曹觉生：《安徽各大市镇之工商业现状》,《安徽建设》第 3 卷第 2 期,1931 年。中支建设资料整备委员会：《安徽省北部经济事情》,1940 年。
② 安徽省政府统计委员会编：《安徽省统计年鉴》,安徽省政府统计委员会,1934 年,第 334、335 页。
③ 《经济建设半月刊》第 9 期,1937 年。
④ 胡去非：《安徽地理》,商务印书馆,1933 年,第 66、67 页。
⑤ 安徽省实业厅：《安徽省六十县经济调查繁表》,安徽省实业厅,1922 年,第 2548—2550 页。
⑥ 《安徽交通志略（录安徽省地理志）》,《交通丛报》1921 年第 79 期,第 1—8 页。
⑦ 马茂棠主编：《安徽航运史》,安徽人民出版社,1991 年,第 231—232 页。

利用的便是临淮关与蚌埠。"①"淮河上流来的货物,都集这里(按:指蚌埠),再有铁路送到浦口,故此货物的集散很盛,仓库的建筑很多。"②安徽小麦的输出主要为淮河流域的阜阳、太和、凤台、寿县,集中蚌埠转运上海、无锡。六安县沿淠河两岸之米粮则向正阳关集中,由淮河转蚌埠出口。③

1947 年的一则蚌埠新闻中提到,因为皖北农村养殖牛羊为副业,每年所出的动物皮价值百万元,当时只有蚌埠有土法制作的凤阳制革厂 1 家,因而计划筹资 10 万元,在蚌埠由官商合办一大规模机器制革工厂,以运销外埠,如果可行再考虑在正阳关设分厂。④ 淮河安徽段以蚌埠(临淮关)为首中心、正阳关为次中心的要素流通脉络建立,形成了对应的经济地理格局。

第三节　皖江经济带

皖江区即安徽长江段区域,包括青弋江、皖江、巢湖流域,大致范围为旧安庆府、池州府、庐州府、太平府、宁国府及和州属县,沿江的主要港口有芜湖、安庆、大通。

一、资源、区位与空间分异

皖江地带地跨皖南、皖北,尽有长江航行之利,沿江流域、盆地、河谷出产资源,为安徽稻谷、棉花的主要产区。上游之安庆为省府,下游芜湖是本省最大的商埠。

(一)芜湖及其江南腹地

芜湖及其江南腹地,包括芜湖、繁昌、铜陵、南陵、当涂、宣城、宁国、旌德、泾县、东流、贵池、青阳、太平、石埭、至德等 15 县。

芜湖:是安徽最繁盛的都会,"城内归县辖,城外归市辖","商业区皆在城外,而长河街码头及马路一带,尤为最繁盛地段"⑤。交通依赖水路。长江上下可达汉口、九江、安庆、镇江、南京、上海。西北沿着运河可达巢县、无为、庐州,南行可达南陵、宁国等处。芜湖的繁盛由来已久,除了米之外,皖南、皖中的红茶、绿茶多由这里出口,湖南、江西两省的木材也常在此编成木筏。"往时淮南的米都是集中此地,自津浦路线成后,又多集于正阳关",不过民船运输成本大大低于火车。⑥

南陵县、泾县:南陵县城为靠近芜湖的小都会,从鲁港河支流可达芜湖、泾县,土地肥沃,田产尚多,经济状况也比较发达。泾县在芜湖之南约 66 里,处青弋江东岸,陆路交通不便,出口大宗为茶叶、纸料、煤。⑦

---

① 胡去非:《安徽省地理》,商务印书馆,1933 年,第 60 页。
② 胡去非:《安徽省地理》,商务印书馆,1933 年,第 58 页。
③ 吴正:《皖中稻米产销之调查》,交通大学研究所,1936 年,第 14 页。
④ 《蚌埠经济新闻一则》,《津浦铁路日刊》第 1789—1813 期,1937 年第 13 页。
⑤ 铁道部财务司调查科:《京粤京湘两线安徽段芜湖市县经济调查报告书》,1930 年,第 4 页。
⑥ 胡去非:《安徽省地理》,商务印书馆,1933 年,第 18,20 页。
⑦ 胡去非:《安徽省地理》,商务印书馆,1933 年,第 20 页。

铜陵县、贵池县、东流县：由芜湖沿江西南行约200里至铜陵,其下之大通镇为安徽四大商镇之一,商品以盐为大宗,年约250万两,青阳的丝、太平的茶也由此地出口,运往芜湖,每年50多万两。贵池离大通镇水路60里,土地肥沃,出产棉、麻、米、漆等,以及茶、桐油、铜、煤。"日用所需,多仰给于安庆、芜湖等处,载运多用民船也,间有往来"。由贵池沿江西行约100里至东流,隔江与怀宁相望,安徽60县中,以该县城池最小,生活最贫瘠。交通便利,生产以稻、麦、棉为主,丰年所获不足以供本县人民一季之食,田价很贱。①

宣城县、宁国县、泾县：宣城产出最多的水稻、小麦,运销芜湖、上海、南京、镇江、溧阳,手工业产品中的蜜枣、木器、纸张等多销往芜湖、南京、上海。② 宁国县"交通极不便,仅城北的河沥溪镇滨句溪通帆船,为货物出进之集中地",芜屯公路贯通南北,通车以后,大有改进。产出最多的稻麦除了本地外,销售芜湖、广德。③ 泾县向芜湖输出宣纸、木炭、竹木、茶叶等,输入砂糖、酒、煤油、肥皂、香烟等。泾县从南陵外运稻米,并向太平输入黄豆、米、盐、芝麻。

芜湖的江南腹地大抵包括旧太平府、池州府、宁国府。

(二) 安庆及其近郊

安庆及其近郊,包括怀宁、桐城、潜山、太湖、宿松、望江等6县。

图2-5-2 安庆临江旧观

怀宁县(省城安庆)：地处桐城、潜山、至德、贵池、东流、望江、太湖、宿松周边各县的要道上,"上达汉口,下通申江,亦长江之要邑,故为皖之省会所在"④。在近代安庆更

---

① 胡去非：《安徽省地理》,商务印书馆,1933年,第48、53页。
② 铁道部财务司调查科：《京粤线安徽段经济调查总报告书》,20世纪30年代第104页。
③ 铁道部财务司调查科：《京粤线安徽段经济调查总报告书》,20世纪30年代第104页。
④ 彭荫轩：《安庆之经济概况》,《交行通信》第5卷第5期,1934年,第34—37页。

多的是作为区域政治中心,"原来中国形势分为南北,南北有事必争长江,争长江必以武汉南京为上下的枢纽,怀宁适踞南京的上游,南京全靠怀宁的得失以为轻重"①。

但是,安庆附近"因河床陡削,往往一泄无余,不利舟行,所以临近各县的物产,深港运输不便,而本城的商业,不免受着重大的影响了"。"在交通上不大方便的地方,首推大轮船没有码头湾泊,可是小轮船往来九江、芜湖每天都有开驶"。"工商业不很发达,日用诸物,仰给外货的输入不少,本地的出品有茶叶、竹木、麻、漆、蜜枣、腐乳、药材等……城内初办电灯公司,居民视之为没大需要,营业的人每年亏本不少"②。1927年设为安庆市。出产米谷、小麦、黄豆、菜籽等农副产品,进口盐、糖、棉纱、绸布、洋货、海货等。

潜山县、太湖县、宿松县:从怀宁县西渡潜水可至潜山县,"可惜水浅,交通不便,附近没甚盛大的物产,所有商品多是从芜湖方面运来的,就是从怀宁来的,水路也只有竹筏运载货物,因此商品很为冷淡"。本地多山,粮食生产无多,只能自给,铁矿石出口怀宁。商业不发达,居民生活水平不高,市面上茶楼酒馆不多见。由潜山县西南行约80里到太湖县,涨水之时可以水运,从怀宁输入货物,浅水时需要从望江陆运经过宿松。太湖县乘小车西北陆行250里可达英山县,南行70里可达宿松县,产出米、烟,市况热闹,"长江水运便利,人民生活比一般稍为增高"③。

基于特殊及狭窄的腹地,作为著名的冲要之地,安庆及其所辖6县并未能建立集聚意义上的经济体,在经济上从属于芜湖中心。

(三) 皖中江北低地区

皖中江北低地区,包括合肥、庐江、无为、巢县、含山、和县、舒城等7县。

合肥县地处安徽中央,平原当中,交通便利,为淮南重镇,北部基本为高地,只有南部流入巢湖的肥水可以航行。产米、麦、麻,商业机关如商会、布业公所、钱业公所等较完备,杂货店有80—90家。合肥南方有水道,利于民船交通,可循之抵达巢县、芜湖,陆路东通浦口,西通六安和河南商州、信阳,西北至寿州,东北至凤阳。"惟是路政不修,每到雨天,泥土没胫,土石凹凸,行路为难"④。

和县裕溪口为拟建的淮南铁路终点站,为巢湖地区通向长江、芜湖的门户,皖中米谷集散地,"虽为皖中一带门户,但因其距离芜湖仅约二十五里,而本身又无完美之港市设备,故既不能直接吸收输入品,亦不能直接分配输出品,而一切货物之出入皆不得不以芜湖为枢纽。是裕溪口除煤炭而外,只为通过贸易之一站,一切商务仍旧集中芜埠","即欲成为极小区域之商业中心,亦并非易事"⑤。

合肥的地理位置是"为皖之中",在水路交通优先的情况下,中南部从属于芜湖

---

① 胡去非:《安徽省地理》,商务印书馆,1933年,第11页。
② 胡去非:《安徽省地理》,商务印书馆,1933年,第8—9页。
③ 胡去非:《安徽省地理》,商务印书馆,1933年,第12、16、17页。
④ 胡去非:《安徽省地理》,商务印书馆,1933年,第15页。
⑤ 萧廷奎:《安徽裕溪口之地理考察》,《地理教学》第1卷第5期,1937年,第19—24页。

图 2-5-3 民国时合肥的商业街

经济区,西北与东部部分乡从属于淮河经济带、津浦铁路经济线。皖中江北其他各县,基本均从属于芜湖中心。

二、经济带内要素的流动

皖江经济带的要素流动基本为水路,直到很晚近的时期铁路公路才参与进来,本区域内部中心城市芜湖的集聚度明显高出淮河经济带的中心蚌埠。

(一)长江安徽段的港口

芜湖是当时安徽最大的商埠,具有优越的地理位置,南有青弋江平原,北有巢湖谷地,水域宽广,水深良好,是理想的中转口岸。芜湖在明清时即为中国著名的四大米市,每年有数百万石稻谷集散输出,其他茶叶、木材出口量也很大。大通是仅次于芜湖的重要商埠,徽州地区以及青阳、贵池、石台、南陵等地所需的物品大多通过大通转运外地。安庆是另外一个重要的港埠,商业规模虽远不及芜湖、铜陵,但其地理位置重要,南宋末年建府以来一直是安徽的政治、军事重镇,同时安庆也是鱼米之乡,并盛产竹木、茶叶、药材、柴炭。1876 年 9 月 13 日的中英《烟台条约》中,增开宜昌、芜湖、温州、北海为通商口岸,大通、安庆、湖口、武穴、陆溪口、沙市为外轮上下客货的"暂停口岸"。

光绪三十四年(1908 年)芜湖关呈报皖省内河行驶小轮的地方包括庐州府 9 艘、安庆府 3 艘、金陵 5 艘、宁国府 3 艘、无为州 1 艘、巢县 1 艘、太平府 1 艘、高淳 1 艘、南陵县 1 艘。① 据光绪三十四年(1908 年)统计芜湖港有码头 7 艘,除了招商局 1 艘外,分别为英商太古、英商怡和、德商享宝、英商鸿安、日商日清公司的大阪与

---

① [清]冯煦主修,[清]陈师礼总纂:《皖政辑要》,邮传科,航业,据钞本点校,黄山书社,2005 年。

菱边。由于外商在租界内相继建造码头,原来的荒江断岸、芦苇浅滩变成了码头相接、洋行林立的港口中心,芜湖港遂从青弋江口转到弋矶山脚,初步形成了近代化的港口布局。1921 年芜湖的码头工人有 1 194 人,小轮船员、职员 998 人,1933 年芜湖港口有码头 19 座,已经具有相当的规模。①

安庆的港口条件不及芜湖,只有招商局趸船,怡和、太古、鸿安、日清轮船用舢板载客上下,怡和、日清还在华阳镇对岸的香口搭客上下。长江轮运在省城安庆设立码头,通行于内湖与沿江各小市镇。芜湖为小轮航运中心,南陵航路从芜湖至南陵县,东坝航路从芜湖至江苏高淳县东坝,宣城航路从芜湖至宣城,华阳航路从芜湖经大通、贵池、安庆、东流至望江县华阳。② 合肥航路从芜湖经巢县至合肥,三河航路从合肥三河镇至巢县、芜湖,无为航路从无为黄洛河至无为、芜湖。

光绪二年(1876 年)后安庆逐渐从军港向商港转变,英商怡和、太古和日商大阪等外国轮船相继来安庆,在安庆小南门一带设立"洋棚"作为办事营业地点。光绪九年(1883 年)轮船招商局在安庆东门设立趸船。安庆至芜湖、九江间每日有小轮 1 班,码头设在小南门,民船码头设在小南门外,驶往太湖、潜山、望江等处的民船码头设在西门小新桥。③ 民国期间安庆港口没有大型建设,尤其是 1931 年洪水给安庆农业生产带来严重灾害,招商局严重亏损,三北公司的航班由 8 班减少为 3 班,怡和、太古也将部分轮船休航,大约到 1937 年抗日战争全面爆发前,安庆港仍没有起色。④

大通为青阳及桐城稻米的汇集处。光绪二年(1876 年)后,英商太古、怡和和日商日清大阪等外国航运业在大通开办业务。当时大通港口的活动区域主要在大通与悦州两岸的内河,泊船点均为两岸的自然岸坡。

光绪二年(1876 年)池州创办矿务局,对馒头山煤矿进行开采,建立了煤运码头,有数十艘木帆船。1924 年安徽省官办矿务局成立馒头山协记有限公司进行大规模开采。围绕码头、堆栈,逐渐形成了上下港区。马鞍山港口包括马鞍山与采石。1913 年成立宝兴铁矿公司,及至 1921 年,已先后开辟 2 座码头。⑤ 于是,池州、马鞍山港呈现兴起之势。

(二)以芜湖为中心的流动

长江以南主要米谷产地为宣城、芜湖、南陵、繁昌、泾县、太平等,长江以北主要产地为无为、庐江、舒城等。"皖中皖南各县产品之输出,与外货之输入,莫不以芜埠为转运吐纳之总汇。"⑥"全市商业盛衰,皆以该业(按:指米业)为转移。"⑦稻米是芜湖最重要的出口商品,"因此芜湖之米市,以及全皖农民之经济状况,莫不以芜埠

---

① 马茂棠主编:《安徽航运史》,安徽人民出版社,1991 年,第 225—228 页。
② 《安徽交通志略(录安徽省地理志)》,《交通丛报》第 79 期,1921 年,第 1—8 页。
③ 马茂棠主编:《安徽航运史》,安徽人民出版社,1991 年,第 192—195 页。
④ 马茂棠主编:《安徽航运史》,安徽人民出版社,1991 年,第 228、229 页。
⑤ 马茂棠主编:《安徽航运史》,安徽人民出版社,1991 年,第 229、230 页。
⑥ 芜湖市地方志编纂委员会:《芜湖市志》,下,社会科学文献出版社,1995 年,第 835、836 页。
⑦ 铁道部财务司调查科:《京粤京湘两线安徽段芜湖市县经济调查报告书》,1930 年,第 57 页。

之米为转移。其间经营米业者,与其他场相同,惟转运各地时,则分立帮口,采运米粮,如向广东、潮州、烟台、宁波、山东、浙江、平津等处则称为广、潮、烟、宁等帮,各帮各有经纪人,在磨盘街设立米号,不下三十家。"①

根据《芜湖米市调查》的记载,芜湖的稻米主要来自长江两岸各县,具体包括旧安庆府(怀宁、桐城、潜山、太湖、宿松、望江)、池州府(贵池、青阳、铜陵、石埭、至德、东流)、庐州府(合肥、巢县、舒城、庐江、无为)、太平府(当涂、芜湖、繁昌)、宁国府(宣城、宁国、泾县、南陵、旌德、太平)及和州(和县、含山)属县。② 根据日本中国省别志的记载,芜湖米市的来源,南陵、宁国、(合肥)三河、庐江各100万担,和县、太平、合肥各45万担,青阳30万担,(桐城)孔城25万担,(芜湖)湾沚、(巢县)运漕各20万担,无为、(巢县)柘皋、(芜湖)西河、安庆各10万担。③ 大约70%来自江北,30%来自江南,江北的主要口岸有和县裕溪口,无为凤凰头,桐城枞阳、大通、荻港,当涂采石。

根据1933年的一项调查显示,芜湖出口的棉花主要来源于旧安庆府、池州府、庐州府、太平府、宁国府及和州属县。④ 芜湖出口药材的来源地为旧池州府、庐州府、太平府、宁国府及和州等地。⑤

表2-5-2　1912年芜湖关进口洋货种类及内地销售市场分布

		内销进口商品种类
安庆府	桐城县	灰白粗布、金属、火柴、煤油、檀香木、糖类
	太湖县	灰白粗布、金属、火柴、煤油、檀香木、糖类
	怀宁县石牌镇	灰白粗布、金属、火柴、煤油、檀香木、糖类
池州府	青阳县	灰白粗布、金属、火柴、煤油、檀香木、糖类
	铜陵县	煤油、糖类
庐州府	合肥县、三河镇	煤油、檀香木、糖类、棉纱
	合肥县店埠镇	英国灰白粗布、火柴、煤油
	巢县、柘皋镇	煤油、檀香木、糖类、棉纱
	无为县	煤油、檀香木、糖类
太平府	当涂县	金属、煤油
	繁昌县	金属、煤油
宁国府	泾县	火柴、煤油
	宣城县西河镇	火柴、煤油
	南陵县	煤油
和州直隶州	含山县	煤油

(资料来源:《中华民国元年芜湖口华洋贸易情形论略》,茅家琦等主编:《中国旧海关史料(1859—1948)》,第58册,京华出版社,2001年。)

---

① 子山:《安徽省经济地理概况》,《先导月刊》第2卷第5期,1935年,第90—103页。
② 林熙春、孙晓村主编:《芜湖米市调查》,社会经济调查所,1935年,第55、57页。
③ 黄定文:《安徽农村经济的情势》,《皖光》1934年第5期,第30—39页。
④ 安徽省政府建设厅:《安徽省二十三县棉产调查报告》,安徽省政府建设厅,1934年。
⑤ 芜湖市地方志编纂委员会:《芜湖市志》,社会科学文献出版社,1995年,第835、836页。

芜湖本地的物产并不丰富,为安徽南部水道中心,东行南京、镇江、西上安庆、九江、汉口,西北经内河到达巢县、无为、庐州等处,南面经鲁港至南陵、宁国。输出之米,皆由各地经过水道聚集芜湖,省外进口货物,亦先经芜湖而分散各地。"本县所产农产品销售本地者,占百分之八十,销售外地者,仅占百分之二十,然此尚系指丰熟年份而言,若年岁不佳,则所产粮食,仅足供本地自用耳。"①除了农产品外,宣城水东煤矿,沿着青弋江运到芜湖。当涂太平、繁昌桃冲、铜陵铜官山铁矿年产铁矿砂共约1 100万吨,下长江输往日本。②

中央银行、中国银行、交通银行、上海商业银行、中国实业银行、四省农民银行,分别在芜湖设立了分行,芜湖"对于各埠汇划,以上海、广州为较多,次为九江、汉口,再次为南京、安庆、镇江、北平等埠"③。宣城县的钱庄"主要业务,上半年靠茶商存款,下半年恃米商存款,代办各埠汇划、汇兑,汇款以芜湖为最多,沪汇、省汇次之,汉汇最少"④。

根据芜湖海关的统计,1916—1925年每年进出芜湖关的民船在20万—25万艘之间,每天停泊在芜湖的民船600艘以上,来自庐州、宁国、安庆、太平、池州以及江苏、江西、湖北、湖南等地。⑤芜湖是皖江经济带的中心城市,但其核心腹地主要在青弋江、巢湖盆地。

三、小结:区域形成及特点

总结20世纪30年代芜湖的商业情形,总趋势是"先经芜湖而分散各地(皖中、皖南)"⑥。芜湖、荻港、大通、安庆等地,以芜湖、安庆为中心,长江支流可通行小轮船,北岸沿着皖水上行可达石牌镇,沿着西河上行可达无为,沿着濡须河上行可达巢县、合肥、三河镇,南岸沿着青弋江上行可达南陵、宣城等地。⑦芜湖潜在的困境是面临下关、浦口的竞争,如果宁湘、浦(口)信(阳)铁路⑧建成,则对芜湖不利,六安、庐江、含山、和县等处的米麻杂货等可以不走芜湖,改走浦口,宣城、泾县、旌德、绩溪、休宁、黟县等处的丝、茶、百货,可以直接聚集下关。⑨

如果说芜湖是近代安徽(或者只能说是皖江经济带)的经济中心,那么,安庆则是近代安徽的政治、文化中心。清廷于咸丰三年(1853年)准安徽巡抚将省会迁往庐州,咸丰十一年(1861年)又迁回安庆,原因在于:"安庆古称重镇,若省会改于庐州,非惟于皖南鞭长莫及,亦距江较远,无从设防,今幸安庆克复,应将安徽省城仍

---

① 铁道部财务司调查科:《京粤京湘两线安徽段芜湖市县经济调查报告书》,1930年,第32页。
② 胡嘉:《安徽地理与安徽资源(附表)》,《安徽政治》第7卷第11期,1944年,第30—51页。
③ 铁道部财务司调查科:《京粤线安徽段经济调查总报告书》,20世纪30年代,第104页。
④ 铁道部财务司调查科:《京粤线安徽段经济调查总报告书》,20世纪30年代,第104页。
⑤ 马茂棠主编:《安徽航运史》,安徽人民出版社,1991年,第217、218页。
⑥ 铁道部财务司调查科:《京粤京湘两线安徽段芜湖市县经济调查报告书》,1930年,第15页。
⑦ 贾宏宇:《安徽经济建设》,《钱业月报》第19卷第2期,1948年,第24—31页。
⑧ 由津浦之乌衣站西经全椒、合肥、六安等县达河南南阳。
⑨ 胡去非:《安徽省地理》,商务印书馆,1933年,第84页。

建该府,并宜添设提督统辖水陆各营。"①

故而,孙中山在《建国方略》中对此两地着墨较多,认为:"以芜湖为米市中心而言,则此安庆之双联市将为茶市中心,而此双联市之介在丰富煤铁矿区中心,又恰与芜湖相等,此又所以助兹港使于短期之间成为重要工业中心者也。"②

第四节 徽州及其他周边地区

徽州丘陵地区地少山多,粮食自给尚有困难,出产茶叶,本地经济情形一般,徽商之利源于外部世界。本节所述的"其他周边地区"是指旧广德州(广德县、郎溪县)。

一、资源、区位与空间分异

徽州地区包括新安江水系4县:绩溪、歙县、黟县、祁门,鄱阳湖水系2县:休宁、婺源(1934年划归江西)。

绩溪县:从旌德南行可至,风气开通较早,故此文化上经济上都比邻近各县好些。交通上仅南面水运直到歙县。该地"受山多之累,地瘠民贫,虽山隅墙角悉成阡圃,而每岁所产,当不足自给"③。商业不发达,输入的主要为布匹杂货,米粮有赖旌德,输出主要为杉木。在芜屯公路通车以后,商贸有所改进。

歙县:由绩溪沿杨之水到歙县,以茶叶为主,其次为墨、木材,商业上受屯溪影响。文献记载:"移入的货物也全部从屯溪而来,靠四邻为销路。"④山多田少,居民多旅外经商,以维持生计,故沿江区域有"无徽不成镇"之说。芜屯、徽杭公路通车以后,商业情形有所好转。陆路经绩溪县可至宁国县,经绩溪县、泾县可至南陵县,经太平县、青阳县可至大通镇。可沿屯溪镇经休宁县、祁门县直下景德镇、鄱阳湖。

屯溪、休宁:由歙县沿新安江南行50里到屯溪镇,距离休宁县30里,东港、南港水在此相会。屯溪商业以茶叶贸易为大宗,文献记载,因此地为新安江上游水运的中心,所以很见繁盛,除却芜湖外,皖南商业荟萃之区,屯溪算是首屈一指。太平天国之前徽州的商业中心在严寺、万安镇,屯溪因茶叶而兴起。全市的行业可分为土产、杂货、文具、洋货、工艺、交通、金融等项,但主要是茶叶。与茶叶生产销售密切相关的商店近600家,其中茶行7家,茶号40家。由屯溪西行水路30里到休宁县城,该县交通不便,只有南部水路通屯溪,商业以胡开文墨与茶叶为大宗,茶叶均运往屯溪。"其他商业因迫近屯溪的缘故,多被压倒,生活程度,除胡开文一家兼营茶叶经济力量充裕之外,其余富有的人不多见。"⑤

---

① 俞顶贤:《安徽行政区划概述》,安徽人民出版社,1983年,第16页。
② 孙文:《建国方略》,中州古籍出版社,1998年。
③ 《安徽省芜屯公路沿线经济概况》,《安徽省政府月刊》1935年第6期,第374—401页。
④ 胡去非:《安徽省地理》,商务印书馆,1933年,第23页。
⑤ 胡去非:《安徽省地理》,商务印书馆,1933年,第32—33页。

休宁县城的商业并不发达,汽车公路通车前,"仅有新安江可通帆船,直达杭州,每年于春秋水涨时由屯至杭,最速需时三四日可达,秋冬河涸水浅,则非十日半月不可,如逆流而上,由杭至屯",涨水时需时一周,水浅时需时半个月以上。相关的商业集中于屯溪镇,令该镇成为皖南公路之中心,新安江之枢纽。作为茶叶集散地,屯溪"不特为徽属首镇,亦为皖南茶之中心"。

黟县、祁门县:由休宁北行水路 70 余里可至。交通不便,以茶为大宗,输往屯溪销售,城内只有一些杂货小商店。由黟县西行约 110 里至祁门县,皖省每年输出的红茶四分之一来自祁门。城西北交通不便,东南临近昌河,凡是往来于江西景德镇或九江的货物,均须通过昌河。①

二、区内要素的流动

屯溪是徽州地区第一且唯一的中心城市。集中于屯溪镇的茶叶,产地按数量依次为歙县、休宁、泾县、太平、石埭、宣城、铜陵、广德、郎溪、绩溪。② 通过新安江进入屯溪的货物主要是盐、纸、酱油、酒、杂货,运出的主要是茶叶。每年在屯溪制成的茶叶约 30 万箱,外来的约 10 万箱。③ 休宁县的公路大多以屯溪为枢纽站点,如芜屯公路、屯景(德镇)公路、屯淳(昌)公路、殷(家汇)屯公路、休岩(脚)公路。屯溪镇洋庄茶号有 60—70 家,收购贩卖茶叶,并"转运沪汉各茶行销售……其进退悉秉沪市总栈之指弹,乃盐茶号经营盛衰为盛衰者也"。屯溪有中国银行分行,办理各埠汇兑,以及数家钱庄在沪杭有支店。④ 休宁县的茶叶东南部集中于屯溪,西部无集散中心。徽州、宁国二府的手工造纸非常著名,泾县、宣城的宣纸与婺源的安纸、京仿纸,销往屯溪、杭州、严州、上海。⑤ 1932 年 12 月 1 日安徽省第十行政督察公署暨保安司令部在屯溪成立,该督察署管辖旧徽州府 6 县,1949 年 5 月 13 日屯溪建市。由于产业集聚的作用,屯溪从茶叶中心发展为徽州地区多种产业的经济中心,进而取代徽城镇,成为这一地区的政治中心。⑥

徽州地区要素流出的通道主要有三:第一是杭州、上海,第二是大通、芜湖,第三是江西。

东南角的绩溪县兼有第一、第二种情形,该县的"商旅往来货物之出入,或经宁国、宣城以通芜湖,或经旌德、太平以达大通,或经歙县屯溪以转杭州"。绩溪县所产丝茧、茶叶、香菇运销上海、杭州等地,其他均为本地消费。

歙县、休宁县则完全是第一种情形。歙县的粮食不能自给,所产茶叶、药材、木

---

① 胡去非:《安徽省地理》,商务印书馆,1933 年,第 37—38 页。
② 胡嘉:《安徽地理与安徽资源(附表)》,《安徽政治》第 7 卷第 11 期,1944 年,第 30—51 页。
③ 马茂棠主编:《安徽航运史》,安徽人民出版社,1991 年,第 224 页。
④ 《安徽省芜屯公路沿线经济概况》,《安徽省政府月刊》1935 年第 6 期,第 374—401 页。
⑤ 子山:《安徽省经济地理概况》,《先导月刊》第 2 卷第 5 期,1935 年,第 90—103 页。
⑥ 邹怡:《明清以来的徽州茶业与地方社会(1368—1949)》,复旦大学出版社,2012 年,第 179—212 页。

材运销上海、杭州等地,其他均为本地消费,进口盐、棉、煤油、棉织品。休宁县的茶、麻、香菇、水果、木材等运销上海、杭州,进口布匹、杂货、煤油、香烟等。

祁门、婺源则属于第三种情况。祁门茶、至德茶"以往运输路线,都是先集中在江西的九江(因为那里有九江关征收茶税,再转运上海出口)"①。1920年前祁门红茶在汉口销售,之后转向在上海销售,祁门红茶先用小船从昌河经景德镇、饶州,过抚州用大船出鄱阳湖运至上海。自九江以后,相关的报关手续等均由各放汇的九江分栈代办。②"'祁红'多自祁门循昌江经饶州运九江转上海,但亦有自公路运杭以转沪者,'屯绿'由屯溪循新安江运杭转沪居多。"战时,一度由祁门经鹰潭、金华、温州输出,或经过义乌、宁波输出。③

处在皖、浙、苏接壤区的广德县,不属于前述任何一个经济带或经济区,其地输出米谷、纸张、茶叶。从广德县到浙江长兴县泗安镇的官道,是广德所有进出口货物的要道,时人在实地调研时得到的印象是:"广德普通人到浙江吴兴去,那简直有些向江浙人说到上海去同样的意味。"④

三、小结:区域形成及特点

徽州地区在民国时期也称之为"徽港流域"。就经济活动而言,皖南(徽州)与皖北是两种形态,皖南多山少田,粮食难以自足,故而手工业制造优先发展起来,商业活跃。其中以徽州歙县、休宁商人最多、最著名,沿江区域有"无徽不成镇"之说,徽州经济繁荣在徽州之外的地域。

在新安江上游流域内,经祁门、屯溪、歙县,至皖浙街口,帆船自屯溪镇下行可达浙江杭县,皖南各县的进出口货物均赖此线路,故而,屯溪镇成为皖南商业中心,⑤也是安徽重要的区域性经济都市。在鄱阳湖流域内的祁门、婺源地区,在业态方面与其他各县是一致的,仅仅是要素流动的通道与方向不一致。故而,经济上具有缝隙的徽州地区,仍是一个完整的区域。

第五节 亚区域的循环与整体图景

对于一个集聚度不高、呈现离散状的大区域而言,区内资源的分布必然呈差异化分布,并且道路的回路结构不明显,亚区域之间(甚至亚区域内部)的分异现象显著可见,观察大区域内部亚区的循环与整体图景可以发现一些比较有趣的东西。

---

① 汉口、九江、福州、上海合称为四大茶市。
② 安徽省立茶叶改良场:《祁门县茶业调查报告》,1932年,第24页。
③ 龙振济:《安徽的茶叶与茶业》,《经济建设季刊》第2卷第1期,1943年,第295—300页。
④ 许明:《安徽省广德县社会经济调查》,《生力》1937年第3期,第22—28页。
⑤ 贾宏宇:《安徽经济建设》,《钱业月报》第19卷第2期,1948年,第24—31页。

一、经济资源的图景

依据卜凯(J. L. Buck)之说,中国的水稻区位在北纬 32 度以南,①刚好经过安徽中部的六安、合肥、全椒一线,该线以北为小麦水稻轮作区,以小麦为主,该线以南以水稻为主。"战前有芜湖输出之大米在 500 万石左右,由蚌埠及淮北各地输出之小麦年在 600 万石左右。"②上文三节所描绘的要素流动中,也已经出现了很多类似的证据。

除了米谷外,皖省最主要的农产品是茶叶,南茶主要产于原徽州府所属的 6 县,原宁国府、贵池府所属各县,尤其是绩溪、歙县、婺源、黟县、休宁等;北茶产于原六安州所属 1 州 2 县,以及太湖等县,整体上"北少南多、北清南厚"。北茶专销直隶、山东、河南、陕西、甘肃一带,南茶本庄制作的青茶销售本省、江浙各处,洋庄制作的红茶、绿茶出口欧美。"出口销售之集中地,皖南则以屯溪为中心,此地则久成为徽、浙、赣茶市集中地。"③

同时,皖省为植棉区,长江一带的庐江、桐城、怀宁、贵池、铜陵、南陵、和县、宣城、宁国、东流等地都有种植,著名的有贵池殷家汇、南陵青弋江流域、和县乌江等处。皖棉南方产地分为合肥区(合肥,包括合肥、舒城、潜山、六安等地,合肥棉大部分棉花经怀远输出);乌江区(主要在乌江镇,包括和县、巢县、含县等,除了在芜湖消费之外,输出至南京、上海等地);东流区(东流、贵池、怀宁、桐城、望江等,分别集中东流大渡口或怀宁,然后由怀宁转运出口);宣城区(宣城、铜陵、南陵等,由芜湖出境)。北方淮河流域的涡阳、怀远等县城,也是植棉区。乌江镇建造过一座全套美国设备的轧花厂,美国经济顾问团曾在此建立"棉花实验区"。抗战前,芜湖有一座中等纱厂,战后,安徽公司设立新式纺织厂,自纺自染各色布匹。④

安徽蚕丝产地主要有大通、青阳一带,芜湖、南陵一带,六安附近,尤其是青阳、宣城、宁国、贵池、泾县、当涂、旌德、绩溪等县。⑤立煌、六安、霍邱等县的麻、麻线,循淠河入淮河,运至蚌埠。⑥

在农业经济时代,基础经济资源的产地来源,与中心城市、交通网络相衔接,即为地理意义上的资源流动路线图。

二、资源流动的脉络

除了前述的水路航道、津浦铁路之外,近代安徽的要素流通尚且缺少一些必要的基础与条件。

---

① [美]卜凯:《中国土地利用》,台湾学生书局,1971 年,第 51 页。
② 胡嘉:《安徽地理与安徽资源(附表)》,《安徽政治》第 7 卷第 11 期,1944 年,第 30—51 页。
③ 子山:《安徽省经济地理概况》,《先导月刊》第 2 卷第 5 期,1935 年,第 90—103 页。
④ 宜帘:《安徽省棉花产销及棉田之调查》,《军需杂志》第 13 期,1931 年,第 15—18 页。胡嘉:《安徽地理与安徽资源(附表)》,《安徽政治》第 7 卷第 11 期,1944 年,第 30—51 页。
⑤ 子山:《安徽省经济地理概况》,《先导月刊》第 2 卷第 5 期,1935 年,第 90—103 页。
⑥ 胡嘉:《安徽地理与安徽资源(附表)》,《安徽政治》第 7 卷第 11 期,1944 年,第 30—51 页。

例如,安徽皖西(包括舒城、庐江、岳西)茶叶内销分为苏庄(苏州)、口庄(周家口)、鲁庄(山东)、本庄。进入苏州、东北,进入周口、山东、河南、河北、山西、内蒙。民国以后,鲁庄逐渐垄断皖西茶叶市场,路线改为东至蚌埠,从津浦线到山东,或者从六安南部出三河进入巢湖,过芜湖到浦口。① 通过肩挑、土车、牛车、马车、帆船等各种运载方式,靠近铁路站点——商丘、蚌埠、徐州、浦口。②

例如,清末民初亳州的中药材贸易兴盛,城内纸坊街、里仁街、老花市三条大街为药商的经营区,"川、广、云、贵,西北怀山土,地道药材"等匾额林立,"药号共二十余家,营业十分畅旺,如德泰、保全、吉胜祥数家,每年营业达三十万元"③。太和中药材以城内南大街万森堂为主,兼营零售批发,原材来自川、广、云、贵,集中到河南、亳州后,在此加工制作。④

在铁路方面除了津浦、淮南煤运专线外,京赣线自南京沿长江西行,经过安徽南部进入江西,与京沪线、浙赣线衔接。公路以淮北为多,多为土路,地势平坦,易于修筑,以阜阳、蚌埠为枢纽。江淮之间多为石子路,以合肥、怀宁为枢纽。皖南山区公路较少,但路面最佳,以歙县、屯溪为枢纽。⑤

在一系列正在修筑或计划中的铁路、公路之外,⑥皖省有"二纵四横"的筑路计划,意在重塑区域内资源流通路线。

二纵线:1. 西纵线,以安庆为起点,经过桐城、舒城、六安至正阳关(安正路);又自正阳关渡淮至亳州庐家庙(正亳路);再自安庆渡江至秋浦县永丰镇(安秋路),然后和江西、河南的县镇相连接。2. 东纵线,以芜湖为起点,南行至宣城、宁国、绩溪、歙县,由街口镇进入浙江的淳安、严州、杭州;东纵线东线由宣城至广德,进入浙江;由芜湖对江经黄洛河过巢县至店埠,北过定远县至凤阳、蚌埠(分为四段:蚌芜路、芜歙路、宣广路、歙屯路)。

四横线:1. 北横线,以宿县为起点,东行经灵璧、泗县至江苏宿迁,接陇海线;由宿县南至阜阳、太和,西北往界首到河南郾城县接平汉线。2. 中北横线,以蚌埠为起点,东走临淮、盱眙至江苏,西行至寿县、霍邱进入河南接浦信铁路。3. 中南横线,以桐城为起点,东走庐江、无为,至和县接浦信铁路,西南经潜山、太湖至宿松,进入江西、湖北。4. 南横线,以贵池为起点,走大通、铜陵、荻港、芜湖至当涂、南京,由贵池西行至东流,抵江西彭泽,接湖口铁路。⑦

近代安徽电报主要用于公务与军事通讯,"商电收入甚少",商电最多出为芜

---

① 汤雨霖:《六立霍茶麻产销情况调查报告》,《安徽政务月刊》第13期,1935年。
② 黄同仇等:《安徽概览》,1944年,第177页。
③ 民国《亳县县略》,经济,商业。
④ 太和县工商志编撰组:《太和县工商行政管理志》,1986年。
⑤ 贾宏宇:《安徽经济建设》,《钱业月报》第19卷第2期,1948年,第24—31页。
⑥ 未通的铁路、公路有芜(湖)广(德)铁路,芜(湖)屯(溪)铁路,安(庆)宁(南京)铁路,浦(口)信(阳)铁路(乌衣镇、全椒、合肥、六安,河南固始、潢川、罗山、信阳)、安(庆)浔(九江)公路、安(庆)蚌埠公路。
⑦ 胡去非:《安徽省地理》,商务印书馆,1933年,第86—92页。

湖,"报告行情,务期迅捷",其次是正阳关、亳县。① 安徽电报监督主要驻守省城、芜湖、蚌埠、亳县,人数依次减少。

道路优劣对本省商务的影响已经无须赘言,以完善道路系统推动工商业发展当时已是共识。20世纪30年代,有人记载:"最近举行芜屯路沿线物品流动展览会,集合沿线出产物品,于沿路各站巡回展览,颇得工商业兴起之效。此项流动展览完毕后,即改设国货商场,并另筹设机器缫丝造纸制革纺织等工厂。"②

直到民国初年各地使用的银,名称、形式、重量、成色不一,皖省所使用的宝银(元宝形状的),芜湖是二七宝,安庆是二八宝(二四宝)。③ 南京国民政府统治期间对此着力整理,"划一度量衡方面,经两年来之推进,度量衡三器完全划一者有十一县,度量二器或量衡二器划一者九县,度器则大抵均已力求划一,仅或为纯粹耳"④。也就是说,大多数县份还不同程度地存在混乱或级差,可见区域的整合度还是比较弱,资源的流动必然受限。

三、全省各区域间的经济差异性

按照国税的多少、政事的繁简、居民的多少、境路的冲僻为标准,将安徽各县分为五等。甲等县有9个:怀宁、合肥、阜阳、芜湖、六安、泗县、亳县、滁县、寿县;乙等县有8个:桐城、宣城、当涂、无为、凤阳、灵璧、霍邱、广德;丙等县有15个:蒙城、涡阳、凤台、盱眙、天长、建平、婺源、太湖、宿松、歙县、贵池、舒城、巢湖、怀远、定远;丁等县有12个:建德、休宁、南陵、泾县、铜陵、庐江、颍上、太和、英山、霍山、全椒、来安;戊等县有14个:望江、东流、繁昌、潜山、五河、含山、青阳、石埭、天平、旌德、宁国、绩溪、祁门、黟县。⑤

表2-5-3　1934年安徽各分区人口密度

	各区属县(一)	各区属县(二)	各区属县(三)
淮河经济带	淮河中上区 阜阳(104)、临泉(84)、太和(82)、颍上(64)、凤台(56)、寿县(67)、六安(65)、霍邱(55)、立煌(50)、霍山(19)	淮河中下区 亳县(100)、涡阳(70)、怀远(60)、蒙城(43)、凤阳(39)、定远(31)、宿县(56)、灵璧(59)、泗县(48)、五河(52)、盱眙(24)	津浦线皖东南区 全椒(49)、嘉山(21)、天长(43)、来安(38)、滁县(33)

---

① 《安徽交通志略(录安徽省地理志)》,《交通丛报》第79期,1921年,第1—8页。
② 安徽省建设厅:《安徽建设现状》,1935年。
③ 谢国兴:《中国现代化的区域研究:安徽省(1860—1937)》,台湾中研院近代史所,1991年,第274—300页。
④ 安徽省建设厅:《安徽建设现状》,安徽省建设厅,1935年。
⑤ 胡去非:《安徽省地理》,商务印书馆,1933年,第77页。

续表

	各区属县(一)	各区属县(二)	各区属县(三)
皖江经济带	芜湖区	安庆区	皖中江北低地区
	芜湖(183)、繁昌(81)、铜陵(94)、南陵(81)、当涂(48)、宣城(57)、宁国(18)、旌德(22)、泾县(36)、东流(38)、贵池(35)、青阳(37)、太平(11)、石埭(17)、至德(17)	怀宁(92)、桐城(91)、望江(91)、太湖(56)、潜山(55)、宿松(55)	合肥(75)、庐江(72)、无为(82)、巢县(85)、含山(83)、和县(65)、舒城(59)
徽州地区	新安江水系：歙县(49)、绩溪(32)、黟县(45)、祁门(9)	鄱阳湖水系：休宁(24)、(婺源)	
其他区	郎溪(55)、广德(25)		

(资料来源：安徽省政府统计年鉴编纂委员会：《安徽省统计年鉴》，1934年，第49—57页。)

说明：各县括号中所标注的数值为每华里人口密度，全省平均密度为54人/华里。婺源1933年8月划入江西省，故本表中无数据。

表 2-5-4　安徽各分区人口密度大于均值占比

地区	县(%)	>54	地区	县(%)	>54	地区	县(%)	>54	地区	县(%)	>54
淮河中上区	16.39	25.00	芜湖区	24.59	15.63						
淮河中下区	18.03	15.63	安庆区	9.84	18.75						
津浦线皖东南区	8.2	0	皖中江北低地区	11.48	21.88						
淮河经济带	42.62	40.63	皖江经济带	45.9	56.25	徽州地区	9.8	0	其他区	3.28	3.13

就人口密度而言，明显大于均值的区域分别为皖江经济带(皖中江北低地区、安庆区)、淮河安徽段中上游区，徽州地区、津浦线皖东南区显著低于均值。按照中西经济史的一般经验，人口密度与经济发展程度不是正相关，甚至没有必然的关联，但在传统农业经济条件下，却是区域经济开发程度的晴雨表，说明皖江经济带与淮河中上游区是近代安徽传统经济活跃区。

表 2-5-5　1934 年安徽各分区工厂分布

	各区属县（一）	各区属县（二）	各区属县（三）
淮河经济带（44 厂，占 30.41%）	淮河中上区(13) 阜阳(2)、临泉、太和(8)、颍上、凤台(1)、寿县(1)、六安、霍邱、立煌(1)、霍山	淮河中下区(26) 亳县(3)、涡阳、怀远(1)、蒙城、凤阳(18)、定远、宿县(3)、灵璧、泗县、五河、盱眙(1)	津浦线皖东南区(5) 全椒、嘉山(1)、天长(1)、来安(2)、滁县(1)
皖江经济带（91 厂，占 61.49%）	芜湖区(56) 芜湖(9)、繁昌、铜陵、南陵(6)、当涂(5)、宣城(15)、宁国、旌德(3)、泾县(17)、东流、贵池、青阳、太平、石埭、至德(1)	安庆区(21) 怀宁(15)、桐城(3)、望江(3)、太湖、潜山、宿松	皖中江北低地区(14) 合肥(6)、庐江、无为、巢县(3)、含山、和县、舒城(5)
徽州地区（9 厂，占 6.1%）	新安江水系(1)：歙县、绩溪(1)、黟县、祁门	鄱阳湖水系(8)：休宁(8)、（婺源）	
其他（4 厂，占 2%）	郎溪(1)、广德(3)		

（资料来源：安徽省政府统计年鉴编纂委员会：《安徽省统计年鉴》，1934 年，第 325 页。）

表 2-5-5 计量了各区工厂分布，包括新式与旧式工厂，以大区计，皖江经济带有 91 座工厂，占有近代安徽工厂数的 61.49%。如果以亚区计，芜湖区与淮河中下游区则是相对比例最高的。与表 2-5-4 所揭示的信息相对比，如果说人口密集是基于传统经济的繁荣，工厂密集则是基于产业与技术的进步。芜湖、蚌埠所在的区域是近代安徽新经济的成长区。

许世英在安徽省长任内(1921—1922 年)根据口岸的形势，曾将省内商业一等市场地认定为：1. 长江沿岸的安庆、大通、芜湖，2. 淮河沿岸的正阳、蚌埠、临淮、盱眙。

胡去非评论道：安庆为省府所在，人口 10 万以上，芜湖为全省唯一对外商埠，当位安徽一等市。处在安庆、芜湖之间的大通，其腹地仅有青阳县，也不是重要的通道，商埠、物产均比较平常，未能为一等市。正阳关位于颍河、淠河、淮河之处，位置优越，但"地势凹下，市街污狭，非大加浚筑，还不足称为一等市，故暂定为二等市"。蚌埠为新兴的市场，地势旷阔、河岸高固，为津浦铁路渡淮的中心点，水路有轮船，陆路有火车，颍河、涡河、浍河等货物都从这里出口，沪宁的货物也集聚在此，市面有 6 里之长，人口达到 5 万以上，可称之为一等市。临淮关原本重地，由于距离蚌埠仅 60 里，商业市场为蚌埠所侵夺。盱眙原为繁华，因为津浦线路通车，洪泽湖淤浅，淮河未开导，清江、海州、蚌埠一线的交通未能发展。所以，淮河流域商业中心仅仅有蚌埠、正阳。① 真正意义上的安徽一等市场仅为南芜湖、北蚌埠,如果再加上次级市场,大约包括正阳、屯溪。

都市与乡村总是区域(或国家)的两极。在关注城市之繁荣与成长之际,不能忘却那些已经被遗忘的乡村。1930年有人记载,在丰县、沛县、萧县、砀山县境内,"不能见到比无锡、苏、常一小镇上那么多的店铺"②。盱眙县东乡有汽车道通过,"但乘客依然寥若星辰,农作物根本不运,所以那边虽然添了一条汽车道,却于那边的农村经济毫无影响"③。

中国很多省名来自自然地理,但"安徽"显然来自政治地理,盖取安庆府首字"安"与徽州府首字"徽"合而成之。从经济地理意义上来看,安徽是松散的经济聚合体。按照现代空间经济自组织的定义,具有地域意义上的经济体,必然需要形成自有的经济中心、边界、要素流动通道,形成自我生长的能力。在农业经济时代,也包括本文所论述的近代时期,在沿海之外的地区,例如安徽,自然无法形成空间经济的自组织形态。这与以上三节对近代安徽经济空间的分异及其要素循环系统的描绘、解释是一致的。自建省以来,安徽都不曾有过这种自组织形态。

在世人的印象中,安徽经济是落后的,安徽的发展是迟滞的,从来都是如此,即便在桐城文学与徽商文化大放异彩的时代,毕竟,在安徽本土、在经济上,一直未曾有过些许辉煌。同为原江南省的胞兄弟,安徽完全具备江苏的缺点,却不曾拥有其优点。概言之,不出二端,第一为缺点,即自然、经济、文化上的分析离散;第二为优点,即形成局部(例如苏南)的相对居于产业链中上游的经济体。在淮河、长江带来福祉的同时,也分离了作为全局意义上的省域经济,即便在"为皖之中"的合肥成为省府之后,也无法整合这一区域的经济。故而,从经济地理上看,安徽的片段是如此清晰可见,以至于可以清晰地看见其间的距离,这是一个疏远的、分离的经济体。近代以来,在安徽经济的成长史上,口岸或中心城市的直接辐射或带动,一直是局部的或初级层面上的。我们期待着基于近代以来安徽之地理、经济、历史构成的省情,在工业经济或后工业文明的时代,培育出亚区域的经济中心,形成省内外的要素流通渠道,建成"联邦式"的经济强省。

---

① 胡去非:《安徽省地理》,商务印书馆,1933年,第84—85页。
② 吴寿彭:《逗留于农村经济时代的徐海各属》,《东方杂志》第27卷第6期,1930年3月。
③ 邹万元等:《安徽盱眙县东乡的农村概况》,《新中华》第2卷第13期,1934年,第184—185页。

第三篇
江西近代经济地理

第一章 经济发展的历史背景和经济基础[*]

第一节 从"中心"到"边缘":近代江西经济变迁历程

一、传统时代江西经济社会的繁荣

江西素有"物华天宝,人杰地灵"之称。早在距今一万多年前,江西先民就已经学会种植水稻和制陶。[①] 樟树吴城文化遗址和新干大洋洲商墓所出土的大量青铜器,证明当时南方的江西也存在一个发达的"青铜王国"。但此后很长一段时期,包括江西在内的南方地区在司马迁眼中只是"地广人稀,无和聚而多贫"。唐宋以降,随着全国经济重心的不断南移,江西的经济社会文化才开始得以大发展。

公元 716 年,唐玄宗委派张九龄重修大庾岭商路,此后一直到晚清,它都是沟通南北的交通要道、南北商品运输的重要通道。大庾岭商路地跨粤北与赣南,这条商路的开通,为江西此后几百年处于全国经济社会文化"中心"区之中创造了重要条件。随着北人的不断南迁以及本土人口的快速增长,[②]江西逐渐成为全国重要的粮食基地。由于人口的增加和农作技术的改进,唐后期江西许多州县"米谷极多,丰熟之时,价亦极贱"。[③] 唐代中后期,江西的茶叶产量已经在全国名列前茅。江西茶叶以浮梁最为突出,元和年间浮梁"每岁出茶七百万驮,税十五余万贯",[④]占全国茶的三分之一。当时的著名诗人白居易亦在其《琵琶行》一诗中写道"商人重利轻别离,前月浮梁买茶去",可见当时浮梁县茶叶之兴盛。这一时期的江西,已经从一个荒蛮落后之地开始变为发达之地,成为当时全国经济的重要地区之一,为宋代江西经济文化的大繁荣奠定了坚实的基础。

两宋开始,江西持续了"风骚数百年"的辉煌,经济社会文化高度繁荣,农工商贸等皆兴旺发达。自古以来,江西一直是全国重要的水稻主产区,"食物常足,无饥馑之患"。北宋时江西泰和人曾安止撰写的《禾谱》是中国古代第一部水稻品种专志,反映出当时江西水稻的选种和栽培技术已经相当成熟。宋代江西已经普遍推广双季稻和集约化经营,随着农业生产技术水平的提高,粮食产量也日渐提高。两宋以后,江西的粮食生产地位非常之高,当时江西"赋粟输于京师为天下最"。南宋时期,江西除当时饶州、信州和南康军外(这几州当时属江南东路)的地区输往朝廷

---

[*] 第三篇由杨勇撰稿。
[①] 参见彭适凡:《稳步前进,硕果累累——江西考古五十年》,《南方文物》1999 年第 3 期。
[②] 罗香林:《客家源流考》,中国华侨出版公司,1989 年。
[③] 杨宇清:《唐至近代江西经济作物的发展》,《农业考古》1990 年第 1 期。
[④] 许怀林:《江西史稿》,江西高校出版社,1993 年,第 132 页。

的漕粮占全国600万石中的三分之一，足见当时江西的粮仓地位。元代，江西提供的税粮仍是仅次于浙江、河南，居全国第三位。直到明代洪武和万历年间，朝廷在江西的征米数高达258万、252万石，居全国第二位和第一位。①

除水稻生产外，江西茶叶、蚕桑、苎麻、烟叶等经济作物生产也在两宋以后高度发达。南宋绍兴三十二年（1162年），全国茶课总数为1 781万斤，江西为463万斤，占全国茶课总数的26%，为全国第一。② 北宋以后，江西桑蚕、葛麻生产得以发展，并转向商品化。由于种植面积的扩大和产量的增加，柑橘由唐时期的"贡品"变为一般百姓都能消费的普遍商品。明代后期，烟叶种植技术由福建传入江西赣南，迅速在瑞金、广丰等扩散，形成"缘乡比户往往以种烟为务"，"膏腴之亩，半为烟土，半为稻场"。③ 清康熙以后江西烟草种植已经扩充到三十余县，制烟业也随之兴起。苎麻在江西的种植也历史悠久，早在唐代江西观察使所辖8州中，有7州的贡品都是苎布或葛布（即夏布）。明代中后期，甚至有数十万棚民在赣南和赣西北栽种蓝靛和苎麻。苎麻的广泛种植，又带动了夏布纺织业的大发展，并最终形成了明显的农业区域优势。山区盛产茶叶和竹木，平原地区盛产稻谷和棉花，赣南、赣东北擅长种植烟叶、甘蔗和蓝靛，赣西北、赣东北则产苎麻等。

手工业是宋元以后江西经济史上最为辉煌的一页。首当其冲的当然要数制瓷业，景德镇是江西乃至世界的瓷都，与广东佛山、湖北汉口、河南朱仙镇并称为明清时期的中国四大历史名镇。宋真宗景德元年（1004年）因景德镇所产青白瓷质地优良，遂以皇帝年号为名置景德镇，并沿用至今，成为全国唯一一个以皇帝年号命名的城镇。中国的英文名称"CHINA"的小写就是"瓷器"的意思，"china"的英文发音便是源自景德镇的历史名称"昌南"，可见景德镇瓷器在世界上的影响和地位。景德镇瓷器造型优美、品种繁多、装饰丰富、风格独特，以"白如玉，明如镜，薄如纸，声如磬"的独特风格蜚声海内外。青花、玲珑、粉彩、色釉，合称景德镇四大传统名瓷，景德镇瓷器也成为此后近千年中国对外贸易最为重要的出口商品之一。明清时期，景德镇瓷器的年产量达到了30万担左右。④

除了驰名中外的制瓷业外，两宋时期江西的矿冶、铸钱、造船、纺织、造纸和刻书业也非常发达。宋代江西铅山场是当时三大铜场之一，年产铜38万斤，并且发明了当时最为先进的胆水浸铁成铜的技术。饶州永平监成为当时全国四大监之一，每岁铸钱60万贯左右。⑤ 明洪武年间，江西三家铁厂所生产的铁产量达320万斤，约占全国官办铁厂产量的一半。⑥ 明清时期，江西造纸业规模大，品种多，技

---

① 陈荣华等：《江西经济史》，江西人民出版社，2004年，第235、337页。
② 陈荣华等：《江西经济史》，江西人民出版社，2004年，第237页。
③ 杨宇清：《唐至近代江西经济作物的发展》，《农业考古》1990年第1期。
④ 萧放：《宋至清前期景德镇的形成和发展概述》，《江西社会科学》1992年第4期。
⑤ 陈荣华等：《江西经济史》，江西人民出版社，2004年，第250—257页。
⑥ 许怀林：《江西史稿》，江西高校出版社，1993年，第534页。

精细。据许怀林估计,当时玉山、广丰、上饶和铅山四县共有造纸工场约600家,工人可能高达60万人。① 清代以后,江西夏布年出口量达100万匹以上。

随着商品经济的繁荣,明清时期江西沿赣江商路和大庾岭商道出现了一批商业市镇,如九江、吴城、赣州、玉山等。这些工商业市镇中,最为著名的是江西四大历史名镇:以制瓷业为中心的景德镇,以造纸业为中心的河口镇(铅山),以木材集散为中心的吴城镇(永修)以及药都樟树镇。河口镇位于铅山县信江与铅山河交汇处,是连接闽浙赣商业通道上的一个重要工商业市镇,在浙赣铁路修通之前,它一直是江西茶叶、纸张输往闽浙地区的重要通道。吴城地处江西五大水系交汇处,沿内河直达全省各地,经鄱阳入长江,可抵皖、浙、苏、沪、鄂、湘、川、渝等省市。自汉晋以来,一直在中原南北交通动脉之一(鄱阳湖—赣江—大庾岭—北江)的水运码头。宋代以后,由于经济的发展,吴城客货运量迅猛增加,使其成为江西盐业、纸、麻、糖、木材、海产进出口贸易的主要商埠和交通纽带,被称为"西江巨镇,拔起中流,蜿蜒数里,大江环其三面。民萃族而居,日中为市,商艘趋之"。乾隆到咸丰百余年间,吴城进入其鼎盛期,口岸转输的经济功能已超过省府南昌,享有"装不尽的吴城,卸不完的汉口"之赞誉。樟树镇地处赣江袁水之交,交通便利,商贸发达,尤以其传统的药材交易市场和精湛的药材炮制技术闻名全国,被誉为"江南药都",自古为中国药材集散地,享有"药不到樟树不齐,药不过樟树不灵"的美誉。宋元以来江西发达的工商业,也孕育了明清全国十大商帮之一的江右商帮的兴起。江右商帮兴于北宋,盛于明清。江右商帮依托赣江—大庾岭商道的交通便利和江西繁荣的农工商业,经营着粮食、陶瓷、布匹、烟草、蓝靛、药材、木材等本地特产,足迹踏遍全国,至今在云贵川等地仍然存在或曾经存在过大量的万寿宫(江西商人会馆),就是最好的历史证明。

二、近代江西经济的边缘化

宋明时期,江西经济文化达到了其鼎盛时期,不愧为"风骚数百年",不仅有发达的农、工、商业,江西还是宋明理学的发源地,人才辈出,科举兴盛,人口繁盛。由于宋元以来江西经济的繁荣,江西人口急剧增长,明清以后,江西大量流民涌向开发较晚的赣西北和赣南山区,②然后再向两湖地区迁移,形成"江西填湖广、湖广填四川"这一移民浪潮。③ 然而,兵无常势,水无常形,清代以后江西在全国的优势地位逐渐消退。尤其是鸦片战争及五口通商以后,中外交通和贸易的中心从广州转到上海,加之西式轮船和火车这两种新式运输工具在中国出现后,中国商业骨干网络的运输方式发生

---

① 许怀林:《江西史稿》,江西高校出版社,1993年,第526页。
② 相关研究可参考曹树基:《明清时期的流民和赣北山区的开发》,《中国农史》1986年第2期;曹树基:《明清时期的流民与赣南山区的开发》,《中国农史》1985年第4期。
③ 谭其骧曾总结道"湖南人来自天下,江、浙、皖、闽、赣东方之人居其什九;江西一省又居东方之什九;而庐陵一道,南昌一府,又居江西之什九",可见江西对湖南人口增长的贡献。具体可详阅谭其骧:《湖南人由来考》,《长水集》,人民出版社,1987年;曹树基:《湖南人由来新考》,《历史地理》第9辑,上海人民出版社,1990年。

了颠覆性变革,全国的货运流向转向海运、长江航线及铁路网,江西所处的传统商业主干道地位骤然下降,长江—鄱阳湖—赣江—大庾岭的南北传统商业通道迅速衰落。其结果直接导致樟树、吴城等传统市镇的迅速衰落。以前江西及周边省份,贩卖洋货"均仰给于广东,其输出输入之道,多取径江西,故内销之货,以樟树为中心点,外销之货以吴城为极点"。但是"自江轮通行,洋货由粤入江,由江复出口者,悉由上海径运内地,江西输出输入之货剧减,樟树吴城最盛之埠,商业亦十减八九"①。

然而,祸不单行,在江西区位优势逐渐丧失的同时,19世纪中期爆发的太平天国运动给江西经济及人民造成了毁灭性打击。江西是太平天国运动的主战场之一,据曹树基的研究,太平天国期间,江西全省人口大约损失了1 172万,比例高达48.3%。②战争所及之处,人民或杀或逃,一些历史名镇也被焚烧一空,如江西四大历史名镇之一的吴城在战争中被"焚烧店房一空"③,社会经济遭严重破坏。自近代以来,江西地区所经历的战争数量之多,规模之大、影响之深,在全国各省也是罕见的。近代江西经历的规模较大的战争主要有:

1853—1865年太平天国战争

1913年李烈钧讨袁的"二次革命"

1922年4—6月的第一次北伐战争

1926年9—11月北伐战争光复江西之役,几遍及全省

1927—1934年苏区革命

1937—1945年抗日战争

1946—1949年解放战争

当然,导致近代以来江西逐渐边缘化的原因绝不止以上两点,④也不是本文研究的重点。但是不可否认的是,江西曾经引为豪的传统优势产业,都在近代呈现出整体衰败的迹象。如瓷都景德镇,以前"尝有窑三千座,从业工人达百万,产品输出各地,且达南洋欧美。每年出产总值,尝至六七千万两以上",但到了20世纪20年代后,只有瓷窑136座,工人约三万人,出口数下降到七八万担,⑤衰落情形可见一斑。九江海关的江西茶叶出口数,在1863年开埠以来出口逐渐增长,到1886年达到顶峰307 096担,此后江西茶叶出口逐渐衰落,到1932年时江西茶叶出口只有80 421担。⑥造纸业,据农商部调查,民国初年全国纸业总产值约为四千万元,江西占八百万元,居全国第一位,纸业工人数约占全国的10%。⑦民国中期以后,以手

---

① [清]傅春官:《江西农工商矿纪略》,清江县,光绪三十四年(1908年)石印本。
② 曹树基:《中国人口史·第五卷·清时期》,复旦大学出版社,2001年,第535页。
③ 杜德风编:《太平军在江西史料》,江西人民出版社,1986年,第18页。
④ 相关的研究,可参考温锐:《背离与错位——近代江西衰落原因的再认识》,《江西师范大学学报(哲学社会科学版)》2000年第4期;万振凡、林颂华:《江西近代社会转型研究》,中国社会科学出版社,2001年;陈荣华等:《江西经济史》,江西人民出版社,2004年;等著作中的相关论述。
⑤ 陈荣华等:《江西经济史》,江西人民出版社,2004年,第461页。
⑥ 江西省政府经济委员会:《江西之茶》,江西省政府经济委员会丛刊第4种,1934年,第46—52页。
⑦ 杨勇:《民国江西造纸业述论》,《江西师范大学学报》2001年第3期。

工制纸为主的江西纸业开始走向下坡路。江西造纸大县铅山在"民国十九年前,每年输出的纸张值银 300 余万元,近年以来,产额锐减,每年输出值不足百万元矣"①。赣南本也是江西纸业重镇,但土地革命爆发后的 1934 年,于都、宁都、石城、乐平、永丰和光泽 6 县的纸槽数和纸产量比 1921 年下降了 77% 以上。②

近代以降,江西的边缘化不仅体现在传统手工业的衰落,在新兴工矿业等领域,当时的江西与周边省份相比,也明显落后。如 1895—1900 年间,江西设立的资本在万元以上的厂矿数量只有 1 家(萍乡煤矿),而安徽 2 家,福建 4 家,湖南 10 家,湖北 5 家,浙江 7 家,广东 30 家。就资本额而言,江西资本额占全国比例仅为 2.97%,只略高于安徽和福建。③

在传统手工业衰落的同时,江西的贸易格局也发生了重大的转变。传统的贸易市镇和贸易线路逐渐呈衰落之势,如传统赣江—大庾岭商道上的重镇赣州关,在清初至一口通商前,赣州关税额年均为 93 816.72 两,一口通商后至五口通商前年均税额约为 102 701.84 两,五口通商后,年均为 22 295.75 两,④税额的急剧减少,反映了过境商品数量的快速下降。但是,九江作为新的通商口岸开埠之后,迅速取代了传统商镇的地位,成为江西贸易的门户,无论是传统的农产品及手工制品的出口,还是洋货等的出口,都主要通过九江口岸或鄱阳湖地区出境,九江成为江西的贸易中心,也是江西直接面对世界的窗口,近代的一切新事物开始通过九江而传到江西内腹地区。⑤ 据当时长期供职于中国海关的斯坦利·莱特的估计,民国初年江西土产品的年均出口值约为 6 500 万海关两,但其中有 5 000 万海关两是通过九江或鄱阳湖进入长江上下游地区。⑥

近代江西经济变迁过程的这一重大变化让我们意识到,要高度重视口岸城市在区域经济变迁中的作用,重视进出口贸易对区域经济的影响,以及先进生产力如何自口岸往腹地扩展的过程等。因此,本文在研究近代江西经济地理时,也试图用"港口——腹地"模式来解释近代江西经济的变迁过程。同时,作为经济地理,欲区别于传统经济史的研究,必须凸显近代江西经济变迁过程的地理分布和区域特征,这两点将是本文努力的主要方向,也构成了本文的特色。

第二节 历史地理沿革

江西,简称赣。因公元 733 年唐玄宗设江南西道而得省名,又因为江西最大河流为赣江而得简称。江西开发的历史,从出土文物考证,可以上溯到距今一万多年

---

① 郑维雄主编:《铅山县志》,南海出版公司,1990 年,第 214 页。
② 刘义程:《发展与困顿:近代江西的工业化历程(1858—1949)》,江西人民出版社,2007 年,第 269 页。
③ 温锐等:《百年巨变与振兴之梦——20 世纪江西经济研究》,江西人民出版社,2000 年,第 26 页。
④ 黄志繁、廖声丰:《清代赣南商品经济研究》,学苑出版社,2005 年,第 180 页。
⑤ 陈晓鸣:《中心与边缘——九江近代转型的双重变奏(1858—1938)》,经济日报出版社,2008 年,第 95 页。
⑥ [英]斯坦利·莱特著,杨勇译:《江西地方贸易与税收(1850—1920)》,江西教育出版社,2004 年,第 116 页。

前。而江西作为明确的行政区域建制,则始于汉高帝初年(约于公元前202年)。时设豫章郡,郡治南昌,下辖18县,分布地域为赣江、盱江、信江、修水、袁水沿岸,与现在的江西省区大致相当。汉武帝时划全国为13个监察区,称13部州,此时的江西属扬州部。

公元291年,即西晋元康元年,改设江州,其主体为江西地区原有郡县。隋时曾作行政区划调整,州的级别降与郡同,因而隋代的江西地区设有7郡24县。至唐时增加到8州37县,分别为洪州、饶州、虔州、吉州、江州、袁州、抚州和信州。贞观元年唐太宗划全国为10道监察区,玄宗时增为15道,江西8州隶属于江南西道监察区。

五代时期,江西地区先辖于吴,后辖于南唐。在这个时期出现了相当于下等州的新的行政区划——军。南唐时分6州、4军、55县。交泰元年,南唐中主决定建南都于洪州,并因此升洪州为南昌府。宋代在州之上改道为路,江西地区被置9州、4军、68县,其大部分隶属于江南西路,另有一部分隶属于江南东路。

元朝开始确立行省制度,但当时江西行省辖区远远大于今天的江西省区。除包括了今江西绝大部分地区外(江西东北地区当时隶属于江浙行省),还包括了今天广东省的大部分。元行省下设路、直隶州、州(同县级行政机构)和县。江西行省下辖龙兴、吉安、南康、赣州、建昌、江州、南安、瑞州、袁州、临江、抚州、饶州、信州等13路和南丰、铅山2直隶州以及48个县、16个县级州。

明朝虽然基本上保留了元朝的省区建制,但改行中书省为布政使司(习惯上仍然称省),改路为府和改州为县。江西布政使司辖南昌、瑞州、饶州、南康、九江、广信、抚州、建昌、吉安、袁州、临江、赣州、南安13府,下辖78县,地域基本等同今天的江西省区。清代改江西布政使司为江西省,行政区域基本承袭明建制。另在吉安府增设莲花、南昌府增设铜鼓、赣州府增设虔南凡3个县级厅,同时升宁都县为省辖直隶州。

民国初期,清朝的府、州、厅一律改为县。江西省共辖81县。至1926年北伐军进驻南昌时正式设南昌市。1932年,江西全省设13个专区,1935年4月缩减为8个区。1934年从安徽划婺源县入江西,1947年划回安徽,1949年再次划归江西。1934年8月,福建光泽县划至江西南城督察区,1947年划回福建。

第三节 地理环境

一、地 理 位 置

江西省地处中国东南偏中部长江中下游南岸,位于北纬24°29′14″至30°04′41″、东经113°34′36″至118°28′58″之间。东邻浙江、福建,南连广东,西靠湖南,北毗湖北、安徽而共接长江;上通武汉三镇,下贯南京、上海,南仰梅关、俯岭南而达广州。

江西与东南沿海各港口和江北重镇的直线距离,大多在六百至七百公里之间。古称江西为"吴头楚尾,粤户闽庭",乃"形胜之区"。

二、地形地貌概况

江西版图轮廓略呈长方形,东西省界明显长于南北,而北之宽又数倍于南,全省南北长约620公里,东西宽约490公里。土地总面积166 947平方公里,占全国土地总面积的1.74%,居华东各省市之首。省境除北部较为平坦外,东西南部三面环山,中部丘陵起伏,全省成为一个整体向鄱阳湖倾斜而往北开口的巨大盆地。

江西地貌类型较为齐全,分布大致成不规则环状结构,常态地貌类型则以山地和丘陵为主。其中山地60 101平方公里(包括中山和低山),占全省总面积的36%;丘陵70 117平方公里(包括高丘和低丘),占42%;岗地和平原20 022平方公里,占12%,水面16 667平方公里,占10%。除常态地貌类型外,还有岩溶、丹霞和冰川等特殊地貌类型。[①]

江西省地貌形态复杂多样,大致可划分为6个地貌区。

一是赣西北中低山与丘陵区。包括修水、武宁、瑞昌、铜鼓、靖安、万载、宜丰、上高、奉新、九江、宜春等县,以及萍乡市、星子县的一部分,面积3.5万平方公里。地势西北高东南低,岭谷相间排列。区内有修水、锦江、袁水等横贯其间。

二是鄱阳湖冲积平原区。包括德安、永修、都昌、波阳、余干、进贤、南昌、新建、湖口、彭泽等县及星子、乐平县的大部分,面积为1.5万平方公里。全区地势坦荡,坡度平缓,河流纵横,湖泊星罗,盛产稻米和鱼虾等水产品。

三是赣东北中低山与丘陵区。包括婺源、德兴、广丰、玉山、横峰、弋阳、上饶、万年、景德镇等县市及铅山、贵溪、乐平县的一部分,面积为2.52万平方公里。怀玉山脉横贯其间,地势中高南北低。区内有昌江、信江和乐安河等水系。江西四大历史名镇中的铅山河口、景德镇即位于此区,著名的绿茶产地婺源亦在此区。

四是赣江中游河谷阶地与丘陵区。包括万安、泰和、吉安、吉水、峡江、新干、清江(樟树)、丰城、崇仁、乐安、宜黄、永丰、余江、东乡等县的全部,新余市、分宜和安福县的一部分,面积为2.19万平方公里。区内坡度比较平缓,是江西重要的农业产区。

五是赣西中低山区。包括井冈山市、宁冈、永新、莲花县的全部,安福、遂川、分宜县和萍乡市的一部分,面积为1.04万平方公里。区内万洋、井冈、武功诸山盘错,地势高,森林和水力资源丰富。

六是赣中、赣南中低山与丘陵区。包括遂川、宜黄、金溪、贵溪和铅山一线以南各县市和整个赣州市,面积为5.94万平方公里。东有武夷山脉余脉,南有九连山、

[①] 江西省情汇要编委会:《江西省情汇要(1949—1983)》,江西人民出版社,1985年,第5页。

大庾岭与广东相邻,山体多由花岗岩和变质岩组成,经流水侵蚀和风化,形成了世界遗产丹霞地貌。本区山林、矿产资源丰富,钨矿、稀土等储量丰富。①

三、山脉河流

江西的主要山脉多分布于省境边陲,构成天然省界和分水岭。北面主要有幕阜山脉、九岭山脉和怀玉山脉,位于鄱阳湖东西两侧。九岭山脉与幕阜山脉呈东北、西南走向,海拔千米左右,为修水和锦江的分水岭。怀玉山脉在省境东北,呈东北、西南走向,经赣、浙、皖3省边陲至余江县境,长150余公里。东面的武夷山脉沿赣闽省界延伸,由北而南长达500余公里,是全省最长的山脉,号称"华东屋脊",不仅是全省最高峰,也是整个大陆东南部的最高峰。山间的隘口成为历史上赣闽二省的交通要道,如铅山的分水关,资溪的铁牛关以及瑞金的小隘等。南面为大庾岭和九连山脉,盘亘于赣粤之间,盛产钨、钼、锡、铋等有色金属,特别是大余县西华山的钨矿闻名中外,有"世界钨都"之誉。扼江西、广东两省交界的梅关,自古就是南北交通要道和军事要隘。西面有罗霄山脉,它是万洋、诸广和武功山的统称,蜿蜒于赣湘边境,山间的隘口是历史上江西与湖南经济文化交流的主要通道。

江西河流数量众多,总数达百余条,其中赣江、抚河、信江、饶河、修河统称为江西五大河流。除赣南寻乌、定南和安远部分地区的河流流入广东东江、赣西萍乡和修水少数河流流入湘江或长江外,全省五大河及其他河流均流入鄱阳湖,形成一个完整的向心水系,流域面积占全省面积的97.2%。鄱阳湖是全国最大的淡水湖,洪水期面积约3914平方公里。水运是古代最为重要的交通和运输渠道,江西丰富的河网为传统时期江西的商贸繁荣奠定了良好的基础,江西所有的县治及府治均沿河而设,构筑了传统时期江西几条主要商道。

四、气候概况

江西虽然地理位置靠南,但因为江西三面环山,南面的海风无法进入,因此江西的气候仍显典型的大陆性气候,据1933—1934年的江西水利局各观测点的统计,江西年平均气温在华氏66度到77度之间(折合18.9℃—25℃),降水次数及降水量,"以三四五六月最多"②。年平均降水量在1341—1934毫米之间,③丰沛的降水和适合的气候为江西历史上成为"鱼米之乡"提供了良好的环境保障。

---

① 江西六大地貌区的划分参考江西省情汇要编委会《江西省情汇要(1949—1983)》,江西人民出版社,1985年,第7—11页。
② 江西省政府统计室:《江西年鉴》(1935年),江西省政府统计室,1936年,第81页。
③ 江西省情汇要编委会:《江西省情汇要(1949—1983)》,江西人民出版社,1985年,第15页。

第二章 农业经济地理

第一节 农业生产结构的变化

江西是一个传统的农业大省,近代以来,和全国其他地区类似,江西农业的生产力、生产关系(尤其体现在土地所有制和租佃关系等)没有发生实质性的变化。[①]然而,近代以来,中国传统农业在科技的研究和推广、农产品的商品化趋势加强和政府对农业相关政策的引导方面有了显著变化。江西自宋明以来一直是农业大省,尽管近代农业未能实现由传统农业向现代农业的革命性转型,但在不断重视现代科技的大背景下,江西近代农业无论是科技水平还是生产结构方面,均出现了一些可喜的变化。

一、农业科技的进步和推广

从清末新政伊始,清政府开始设立专门的政府机构促进工农业发展。1903年商部成立,1906年改组为农工商部。江西早在1904年就成立了江西农工商矿总局,它是当时政府创设的指导包括农业在内实业发展的省级行政机构。同时各州县也相应成立分局。江西农工商总局成立后,以设立农事试验场为开端,建立了近代实验农业推广体制,开启了江西农业科学技术的新起点。1904年江西省抚署在南昌进贤门外租民地140亩,设立农业试验场。试验场先后种植有水稻、大豆、芋头、红薯、烟叶、花生及瓜果蔬菜等90多种作物品种,进行栽培比较,观察试验。各府州县也成立了各种农业试验场,把自己试验成功的优良品种,出售给民间播种,以提高其传播速度,或者将种子直接散给各乡试种;对来试验场参观者讲解演说或与学堂结合向学生传授农业科技。1905年7月,江西农工商矿总局和学务处协商,决定在农事试验场内筹设江西实业学堂,由傅春官为总办。1907年江西实业学堂改称江西高等农业学堂,1910年迁到白鹿洞书院,改名江西高等农林学堂。[②]

民国时期,在清末新政基础上,江西的农业科技机构继续推进并取得一批较为显著的成果。1926年江西设立农务处,专司农林行政及技术事务,1927年改组为农林局,分设南昌、吉安、湖口三个农事实验场,这是江西最早的农业科研机

---

① 如万振凡认为,由于外国资本主义入侵、封建制度的严重束缚和繁重的田赋厘金等因素,近代江西农业生产力发展处于停滞和下降状态,近代化进程十分缓慢。见万振凡:《论近代江西农业经济转型的制约因素》,《中国社会经济史研究》2004年第4期;万振凡、林颂华:《江西近代社会转型研究》,中国社会科学出版社,2001年,第19—25页。
② 庞振宇、陈晓鸣:《清末新政时期江西农业改良举措探析——以傅春官〈江西农工商矿纪略〉为中心》,《农业考古》2009年第4期。

构。1934年在此基础上组建江西省农业院,从事新品种选育、植物病虫害防治、水稻地方品种评选,土地调查,育苗与栽培等方面研究。江西省农业院创建之初,聘请美国康奈尔大学农学博士、北平农学院院长董时进为农业院院长,全院引进科技人员59人,其中留洋人员21人,有博士2人、硕士5人,江西省农业院当时技术力量之雄厚,规模之大,堪称全国第一,成为当时中国农业建设的样板。[1]

江西省农业院成立后,对近现代作物和农艺技术,粮食作物、经济作物,蔬菜瓜果,家禽家畜等进行了一系列的实验和改良,取得了显著的效果。1935年,江西省农业院在永修设立棉种场,培育出脱籽棉、东乡黑籽棉、三湖里棉等优良棉种。1936年,农业院培育出早籼高秆品种"南特号"(又称赣早籼一号)和"赣中籼11号"。这两个新品种在十年中为江西增收稻谷约三百万担。[2]麦作方面培育了"南宿州"、"金大2905"及涂家埠大头小麦等优良品种。

经济作物方面,1937年江西省农业院设立蚕丝改良场,采用科学方法精制蚕丝。1942年又设立麻作改良场,栽培各种麻作品种。[3]为了改变茶叶滞销状况,省农业院在修水设立茶叶改良场,并在浮梁、河口两茶场进行茶叶育种及种植试验。作物组在永修设立棉场、在修水设立茶场、在南关口设立稻场,分别进行棉、茶、稻试验研究。园艺组在莲塘、南丰、乐化设三个果树实验基地,选择有经济价值的果树品种进行试验研究。兽医组在南昌、临川设立畜牧防疫实验区,进行家畜防疫工作。

农业教育方面,除接办各类农业学校外,还将原省立沙河农林学校迁入永修,改组为永修高级农林职业学校。[4]农业院在江西基本建立起了一个以农业高等教育—农业职业教育—农业技术培训—农业科研和推广基地构成的现代化的农业教育体系。同时,为了扩大影响,农业院从1935年1月起创办院刊《江西农讯》,以半月刊形式发行。

全面抗战爆发后,江西省农业院为了解决抗战时期物资紧张问题,工作重点由农业科研转向高产农作物的繁殖和推广,以达到增产的目的。在此期间,农业院先后设立了赣县稻作试验场,永修棉作试验场,吉安棉麦试验场,修水、婺源及河口三个茶业改良场,广丰烟业改良场,永新种苗繁殖场,泰和耕牛改良场,泰和天蚕丝改良场,三湖果树试验场,南城麻姑山等四个示范林场,增设武宁、宁都两个中心苗圃,在各县设立农业推广处和推广站20多处。[5]除水稻优种推广外,棉麦推广也成效较为显著,参见表3-2-1。

---

[1] 江西省政府:《赣政十年》,江西省政府,1941年。
[2] 民国《江西通志稿》(19),第11页。
[3] 常世英:《江西省科学技术志》,中国科学技术出版社,1994年,第149—150页。
[4] 民国《江西通志稿》,经济略一,十年来之江西农业建设,江西省图书馆,1984年油印本。
[5] 万振凡:《论民国地方性农业科研机构的历史命运——以江西省农业院为中心》,《史学月刊》2006年第3期。

表 3-2-1　近代江西棉麦推广情况

项目		1939 年	1940 年	1941 年	总计
麦	推广数(担)	370.29	1 044.75	982.12	2 397.16
	栽培面积(亩)	9 256	26 117	14 031	49 404
棉	推广数(担)	86.72	351.58	1 070	1 508.3
	栽培面积(亩)	1 734	7 047	29 750	38 531

（资料来源：张宏卿、张强清：《绩效与不足：以民国江西农业院为中心的考察》，《江西财经大学学报》2012 年第 3 期。）

值得注意的是，在近代中国农业科技的推广过程中，除了政府等组织力量外，基督教等教会力量也起了不可忽视的作用。1924—1927 年间，金陵大学师生在巡回推广中足迹遍布大江南北 10 余省，使数万农民受益，其对农业科技之传播、对中国农业之改进影响很大。1924—1927 年间，金陵大学农业推广部成员在江西、江苏、浙江、安徽、河南、山东等省的 121 个地方，通过举办报告会、放映电影、举办展览、演讲、上演话剧等形式，吸引大约 111 280 人参加，推广农业科技。这些活动大部分是通过当地教会和中国牧师举办的，食宿和交通也多由当地教会提供。推广受众的大部分是农民。演讲内容大多关系到农业问题，如改良种子、蚕茧，植物病虫害防治，土壤肥力保持等。[①]

二、农产品商品化的变化

唐宋以来，江西已经成为全国重要的商品性经济作物种植和加工区，江西出产的茶油、桐油、蔗糖、蓝靛、夏布和烟叶已经运销南北，成为南方地区重要的经济作物商品化生产区。由于在京广铁路及近代海运兴起之前，江西的大庾岭商道一直是连接内地与广东甚至海外贸易的一条重要通道，使江西成为一个重要的转运贸易区，最终形成了具有各地特色的江西四大历史古镇。

近代以来，由于交通运输条件的改善以及国内外市场需求的不断扩大，农产品的贸易得到了很大发展。市场的需求也推动了农产品商品结构的调整，农民为了获取更多经济利益，会主动调整生产结构，从而导致农业生产内部不同作物结构的调整，尤其是经济作物的商品化生产尤为明显。农产品的商品化率可以从横向和纵向两个角度来考察。从纵向角度看，农产品商品化可以从销售量和销售率来比较。由于近代经济统计数据的有限性，完整的农产品销售数量难以获得，而海关的进出口数据相对较为完整，因此本文且以近代九江海关的出口数量来反映农产品商品化的数量及变化。

[①] 刘家峰：《基督教与近代农业科技传播——以金陵大学农林科为中心的研究》，《近代史研究》2000 年第 2 期。

表 3-2-2　近代江西农产品出口数量　　　　　　　　　　　单位：担

商品/年份	1863	1883	1903	1913	1923	1930
茶叶	198 209	278 148	286 326	182 312	176 740	109 818
苎麻	4 500	26 493	67 005	97 362	123 759	43 564
烟草	18 003	21 939	70 463	125 015	180 678	101 389
黄豆		5 053(1888)	131 398	137 506	182 786	398 721
瓜子		287(1885)	17 595	14 555	24 185	30 036
蓝靛		1 244(1888)	33 435	7 118	8 001	—
柏油	3 523	4 034	17 489	14 868	13 058	15 573
芝麻		657(1892)	46 092	39 856	22 381	86 239

（资料来源：江西省社会科学院历史研究所：《江西近代贸易史资料》，江西人民出版社，1982年，第175—283页。）

从近代江西几种主要农产品的出口数量变化可以看出，近代江西农产品商品化的总趋势是不断加强的，但其中亦有区别。作为江西最主要的出口商品茶叶，从九江开埠到20世纪初期间，出口量呈增长趋势，但1903年以后出口逐渐衰退，苎麻和烟草的出口也在1923年以后不断下降，而黄豆、蓝靛、瓜子等出口则逐渐上升。尽管海关的出口数量并不能反映当时江西农产品的实际外销数量，但基本反映了近代江西农产品商品化的趋势变迁。据当时供职于九江海关的斯坦利·莱特估计，民国初年江西通过九江海关出口商品年均约值2 000万海关两，约只占全部6 500万海关两的1/3。① 另据20世纪30年代的调查，除水稻和红薯这两种主要粮食作物外，其他农产品的商品化率已经相当之高，详见表3-2-3。

表 3-2-3　20世纪30年代江西农产品商品化率

品　种	自用(%)	交租(%)	出售(%)
水　稻	59.17	24.87	15.96
油菜籽	36.53	2.08	61.39
红　薯	87.15	1.01	11.84
小　麦	72.56	1.12	26.32
甘　蔗	2.80	0.91	96.29
花　生	23.16	1.17	75.67
芝　麻	35.24	1.94	62.82
黄　豆	35.07	3.89	61.04
芋　头	77.61	0.10	22.29
棉　花	23.34	3.17	73.49
荞　麦	23.62	1.50	74.88

（资料来源：《江西农村社会调查》，《江西近现代地方文献资料汇编》十一，第107—109页。）

---

① ［英］斯坦利·莱特著，杨勇译：《江西地方贸易与税收(1850—1920)》，江西教育出版社，2004年，第116页。

从横向角度考察,农产品商品化体现为经济作物专业化生产的形成。自明清以来,由于商品经济的发展及流民的开发,江西各地已经形成具有区域特色的经济作物区,如赣南地区广泛种植烟叶,雍正《江西通志》载赣州"各县皆种,而瑞金尤甚",至康乾年间,赣南烟叶产区已经成为南方重要的烟草产地之一。除烟叶外,蔗糖、花生、经济林也在赣南成为主要经济作物。[①] 赣西北地区也因流民开发形成了苎麻、茶叶、蓝靛、油茶等专业化生产区,赣东北区形成了烟叶、苎麻以及油桐、漆树等经济林的集中产区。[②] 明清时期江西各地经济作物的专业化生产格局奠定了近代江西经济作物的分布特征。

近代以后,江西经济作物的产量激增,专业种植区域进一步扩大,茶叶大量外销,出现了宁州、河口、浮梁、德兴四大名茶产区。江西还一度成为中国最大的烟草产地,1917年农商部统计江西年产烟叶1 989 825担,[③]广丰烟叶因质量好进入国际市场,成为江西最著名的烟草产区。棉麻产量进一步扩大,近代初期,江西一直是棉花输入省份,自20世纪开始,江西棉花种植面积扩大,据中国统计局估计,1931年江西棉花总产399 000担,居全国第十位。江西是近代中国仅次于湖北的第二大苎麻产地,全省83县有59县生产苎麻,全省产量约为60万担,瑞昌、武宁、分宜等县尤其集中。油茶生产在近代也跃居第二位,除原有油茶老产地赣州、吉安外,铜鼓、永丰、萍乡、宜春、莲花也在民国后成为江西重要的油茶产区。除油茶外,近代江西的其他油料作物如柏油、桐油、黄豆、芝麻、花生等产量不断增长。靛青种植以乐平、饶州种植最广,次为吉安、赣州,1917年出口数量达83 159担,1925年后受国际市场影响衰落较快。[④] 此外,南丰蜜橘、三湖红橘、遂川金橘、广昌白莲等都是近代江西著名的经济作物,畅销国内外。这些经济作物的大量集中种植及出口,无疑反映了近代江西农产品商品化趋势在不断强化的特征。

第二节 粮食作物生产及地区分布

一、粮食作物结构及变化

明清以来,"湖广熟,天下足"之说反映了长江中游地区粮食生产在全国的核心地位,江西自古以来亦属"鱼米之乡",粮食生产在长江中游各省也居重要地位,所生产粮食除自给外,每年都销往外省,外销大米高时年达250万担,一般年份亦在150万担以上。[⑤] 江西的自然环境适合种植水稻,百姓也历来习惯食用大米,因此水稻种植在江西的粮食作物中占有绝对的优势。除水稻外,近代江西的粮食作物主要还有小麦、玉米、大麦、燕麦、甘薯以及豆类等,各种粮食作物的种植面积及产量可见表3-2-4。

---

① 曹树基:《明清时期的流民与赣南山区的开发》,《中国农史》1985年第4期。
② 曹树基:《明清时期的流民与赣北山区的开发》,《中国农史》1986年第2期。
③ 江西省社会科学院历史研究所:《江西近代贸易史资料》,江西人民出版社,1982年,第255页。
④ 杨宇清:《唐至近代江西经济作物的发展(续)》,《农业考古》1990年第2期。
⑤ 行政院农村复兴委员会:《江西粮食调查》,社会经济调查所,1935年,第17页。

表 3-2-4　近代江西主要粮食作物面积及产量构成

品　种	1914 年				1936 年			
	种植面积（千亩）	产量（千担）	面积占百分比	产量占百分比	种植面积（千亩）	产量（千担）	面积占百分比	产量占百分比
籼粳稻	28 333	84 585	83.49	79.49	23 018	84 476	57.29	67.25
糯　稻	3 256	7 673	9.59	7.21	2 770	10 049	6.90	8.00
小　麦	443	1 887	1.31	1.77	5 189	6 386	12.92	5.08
玉　米	100	282	0.29	0.27	116	181	0.29	0.14
大　麦	603	1 695	1.78	1.59	3 084	3 214	7.68	2.56
燕　麦	154	377	0.45	0.35				
甘　薯	1 047	9 915	3.09	9.32	1 944	17 636	4.84	14.04
豆　类					4 047	3 680	10.08	2.93
总　计	33 936	106 414	100	100	40 168	125 622	100	100

（资料来源：许道夫编：《中国近代农业生产及贸易统计资料》，上海人民出版社，1983 年，第 39—42 页。）

从表 3-2-4 来看，水稻（籼粳糯稻合计）无论是种植面积还是产量在粮食生产中都占有绝对优势，1914 年面积占比达 93％，产量占比达 86.7％，几乎一统天下。到 1936 年，水稻面积下降至 64.2％，产量占 75.25％，抗战以后也基本上保持这一水平（由于版面所限以及 1945 年占比数据与 1936 年相近，故表 3-2-4 未列 1945 年数据）。民国以后，江西的水稻种植面积和产量占比有所下降，另一种重要的杂粮甘薯的种植面积和产量增长较为明显，同时豆类、小麦和大麦的种植面积及产量大幅提升，这些变化反映了近代以来江西农业种植结构的一些内部微调。

表 3-2-5　近代江西水稻生产情况

年份	种植面积（千亩）	产量（千担）	平均亩产（斤）	年份	种植面积（千亩）	产量（千担）	平均亩产（斤）
1914 年	31 589	92 258	292	1936 年	25 788	94 525	367
1915 年	31 883	96 187	302	1937 年	25 216	85 202	338
1916 年	33 154	95 620	288	1938 年	25 526	89 420	350
1918 年	33 028	94 821	287	1942 年	25 499	79 793	313
1924—1929 年	29 680	111 673	376	1943 年	25 579	77 299	302
1931 年	19 870	66 991	337	1944 年	25 940	83 874	323
1932 年	19 842	72 043	363	1945 年	26 591	79 738	300
1933 年	23 088	80 017	347	1946 年	26 536	90 987	343
1934 年*	19 000	33 080	174	1947 年	24 382	80 464	330
1935 年	23 676	83 376	352	1949 年	33 808	72 344	214

（资料来源：许道夫编：《中国近代农业生产及贸易统计资料》，上海人民出版社，1983 年，第 39 页，其中 1931—1934 年江西数据缺 17 县。1946—1949 年数据只有籼粳稻，缺少糯稻数据，因此产量及种植量比实际偏低。《中国近代农业生产及贸易统计资料》中 1934 年产量数据与上年明显偏差过大，而《江西年鉴》(1936)所估算的数据分别为种植面积 33 934 千亩，产量 92 063 千担，平均亩产 242 斤。考虑到 1934 年时赣南不少县份仍为苏区，国民政府难以准确获取当年苏区控制区的粮食生产情况，这一数据的准确性也值得怀疑。因此，本文在分析时暂时剔除 1934 年数据。）

从表 3-2-5 可以看出,1931 年以前近代江西的粮食产量基本上稳定在 9 000 多万担,最高峰年份在 1.1 亿担。1931 年后,由于苏区革命和抗日战争等一系列战争因素影响,江西的粮食生产统计数据时有缺漏,统计出来的数据虽然比战前低,但从另一数据亩产量来看,民国以来江西的粮食亩产还是有较明显的进步,从民国初年亩产 300 斤左右发展到 1924—1929 年间的 376 斤,20 世纪 30 年代后也基本稳定在 350 斤左右,亩产平均提升 20% 左右,说明近代农业科技的推广已经对农业生产产生了较为显著的效果。

二、主要粮食作物的地理分布

1. 水稻

江西水稻产量的地理分布与江西的地形密切相关,江西除北部较为平坦外,东西南部三面环山,中部丘陵起伏,全省成为一个整体向鄱阳湖倾斜而往北开口的巨大盆地。水稻生产集中在赣北平原、赣中、赣南盆地及各河流的河谷地区。由于江西较为独特的地理特征,在分析近代江西的水稻产区时不宜采用行政区划,而更适合以河流流域划分。20 世纪 30 年代民国政府行政院农村复兴委员会在调查江西米谷生产运销时,按江西主要河流将江西产粮区分为以下 10 个区:

一是赣江下游区,含南昌、新建、丰城、新干、吉水、永丰、乐安 7 县。这一区域平原盆地较多,水稻生产产量全省最多,据当时江西省建设厅的估计,这一区域 1933 年产水稻约 18 835 223 担,占全省的 16.9%。这一区产粮最多的属南昌、新建及丰城,年产粮食超 400 万担以上。

二是锦江区,含高安、上高、宜丰、万载 4 县。这一区域山区较多,产粮较少,1933 年水稻产量仅占全省 5.08%。本区水稻产量最多的为高安,年产粮在 260 万—300 万担之间。

三是袁水区,含清江、新余、分宜、宜春、萍乡 5 县。除清江外,该区山地较多,1933 年该区产水稻 8 542 842 担,约占全省 7.67%。

四是抚河区,含进贤、临川、东乡、金溪、南城、崇仁、宜黄、广昌等 10 县。该区 1933 年产水稻 15 221 476 担,占全省 13.66%,为全省第二大产粮区。该区产粮最多为临川,年产水稻超过 400 万担。

五是信河区,含余干、万年、余江、贵溪、资溪、弋阳、横峰、铅山、上饶、广丰、玉山 11 县。这一区也属江西的重点产粮区,1933 年生产水稻约 13 782 170 担,占全省 12.37%,产粮最多为余干,年产水稻 300 万担以上。

六是修水区,包括永修、德安、安义、靖安、奉新、武宁、修水、铜鼓 8 县。这一区域山地比例高,1933 年生产水稻 7 635 624 担,占全省 6.85%。这一区域产粮最多的修水、永修、奉新、武宁均在 100 万担左右,其他各县均在几十万担级别。

七是鄱阳湖区,包括瑞昌、九江、星子、都昌、湖口、彭泽6县。这一区域湖网众多,水稻产量在全省最少,1933年约产水稻5 077 385担,占全省4.55%。区内只有九江和都昌二县产量超过百万担。

八是饶河区,含鄱阳、浮梁、德兴、乐平4县。该区1933年约产水稻9 133 908担,占全省8.2%。该区产粮最多的为鄱阳县。

九是赣江中游区,含吉安、安福、永新、莲花、宁冈、泰和、兴国、万安、遂川9县。这一区域包括吉泰盆地及罗宵山区,亦是江西重要水稻产区,1933年约产水稻135 520 506担,占全省12.14%,该区水稻生产最多的为吉泰盆地的吉安和泰和。

十是赣江上游区,含赣县、南康、上犹、崇义、大庾、于都、宁都、古城、瑞金、会昌、信丰、安远、寻乌、龙南、定南、全南16县。赣南地区虽山区丘陵较多,但面积广袤,也是江西的重点产粮区,1933年约产水稻14 016 785担,占全省12.58%。区内水稻产量最大的为赣县、南康和信丰。①

图3-2-1 民国时赣州的稻田

从种植季节分,江西的水稻生产分为早稻、中稻、晚稻以及糯稻。近代江西由于南北地域差别,虽然双季稻种植历史悠久,但并非全省各地都很普及。从表3-2-6可以看出,双季稻最普及区为赣江的上、下游二区以及锦江区,比例在38%以上。最低的为江湖区和袁水区,江湖区是由于鄱阳湖汛期的影响,很多圩田无法种植双季稻,只能种早稻或中稻。具体各区的早中晚稻比例可见表3-2-6。

---

① 1933年数据源自《江西经济问题》,第135—142页,1937年数据源自《江西省农业统计》(1939),第31—33页。

表 3-2-6　1933 年江西各区各种稻谷产量占比

地区	早稻占比(%)	中稻占比(%)	晚稻占比(%)	糯稻占比(%)
赣江下游区	40.42	9.67	43.02	6.89
锦江区	43.33	13.85	38.12	4.65
袁水区	62.06	13.85	18.25	5.79
抚河区	61.79	7.10	27.60	3.51
信河区	37.29	23.36	29.21	10.14
修水区	32.59	34.26	26.52	6.63
江湖区	6.94	84.14	5.05	3.87
饶河区	65.28	10.86	20.51	3.35
赣江中游区	49.56	16.94	26.49	7.01
赣江上游区	45.28	10.78	38.00	5.94
总计	46.46	17.74	29.71	6.09

(资料来源：行政院农村复兴委员会：《江西粮食调查》，社会经济调查所，1935年，第8页。)

2. 小麦与大麦

小麦与大麦是近代江西两种重要的杂粮作物。根据1936年《江西年鉴》记载的各县数据，1934年江西小麦总种植面积为1 117 870亩，总产量为1 346 955石，平均亩产1.2石；大麦种植面积为832 335亩，总产量1 259 508石，平均亩产1.51石。[1] 全省小麦与大麦种植区域高度吻合，均集中在赣北地区，尤其是环鄱阳湖区域，小麦和大麦种植较为普遍，种植面积超万亩以上的县有丰城、余干、鄱阳、乐平、浮梁，以及修河流域的武宁、永修、德安等县。赣西地区的小麦种植集中于万载和萍乡。抚河流域的东乡、崇仁亦种植小麦较多，赣东地区的上饶、广丰、铅山也多有种植。中部地区小麦种植集中在吉安、泰和和安福，赣南各县种植小麦者很少。

3. 甘薯

自明代以降甘薯这一外来作物进入江西后，因其生长适应性好、产量大，于是迅速成为最重要的杂粮作物，其在百姓粮食中的地位延续到近代乃至20世纪80年代。1914年，江西甘薯种植面积为1 047千亩，产量9 915千石，虽然种植面积仅占全省主要粮食作物的3.09%，但产量却占9.32%。1937年江西全省甘薯种植量增至1 575 610亩，产量达14 397 814石，平均亩产为9.14石。[2] 甘薯在江西几乎各县都有种植，但种植面积过万亩以上的县，北部环鄱阳湖平原区有九江、都昌、武宁、永修、新建、进贤、丰城等县。赣西地区甘薯种植较多的有高安、萍乡、万载、上高、分宜等县。赣东地区甘薯种植较多的县有广丰、玉山、上饶。中部地区甘薯大面积种植非常普遍，面积万亩以上的有吉安、永丰、泰和、万安、遂川、永新、莲花等

---

[1] 江西省政府统计室：《江西年鉴》(1936)，江西省政府统计室，1937年，第644—647页。
[2] 《江西省农业统计》(1939)，1940年，第39—42页。

县。赣南地区种植甘薯较多的为赣县、南康及定南、瑞金、于都、兴国等。

第三节 经济作物生产及地区分布

一、近代江西经济作物的构成

明清以降,江西商品性经济作物种植得到了显著发展。20世纪20年代至30年代后,随着战乱影响和世界性经济危机引发的中国农村经济的衰落,不少经济作物的种植开始下滑。近代江西农村种植的经济作物品种主要有棉花、苎麻、烟叶、甘蔗,以及蓝靛、花生、芝麻及油菜。这些经济作物的总种植面积相当于当时主要粮食作物总面积的10.2%,虽然所占比例不算高(1985年江西省经济作物总面积亦只占农作物总面积的10.1%[1]),但经济作物的商品化比率较高(见表3-2-3),是当时江西普通百姓最为重要的现金来源之一。近代江西主要经济作物的构成如表3-2-7。

表3-2-7 近代江西主要经济作物种植面积与产量

品种	1937年 种植面积(亩)	产量(石)	1949年 种植面积(亩)	产量(石)
棉花	303 860	83 337	316 600	32 248
苎麻	129 000	144 000	95 000	66 000
烟叶	368 410	764 502	212 510	301 454
甘蔗	385 870	19 023 560	190 527	3 549 188
蓝靛	18 000	31 224	18 671	24 319
花生	793 660	2 948 340	381 038	1 002 259
芝麻	506 150	441 388	300 758	190 631
油菜	2 073 140	1 928 750	1 815 525	557 021

(资料来源:江西省档案馆:《江西省农林统计资料》,档号:041-1-106。)

二、主要经济作物的分布特点

1. 棉花

江西棉花种植最早可追溯至元代,但直到清代,江西棉花种植量及产量均比较有限,主要集中于九江府。江西产棉之区,"以九江府属之德化、湖口、彭泽等县,南康府属之都昌为最多。其棉花大籽小,出绒柔软。次则饶州府之鄱阳、余干等县。其棉花小籽大,出绒较硬。德化县小池口,约产棉一万五六千石;套口,约产棉三四

---

[1] 易宜曲:《江西省经济地理》,新华出版社,1990年,第83页。

千石;洗脚桥地方,约产棉一千四五百石;彭泽县每年可出棉七八千石;湖口县每年可出棉四五千石。此外德安、瑞昌等县,虽亦产棉,收数皆不能及"①。近代以后,江西种植棉花渐多,"近闻江西、浙江、湖北等处,向只专事蚕桑者,今皆兼植棉花。二者并行不悖,已有明证"②。种棉的增多,主要是由于"木棉价值胜于他产"③。民国以后,江西也成为全国十大主要产棉区之一,位列第十名。据当时华商纱厂联合会棉产统计部调查,1922—1926年间江西年均植棉面积593 890亩,仅占全国十省总面积的2.02%;产量139 320担,仅占全国十省的1.88%,④平均亩产仅23斤。

从分布情况看,据《江西年鉴》(1936)记载,1933年江西植棉数最多的为原九江府的九江、都昌、湖口,三县种棉数合计超过10万亩,占当年全省总数的1/3;其他超万亩的县有高安、东乡、余干、弋阳、永修几县,基本上集中在环鄱阳湖区域。赣江下游平原区几乎每县或多或少都有种植,赣中地区的吉安、泰和、莲花等县也有所种植,但面积很小,产量也很少。赣江上游的原赣州府、抚州府和建昌府及广信府等地基本上不种植棉花。

2. 苎麻

明清以来,大量流民及棚民进入赣南、赣东北及赣西北等山区种植苎麻,带动了江西苎麻产业的发展及普及。如分宜"北山地多种苎,其产甚广。每年三收,五月后,苎商云集各墟市,桑林一墟尤甚。妇女亦多织苎为布"⑤。抚州各县"抚属之麻,其佳者足与湖南之永定麻相埒,未若袁州产者之高厚而白也"⑥。苎麻以及由苎麻生产的夏布成为明清以来江西的最主要出口土特产之一。苎麻是制造夏布的主要原料,抗战以前,江西出产的苎麻40%用于纺织夏布,60%用于出口。从海关出口数据来看,江西苎麻出口数量从开埠初期的一万多担迅速增长,清末时突破十万担,1918年达16.7万担,此后稍有回落,1928年再次达到巅峰——17.2万担。因江西的苎麻出口主要销往日本,⑦1930年后,由于中日关系恶化,出口数量急剧下滑。

江西苎麻的产地,"以万载、宜黄、宜春等处产者品质最佳,其他瑞昌、武宁等县产量亦丰,惟品质稍劣"。1933年,江西共生产苎麻20万担,其中产量最大的为瑞昌42 000担,次为武宁36 800担,新余36 450担,鄱阳23 520担,四县产量占当年全省总产量68.5%,⑧可见近代江西苎麻的生产集中程度相当之高。

3. 烟叶

烟草自明末由闽粤流民传入江西,到清中期后,江西赣南及赣东北广为种植。

---

① 李文治编:《中国近代农业史资料》第1辑,三联书店,1957年,第422—423页。
② 《申报》光绪六年6月21日。
③ 李文治编:《中国近代农业史资料》第1辑,三联书店,1957年,第422页。
④ 章有义编:《中国近代农业史资料》第2辑,三联书店,1957年,第221页。
⑤ 李文治编:《中国近代农业史资料》第1辑,三联书店,1957年,第434页。
⑥ 李文治编:《中国近代农业史资料》第1辑,三联书店,1957年,第435页。
⑦ 出口数据源自:江西省社会科学院历史研究所:《江西近代贸易史资料》,江西人民出版社,1988年,第255页。
⑧ 江西省政府统计室:《江西年鉴》(1936),江西省政府统计室,1937年,第660—662页。

康熙《赣州府志》载"近多闽、广侨户,栽烟牟利,颇夺南亩之膏",雍正《江西通志》载赣州"各县皆种,而瑞金尤甚",形成了一个以瑞金为中心的烟草生产和加工基地。兴国"兴邑种烟甚广,以县北五里亭所产为最"。因种植烟草获得较多,赣州"乡居之民,力耕者众",龙南"乡里近年竞植之,甚者改良田为蔫畲,致妨谷收以获厚利"。①

由于各地广泛种植烟草,开埠以后江西的烟草出口量急速上升,从1863年的18 003担增长至清末宣统年间的每年13万余担,1919年达21万余担,此后江西烟草出口开始下滑,1930年仅为10万担。1928年九江海关出口烟草310万海关两,居各海关烟草出口第三位,占九江海关出口总值的7.13%。②

尽管烟草在江西最早由赣南传入,但近代以后,广丰、广昌烟草产业发展迅速,成为江西最重要的烟草产地,而且因质量好而名扬海内外。据1930年江西省建设厅调查,当年江西81县出产烟草者有22县,其中产量最大的为广丰60 000担,其次为信丰50 000担,鄱阳40 000担,其他产量较大的县有彭泽(25 000担)、安远和石城(各20 000担)、广昌(14 000担)、宜黄、大庾、瑞金(各10 000担)。③

4. 甘蔗

清代以来,随着闽粤流民在赣南活动的加强,赣南的甘蔗种植业迅速发展起来。于都"蔗宜砂土,沿河坝上,处处植之","濒江数处,一望深青,种之者皆闽人"。南康"嘉道以来,种植繁多,核其岁入,几与闽粤争利广矣。惟是利厚竞趋,种植日广"。大庾县乾隆年间"种蔗不种麦,效尤处处是"。到乾隆年间,赣南形成了一个以于都、赣县、南康三县沿江谷地为中心,西南沿章水到大庾,东产溯平原到宁都兴国,南延到信丰的面积达数百平方公里的甘蔗种植区。④ 近代以来,甘蔗种植进一步推广,除赣南外,各区见种甘蔗有利可图纷纷种植。如东乡"果之属,以蔗为多,种者常以亩计"。乐平"近则沿河各乡多种之"。泰和"道光年间,赣人寄寓,携植此种,今近沿河遍植矣"。抚州"计亩田可得蔗万余斤。临川、崇仁……计亩田可得钱三四十千。金溪东乡能煎砂糖,东邑改煎白糖,其利尤厚,计亩田可得钱五六十千……其得奇厚,较之种稻者不啻十倍"。⑤

对于近代江西甘蔗的种植量及产量,不同资料来源记载数据偏差特别大。《江西年鉴》(1936)记载1933年江西省政府经济委员会调查估计所得,全省22县共种植甘蔗74 416亩,总产量3 338 475担,平均亩产44.8担。而《江西省农业统计》(1939)记载的1937年江西甘蔗种植总面积为385 870亩,总产量19 023 560担,平均亩产49.3担。另据曹树基20世纪80年代对赣南地区的实地调查,赣南地区南康县甘蔗的平均亩产在四五千斤左右。考察到种植面积因年份不一变化较大也是

---

① 李文治编:《中国近代农业史资料》第1辑,三联书店,1957年,第441页。
② 江西省社会科学院历史研究所:《江西近代贸易史资料》,江西人民出版社,1988年,第256—259页。
③ 江西省社会科学院历史研究所:《江西近代贸易史资料》,江西人民出版社,1988年,第256页。
④ 曹树基:《明清时期的流民与赣南山区的开发》,《中国农史》1985年第4期。
⑤ 李文治编:《中国近代农业史资料》第1辑,三联书店,1957年,第452—453页。

可能的,因此我们重点考察甘蔗种植的地域分布。

从《江西年鉴》(1936)所记载甘蔗种植地区来看,20世纪30年代江西甘蔗种植遍布全省,"而尤以赣州府属、南康府属、抚州府属及饶州府属为最著。其产额较多的县份,为东乡、乐平、临川、泰和、丰城、吉安、赣县、南康、大庾等县"。① 江西的甘蔗生产大致可分为三大产区:一是赣南产区,原赣州府各县清代以来是江西最主要的甘蔗种植和加工区,但20世纪30年代受苏区革命战争的影响,种植量及产量受影响较大,1937年赣南产区仅占全省甘蔗总产量的16.2%。二是吉安产区,以吉安、泰和、万安为中心,1937年甘蔗产量约占全省的21.8%。三是赣北产区,以乐平、东乡、临川及丰城几县为主,尤以乐平产量最大,1937年乐平一县产量就达315万担,占当年全省总产量的16.6%。②

5. 靛青

靛青(亦叫蓝靛)是传统时期的一种重要染料作物,是土布染色的主要原料。在洋布大量进口之前,因土布庞大的需求量引发了对靛青的大量种植提炼。清末民初,江西靛青种植量最大的地区是乐平和饶州地区。史载乐平"近城南岸洲,濒河十余里,种菜种靛,出息更倍"。东乡县"东北源里多蓝靛,比户皆种,八月中旬,县城墟期,市靛者常集至千余人"。除乐平和饶州外,吉安和赣州也是种植靛青的中心区,但质量不如乐平。如兴国"邑产除油烟外,蓝利颇饶",甚至抚州也种植靛青,"靛价较昂,百斤值钱十一二千……郡属售用外,多运往余干、丰城、福建等处"。③

在当时的江西市场上,饶州和乐平的靛青每担(缸)价格从10—70元不等,而吉安地区的价格通常不到10元。从九江海关的出口数据来看,江西靛青出口量自开埠后逐渐增长,1899年达66 632担,此后徘徊不前,一战爆发后,洋货进口大量减少,靛青迎来新的发展高潮,1917年出口数量达83 159担。④ 据时任九江海关总税务司的莱特估计,当时江西蓝靛的出口量仅相当于全省产量的一半,由此估算,民国初年江西年产靛青约16万担以上。一战结束后随着洋货重回中国市场,江西的靛青产业急剧衰落,到1934年时,全省仅种植靛青28 816亩,产量仅52 546担;1937年种植面积18 000亩,产量31 224担。⑤

从产地来看,近代江西种植靛青最多的是乐平和德兴,江西出口的靛青主要产自乐平和饶州,而吉安和赣州出产的靛青基本在本地市场上销售。江西这一传统作物在新技术革命带来的新产品面前,失去了其竞争优势,最终让位于市场。

6. 花生

花生种植在江西各地均有,每户农户或多或少均有种植,有些地区甚至有专业

---

① 江西省政府统计室:《江西年鉴》(1936),江西省政府统计室,1937年,第663页。
② 《江西省农业统计》(1939),1940年,第55—58页。
③ 李文治编:《中国近代农业史资料》第1辑,三联书店,1957年,第455页。
④ [英]斯坦利·莱特著,杨勇译:《江西地方贸易与税收(1850—1920)》,江西教育出版社,2004年,第44页。
⑤ 1934年数据源自《江西年鉴》(1936),第672页,1937年数据源自《江西省农业统计》(1939),第59页。

化生产之趋势。如新余"落花生,果中佳品,近来处处有之,喻邑尤多,八月间成熟,塞满衙市常数日"①。1933年江西全省种植花生33.8万亩,产量约87万担,1937年更增至79.3万亩,产量294.8万担。从种植地区来看,江西花生的种植每县都有,但种植量和产量较大的有赣北地区丰城、鄱阳、永修、安义,赣西地区的高安、新余,赣东地区的东乡、弋阳、玉山、乐平以及赣中地区的遂川等地。

7. 油料作物

菜油是江西民间百姓日常食用的最主要油脂,1934年全省种植2 004 503亩,总产量2 264 002担。与其他经济作物波动性较大不同,由于菜油种植主要为满足百姓自身食用需求,消费弹性低,因此种植量一直保持较稳定的状态。从分布区域看,据《江西年鉴》(1936)记载,当年江西油菜的种植,赣江下游区以丰城、峡江、乐安为多;锦江区上高稍多;袁水区清江、新余、宜春、萍乡种植均较多;抚河区崇仁种植最多,次为东乡;信河区玉山最多,次为广丰、余江、余干也较多;修水区德安、武宁、永修种植较多;江湖区湖口和都昌种植量最大(分别达16万和12万亩),次为彭泽和星子(5万亩左右);饶河区的鄱阳种植更是达38万亩,乐平亦有10万亩,浮梁近9万亩;赣江中游地区的吉安、安福和泰和种植相对较多,在3万—7万亩之间;赣江上游地区种植较少,仅南康和龙南过万亩。

除菜油外,江西最有名的食用油应属茶油。早在清代前期,由于客家人大量进入赣南、赣中和赣西北山区,形成了江西三大油茶林区。此外,用乌桕生产的蜡油也是江西近代著名的出口产品,乌桕主要产于江西的赣北和赣中地区。

8. 林业、渔业等其他经济性产业

江西森林资源丰富,木材产量大,是近代江西一项重要的出口商品。民国初年,江西每年通过姑塘税关出口木材约1 600万立方英尺(约合45.3万立方米),这些木材的出口主要通过赣江放排而行,在吴城或南昌重新做成更大、更深的木排。这些木排长达200多英尺,宽80—90英尺,高70—90英尺。在1921年最盛期,江西仅杉木外销产值就达37万两。

表3-2-8 近代江西杉木产量

产地	名　　称	盛期外销价值(两)	1949年外销价值(两)
总计		370 000	160 000
龙南	西江木	40 000	20 000
上犹	集龙木	50 000	20 000
崇义	古亭木	30 000	15 000
大庾	安南木	30 000	20 000

① 李文治编:《中国近代农业史资料》第1辑,三联书店,1957年,第438页。

续 表

产地	名 称	盛期外销价值(两)	1949年外销价值(两)
全南	黄田木	30 000	10 000
遂川	营前木	15 000	10 000
泰和	马家洲木	15 000	10 000
安福	陈山木	10 000	5 000
吉安	庐陵木	20 000	10 000
临川	抚木	15 000	10 000
修水	修木	15 000	10 000
其他		100 000	20 000

(资料来源:江西省档案馆藏档案:041-1-106《江西省农林统计资料》,第79页)

江西不但拥有全国第二的高森林覆盖率,也拥有全国最大的淡水湖——鄱阳湖,江西河网密布,水网交错,为渔业生产提供了良好基础。民国时期,江西常年渔业产量近60万担,输出量约37万担,主要产地可见表3-2-9,主要外销地可见表3-2-10。

表3-2-9 民国时期江西渔产产出概况(1950年统计)

河系	产地	1949年产量(担)	常年产量(担)
	总计	276 356	595 945
鄱阳湖系	余干瑞洪镇	61 380	200 000
	鄱阳	65 000	70 000
	星子	12 000	30 000
	新建吴城镇	15 000	20 000
	都昌	20 000	23 000
	德安	18 000	18 000
长江系	湖口	4 000	40 000
	九江	17 850	31 170
	彭泽	—	30 000
	瑞昌	—	20 000
抚河系	进贤	18 800	20 000
	临川	—	8 500
赣江系	南昌市	25 550	31 000
	南昌县	11 700	24 000
	赣州	2 322	4 363
	泰和	1 674	2 232
	丰城	3 000	4 000

续 表

河 系	产 地	1949年产量(担)	常年产量(担)
赣江系	清江	—	5 500
	吉安	—	6 000
	新干	—	3 000
	峡江	—	2 000
锦江系	高安	—	3 000
	万载	80	180

(资料来源:江西省档案馆藏档案:041-1-106《江西省农林统计资料》,第87页。)

表3-2-10 民国时期江西渔产输出概况(1950年统计)

产 地	输 出(担)	运销地点	备 注
全省	372 800		
余干瑞洪镇	130 570	福建、浙江、广东、上海、汉口及本省各地	另有银鱼700担出口
鄱阳	55 000	福建、浙江、皖南、上海及本省各地	另有银鱼500担出口
湖口	38 000	九江、汉口、安庆等地	
九江	24 000	上海、汉口等地转口销售	
星子	28 000	赣北各地	
都昌	14 030	赣北各地	
吴城	19 000	南昌及赣西各县	
南昌市	19 200	本地	
彭泽	27 000	九江、安庆等地	
瑞昌	18 000	九江、汉口等地	

(资料来源:江西省档案馆藏档案:041-1-106《江西省农林统计资料》,第88页。)

图3-2-2 民国时浔阳江边的渔夫

第三章 工业地理

20世纪80年代以来,随着社会经济史研究的兴起及"现代化"研究热潮的涌现,作为现代化主要载体的工业经济开始成为学者们关注的热点问题之一。作为基础史料性的工作,江西省社科院历史所编写了《江西近代工矿史资料选编》和《江西近代贸易史资料》,为研究近代江西工业奠定了基础。而后,学者们纷纷选择某一行业或对近代江西工业发展的某些阶段进行了不少开拓性研究,如肖自力、王树槐、胡水凤,[1]以及杨宇清、姜良芹、刘莉莉等。[2]温锐、游海华、万振凡、陈荣华、余伯流等在研究20世纪江西经济社会变迁或社会转型时也对近代江西工业问题多有深入分析。对江西近代工业研究的集大成者当属刘义程,他的《发展与困顿:近代江西的工业化历程1858—1949》是系统研究江西近代工业史的第一部专著,[3]刘义程不但从纵向上梳理了近代江西工业发展的三个主要阶段,从横向上分析了新式工业与传统手工业的博弈与互补,而且深入背后,分析了近代江西工业发展过程中官、民两种力量的互动以及影响工业化的资本、技术及人才等因素,堪称较为系统完整地研究近代江西工业化的第一人。不过,上述研究成果的角度基本上侧重历史学,较少从经济地理角度分析近代江西工业的分布特征。本章在归纳江西近代工业的粗略线索的基础上,分析江西近代工业布局的形成及变迁,以及这种变迁的趋势。

第一节 传统手工业的兴衰分布

明清以来,随着国内外市场的扩大和生产技术水平的提升,江西手工业得到了较大的发展,瓷器、手工制茶、夏布等行业在国内乃至全世界都有重要影响。开埠以后,海外洋货不断入侵中国,凭借先进的工业生产技术和价格优势,不少传统手工业受到重创,但不同行业在近代以后受国内外市场的影响不一,有些手工行业衰落,而有些行业仍能保持很强的优势地位;有些手工行业在机器工业的激烈竞争下,或转向机器工业,或趋于没落。

一、制 茶 业

茶叶是江西最重要的传统产业之一,江西产茶区域众多,茶叶品种也非常丰

---
[1] 肖自力:《论民国年间(1914—1949)赣南钨业之发展》,《中国社会经济史研究》2005年第6期;肖自力:《中央苏区对江西钨矿的开发与钨砂贸易》,《中共党史资料》2006年第2期;王树槐:《九江映庐电灯公司:自营与政府的整理(1917—1937)》,载台湾"中央研究院"近代史研究所集刊》第27期,1997年6月;胡水凤:《江西近代几种主要手工业的兴衰》,《江西社会科学》1993年第6期。
[2] 杨宇清:《试论清末江西近代工业的兴起》,《南昌大学学报》1994年第1期;杨宇清:《1912—1937江西民族资本主义的发展》,《中国经济史研究》1990年第1期;姜良芹:《成长在后续上的困境——刍议近代江西早期工业化的延误》,《江西社会科学》1990年第2期;刘莉莉:《江西近代工业化的"黄金时期":1938—1943》,《江西师范大学学报》2001年第3期。
[3] 刘义程:《发展与困顿:近代江西的工业化历程(1858—1949)》,江西人民出版社,2007年。

富,有红茶、绿茶、白茶、花茶等,最著名的有宁红、河红、婺绿等。在古代,江西的主要产茶区有"义宁州(修水、铜鼓)、弋阳、铅山、饶州、万安、上犹、崇义、赣县、庐山、安远、永新等地"①。近代江西全省各县无一不种植茶叶,其中输出茶叶的县就有50多个,面积达百万亩,总产量在50万担以上。② 九江开埠通商以后,江西茶叶输出数量基本维持在20万担以上,是江西出口产值最大的商品。

从外销角度看,茶叶出口一直是江西最主要的出口产品,但不同时期茶叶出口的中心地不一。在九江口岸开放以前,江西主要的茶叶产区——义宁产区和浮梁—祁门产区的茶叶大量通过赣江和梅关输往广东市场。后来河口成为红茶的一大销售中心,武夷红茶和江西本省所产之茶在河口打包运往广东和上海市场。随着1842年各沿海通商口岸的开放,饶州、浮梁和祁门地区的茶叶多由陆路经玉山—常山后,再沿河流运往杭州和上海。民国初年,河口玉山二处仍有茶号五六十家,平均每年输出四五万箱。但随着九江的开埠通商,九江成为江西茶叶输出最便利的运输中心,修水红茶等江西茶叶就主要通过九江关输出,从九江海关资料看,1863年开埠当年九江茶叶出口数量就高达198 209担,此后基本保持在20万担左右。最高出口数为1915年的329 798担,之后江西的茶叶出口数明显下滑,1917年降至21万担,20年代出口量基本上保持在十六七万担的水平,1929年后江西茶叶出口急剧下滑,1930年降至10万担,1933年8万担,1935年仅出口36 900担。③

近代江西茶叶产销量急剧下滑的原因是多方面的。首先,自19世纪70年代以来,日本、印度、锡兰茶叶种植兴起导致海外市场竞争激烈,江西茶叶面临的出口环境不断恶化。在国际因素方面,对近代江西茶叶出口打击最大的要属1917年苏俄革命后,江西对俄国的红茶贸易一落千丈,并进而导致茶叶价格急速下滑,1920年宁红价格比1919年下跌30%,俄国因素的影响以1929年中俄断交达到顶峰。④ 其次,近代江西经历了一系列的战争,战争对茶叶种植等经济作物的打击几乎是毁灭性的。自1927年南昌起义开始,江西经受了长达8年的第一次国共战争,战场几乎遍布大半个江西。1935年红军长征后,1937年全面抗战爆发。几乎没停歇的战争严重摧毁了江西的地方经济,这亦是茶叶出口之所以在1930年后急剧下滑的主要原因之一。第三是江西茶叶行业本身的问题。赣茶品质在外茶激烈竞争环境下加工设备与工艺无明显改进,墨守成规,不思进取,在与外茶的竞争中越来越处于不利地位。加之江西茶叶在近代所面临的贸易环境亦不佳,税收繁重、茶庄压榨、运输不便等导致交易成本高昂,最终失去了传统的国内外市场。

---

① 江西省政府经济委员会:《江西之茶》,江西省政府经济委员会,1934年,第11页。
② 刘义程:《发展与困顿:近代江西的工业化历程(1858—1949)》,江西人民出版社,2007年,第147页。
③ 出口数据见江西省社会科学院历史研究所编:《江西近代贸易史资料》,江西人民出版社,1988年,第206页。
④ 周海华:《近代江西茶叶的生产及其贸易》,《古今农业》1997年第2期。

近代江西茶叶的地理分布基本依茶叶品种分为五大产区:

宁红茶区:包括修水、武宁、铜鼓三县,主要生产红茶,故称宁红区。这一地区崇山层叠,气候温和,交通便利,尤其适合茶叶的生产和运销,为江西历来产茶之最多地区。宁州红茶,其"品质之优良,曾与祁门红茶业并驾齐驱",鼎盛时宁红茶年产量达30万担。宁红区茶叶种植具体分布如下:(1)修水,为宁红区产茶最多之县份,几乎无乡无茶。民国初年据民商部统计,修水一县茶叶种植量达143 000亩,占当时全省茶叶种植总面积1 267 935亩的11.3%。① 修水红茶产量也最多,盛时外销量达40万箱(相当于20万担)。修水宁茶主要分布在高乡、崇乡、奉乡、武乡、仁乡、西乡、安乡、泰乡八区。(2)武宁茶区,集中在西北诸乡,产额占全县八分之五,集中在杨溪、马鞍、螺蛳、老屋场、金瓜坪等处,"尤以螺蛳田之茶叶品质为最佳"②。(3)铜鼓茶区,集中在西北各乡的漫江、山口、大瑕等处,所产之茶多经修水输出。铜鼓红茶产量虽比修水、武宁少,但品质好、价格高。本区所产茶多外销,中俄茶叶贸易中断后受冲击巨大。

浮红茶区:以浮梁为中心,包括景德镇昌江区和彭泽、鄱阳及赣东北各县。这一区域土壤多为红、黄壤,土层疏松深厚,土质偏酸,植被丰富,林密谷深,溪流飞瀑,终年云雾缭绕,空气湿润,适合种茶,所栽培浮红茶种,品质特优。盛时年产10万余箱(每箱50斤)。

河红玉绿区:以上饶、玉山、广丰、铅山为中心。铅山县河口镇虽并非产茶区,但由于它处赣东商业网络的东大门,交通便利,成了全国茶商云集的茶叶集散中心。以河口为中心,包括铅山、玉山、广丰、上饶等赣东四县的茶叶大都在河口镇制成红茶,故称"河红",年产量约四五万箱。玉山所产之茶则在本县制成绿茶,称为"玉绿"。该区所产茶叶除部分运销国际市场外,大部分国内销售。

婺绿区:以婺源和德兴为中心,多产绿茶,故称婺绿区,年产绿茶约5万担。

青茶区:主要以遂川、大庾、上犹、崇义为中心,主要生产青茶,又称遂庾区。青茶中最著名的为遂川狗牯脑,1915年,荣获巴拿马万国博览会金奖,是江西省八大名茶之一,享誉海内外。

二、手工制纸业

手工制纸是江西另一重要传统产业,产纸所需原料,主要为竹与水,江西气候温和,雨量充足,各地竹木繁茂,河流众多,为造纸业提供了优越的条件,这是民国江西造纸业具有的独特优势。民国时期江西共有81县,产纸县份占半数以上,而且造纸业产量大,从业人员多。据前农商部调查,"江西纸产,民国四年至民国七

---

① 胡水凤:《近代江西茶叶的种植与加工》,《农业考古》1998年第2期。
② 金陵大学农学院经济系调查组:《江西宁州红茶之生产制造及运销》,《豫鄂皖赣四省农村经济调查报告》第13号,第4—5页。

年,四年间之平均数,约为八百万元。全国纸产额总数为四千万元,是江西纸产占总产额五分之一,即占全国总产额第一位"①。江西全省"纸槽约六千余户,男女工约三万人",约各占当时全国总槽数和工人数的10%。②

江西产纸的地域分布状况,民国初期"以旧吉安府、赣州府、宁都府三属为最,旧袁州府、广信府、抚州府、建昌府四属次之。其产额较多县份为石城、永丰、铅山、德兴、广丰、乐安、宁冈、万载、宜春、宜丰、贵溪、龙泉(今遂川)、泰和、吉安、安福、赣州、宁都、黎川、金溪、广信、河口、奉新、靖安等县"③。然而,这种状况到民国中后期有所变化。据1930—1949年有关江西纸产的调查资料统计,这一时期产量最大的地区为宜春,又主要分布在宜春、宜丰、萍乡、万载、奉新、靖安等县;其次为赣州地区,该区几乎每县都产纸,但产量较大的是石城、大余、崇义、上犹几县;抚州地区产量较大的有宜黄、乐安、崇仁、资溪、黎川几县;上饶地区产纸较多的有铅山、上饶、弋阳、贵溪等县;吉安地区产量较大的有吉水、万安、永丰、遂川、安福几县。详见下表。

表 3-3-1　民国时期江西各区纸业产值　　　　　　　　　单位:元

地 区	1930 年	1934 年	1935 年	1936 年
宜 春	1 951 500	2 529 125	2 406 490	2 232 736
上 饶	1 271 000	854 700	883 150	1 120 840
抚 州	1 661 000	373 955	395 150	462 420
吉 安	666 500	335 282	341 754	403 400
赣 州	902 000	608 652	1 061 952	1 241 262

(资料来源:此表根据各年的特产调查汇合而成。1930年产值引自《江西年鉴》(1936),1934—1936年产值引自《民国江西通志稿》第19册《江西特产调查》。)

民国江西所产纸张,除供应本省之需求外,"其运往外省出售者,约占全产额十分之六,为本省大宗输出品之一,与瓷器、夏布鼎足而三"④。在销往外省的纸张中,细纸主要销往上海、浙江、南京、汉口、广东及长江流域,粗纸主要销往南京、上海、安徽、山东、河南、河北等省,以至于"中国各省,无不有江西纸之踪迹"。民国江西外销之纸主要运输路线有四条:东路,由玉山运往浙江,再由浙江分销江苏,以杭州为主要集散地,主要为铅山、玉山、上饶、贵溪等县之纸;北路,各县纸张集中于南昌或吴城后运往各销售地,以九江为总汇;南路由赣南运销广东,主要为赣南各县之所产;西路则由萍乡运销湖南,主要销售宜春西部各县之纸。四条路线中以北路为大宗,其他各路运销量较小。

---

① 浙江省政府设计会:《浙江之纸业》,浙江省政府设计会,1930年,第62页。
② 杨大金:《现代中国实业志》,商务印书馆,1938年,第304页。
③ 杨勇:《民国江西造纸业述论》,《江西师范大学学报》2001年第3期。
④ 江西省社会科学院历史研究所:《江西近代工矿史资料选编》,江西人民出版社,1989年,第323页。

三、手工制瓷业

江西瓷器业名扬海内外,肇造于六朝之陈,光大于宋,鼎盛于清中期康雍乾嘉。江西瓷器业最有代表的当属景德镇之官窑,"质料之美,艺术之精,寰宇称誉",盛时出口价值两千万元以上。据时任九江税关总税务司的莱特估计,道光年间景德镇大概有瓷窑 300 座,太平天国后官窑毁于一旦,到 1869 年只有 110 座瓷窑。1918 年景德镇瓷窑数恢复到 150 座,其中大窑 110 座,小窑 40 座。由于景德镇的瓷器大量并非通过海关出口,因此考察输出量时不能只看海关出口数。据早年担任九江海关税务司的杜维德(Drew)估计,景德镇瓷窑的生产总量大概是其通过九江海关数的五倍。[①]若按此估算,九江开埠时景德镇瓷器业总产量在 30 余万担(莱特估计民国初年景德镇瓷器年产量在 100 万—150 万担之间)。民国以后,景德镇手工制瓷业在国内仍保持相当优势。尤其是南京政府时期,江西省政府为振兴景德镇瓷业,1934 年设立江西陶业管理局于景德镇,专司瓷业之改进,效果较为显著。1934 年景德镇瓷业年输出量 15 万担,价值仅三四百万元,1935 年输出近 29 万担,价值八百余万元。抗战爆发后,景德镇瓷窑仅剩下二十余座,年产瓷器仅二三百万件,销路亦仅限于东南一隅,整个瓷业几乎陷于停顿。

四、夏布业

夏布、瓷器、茶叶、纸张是江西传统的四大主要手工产品。国内产夏布者,除江西外,尚有广东、四川、湖南及福建四省,但五省之中要数江西之夏布品质最优,江西夏布有"轻如蝉翼、薄如宣纸"之美称,又有"柔软润滑、平如水镜、轻如罗绢"之特色。近代江西夏布业的发展大致可分为三个时期,1863 年至 1899 年为逐步发展兴旺期,1900—1930 年间为鼎盛期,1931—1949 年间为衰落期。[②] 从九江海关数据看,1863—1899 年间江西年均出口夏布 5 186 担,1900—1930 年间年均出口 16 561 担,最高峰 1930 年出口 24 061 担,价值四百多万两。江西夏布出口原先的主要去向是东北及朝鲜,1931 年九一八事变爆发后,东北沦陷,江西夏布的传统市场被日本占领及封锁,出口量急剧下滑,1932 年出口 5 680 担,1936 年更降至 3 500 担。[③]

需要注意的是,以往学者在分析夏布外销状况时,过分依赖海关的出口数据,而九江海关的夏布出口量并不能真实反映江西夏布的整体产销状况,只是反映江西夏布的外销趋势。实际上,"运销闽浙之夏布,多不经过九江关,而由信河或抚河出省,其运销广东之夏布,则由赣州越大庾岭而下北江,其运销湖南之夏布,则接近

---

① [英]斯坦利·莱特著,杨勇译:《江西地方贸易与税收(1850—1920)》,江西教育出版社,2004 年,第 17 页。
② 赖占均:《江西夏布的起源、近代兴衰及其发展》,《江西农业大学学报》1999 年第 2 期。
③ 黄山栋:《江西之夏布业》,《经济建设季刊》第 3 期,1947 年,第 89 页。

赣西,更不经过九江关"①。莱特也提到,通过九江海关的夏布多数来自湖北的武穴,九江作为离它最近的港口,武穴的夏布运到九江再装船运出。②因此,时人估计盛期江西夏布的年产量约十万担。

从具体产地来看,江西各县市均有夏布的生产,其中宜春、分宜、上高、万载、宜丰、上饶、宁都、宜黄、乐安等19个县市最普遍。万载、宜春、宜黄三县夏布品质最佳,素有万载、宜春、宜黄夏布之称,而万载夏布又为三者之最。明中期以来,随着棚民大量进入山区,夏布生产在万载逐渐成为支柱性手工产业。清末民初,万载县有上万人从事苎麻加工生产,有一千多家作坊织造,夏布的机杼声处处可闻,成为赣西夏布业的加工中心,甚至宜春、上高、分宜等县的苎麻也运至万载加工。除宜春府盛产夏布外,抚州府的宜黄、乐安、临川产量也很大,1933年的调查显示,其产量比传统的主产地万载、宜春还多,具体数据可见表3-3-2。

表3-3-2　1933年江西各县夏布产量　　　　　　　　单位:万匹

产地	临川	分宜	宜黄	万载	新干	广丰	吉水	玉山	上饶	宜丰
产量	26.5	10	6	6	6	5.3	4	4	4	3.2
产地	萍乡	上高	乐安	永丰	崇仁	宜春	进贤	南康	金溪	
产量	3	3	3	3.5	2	2	1.5	0.5	0.2	

(资料来源:游煌鑫:《江西之夏布》,《工商通讯》第1卷第15期《江西特产专号》。)

五、手工制烟业

由于种植烟草利润较高,近代以来江西各县烟草种植非常普遍,据民国初年农商部调查,1917年江西年种植烟草量约在20万亩,产量达198万担。这一估算或许偏高,同一时期的莱特估计江西烟草年总产量为33万担左右,出口量为18万担。1933年江西省政府经济委员会估算23个主产县总产量为26万余担,江西省政府统计室估算1934年28个县产量为23万余担,1935年42个县总产量为57.8万担。由于江西各县普遍生产烟草,因此烟草加工业也遍及全省各县。抗战以前,江西烟草加工几乎全为手工作坊,无一机器制烟厂。手工所制烟丝,多供本地消费,外销较少。据1935年调查,全省当时共有67个县有手工制烟作坊,作坊总数581家,资本总额30余万元,年产烟丝149万余斤,其中以丰城、南昌县和南昌市最盛,具体各县烟店作坊数及年产量分布图可参见白突《江西之烟酒业概况》(《经济旬刊》第7卷第7期,1936年)一文。

---

① 如楫:《江西之夏布事业》,《实业导报》第6期,1930年。
② [英]斯坦利·莱特著,杨勇译:《江西地方贸易与税收(1850—1920)》,江西教育出版社,2004年,第30页。

第二节 现代工业的兴起及布局

江西的近代工业起步很晚,发展步伐较为缓慢。从纵向考察,近代江西工业的发展可分为三个时期:1882—1911年为萌芽及起步期,1912—1937年为快速发展期,1938—1943年为鼎盛"黄金期"。不同时期江西的工业布局与行业分布呈现出不同的特征。

一、萌芽与起步期:1882—1911年

开埠通商以后,中国近代工业开始萌芽于口岸城市,洋务运动则开始了中国现代化的开端,但江西的近代工业出现很晚,直到1882年才在南昌设立了罗兴昌机器厂。这家商办企业只有5万元资本,20多个工人,主要从事碾米机、抽水机和柴油引擎的制造和修理,以及制造小型的蒸汽机和汽油机。它的出现,标志着江西近代工业的产生。然后,自罗兴昌机器厂创办之后,此后的15年时间内,江西一直未出现第二家近代工业企业,直到1898年江西子弹厂(南昌)及萍乡煤矿的创办。萍乡煤矿虽然资本数量较多(69.9万元),技术也较为先进,是当时国内几家大型使用机器采煤的煤矿之一,但它是为解决汉阳铁厂的燃料问题,由汉阳铁厂、轮船招商局等几家企业出资创办的。1899年,九江荣昌火柴厂开办,但因资本不敷而于次年停工。后来通过到汉口招商募股,才在1901年6月复工。整个19世纪,江西只有上述4家近代工业企业,而从1858年到1899年,全国有资本万元以上的近代工业企业261个,资本总额6 310.9万元,江西只有一个(萍乡煤矿)。从近代工业的起步可以看出,江西的近代工业化步伐严重落后。

《马关条约》签订后,举国上下皆意识到发展工商业的重要性,从中央到地方,各级政府出台了一系列刺激工商业发展的政策措施,并建立专门的机构——农工商总局及各地分局管理指导实业发展。在此背景下,江西近代工业迎来了发展的小春天。从1882—1911年间,江西共创办大小各类企业200余家,行业涉及矿产、陶瓷、纺织、造纸、印刷、日用品等,其中某些行业在全国还处于较领先的地位(陶瓷、造纸、矿产),万元以上的企业出现了24家,资本总额290.5万元,详见表3-3-3。

表3-3-3 1882—1911年间江西万元以上资本企业一览表

企业名称	时间	创办地点	创办人	资本(千元)	性 质
萍乡煤矿	1897	萍乡	张赞辰	699	官督商办
江西子弹厂	1898	南昌		42	官办
九江肥皂厂	1902	九江		20	商办
景德镇瓷业公司	1903	景德镇	孙廷人	55	官商合办

续 表

企业名称	时间	创办地点	创办人	资本(千元)	性　质
呈山煤矿	1903	余　干	黄秉湘	12	官　办
复古窑厂	1904	横　峰	滕　诚	30	商　办
萍乡瓷业公司	1904	萍　乡	黎景淑	200	官　办
江西机器造纸厂	1905	南　昌	黄大埙等	420	官商合办
江西省城电灯厂	1906	南　昌	贺赞元	70	商　办
吉祥机器砖瓦厂	1906	南　昌	徐家潘	14	商　办
江西省城电灯公司	1906	南　昌	贺赞元	70	商　办
徐塘煤矿	1906	新　建	朱载亭	168	商　办
博厚公司	1907	余　干	黄大遑	50	商　办
工艺所	1907	萍　乡	李丙荣	30	商　办
保源料有限公司	1907	景德镇	陈庚昌	40	商　办
赣州铜矿局	1907	赣　县	沈瑜庆	208	商　办
江西瓷业公司	1907	景德镇	瑞澂等	200	商　办
江西樟脑公司	1907	南　昌	洪嘉荫	69	官商合办
开明电灯公司	1908	南　昌	不　详	206	官　办
余干煤矿	1908	余　干	沈瑜庆等	112	官　办
厚生机器碾米厂	1908	南　昌	肖康良	140	官　办
日新瓷业公司	1908	景德镇	程　箴	20	商　办
集益铁矿公司	1908	泰　和	刘至盛	20	商　办
恒泰面粉厂	1909	南　昌	不　详	10	商　办

(资料来源:刘义程:《发展与困顿:近代江西的工业化历程(1858—1949)》,江西人民出版社,2007年,第69—72页。)

从上表可以看出,这一时期江西资本万元以上工业的行业布局,窑业(瓷器)、矿业最多,各6家,电气有3家,饮食有2家,建筑、机械、文化业等各1家。从地域分布来看,清末民初江西规模较大的工业企业主要集中在南昌(9家),景德镇(4家),萍乡、余干(各3家),九江、泰和、赣县、横峰、新建也各有1家,地域分布上集中于赣北,赣中仅1家大型近代企业,赣南亦仅赣县铜矿局1家。

二、快速发展期:1912—1937年

民国以后,全国工业进入快速发展期,江西近代工业在这一时期也取得了较显著的发展,尤其是1927年南京国民政府成立后,民族工业取得了较快发展,到抗战前夕,江西工业发展无论是在行业分布,还是在工业企业数量、资本额、工人数及工业品产量等方面,均出现了显著发展。兹按1936年《江西年鉴》的行业分类,将这一时期江西主要近代工业概括如下:

1. 机械工业

机械工业是近代工业最重要的表现形式,但江西近代机械工业非常落后,1882年罗兴昌机器厂是江西第一家机械工厂,规模和实力均很小。到1933年,据江西省政府经济委员会调查,当时南昌市共有机械工厂31家,其中28家经营机器维修,3家从事翻砂业,除民生工厂外,其他均不能生产机器设备。1931年改组成立的民生工厂是当时江西最大的机械工厂,资本10万元,能生产一些简单的柴油引擎、碾米机、抽水机、石印机等。这一时期江西工厂所用机器"多购自沪汉等地或外国"。据记载,1921年江西进口机器(不包括交通工具)价值63 829元,1922年进口大幅增至227 127元,1923年突破100万元,达1 220 953元,①这是抗战前江西进口机器最多的一年,主要原因是当时江西民族资本主义工业快速增长导致对机器设备需求猛增。

2. 纺织工业

第一次世界大战时期,利用有利的国际环境,江西纺织工业发展较快,"虽尚未闻设立大规模之公司,然具三四千元,二三万元之资本者,亦颇不少。其设立地方,始于南昌,而吉水、抚州、建昌、饶州等地亦继续之,有多至二三家者,第家装置织机十台,乃至三十台,使用男女工二三十人至五六十人"②。这一时期纺织工业分布较为广泛,但规模最大的仅有九江的久兴纺织公司。久兴纺织公司由陶星如、张绍轩于1920年创办,资本200万两,采用动力纺纱机生产棉纱,购有松花机1部,清花机9部,梳花机80部,练条机7部,粗纱机56部,细纱机64部等,并自备动力工厂。拥有纱锭20 480枚,雇工1 300人,全年消耗棉花四五万担,③是这一时期江西最大的近代工厂。

除久兴纺织公司外,当时江西的纺纱中心南昌市共有纺织厂14家,针织厂大小共120家。其中规模较大的纺织厂为南昌的立昌染织厂,资本5万元,拥有各类机器设备122台,雇佣工人130人;以及益民实业染印社,资本3万元,作业机数151台,雇工110人。其他地区如吉安也有几家小型纺织工厂,资本和机器很少。这一时期江西百姓消费的仍然主要是土布,据当时调查,1933年江西各县土布总产量不少于9 453 600匹。④

3. 饮食工业

饮食工业是与老百姓日常饮食相关的多个行业的总称,包括面粉、碾米、制糖、制茶及烟草等行业,但这些行业中的近代工厂主要集中在面粉及碾米二业中。

江西属南方水稻产区,百姓喜食大米,对面粉的需求有限,面粉主要用于制作

---

① 白突:《江西机器使用之认识》,载《经济旬刊》第7卷第12期,1936年。
② 童蒙泉:《江西之工业》,《农商公报》第38期,1917年9月。
③ 江西省政府统计室:《江西年鉴》(1936),江西省政府统计室,1937年,第939页。
④ 江西省政府统计室:《江西年鉴》(1936),江西省政府统计室,1937年,第940页。

糕点、面包等,所需面粉也主要仰给于外省,每年输入二三十万担。20世纪30年代,南昌市一共有面粉业17家,大都属手工作坊性质,只有兆丰、恒泰、豫丰恒、兴泰厚4家引入机器生产面粉。这一时期江西最大的面粉工厂为九江的利丰面粉厂,创办资本30万元,日产面粉2 000包,但1934年该厂停息。

大米是江西人民的主要口粮,需求量大,因此机器碾米业在近代相对发达。1908年南昌厚生机器碾米公司是第一家引入机器碾米的企业,此后机器碾米逐渐普遍展开。到1933年,江西经济委员会调查,仅南昌市就有105家机器碾米厂,平均资本3 511元,其他各地也有一些机器碾米工厂。这些工厂所碾之米,除满足当地市场需求外,还有部分输出外地。碾米厂具体分布如表3-3-4。

表 3 - 3 - 4　民国中期江西各地碾米厂统计

地 区	厂数	平均资本/家	平均职工数/家	平均每家日出货量(石)
南　昌	105	3 511	12	124
吴城镇	3	1 666	6	200
德安县	4	875	6	65
市　汊	8	5 000	12	125
樟树镇	7	5 714	12	127
临川县	18	5 277	9	80
浒　湾	7	2 428	9	112
鄱阳县	6	3 000	12	112
峡江县	3	1 631	6	78
南康县	1			

(资料来源:江西省政府统计室:《江西年鉴》(1936),第23编,工业,江西省政府统计室,1937年,第943—944页。)

4. 化学工业

近代江西化学工业包括火柴、制皂、电镀等子行业,但这几个行业的近代工厂非常之少。近代江西最早的火柴厂创办于1894年的九江荣昌火柴厂,第一家大型火柴厂为1920年刘鸿生等发起组织的九江裕生火柴公司,共有机械58架,职工1 000余人,年产量达6 500—7 000箱,产品运销江西、湖南、湖北三省,彻底改变了江西火柴完全依赖外省输入的历史。制皂主要集中在南昌及九江,南昌有化明、正大、同仁、华兴及扬子江肥皂厂5家,九江有松大仁、建华、焕新3家。这些肥皂厂资本最大者仅为5 000元,各厂全年产量约50 000箱,价值20万元。电镀业仅南昌有2家,九江一二家,规模均很小,可见民国中期江西化学行业落后之程度。

5. 皮革业

民国时期江西制革工业虽谈不上发达,但数量很多。据调查,仅南昌市一地就有制革厂46家,分布于德胜门外硝皮厂及进贤门外皮坊街一带。除省工业实验所附设之实验厂及中华皮革厂两家资本在万元以上外,其余各厂规模都很小。实验厂成立于1931年,有柴油引擎1部,旋鼓1部,轧光机1部。中华皮革厂成立于1933年,额定资本一万元,有柴油引擎1部,滚筒2具,磨光车2部,日可制皮30张。

6. 文化工业

文化工业包括造纸和印刷两个子行业。虽然纸张是近代江西的主要特产之一,但江西所产纸张基本上为手工制纸,在1905年黄大埙在南昌创办江西机器造纸厂后,直到1920年才出现第二家机器纸厂。1920年永修县涂家埠成立了利昌造纸厂,拥有资本40万元,工人100余名,仿照洋纸,年产420万磅。1936年宜黄设立益宜造纸厂,生产书面纸、包皮纸等,日产量为25令。①

江西印刷业素来发达,明清时期金溪县浒湾镇是著名的印书中心,所印图书被称为"江西版"。近代以来,江西的机器印刷业相对较为发达,印刷方式分为石印和铅印两种。石印设备比较简单,各县镇均有,民国时期江西各地石印厂不下160家。但铅印所需资本较多,仅南昌、九江、鄱阳、吉安等处有。南昌为全省政治文化中心,印刷业尤为发达。据1934年调查,南昌一市有印刷厂70多家,其中石印54家,铅印7家,石印兼铅印者9家,资本额在万元以上的大型印刷厂有铭记、鼎记等9家,最大的铭记印刷所资本达7万元,职工达50人。② 此外,江西毛笔也是文化行业的重要产品之一,江西毛笔生产集中于临川县李家渡,基本上以手工生产为主。1928年江西梦生笔店成立,总部设于南昌松柏巷天主教堂侧35号,制造厂设在李家渡东桂村,资本约十万元,职工达200余人,在全国有分店12处,支店8处。所产毛笔不但行销省内各地,还外销平津、东三省及南洋地区。

7. 窑业

窑业包括瓷器、玻璃及砖瓦三业。瓷器是江西的主要特产之一,景德镇瓷器闻名海内外。在清末民初,瓷器行业就已经出现了官办的萍乡、景德镇瓷业公司及民办的日新瓷业公司等机器制瓷厂。据民国时期调查,1933年景德镇全镇有瓷窑139家,开工的仅八十余座。为振兴江西瓷业,江西在景德镇设立陶业管理局之外,组织成立了光大瓷业公司(九江),但无法扭转瓷业衰落的趋势。尤其是20世纪30年代后,景德镇遭遇三次社会动荡,衰落更为明显。1934年,全镇瓷器产值下降为300多万元,约只相当于民国初年的十分之一。玻璃业在当时国内属新出产业,数量极少,全南昌仅三家小型玻璃厂,资本不过千元。砖瓦虽为建房所必需,但近代江西的砖瓦厂绝大多数为手工制造,真正使用新式机械的只有南昌市四美机制砖瓦厂一家。

8. 电气工业

近代江西电气业非常落后,基本仅限于发电一业,第一家发电厂为萍乡煤矿电

---

① 陈真编:《中国近代工业史资料》第4辑,三联书店,1961年,第539页。
② 江西省政府统计室:《江西年鉴》(1936),江西省政府统计室,1937年,第968页。

图 3-3-1 民国时景德镇的窑场

厂,1904年安装了两台蒸汽发电机组。到1936年,江西共有13家电厂,总发电容量3 792千瓦,总发电量6 045 000度,有用电户13 400户。[①] 这些发电厂和使用电力的用户基本集中在南昌市、九江市、景德镇、河口、樟树、吉安等经济相对发达的地区,其他地方电力基本上为空白。

图 3-3-2 民国时的赣州北门发电厂

总体来看,虽然这一时期江西的工业发展进步明显,新式工业的数量和资本额增加,行业分布也更为广泛,但横向比较,江西工业化的水平还处在极低的水平。

---

① 刘义程:《发展与困顿:近代江西的工业化历程(1858—1949)》,江西人民出版社,2007年,第112页。

1936年,江西使用机器的工厂只有50家,总资本799.18万元,工人3713人。1937年江西完全符合国民政府《工厂法》规定(使用动力驱动机器,雇佣工人在三十人以上)的只有28家,工人2352人,而同年上海符合《工厂法》规定的工厂有5525家。由于江西的工业生产能力有限,当时大量的工业品(如糖、棉纱、肥皂、化学制品、金属品、钢铁等)完全依靠外省或国外输入,可见当时江西工业水平之低。

三、鼎盛"黄金期":1938—1943年

1937年全面抗战爆发,上海等传统工业中心受抗战影响,工厂或内迁或关闭,影响颇大。江西也属抗战主战场之一,抗战爆发后,省会南昌、九江等城市相继沦陷,整个浙赣铁路以北基本为日军占领。1939年省政府南迁泰和,为了支持抗战,国民政府大力扶持工业建设,使这一时期成为近代江西工业化的"黄金时期"。1938—1943年间,江西省新增省营工厂50家,总投资1483万元,工人4282人。其中资本在10万元以上的企业有32家,占64%,其余的资本也都在万元以上。[①] 到1943年,全省符合《工厂法》规定的工业企业有231家,是1937年的8倍多,可见这短短五年间江西近代工业发展的成就。由于新式工业的迅速发展,江西摆脱了大量依靠外省工业品的历史,甚至有些工业品还输往西南各省抗战。[②] 直到1944年赣中、赣南沦陷,江西在此五年间经营的近代工业再次被战火摧毁殆尽。

这一时期被称为江西近代工业发展的"黄金时期",不仅在于其间工业企业的数量大增、资本实力之增长,更因为工业发展过程中出现了两个积极趋势:

一是重工业的突破。抗战以前,江西重工业几乎一片空白,抗战爆发后,因抗战需要,江西在短短五年间建立起了钢铁、水泥、机械、电力等重型工业,实现了重工业零的突破,对支援江西抗战起了重要作用,这些重工业具体行业及地区分布如下:

表3-3-5 1938—1943年间江西重工业概况

类型	厂名	成立时间	厂址	资本(万元)	主要产品
钢铁	江西炼铁厂	1940.5	吉安天河	250	翻砂铁
机械	江西机器厂	1942.7	泰和	500	动力机械
车船	江西车船厂	1940.11	泰和	100	轮船车辆
化工	江西硫酸厂	1941.1	大余	130	硫酸
水泥	江西水泥厂	1942.5	吉安天河	270	水泥
电工	江西电工厂	1941.7	泰和	50	电池发报机
电力	吉安电厂等6家	1938—1940	吉安、赣县等	73	年发电120万度

(资料来源:刘莉莉:《江西近代工业化的"黄金时期":1938—1943》,《江西师范大学学报》2001年第3期。)

---

① 温锐等:《百年巨变与振兴之梦——20世纪江西经济研究》,江西人民出版社,2000年,第55页。
② 刘莉莉:《江西近代工业化的"黄金时期":1938—1943》,《江西师范大学学报》2001年第3期。

从表 3-3-5 可以看出,这些重工业企业在行业分布上,重点建设了抗战国防及军事急需的基础性产品——钢铁、水泥、化工、电力等,这是当时特殊历史条件下的产物。但无论如何,江西在此阶段实现了重工业的突破是确定无疑的。

二是轻工业实现了省营与民营的齐速发展。无论是全国还是江西,早期的工业企业多属官办或官商合办形式,工业这一新型经济形式让投资者普遍接受需要一定时间。江西作为相对封闭的内陆地区,对工业这种新式产业接受得更晚,开办工厂数量及资金都比较有限。抗战以后,江西轻工业的发展出现了省营与民营比翼双飞的局面。从 1938—1943 年间,江西省新增省营工厂 50 家,总投资 1 483 万元,雇佣工人 4 282 人。民营工业方面,这一时期仅赣中、赣南国统区的民营工厂数量就达 106 家,合计资本 833.5 万元,行业遍及饮食、纺织、电气等 11 个行业,雇佣工人数达 5 209 人。详见表 3-3-6。

表 3-3-6 抗日战争时期江西民营工业行业分布

行业	饮食	纺织	电气	窑业	化学	农用
家数	47	17	10	6	6	4
资本(元)	152 410	2 013 360	774 150	124 800	2 765 700	17 500
工人	283	2 128	252	576	733	733
行业	文化	建筑	洗染	机械	金属制品	
家数	9	4	2	2	1	
资本(元)	230 500		16 000	60 000	180 000	
工人	341	430	41	480		

(资料来源:张泽垚:《十年来之江西工业》,《赣政十年》,二十三,江西省政府,1941 年。)

随着轻工业的快速发展,其产品除满足本省需要外,江西生产的糖、皮革、药棉、瓷器、纸张、卷烟行销西南各省,苎麻纤维、天蚕丝、薄荷脑还出口到香港、欧美,改变了江西工业品只入不出或多入少出的落后面貌。如火柴工业,1937 年前只有裕生火柴公司一家,抗战爆发后,裕生火柴公司迁走,江西火柴价格飞涨,为解决民生问题,省建设厅在临川、吉安、光泽和赣县建立了 4 家火柴厂,日产火柴 200 篓,除供应省内需求外,还销往西南各省。

从地区分布看,这一时期江西工业整体布局上的最显著特点是集中于当时的省政府所在地泰和及周边的吉安,以及抗战后方的赣南地区。由于抗战爆发,省会兼工业中心南昌及赣北多数沦陷,原来集中于南昌及九江等地的工业企业或关闭,或南迁,造成了吉安、泰和等地工业的一时高度繁荣。如印刷行业 1934 年南昌市共有 70 余家,抗战后纷纷迁往吉安、泰和、赣县等地。水泥、钢铁等新办重工业也设在吉安、泰和。无疑,是抗战这一特殊的历史背景影响了这一时期江西工业发展的行业方向和地区布局。

四、近代江西矿业

江西矿产富饶,民国初期已经探明和开采的矿藏就已经有 20 余种,遍布 50 余县,其中煤矿、瓷土矿和稀土矿最为著名。煤矿分布在自萍乡经丰城至上饶地区,横贯本省中部各县,瓷土矿主要分布在星子、浮梁、上饶至临川,钨、锡等矿则遍及赣南各县。这些矿藏大概可分为金属矿及非金属矿,金属矿包括钨、金、银、铜、铁、锡、铅、钼、锰、锑等;非金属矿则包括煤、瓷土、硫黄、火黏土、水晶、石灰石、黏土、滑石及云母。尽管江西矿藏丰富,但近代江西矿业开发主要集中在煤和钨,据当时学者估算,1934 年江西人民一年中从矿业所得总额约为 1 133.2 万元,其中煤和钨两项合计为 787.3 万元,占比达 69.5%;[①]铁、锡、锰、金以及石灰石等也有所开发,但数量有限。限于篇幅,本节重点论述非金属矿中之煤矿及金属矿中之钨矿,对其他矿藏的开发略述之。

1. 煤矿

图 3-3-3 民国时萍乡煤矿的工厂

煤矿是江西的重要出产之一,但由于当时的勘探技术落后,探明的煤储量有限。据当时的中央地质调查所的估计,江西全省的煤储量约为 969 兆吨,占全国第 13 位。但这一数据是仅限于萍乡、乐平、吉安、丰城等县,其他如宜春、万载、武宁、上饶、玉山、新余、高安等地均未计入,"苟能将上记各县的矿业通计加入,则全省的储量,恐怕在 1 500 兆吨—1 600 兆吨上下"[②]。尽管江西煤储量丰富,但江西煤矿的大规模开采起步很晚,直到 1897 年萍乡煤矿的创立,才开启机器采煤的先河。此后随着矿业开发逐渐受重视,煤矿的数量逐渐增加,到 20 世纪 30 年代江西采煤

[①] 寄生:《江西人民之所得估计》,《经济旬刊》第 7 卷第 1 期,1936 年。
[②] 《江西矿业之趋势》,载《经济旬刊》第 1 卷第 18 期,1933 年。

的 24 县计有 292 家煤矿,①但这些煤矿绝大多数都属小煤矿,开采手法落后,产量有限。近代江西煤矿开采的主力为萍乡煤矿、鄱乐煤矿公司,余干煤矿、丰城煤矿以及吉安天河煤矿。由于这些煤矿采用机器生产,大大提高了江西的煤产总量,1916 年江西煤产量达历史最高点 130.6 万吨。江西煤的主要销路是浙赣铁路机车,江西 80% 的煤供浙赣铁路用,所以外销不多。② 民国以来,江西历年煤产量如下图:

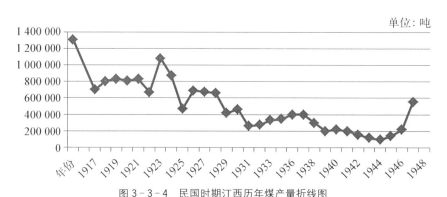

图 3-3-4 民国时期江西历年煤产量折线图

(资料来源:江西省社会科学院历史研究所编:《江西近代工矿史资料选编》,江西人民出版社,1989 年,第 436—437 页。)

从上图可以看出,近代江西煤产量整体趋势并未见增长,反而不断下降,其中原因主要有三:一是近代江西交通不便,煤炭运输成本高昂。如当时的吉安天河煤矿所产煤,每吨运到吉安就需水脚费 3 元 6 角,从吉安运到南昌又需 3 元 6 角,昂贵的运费使吉安天河煤矿所产煤主要供应本地吉安电厂及一些小火轮使用,销量无法打开。民国中期以后,本地所产煤在面临廉价的外省煤的竞争下,产量每况愈下。二是近代江西工业尤其是重工业落后,对煤炭需求量小。三是 20 世纪 20 年代以后,江西面临了一系列的战乱环境,民生凋敝。种种原因综合起来,导致近代江西煤矿开采未能取得进展。

2. 钨矿

钨在冶金和金属材料领域中属高熔点稀有金属或称难熔稀有金属。钨及其合金是现代工业、国防及高新技术应用中的极为重要的功能材料之一,因而一直是重要的国防及战略物资。近代以来乃至当前,全世界三分之二以上的钨都产自中国。而赣南又是中国钨的主要产地,赣南钨的产量占民国时全国钨产量的 70%(占当时世界总产量的 50%),主产地大庾县更被称为"世界钨都"。赣南钨是由传教士 Wolfranite 于 1916 年发现的,而后由于其价高利厚而迅速开采。赣南钨矿主要分布在东河(贡水)流域的安远、会昌、赣县、龙南等县,以及西河(章水)流域的大庾、

---

① 江西省政府统计室:《江西年鉴》(1936),江西省政府统计室,1937 年,第 915 页。
② 江西省社会科学院历史研究所编:《江西近代工矿史资料选编》,江西人民出版社,1989 年,第 434 页。

崇义、上犹、南康等县。①此外,遂川也有少量开采。1935年江西省成立了资源委员会钨业管理处,统一价格,收购钨砂。1938年西华山建立矿场,投资经营东西大巷,进行坑采。1941年钨业管理处开始在大庾县西华山、定南岿美山和全南大吉山试行机器开采。据统计,从1918—1947年间,江西共出产钨砂242 604吨,历年产量见图3-3-5。

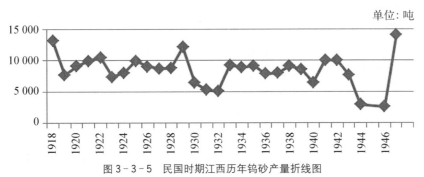

图3-3-5　民国时期江西历年钨砂产量折线图

(资料来源:江西省社会科学院历史研究所:《江西近代工矿史资料选编》,江西人民出版社,1989年,第418页。)

从分县数据来看,赣南各县钨砂产量中,最多的为大庾,1935年其产量3 480吨,占全省37.95%,其次为于都(2 303吨),占25.11%,其他龙南、安远、泰和等县各占3%左右,具体比例见表3-3-7。

表3-3-7　1935年江西各县钨砂产量比例

县别	产量(吨)	百分比	县别	产量(吨)	百分比
南康	67	0.73	于都	2 303	25.11
大庾	3 480	37.95	会昌	216	2.36
崇义	45	0.49	安远	313	3.41
上犹	263	2.87	龙南	325	3.54
泰和	297	3.24	其他	1 858	20.26
兴国	4	0.04	合计	9 171	100.00

(资料来源:江西省社会科学院历史研究所:《江西近代工矿史资料选编》,江西人民出版社,1989年,第418页。原表中百分比计算有误,本表根据其数据重新统计。)

3. 其他矿

锰矿:近代江西锰矿开发得较晚,产地也不多,只有四五处,但当时全省探明的锰矿储量达3 743 700吨,在全国占有极其重要的地位,主要分布在乐平(3 158 600吨)、萍乡(572 500吨)、永新(12 600吨)。② 1920年富乐公司在乐平采用土法开采

---

① 张斐然:《江西矿产沿革史》,启智书局,1930年,第107页。
② 江西省社会科学院历史研究所:《江西近代工矿史资料选编》,江西人民出版社,1989年,第513页。

锰矿,然后转售给日本驻九江的大昌公司。1923年该公司被撤销采矿许可,1928年省政府在乐平设锰矿公卖局,1940年建设厅在乐平锰矿设立采炼厂。1925—1930年间,乐平锰矿各年产量分别为815、10 425、16 131、18 000、12 000、3 800吨。①

铁矿:近代江西铁矿资源在全国相对不算丰富,比较著名的为九江城门山、萍乡上株岭、瑞昌陈家山以及永新乌石山。这些铁矿藏中,以永新乌石山的铁矿品味最高,含铁成分在50%以上,储量约500万吨。1940年江西省建设厅在天河筹办铁厂,与资源委员会合资经营,共投资250万元,每日可出翻铁砂20吨。② 瑞昌陈家山铁矿储量约40万吨,虽有人开采,但均采用土法。萍乡上株岭铁矿在县城西南37公里,总储量约300万吨,当地居民均用土法开采,所采之矿零星挑到湖南醴陵去炼铁。

锡矿:近代中国的锡产量占世界第四位,每年出口万吨以上。国内产锡最多者为云南,其次湘桂,江西列第四位。江西锡的产地主要集中在赣南的大庾、南康、崇义、上犹、赣县五县。虽然江西锡矿资源丰富,但发现很迟,1918年才有人在大庾县洪水寨小溪中发现锡矿。近代江西锡的储量,据当时地质调查所调查,全省约205 400吨,其中大庾县122 800吨,赣县6 000吨,崇义41 200吨,上犹12 000吨,南康23 400吨。从1938—1940年间,赣南五县的锡产量总共只有3 116.5吨,③非常有限。

第三节 工业发展的变迁趋势

二元经济理论是发展经济学用于分析不发达国家经济常用的一种分析框架。二元经济指传统经济与现代化产业并存的格局,是传统社会向现代社会过渡中常见的现象。吴承明在《论二元经济》一文中,深刻揭示了近代中国经济二元结构不仅体现在工业上,也在农业、商业和金融等各行业普遍存在。因此近代中国经济上是现代的与传统的对立统一体;也就是说,二者间不仅有对立的一面,还有互补的一面,吴承明预测这种二元结构将持续相当长的时期。④ 此后,二元经济理论成为众多学者分析近代中国经济结构的重要理论框架。

就近代江西工业而言,刘义程运用二元经济分析理论,深入分析了近代江西机器工业和传统手工业的关系,认为鸦片战争以后,随着国外机制工业品的输入和新式机器工业的逐步发展,江西传统的手工业遇到了巨大的生存压力,传统的手工业本能地与机器工业展开了激烈的竞争。二者之间相互博弈,相互调整。传统手工业在机器工业的强力冲击下发生了剧烈而深刻的变化,机器工业也在传统手工业顽强而猛烈的抵抗中

---

① 江西省社会科学院历史研究所:《江西近代工矿史资料选编》,江西人民出版社,1989年,第519页。
② 江西省社会科学院历史研究所:《江西近代工矿史资料选编》,江西人民出版社,1989年,第523页。
③ 江西省社会科学院历史研究所:《江西近代工矿史资料选编》,江西人民出版社,1989年,第547页。
④ 吴承明:《论二元经济》,《历史研究》1994年第2期。

进退无常。最后,双方在博弈中达成了一种互补性的平衡,共同存续下来,它们之间是一种相互斗争、相互依存的关系。在近代江西,机器工业与传统手工业互为补充,共同构成了社会经济的重要组成部分,维系着近代江西社会经济的运行。① 这一结论对于近代江西工业中传统与现代两种因素的分析是相当准确和深入的,但跳出传统与现代这一框架,将视野开放得更广阔些,我们可以看到,近代中国经济发展呈现出现代化、外向化、市场化及半工业化四大明显趋势。② 江西近代工业现代化发展水平相对较低,其发展过程中外向化、市场化及半工业化趋势更为明显。

一、外向化趋势

本文所言"外向化"指的是其产品主要或大量销往国外或省外市场,其产业发展与域外市场高度相关。近代江西虽然现代工业不发达,但传统手工业仍相当发达,尤其是瓷器、纸张、夏布三行业,产品外销数量和比例相当之高。近代江西生产的夏布,除供本省需要外,国内主要销往无锡、芜湖、常州、苏州、海门、上海、北京、山东等地,国外主要销往朝鲜、日本、美国等。从1912年至1930年,江西总共输出夏布35万多担,平均年输出量约为1.8万多担,"江西夏布运销国外者,约占输出量1/3至1/2,余者则远销国内各埠"③,平均每年有6 000至9 000多担销往国外,同一时期,全国夏布输出国外40多万担,年均输出2万多担,江西年均输出量为全国年均输出量的1/3至1/2。正是由于江西夏布对国外市场的高度依赖,九一八事变后,东北及日本市场中断,江西夏布业因此遭受严重打击,这也从反面映射出江西夏布业的外向化程度之高。

除夏布外,江西的其他几种主要手工产品及工业矿产品外向化程度也较高。比如纸张,"近代江西所产纸张,除供应本省需要外,每年运销外省者,占全产额之十分之六"④。景德镇瓷器更是闻名世界,远销国内外,其外向化程度不容置疑。相比传统手工产品,近代江西现代工业不甚发达,工业品整体上以进口为主。但抗战爆发后,随着江西工业化"黄金时期"的到来,江西生产的糖、皮革、药棉、瓷器、纸张、卷烟行销西南各省,苎麻纤维、天蚕丝、薄荷脑还出口到香港、欧美,也显示出明显的外向化进程。近代江西开采的主要矿产品之一钨砂,基本上全部外销,江西本土没有一家钨制品加工厂。

外向化程度的提高,意味着近代江西工业发展与外部市场的联系密切,但同时一旦外部市场环境变化,可能导致本土产业的毁灭性打击,近代江西的几种主要手

---

① 刘义程:《论近代机器工业与传统手工业的关系——以近代江西为个案》,《中国社会经济史研究》2010年第2期。
② 这一理论主要由吴松弟教授研究团队在分析近代中国经济地理格局中总结出来的,可见吴松弟:《中国近代经济地理格局形成的机制》,《史学月刊》2009年第8期;彭南生:《半工业化——近代中国乡村手工业的发展与社会变迁》,中华书局,2007年;复旦大学历史地理研究中心主编:《港口—腹地和中国现代化进程》,齐鲁社,2005年;樊如森:《西北近代经济外向化中的天津因素》,《复旦大学学报(社会科学版)》2001年第6期;等等。
③ 张景瑞:《江西产业现状之检讨》,《实业部月刊》第1卷第2期,1936年,第140页。
④ 张景瑞:《江西产业现状之检讨》,《实业部月刊》第1卷第2期,1936年,第138页。

工产品——茶叶、夏布和瓷器都曾面临类似的命运,导致了20世纪30年代以来江西手工品出口量的大幅下滑。

二、市场化趋势

本文所提市场化趋势强调的是近代工业从开办、运营、产品运销等各个环节均高度依赖国内外市场的发展。江西近代工业虽然起步很晚,但江西工业发展的各个起步阶段基本上由市场主导。尽管清末以来江西有不少规模较大的企业采取官办或官督商办形式,但这些工业企业的创办均是为了满足当时江西本地或国内外的需求而来。抗战爆发后,江西工业发展的"黄金期"起了较大的作用,但也并未背离市场化或市场需求的原则。

从清末开始,从官府到民间对工商业的认识发生了转折性变化,从传统的重农抑商转向振兴工商,甚至提出实业救国的口号。江西民间绅商投资于近代工业虽然稍晚,但随着20世纪以后江西社会风气的变化,民间绅商投资热情高涨,这种热情当然不是来源于"实业救国"或"收回利权"等爱国口号,而是在商言商,看中的正是当时江西工业落后背景下巨大的市场需求。虽然近代江西民族资本投资规模普遍较小,但民间绅商投资的范围极广,从煤炭、钨砂、电灯、机械、皮革、纺织、火柴等,几乎涉及国计民生的方面无所不包,数量也极其庞大,其生存和发展基础正是当时的国内外市场需求。

三、半工业化趋势

"半工业化"一词最早由彭南生提出,他将半工业化定义为:在工业化的背景下,以市场为导向的、技术进步的、分工明确的专业性手工业乡村的兴起和发展。[①]我们可以把半工业化看作是传统手工业与大机器工业之间的一种动态现象,把机器工业与传统手工业的并存发展视为半工业化的一种形式。近代江西机器工业与手工业之间的关系较为复杂,有些手工产业(如土布业)在机器工业的竞争下完全瓦解,有些行业则明显衰落(如手工制纸),有些则甚至战胜机器工业(如景德镇的手工制瓷业),出现"逆工业化"趋势,但大多数手工业与机器工业是并存发展,相互竞争的。对于此一趋势,学术界已经有专文探讨,[②]本节不再赘述。

[①] 彭南生:《半工业化——近代乡村手工业发展的一种描述》,《史学月刊》2003年第7期。
[②] 刘义程:《论近代机器工业与传统手工业的关系——以近代江西为个案》,《中国社会经济史研究》2010年第2期。

第四章 商业地理

20世纪80年代以来,随着社会经济史研究热潮的兴起,有关明清以降商品经济及商业市镇的研究可谓汗牛充栋。宋明以来,江西商品经济高度发达,江右商帮也成为明清时期国内"十大商帮"之一,因此学术界对明清以来江西商品经济与商业市镇的研究也十分丰富,这些研究成果主要集中于如下几个层面。一是对江西商品经济的区域实证研究,早期如傅依凌对明清时代的国内市场的研究[①]以及后来方志远对明清湘鄂赣人口流动与商品经济的研究,[②]温锐、游海华对20世纪以来赣闽粤三边地区农村社会经济的深度研究。[③] 二是对江西主要商业市镇的具体研究,早期比较有代表性的如刘石吉对明清江西墟市和市镇的研究;[④]20世纪90年代以来,萧放及许檀等研究了明清以来大庾岭商道与其沿线四大历史名镇的关系(景德镇、河口镇、吴城镇、樟树镇)。[⑤] 海内外闻名的景德镇更是学术界关注的重点,代表性的如梁淼泰、萧放及曹国庆等对景德镇城市经济及瓷商的研究。[⑥] 三是对江西农村墟镇及市场体系的研究,如徐晓望讨论了明清江西农村墟市的分布,[⑦]王根泉则考察了明清江西抚州府墟镇的数量、规模、层次以及分布特点等。[⑧] 曾学优探讨了赣江中游的农村市场网络;[⑨]谢庐明、戴利朝对明清时期及近代赣南农村墟市进行了研究,[⑩]白莎、万振凡等则对民国江西农村集市开展了研究。[⑪] 四是对明清以来江西粮、棉、茶、盐等几种主要商品的研究,代表性的有陈支平对清代江西粮食运销的研究,[⑫]方志远对明清湘鄂赣食盐流通的研究,[⑬]以及刘秀生对清中期湘鄂赣地区棉布生产的研究。[⑭] 民国以来,江西特产的衰落更是引起了当时社会及学界的高度关注,时人及后来的学者对此研究亦颇丰。[⑮] 五是对传统时期的赣关及九江开埠以

---

① 傅衣凌:《明清时代商人与商业资本》,人民出版社,1980年。
② 方志远:《明清湘鄂赣地区的人口流动与城乡商品经济》,人民出版社,2001年。
③ 温锐、游海华:《劳动力的流动与农村社会经济变迁——20世纪赣闽粤三边地区实证研究》,中国社会科学出版社,2001年;及其系列相关论文。
④ 刘石吉:《明清时代江西墟市与市镇的发展》,《第二次中国近代经济史会议论文集》,台湾中研院经济所,1989年。
⑤ 萧放:《试论明清时期江西四大工商市镇发展的特点》,《九江师专学报》1990年第5期;萧放:《明清时代樟树药业发展初探》,《中国社会经济史研究》1990年第1期;许檀:《明清时期江西的商业城镇》,《中国经济史研究》1998年第3期。
⑥ 梁淼泰:《明清景德镇城市经济研究》,江西人民出版社,1991年。萧放:《宋至清前期景德镇的形成和发展概述》,《江西社会科学》1987年第3期。曹国庆:《明清时期景德镇的徽州瓷商》,《江淮论坛》1987年第2期。
⑦ 徐晓望:《清代江西农村商品经济的发展》,《中国社会经济史研究》1990年第4期。
⑧ 王根泉:《明清时期一个典型农业地区的墟镇——江西抚州府墟镇试探》,《江西师范大学学报》1990年第2期。
⑨ 曾学优:《清代赣江中游地区又西农村市场初探》,《中国社会经济史研究》1996年第1期。
⑩ 谢庐明:《赣南的农村墟市与近代社会变迁》,《中国社会经济史研究》2001年第1期;戴利朝:《近代赣南墟市变迁初探》,《江西师范大学学报》2002年第4期。
⑪ 白莎、万振凡:《民国江西农村集市的发展》,《南昌大学学报》2003年第7期。
⑫ 陈支平:《清代江西的粮食运销》,《江西社会科学》1983年第3期。
⑬ 方志远:《明清湘鄂赣地区食盐的输入与运销》,《中国社会经济史研究》2001年第4期。
⑭ 刘秀生:《清代中期湘鄂赣棉布产销与全国棉布市场格局》,载叶显恩主编:《清代区域社会经济史研究》,中华书局,1992年。
⑮ [英]斯坦利·莱特著,杨勇译:《江西地方贸易与税收(1850—1920)》,江西教育出版社,2004年;胡水凤:《近代江西夏布的产与销》,《江西师范大学学报》1986年第3期;胡水凤:《近代赣茶在国际市场的销售》,《江西师范大学学报》1995年第4期;等等。

来商品流通及市场结构变化等的研究。廖声丰对赣关的研究最为全面深入。[①] 九江开埠引发了近代江西商业网络的重大转折,并影响了当时江西的市场结构,代表性的研究者有陈晓鸣、张芳霖、丁友文等。[②]

前人丰硕的研究成果,为本章的撰写奠定了良好基础,但也有一些不足之处,如在研究商品流通时多关注粮棉茶米等商品的几个主要集散地,而对于各种商品从生产地到销售市场的流通路线关注不多。作为经济地理的写作,本书重在从经济地理角度,梳理从传统时期到近代江西商业网络的变化,九江开埠及近代铁路、公路兴起后对江西贸易结构的影响及变化,以及由此所形成的近代江西市场结构。

第一节　传统时期江西的商业网络及其变迁

江西相对独特的地理环境很大程度上决定了传统时期江西的商业布局。江西境内除北部较为平坦,东西南部三面环山,中部丘陵起伏,成为一个整体向鄱阳湖倾斜而往北开口的巨大盆地,形成了一个相对封闭的结构。江西全境河网密布,赣江、抚河、信江、修河和饶河五大河流及其分支流基本覆盖全境。在近代铁路、公路和海运兴起之前,内河航运是商品流通的最主要渠道。因此,传统时期江西的商业网络通道与这几大水域高度相关。

赣江是江西河网的核心,沿赣江所形成的自九江—吴城—樟树—赣州—大庾岭商道也是开埠通商前江西乃至全国南北的重要商道。商货逆赣江南行,抵大庾县后卸船再雇力夫挑运,越大庾岭至广东南雄县,然后进入珠江水系。翻越大庾岭的这条商道即大庾岭商道。大庾岭商道始修于秦,唐代张九龄重修,后代多有修整。唐宋以后,随着全国经济重心南移,大庾岭商道的重要性逐渐突显。饶伟新认为,大庾岭商道不但是传统时期连接岭南与中原地区的重要商业通道,甚至以商道上的梅关为标志成为文化意义上的"化内"与"化外"的分界线。[③] 明代实施海禁及清代实行独口通商的外贸政策后,造就了赣江—大庾岭商道的鼎盛时期。尽管明清以来大庾岭商道极其繁荣,但其流通的商品结构主要以过境贸易为主。由于缺乏大庾岭过境贸易的具体数据,学者在研究其商品流通量时主要通过赣关数据来分析,原因是通过大庾岭的商品必经过赣关,因此通过对赣关的贸易数量和结构的分析,可以反映出赣江—大庾岭商道的大体趋势和特征。据廖声丰的研究,乾嘉时期通过赣关的全国性商品流通量占其总量的70%以上,过境贸易为其主体结构。这一时期赣关年税收基本在银10万两以上,商品流通量价值在银500万两以上。

---

① 廖声丰:《清代常关与区域经济研究》,人民出版社,2010年;《清代赣关税收的变化与大庾岭商路的商品流通》,《历史档案》2001年第4期。
② 陈晓鸣:《九江开埠与近代江西社会经济变迁》,《史林》2004年第4期;张芳霖:《九江开埠与江西区域市场的形成》,《南昌大学学报》2006年第6期;丁友文:《九江贸易与近代江西市场的演变》,《东华理工大学学报(社会科学版)》2009年第4期;赖日新:《九江开埠设关及其对外贸易(1861—1938)》,厦门大学2008年硕士学位论文。
③ 饶伟新:《赣南地方文献与大庾岭海关的文化象征意义》,《古籍整理研究学刊》2000年第6期。

但是,五口通商以后,大庾岭商道失去了往昔的统治地位,通过赣关的商品量减至年均银150万两左右,税银年均3万两左右。① 从流通商品来看,经赣关—大庾岭输往广东的过境商品以生丝和茶叶为大宗,江西本地输出的土特产主要为桐油、茶油、瓷器、木材、烟草、纸张、夏布、粮食等。从广东输往江西的产品主要为蔗糖、果品及进口洋货等。许檀认为,这些进口洋货并非全部销往江西,很大部分是经江西转销内地各地,②这也凸显了大庾岭商道过镜贸易的特征。伴随着大庾岭商道的繁荣,沿线出现了一批著名的商业城镇,如赣州、大庾、樟树、吴城等。

除了最为著名的赣江—大庾岭商道外,赣江上游支流之贡水流域的赣闽粤三省边区的商品交换也非常频繁。温锐与游海华对这一地区的近百年来的劳动力流动与农村商品经济的研究为我们揭示了这一地区传统时期乃至近百年来商品流通的详细情形。这一地区的传统商道基本沿贡水各支流(桃江、平江及湘水等)而上,然后通过挑夫转运至闽粤地区。这些商道犬牙交织,形成一个复杂的网络,但其中的主要节点有三:一是以瑞金为中心,连接福建长汀、武平、上杭等;二是以会昌筠门岭为中心,连接福建武平及广东蕉岭、梅县等地,这条商道是赣东南与粤东北最繁忙的交通要道,时人称筠门岭为"闽粤要冲,最为扼要";三是以寻乌为中心节点,连接广东平远、蕉岭、梅县及福建武平等地。与大庾岭商道以丝茶等过境贸易商品为主不同,赣闽粤三边地区的贸易以当地民众的生活必需品为主。由于统计资料的缺乏,我们无法统计出详细的三边贸易额数量,但毛泽东的《寻乌调查》为我们复原三边地区贸易提供了最为详细的调查资料。据此份调查,寻乌县出口的货品主要有米、茶、纸、木、香菇和茶油,年出口额429 750元,其中米为大宗,达288 000元。③ 进口货品主要为洋货、海味、盐、布匹以及糖等。三边地区筠门岭到梅县的生意,以石城、瑞金来的米和豆为大宗,还有兴国的茶油,年货值几十万元左右。安远到梅县的生意,大宗是鸡,次是牛,又次是猪。鸡大部分是唐江、南康、信丰来的,安远也有一点,甚至有从遂川来的,每

图3-4-1 民国时南康的商业街

---

① 廖声丰:《清代赣关税收的变化与大庾岭商路的商品流通》,《历史档案》2001年第4期。
② 许檀:《明清时期江西的商业城镇》,《中国经济史研究》1998年第3期。
③ 毛泽东:《毛泽东农村调查文集》,人民出版社,1982年,第55页。

天6 000斤,共值3 000元,每年约108万元。全年的牛贸易量约3 320头,平均每头牛值40元,共约132 800元。猪年约5 000只,约值25万元。①

赣东地区在1928年玉常公路开通以前的商业中心是河口和玉山。尤其是河口,"浙赣吐纳之货物,必须道经该镇",赣东北的特产都须经河口转运沪杭,河口镇也成为江西四大历史名镇之一,成为赣东北茶叶、纸张、棉布、杂货、米粮及丝织品等商品的集散地。这一地区的主要商道有两条:一是从杭州—常山—玉山—河口—鄱江—吴城,一是从河口南越武夷山,进入福建。据英国人福昀观察,19世纪50年代在"玉山及河口一带,即武夷山的北面栽种着大量茶树并制造大量茶叶以供外销","这个地区及武夷山南面地区所种的茶叶,都是先运至河口,然后转往一个输出口岸"。②河口成为当时著名的红茶生产及贸易中心,不仅是当地茶叶,福建"武夷山附近各县上等茶区所产的茶叶,……在崇安做成各种牌号,然后卖给与茶叶外销有联系的茶商……(茶商)雇来若干力夫把茶箱向北挑运,越过武夷山运至河口镇,或者用小船运至距河口仅数英里的小城玉山"。然后,销往广州的茶叶在河口装船后向西顺信江而下,入鄱阳湖再沿大庾岭商道往广州;而销往沪杭的茶叶则逆水上行,向东运至玉山,取道赣浙边界的玉常商道,输往杭州、上海。福昀估计武夷红茶经玉常商道,由武夷山运至上海平均需要28天,而走大庾岭商道运至广州全程需时约六周或两个月。由于玉常商道省时省力,五口通商以后,这条商道成为婺源、武夷山周边及祁门茶的主要运销线路。

此外,河口也是赣闽两省纸张的重要集散地,据许檀研究,赣东北各产纸大县铅山、玉山、广丰、上饶甚至福建光泽、崇安等县所产之纸均先运抵河口,重新包装后外销上海、杭州、安徽、河南、山东、北京、天津等地。清代盛时,河口镇纸店、纸号、纸栈、纸庄曾达百家以上,每年可售银四五十万两。③

赣东北地区商业网络以昌江和景德镇为中心,这一地区的传统商道为吴城—鄱江—昌江—景德镇、浮梁—徽州,它是联系皖赣的主要贸易通道。徽州输入江西的商品主要为该地的土特产茶叶、纸张、木材及漆器等,从江西输入大米等。传统时期景德镇瓷外运主要走水路,水路有南北两条。南线走昌江入鄱阳湖,再进入赣江溯江而上,沿大庾岭商道到广州,从广州将瓷器销售至海外。在清代广州独口通商时期,这条线路长期以来是景德镇瓷外运的主要路线。北线是经昌江入鄱阳湖,再进入长江,可运至长江上下游的各口岸,或者沿大运河北上运至北方乃至世界各地。除水路外,景德镇瓷器也大量通过玉山—常山陆路外销,曾任九江海关总税务司的莱特记述道,"每年有几个季节可以看到通过玉山关的手推车车流,每辆手推车都满载着瓷器"。④

---

① 毛泽东:《毛泽东农村调查文集》,人民出版社,1982年,第49—52页。
② 姚贤镐:《中国近代对外贸易史资料》,中华书局,1962年,第1538页。
③ 许檀:《明清时期江西的商业城镇》,《中国经济史研究》1998年第3期。
④ [英]斯坦利·莱特著,杨勇译:《江西地方贸易与税收(1850—1920)》,江西教育出版社,2004年,第18页。

赣西传统商业网络主要以萍乡为中心,其主要贸易路线为醴陵—萍乡—袁水—樟树—赣江,它是湘赣贸易的主要通道。赣西地区的土特产苎麻及夏布、茶油、烟花爆竹等主要通过袁水经樟树进入赣江—大庾岭商道,再转运全国各地,只有少数销往湖南。湖南销往江西的最主要商品是米谷,据民国时期调查,1928年前湖南年均输出米谷至江西250万担,其次为黄豆、药材、糖等。而江西输往湖南的商品主要有夏布、花爆、纸张、土瓷、药材,数量在几千担到两万担之间,占其总产量比例很小。① 1928年以前"各种货物经萍乡输出至湖南及他省者每年总值约有三百九十二万余元,而由湖南方面经萍乡输入者则有八百四十七万余元②"。

赣中传统商道以吉安为中心,其主要贸易通道为传统大庾岭商道,路线为广东—大庾岭—赣江—吴城—鄱阳湖,这一地区的农产品多是先运至吉安,再转运南昌、樟树等。

赣北商业网络以南昌及九江、吴城为中心,江西各地主要土特产品主要运往这两地,再转运他省。九江是江西的北大门,处长江、赣江及鄱阳湖交汇处,地理位置极其重要。明清时期,九江税关地位极其重要,在长江各大关中税收最高,清嘉道年间年均税额在银50万两以上,可见通过九江关的商品流量之大。但是,通过九江关的商品大量属过境贸易性质,并不能代表江西本地的商品流通数量。开埠之前,经九江关输出的商品主要为米粮、茶叶、纸张、夏布、瓷器、药材及竹木等江西土特产,以及过境贸易的武夷茶、洋广杂货,输入及过境的商品主要有食盐(淮盐为主)及江浙丝绸产品等。

图3-4-2 民国时南昌城里的商号

---

① 家豪:《赣湘贸易调查报告》,《经济旬刊》第7卷第1期,1936年。
② 江西省社会科学院历史研究所:《江西近代贸易史资料》,江西人民出版社,1988年,第61页。

传统时期江西的商业网络中,形成了吴城、樟树、河口、景德镇四大名镇和南昌、九江、吴城等主要结点。江西传统商业网络中,外省内销江西之货,以樟树为中心点,江西外销之货则以吴城为结点,素有"装不完的吴城"之称。整个赣江流域市场,基本可以万安十八滩为界,分属长江经济区和华南经济区。"赣江之十八滩者……其水量大小,亦无一定程式,汽船航行于此,既不可得,即民船于减水期中,往来其间,亦动生困难,……故航行者苦之"①,十八滩水急滩多,自然将赣江商道一分为二,十八滩以上从属于华南经济区,以下则从属于长江经济区。

第二节 九江开埠与近代江西商业变迁

鸦片战争后,五口通商取代了广州一口通商,长江及沿海航运快速兴起,传统的内河及运河运输贸易体系不断衰落,九江—赣江—大庾岭商道在南北贸易通道中的优势地位断然丧失。1861年九江开埠通商,成为江西唯一的通商口岸,迅速发展成为江西乃至长江上的重要贸易港口,江西传统商业网络受很大冲击,一些传统重要商业市镇衰落,同时又有一些新城镇成为新的商业中心。九江开埠以后,江西的贸易结构和数量也发生了显著的变化,这些变化主要体现在以下几个方面。

一、商品贸易总量的变化

九江开埠成为江西唯一的通商口岸后,江西进出口之货物,大多必经九江关,因此,在清末以前缺乏全省进出口贸易数据时,我们可以从九江关的进出口数量变化(详见图3-4-3)追寻近代江西外贸变化轨迹。②1904年后开始有较为系统的全

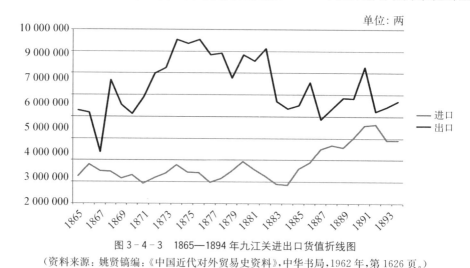

图3-4-3 1865—1894年九江关进出口货值折线图

(资料来源:姚贤镐编:《中国近代对外贸易史资料》,中华书局,1962年,第1626页。)

---
① [日]野田势次郎:《述野田氏赣江流域之调查报告》,《地学杂志》第6年第7、8期。
② 20世纪30年代,九江海关出口数约占全省出口的80%,进口数约占全省的74%。见《江西近代贸易史资料》,第61页。

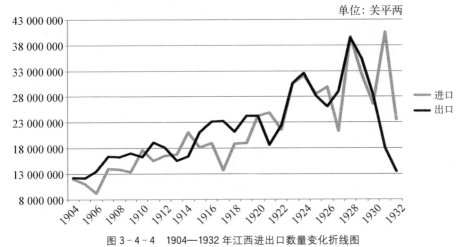

图 3-4-4　1904—1932 年江西进出口数量变化折线图

资料来源：江西省社会科学院历史研究所：《江西近代贸易史资料》，江西人民出版社，1988 年，第 322—323 页。)

省进出口数据，详见图 3-4-4。

从上二图可以看出，近代江西进出口贸易大概可分为三个发展阶段：(1) 1895 年以前缓慢发展阶段。九江出口自 1870 年以后增长迅速，出口货值从 600 余万两迅速增至 1875 年的近千万两，而进口货值直至 1884 年以后才有较明显的增加。其中原因，可能是由于江西相对闭塞落后，接受洋货及新鲜事物较晚，因此进口增长节奏慢于出口。(2) 1896—1928 年间的快速发展阶段。由于《马关条约》后各国获得在华设厂权利及铁路等新式交通工具的兴起，中国对外贸易量急剧增长，江西的趋势也与全国一致，进出口总额从 1904 年的 2 434 万两增至 1916 年的 4 212 万两，1923 年跃升至 6 111 万两，1928 年达 7 911 万两的顶峰。(3) 1929 年以后的衰落阶段。受苏区革命及世界性经济危机影响，1932 年后江西陷入了严重萧条，进出口总额急降至 3 697 万两。

二、商品贸易结构的变与不变

1. 输出商品结构及其变化

开埠以前，江西输出的商品主要由粮食等农产品及茶、瓷、纸、夏布等手工品构成。开埠之后，这些商品仍是江西的主导外销品，尤其是粮食，一直在出口中保持着很高的比例。但茶叶、瓷器、夏布等江西传统手工业品出口在民国以后普遍呈下降趋势。纸张、苎麻、烟草等在 20 世纪 30 年代以前一直呈增长趋势，此后虽有衰落但幅度有限。同时，以钨砂、煤为代表的矿产品贸易急剧增长，到抗战前后成为江西仅次于粮食的主导出口商品。

江西历史上一直有"鱼米之乡"的称号，粮食生产历来较为发达，1931 年前年产水稻平均约 9 000 万担，按当时大概 6% 的商品化率估算，可供出售的粮食不下

500万担,按当时的谷子平均价格每担2.5元估算,①江西商品化水稻年贸易额约1250万元。但是,并不是江西市场的所有粮食均销往省外,并且有些粮食出口并不经九江海关,因此九江海关记录的粮食出口数大大小于此数。

九江茶叶出口数量,在鼎盛时代,多至30余万担,盖所有祁红、宁红及江西各地出口之茶,除少数经玉山梅岭输出外,俱以九江为转运中心地。开埠之初的1863年,江西茶叶输出19.8万担,1886年达30.7万担。随着19世纪末印度和斯里兰卡茶叶试种成功并大量输往欧美,中国茶叶出口面临强劲竞争对手,出口量及价格均出现下滑。江西是产茶大省,受此影响尤甚,在1915年达历史顶峰32.9万担后,第一次世界大战爆发后骤减至15万担,1921年更降至8.4万担,此后逐渐恢复至1925年的17.5万担。随着1929年世界性经济危机的爆发及国外需求的减少,1935年又降至3.69万担。②茶叶出口不但数量下降,价格也下滑厉害,1867年中国绿茶离岸价每担37.6海关两,红茶30.16两/担,砖茶12.47两/担,到1892年分别跌至绿茶22.48两/担,红茶22.11两/担,砖茶8.33两/担。③在量价齐跌的背景下,茶叶出口货值在抗战前江西总出口比例中仅占5.11%。

瓷器也是江西的主要手工品之一,自开埠至1917年间,通过九江关出口的瓷器数量稳步增长,从1863年的29 100担增至1917年最高的75 803担,出口额近2 700万元。但此后便逐渐走下坡路,尤其是1927年江西成为红色革命中心,对瓷器出口影响巨大,最低时仅二百余万元。后在省政府的倡导及瓷业改进之风兴起

图3-4-5 民国时九江的瓷器店

---

① 江西粮食的产量及价格,见社会经济调查所:《江西省粮食调查》(1935年),第2、22页。
② 江西省社会科学院历史研究所:《江西近代贸易史资料》,江西人民出版社,1988年,第206页。
③ 茶叶价格可见姚贤镐编:《中国近代对外贸易史资料》,中华书局,1962年,第1648页。

下,1936年出口恢复到700余万元。[①]

纸张的出口相对比较稳定,在清末民初,江西年均通过九江海关出口纸张约12万担,1930年前出口一般保持在15万担左右,1931年后下降至10万担以下,但下滑幅度比茶、瓷小得多,抗战前江西纸张出口货值约600万元,占总出口比例约5.11%。烟草及苎麻情况类似,详见表3-4-1。

表3-4-1 抗日战争前江西输出商品结构

品种	数量	价值(万元)	占总输出百分比	品种	数量	价值(万元)	占总输出百分比
米谷		3 000	26	木材		500	4
钨砂	8万担	2 400	21	金属(锡)		400	4
瓷器		750	7	豆	25万担	300	3
苎麻	18.8万担	670	6	烟叶		250	2
茶	5万担	600	5	爆竹		200	2
纸		600	5	瓜子	8万担	200	2
夏布		500	4	水产	15万担	150	1
煤	40万吨	600	5	药材		100	1
				合计		11 220	

(资料来源:江西省政府建设厅:《江西省贸易概况》(1938),第15—24页。这一数据是在海关数据基础上,结合当时各业内人士的补充估算而得出,因此总额较图3-4-3时期增加较多。图3-4-3单位为两,表3-4-1为元,按当时汇价,1海关两≈1.5元。)

近代江西输出商品结构最大的变化在于矿产品(钨、煤、锡)的快速崛起。江西自1917年发现钨矿,但因无加工制造能力,本省所产钨砂,完全销往省外,尤其是广东市场。"民国二十三年赣钨锰经九江输出者约计5 770 759元,另由粤省输出者,尚在二倍以上",抗战以后,产量及价格均增长30%以上。[②] 由于产量及价格的上涨,钨砂成为江西出口贸易中第二大产品,年出口额在二千万元以上。煤与金属(主要为锡)各约600万、400万元,合计占10%,其在出口商品中的重要性已不亚于瓷、茶、纸、夏布等。

从表3-4-1可以看出,抗战前江西输出商品结构上,农产品比例最高,米谷、苎麻、豆、烟叶及瓜子合计占39%,矿产品(钨、煤、金属)居第二,合计占30%,手工制品(瓷、茶、纸、夏布、爆竹)占23%,数量及比例均下降明显。综合来看,输出品中食品及原料品占绝对比例,制成品比重小;在制成品和半制成品中,手工制品占绝对主导,机制品出口极少(除茶叶中有少数机制砖茶)。这种商品输出结构,反映了近代江西以农为主,工业落后的经济结构。

2. 输入商品结构及其变化

输入商品结构上,食盐一直是江西最大的输入性商品,开埠后至民国晚期一直

---

① 江西省社会科学院历史研究所:《江西近代贸易史资料》,江西人民出版社,1988年,第235页。
② 《江西统计月刊》第1卷第12期,1938年,第73页。

如此,但食盐并未进入九江海关统计数据,因此历年来九江海关的进口商品数量,也未能在进出口总额里体现。除食盐外,开埠之初江西最主要的输入品是棉货和鸦片。19世纪70年代以后,输入性商品品种渐趋多样化。随着新式消费方式兴起,烟酒及化妆品等输入增加。同时,这期间进口商品的结构上也有变化,开始有了生产资料的进口(钢铁、汽油、机器设备等),改变了以往几乎全是消费资料进口的情形。

食盐居近代江西输入商品之首。因江西本地基本不产盐,所需食盐几乎全由外省供给。民国江西81县,赣南17县行销粤盐,广信府7县行销浙盐,余下57县行销淮盐。淮盐税率最重(20世纪30年代含场税、岸税及地方各种附加税,每担高达12元以上),因而售价也最高,一般在16元以上。浙盐税率次之(约9.1元/担),粤盐税率最高者亦仅4.9元/担,①因此赣南各县盐价较低,毛泽东在寻乌调查时发现当地盐价约10元/担。以全省年销售食盐120万担,②每担平均15元计算,20世纪30年代江西每年输入食盐价值在1 800万元左右。

棉货一直是江西进口的主要产品,但棉花与棉纱的进口数呈此起彼伏状态。1888年以前,江西进口以棉花为主,棉纱自1874年首次进口。从1886年开始,江西进口棉纱数量猛增,而棉花进口从1888年后迅速下滑,1900年后江西再无棉花进口(1921年后才再次出现零星进口)。与之相反,1883年以后棉纱进口量急速增长。1883年进口14 890担,1895年增至53 057担。但1894年前江西所输入之棉纱,全数为洋纱,1895年才开始出现华纱输入。第一次世界大战爆发后,民族纺织业获得发展良机,江西输入的华纱数量大增,1914年洋纱输入134 201担,而华纱输入124 107担;1915年洋纱输入95 478担,而华纱增至127 066担。1917年起华纱输入超过洋纱,此后国产棉纱比例持续增加,1922年起江西所需之棉纱几乎全为华纱,当年洋纱仅输入2 396担,1923年江西棉纱输入达23.5万担的顶峰。③尽管此起彼伏,但棉货一直是九江海关第一大进口商品,占据九江海关进口货值的半壁江山,具体比例可见表3-4-2。

表3-4-2　1928—1932年九江关棉货输入价值与总输入额之比例

单位:千元

年份	总输入额	棉货输入额	百分比
1928	29 705	10 920	36.76
1929	33 344	14 779	44.32

---

① 食盐税率可见江西省政府经济委员会:《江西经济问题》,据旧本重印,台湾学生书局,1971年,第441页。
② 1931—1934年江西分别销盐131、108、111、122万担,因此年均按120万担估算。分别见南开大学经济研究所经济史研究室编:《中国近代盐务史资料选辑》第4辑,南开大学出版社,1991年,第257页。
③ 《江西棉货贸易之回顾与振兴棉织业之展望》,《经济旬刊》第2卷第16期,1934年。

续 表

年份	总进口额	棉货进口额	百分比
1930	26 593	8 027	30.18
1931	40 584	11 832	29.15
1932	23 599	9 982	42.30

(资料来源:《江西棉货贸易之回顾与振兴棉织业之展望》,《经济旬刊》第2卷第16期,1934年。)

煤油在近代主要作点灯用,代替传统的菜油点灯。19世纪70年代煤油开始进入江西,1875年"煤油似乎流行起来了,本埠进口煤油7 180加仑以供当地消费"。1904年江西进口煤油384万加仑,1913年增至977万加仑,后有所波动,1923年又达到千万加仑,1929年后迅速下滑。①

随着消费观念和消费方式的转变,卷烟代替土烟趋势明显,纸烟(卷烟)1932—1935年四年间平均烟酒输入430万元,占九江海关总进口数的10.81%。抗战前,江西纸烟进口400万元,占当时全部输入产品的4%(见表3-4-3及表3-4-4)。纸张也出现类似情形,江西本为纸产重地,但1923年以后江西每年纸张进口上百万元,进口的纸张主要有新闻印刷纸(占比最多)、有光纸类(广告宣传、药材点心等包装用)和普通包装用的牛皮纸。江西纸为外纸替代之原因,"不外本省纸韧度太弱,细纸只可供书写及旧日之手工印刷,手工印刷之迂缓与成本之高贵,在兹国内文化教育事业汹涌澎湃之时,早已被淘汰。而粗纸虽可用于包装,但不如外纸之坚固不易破,且其成本高,尤不能与之抗衡"②。

表3-4-3　20世纪30年代江西烟酒输入数量及比例

年份	烟类输入值(元)	酒类输入值(元)	烟酒占总输入比例
1932	3 610 799	29 292	9.90%
1933	4 565 677	52 570	12.30%
1934	4 800 370	56 880	11.45%
1935	4 062 496	36 529	9.61%

(资料来源:白突:《江西之烟酒业概况》,《经济旬刊》第7卷第7期,1936年。)

从1928—1935年间,不计盐在内,江西输入最多的是制造品,五年平均约占当时输入总额的53.13%;次为食品,平均占比26.30%;再次为原料及半成品,占9.44%;烟草及药材约占8.48%。③ 到抗战前,江西含盐在内的输入品中,工业品占34%,食盐约占25%,粮食(米、面)占10.5%,作为生产资料的钢铁和汽油合计

---

① 江西省社会科学院历史研究所:《江西近代贸易史资料》,江西人民出版社,1988年,第133—134页。
② 江西省社会科学院历史研究所:《江西近代贸易史资料》,江西人民出版社,1988年,第242页。
③ 《五年来江西进出口贸易之检讨》,载江西省政府经济委员会:《江西经济问题》,据旧本重印,台湾学生书局,1971年,第287页。

占5%,详见表3-4-4。

表3-4-4 抗日战争前江西主要物品输入量与比例估计

物品	数量	货值(万元)	百分比(%)	物品	数量	货值(万元)	百分比(%)
盐	80万公担	2 500	25	米	30万公担	450	4.5
棉纱	6.5万包	650	6.5	药材	12万公担	250	2.5
棉货	7万公担	700	7	衣着		200	2
面粉	30万公担	600	6	鱼海产	5万公担	500	5
纸烟	1万箱	400	4	糖	3万公担	80	0.8
煤油	25万对	350	3.5	菜蔬	30万公担	120	1.2
汽油	100万加仑	200	2	钢铁		300	3
火柴	10万篓	200	2	其他		2 500	25

(资料来源:《江西统计》第1卷第1期,第78页。)

三、与国内外市场联动加强

近代以后,随着中外经济联系的加强,江西虽作为一内陆省份,也无可避免与国内外市场密切联动,尤其在茶叶、靛青、烟草等经济作物上体现尤为明显。如茶叶,鸦片战争后由于"欧洲茶叶消费惊人的增长,湖南和宁州的茶叶种植正在扩张"。江西省沿鄱阳湖的产茶区,在"最近50年中,已经发展成为一个很重要的茶区,并且大量输往欧美"。茶叶出口贸易增长导致茶叶种植面积增加,一些旧茶区不断扩大种植面积,而原来不种茶的地区也改种茶叶。如玉山及周边武夷山地区在19世纪50年代后茶树种植面积迅速扩大,"在玉山及河口镇一带,即是在武夷山的北面,栽种着大量茶叶,以供外销。上万英亩的土地都种着茶树,而且大部分的土地显然是最近几年内开垦和栽种起来的"[1]。南昌府的安义县,"茶叶昔无近有,皎源西山最盛"[2]。九江周边地区开辟了一些新的茶区,"本埠周围产茶区的发展是很有意味的。距本埠87哩的建德县(今安徽秋浦县),是1861年才开始种茶的,今年提供的茶大大增加了,有些卖价已高";"五个新产区的茶已经进入了市场,此即距本埠280哩的吉安,距本埠287哩的建昌(永修),距本埠35哩的瑞昌,和九江附近包括庐山山脉的一些地方"[3]。

靛青亦如此,"乐平为该省最之大靛青产区,所产者颇著名"。第一次世界大战爆发后,对江西靛青需求猛增,种植蓝树就成为该地之主要农业。1917—1918年则每亩产值由原来的10元涨至60元。靛青原来每200斤只值二三元,第一次世

---

[1] 姚贤镐编:《中国近代对外贸易史资料》,中华书局,1962年,第1473页。
[2] 同治《安义县志》卷一,地理志。
[3] 姚贤镐编:《中国近代对外贸易史资料》,中华书局,1962年,第1474页。

界大战爆发后涨至20元。①价格的上涨吸引了江西各地农民的种植热情,九江海关的靛青出口量由1912年的6 978担猛增至1917年的83 159担,②可见江西经济作物种植对国际市场变化反应之及时。

江西产烟之地,以鄱阳、广丰等地最为著名。据载,"鄱阳所产者,多制本国烟丝,外人鲜有贩运。广丰所产者,自前二年来,几全为外人贩去。兹据广丰人云:本年(1919年)烟叶收成颇好,……美商所购,总计一万二千余担,平均每担价格以二十五元计算,总共须洋三十余万元。以故近年来所有田地,多变为种烟之用,盖以利之所在故也"③。

第三节 商路格局及市场结构

一、商路格局及网络层次的变化

五口通商以后,以上海为中心的长江及沿海贸易体系逐步形成,极大改变了传统时代的商路格局,以过境贸易为主体的赣江—大庾岭商道失去了往昔的繁荣。九江开埠后,背靠江西腹地,面临长江航道,成为长江上的重要贸易港口。随着九江开港及随后的南浔铁路、浙赣铁路以及20世纪30年代江西主干公路网的基本建成,江西的商路格局发生了显著变化,南昌和九江成为新的核心城市,传统的商贸中心吴城、樟树、河口等迅速衰落,陆路、铁路交通中心以及沿线则兴起了一批新的交通及商业中心。

九江开埠之前,南昌在江西传统的商业网络中的地位并不突出,吴城、河口、樟树等分担了江西各地货物集散地的职能。南浔铁路1916年通车后,九江—南昌之间形成了典型的港口—腹地关系,九江成为全省最重要的进出口岸,南昌则成为九江港出口货物的主集散中心,进口到江西的产品到九江港后,通过赣江航道或南浔铁路运至南昌,再分装或分销至省内各市县,而江西各地出产的土货,通过内河帆船及陆路网络运到南昌后,再由南昌集运到九江,换装江轮出口,南昌和九江成为近代江西无可争议的商贸中心,也是近代江西商业网络中的核心结点,随之而来的是吴城的衰落及永修涂家埠等新兴市镇的兴起。1934年浙赣铁路通车后,传统时期在浙赣贸易中居主导地位的河口及景德镇等中心市镇衰落,代之而起是上饶、萍乡等城市的崛起。至此,东西向的浙赣铁路、南北走向的南浔铁路及赣江航道构成了江西近代商业网络典型的"十"字形核心,并影响江西的交通、商业和经济布局长达几十年,直至1996年京九铁路通车后才改变这一基本格局。

铅山县河口镇本为江西四大镇之一,水陆交通均便利。"一年前,浙赣吐纳之

---

① 章有义编:《中国近代农业史资料》第2辑,三联书店,1957年,第146页。
② 〔英〕斯坦利·莱特著,杨勇译:《江西地方贸易与税收(1850—1920)》,江西教育出版社,2004年,第44页。
③ 章有义编:《中国近代农业史资料》第2辑,三联书店,1957年,第152页。

货物,必须道经该镇,故商业颇盛。自本年(按:1934年)一月浙赣铁路通车以来,一切货物均经上饶横峰而达贵溪,河口商业,顿形衰落,前后相较,判若两市"。河口茶市,"清光绪初年,颇极一时之盛,茶庄、牙行,多至二三十家,每年由此输出之茶叶,在十万箱上下。光绪十二年(按:1886年)……茶市移至九江汉口等地,河口茶市即一落千丈,迨至宣统年间,更形凋零"[①]。

在商贸网络格局急剧变化的同时,近代江西的交通及商业层次也日渐多元化。传统时代的商业和交通层次基本上由以帆船为代表的内河水运为主,各府县治均沿河网所设,只是因为江西三面环山的地形所限,在穿越东、南、西三面山区时才通过人力小车和挑担的方式进行货物集散,翻越武夷山、梅关及南岭后再次换装水运。开埠以后,轮船这种现代化水运工具进入九江和南昌。民国以后,江西交通的近代化进程更为加快,除南浔铁路和浙赣线通车外,20世纪30年代国民政府为"剿共"需求大力建设公路网,客观上加快了江西公路运输的发展。随着公路主干网基本建成,汽车这一新型交通工具进入江西。至此,江西商贸及交通层次出现了传统的帆船、人力小车、挑担与现代化的火车、轮船及汽车并存的多元形式,且现代化运输工具的重要性日渐明显。

江西公路在清末时,只有南昌到生米镇的13公里,南京国民政府建立后加快了公路建设的步伐,1928到1934年间,江西主干公路通车里程达1 867公里,建成了赣粤(南昌—遂川)、赣闽(莲塘—黎川)、赣湘(牛行—萍乡)、赣浙(温家圳—玉山)、赣皖(珀圩—景德镇)及永古(永丰—龙冈)、临八(临川—八都)8条干线及其他7条支线,并在沿线铺设电话网。[②] 交通及电信的逐步近代化,为建立新的市场体系奠定了基础。

二、市 场 结 构

分析市场结构无法绕开"施坚雅模式",尽管学术界对施坚雅的理论有诸多的批评,但施氏对中国的商业城镇和市场进行层级结构的划分仍具借鉴意义。在分析近代江西的市场结构时,本文按由低到高的顺序将近代江西的市场结构分为四个层级:

1. 初级市场

即一般的乡村圩市(集市)。按集期划分,乡村集市可分为不定期集、半定期集、定期集及常集。定期集是近代江西最为常见的集市形式,一般按农历1、4、7或2、5、8或3、6、9开市,也有单日集或双日集。为了便于周边农民赶集,相邻的集市开市日期一般会错开,从而使表面上的定期集实际上具备了常集的功能,这

---

① 江西省社会科学院历史研究所:《江西近代贸易史资料》,江西人民出版社,1988年,第196页。
② 瑞徵:《江西公路建设概况》,《现代社会》第3卷第4期,1934年。

种情形也称为"插花集"。近代以后,江西的乡村墟市开集间隔呈缩短之势。如吉水县在清中期还有不定期集,到光绪年间就多数为每旬定期三次集期,到民国以后基本上变成了单日圩或双日圩。同时,"插花集"越来越普遍化,事实上也缩短了周边集市的集期。单纯从数量上看,近代江西集市数量增加不多,光绪年间全省总数约1 700个,平均每县21个,到20世纪50年代初总数仍为1 746个。① 但各地集市的功能越来越完善,分布也日渐合理,基本能实现10里左右有一集。

2. 中级市场

包括县城墟场、中心墟市及专业市镇。一般情况下,县城是一县的经济中心,县城的集市规模和功能都要较普通的乡村墟市大,销售的产品种类比较齐全,营业额也较大,而且有较多的固定商铺。毛泽东在《寻乌调查》中详细地分析了寻乌县城各种商号的数量及经营情况,并提到在光绪年间寻乌城最为繁华的时代,"不但北半县的澄江、吉潭要到寻乌城来办货,就是南半县的篁乡、留车甚至平远县的八尺也到寻乌城来办货"。城里的五家盐店一年的营业额可以到10万元,杂货店有十六七家,"什么洋货都有卖",数量达131种。② 从商店数量来讲,据民国时期的调查,县城墟场一般商店数量都在百家以上,少的在一百至二百家间,多的达四五百家,商店员工数量少者一二百人,一般在一千人以下。

中心墟市③,规模一般比一般墟市大,它不但是附近百姓的贸易集散地,也往往是邻乡甚至邻县的商贸中心,其地位有时比县城墟市还重要。类似的墟市有很多,如赣南南康的唐江镇、会昌的筠门岭镇、上犹的营前圩。唐江镇和筠门岭镇是传统时期赣南主商道上著名的商镇,近代以来虽然大庾岭商道衰落,但这些墟市并非像赣关那样以过境贸易为主,而是赣南各地的土特产和外省盐、洋货的集散中心,因此仍保持着高度的繁荣。此外,永修的涂家埠镇,九江的沙河街镇、庐山的牯岭镇、都昌的徐家埠镇④以及寻乌的吉潭镇等亦属此类。

专业市镇大多是手工产品或农产品的生产和贸易中心。明清以来,随着江西商品经济的发展,出现了一批以生产某种手工产品或成为某些产品贸易中心的专业市镇,最为著名的无疑是瓷都景德镇和药都樟树镇,但这两个市镇在开埠以前是江西的地区中心市场,并不属于中级市场。属于中级市场的包括以生产夏布闻名的黄宜棠荫镇、万载的株潭镇,还有寻乌的牛市、余干瑞洪的鱼市。以纸张和茶叶生产贸易闻名的河口镇,在浙赣铁路通车以前,是赣东北地区的主要贸易中心,从市场级别上讲应属江西的区域中心市场,但浙赣铁路通车后地位下降,成为与县级

---

① 温锐等:《百年巨变与振兴之梦——20世纪江西经济研究》,江西人民出版社,2000年,第76页。
② 毛泽东:《毛泽东农村调查文集》,人民出版社,1982年,第57—59页。
③ 中心墟市的提法,可见戴利朝:《近代赣南墟市变迁初探》,《江西师范大学学报》2002年第4期。
④ 关于这些墟市的具体情况,可参阅陈晓鸣:《中心与边缘——九江近代转型的双重变奏》,上海师范大学2004年博士学位论文,第68—69页。

集市相当的中级市场,其地位被上饶所取代。

3. 地区中心市场

亦可称为次中心市场,包括府城及地区性的交通、贸易中心,在民国时期,这些地区中心市场主要包括吉安、赣县、上饶、宜春、万载、临川、樟树、景德镇。根据1936年《江西年鉴》的统计,这些地区的商店数量普遍在600—800家左右,员工数量少的2 000人,多的达上万人。商店数量最多的是赣南的贸易中心赣县,有商店1 658家,店员8 100余人;次为吉安,有商店865家,店员4 200余人;宜春、万载、樟树分别有1 004、775、479家,万载店员数量在3 000以上,樟树和宜春在2 000以上。① 这些地区中心市场多数在传统时期就是江西各地的商贸中心,如赣县、樟树、景德镇等,但吉安和上饶是近代以后尤其是民国以后发展起来的。如上所述,上饶的兴起主要缘于浙赣铁路,而吉安县在1926年《庐陵县志》中记载有商店632家,员工2 787人,②到1936年时发展到865家,店员4 200人,可见其发展速度之快。

地区中心市场承担了输出品土货和输入品洋货、盐等商品的次级集散中心的作用,民国调查也充分证明了这点。据民国时期《江西省各县重要物产调查》记载,原吉安府永丰、吉水、泰和、万安、遂川等县外销的土特产,基本运往吉安、南昌;赣南(除邻近广东、福建县份有些特产直接外销外)各县所产,主要销往赣州和唐江。

为经济和贸易活动提供资金支持的金融业在这些地区中心市场也比较发达,根据民国初年的农商统计,尽管民国初年钱庄业已经衰落,但这些地区中心市场仍有少则十余家,多则三四十家钱庄,资本总额一般在十万元以上。而民国初期甚至到抗战前,银行基本只在这些次中心市场设有分支机构,普通县城鲜有分支行,亦从另一侧面印证了这些地区在商贸中的重要性。

4. 中心市场

九江开埠以后,作为江西唯一的通商口岸城市,得天时地利之便,成为江西经济内外交流的核心结点,江西输出的土货及输入的洋货及外省物品,均主要通过九江口岸,使九江成为江西市场体系的核心。随着市场重心的北移,南昌的地位也日渐重要,逐渐发展成江西各种土特产的聚集地,以及九江进口货物的分销地。③ 根据民国江西各县特产调查,江西各县输出的主要土特产,如粮食、纸张、夏布、瓷器等,多数先运至南昌,集中后再发往九江港出口。南昌成为与九江并齐的中心市场,除作为历代政治中心的特殊地位外,也与南昌所处的优越地理位置有关。南昌地处江西内河航运中心,各地货物顺水而下均能直达南昌。近代轮船兴起后,南昌到九江的运输时间大为缩短,由帆船时的三到五天缩短为一到两天。尤其是1916

---

① 江西省政府统计室:《江西年鉴》(1936),江西省政府统计室,1937年,第1040—1059页。
② 民国《庐陵县志》卷二十三,农事志。
③ 张芳霖认为九江开埠后,南昌成为区域中心市场,详见张芳霖:《九江开埠与江西区域中心市场的形成》,《南昌大学学报》2006年第11期;陈晓鸣则提出南昌与九江形成港口—腹地关系,见陈晓鸣:《中心与边缘——九江近代转型的双重变奏》,上海师范大学2004年博士学位论文。本文更倾向于陈晓鸣的观点。

年南浔铁路的通车,大大缩短了南昌到九江的距离与时间,牛行车站到九江仅128公里,几个小时就能到九江。南浔铁路的通车,使南昌与九江的中心市场地位更为巩固。南浔铁路通车后,通过火车运往九江的货物数量,由1916年的29 009吨快速发展到1922年的234 698吨,6间年增长近10倍。① 鉴于陈晓鸣等学者对此有更深入研究,本文不再展开论述。

---

① 李学忠、陈晓鸣:《港口与腹地:近代九江与南昌贸易互动因素的历史考察》,《江西教育学院学报》2010年第5期。

第五章　金融分布与变迁

金融乃经济之命脉,自20世纪30年代开始,随着世界性的经济危机,中国农村引发的严峻金融危机引起了广大学者的关注。林和成、吴敬敷、张履鸾、陆国香等对当时农业金融的整体或某些地区的农村借贷和金融问题进行了广泛的探索。[①] 近十年来,农村借贷与金融问题的研究成果非常丰富,[②] 这些成果多数是以区域性或全国性的金融变迁或借贷问题作为研究视角,本章主要研究自晚清以来江西金融体系的变迁、分布特征以及这种变迁过程的特点和动因。

第一节　金融业的构成与变化

在传统时代,江西金融体系主要以非正式金融为主。民国以降,随着现代金融业的迅速发展和政府政策的推动,江西现代金融体系发展迅速。与之相比,传统的主要金融机构钱庄与当铺因受战乱和经济萧条影响而衰落。

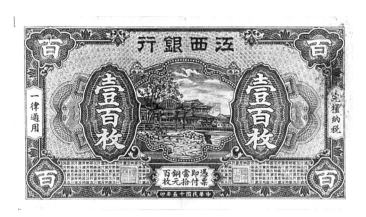

图3-5-1　1926年江西银行的铜元票

一、清末民初的江西金融体系

在前近代社会,中国的金融机构主要由票号、钱庄和当铺组成。开埠以后,银行这一现代金融工具逐渐引入通商口岸城市。至清末,外国在华开设的银行数量

---

① 相关研究成果,李金铮和徐畅均作过相当系统的综述,本文不再累述。可参见李金铮:《民国乡村借贷关系研究》,人民出版社,2003年;徐畅:《二十世纪二三十年代华中地区农村金融研究》,齐鲁书社,2005年。
② 如上述李金铮对近代华北和长江中下游地区民间借贷的研究,徐畅对近代华中农村金融的研究,吴景平对上海地区金融问题的研究,马俊亚对江南地区城乡资金流动的研究,温锐对清末民国赣闽边区乡村借贷的研究,龚关对天津与腹地间的资金流动的研究,游海华对苏区战后的"合作金融"与"金融下乡"的研究等。

渐多,清政府亦自办大清银行与各省官银钱局。就江西而言,清末江西的正式金融机构除江西官银钱号外,尚未有银行的建立。民国建立后,江西官银钱号改组成江西民国银行,额定资本200万元,实收资本仅87万元,代理省库,下设7个分庄、12个分行、13个汇兑所和35家代理店。这是民国初期江西最大的省办银行,然此时的银行主营业务并不在于工商放款,而是发行纸币和官厅借款,经营未久便于1916年倒闭。除省办银行外,1915年中国银行在江西南昌、九江、吉安、樟树、景德镇设立分支行。交通银行在九江设有分行,除此之外,民初江西再无其他银行。

表3-5-1 民国初年江西主要的地方银行

名　　称	行址	设立年月	歇业年月	实收资本	组织性质
江西民国银行	南昌	1912	1916.4	商股40 649元 官票100万串	官商合办
江西劝业银行	南昌	1912.8	1916.1	6万元	官办
江西储蓄银行	南昌	1912.8	1916.11	5万元	官办
江西振商银行	南昌	1918.8	1926.6	20万元	私营股份
江西利商银行	新建	1918.12	1927.6	20万元	私营股份

(资料来源:吴宗慈:《江西通志稿》,江西省图书馆,1984年,第22册,第263—264页;戴建兵:《略论民国时期江西纸币发行机构》,《钱币研究》1990年第1期;戴建兵:《中国近代纸币》,中国金融出版社,1993年,第276—283页。)

　　上述几家正式的金融机构在省内外的分支机构极少,其业务也极少进行工商放款和农村放款,主要经营公债和代理省库等,因此与农村金融几无关联。民国初年江西的主要金融机构仍以传统的钱庄和当铺为主。钱庄和当铺无论是在数量、分布范围、资金实力和放款额上,都占据了绝对的主导地位。

　　近代江西钱庄数量最多、实力最强的时代是在20世纪30年代以前,当时江西"各县几均有钱庄,各省重要市县亦均设有分庄联号",尤其是在江西的几个主要的区域性中心市场地,钱庄的数量和资本均极为强大。如瓷都景德镇,民国初有钱庄53家,其中10家规模最大的资本合计达38万元以上。[①] 到1916、1917年间,景德镇钱庄一度达到80余家。根据民国初年的统计资料和东亚同文会的调查,民国初年有调查和统计的江西35县总共有钱庄364家,合计资本额2 742 160元,住户存款额达814 130元。[②] 尽管从统计数据上看,民初江西钱庄平均每家资本额仅有8 555元,但业内人士均知道,对钱庄而言,不能仅看其表面的资本数,因为传统的钱庄大都对其资本严守秘密,"决不使局外人知之,即局内人不关重要者亦不使知之"。清末民初的东亚同文会在江西进行金融调查时,也反复强调了这点。钱庄的

---

① [日]东亚同文会:《支那省别全志·第11卷:江西省》,日本东亚同文会,1918年,第903页。
② 农商部统计科所编:《中华民国二年第二次农商统计表》,1915年,第255页。[日]东亚同文会:《支那省别全志·第11卷:江西省》,日本东亚同文会,1918年,第848—948页。

资本除正本外,还有附本,东亚同文会在江西调查时发现,附本数额往往不低于正本,甚至比正本还高,如1915年在九江调查时,发现九江19家钱庄正本只有13万元,而附本高达14.6万元。① 因此,如果以正本和附本1∶1的比例估算,民国初年江西35县市钱庄资本总额至少应在500万元以上。而且钱庄资本虽不大,但其资金运作能力却很强,其"资本虽仅一二万,设遇市面紧急之时,股东垫款,恒数十万金"②。如1919年5月,"湘省自金融改革以来,现金奇紧,月息由二分升到三分以外,以故以此吉安帮及吉安各钱庄纷纷搬运现洋往汉口、长沙、湘潭等处,放款数目约计在一二百万元","又因近来上海洋贵银贱,每大洋一元由七钱二分余提到七钱四分余",南昌各钱庄搬运现洋往沪者,"约计不下百万"。③

传统金融机构除钱庄外,与广大农民关系最为密切的可能要数号称"穷人的后门"的当铺。钱庄放款以工商业者为主,而当铺在前近代社会甚至民国以后相当长的一段时间内,"平民社会间之经济流通,端赖典业"。在民国以前,相当多的私人及公共存款(如慈善堂、学堂等)均存典生息,甚至清代内务府和一些王公大臣亦将大量不用之款项"存典生息"。有清一代,江西也有大量官款和公款放于当铺,发商生息,年利在10%左右。④ 典当业因为名义利率较高,一直以来常受到各种社会舆论"暴利剥削"的批评,⑤但却是普通百姓最常用、最便利的一种融资渠道。根据民初的粗略统计,江西有当铺的54县共有168家当铺,资本金总额达2 422 380元,当铺不但承担了融资的任务,也成为普通百姓的银行,民初江西典当业总共吸收百姓存款数727 168元,一年间当出总金额在3 322 020元以上。⑥ 民初江西平均每家当铺资本在14 400元左右,比同时期统计的江西钱庄平均资本额高出近70%。民初江西典当业在分布上比钱庄更广,它在民间的应急性融资来源中所占的比重是最高的。

二、1926年后"非正式金融"的衰弱

1926年以前,钱庄在江西金融业占有绝对的主导地位,这一方面由于江西银行业的相对落后,另一方面则源于钱庄所具有的天时地利人和。20世纪30年代以前,外省银行在江西几无立足之地,中国、交通银行亦只在极少数几地设有分支行,仅有的几家地方银行则侧重于对政府放款、代理省库、发行纸币,与工商业之间联系极少,无法与钱庄竞争。钱庄"厚拥资金,兼营借贷,直接予以坐贾行商以便利,间接予地方生产以畅销",而江西当地的银行历史短,且因滥发钞票失信于民,远不如钱庄那样得到社会的信任。

---

① [日]东亚同文会:《支那省别全志·第11卷:江西省》,日本东亚同文会,1918年,第854页。
② 杜恂诚:《民族资本主义与旧中国政府(1840—1937)》,上海社会科学院出版社,1991年,第173页。
③ 《各埠金融及商况》,《银行周报》第3卷第20、21号,1919年6月。
④ 潘敏德:《中国近代典当业之研究》,台湾师范大学,1985年,第109页。
⑤ 事实上,近代以来典当业的获利水平并不高,对典当业简单地批评为"暴利"是不全面的,可参考杨勇:《近代江南典当业的社会转型》,《史学月刊》2005年第5期;杨勇:《近代江南典当业的经济与社会功能》,《江西财经大学学报》2008年第1期。
⑥ 农商部统计科:《中华民国二年第二次农商统计表》,农商部,1915年,第273页。

从1926年始,江西连续发生了几件不利于钱庄业发展的大事。一是复兴隆风潮,这一金融灾难给投机于此事件中的南昌市钱庄以极大的打击,一时南昌的银行钱庄,几乎全部倒闭。第二件大事是北伐战争和苏区革命。1927年至1935年,江西大部分地区曾建立红色政权,苏区大部分钱庄或携款而逃,或因无法营业而倒闭。如赣东北地区,革命前尚有19家钱庄,但革命爆发后相继停业。江西钱庄业受到的第三个致命性打击是国民政府1933年颁布的废两改元令和后来的法币改革。江西钱庄业由于受到连续的重大打击,从20世纪20年代末30年代初开始走向衰落。

从数量、分布上看,20世纪30年代以前江西"各县几均有钱庄,各省重要市县亦均设有分庄联号",但复兴隆风潮、北伐战争、苏区革命、废两改元及法币改革后各地钱庄数量剧减(详情见表3-5-2)。所谓"复兴隆"事件是指:1926年,直系军阀邓如琢主赣时,为维持庞大的军费开支,指令江西地方银行将存款利息提高到3分左右,大量吸收钱庄商号存款,以补充资金。同时,邓如琢迫令江西地方银行发行毫无准备金的"复兴隆"钞票。市面上流通的"江钞",初时尚有九折以上,以后则陆续下跌至八折、七折、六折、五折,直至跌到二三折。特别是邓如琢在溃逃之前,亲自派人监印"江钞",逃离时还将票版携往上海加印。1926年11月8日,北伐军攻入南昌后,"江钞"市价已猛跌,随之发生"复兴隆"钞票风潮,江西地方银行宣告倒闭,连带影响63家江西银行钱庄停业。这就是历史上著名的"复兴隆"事件。"复兴隆"事件是民国以来江西发生的最大最严重的一次金融事件,给江西的经济、金融和人民生活造成重大损害。当时群众对"复兴隆"钞票,谈钞色变,曾有"复兴隆,一夜穷"的民谣流传,可见百姓对其滥发钞票痛恨的程度,并导致后来国民政府在推行钞票时在民间遭遇强大的阻力。

表3-5-2 民国间江西钱庄业变化情况

年份	钱庄数量	资本总额(万元)	平均每家资本额(元)
1913	285	214	8 555
1932	201	535	39 094
1936	108	290	26 880

(资料来源:1913年,据农商部统计科:《中华民国二年第二次农商统计表》,第255页;1932年,据江西省政府经济委员会:《江西之金融》,第75—130页;1936年,据《江西年鉴》(1936),第1219—1223页。)

经历这一风潮和一系列战乱后,1932年江西全省只有20余个县镇设有钱庄,1934年减至10余个县镇。南昌市钱庄数,在北伐前夕达67家,1936年减为38家。九江在1931年钱业公会成立时,加入公会者就有25家,到1933年时只有14家,"过去五年歇业钱庄有十八家"[①];景德镇钱庄最盛之时在1916、1917年,一度达

---

① 江西省政府统计室:《江西年鉴》(1936),江西省政府统计室,1937年,第1219页。

到 80 余家,到 1935 年时只有 17 家;清江县"民国时先后设立 17 家钱庄,至民国二十五年(按:1936 年),只有 11 家继续营业"①。吉安至 1926 年时,"全县钱庄又兴盛一时,城内有 20 余家",到 1933 年时只剩 6 家,1936 年时只剩下 4 家。②乐平清末民初时,"先后有吴裕源、益康、汪仁和、永利、利康、信诚、乾大、宝康、顺康等九家钱庄,至 1935 年尚有吴裕源、益康、顺康三家"③。河口清末时有 20 余家钱庄,至 1932 年时只剩下 6 家。赣州钱庄民初时有 13 家,1918 年最盛时有 17 家,1936 年只剩 2 家,至 1940 年赣州钱庄全部歇业。其他各地情况亦相类似。

而作为贫民和小农的"唯一金融周转机关"的典当业,遭遇了更加严重的衰落。民国初年,江西有当铺的 54 县共有 168 家当铺,而 1926 年以后,江西各地当铺的数量急剧减少,几至绝迹。如民国初年时,南昌一地就有城乡当铺共 48 家,北伐战争后全部闭歇。④吉安民初时尚有 8 家当铺,1926 年后也全部关闭,而同一时期,江南地区的典当业却仍呈发展之势。⑤江西典当业的急剧消亡,首要原因是因为江西是北伐战争和苏区革命的主战场,"江西所受内战之痛苦尤为特甚",战争所涉及之处,当铺几全部歇业;其次也与 1929 年后世界性的经济危机有关;再次,江西的典当业在 20 世纪 20 年代曾经大量发行"花票",导致其信誉败坏,最终破产。原有的正规当铺倒闭后,取而代之兴起的是大量商店兼营的小押店,这些小押店估价低、利息高,满当期限短,导致百姓怨气很大。为了解决平民的资金需求,一些银行和慈善团体组织了江西仅有的几家平民公典。1934 年,南昌市立银行为应社会之需要,设立平民公典部,并在吉安和吴城设立分号。四省农民银行南昌分行亦设立质贷所,满足平民的小额资金需求。樟树各慈善团体则设立宾兴公典。到 1935 年,全省仅存 5 家当铺(含上述几家平民公典)。这些公典均得到银行的资金支持,如中国农民银行 1935 年 6 月放给九江裕农、惠农、振豫三典资金共达 44 万元,1935 年 9 月放出 54 万元,1936 年 49 万元。⑥从政府和银行通过传统的当铺救济农村金融可以看出,当铺这种古老的金融工具仍具有相当重要的价值,而后江西各地广泛举办的农仓储押亦可视为当铺的一种变异形式。

三、南京政府时期"正式金融"的建立与逐步完善

1927 年后南京国民政府成立后,优先致力于"金融统制",发展现代金融业。传统的钱庄和当铺已经不是政府建立现代金融体系的重点,因此尽管当时的钱庄和当铺衰落对平民的融资产生了消极影响,但政府并未施以援助之手。1927 年

---

① 清江县志编纂委员会:《清江县志》,上海古籍出版社,1989 年,第 271 页。
② 吉安县志编纂委员会:《吉安县志》,新华出版社,1994 年,第 394 页。
③ 乐平县志编纂委员会:《乐平县志》,上海古籍出版社,1987 年,第 293 页。
④ 承考:《江西之典当业》,《经济旬刊》第 4 卷第 11 号,1935 年 4 月。
⑤ 有关民国时期江南地区典当业的发展,可参见杨勇:《近代江南典当业研究》,江西人民出版社,2009 年。
⑥ 徐畅:《二十世纪二三十年代华中地区农村金融研究》,齐鲁书社,2005 年,第 344 页。

后,江西省的银行发展进入一个新的阶段。北洋时期,虽然江西前后设立的银行数量不少,但这些银行无一能长期维系,均因滥发钞票或被政府掏空而倒闭。民初,中国银行、交通银行也进入江西。中国银行最早于1914年6月设分行于南昌,后又在九江、吉安、赣县和景德镇设支行。交通银行于1913年9月设分行于九江,南昌及其他地区未设分行。尽管这两行不像本省地方银行那样滥发钞票,其钞票信誉在江西各地也较好,可"与现洋同等行使",但这两银行渗透各地的努力也未成功。如中国银行赣州分行1916年设立后仅两年就被迫停业,该行在景德镇推行中行钞票时也未成功,并遇到当地钱庄业的极力阻拦。

  复兴隆风潮给钱庄业以巨大打击,但银行业受到的冲击也是致命性的。该事件发生后,江西地方银行业一蹶不振,民众对银行信誉信心已去,致使1928年江西裕民银行成立后一直难以开展业务,除在吉安、九江设立两分行外,连续五年未在各地设立网点。稍后成立的南昌市立银行与江西建设银行更不如意。除"复兴隆事件"的影响外,连续多年的国共战争也是影响银行业深入内地的另一个重要障碍。

  1933年国民政府的"废两改元"和1935年"法币政策"实施后,为银行取代钱庄的主导地位提供了制度依靠。除国民政府的政策导向外,20世纪30年代的江西银行业也开始改变以往倚重政府、脱离工商业的经营方略,积极从事于工商事业。银行的存放款对象改以工商住户为主,对官厅放款很少,这一点与北洋时期的银行业恰恰相反,而这也正是30年代银行业能够取代传统钱庄的重要原因。

  在网点的设立上,20世纪30年代以后的银行业在江西也有显著进展。北洋政府时期江西银行业,除江西民国银行在各地设有12分行外,其他银行极少在各地设立分行。30年代以后无论是江西地方银行(裕民、建设、南昌市立)还是中央各银行以及外省银行,增设分行的进展都很大。如1934年后江西裕民银行几乎在每个县均设立了分行,详见表3-5-3:

表3-5-3 民国间江西裕民银行历年增设分行

年份	设 立 分 行 地
1928	南昌(总行)、吉安、九江
1933	抚州、武宁
1934	上海、修水、广昌、南丰、黎川、南城、河口、玉山、永丰、吴城、瑞昌
1935	赣州、上饶、宁都、宜春、崇仁、广丰、贵溪、乐平、饶州、高安、遂川、万载、山下渡
1936	樟树、大庚
1937	泰和、兴国、东乡、金溪、浒湾、余江、弋阳、鹰潭、余干、婺源、于都、龙南、南康、进贤、丰城、清江、新干、新余、吉水、上高、宜丰、萍乡、永修、都昌、安义、奉新、星子、庐山、汉口、景德镇

(资料来源:李德剑:《十年来之江西金融》,《赣政十年》,十六,江西省政府,1941年。)

  南京国民政府建立后,江西受南京政府的直接管制,对中央的政策执行较好,中央银行和其他一些商业银行也得以进入江西。中央银行1928年设立南昌分行后,陆续在吉安、抚州、上饶、泰和、南城设立五个支行或办事处。中国银行分支行则增加到9个,交通银行与中国农民银行的分支行也不少。除中央各银行外,一些商业银行或外省银行也纷纷进入江西,如中国国货银行、上海商业储蓄银行、中国实业银行、大陆银行等。到1937年为止,江西各县市基本上都设有裕民银行和农民银行分行,较大都市则基本都有中央及江西三家地方银行分行,完成了银行对各县市的全面覆盖。

银行是南京政府实现金融管制的最主要工具,就农村金融而言,南京政府除推进银行设立分支机构外,还极力推广农村合作,以合作运动来实现其"救济农村"、"复兴农村"的重要使命。① 同时,辅之以农业仓库、农民借贷所、商业银行农村放款作为救济农村金融的主要手段。江西在1932年3月成立农村合作委员会,推广合作运动。在收复所谓"匪区"后,江西省农村合作委员会先后派员分赴边区各县成立办事处,用"快干手段""组社贷款"和"恢复春耕",构建了以利用合作预备社为基干的现代农村金融网络,政府的"扶农"资金因此得以迅速而有效地"下乡"。1935年底,江西第八行政区(原中央苏区中心瑞金、兴国等7县)30万户居民中的约15万农户,获得农业、农仓和特种救济贷款共约70万元。② 截至1937年5月底,江西省合作金库和银行贷款农村总额达9 293 433.86元,其中合作金库放款6 681 871.48元,中国农民银行放款1 802 081.57元,中国银行放款809 480.81元。合作社的数量也由1932年的193个迅速发展到1937年的5 344个。③ 图3-5-2直观了反映了1932年以来江西省政府通过合作放款农村的发展情况。

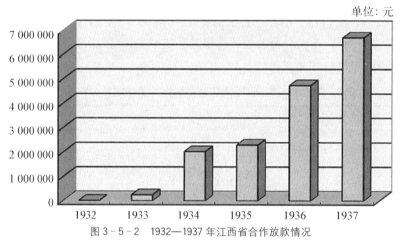

图3-5-2　1932—1937年江西省合作放款情况

(资料来源:文群:《五年来的江西合作》,《江西合作》第2卷第2期,1937年7月,第41—43页。)

---

① 有关合作运动的研究,魏本权在《20世纪上半叶的农村合作化——以民国江西农村合作运动为中心的考察》(《中国农史》2005年第4期)中进行了详细的综述,此不赘述。
② 游海华:《农村合作与金融"下乡"——1934—1937年赣闽边区农村经济复苏考察》,《近代史研究》2008年第1期。
③ 文群:《五年来的江西合作》,《江西合作》第2卷第2期,1937年7月。

南京国民政府时期对农村金融体系的建设非常重视,建立了一套完整复杂的农村金融网络,这套网络的最上层是中国农民银行、商业银行和地方银行发放农贷;第二层为农民借贷所、合作金库;第三层为合作社和农业仓库。① 在国民政府构建的农村金融体系中,合作社是最重要的一个载体,绝大多数农贷均是通过合作社放贷。江西合作运动的发展在当时名列全国前茅,因此,江西农民从合作社中获得的贷款数额也增长很快。除合作社外,农仓借贷也是政府大力推行的农民融资工具之一。江西的农仓储押,"以产品押价照时值百分之七十贷款,但每人不得超过30元,每合作社不得超过1 000元"。这种放贷形式十分类似于传统的典当,但又与典当有区别。农仓储押仅以合作社员为限,不像典当可以向任何人质押放款。到1935年,江西有983个合作社和41个区社联合会经营农仓,数目高达4 560个,共储押谷488 463担,贷款金额724 380.51元,平均每担谷押款1.48元。② 与合作社及合作金库放款额相比,农仓储押在当时江西农民的融资来源上并不占重要地位。

除了政府推广的农村金融体系外,合会也是广泛流行于民间的一种非正式金融形式。③ 江西各地合会的名称不一,南昌东乡彭泽等县多举行摇会,萍乡多称标会,吉安称祭会,鄱阳、浮梁、进贤等称神会,赣县有七贤会、标会及摇会等。据农情报告的调查,江西报告的27县有钱会报告68个,平均每县2.5个。④ 应该说,这个报告数量可能要比实际的低,如在赣南的会昌,有40%的农户要以邀会的形式解决急需资金问题。⑤ 因为各地合会主要以地下形式进行,我们无法对其整体规模和筹集资金的数量进行统计,但无疑它也是广泛使用的民间非正式金融形式。

从南京国民政府建立以来,江西农村的传统金融工具急速衰落,但现代农村金融体系也在政府的主导下日渐完善,无论是从金融工具的数量还是从放款农民的数额来看,均有显著的增长。从表3-5-4可以更直观地反映20世纪30年代以来,新的正式金融组织在农民的贷款来源中所占比重的快速增长。

表3-5-4 1934—1947年江西农民借款来源 单位:%

年份\来源	银行	合作社	典当	钱庄	商店	私人	政府机关
1934	1.6	3.2	5.6	4.0	11.2	74.4	
1942	12	27	7	1	11	40	2
1944	20	17	6	1	18	37	1
1947	28	9	4	2	12	43	2

(资料来源:李金铮:《民国乡村借贷关系研究》,人民出版社,2003年,第49页。)

---

① 李金铮:《民国乡村借贷关系研究》,人民出版社,2003年,第319页。
② 孙兆乾:《江西农业金融与地权异动之关系》,台湾成文出版社,1977年,第45299、45373页。
③ 有关合会的研究,可见王宗培、杨西孟、李金铮、徐畅等的研究成果。
④ 李金铮:《民国乡村借贷关系研究》,人民出版社,2003年,第270页。
⑤ 温锐:《民间传统借贷与农村社会经济》,《近代史研究》2004年第3期。

从表3-5-4可以看出,1934年以来,农民借款的对象虽然仍以私人借贷为主,但其比例呈显著下降的趋势,传统的金融组织当铺和钱庄的地位也日渐下降,而由政府主导和推行的银行、合作社等新式金融组织在农民的融资来源中已经占据了近40%的比例。这一变化说明南京国民政府时期政府大力建设的现代农村金融体系在江西农村取得了相当的成功,江西农村的金融体系也由此前的以"非正式金融"占绝对主导转向"正式金融"与"非正式金融"旗鼓相当。

第二节 货币流通的区域性与金融业的地理分布特征

晚清以降,中国货币结构开始紊乱,成为"任何一个重要国家里所仅见的最坏制度":货币种类繁多,发行主体不一,流通区域性强,兑换关系复杂。江西是近代以来地方货币最为泛滥的省份之一,因而江西农村受这种货币体系的影响更为巨大,英国的斯坦利·莱特甚至将货币问题列为影响近代江西贸易发展的五个主要因素之一。① 一些学者在研究近代货币史时,多侧重于描述全国货币的整体状况,较少分区域进行专门的研究。② 以一省为范围,研究近代货币体系变迁较有代表性的应属台湾学者朱浤源,他从政治、经济和社会三大力量的互动来考察广西1662—1937年货币的现代化进程。③ 江西地方货币很早就引起了钱币学界的关注,他们除从钱币学角度,研究这一时期江西各种货币的票面特征、发行时间、收藏价值等外,④也有部分学者注意到这些货币流通的有限性,但缺乏较全面的研究。本节着重考察近代江西地方货币⑤的发行、流通以及江西各种金融机构的地理分布。

一、地方货币结构

晚清以降,随着地方督抚势力的上升,中央的统一货币铸造政策受到挑战。为应付当时的货币紧缩和增加地方政府的财源,各地督抚纷纷自行铸造铜元和银元,并发行银元票和钱票,造成了晚近以来中国货币体系的极度混乱,直到1933年废两改元和1935年法币改革后才得以统一。江西是当时货币体系最为混乱的地区之一,这一时期江西的地方货币发行主要有三大主体:地方官银钱局和银行、苏区政权、民间商号与团体。

咸丰、同治以来,在银两制衰落的同时,制钱面临更严重的危机。由于铜价上

---

① [英]斯坦利·莱特著,杨勇译:《江西地方贸易与税收(1850—1920)》,江西教育出版社,2004年。
② 这类著作非常之多,代表性的有彭信威:《中国货币史》,上海人民出版社,1958年;魏建猷:《中国近代货币史》,台湾文海出版社,1983年;千家驹、郭彦岗:《中国货币史纲要》,上海人民出版社,1986年;等等。
③ 朱浤源:《近代广西货币的变革(1662—1937)》,台湾"中央研究院"近代史研究所集刊第19期。
④ 如吴筹中:《中国纸币研究》,上海古籍出版社,1998年;戴建兵:《中国近代纸币》,中国金融出版社,1993年;徐安民:《再谈清末至北伐前的江西纸币》,《钱币研究》1993年第2期;徐安民:《三谈清末至北伐前的江西纸币》,《钱币研究》1994年第1期;诸锦瀛:《江西银两概述》,《钱币研究》1990年第1期;诸锦瀛:《江西裕民银行纸币发行简述》,《钱币研究》1993年第2期;等等。
⑤ 本文所称的地方货币,不是由中央政府统一铸造与发行,而是由地方银行、机构团体、民间商号等发行的各种铸币与纸币、兑换券等。

涨,铸钱成本上升,铸造制钱不但无利可图,反而折本。为挽救当时普遍存在的钱荒,清广东地方当局仿照港澳地区流行的当十铜仙,用机器铸造当十铜元,自投放市场后,"行销无滞,军民称便"。各省当局注意到铸造铜元的丰厚利润后,争先恐后地购机铸造。受铸造铜元厚利的吸引,江西"于光绪二十八年(按:1902年)在省城德胜门外沙窝拨购地亩建造铜币厂,自二十九年三月十六开铸起至三十二年十月底停铸,共铸当十铜币 379 722 376 枚,均销售无存"。这是江西第一次开铸铜元。据梁启超所言,当时全国各造币厂共铸铜元 12 426 671 千枚,[①]如是,则江西铜元约占全国铸造量的 3.06%,而原先铸造制钱的江西宝昌局,虽在光绪三十四年加卯开铸,但因"成本太重停铸"。大量铜元的开铸和流通,使铜元开始代替制钱,成为小额铸币的主体。

除银元与铜元外,当时货币结构的另一重要组成部分是各种纸币。清末在江西发行官票的机构除大清银行(原户部银行)外,主要为本省的官银钱号。大清银行南昌分行自宣统元年至三年在江西共发行兑换券 23 390 558 厘,约合银 23 390 两,数量不多。而本省的江西官银钱总号共发行银两票 123 524 两,银元票 195 300元,钱票(有十足钱票和九五官票两种)6 667 385 串。

民国以后,江西的货币发行更为混乱。1920 年前,江西主要的地方货币发行机构是江西民国银行。它是民国时期江西第一家省办银行,由前清官银钱号改组而成,其发行纸币开民国时期江西地方银行发行地方货币之先河。该行发钞之数,至 1915 年 10 月,流通市面者,约计钞票 887 900 元,铜元票 902 000 串,九五票 7 267 100 余串,至 1916 年 10 月,流通在外者,尚有银元票 540 400 余元,铜元票 484 000 串,九五钱票 430 余万串。[②]因发行过多,纸币信用无法维持,到 1914 年夏天,"价格一般跌至七折以下",加之各分行号纷纷告亏,江西民国银行被迫于 1916年 4 月停止营业。20 世纪 20 年代以后,江西的货币发行最为复杂,这一时期陆续成立的一系列地方银行都各自发行了大量纸币,详见表 3-5-5:

表 3-5-5 20 世纪 20 年代江西主要地方银行发钞情况

行名	行址	设立年月	歇业年月	实收资本	组织性质	纸币发行额
惠通实业银行	南昌	1920.5	1926	30 万元	私营股份	四五十万吊
同益银行	南昌	1920.6		25 万元	私营股份	铜元票 20 万吊
江西银行	南昌	1921.3	1927	25 万元	官商合办	元票 80 余万元,铜元票 50 万串
赣省银行	南昌	1921		50 万元	官商合办	元票 185.5 万元,铜元票 44 万串
公共银行	南昌	1923.10	1926	25 万元	官督商办	元票 21 万元,钱票 21 万串

[①] 中国人民银行总参室编:《中国近代货币史资料》,中华书局,1964 年,第 880、914 页。
[②] 周葆銮:《中华银行史》,商务印书馆,1923 年,第 22 页。

续 表

行　名	行址	设立年月	歇业年月	实收资本	组织性质	纸币发行额
江西官银钱号	南昌	1923.11	1925		官办	
江西地方银行	南昌	1925	1926	81万元	官督商办	复兴隆钞票1 300万元,铜元票400万串
江西平市官钱局	南昌	1927,夏	1927.11		官办	铜元票64万吊

（资料来源：吴宗慈：民国《江西通志稿》，江西省图书馆，1984年，第22册，第263—264页；戴建兵：《中国近代纸币》，中国金融出版社，1993年，第276—283页。）

从1927年底开始，江西各地陆续爆发了武装起义，建立了中央革命根据地和闽浙赣、湘鄂赣、湘赣几大根据地，各根据地都建立了自己的银行或造币厂，发行了多种苏区货币。江西的红色货币最早出现于1928年井冈山上井造币厂铸造的"工"字银元，这种银元是仿照当时通行的袁大头制造的，发行总量近万元。此外，湘鄂赣省工农银行也仿造过银元，起初所造银元为斧头镰刀，因不能在白区流通而改为仿照全国通行的袁大头和孙小头银元，铸造数量约2 600元。[①]此外，一些根据地也曾造过铜元，但数量均不大。除银元外，各根据地主要发行的是纸币，发行数量以中央苏区苏维埃国家银行的纸币发行数量最多，1932年至1934年总计高达805余万元。[②]湘鄂赣苏区1931年11月湘鄂赣省工农银行成立后即发行纸币10万元，到1932年发行量达30万元。[③]闽浙赣苏区1931年成立的赣东北特区贫民银行"先后仅发行4万元"，1931年赣东北省苏维埃政府建立后，赣东北特区贫民银行改建为赣东北省苏维埃银行，为支付省苏维埃政府的各项费用，当年9—12月之间就发行了3万元纸币。到1932年初为止，该地苏币发行总量为7万元，1933年至1935年间，该区苏币发行量猛增至100万元。[④]湘赣苏区纸币发行量最少，1932年1月15日湘赣省工农银行成立于永新县城东门，该行发行的银币券为1角和1元两种，币上印有"美"、"欧"、"澳"、"非"等字，发行数量为3万元。

除了地方银行和苏区发行的纸币外，还有民间私票。江西民间私票虽长期以来就存在，但在咸同以前，"江西各属钱铺均以现钱交易，间有铺户出钱票者，一经持票向取，即付现钱，并无票注外兑及换外票辗转磨兑情事"。清末私票的泛滥源于同光以后的钱荒，为解决钱荒问题，各地均有一些商号发行各种代币券之类的私票。如萍乡、安源一些商号发行了许多私票[⑤]，再如万载县，尽管"市面行用钱票，时有倒骗情事"，仍然"市面行用花票最滥"[⑥]。宜春"地方商民亦发行花票（分一百、二百、一千数种，面抹油称油纸

---

① 丁国良、张运才：《湘鄂赣革命根据地货币史》，中国金融出版社，1993年，第113页。
② 据《钱币研究》1991年第1期，第79页表格，无作者。
③ 丁国良、张运才：《湘鄂赣革命根据地货币史》，中国金融出版社，1993年，第67页。
④ 张书成、肖炳南：《闽浙赣革命根据地货币史》，中国金融出版社，1996年，第46、119页。
⑤ 详见何章生：《萍乡地方货币史话》，《萍乡文史资料》第8辑；吴正祥：《旧时安源的银钱业》，《钱币研究》2000年第1期。
⑥ [清]傅春官：《江西农工商矿略》，万载县·商务，光绪三十四年（1908年）石印本。

票)乘机攫利"。吉安"在满清时,本城钱庄各出花票,每张计十足典钱一千文,名铜板票,又因买卖习惯纯用九七钱,临时书立白条,每张计九七钱一千文,名九七票"。

20世纪20年代以来,由于各省自清末以来长期滥铸铜元,铜元对银元兑换价一再贬值,铜元铸利日趋下落。1903年铜元兴起时,铸造当十铜元每银一两可获利铜元132枚,到1910年时只可获利87枚,1923年时降为30枚,1925年为4枚,到1926年时反而亏本140枚。① 因此进入20年代后,各地基本停止了大规模铸造铜元。铜元需求量大供应减少,纸币又发生信用危机,导致市面上银根紧张,造成了当时普遍存在的钱荒。以至于"社会上之找零,乃大感困难,有以铜元几枚之记条,盖章找零者,有将元票撕为数橛找零者。黄包车夫有时二人合得元票一张,因无钱可找,乃合购香烟一包,共同消费;乞丐亦以无铜元之故,终日沿门托钵,亦不名一文"②,可见当时的钱荒到了何种程度。在这种情况下,各地花票(主要为铜元票、钱票)纷纷出笼。根据20世纪30年代江西省财政厅调查,江西各地发行花票数额较大的县共有30县,合计发行银元票180 750元,铜元票204 586 600枚,以每串铜元票换大洋三角计算,合银元613 759元,银元票、铜元票合计达794 509元。③ 1933年江西三家地方银行(江西裕民银行、建设银行、南昌市立银行)发行的辅币券流通范围仅见于南昌、九江、吉安几城镇,绝大多数县没有普及。而各县私自印发的铜元票和代币券之类的花票,价值近80万元之多,不下于三家地方银行的发行总额,甚至连"卖浆理发之店,俱出花票"。

二、流通的区域性

民国以来,江西的地方货币(基本上为纸币)发行数量可谓巨大,但其流通状况却很不理想。1933年废两改元前,银两理论上虽仍可使用,但主要用于大额商业结算单位,日常流通中已经罕见。银元是当时最为通行的银通货,江西各地使用银元的比例和种类有很大的差异。1914年袁币铸行前,各地使用的银元主要为外国银元(即洋银)。据民国初年日本东亚同文会的调查,江西银元流通最多的地区是抚州和建昌,其银元流通数约占全部通货的六七成;其次为广信府(上饶),约占五成;赣西袁州府(宜春)最多只有四成,吉安、赣州在三四成之间。④ 具体至各地银元流通的种类,九江、景德镇、广信(上饶)等地以英洋为主,日洋在九江则极为少见;丰城流通最多的是龙洋,次之则为花洋(即烂洋);樟树最多的是烂洋,次之为香洋、龙洋等;而抚州和建昌最多的是湖北龙洋,次之为英洋、日洋;江南、安徽银元最少;新干、新余、峡江日本银元较多。但赣州银元流通小,小银元(毫洋)是当地的标准通货,其流通额在各种货币中最多。1914年袁币(俗称袁大头)开铸后,逐渐在市场上流通,但到1919年时,

---

① 中国人民银行总行参事室编:《中华民国货币史资料》第1辑,上海人民出版社,1986年,第750页。
② 姚肖廉:《江西钱荒问题之研讨》,《银行周报》第20卷第48期,1936年12月。
③ 江西省政府经济委员会:《江西经济问题》,台湾学生书局,1971年,第325页。
④ [日]东亚同文会:《支那省别全志·第11卷:江西省》,日本东亚同文会,1918年,第902页。

九江市场仍"以墨洋为主,每日有行市,市上最为通用"。直到1919年上海取消英洋行市,改为袁币后,其流通额才迅速增加,最终占据各地流通银元之首位。

银元之外,尚有毫洋(也称小洋、银角等),江西各县通用毫洋的有"赣南之赣县、南康、上犹、崇义、定南、安远、寻乌、龙南等县及赣东玉山、浮梁诸县","赣南各县流通之辅币,均为广东双毫,次为福建、湖北等省之银角"。南昌、九江、景德镇、浮梁等地则使用极少。银元兑换银角并不是按1∶10的比例,各地市价依市场行情有所不同。民初"大率赣江上流,每元约兑十一角,下流则较多三仙乃至四仙"①。

对普通百姓而言,他们日常使用最多的并不是银元,"一枚银元在农村每年恐怕难得转手一次",下层民众使用最多的还是铜元等小额货币,南昌市面上用钱之地方,"一切交易除大宗者外,皆以铜元媒介,是故铜元之在南昌,不仅为辅币,实占有一种本位币之地位",南昌如此,下属各地更是如此。传统的制钱虽数量不断减少,但在一些偏远地区仍在使用,如龙南"制钱的需要大,价格高,九文兑铜元一仙"②。虽然我们无法确切计算出这一时期江西流通的铜元总数,但其在民间占主导地位却是毫无疑问的。

银元因有重量与成色的差异,因而与铜元的比价因各类和各地区而异。宣统三年(1911年)以前,银元折钱每元市价约1 200文内外,银元纳税少制钱百余文或数十文,光复后市价约为1 300文内外。据东亚同文会的调查,民国初年江西各地银元与铜元的比价如表3-5-6所示。

表3-5-6 民国初年江西各地银元每元兑换铜元数

地区	调查年份	银元兑换铜元数(文)	地区	调查年份	银元兑换铜元数(文)
丰城	1915	1 430(英洋、龙洋)1 420(烂洋)	临江(樟树)	1915	1 420(烂洋)1 425(人洋)1 435(英洋)1 430(龙洋)
余江	1916	1 420	南安	1913	120(小洋)
景德镇	1915	1 410	万安	1915	1 400(烂洋)
弋阳	1916	1 410(龙洋)1 440(英洋)1 420(日本龙洋)	吉安	1910	1 353(七三花边)1 430(英洋、龙洋)1 425(人洋)1 420(烂洋)
瑞州(高安)	1910	1 320	新干	1915	1 440(日本龙洋)1 430(杂洋、人洋)
广信	1916	1 420—1 440	信丰	1915	1 375
玉山	1916	1 430(英洋)1 420(龙洋)	浮梁	1915	1 400

(资料来源:[日]东亚同文会:《支那省别全志·第11卷:江西省》,日本东亚同文会,1918年,第850—948页。)

---

① [日]野田势次郎:《述野田氏赣江流域之调查报告》,《地学杂志》第6年第61、62号。
② [日]东亚同文会:《支那省别全志·第11卷:江西省》,日本东亚同文会,1918年,第980页。

除硬币外,当时货币构成中数量最多的是纸币。但是由于民间习惯信任银铜等金属货币,纸币的推行很不理想。民初的江西民国银行由于在省内有21处分支机构,其纸币的推行情况较20世纪20年代的几家银行好得多,纸币信誉也较后来几家银行高,但仍集中于几大都市,偏远乡村仍流通有限,如新城县"官票流通少,盖离发行地省城太远的缘故"。20年代的几家地方银行极少在各地设立分行,基本上集中于南昌一地,其纸币多为大额的元票,根本不顾民间的实际需求,导致"一二城市币券充斥,而多数县乡镇筹码缺乏"之矛盾现象,继而为20年代末30年代初各地花票的泛滥滋生了温床。

苏币的流通也面临类似障碍。如赣东北的葛源有的商贩说:"我的东西是用银元买来的,你用纸币来买,我不要。"针对这一普遍情况,红色政权采用各种手段,推行苏币的流通。在禁止各种杂钞和白区纸币流通的同时,苏维埃政府还下令苏区内部不得用金属货币交易,群众手中的现金都要兑换成为苏区纸币,而苏区政府将集中的金属货币用于对外贸易或作为银行发行苏区纸币的准备金。苏币发行初期,由于基金较足,红军对各地控制力较强,纸币的流通与信用状况较好,但到后期,因财政匮乏,各根据地银行纷纷大量发行钞票,各根据地纸币发行总量高达近千万元。苏币的大量发行,一方面在某种程度上加剧了当时货币市场的混乱局面,但同时又打破了各地传统的货币体系,对后来的法币改革有较大的促进作用。由于苏区政府动用各种权力资源促进苏区纸币的流通,强化了纸币在民间的接受程度,客观上为后来国民政府废除银元本位制奠定了心理基础。以苏区革命的中心瑞金为例,该地"旧日在市面上流通之筹码,皆属硬币",红军入境后,大量发行钞票,民间存银逐渐告罄,1934年10月国民党军重占该县后,"为时无几,中央(按:南京国民政府)即实行新货币政策,当时各省边县人民颇有以不习用纸币为苦者,而本县则使用纸币之习惯早已养成,接受新货币政策不感困难"[①]。

三、金融机构的地理分布特征

金融业作为经济活动的血脉,其分布特征往往与区域经济结构与市场分布状况高度相关。民国江西的市场结构大致以江西主要河流为中心,形成几大区域市场和几条贸易通道。[②] 这几大区域市场为:赣东市场,1928年玉常公路修通以前以河口和玉山为中心,"浙赣吐纳之货物,必须道经该镇",赣东北的茶叶、米、纸等特产都须经河口转运沪杭,河口镇也成为江西四大镇之一,玉常公路和1937年浙赣铁路通车后河口迅速衰落,代之以玉山和上饶为中心。这一地区的主要商道有两条:一是从杭州—常山—玉山—河口—鄱江—吴城,一是从河口南越武夷山,进入福建。赣东北市场则以景德镇为中心,它是江西另一四大名镇之一,这一地区的传

---

① 民国《瑞金县志稿》,稿本,第123页。
② 贸易路线参见周霖:《1929—1937年江西米粮产销市场化实证分析》,江西师范大学1998年硕士学位论文。

统商道为吴城—鄱江—昌江—景德镇—徽州,它是联系皖赣的主要贸易通道。赣西市场以萍乡为中心,其主要贸易路线为醴陵—萍乡—袁水—樟树—赣江,它是湘赣贸易的主要通道。赣中市场以吉安为中心,其主要贸易通道为传统大庾岭商道,路线为广东—大庾岭—赣江—吴城—九江—汉口,这一地区的农产品多是先运至吉安,再转运南昌、樟树等。赣南市场以赣州为中心,这一地区的商道除大庾岭商路外,还有赣县—贡水—瑞金—汀州—汀江、韩江—漳州—潮汕一线,这是联结赣南与潮汕和厦漳泉地区的主要贸易通道。赣北市场则以九江和南昌为中心,江西各地主要土特产品多运往这两地,再转运他省。在江西的商业网络中,形成吴城、樟树、河口、景德镇四大名镇和南昌、九江等主要结点。外省内销江西之货,以樟树为中心点,江西外销之货则以吴城为结点,该地素有"装不完的吴城"之称。九江则是江西进出口门户,也是江西与外省最主要的贸易结点。整个赣江流域市场,可以万安十八滩为界,分属长江经济区和华南经济区。"赣江之十八滩者……其水量大小,亦无一定程式,汽船航行于此,既不可得,即民船于减水期中,往来其间,亦动生困难,……故航行者苦之"①,十八滩水急滩多,自然将赣江商道一分为二,十八滩以上从属于华南经济区,以下则从属于长江经济区。

民国江西地方货币的流通及金融业的分布与这一市场结构有密切关系。金融业较为发达的县份绝大多数属于地区贸易中心(铅山、清江、万载、吉安等),这些地区或处于江西主要商道的结点上(如吉安、清江),或处于省际贸易的重要中转站(如铅山、万载等),其商品流通量较大,对货币和金融需求量也相应较大。民初野田势次郎调查时,发现赣南纸币不通行,但广泛通用广东银角,这是因为赣南市场体系主要从属于华南经济圈,赣南地区与广东的贸易联系大大超过与赣中、赣北的联系,因而其货币也多流通广东银毫,以至于到1935年裕民银行还特意为赣南地区发行一毫、二毫、五毫的毫洋券,以适应这一地区商业流通的需求。江西民国银行发行的官票"仅行于交通便利之地,如樟树镇以北,若丰城、南昌等处",集中于"南昌、新建、修水、安义、靖安、丰城、进贤、奉新、高安、新昌、武宁、铜鼓、永修等十三县",也是因樟树以下与南昌的商业联系较密切,因而南昌的纸币能在这一带流通。萍乡因系湘赣交通贸易咽喉,20世纪20年代初通行过湖南长沙美国友华银行的银元钞票。宜春"自湖南鼓铸当二十铜元,本县以接壤之故,渐次流入"。玉山因与闽浙地区商贸往来频繁,除使用当十铜元外,河南当五十文、四川省当百文和当二百文的大铜元也间有流入。20年代的几家地方银行发行的纸币也主要流通于吉安以北地区,亦因同处长江经济区,万安以下的赣江通航条件较好,各地区之间的商业往来较密切之故。此外在银两的使用上也体现出明显的地域特色,各大商业中心都有自己的平砝,如吉安钱平(吉安)、建昌平(南城)、河口平(铅山河口镇)、九三八平(南昌),九江的浔曹平、二四大平、二四小平等。

---

① 〔日〕野田势次郎:《述野田氏赣江流域之调查报告》,《地学杂志》第6年第7、8期。

第三节 金融变迁的特点及动因

一、货币体系变迁的特点和动因

近代以来,江西地方货币的发行与其实际流通之间严重脱节,尽管地方的官银钱局及银行等发行了大量的纸币,但这些纸币的流通范围非常之狭窄,纸币远未能渗透到乡村及偏远地区。个中原因,主要受制于现代金融组织的不健全。开埠以来,中国的银行业逐渐兴起,民国肇建,银行业得以迅速发展,但仍远未能深入内地与乡村。即使到了20世纪30年代银行业几达鼎盛之时,多数地区与乡村社会关系最为密切的金融组织仍是当铺和钱庄,江西因银行业较为落后尤为如此。

从表3-5-4来看,1934年江西农民贷款来源中,银行与合作社二者合计仅占借款来源的4.8%,尚不如典当一业所占之比重,这其中还必须考虑到江西常年大范围的战争对当铺和钱庄等传统金融组织的巨大破坏。而据民国初年农商部的统计,时江西全省共有钱庄计285家、连同7家金店,合计资本额为2 142 770元,各户存款额达661 630元,纸币发行额81 850元。[①] 民初江西全省计有当铺168家,资本总额2 422 380元,一年间当出总额达3 322 020元,赎取总额2 738 809元,另有各户存款总额达727 168元。[②] 与钱庄主要经营工商业放款相比,典当业的营业对象多为农民,因而对农村与农民而言,典当业的发达与否意义更为重大。民初江西典当业资本额甚至超过钱庄,也凸显了它在农村金融中所处的地位。相比之下,民初江西银行业无论是在资本额、营业额还是在经营网点上均无法与传统的钱庄和当铺相提并论,银行甚至还受到钱庄的制约。当时的江西民国银行实收资本仅87万元,仅约占全省典业资本的三分之一,而且民初的银行主要业务是发钞和经理省库,对乡村社会作用甚微。甚至于钞票信用尚好的中国银行在发钞时也遭遇到很大的阻力,如1916年景德镇中国银行发行钞票,当地钱庄为了维护自己的利益,对银行群起而攻,使银行在市面上无法发行钞票,业务难以开展,一直陷于停顿。不仅如此,民国初期,银行业在江西的网点非常有限,民初江西除民国银行有十多个分支行外,交通银行只在九江设立分行,中国银行也只在南昌、九江、吉安、赣县和景德镇设立分行,其他地区则无银行,只有钱庄和当铺。江西民间历来有崇信金属货币的传统,地方银行发行的纸币信用无法保证,又缺乏推行纸币的分支机构,纸币的流通只能局限于发行地一二城市亦很自然。而各地的钱庄和当铺也趁通货不足之机发行纸币,反而在当地信用卓著。据时人调查,江西官票"虽票面书明一串,有时市价下落,仅值六百三十。而巨商大贾,以个人之信用,散给市票,反

[①] 农商部统计科:《中华民国二年第二次农商统计表》,农商部,1915年,第255页。
[②] 农商部统计科:《中华民国二年第二次农商统计表》,农商部,1915年,第273页。

无丝毫折扣,较之官票,信用转著"。赣县惠和公典发行毫洋券和花票甚至到1938年才停止流通。

从1926年开始,江西各地先后经历北伐战争和苏区革命,战争所到之处,钱庄和当铺等传统金融机构或因分摊巨额军费而闭歇,或被作为剥削机关而消灭,江西的钱庄和典当业受到巨大冲击。据金陵大学农学院调查,20世纪30年代初,江西仅剩九江惠农典、樟树惠黎公典、临川永兴典和寿和典及一些代当,与民初县县有当铺落差千里。虽然当铺数量遭重创,但它在乡村中信用仍非常之高,当时江西典当、代当到期取赎率平均为86%,到期转票8%,逾期死票(即死当)的只有6%,取赎率甚至比江南发达地区的当铺还高。因传统金融机构受巨大破坏,尤其是作为"穷人的后门"的典当业的缺失,使民间借贷来源日窄。农民为应付日常生活和突发事件的急需资金,只好将安身立命之本的土地拿去典当,典地之农户数大增,农民的生存也因此受更大威胁。参见表3-5-7:

表3-5-7 江西4县24区典地农家占农家总数之比

地区	永修	南城	清江	莲花
百分比	27.50%	12.50%	34.30%	11.20%

(资料来源:赵宗煦:《江西省农业金融与地权异动之关系》,台湾成文出版社、美国中文资料中心,1977年,第45392页。)

江西乡村金融的转型在于20世纪30年代以后。1931年南京国民政府通过了《银行法》,1933年国民政府通过废两改元令,剥夺了钱庄主宰金融行市的能力。1935年又借白银外流之机实行法币改革。国民政府这一系列的政策导向为银行业取代钱庄业提供了良好的制度环境。30年代的江西银行业也开始改变以往倚重政府、脱离工商业的经营方略,积极从事于工商事业。1933年以后,江西银行业不论是在营业额上还是在网点的设立上都有长足进展,与钱庄业和典当业的日渐衰落形成鲜明对比。以江西最主要的地方银行江西裕民银行为例,该行1928年成立时除在南昌设总行外,仅在吉安和九江设有分行,之后五年均未在各地设分行。但从1934年到1937年短短三年间,就在省内外增加到61个分支行。在业务上,1932年,裕行存款总额1 369 000元,放款总额1 137 000元。到1935年,"各种存款达700余万元,放款共260余万元,往来透支共160余万元,拆出款20余万元,分行透支共160余万元,汇款共2 200万元,领用券70万元,总分行盈利共283 392元7角7分"[①]。

除裕行外,20世纪30年代后,中央、中国、交通、农民四大银行和外省银行纷纷进入江西。到1937年,中央银行已在南昌、吉安、九江、临川设立4个分行,中国银

[①]《裕民银行去年度(1935)营业报告》,《经济旬刊》第6卷第5、6期。

行在南昌、吉安、景德镇、上饶等处设立9个分行(含办事处),中国农民银行设有17个分支行(含农贷所、办事处)。此外,浙江兴业银行、上海商业储蓄银行、中国国货银行、大陆银行等也纷纷入驻江西,使江西各地银行的数目急剧增加,到1937年,江西各地银行的分支机构数达83个,基本实现县县有银行。银行网点的增加与实力的增强,极大地便利了在各地推广银行钞票,为统一地方货币奠定了强大的组织基础,为法币深入江西城乡,统一各地方货币创造了最重要的前提。

就江西而言,江西乡村金融体系的建立与地方货币的统一还与苏区革命密切相关。在"剿共"的军事斗争中,大量军队进入江西,带来了大量的中央等银行的钞票,虽然在不少地区是靠强力推行这些纸币,但客观上将国家银行的纸币渗透至江西各地。如1933年蒋介石驻赣督剿,"直接间接由行营发饷之军队,不下五六十师,每师月以十五万元计,总数在六七百万元之谱"[①]。借"剿共"之机,各个银行也随大军而进,纷纷在各地设立分行号,最为显著的是江西裕民银行和中国农民银行。但是,这些大军带来的钞票多数是五元或十元的大额钞票,在当时的经济水平下,很难找零。如大军经过的金溪、资溪等地,"五元、十元之钞票,常有无法调换之苦"。为了给这些大额钞票找零,江西裕民银行自1933年起开始增发辅币,以补大票之不足。1932年,裕行辅币券仅发行39.8万元,1933年增为78.5万元,1934年增至393.8万元,1936年因法币改革兑换之需,发行量增至1 152.8万元。这些中央各银行钞票和地方银行辅币券的深入内地,取代了各地原先使用的花票和旧纸币。因此,军事斗争客观上为纸币深入江西内地提供了一个重要契机。

除了银行体系的建立和完善之外,其他金融组织如信用合作社、农业仓库、农民抵押借贷所等的建立也为推行法币起了作用。民初的当铺和钱庄不少自身发行纸币(私票),对推广地方银行的纸币没有兴趣。1935年,江西共有合作社2 269个,每县区平均有33社,贷款总额为1 233 926元。[②] 这些合作社、农贷所等都是先向银行贷款,再转贷于农民,这种放款方式也为法币深入乡村起了重大作用。

晚清以来,江西的货币发行体系出现了空前的混乱,除中国、交通银行发行的纸币外,各地方银行、苏区政权和民间商号、团体亦发行了大量的纸币。但是,由于初期的银行势力单薄,缺乏足够的分支机构和实力,纸币的推行甚不理想。而民间商号(钱庄、典当号及一些地方商会)为解决硬通货不足的问题,纷纷发行私票(花票),反而信用卓著。这一矛盾直到南京国民政府建立后,致力于新式货币、金融体系的建立才得以解决。在这一过程中,江西也完成了金融体系的转型。传统的当铺、钱庄因受战乱遭受重创,以银行、农村信用合作社等为代表的新式金融组织趁"剿共"之机深入江西内地,建立了遍布全省的金融网络,为推广

[①] 《去年赣省银行业概况》,《银行周报》第18卷第19期,1934年2月。
[②] 孙兆乾:《江西农业金融与地权异动之关系》,台湾成文出版社,1977年,第45395页。

法币、结束各种地方货币的流通起了决定性作用。同时,这一进程也反映了当时的政治、经济等形势的变化。清末民初,江西货币体系的多元混乱是与群雄争立、划地为王的政治状态及各地财政的自立及市场的分割有关的,而南京国民政府时期江西货币体系的统一也是中央政权、财权、军权统一的结果。因此,江西地方货币体系的变迁不仅体现为货币制度的现代化,同时也反映了地方政治结构和经济结构的变迁。

二、金融制度变迁的特征

杜恂诚认为,1927年前中国金融制度的变化属"诱致性制度变迁",这一时期中国的金融制度是一种"自由市场",政府对于金融业的干涉较少,金融市场是自发产生、自主发展的。1927年后,中国金融制度的变迁属政府垄断型的"强制性制度变迁",政府在其中起了决定性的作用。在"自由市场"阶段,传统的钱庄、当铺可以与新式银行公平竞争,并且在竞争中占据主导地位。传统金融机构在资金实力、覆盖网点、放款工商业及农村数额等方面均比新式银行占据了绝对的优势,甚至连金融市场的主导权的重要标志——"洋厘"和银拆亦由钱业公会来制定。

清末民初至北洋时期,江西农村的金融市场格局与全国类似,主要由私人借贷和钱庄、当铺这些传统金融组织构成。北洋军阀时期,江西金融业的发展虽属"自由市场",但此阶段江西农村金融组织的变化不完全属"诱致性制度变迁"。政府并非对金融业不予干涉。相反,这一时期地方财政"皆利用金融机关以支持,致使金融机关不死于本身,亦不死于社会,而死于政府"。这一时期江西先后成立的多家银行,均因此而先后破产,最终酿成"复兴隆风潮"。而传统的钱庄和当铺却与社会经济紧密联系,显示出很强的活力和适应性。甚至在清末民初时,因钱荒问题,江西各地的钱庄和商号不但吸引大量住户存款,甚至还发行大量花票,俨然承担了银行的职能。这些花票在民间时竟然信用良好,如吉安"在满清时,本城钱庄各出花票"。而清末波阳广盈库、永丰钱庄发行的制钱票,因纸质坚韧,花纹细致,被民间称之为"靛花票",并流通于饶州7县。而江西民国银行发行的官票"仅行于交通便利之地,如樟树镇以北,若丰城、南昌等处","虽票面书明一串,有时市价下落,仅值六百三十。而巨商大贾,以个人之信用,散给市票,反无丝毫折扣,较之官票,信用转著,斯亦奇矣"。[①] 可见传统金融机构在民间具有浓厚的基础和良好的信用。

南京政府时期,江西农村的传统金融组织迅速衰落,个中原因既有政府政策的"强制性制度变迁",又与江西所经历的特殊环境密切相关,这就是北伐战争和苏区革命。江西是北伐战争和苏区革命的主战场之一,战争所经之处,传统的钱庄和当铺几乎消失。战争造成钱庄和当铺的急剧衰落,虽然导致农民借贷问题更加严峻,

---

① 《去年赣省银行业概况》,《银行周报》第18卷第19期,1934年2月。

却给南京国民政府建立现代农村金融体系扫除了障碍。战争反而为江西农村金融的转型提供了契机。在国军"剿共"的过程中，以银行、农村信用合作社等为代表的新式金融组织趁"剿共"之机深入江西内地，建立了遍布全省的金融网络。因此，江西农村现代金融体系的快速推行与基本完善，与苏区革命与"剿匪"密切相关，成为江西农村金融转型的特有属性。

近代江西农村金融的转型，除了战争和政府的"强制性制度变迁"外，也与现代金融组织的成熟与发展有关。南京政府时期以银行为代表的现代金融组织，不但资本实力大为增强，而且放款对象也不再以官厅为主，而是面向工商业和住户，保持了自身的独立性。银行等新式金融机构不但有政府的支持和推广，在与传统的钱庄和当铺相竞争时，也占据了优势地位。由于银行利息较低，吸引了工商业贷款，挤走了钱庄的业务。以吉安为例，原来"商务汇兑素由钱庄出入"，但"自银行界实行薄利放款，无论信用抵押每百元日三厘或三厘半，最高不过日四厘，商务趋势，遂以银行为重心"。

从清末民初到抗战前后，江西完成了农村金融体系的转型，既有政府和政策的"强制性制度变迁"，也与新式金融业自身发展的"诱致性制度变迁"有关，同时还与江西所经历的特殊战争环境密切相关。在江西，农村金融体系的转型可以说是"诱致性制度变迁"与"强制性制度变迁"相交织的产物，与近代中国其他地区相比具有其自身的独特性。

表图总目

表1-1-1　两湖地区的气候
表1-1-2　晚清时期两湖地区的人口数
表1-1-3　民国时期两湖地区的人口数
表1-1-4　历史时期湖北的人口分布及密度
表1-1-5　历史时期湖南的人口分布及密度
表1-1-6　近代湖南各地的人口密度
表1-1-7　民国时期两湖人口的地理分布
表1-1-8　湖北省壮丁的分布统计(1936年)
表1-1-9　1946—1947年湖北人口年龄统计
表1-1-10　20世纪30年代湖北大冶农民性别及年龄结构
表1-1-11　民国时期两湖人口性别比(以女性为100)
表1-1-12　1946年湖北省人口职业结构
表1-2-1　清代两湖地区的耕地面积
表1-2-2　清代两湖地区的耕地结构
表1-2-3　历史时期湖北的耕地面积
表1-2-4　1873—1957年两湖地区的耕地面积
表1-2-5　近代两湖地区的粮食作物面积
表1-2-6　近代两湖地区的经济作物面积
表1-2-7　1863—1937年在武汉地区的外资企业(依开办先后排序)
表1-2-8　晚清湖北的官办企业
表1-2-9　1913年两湖机器工业概览
表1-2-10　湖南近代官办工业概况
表1-2-11　晚清湖北地区的民营企业
表1-2-12　1936—1937年湖北工厂概况
表1-2-13　湖南近代民营企业概况
表1-2-14　抗日战争期间湖南民营纺织企业统计
表1-2-15　两湖手工业作坊和手工工场统计(1912—1913年)
表1-2-16　抗日战争期间湖南手工业的发展情形
表1-2-17　湖广总督张之洞主持下的勘矿活动
表1-2-18　1914—1915年湖北民间勘察矿藏的活动
表1-2-19　清末民初湖北采矿业简表(按开办时间排序)

表1-2-20　日本资本控制下的湖北铁矿及生铁生产情况

表1-2-21　民国时期湖北民营矿业概况(1937年)

表1-2-22　湖南近代官办矿业一览表

表1-2-23　1923年湖南锑矿公司的分布

表1-2-24　1927年湖南铅锌矿公司一览表

表1-2-25　1941年湖南境内各银行的支行设立情况

表1-2-26　1912年统计的两湖地区钱庄业

表1-2-27　近代湖北各县市的钱庄设立情况(不含汉口)

表1-2-28　1915年湖北境内钱庄的分布情况

表1-2-29　清光绪年间两湖地区的山西票号

表1-2-30　1907年蔚长厚汉口分号汇兑对象统计

表1-2-31　晚清汉口—上海航线各轮船公司概览

表1-2-32　清末沪汉线、汉宜线轮船公司统计

表1-2-33　清末湖北民营轮船公司示例

表1-2-34　民国初年两湖地区的民营轮船运输业

表1-2-35　民国初年汉口—上海航线中外轮船公司概览

表1-3-1　清末民初汉口市场商品输出之国内外比较

表1-3-2　清末湖南进出口贸易一览

表1-3-3　晚清民国汉口的地域商帮

表1-3-4　晚清民国汉口市场长距离贩运之大宗商品

表1-4-1　民国时期鄂东南区的棉花产销情况

表1-4-2　1957年湖北省城镇人口分布

表1-4-3　20世纪50年代湖北省的乡村人口密度

表1-4-4　湖南各流域的人口分布(1931年)

表2-1-1　1911—1927年安徽军政首脑任职简表

表2-1-2　1927—1942年安徽军政首脑任职简表

表2-1-3　近代安徽部分年份人口数统计情况

表2-1-4　光绪二十七年、三十一年(1901、1905年)庚子赔款各省分摊数额表

表2-1-5　光绪三十二年(1906年)各省岁入与庚子赔款摊派比较

表2-1-6　庚子赔款部分年份安徽款项来源(1905—1907年)

表2-3-1　1905—1911年安徽开矿领照件数及矿界统计

表2-3-2　1912—1919年安徽新注册铁矿统计

表2-3-3　1912—1919年安徽新注册煤矿统计

表2-3-4　1920—1926年安徽新注册铁矿统计

表2-3-5　1920—1926年安徽新注册煤矿统计

表2-3-6	北洋政府时期安徽历年可查注册矿区统计
表2-3-7	1927年4月—1937年安徽历年新注册商办矿区统计
表2-3-8	侵华日军占领与破坏的安徽矿业调查
表2-3-9	近代安徽注册煤炭各矿区的县域分布(1840—1945年)
表2-3-10	近代安徽注册铁矿各矿区的县域分布(1840—1945年)
表2-3-11	中国明矾储量
表2-3-12	1932—1934年全国重要明矾矿区明矾产额
表2-3-13	民国时期杂志对于安徽稀有矿产发现和开发的记录
表2-4-1	近代皖江段以芜湖为基地的主要小火轮企业
表2-4-2	近代芜湖各类银行设立情况
表2-4-3	1927年前皖江地区邮局分布
表2-4-4	民国间芜湖电报官工商电业务比较
表2-4-5	1877—1931年芜湖口岸贸易值
表2-4-6	20世纪30年代皖江地区各县年平均向芜湖输出稻米量
表2-4-7	光绪七年(1881年)经芜湖出口的药材品种及产地分布
表2-4-8	1933年安徽省各县棉产运销概况
表2-4-9	1912年芜湖口岸内销洋货品种及分布情况
表2-4-10	1933年皖江南岸腹地部分市镇人口数量
表2-5-1	安徽经济地理空间分带
表2-5-2	1912年芜湖关进口洋货种类及内地销售市场分布
表2-5-3	1934年安徽各分区人口密度
表2-5-4	安徽各分区人口密度大于均值占比
表2-5-5	1934年安徽各分区工厂分布
表3-2-1	近代江西棉麦推广情况
表3-2-2	近代江西农产品出口数量
表3-2-3	20世纪30年代江西农产品商品化率
表3-2-4	近代江西主要粮食作物面积及产量构成
表3-2-5	近代江西水稻生产情况
表3-2-6	1933年江西各区各种稻谷产量占比
表3-2-7	近代江西主要经济作物种植面积与产量
表3-2-8	近代江西杉木产量
表3-2-9	民国时期江西渔产产出概况(1950年统计)
表3-2-10	民国时期江西渔产输出概况(1950年统计)
表3-3-1	民国时期江西各区纸业产值
表3-3-2	1933年江西各县夏布产量

表3-3-3　1882—1911年间江西万元以上资本企业一览表

表3-3-4　民国中期江西各地碾米厂统计

表3-3-5　1938—1943年间江西重工业概况

表3-3-6　抗日战争时期江西民营工业行业分布

表3-3-7　1935年江西各县钨砂产量比例

表3-4-1　抗日战争前江西输出商品结构

表3-4-2　1928—1932年九江关棉货输入价值与总输入额之比例

表3-4-3　20世纪30年代江西烟酒输入数量及比例

表3-4-4　抗日战争前江西主要物品输入量与比例估计

表3-5-1　民国初年江西主要的地方银行

表3-5-2　民国间江西钱庄业变化情况

表3-5-3　民国间江西裕民银行历年增设分行

表3-5-4　1934—1947年江西农民借款来源

表3-5-5　20世纪20年代江西主要地方银行发钞情况

表3-5-6　民国初年江西各地银元每元兑换铜元数

表3-5-7　江西4县24区典地农家占农家总数之比

图1-2-1　俄商设于汉口的顺丰砖茶厂

图1-2-2　张之洞像

图1-2-3　湖北兵工厂旧影

图1-2-4　近代中国产量最大、参战最多、使用时间最长的步枪——汉阳造

图1-2-5　清末汉冶萍公司发行的股票

图1-2-6　汉阳铁厂旧影

图1-2-7　遭受日军轰炸后的株洲总机厂厂房

图1-2-8　1900—1931年湖南海关进口洋货棉纱担数走势图

图1-2-9　1902—1933年湖南海关出口棉布土货价值走势图

图1-2-10　1901—1933年湖南海关夏布出口数量变化图

图1-2-11　1900—1931年湖南海关进口洋货纸张价值变化图

图1-2-12　民国时期湖北地区的钱庄票

图1-2-13　民国时期的汉口码头

图1-2-14　民国时期汉江上的民船

图1-2-15　民国时期的汉口火车站

图1-2-16　民国时期湖南郴资桂公路施工照片

图1-3-1　江汉关旧影

图1-3-2　1908年宜昌城鸟瞰

图1-3-3　1911年沙市江边风景
图1-3-4　民国时期长沙湘春门
图1-3-5　清末民初汉口输入洋货及土货之净值比较
图1-3-6　1901—1931年湖南海关贸易趋势指数
图1-4-1　羊楼洞砖茶
图1-4-2　长江中游荆江与洞庭湖垦区形势示意图
图2-1-1　1934年的安徽芜湖海关
图2-1-2　民国时芜湖的益新面粉厂
图2-2-1　民国时蚌埠街头的烟叶搬运
图2-3-1　民国早期芜湖的长江航运码头
图2-3-2　1927年津浦铁路上的蚌埠淮河大桥
图2-3-3　民国时芜湖的明远电气公司
图2-3-4　兴办于清末的淮北烈山煤矿
图2-3-5　民国时怀远西舜耕山麓的大通煤矿矿场
图2-3-6　北洋政府时期安徽注册矿区折线图
图2-3-7　民国初年安徽领照注册矿区数统计图
图2-3-8　1912—1920年安徽矿区数量历年比较折线图
图2-3-9　1912—1920年安徽开发探矿历年比较折线图
图2-3-10　1927—1938年安徽历年新注册矿区数目折线图
图2-3-11　近代安徽注册煤矿矿区的地区数目及其所占比例图
图2-4-1　1911年的芜湖港
图2-4-2　20世纪20年代的芜湖商业街
图2-4-3　民国时芜湖的一个邮局
图2-5-1　民国时的蚌埠火车站
图2-5-2　安庆临江旧观
图2-5-3　民国时合肥的商业街
图3-2-1　民国时赣州的稻田
图3-2-2　民国时浔阳江边的渔夫
图3-3-1　民国时景德镇的窑场
图3-3-2　民国时的赣州北门发电厂
图3-3-3　民国时萍乡煤矿的工厂
图3-3-4　民国时期江西历年煤产量折线图
图3-3-5　民国时期江西历年钨砂产量折线图
图3-4-1　民国时南康的商业街
图3-4-2　民国时南昌城里的商号

图 3-4-3　1865—1894 年九江关进出口货值折线图
图 3-4-4　1904—1932 年江西进出口数量变化折线图
图 3-4-5　民国时九江的瓷器店
图 3-5-1　1926 年江西银行的铜元票
图 3-5-2　1932—1937 年江西省合作放款情况

参考征引文献举要

一、历史资料

1. 清人著述及新旧方志

[清]《大清一统志》,文渊阁《四库全书》本。
[清] 何绍基、杨沂孙、程鸿诏总纂:《安徽通志》,光绪四年(1877年)刊本。
[清]《安徽舆图表说》,光绪二十二年(1896年)刊本。
[清] 贺长龄、盛康编:《清朝经世文正续编》,广陵书社,2010年。
[清] 卞宝第:《卞制军奏议》,台湾文听阁图书公司,2010年。
[清] 谭嗣同著,蔡尚思、方行编:《谭嗣同全集》(增订本),中华书局,1981年。
[清] 陈夔龙:《庸庵尚书奏议》,台湾文海出版社,1970年。
[清] 奎斌:《杭阿坦都统奏议》,台湾文海出版社,1987年。
[清] 骆秉章:《骆文忠公奏议》,台湾文海出版社,1967年。
[清] 薛福成:《庸盦全集》,台湾华文书局,1971年。
[清] 姚鼐:《惜抱轩全集》,中国书店,1991年。
[清] 冯煦主修,[清] 陈师礼总纂:《皖政辑要》,据钞本点校,黄山书社,2005年。
[清] 辜天佑编:《湖南乡土地理参考书》第1册,群益图书社,1910年。
[清] 李哲睿:《呈度支部农工商部整顿出洋华茶条议》,《东方杂志》第7卷第10期,1910年。
[清] 傅春官:《江西农工商矿纪略》,光绪三十四年(1908年)石印本。
[清] 农工商部辑:《棉业图说》,宣统间刊本。
[清] 吴禄贞等:《湖北请建专祠折》,《张文襄公荣哀录》卷一,宣统间北京集成图书公司排印本。
[清] 容闳著,徐凤石等译:《西学东渐记》,湖南人民出版社,1981年。
[清] 徐润著,梁文生校注:《徐愚斋自叙年谱》,江西人民出版社,2012年。
乾隆《汉阳县志》
乾隆《湖南通志》
乾隆《湘潭县志》
嘉庆《重修芜湖县志》
道光《安徽通志》
同治《祁阳县志》
同治《续辑汉阳县志》
同治《安义县志》

光绪《湖南通志》
光绪《安徽通志》
光绪《巴陵县志》
光绪《华容县志》
光绪《靖州乡土志》
光绪《善化县志》
光绪《束鹿县志》
光绪《湘潭县志》
光绪《重修凤台县志》
民国《湖北通志》
民国《江西通志稿》
民国《汉口小志》
民国《蓝山县图志》
民国《醴陵县志》
民国《醴陵乡土志》
民国《夏口县志》
民国《瑞金县志稿》
民国《无为县小志》
民国《宿松县志》
民国《宁国县志》
民国《太和县志》
民国《芜湖县志》
民国《桐城志略》
民国《凤阳县志略》
民国《亳县志略》
民国《涡阳风土记》
白眉初：《鄂湘赣三省志》，北京师范大学史地系，1927年。
湖南省志编纂委员会：《湖南省志·第1卷：湖南近百年大事纪述》(修订本)，湖南人民出版社，1979年。
乐平县志编纂委员会：《乐平县志》，上海古籍出版社，1987年。
清江县志编纂委员会：《清江县志》，上海古籍出版社，1989年。
巢湖志编纂委员会：《巢湖志》，黄山书社，1989年。
郑维雄主编：《铅山县志》，南海出版公司，1990年。
湖北省枣阳市地方志编纂委员会：《枣阳志》，中国城市经济社会出版社，1990年。
湖北省咸宁市地方志编纂委员会：《咸宁市志》，中国城市出版社，1992年。
湖北省地方志编纂委员会：《湖北省志·金融》，湖北人民出版社，1993年。
安徽省地方志编纂委员会：《安徽省志·民政志》，方志出版社，1993年。

湖北省襄樊市地方志编纂委员会:《襄樊市志》,中国城市出版社,1994年。
吉安县志编纂委员会:《吉安县志》,新华出版社,1994年。
常世英:《江西省科学技术志》,中国科学技术出版社,1994年。
醴陵市志编纂委员会:《醴陵市志》,湖南出版社,1995年。
蒲圻市地方志编纂委员会:《蒲圻志》,海天出版社,1995年。
芜湖市地方志编纂委员会:《芜湖市志》,社会科学文献出版社,1995年。
安徽省地方志编纂委员会:《安徽省志·人口志》,方志出版社,1995年。
湖北省恩施市地方志编纂委员会:《恩施市志》,武汉工业大学出版社,1996年。
阜阳市地方志编纂委员会:《阜阳地区志》,方志出版社,1996年。
安徽省地方志编纂委员会:《安徽省志·交通志》,方志出版社,1998年。
安徽省地方志编纂委员会:《安徽省志·财政志》,方志出版社,1998年。
安徽省地方志编纂委员会:《安徽省志·金融志》,方志出版社,1999年。
安徽省地方志编纂委员会:《安徽省志·水利志》,方志出版社,1999年。
安徽省地方志编纂委员会:《安徽省志·自然环境志》,方志出版社,1999年。
合肥市地方志编纂委员会:《合肥市志》,安徽人民出版社,1999年。

2. 清末民国相关文献

《明治三十一年沙市贸易年报》(译自《通商汇纂》),《湖北商务报》1899年第13期。
《沙市输入洋布类情形》(译自《通商汇纂》),《湖北商务报》1899年第27期。
《皖北商务说略》,《集成报》1901年第1期。
[日]东亚同文会:《支那经济全书》,1907年。
[日]水野幸吉:《汉口:中央支那事情》,东京富山房,1907年。
[日]外务省通商局:《清国事情》第1辑,日本外务省通商局,1907年。
Arnold Wright (editor-in-chief) and H. A. Cartwright (assistant editor), *Twentieth Century Impressions of Hong, Shanghai, and Other Treaty Ports of China: Their History, People, Commerce, Industries, and Resources*, London: Lloyd's Greater Britain Publishing Company, Ltd, 1908.
经济学会编:《湖北全省财政说明书》,1911年。
经济学会编:《湖南全省财政说明书》,1911年。
《调查浙江安徽两省茶业报告书》,民国间印本。
《皖北茶叶概况调查》,民国间印本。
《皖中稻米产销调查》,民国间印本。
农商部总务厅统计科编:《中华民国元年第一次农商统计表》,中华书局,1914年。
农商部统计科:《中华民国二年第二次农商统计表》,农商部,1915年。
黄炎培:《民国元年工商统计概要》,商务印书馆,1915年。
顾琅:《中国十大矿厂调查记》,商务印书馆,1916年。
《潜山物产调查记》,《安徽实业杂志》1917年第4期。
童蒙泉:《江西之工业》,《农商公报》第38期,1917年。

［日］东亚同文会：《支那省别全志》，日本东亚同文会，1918年。

张鹏飞：《汉口贸易志》，华国印书局，1918年。

毛熙淦、洪范：《调查庐江县矾山矿业报告书》，《安徽实业杂志》第25期，1919年。

林传甲：《大中华安徽省地理志》，中华印刷局，1919年。

林传甲：《大中华湖北省地理志》，京师中国地学会，1919年。

林传甲：《大中华河南省地理志》，武学书馆，1920年。

Stranley Wright, *Kiangsi Native Trade and Its Taxation*, Shanghai, 1920.

王汝通：《全国农产地理新书·湖南省》，国华书局，1922年。

马延乾：《怀宁风土记》，《安徽教育月刊》1922年第52期。

安徽省实业厅编：《安徽省六十县产业调查繁表》，安徽省实业厅，1922年。

整理棉业筹备处：《中国棉业调查录》，1922年。

《安徽民商事习惯调查会第二期报告书》，《司法公报》1922年第172期。

周以让：《武汉三镇之现在及未来》，《东方杂志》第21卷第5号，1924年。

《安徽省之债权习惯（续）：租养牲畜（来安县习惯）》，《法律评论》第71期，1924年。

《安徽省之债权习惯（续）：租牛（宣城县习惯）》，《法律评论》第72期，1924年。

佚名：《湖北省之蚕丝业》，《中外经济周刊》第102号，1925年。

於曙峦：《宜昌》，《东方杂志》第23卷第6号，1926年。

王恩荣：《安徽的一部：潜山农民状况》，《东方杂志》第24卷第16期，1927年。

陈博文编，陈铎校：《湖北省一瞥》，商务印书馆，1928年。

郭绍仪、刘基磐、粟显倓：《湖南矿业纪要》，湖南建设厅地质调查所，1929年。

龚光朗：《新安徽之初步建设》，《安徽建设》1929年第1期。

徐剑东：《安徽植烟事业之研究》，《安徽建设》1929年第5期。

吴承洛：《今世中国实业通志》，商务印书馆，1929年。

陈序鹏：《皖北茶业概况调查》，《安徽建设》1929年第8期。

张斐然：《江西矿产沿革史》，启智书局，1930年。

詹玉鼎：《安徽矿业近况》，《安徽建设》第16、17号合刊，1930年。

俞道五：《安徽省官矿局成立史略》，《安徽建设》第16、17号合刊，1930年。

铁道部财务司调查科：《京粤京湘两线安徽段芜湖市县经济调查报告书》，1930年。

衡阳县调查委员会：《衡阳县调查报告书》，衡阳县调查委员会，1930年。

悟非：《皖省安芜蚌三市路政》，《申报》1930年9月10日。

吴寿彭：《逗留于农村经济时代的徐海各属》，《东方杂志》第27卷第6期，1930年。

［英］班思德著，海关总税务司署统计科译：《最近百年中国对外贸易史》，印者不详，1931年。

《安徽全省各商矿按照颁布矿业法变更亩数及税额一览表》，《安徽建设》第3卷第2期，1931年。

龚光朗、曹觉生：《安徽各大市镇之工商业现状》，《安徽建设》第3卷第2期，1931年。

宣阶:《安徽省棉花产销及棉田之调查》,《军需杂志》第13期,1931年。
曾继梧编:《湖南各县调查笔记》,和济印刷公司,1931年。
龚光朗、曹觉生:《安徽各县工商概况:安徽工商业之概况及其发展之途径(一续)》,《安徽建设月刊》第3卷第3期,1931年。
《中国之蛋业概况》,《安徽建设月刊》第3卷第4期,1931年。
潘子豪:《中国钱庄概要》,华通书局,1931年。
邬翰芳:《最新中国人文地理》,北新书局,1931年。
秦含章:《中国农业经济问题》,新世纪书局,1931年。
安徽省立茶叶改良场:《祁门县茶业调查报告》,1932年。
张孟陶:《安徽建设事业之回顾》,《建设季刊》1932年第1期。
湖南公路局:《湖南公路辑览》(增订版),湖南公路局,1932年。
铁道部联运处:《中华民国全国铁路沿线物产一览》,铁道部联运处,1933年。
胡去非:《安徽省地理》,商务印书馆,1933年。
傅角今:《湖南地理志》,武昌亚新地学社,1933年。
建设委员会调查浙江经济所统计科:《安徽段芜乍路沿线经济调查》,1933年。
杨季华:《皖北农村社会经济实况》,蚌埠安徽省立第二乡村师范学校,1933年。
安徽省政府秘书处编:《安徽省概况统计》,安徽省政府秘书处,1933年。
周荣亚等:《武汉指南》,新中华日报社,1933年。
谢彬:《中国邮电航空史》,中华书局,1933年。
李絜非:《滁县风土志》,《学风》第3卷第6期,1933年。
李絜非:《含山风土志》,《学风》第3卷第8期,1933年。
宛书城:《庐江风土志正讹》,《学风》第3卷第8期,1933年。
李絜非:《青阳风土志》,《学风》第3卷第10期,1933年。
张兴权:《述野田氏赣江流域之调查报告》,《地学杂志》1933年第7、8期。
逢壬:《湖北之棉产》,《钱业月报》第13卷第12号,1933年。
《皖北工厂概况》,《国际贸易导报》第5卷第12期,1933年。
湖南省政府秘书处第五科编:《民国二十一年湖南省人口统计》,湖南省政府秘书处,1933年。
湖北省政府建设厅:《湖北建设最近概况》,湖北省政府建设厅,1933年。
湖北省政府秘书处:《鄂西视察记》,湖北省政府秘书处,1934年。
湖北省政府民政厅:《湖北县政概况》,湖北省政府民政厅,1934年。
余醒民:《安徽怀宁县农村经济概况调查》,《中国经济评论》第1卷第4期,1934年。
胡邦宪:《沙市棉花事业调查记》,金陵大学农学院农业经济系,1934年。
胡哲民:《湖北省概况》,中国文化学会总会,1934年。
湖南省政府秘书处第五科:《民国二十二年湖南年鉴》,湖南省政府秘书处,1934年。
傅宏镇:《皖浙新安江流域之茶业》,《国际贸易导报》第6卷第7期,1934年。
瑞徵:《江西公路建设概况》,《现代社会》第3卷第4期,1934年。

刘世超:《湖南之海关贸易》,湖南省经济调查所,1934年。
《安徽省二十三县棉调查报告》,印者不详,1934年。
安徽省政府建设厅:《安徽省二十三县棉产调查报告》,安徽省政府建设厅,1934年。
陶履恭、杨文洵编译:《中外地理大全》,中华书局,1934年。
邹万元等:《安徽盱眙县东乡的农村概况》,《新中华》第2卷第13期,1934年。
佚名:《江西棉货贸易之回顾与振兴棉织业之展望》,《经济旬刊》第2卷第16期,1934年。
江西省政府经济委员会:《江西之茶》,江西省政府经济委员会,1934年。
安徽通志委员会:《安徽通志稿》,交通考,1934年。
张本国:《皖西各县之茶业》,《国际贸易导报》第6卷第7期,1934年。
彭荫轩:《安庆之经济概况》,《交行通信》第5卷第5期,1934年。
黄定文:《安徽农村经济的情势》,《皖光》1934年第5期。
实业部国际贸易局:《最近三十四年来中国通商口岸对外贸易统计》,商务印书馆,1935年。
承考:《江西之典当业》,《经济旬刊》第4卷第11期,1935年。
陈绍博:《汉口市二十三年国内国外贸易概况》,《汉口商业月刊》第2卷第10期,1935年。
陈建棠等:《湖南益阳县之经济》,国民经济研究所,1935年。
陈建棠等:《湖南益阳县之竹木》,国民经济研究所,1935年。
陈建棠等:《湖南沅江县经济调查》,国民经济研究所,1935年。
洪书行:《江南铁路与江南地理》,《大公报》1935年3月15日。
安徽省建设厅:《安徽建设现况》,《中国经济》第8期,1935年。
汤雨霖:《六立霍茶麻产销情况调查报告》,《安徽政务月刊》1935年第13期。
林熙春、孙晓村主编:《芜湖米市调查》,社会经济调查所,1935年。
孟学思:《湖南之棉花及棉纱》,湖南省经济调查所,1935年。
安徽省建设厅:《安徽建设现状》,安徽省建设厅,1935年。
谢家荣、孙健初等:《扬子江下游铁矿志》,国立北平研究所地质学研究所,1935年。
《三河镇经济概况》,《交行通信》第7卷第2期,1935年。
《实部调查皖南牛市概况》,《农业周报》第4卷第20期,1935年。
建设委员会经济调查所统计科:《中国经济志·安徽省芜湖县》,1935年。
子山:《安徽省经济地理概况》,《先导月刊》第2卷第5期,1935年。
郁官城:《天长风土志》,《学风》第5卷第6期,1935年。
张善玮:《淮南铁路沿线生产交通情形及其业务发展之计划》,《铁路杂志》第2卷第8期,1935年。
安徽省芜屯沿线物品流动展览会筹备会:《安徽省芜屯公路沿线经济概况》,1935年。
谭日峰:《湘乡史地常识》,湘乡县教育会,1935年。

李絜非:《凤阳风土志》,《津浦铁路月刊》第 1560—1585 期,1936 年。
仇继恒、宋联奎:《陕境汉江流域贸易稽核表》,陕西通志馆,1936 年。
金陵大学农学院农业经济系编:《豫鄂皖苏四省之租佃制度》,金陵大学农学院农业
　　　经济系,1936 年。
《皖西茶业近况》,《国际贸易导报》第 8 卷第 4 期,1936 年。
张景瑞:《江西产业现状之检讨》,《实业部月刊》第 1 卷第 2 期,1936 年。
詹玉鼎:《安徽经济建设与开发矿产》,《经济建设》1936 年第 3 期。
交通部邮政总局:《中国通邮地方物产志·安徽编》,1936 年。
湖北省公路管理局:《湖北省公路管理局成立周年纪念特刊》,1936 年。
湖北省政府秘书处统计室:《湖北人口统计》,1936 年。
湖北省政府秘书处统计室:《湖北省概况十种》,1936 年。
刘贻燕:《最近安徽经济建设概况》,《经济建设》1936 年第 4 期。
吴正:《皖中稻米产销之调查》,交通大学研究所,1936 年。
白突:《江西机器使用之认识》,《经济旬刊》第 7 卷第 12 期,1936 年。
《安徽省农村与合作情报:皖北牛羊皮产丰富》,《农友月刊》第 4 卷第 11 期,
　　　1936 年。
朱一鹗:《宣纸业调查报告》,安徽地方银行经济研究室,1936 年。
建设委员会经济调查所统计课科:《中国经济志·安徽省宁国县泾县》,1936 年。
家豪:《赣湘贸易调查报告》,《经济旬刊》第 7 卷第 1 期,1936 年。
金陵大学农学院农业经济系:《湖北羊楼洞老青茶之生产制造及运销》,1936 年。
交通部邮政总局:《中国通邮地方物产志·安徽编》,《中国经济史料丛刊》据 1936
　　　年本影印,台湾华世出版社,1978 年。
江西省政府统计室:《江西年鉴》(1936 年),江西省政府统计室,1937 年。
何清:《安徽铁矿概况》,《是非公论》1937 年第 29 期。
湖北省政府秘书处统计室:《湖北省年鉴》第 1 回,湖北省政府秘书处统计室,
　　　1937 年。
湖北省政府秘书处统计室:《湖北省农村调查报告》,第 4 册,应城县,湖北省政府秘
　　　书处统计室,1937 年。
湖北省公路工程处:《湖北省公路工程专刊》,湖北省公路工程处,1937 年。
阎采章:《安徽阜阳佃农概况》,《安大农学会报》第 1 卷第 2 期,1937 年。
平汉铁路管理局经济调查组:《老河口支线经济调查》,平汉铁路管理局经济调查
　　　组,1937 年。
平汉铁路经济调查组:《长沙经济调查》,平汉铁路经济调查组,1937 年。
朱一鹗:《皖北经济概况调查报告》,安徽地方银行,1937 年。
中国统计学社湖北分社:《湖北省统计提要》,中国统计学社湖北分社,1937 年。
中华平民教育促进会:《湖南的实验县——衡山》,中华平民教育促进会,1937 年。
文群:《五年来的江西合作》,《江西合作》第 2 卷第 2 期,1937 年。

国民党中央党部国民经济计划委员会主编:《十年来之中国经济建设(1927—1937)》,据 1937 本影印,(台湾)中国国民党中央委员会党史委员会,1985 年。
陈翼、沈霖:《苏浙皖三省公路志游》,稚声出版社,1937 年。
《复兴农村消息——皖北蛋业调查》,《社会经济月报》第 4 卷第 1 期,1937 年。
朱建邦:《扬子江航业》,商务印书馆,1937 年。
许明:《安徽省广德县社会经济调查》,《生力》1937 年第 3 期。
姚世濂:《四年来之安徽公路建设》,《经济建设半月刊》1937 年第 8 期。
何清:《安徽铁矿概况》,《是非公论》1937 年第 29 期。
张善玮:《淮南铁路沿线生产交通情形及其业务发展之计划》,《铁路杂志》第 2 卷第 8 期,1937 年。
实业部统计处:《各省市经济建设一览》,实业部总务司第四科,1937 年。
陈其田:《山西票庄考略》,商务印书馆,1937 年。
杨大金:《现代中国实业志》,商务印书馆,1938 年。
经济部资源委员会、中央农业实验所:《湖南安化茶业调查》,经济部中央农业实验所,1939 年。
《抗战后被日占领与破坏的矿业调查(安徽省)》,《时论丛刊》1939 年第 3 期。
社会经济调查所:《芜湖米市调查》(日文版),日本生活社,1940 年。
中支建设资料整备委员会:《安徽省北部经济事情》,中支建设资料整备委员会,1940 年。
金陵大学农学院农业经济系:《河南湖北安徽江西四省棉产运销》(日文版),日本生活社,1940 年。
江西省政府:《赣政十年》,江西省政府,1941 年。
《湖南省三十年度粮食增产总报告》,1941 年。
[美]卜凯:《中国土地利用》,据 1941 年金陵大学农学院农业经济系本重印,台湾学生书局,1971 年。
湖南省银行经济研究室编:《湖南省银行五年统计》,湖南省银行,1942 年。
邱人镐、周维樑主编:《湖南各县市经济概况》,湖南省银行经济研究室,1942 年。
邱人镐、周维樑主编:《湖南省金融概况》,湖南省银行经济研究室,1942 年。
白叔:《湖北之公路与航务》,《经济建设季刊》第 1 卷第 2 期,1942 年。
王远明:《太湖县经济概况》,《安徽建设》第 2 卷第 6 期,1942 年。
湖北省政府统计室:《湖北省统计年鉴》,湖北省政府统计室,1943 年。
王劲草:《皖北植棉调查报告》,《中农月刊》第 4 卷第 8 期,1943 年。
邱人镐、周维樑主编:《湖南之桐茶油》,湖南省银行经济研究室,1943 年。
龙振济:《安徽的茶叶与茶业》,《经济建设季刊》第 2 卷第 1 期,1943 年。
胡嘉:《安徽地理与安徽资源(附表)》,《安徽政治》第 7 卷第 11 期,1944 年。
沈从文:《湘西》(一名《沅水流域识小录》),开明书店,1944 年。
白家驹编:《第七次中国矿业纪要》,《地质专报》1945 年丙种。

王劲草:《安徽麻类作物调查》,《中农月刊》第 7 卷第 3 期,1946 年。

交通部统计处:《中华民国三十三年交通部统计年报》,交通部统计处,1946 年。

湖北省民政厅:《湖北人口:三十五年冬季户口总复查实施纪要》,湖北省民政厅,1947 年。

凌纯声、芮逸夫:《湘西苗族调查报告》,商务印书馆,1947 年。

内政部编:《中华民国行政区域简表》,商务印书馆,1947 年。

[美]葛勒石著,谌亚达译:《中国区域地理》,正中书局,1947 年。

张继煦:《张文襄公治鄂记》,湖北通志馆,1947 年。

黄山栋:《江西之夏布业》,《经济建设季刊》1947 年第 3 期。

谭熙鸿、吴宗汾主编:《全国主要都市工业调查初步报告提要》,经济部全国经济调查委员会,1948 年。

贾宏宇:《安徽经济建设》,《钱业月报》第 19 卷第 2 期,1948 年。

行政院新闻局:《湘桂黔铁路》,行政院新闻局,1948 年。

[美]威廉·乌克斯著,中国茶叶研究社社员集体翻译:《茶叶全书》,中国茶叶研究社,1949 年。

铁道部财务司调查科:《京粤线安徽段经济调查总报告书》,铁道部财务司调查科,20 世纪 30 年代。

佚名:《调查浙江安徽两省茶业报告书》,印行者与印行时间不详。

金陵大学农林经济系主编:《豫鄂皖苏四省之租佃制度》,民国间印本。

江西省政府经济委员会:《江西经济问题》,据旧本重印,台湾学生书局,1971 年。

杨大金:《近代中国实业通志》,据旧本重印,台湾学生书局,1976 年。

朱羲农、朱保训:《湖南实业志》,据旧本重印,湖南人民出版社,2008 年。

杨大金:《现代中国实业志》,据旧本重印,大象出版社,2009 年。

湖南法制院编:《湖南民情风俗报告书》,据旧本校点,湖南教育出版社,2010 年。

3. 今人资料汇编及其他资料性文献

新湖南报社:《湖南农村情况调查》,新华书店中南总分店,1950 年。

孙毓棠编:《中国近代工业史资料》第 1 辑,科学出版社,1957 年。

王铁崖编:《中外旧约章汇编》,三联书店,1957 年。

李文治编:《中国近代农业史资料》第 1 辑,三联书店,1957 年。

章有义编:《中国近代农业史资料》第 2 辑,三联书店,1957 年版。

汪敬虞编:《中国近代工业史资料》第 2 辑,科学出版社,1957 年。

陈真编:《中国近代工业史资料》第 2 辑,三联书店,1958 年。

安徽省工业厅重工业管理局地质组编:《安徽省矿产产地资料汇编(金属部分)》,安徽省工业厅重工业管理局地质组,1958 年。

陈真编:《中国近代工业史资料》第 3 辑,三联书店,1961 年。

陈真编:《中国近代工业史资料》第 4 辑,三联书店,1961 年。

彭泽益编:《中国近代手工业史资料》,中华书局,1962 年。

姚贤镐编:《中国近代对外贸易史资料》,中华书局,1962年。
宓汝成编:《中国近代铁路史资料》,中华书局,1963年。
中国人民银行总参室编:《中国近代货币史资料》,中华书局,1964年。
萧铮主编:《民国二十年代中国大陆土地问题资料》,成文出版社、美国中文资料中心,1977年。
陈旭麓、顾廷龙、汪熙主编:《湖北开采煤铁总局·荆门矿务总局》,上海人民出版社,1981年。
扬铎:《武汉经济略谈》,《武汉文史资料》第5辑,1981年。
武汉大学历史系中国近代史教研室编:《辛亥革命在湖北史料选辑》,湖北人民出版社,1981年。
江西省社会科学院历史研究所编:《江西近代贸易史资料》,江西人民出版社,1982年。
彭六安:《湖南民营航业五十年》,《湖南文史资料选辑》第4辑,湖南人民出版社,1982年。
陈群:《建国前湖北的轮船运输航线》,《湖北省志资料选编》第2辑,1983年。
聂宝璋编:《中国近代航运史资料》第1辑,上海人民出版社,1983年。
许道夫编:《中国近代农业生产及贸易统计资料》,上海人民出版社,1983年。
郭其耀:《武汉最早的外商工厂——俄商砖茶厂》,《武汉工商经济史料》第2辑,1984年。
俞雨庭:《武汉钱庄业概况》,《武汉工商经济史料》第2辑,1984年。
安徽省人口普查办公室编:《安徽省第三次人口普查资料汇编》,1984年。
《裕大华纺织资本集团史料》编辑组编:《裕大华纺织资本集团史料》,湖北人民出版社,1984年。
曾兆祥主编:《湖北近代经济贸易史料选辑》第1辑,湖北省志贸易志编辑室,1984年。
曾兆祥主编:《湖北近代经济贸易史料选辑》第2辑,湖北省志贸易志编辑室,1984年。
曾兆祥主编:《湖北近代经济贸易史料选辑》第3辑,湖北省志贸易志编辑室,1985年。
曾兆祥主编:《湖北近代经济贸易史料选辑》第4辑,湖北省志贸易志编辑室,1985年。
江西省情汇要编委会:《江西省情汇要(1949—1983)》,江西人民出版社,1985年。
李再权主编:《宜昌市贸易史料选辑》,宜昌市商业局《商业志》编委会,1986年。
安徽省档案馆:《安徽档案史料丛书:安徽概览》,安徽省档案馆,1986年。
安徽省档案局编:《安徽经济建设文献资料》(第1辑),内部资料,1986年版。
杜德凤编:《太平军在江西史料》,江西人民出版社,1986年。
中国人民银行总行参事室编:《中华民国货币史资料》第1辑,上海人民出版社,

1986年。

曾兆祥主编:《湖北近代经济贸易史料选辑》第5辑,湖北省志贸易志编辑室,1987年。

冯之:《二十世纪初安徽主要城镇商业概况》,《政协文史资料·工商史迹》,1987年。

江西省社会科学院历史研究所编:《江西近代工矿史资料选编》,江西人民出版社,1989年。

吴剑杰主编:《湖北咨议局文献资料汇编》,武汉大学出版社,1991年。

南开大学经济研究所经济史研究室编:《中国近代盐务史资料选辑》第4辑,南开大学出版社,1991年。

安徽省财政厅编:《安徽财政史料选编》,安徽省财政厅,1992年。

王保民:《汉口各行帮业及其贸易》,《武汉文史资料》1994年第2期。

田树茂:《清代山西票号分布图》,《山西文史资料》1998年第6期。

戴鞍钢、黄苇主编:《中国地方志经济资料汇编》,汉语大词典出版社,1999年。

徐明庭辑校:《武汉竹枝词》,湖北人民出版社,1999年。

李允俊主编:《晚清经济史事编年》,上海古籍出版社,2000年。

茅家琦主编:《中国旧海关史料(1859—1948)》,京华出版社,2001年。

宓汝成编:《中华民国铁路史资料(1912—1949)》,社会科学文献出版社,2002年。

聂宝璋、朱荫贵编:《中国近代航运史资料》第2辑,中国社会科学出版社,2002年。

北京图书馆出版社影印室编:《清末民国财政史料辑刊》,北京图书馆出版社,2007年。

曾赛丰、曹有鹏编:《湖南民国经济史料选刊》,湖南人民出版社,2009年。

周正云编:《晚清湖南新政奏折章程选编》,岳麓书社,2010年。

殷梦霞、李强选编:《民国统计资料四种》,国家图书馆出版社,2010年。

吴松弟编:《美国哈佛大学图书馆藏未刊中国旧海关史料(1860—1949)》,广西师范大学出版社,2014年。

龚榕庭:《解放前武汉地方金融业溯往》,未刊稿。

武汉市粮食局、湖北大学:《武汉市资本主义机器面粉工业发展史》,未刊稿。

皮明庥等编:《武汉近代(辛亥革命前)经济史料》,武汉地方志编纂办公室内部资料,印行时间不详。

二、今人论著(按署名首字汉语拼音排序)

1. 著作

安徽师范大学地理系:《安徽农业地理》,安徽科技出版社,1980年。

安徽省气象局资料室:《安徽气候》,安徽科技出版社,1983年。

安徽植被协助组:《安徽植被》,安徽科技出版社,1983年。

《安徽概况》编写组:《安徽概况》,安徽科学技术出版社,1984年版。

安徽省人民政府办公厅:《安徽省情》,安徽人民出版社,1985年版。

安徽省公路交通运输史编辑室:《安徽公路运输史》,人民交通出版社,1986年。
安徽省内河航运史编写办公室:《安徽航运史》,内部印行,1987年。
安徽公路史志编辑室:《安徽公路史》,对外翻译出版公司,1999年。
北京大学地质地理系经济地理专业1955级:《中国河运地理》,商务印书馆,1962年。
曹树基:《中国人口史·第五卷:清时期》,复旦大学出版社,2001年。
陈锋:《清代盐政与盐税》,中州古籍出版社,1988年。
陈钧、任放:《世纪末的兴衰——张之洞与晚清湖北经济》,中国文史出版社,1991年。
陈钧、张元俊、方辉亚主编:《湖北农业开发史》,中国文史出版社,1992年。
陈明光:《钱庄史》,上海文艺出版社,1997年。
陈荣华等:《江西经济史》,江西人民出版社,2004年。
陈文华、陈荣华:《江西通史》,江西人民出版社,1999年。
陈晓鸣:《中心与边缘——九江近代转型的双重变奏(1858—1938)》,经济日报出版社,2008年。
程必定:《安徽近代经济史》,黄山书社,1989年。
戴建兵:《中国近代纸币》,中国金融出版社,1993年。
丁国良、张运才:《湘鄂赣革命根据地货币史》,中国金融出版社,1993年。
杜恂诚:《民族资本主义与旧中国政府(1840—1937)》,上海社会科学院出版社,1991年。
方志远:《明清湘鄂赣地区的人口流动与城乡商品经济》,人民出版社,2001年。
冯天瑜、陈锋主编:《武汉现代化进程研究》,武汉大学出版社,2002年。
符少辉、刘纯阳主编:《湖南农业史》,湖南人民出版社,2012年。
复旦大学历史地理研究中心主编:《港口—腹地和中国现代化进程》,齐鲁书社,2005年。
傅衣凌:《明清时代商人与商业资本》,人民出版社,1980年。
龚胜生:《清代两湖农业地理》,华中师范大学出版社,1996年。
顾朝林:《中国城镇体系——历史·现状·展望》,商务印书馆,1996年。
郭万清、朱玉龙主编:《皖江开发史》,黄山书社,2001年。
[美]何炳棣著,葛剑雄译:《明初以降人口及其相关问题(1368—1953)》,三联书店,2000年。
侯杨方:《中国人口史·第六卷:1910—1953年》,复旦大学出版社,2001年。
黄志繁、廖声丰:《清代赣南商品经济研究》,学苑出版社,2005年。
贾植芳:《近代中国经济社会》,辽宁教育出版社,2003年。
江天凤主编:《长江航运史(近代部分)》,人民交通出版社,1992年。
姜涛:《中国近代人口史》,浙江人民出版社,1993年。
金士宣、徐文述:《中国铁路发展史(1876—1949)》,中国铁道出版社,1986年。

［英］莱特,斯坦利·福勒著;杨勇译:《江西地方贸易与税收(1850—1920)》,江西教育出版社,2004年。

李金铮:《民国乡村借贷关系研究》,人民出版社,2003年。

李时岳、胡滨:《从闭关到开放——晚清"洋务"热透视》,人民出版社,1988年。

梁淼泰:《明清景德镇城市经济研究》,江西人民出版社,1991年。

廖声丰:《清代常关与区域经济研究》,人民出版社,2010年。

刘佛丁、王玉茹、于建玮:《近代中国的经济发展》,山东人民出版社,1997年。

刘宏友、徐诚主编:《湖北航运史》,人民交通出版社,1995年。

刘克祥、吴太昌主编:《中国近代经济史(1927—1937)》,人民出版社,2010年。

刘兰兮主编:《中国现代化过程中的企业发展》,福建人民出版社,2006年。

刘泱泱:《近代湖南社会变迁》,湖南人民出版社,1998年。

刘泱泱主编:《湖南通史·近代卷》,湖南人民出版社,2008年。

刘义程:《发展与困顿:近代江西的工业化历程(1858—1949)》,江西人民出版社,2007年。

刘云波、李斌主编:《湖南经济通史·近代卷》,湖南人民出版社,2013年。

陆勤毅、李修松主编:《安徽通史》,安徽人民出版社,2011年。

路遇、滕泽之:《中国人口通史》,山东人民出版社,1999年。

罗福惠:《湖北通史·晚清卷》,华中师范大学出版社,1999年。

［美］罗威廉著,江溶、鲁西奇译:《汉口:一个中国城市的商业和社会(1796—1889)》,中国人民大学出版社,2005年。

罗香林:《客家源流考》,中国华侨出版公司,1989年。

马俊亚:《被牺牲的局部:淮北社会生态变迁研究》,北京大学出版社,2011年。

马陵合:《晚清外债史研究》,复旦大学出版社,2005年。

马茂棠主编:《安徽航运史》,安徽人民出版社,1991年。

潘敏德:《中国近代典当业之研究》,台湾师范大学,1985年。

彭信威:《中国货币史》,上海人民出版社,1958年。

皮明庥:《辛亥革命与近代思想》,陕西师范大学出版社,1986年。

皮明庥主编:《近代武汉城市史》,中国社会科学出版社,1993年。

［美］珀金斯著,宋海文等译:《中国农业的发展(1368—1968年)》,上海译文出版社,1984年。

千家驹、郭彦岗:《中国货币史纲要》,上海人民出版社,1986年。

全汉升:《汉冶萍公司史略》,文海出版社有限公司,1982年。

任放:《明清长江中游市镇经济研究》,武汉大学出版社,2003年。

［日］森田明著,雷国山译,叶琳审校:《清代水利与区域社会》,山东画报出版社,2008年。

沈世培:《文明的撞击与困惑——近代江淮地区经济和社会变迁研究》,安徽人民出版社,2006年。

[美]施坚雅著,史建云、徐秀丽译:《中国农村的市场与社会结构》,中国社会科学院出版社,1998年。

[日]斯波义信著,方健、何忠礼译,虞云国校:《宋代江南经济史研究》,江苏人民出版社,2001年。

宋斐夫主编:《湖南通史·现代卷》,湖南人民出版社,2008年。

宋霖、房列曙主编:《安徽通史·民国卷》,安徽人民出版社,2011年。

宋亚平等:《辛亥革命前后的湖北经济与社会》,中国社会科学出版社,2011年。

苏云峰:《中国现代化的区域研究·湖北省(1860—1916)》,台湾中研院近代史所,1987年。

孙敬之主编:《华中地区经济地理》,科学出版社,1958年。

孙兆乾:《江西农业金融与地权异动之关系》,台湾成文出版社,1977年。

[韩]田炯权:《中国近代社会经济史——义田地主和生产关系》,中国社会科学出版社,1997年。

田子渝、黄华文:《湖北通史·民国卷》,华中师范大学出版社,1999年。

[美]托马斯·罗斯基著,唐巧天、毛立坤、姜修宪译,李天锋、吴松弟校:《战前中国经济的增长》,浙江大学出版社,2009年。

万振凡、林颂华:《江西近代社会转型研究》,中国社会科学出版社,2001年。

王国席、程曦:《安庆近代中西交流》,合肥工业大学出版社,2011年。

王国宇主编:《湖南经济通史·现代卷》,湖南人民出版社,2013年。

王鹤鸣、施立业:《安徽近代经济轨迹》,安徽人民出版社,1991年。

王鹤鸣:《安徽近代经济探讨(1840—1949)》,中国展望出版社,1987年。

王鹤鸣:《芜湖海关》,黄山书社,1994年。

王生怀:《民国时期安徽文化与社会研究(1912—1937)》,安徽人民出版社,2008年。

王勇:《湖南人口变迁史》,湖南人民出版社,2009年。

隗瀛涛主编:《中国近代不同类型城市综合研究》,四川大学出版社,1998年。

魏建猷:《中国近代货币史》,台湾文海出版社,1983年。

温锐、游海华:《劳动力的流动与农村社会经济变迁——20世纪赣闽粤三边地区实证研究》,中国社会科学出版社,2001年。

温锐等:《百年巨变与振兴之梦——20世纪江西经济研究》,江西人民出版社,2000年。

翁飞等:《安徽近代史》,安徽人民出版社,1990年。

吴承明:《中国的现代化:市场与社会》,三联书店,2001年。

吴筹中:《中国纸币研究》,上海古籍出版社,1998年。

吴春梅等:《近代淮河流域经济开发史》,科学出版社,2010年。

吴海涛:《淮北的盛衰:成因的历史考察》,社会科学文献出版社,2005年。

吴松弟:《中国百年经济拼图:港口城市及其腹地与中国现代化》,山东画报出版社,2006年。

吴松弟等:《港口—腹地与北方经济的变迁》,浙江大学出版社,2011 年。

伍新福等:《湖南通史》,湖南人民出版社,2008 年。

谢彬:《中国邮电航空史》,中华书局,1933 年。

谢国兴:《中国现代化的区域研究:安徽省(1860—1937)》,台湾中研院近代史所,1991 年。

徐畅:《二十世纪二三十年代华中地区农村金融研究》,齐鲁书社,2005 年。

徐元正:《中国近代四大米市考》,黄山书社,1996 年。

许涤新、吴承明主编:《中国资本主义发展史·第 2 卷:旧民主主义革命时期的中国资本主义》,人民出版社,2003 年。

许涤新、吴承明主编:《中国资本主义发展史·第 3 卷:新民主主义革命时期的中国资本主义》,人民出版社,2003 年。

许怀林:《江西史稿》,江西高校出版社,1993 年。

严中平:《中国棉纺织史稿》,科学出版社,1955 年。

杨世骥:《湘绣史稿》,湖南人民出版社,1956 年。

杨勇:《近代江南典当业研究》,江西人民出版社,2009 年。

易宜曲:《江西省经济地理》,新华出版社,1990 年,第 83 页。

尹红群:《湖南传统商路》,湖南师范大学出版社,2010 年。

俞顶贤:《安徽行政区划概述》,安徽人民出版社,1983 年。

张秉伦、方兆本主编:《淮河和长江中下游旱涝灾害年表与旱涝规律研究》,安徽教育出版社,1998 年。

张德生、高本华主编:《安徽省经济地理》,新华出版社,1987 年。

张国辉:《晚清钱庄和票号研究》,中华书局,1989 年。

张南等:《简明安徽通史》,安徽人民出版社,1994 年。

张朋园:《中国现代化的区域研究·湖南省(1860—1916)》,台湾中研院近代史所,1983 年。

张书成、肖炳南:《闽浙赣革命根据地货币史》,中国金融出版社,1996 年。

张学恕:《中国长江下游经济发展史》,东南大学出版社,1990 年。

张仲礼、熊月之、沈祖炜主编:《长江沿江城市与中国近代化》,上海人民出版社,2002 年。

张仲礼、熊月之、沈祖炜主编:《中国近代城市发展与社会经济》,上海社会科学院出版社,1999 年。

赵文林、谢淑君:《中国人口史》,人民出版社,1988 年。

郑佳明、陈宏主编:《湖南城市史》,湖南人民出版社,2013 年。

中国大百科全书编委会:《中国大百科全书·中国地理卷》,中国大百科全书出版社,1993 年。

中国科学院中华地理志编辑部:《华东地区经济地理》,科学出版社,1959 年。

周昌柏:《安徽公路史》,安徽人民出版社,1989 年。

周葆銮:《中华银行史》,商务印书馆,1923年。
周军、赵德馨:《长江流域的商业与金融》,湖北教育出版社,2004年。
周忍伟:《举步维艰——皖江城市近代化研究》,安徽教育出版社,2002年。
周荣华等:《江西经济史》,江西人民出版社,2004年。
[美]周锡瑞著,杨慎之译:《改良与革命——辛亥革命在两湖》,中华书局,1982年。
邹怡:《明清以来的徽州茶业与地方社会(1368—1949)》,复旦大学出版社,2012年。
邹逸麟:《中国历史地理概述》,福建人民出版社,1999年。

2. 学术刊物论文与硕士、博士学位论文

[日]森时彦:《华西的曼彻斯特——沙市与四川市场》,《东洋史研究》第50卷第1号,1991年。
白莎、万振凡:《民国江西农村集市的发展》,《南昌大学学报》2003年第7期。
曹树基:《明清时期的流民与赣南山区的开发》,《中国农史》1985年第4期。
曹树基:《明清时期的流民和赣北山区的开发》,《中国农史》1986年第2期。
陈海群:《芜湖开埠与皖江地区手工业研究(1877—1937)》,安徽师范大学2014年硕士学位论文。
陈金勇:《芜湖开埠与近代皖江地区社会经济的变迁(1876—1937年)》,苏州大学2005年硕士学位论文。
陈晓鸣:《中心与边缘——九江近代转型的双重变奏》,上海师范大学2004年博士学位论文。
陈晓鸣:《九江开埠与近代江西社会经济变迁》,《史林》2004年第4期。
陈秀秀:《近代安徽邮电事业研究》,安徽大学2013年硕士学位论文。
陈支平:《清代江西的粮食运销》,《江西社会科学》1983年第3期。
程春晖:《民国时期安徽农村借贷关系研究(1927—1937)》,安徽大学2008年硕士学位论文。
崔光良:《1927—1937年安徽农村土地整理研究》,安徽大学2013年硕士学位论文。
戴国芳:《近代芜湖米市兴衰的原因及其影响》,《长江大学学报(自然科学版)》第3卷第2期,2006年。
戴利朝:《近代赣南墟市变迁初探》,《江西师范大学学报》2002年第4期。
邓亦兵:《清代前期内陆粮食运输量及变化趋势——关于清代粮食运输研究之二》,《中国经济史研究》1994年第3期。
邓中华:《我国矿税演化研究》,《经济师》2008年第3期。
丁友文:《九江贸易与近代江西市场的演变》,《东华理工大学学报(社会科学版)》2009年第4期。
董首玉:《航运近代化与皖江地区的开发(1877—1937)》,安徽大学2012年硕士学位论文。
窦祥铭:《民国时期中国农民银行在安徽的农贷》,《阜阳师范学院学报(社会科学版)》2009年第6期。

窦祥铭:《民国时期中国农民银行在安徽的农贷研究》,安徽大学2010年硕士学位论文。

杜七红:《茶叶与清代汉口市场》,武汉大学1999年硕士学位论文。

杜七红:《清代汉口茶叶市场研究》,陈锋主编:《明清以来长江流域社会发展史论》,武汉大学出版社,2006年。

杜七红:《清代两湖地区茶业研究》,武汉大学2006年博士学位论文。

凡樊:《西方对华力量与江南社会的变迁(1840—1911)》,安徽大学2014年硕士学位论文。

范植清:《鸦片战争前汉口镇商业资本的发展》,《中南民族学院学报》1982年第2期。

方志远:《明清湘鄂赣地区食盐的输入与运销》,《中国社会经济史研究》2001年第4期。

房列曙:《民国时期的安徽人口》,《安徽史学》2008年第4期。

冯定学:《民国时期安徽地方银行研究》,安徽大学2011年硕士学位论文。

高媛:《民国时期银行业对安徽农村金融的调剂》,《安庆师范学院学报(社会科学版)》2007年第2期。

郝秀清:《近代芜湖海关的鸦片贸易》,《安徽史学》1990年第1期。

胡锋:《近三十年来关于安徽经济史(1840—1949)的研究》,《安徽理工大学学报(社会科学版)》2015年第2期。

胡水凤:《近代赣茶在国际市场的销售》,《江西师范大学学报》1995年第4期。

胡水凤:《近代江西夏布的产与销》,《江西师范大学学报》1986年第3期。

胡水凤:《江西近代几种主要手工业的兴衰》,《江西社会科学》1993年第6期。

胡水凤:《近代江西茶叶的种植与加工》,《农业考古》1998年第2期。

黄升永:《民国时期安徽灾荒与社会流动(1912—1937)》,安徽大学2010年硕士学位论文。

江小莉:《1927—1937年安徽省小学教育研究》,安徽大学2012年硕士学位论文。

姜良芹:《成长在后续上的困境——刍议近代江西早期工业化的延误》,《江西社会科学》1990年第2期。

黎剑飞:《民国时期皖江流域的工商业研究》,安徽大学2010年硕士学位论文。

李标:《晚清安徽财政变革研究》,安徽大学2014年硕士学位论文。

李德尚:《近代安徽手工业研究》,安徽大学2011年硕士学位论文。

李姗:《安徽的自然灾害与农村合作运动探析1927—1937年》,《安徽农学通报》2009年第11期。

李姗:《民国时期安徽的自然灾害与社会救治(1927—1937)》,安徽大学2010年硕士学位论文。

李永福:《山西票号研究》,华东师范大学2004年博士学位论文。

廖德明:《近代安徽铁路及其与社会经济的发展》,安徽师范大学2005年硕士学位论文。

廖声丰:《清代赣关税收的变化与大庾岭商路的商品流通》,《历史档案》2001年第4期。

林荣琴:《清代湖南的矿业开发》,复旦大学2004年博士学位论文。

刘家峰:《基督教与近代农业科技传播——以金陵大学农林科为中心的研究》,《近代史研究》2000年第2期。

刘杰:《晚清至北洋时期的安徽地方公债》,《安庆师范学院学报》2011年第10期。

刘杰:《安徽近代地方公债研究(1910—1941)》,安徽大学2012年硕士学位论文。

刘莉莉:《江西近代工业化的"黄金时期":1938—1943》,《江西师范大学学报》2001年第3期。

刘淼:《民国时期祁门红茶贷款案与银企关系的建立——关于上海金融资本对周边产业经济之控制》,《安徽史学》2005年第2期。

刘群:《清末民初安徽实业教育研究(1903—1922)》,安徽大学2015年硕士学位论文。

刘石吉:《明清时代江西墟市与市镇的发展》,《第二次中国近代经济史会议(论文集)》,台湾中研院经济所,1989年。

刘秀生:《清代中期湘鄂赣棉布产销与全国棉布市场格局》,叶显恩主编:《清代区域社会经济史研究》,中华书局,1992年。

刘义程:《论近代机器工业与传统手工业的关系——以近代江西为个案》,《中国社会经济史研究》2010年第2期。

鲁燕冰:《民国时期安徽矿业研究(1912—1945)》,安徽大学2011年硕士学位论文。

陆发春:《从直隶江南到安徽建省》,《学术月刊》2012年第10期。

马俊亚:《从沃土到瘠壤:淮北经济史几个基本问题的再审视》,《清华大学学报(哲学社会科学版)》2011年第1期。

马陵合:《地方银行在农村金融中的定位与作用——以民国时期安徽地方银行为例》,《中国农史》2010年第3期。

穆键、朱寅:《皖政辑要所见清末安徽的农业改良》,《许昌学院学报》2012年第3期。

聂水南:《安徽裕皖官钱局发行的公债票》,《安徽钱币》2001年第3期。

聂水南:《清末安徽公债票发行章程考》,《安徽钱币》2008年第3期。

欧阳跃峰、叶东:《近代芜湖海关与对外贸易》,《北华大学学报(社会科学版)》2009年第6期。

潘婷婷:《南京国民政府时期安徽农村教育研究(1927—1937)》,安徽大学2014年硕士学位论文。

庞振宇、陈晓鸣:《清末新政时期江西农业改良举措探析——以傅春官〈江西农工商矿纪略〉为中心》,《农业考古》2009年第4期。

彭适凡:《稳步前进,硕果累累——江西考古五十年》,《南方文物》1999年第3期。

秦熠:《铁路与淮河流域中下游地区社会变迁(1908—1937)》,《安徽史学》2008年第

3 期。

施立业：《近代安徽茶业述论》，《安徽史学》1986 年第 2 期。

石庆海、王倩：《1928 年安徽人口普查研究》，《安徽史学》2010 年第 2 期。

孙鑫：《近代安徽农业种植结构变迁研究》，安徽大学 2011 年硕士学位论文。

苏庆：《二十世纪二三十年代安徽农村民间金融研究》，安徽大学 2011 年硕士学位论文。

万振凡：《论民国地方性农业科研机构的历史命运——以江西省农业院为中心》，《史学月刊》2006 年第 3 期。

汪昌桥：《安徽地方银行史略》，《安徽史学》1991 年第 4 期。

汪华：《裁厘加税与芜湖米市的走向》，《安庆师范学院学报（社会科学版）》2001 年第 5 期。

汪敬虞：《十九世纪外国在华银行势力的扩张及其对中国通商口岸金融市场的控制》，《历史研究》1963 年第 5 期。

汪敬虞：《中国近代茶叶的对外贸易和茶业的现代化问题》，《近代史研究》1987 年第 6 期。

汪银生：《安徽烟草起源探究》，《农业考古》2006 年第 1 期。

汪志国：《近代安徽自然灾害与乡村秩序的崩坏》，《中国农史》2007 年第 2 期。

汪志国：《近代安徽自然灾害与人口的变化》，《安徽大学学报（哲学社会科学版）》2008 年第 5 期。

王成兴：《民国时期华洋义赈会淮河流域灾害救治述论》，《民国档案》2006 年第 4 期。

王成兴：《民国时期安徽的灾荒与应对》，《民国档案》2012 年第 3 期。

王春芳：《论二十世纪前期徽州粮食的输入》，《农业考古》2008 年第 6 期。

王春芳：《清末至抗战前安徽在全国稻米供需格局中的地位》，《安徽史学》2009 年第 3 期。

王春芳：《清末至抗战前安徽稻米加工业述论》，《安徽大学学报（哲学社会科学版）》2009 年第 4 期。

王春芳：《稻米流通与近代安徽地方社会（1877—1937）》，上海师范大学 2010 年博士学位论文。

王春芳：《市场层级与容量梯度——以近代安徽米谷市场计量问题为例》，《中国社会科学》2011 年第 1 期。

王光锐：《民国时期安徽棉产改良与推广研究》，安徽大学 2010 年硕士学位论文。

王鹤鸣：《安徽近代煤铁矿业三起三落》，《淮北煤师院学报》1986 年第 3 期。

王鹤鸣：《安徽近代工业的发展过程及其特点》，《江淮论坛》1987 年第 6 期。

王鹤鸣：《试安徽近代工业发展援慢的原因》，《合肥工业大学学报（社会科学版）》1987 年第 2 期。

王鹤鸣：《二十世纪初期芜湖海关的对外贸易》，《学术界》1988 年第 5 期。

王鹤鸣:《芜湖开埠对安徽近代经济的双重影响》,《合肥工业大学学报》1990年第2期。

王琼:《民国时期淮河灾害对皖北社会生态的影响》,安徽大学2011年硕士学位论文。

王社教:《清代安徽人口的增减和垦田的盈缩》,《安徽史学》1994年第1期。

王树槐:《九江映庐电灯公司:自营与政府的整理(1917—1937)》,台湾"中央研究院"近代史研究所集刊》第27期,1997年。

王煜:《民国时期安徽公路建设研究(1920—1949)》,安徽大学2012年硕士学位论文。

魏本权:《20世纪上半叶的农村合作化——以民国江西农村合作运动为中心的考察》,《中国农史》2005年第4期。

温锐:《背离与错位——近代江西衰落原因的再认识》,《江西师范大学学报(哲学社会科学版)》2000年第4期。

温锐:《民间传统借贷与农村社会经济》,《近代史研究》2004年第3期。

吴春梅:《多维视野下的治淮方略及其启示——以张謇、费礼门、治淮委员会的方略为例》,《中国经济史研究》2006年第1期。

吴春梅:《分散到合作——民国时期安徽解决三农问题的制度变迁》,《中国经济史研究》2010年第2期。

武群文:《辛亥革命前武汉的民族资本主义工商业》,《江汉学报》1961年第4期。

萧放:《宋至清前期景德镇的形成和发展概述》,《江西社会科学》1987年第3期。

肖自力:《论民国年间(1914—1949)赣南钨业之发展》,《中国社会经济史研究》2005年第6期。

肖自力:《中央苏区对江西钨矿的开发与钨砂贸易》,《中共党史资料》2006年第2期。

谢国兴:《安徽的对外贸易与经济变迁(1877—1937)》,台湾"中央研究院"近代史研究所集刊》第20期,1991年。

谢庐明:《赣南的农村墟市与近代社会变迁》,《中国社会经济史研究》2001年第1期。

徐畅:《高利贷与农村经济和农民生活关系新论——以20世纪二三十年代苏浙皖三省农村为中心》,《江海学刊》2004年第4期。

徐凯希:《近代宜昌转运贸易的兴衰》,《江汉论坛》1986年第1期。

徐晓望:《清代江西农村商品经济的发展》,《中国社会经济史研究》1990年第4期。

许檀:《明清时期江西的商业城镇》,《中国经济史研究》1998年第3期。

许檀:《明清时期城乡市场网络体系的形成及意义》,《中国社会科学》2000年第3期。

许晓悦:《民国时期安徽生态环境保护研究》,安徽大学2015年硕士学位论文。

杨春满、段锐:《1922—1927年汉冶萍公司对日举债考略》,《湖北师范学院学报》

2010年第2期。

杨立红、朱正业:《抗战时期淮河流域安徽段驿运事业述论》,《民国档案》2006年第4期。

杨立红、朱正业:《淮南、淮北抗日根据地的制度变革与纺织业发展》,《抗日战争研究》2008年第1期。

杨立红、朱正业:《民国时期安徽公路建设述论》,《阜阳师范学院学报(社会科学版)》2009年第6期。

杨立红、朱正业:《民国时期淮河流域汽车运输业探析》,《阜阳师范学院学报》(社会科学版)2010年第6期。

杨梦:《近代安徽蚕丝业的改良研究》,安徽大学2013年硕士学位论文。

杨乔:《民国时期两湖地区桐油产业研究》,天津师范大学2013年博士学位论文。

杨勇:《民国江西造纸业述论》,《江西师范大学学报》2001年第3期。

杨勇:《近代江南典当业的社会转型》,《史学月刊》2005年第5期。

杨宇清:《1912—1937年江西民族资本主义的发展》,《中国经济史研究》1990年第1期。

杨宇清:《试论清末江西近代工业的兴起》,《南昌大学学报》1994年第1期。

杨宇清:《唐至近代江西经济作物的发展》,《农业考古》1990年第1期。

叶东、王佳:《清末时期安徽农村社会经济的发展》,《重庆工商大学学报(社会科学版)》2009年第5期。

游海华:《农村合作与金融"下乡"——1934—1937年赣闽边区农村经济复苏考察》,《近代史研究》2008年第1期。

余治国:《安徽工业化进程的迟滞与原因考察——以芜湖为例》,《重庆交通大学学报(社会科学版)》2015年第6期。

查星星:《民国时期安徽的农业改革——以生产技术为中心的考察》,安徽大学2007年硕士学位论文。

曾学优:《清代赣江中游地区农村市场初探》,《中国社会经济史研究》1996年第1期。

章安庆:《安徽省歙昱路公债发行始末》,《安徽钱币》2001年第1期。

张爱民:《近代安徽人口的变迁》,《安徽师范大学学报》1996年第3期。

张安东:《近代安徽人口地理的几个问题》,《中国社会经济史研究》2006年第3期。

张安东:《近代安徽农村问题及其成因之考察》,《中国农史》2007年第2期。

张崇旺:《清末民初淮河流域自开商埠探析》,《民国档案》2006年第2期。

张崇旺:《论近代淮河流域畜牧业和水产业的商品化生产》,《畜牧与饲料科学》2009年第5期。

张崇旺:《论淮河流域水生态环境的历史变迁》,《安徽大学学报(哲学社会科学版)》2012年第3期。

张宏卿、张强清:《绩效与不足:以民国江西农业院为中心的考察》,《江西财经大学学报》2012 年第 3 期。
张家炎:《环境、市场与农民选择——清代及民国时期江汉平原的生态关系》,黄宗智主编:《中国乡村研究》第 3 辑,社会科学文献出版社,2005 年。
张亮:《皖江流域城市结构、功能及其早期转型研究——以清代安庆、芜湖为例》,四川大学 2007 年硕士学位论文。
张亮:《皖江流域城市空间结构拓展差异比较——以近代转型前后安庆、芜湖为例》,《安徽广播电视大学学报》2009 年第 2 期。
张绪:《民国时期湖南手工业研究》,武汉大学 2010 年博士学位论文。
张宇健:《民国时期安徽水稻改良与推广》,安徽大学 2012 年硕士学位论文。
张宇健、朱正业:《抗战时期安徽稻米生产与改良》,《安庆师范学院学报(社会科学版)》2012 年第 2 期。
张忠广:《陇海铁路中东段的修建和沿线地区社会经济的变迁(1909—1949)》,安徽大学 2012 年硕士论文。
郑国良:《倪嗣冲与安徽近代矿业》,《安徽大学学报(哲学社会科学版)》1994 年第 4 期。
周海华:《近代江西茶叶的生产及其贸易》,《古今农业》1997 年第 2 期。
朱正业、杨立红:《试析淮南淮北抗日根据地的工业建设》,《巢湖学院学报》2010 年第 4 期。
朱正业:《机遇与挑战:1930 年代淮河流域传统食品业研究——以榨油业酿酒业为中心》,《民国档案》2011 年第 2 期。

索　引

一、地名索引

安东　34,206

安福　287,296,297,302,303,308

安化　10,22,34,38,73,89,91,95,101,116,134,152

安陆　19,24,28,33,35,94,115,140,143,145

安庆　104,166,169,170,174—176,179,181,182,184,192,194,203—208,210,212,226,232,237,239—243,245—247,253—255,263—270,274—278,304

安仁　33,34,73,89,95,153

安远　288,296,300,306,320,321,327,354

巴东　28,34,53,81,93,116,145—147

蚌埠　170,181,183,184,186,187,191,194—198,200,203—207,210,225,237,255—263,266,273—275,277,278

宝庆　25,27,36,69,75,81,89,94,101,114

保靖　34,95,154

保康　28,145—147

亳县　186,193,195,196,199,207,245,254—257,259,260,274,275,277

茶陵　22,33,73,77—79,89—91,94,95,149,150,153

长沙　12,15,16,19,25,27,33,54—56,66—69,73,75—79,87,88,90,94,95,98,100—102,106,107,109,110,114,121,122,124—126,129,130,132,148,149,151,153,155,157,203,244,344,356

长阳　21,28,34,123,145—147

常德　15,19,25,27,38,67,68,73,76,78,79,94,95,100—102,106—108,110,149—151,155

常宁　22,33,73,87,89—91,95,112,153,154

巢县　167,174,192,212,215,219,222,223,225,228,230,231,237,240,243,246,254,255,263,265—269,273,274,276,277

郴州　25,76,89

辰州　25,81,94

城步　33,89,95

池州　165,166,179,208,211,237,245—247,253,254,263,264,267—269

崇仁　287,295,297,300,302,308,310,347

崇阳　28,83,115,139,142,145

崇义　78,148,296,302,306—308,320—322,354

滁县　191,193,233,246,254,255,258,259,261,275,277

慈利　34,67,69,77,79,89,90,94,95,125

大冶　21,29,45,48,49,51—53,65,81,82,84—86,112,113,116,139,142,143,145

大庾　281,283—285,287,288,291,296,300—302,307,309,320—322,325—330,337,339,356

当涂　166,173,180,182,184,188,206,209,211,213,216,225,229—232,236,237,240,243,250,254,255,263,268,269,273—277

当阳　21,26,28,33,81,86,145,147

道州　34

德安　19,24,35,107,135,287,295,297,299,302,303,314

德兴　72,104,287,293,296,301,307,308

定南　288,296,298,321,354

定远　189,193,199,211,254—256,274,275,277

东流　166,167,188,190,212,214,215,217,222,223,226,233,237,246,253—255,263,264,267,268,273—277

东乡　78,189,214,215,222,223,230,233—235,278,287,290,295,297,299—302,347,349

洞庭湖平原　20,26,138,139

都昌　287,296—299,302—304,339,347

鄂城　21,28,61,139,140,142,143,145

鄂东北　28,138,141,143,144,157

鄂东南　26,28,138,139,141,143,144,157

鄂西北　26,34,37,138,144,146,157

鄂西南　26,37,123,138,145—147,151,156,157

恩施　19,21,28,45,77,93,140,145—147,157

繁昌　166,173,179,180,184,188,208,209,212—218,222—225,227,229—231,233,237,243,245,246,250,252,254,255,263,267—269,275—277

房县　28,34,140,144—147

分宜　287,293,295,297,299,310

丰城　287,295,297,301—303,310,319,320,347,353,354,356,360

凤凰　25,76,89,90,95,154,215,217,228,229,240,268

凤台　167,186,190—193,254—258,260,263,275,277

凤阳　167,169,173,179,186,187,189,190,196,207,209—211,254—259,261—263,265,274,275,277

奉新　287,295,308,347,356

浮梁　281,290,293,296,297,302,306,307,319,328,349,354

抚州　272,286,299—301,308,310,313,325,347,348,353

阜阳　169,173,186,191,193,196,199,201,206,207,254—260,263,274,275,277

赣县　290,296,298,300,301,306,312,317,318,320,322,340,347,349,354,356—358

赣州　283,285—287,293,296,299—301,303,308,309,312,316,326,327,340,346,347,353,356

公安　28,33,139,144—146,256

光化　28,34,65,100,102,140,145,146

广德　179,212,215,217,222,224,225,227,251,254,255,264,270—272,274—277

广丰　282,283,287,290,293,295,297,300,302,307,308,310,328,337,347

广济　28,36,51,65,81,83,84,121,140,141,145,165

贵池　166,167,203,206,212,214—218,222—226,233,235—237,243,246,254,255,263,264,266—268,273—277

贵溪　287,295,308,338,347

桂阳　22,25,34,73,79,89,90,95,153

含山　188,191,197,199,218,222,223,227,243,246,254,255,265,268,269,275—277

汉川　28,33,51,106,139,140,142,145

汉口　1,3,4,12—16,18,26,28,38—45,48,49,51—53,57—64,66,75,80,91—94,96—102,104—110,112—116,118—137,142,143,145,148,151,155,156,158—161,175,182,191,194,199,204,205,207,233,237,241,243,244,246,253,263,264,269,272,282,283,304,308,311,338,344,347,356

索引　391

汉阳 2,19,24,26,28,33,35,38,39,41,44—53,56—61,64,66,81,84—86,106,112,113,120,121,131,136,139,140,145,156,158,160,311

合肥 97,167,181,182,184,187,191,194,197—199,206,207,237,240,243,245,254,255,258—260,265,267—269,273—278

和县 193,194,196,198,199,227,228,237,240,243,246,253—255,258,260,265,268,269,273,274,276,277,286

和州 166,167,237,245,246,254,263,268

河口 14,58,93,94,99,100,102,110,115,116,121,134,135,140,143,145,168,199,207,250,257,283,287,290,293,306—308,316,325,328,330,336—339,346,347,355,356

鹤峰 21,28,81,82,84,145,146

横峰 287,295,312,338

衡山 33,73,75,89,91,95,101,148,150,223

衡阳 15,19,22,27,33,55,56,67,68,73,76—79,90,91,94,95,100,111,116,125,148,153,154,157

湖北 1—4,9—21,23,24,26,28—30,33—38,41—54,56—58,60—66,68—73,80—88,91—104,106—116,118,120—123,125—132,134—147,155—161,166,168,175,177,178,180,204,237,246,269,274,282,285,286,293,299,310,314,353,354

湖口 166,175,179,197,204,233,237—239,244,246,247,266,268,274,287,289,296,298,299,302—304

湖南 1,2,9—13,15—27,29,32—38,43,53—56,66—70,73—76,79—83,87—91,93—95,97,98,100—103,106,109—112,114—116,118,121,124—126,129—132,134—138,141—145,147—157,177,204,216,231,263,269,283,285,286,288,299,308,309,314,322,329,336,356

华容 34,37,95,101,149

怀远 167,186,189,193,196,211,214,215,219,224,225,228,254—261,273,275,277

淮南 165,166,178,185,186,191,194,203,205,206,211,222,224—226,228,254,260,262,263,265,274

黄安 28,81,82,145

黄陂 28,33,51,116,136,140,145

黄冈 19,28,33,51,143

黄梅 28,141,143,145,165,166,213,214

黄泥阪 190

晃州 25,34,151

徽州 131,133,166,167,188,191,206,236,246,254,255,266,270—273,276—278,325,328,356

会昌 296,320,321,327,339,349

会同 21,34,67,68,73,76,90,95,101,151

霍邱 167,198,206,211,233,254,255,257—260,273—275,277

霍山 165,166,188,191,198,230,231,233,237,254,255,257—259,262,275,277

绩溪 166,188,206,212,223,233—235,243,252,254,255,269—271,273—277

吉安 97,286,287,289,290,293,296,297,299,301—304,308,313,315—320,329,336,340,343,344,346—349,353,354,356—358,360,361

吉水 287,295,308,310,313,339,340,347

嘉禾 33,95,151

嘉山 166,168,193,254,255,258,261,275,277

嘉鱼　28,106,142,143,145
监利　28,33,139,140,142,143,145
建始　21,28,145—147
江汉关　43,44,108,118,119,121,122,127
江汉平原　20,21,26,36,37,110,116,130,138—144,146,157
江华　34,88,90,95
江陵　28,33,65,100,139,140,144
江夏　33,34,49,51,81,84,85,145
金溪　287,295,300,308,310,315,347,359
进贤　287,289,295,297,303,310,314,347,349,356
京山　28,33,81,83,115,145
泾县　188,212,214,215,217,218,223,228,237,243,245—248,250,251,253—255,263,264,267—271,273,275—277
荆江　20,149
旌德　237,243,250,251,254,255,263,268—271,273,275—277
景德镇　149,235,270—272,282—284,287,307,309,311,312,315,316,323—325,328,330,337—340,343,345,347,353—358
靖安　287,295,308,356
靖州　25,34,154
九江　1,3,4,43,93,119,126,134,151,166,181,194,205,207,237,240,241,243,244,246,253,263,265,267,269,271,272,274,283—287,291,292,296—301,303—306,308—318,322,325,326,328—341,343—347,353,354,356—358
均县　28,140,144—146
来凤　28,145—147
蓝山　33,73,77,95,116,151,153
郎溪　230,231,254,255,271,276,277
乐安　287,295,302,308,310
乐平　21,285,287,293,296,297,300—302,319,321,322,336,346,347

耒阳　22,33,55,73,90,91,94,95,153
礼山　28,145
澧州　25,38,73
醴陵　15,33,34,55,73,76—79,81,87—91,94,95,101,125,149,322,329,356
立煌　183,188,191,230,231,254,255,257,258,273,275,277
利川　28,145,147
涟源　22,38,152
两湖　1,2,7,9—14,16—18,20—27,29,32—38,41,43—45,52—54,70—72,74,80,87,88,91,92,95—98,100,101,103—114,116—121,126,129,136—139,156—159,283
临淮关　255—257,259—263,277
临泉　255,257,258,275,277
临武　33,89,90,95,151
临湘　22,38,73,90,101,116
灵璧　189,211,254—257,274,275,277
零陵　34,68,73,94,95,101,125,153
鄳县　22,33,34,95,153,154
浏阳　33,68,73,75—78,89—91,95,101,125,142,149
六安　109,166,167,174,175,187—189,191,193,197,198,206,233,245,247,254,255,257—261,263,265,269,273—275,277
龙南　296,300,302,320,321,347,354
龙山　34,75,77,79,95,154,217,222,223,227,229
龙阳　33,34
庐江　167,184,187,188,192,197,198,211,231—233,237,245,254,255,265,267—269,273—277
庐州　166,174,179,197,237,239,245—247,253,254,263,266,268,269

罗田　28,115,145,234

麻城　28,33,51,81,82,100,115,116,135,143,145

马鞍山　49,81,84,85,178,182,184,185,217,223,236,267

蒙城　186,193,195,254－257,259,260,275,277

沔阳　28,33,35,51,52,65,100,139,140,143,145

明光　97,193,255,262

南昌　93,97,125,283,286,287,289,290,295,302－306,308,310－318,320,325,326,329,330,336－338,340,341,343－349,351－358,360

南康　281,286,296,298,300－302,310,314,320－322,327,339,347,354

南陵　187,188,199,204,211,215,217,225,227,230,233,237,243,245－248,250,252－255,263,264,266－270,273,275－277

南漳　21,28,34,140,145,147

宁都　285,286,290,296,300,308,310,347

宁国　166,174,179,191,206,211,215,217,218,223,228,235,237,239,240,243,245－248,250－255,263,264,266,268－271,273－277

宁乡　22,38,56,73,78,79,91,95,148

宁远　34,73,95,101

彭泽　42,43,70,71,166,197,274,287,296,298－300,302－304,307,349

平阳　232

萍乡　48,81,85,125,285,287,288,293,295,297,302,308,310－312,315,319－322,329,337,338,347,349,352,356

鄱阳　15,104,254,255,270,272,276,277,283－285,287,288,295－300,302－304,307,314,315,326,328,329,336,337,349

蒲圻　28,33,38,52,60,65,72,83,86,114,141,142,145

祁门　134,168,188,189,206,225,235,254,255,270－272,275－277,306,307,328

祁阳　34,56,68,73,76,77,79,82,89,91,94,95,101,125,132,153

蕲春　28,83,145

铅山　282,283,285－288,295,297,306－308,328,337,356

乾州　25,151

潜江　28,33,115,139,144,145

潜山　166,167,174,179,181,190,201,207,230,231,233,235－237,243,245,246,254,255,258,264,265,267,268,273－277

黔阳　19,34,73,78,89,95,101,125

青阳　166,188,191,214,215,222,225,226,233,235－237,243,245,246,254,255,263,264,266－268,270,273,275－277

清江　110,140,147,161,186,256,257,260,262,277,284,287,295,302,304,325,346,347,356,358

清泉　33

全椒　206,211,246,254,255,258,259,269,273－275,277

全南　296,303,321

汝城　22,67,73,78,89,90,95,148,153,154

瑞昌　99,115,215,228,287,293,296,299,303,304,322,336,347

瑞金　282,288,293,296,298,300,327,348,355,356

三河　187,197,198,204,243,245,247,262,267－269,274

桑植　34,77,95,151,154

沙市　10，14，15，19，43，58，63，66，75，93，94，99—102，105—108，110，115，116，121—124，132，135，140，143，266

善化　33，125

上高　127，287，295，297，302，310，347

上饶　283，287，295，297，307，308，310，319，328，337，338，340，347，348，353，355，359

上犹　296，302，306—308，320—322，339，354

邵东　22，152

邵阳　15，19，33，34，55，67—69，73，75，76，78，79，89—91，94，95，152

施南　24，45

石埭　166，188，237，243，250，251，254，255，263，268，271，275—277

石牌　190，247，268，269

石首　28，33，139，144，145

寿县　173，186，189，193，198，254，255，257—261，263，274，275，277

舒城　167，181，187，188，191，197，198，206，207，230，231，233，237，243，245，253—255，265，267，268，273—277

泗县　206，254—257，274，275，277

宿松　166，190，192，194，195，201，212，214，223，226，233，237，243，253—255，264，265，268，274—277

宿县　189，214，217，219，224，225，228，233，235，236，254—257，261，274，275，277

宿州　212，254，262，290

绥宁　34，73，90，95，154

随县　28，65，93，116，140，141，143，145

遂川　287，293，296，297，302，303，307，308，321，327，338，340，347

太和　195，196，230，245，254，255，257—259，263，274，275，277

太湖　174，181，188，192，195，207，215，226，228，230，231，233，237，243，245，246，253—255，264，265，267，268，273—277

太平　20，23，38，96，101，118，132，166，169，173，174，179，188，214，216，237，238，245，246，250，251，254，255，260，263，264，266—271，276，277，284，309

泰和　281，287，290，296，297，299—303，308，312，317，318，321，340，347，348

桃源　33，34，73，88—90，95，101，150，155

天长　192，193，200，201，211—213，230，233，254，255，257—259，275，277

天门　26，28，45，51，139，140，142，144，145，167

天柱　34

通城　28，142，145

通道　20，34，95，110，151，154，205，252，259，271，272，277，278，281，283，284，288，291，326，328—330，355，356

通山　28，142，145

桐城　165，166，181，189，191，199，206，207，230，231，237，243，245，246，253—255，264，267，268，273—278

铜鼓　113，286，287，293，295，306，307，356

铜陵　166，179，211，213，215—218，222，225，227，229—231，233，237，243，245，246，254，255，263，264，266，268，269，271，273—277

屯溪　168，181，191，206，207，243，270—274，278

湾沚　206，243，248—252，268

万安　228，270，287，296，297，301，306，308，330，340，354，356

万年　287，295

万载　287，295，297，299，304，308，310，319，339，340，347，352，356

望江 166,201,222,226,237,243,246,253—255,264,265,267,268,273,275—277

涡阳 186,193,196,198,245,254—260,273,275,277

乌衣 206,243,255,258,259,269,274

无为 166,167,187,188,192,199,204,214,232,233,237,245,254,255,263,265—269,274—277

芜湖 122,135,166,169,173—176,178,179,181,182,184,185,187,188,190,194,197—199,203,204,206—208,210,217,218,222—225,227,229—231,233,237—255,259,263—271,273—278,323

吴城 281,283,284,302—304,308,314,325—330,337,346,347,355,356

五峰 28,145—147

五河 167,186,189,193,204,206,254—257,260,275,277

武冈 33,73,78,95

武陵 20,33,151

武宁 287,290,293,295,297,299,302,307,319,347,356

婺源 166,188,235,236,254,255,270—273,275—277,286,287,290,307,328,347

浠水 28,140—143,145

歙县 179,188,191,206,212,228,234,252,254,255,270—277

峡江 287,302,304,314,353

咸丰 21,28,32,38,77,104,120,132,145—147,152,161,169,174,207,238,269,283,350

湘北 20,27,124,126,148,149,152,153,155,157

湘东 20—22,26,27,38,76,79,148,152,153,157

湘南 20—22,34,37,76,89,90,109,115,126,131,148,152,154—157

湘潭 10—13,15—17,19,22,33,34,56,67—69,76,88,90,91,94,95,100—102,106—108,114,115,124—126,129,132,134,148,149,152,153,157,344

湘西 19—22,27,36,37,55,56,76,78,79,89,90,95,115,121,143,146,148,151,154—157

湘乡 22,33,34,67,68,73,90,91,95,115,150,152

湘中 20,22,26,36—38,67,89,90,115,132,148,151,153,154,157

襄安 187,245

襄阳 19,24,28,35,65,98,100,115,116,132,142,144—146

孝感 19,26,28,33,51,114,140,143,145

新干 281,287,295,304,310,347,353,354

新化 22,33,34,73,75,77,79,89,94,95,152,154

新建 257,287,295,297,303,312,343,356

新宁 34,73,94,95

新邵 22,152

新田 34,73,89,95,116,153

信丰 210,296,300,327,354

星子 287,296,302—304,319,347

休宁 169,188,206,224,233,234,236,252,254,255,269—273,275—277

修水 286—288,290,295,297,302,303,306,307,347,356

盱眙 167,204,254—257,260,261,274,275,277,278

溆浦 22,79,89,91,94,95

宣恩 28,34,77,145—147

寻乌 288,296,327,334,339,354

阳新 21,28,57,60,84,86,100,115,142,145

黟县　188,206,235,254,255,269－271,273,275－277

宜昌　1,10,12－14,19,24,28,34,45,53,57－60,65,93,94,99,102,105,107－111,116,121－124,132,135,139－141,146,147,175,240,266

宜城　28,142,144,145

宜春　287,293,295,299,302,308,310,319,340,347,352,353,356

宜都　26,28,33,65,81,87,93,140,145－147

宜丰　287,295,308,310,347

宜黄　287,295,299,300,308,310,315

弋阳　287,295,299,302,306,308,347,354

益阳　15,22,34,67,73,77,79,81,82,94,95,100,101,151,152

应城　21,26,51,54,65,85,86,93,99,116,140,141,143,145

应山　28,143,145

英山　28,115,116,145,230,231,254,265,275

颍上　167,193,195,198,207,254,255,257－260,275,277

永丰　90,215,226,260,274,285,287,293,295,297,308,310,338,340,347,360

永明　34,68,89,95,150

永顺　25,34,90,95,101,155,212

永兴　22,73,90,91,95,125,151,153,358

永修　283,287,290,295,297,299,302,315,336,337,339,347,356,358

永州　25,27,75,81,82,94

于都　285,296,298,300,321,347

余干　287,295,297－299,301－304,312,320,339,347

余江　166,287,288,295,302,347,354

玉山　283,287,288,295,297,302,306－308,310,319,328,332,336,338,347,354－356

沅江　22,27,33,55,95,101,110,111,121,134,149－151,154,155

沅陵　22,76,81,82,89,90,94,95,101,125,155

沅州　25

岳西　168,188,230,231,237,274

岳阳　1,15,16,67,68,90,93,94,101,102,109,110,121,122,124,125,129,150,151

云梦　26,28,143,145

郧阳　19,24,35,45,81

樟树　281,283,284,287,314,316,325－327,329,330,337,339,340,343,346,347,353,354,356,358,360

正阳关　167,186,193,195,197,198,200,201,203,204,206,255－263,274,277

枝江　26,28,33,138,145

至德　188,237,246,255,263,264,268,272,276,277

钟祥　21,28,33,139,140,144,145

竹山　28,33,52,83,144,146,147

竹溪　28,144－146

资兴　22,73,89－91,95,148,153

秭归　21,28,83,87,145,147

二、人名索引

董时进　290

杜维德　309

傅春官　284,289,352

郭师敦　81,82

贺赞元　312

莱特　285,292,301,309,310,325,328,337,350

李范一　181,207

刘歆生　58－60,62,97

倪嗣冲　169－171,181,224

瑞澂　52,312

沈瑜庆 312

盛宣怀 48,57,62,81,83,84,179,212

宋炜臣 57,58,60,62,63,83

孙廷人 311

陶星如 313

王希仲 208,212

王仲侯 212

徐安澜 212

张绍轩 313

张赞辰 311

张之洞 2,4,10—13,23,38,41—53,57,61—63,66,80,81,83—85,88,91,93,94,97,101,103,106,108,110,112,113,118,120,123,126,127,134,135,156—161

周绍荣 212

朱载亭 312

三、商品名

爆竹 76,136,329,333

布匹 77,110,114,116,123,130,131,133,147,179,251,252,260,270,272,273,283,327

蚕桑 37,44,188,282,299

草席 76

茶叶 2,3,10,12,37,38,41—44,54,72,76,92,96,108,110,120,126,127,129—137,142,146,147,152,167,188,189,203,208,227,251,258,263—266,270—274,281—284,290,292,293,305—307,309,324,327—329,331—333,336,338,339,355

柴炭 136,266

瓷器 55,79,130,132,149,282,305,308,309,312,315,318,323,324,327—329,331—333,340

大麻 37,191

大麦 36,37,141,152,154,257,260,293,294,297

蛋品 2,39—41,60,113,133,193,194

稻 9,20,28,33,34,36,37,113,123,125,139,141—146,148,149,151—156,167,173,186,187,190,194,201,239,244,245,248,250,252,260,262—264,266—268,273,281,282,287,289,290,292—297,300,313,331,332

豆类 36,108,136,258,259,262,293,294

鹅 192,193,197,200,222,250

甘蔗 37,282,298,300,301

瓜子 257,259,292,333

海产 108,130,132,134—136,147,283,336

汉阳造 46

红薯 289,292

花生 37,113,135,144,153,257—259,289,293,298,301,302

黄豆 113,132,147,187,257,258,260,262,264,265,292,293,329

黄麻 37,191

火柴 10,43,55—57,62,63,67,69,71,88,127,160,179,185,209,223,247,268,311,314,318,324,336

鸡 116,135,136,165—167,192—198,200,201,208,217,218,222,223,225,227,327

桕油 292,293

卷烟 40,41,57,63,79,135,143,210,251,318,323,335

矿石 49,50,58,85,112,151,154,179,180,209,216,229,230,233,265

蓝靛 282,283,291—293,298,301

粮食 3,9,10,32,34,36,37,72,110,111,114,116,121,125,126,130—132,135,136,138,139,141,143—149,151—155,186—188,192,194,197,203,205,250,

251,259,261,262,265,269—272,281,
283,290,292—295,297,298,325,327,
331,332,335,340

煤　3,11,21,22,47—50,57,60,81—88,
91,103,108,110,113,114,116,123,
131—133,143,147,151,152,154,160,
161,179,180,184,185,205—209,211,
212,214—219,221—229,231,235,249,
257,260,262—265,267,269,270,274,
285,311,312,315,319,320,324,331,333

煤油　40,127,132,135,143,147,201,247,
251,253,257,260,264,268,272,335,336

米　20,21,36,37,52,59,60,63,66,72,94,
108,110,112,113,116,123—126,130—
133,135,136,139—149,151,153—155,
160,168,175,178,184,186—188,192,
194,198,203,206,208—211,226,234,
237,239,244,245,248—252,254,258—
260,262—270,272,273,281,282,287,
288,293—295,302,311—314,326—329,
331,333,335,336,338,355

棉布　44,45,58—61,74,77,108,110,113,
124,126,127,129,131—133,135,136,
161,325,328

棉花　2,12,37,40,41,51,110,113,116,
127,130,132,133,135,138,139,142—
147,149,151,184,188,190,195,203,
246,250,253,263,268,273,282,293,
298,299,313,334

棉纱　44,51,55,68,74,108,110,113,126,
129,132,133,135,136,147,149,161,
179,209,247,265,268,313,317,334,336

面粉　39,40,45,58,61,63,66,67,69,71,
72,133—135,143,160,182,184,185,
208,210,211,249,250,261,312—
314,336

木材　58,59,63,64,108,110,111,114,
123,126,130—133,147,151—155,160,
203,251,263,266,270—272,283,302,
327,328,333

牛　75,101,114,119,132—134,166,188,
192,194—196,198—202,214,217,222,
223,227—229,235,257,263,274,288,
290,325,327,328,338,339,341

牛皮　53,75,113,127,132,134,136,196,
199,200,215,335

皮革　39,71,184,192,195,196,257,314,
315,318,323,324

汽油　55,311,334—336

荞麦　36,141,143,149,152—154

苘麻　191

染料　40,71,135,301

生漆　110,123,130,132,133,145,147

水产　139,198,287,333

水泥　2,45,52,63,86,143,160,317,318

檀香木　247,268

炭　22,47,57,85,108,113,132,143,147,
151,152,205,211,222,226,251,264,
265,320,324

糖　37,71,79,108,127,132,136,147,148,
179,247,258—260,264,265,268,283,
291,293,300,313,317,318,323,327,
329,336

陶瓷　73,108,136,283,311

铁　1—4,10,11,13,15,21,22,27,41,44,
45,47—60,63,66,81,82,84—86,89—
91,103,109—114,116,117,121,123—
125,127,132,136,143,145,147,149,
152,154,157,158,160,179—187,189,
190,193,194,196,198,199,203,205—
211,213,216,218,219,222,224—226,
228—233,239—243,245,246,248—252,
255—267,269,270,273,274,277,282—
284,288,291,311,312,317—320,322,

326,331,334—341,355

桐油　2,3,12,40,41,76,108,110,123,130,132,134—136,145,147,151,155,251,258,264,291,293,327

铜　21,22,45,47,52,60,82—84,90,91,93,103,113,131,147,154,166,179,184,199,211—218,222—225,227—231,233,235,237,243,245—247,254,255,263,264,266,268,269,271,273—277,281,282,286,287,293,295,306,307,312,319,342,350—356

土货　13,74,80,109,113,119—122,127—129,134,136,137,147,189,197,337,340

钨砂　305,321,323,324,331,333

夏布　73,74,132,149,282,283,291,299,305,308—310,323—325,327,329,331,333,339,340

香烟　45,60,79,147,179,264,272,353

湘绣　76,136,149

小麦　36,37,71,113,133,142,144,146,149,152—154,186,187,257,260—265,273,290,293,294,297

鸭　136,192—195,197,200,201

烟叶　79,113,127,133,135,147,189—191,207,210,282,289,291,293,298,299,333,337

盐　21,85,110,111,114—116,125,126,130—132,135,136,147,178,184,187,201,231,238,251,258,264,265,271,272,283,325,327,329,333—336,339,340

羊　2,10,66,72,114,116,132,133,142,150,166,167,192,194—196,199—201,214,223,263

洋货　12,13,74,75,80,96,97,119—122,126—130,132,136,137,147,187,239,247,257,261,265,268,270,284,285,301,305,327,331,339,340

药材　21,110,113,123,130—133,136,145,147,245,246,258,259,265,266,268,271,274,283,329,333,335,336

油菜籽　155,292

油茶　21,37,59,153,154,167,293,302

鱼类　134

羽毛　168,192,195,197

芋头　289

毡　45,52,195,196

芝麻　12,37,113,121,135,142,144,145,147,187,257—260,262,264,292,293,298

纸　13,53,55,58,60,63,71,74—76,78,79,94,112,131,132,147,149,151,152,185,200,206,211,249—251,258,260,263,264,271,272,274,282—285,307—309,315,318,323,324,327—329,331,333,335,336,339,340,343,344,350—353,355—357,359,360

猪　154,192,194—196,199—201,215,327,328

猪鬃　2,110,123,134,147

竹木　132,136,151,250,251,264—266,282,307,329

苎麻　37,52,110,132,138,142,146,149,150,191,282,292,293,298,299,310,318,323,329,331,333

砖茶　2,39,41—43,57,59,60,66,127,134,142,332,333

四、行业、企业名

安徽地方银行　196,241,250

安徽商业储蓄银行　241

安徽中华银行　241

安利洋行打包厂　40,43

安利洋行蛋厂　40

安庆军械所　208
八旗劝工厂　44
班达蛋品公司　194
宝丰煤矿　207
宝华公司　213,215,229
宝聚兴茶砖厂　72
宝善成制造公司　55,56
宝善机米厂　66
宝兴公司　213—215,228,229,250
宝兴恒服务公司　61
宝兴面粉厂　210
贝格德蛋厂　40
玻璃业　63,160,315
博厚公司　312
蚕桑局　44
昌发织布厂　61
昌华公司　213,222,229
昌明电灯公司　67
长沙火柴厂　67
长盛川茶砖厂　72
长裕川茶砖厂　72
常宁水口山铅锌局　87
辰溪兵工厂　55,56,69
谌家矶财政部造纸厂　45,53
呈山煤矿　312
池州煤矿　208,211
楚南玻璃厂　67
崔麻子锅炉修理厂　67
大昌实业公司汉口支店　41
大成印刷公司　60
大德成茶砖厂　72
大德生茶砖厂　72
大德兴红茶厂　72
大公报印刷厂　66
大经丝辫公司　66
大来烟厂　210
大陵公司　216,229

大美烟公司汉口支店　41
大明电灯公司　67
大生机米厂　66
大顺砖瓦厂　61
大同煤砖厂　60
德国德华银行　92
德源制砖厂　58
德栈榨油厂　60
第一实业制造厂　61
鼎新电灯公司　67
东方修焊公司汉口支店　40
东福炼锑厂　61
东海电灯公司　67
东亚面粉会社　40
俄国道胜银行　92
鄂南电气公司　53
鄂省洸成水电公司　52
发昌机器厂　67
法国法兰西银行　92
法华蒸酒公司　40
纺纱业　63
肥皂业　63,74,160
丰城煤矿　320
丰宁公司　213,229
凤昌织业厂　61
凤阳制革厂　196,263
服装业　63,160
福丰烟公司　45
福华油厂　66
福民公司　213,229
福甡纱厂　69
福盛谦红茶厂　72
福湘纺织厂　68
福新面粉厂　66
阜昌茶包厂　72
阜昌砖茶厂　39,42
阜成面粉厂　61

阜宁公司　213,214,217,227—229
傅集文石印刻字馆　60
复古窑厂　312
富华公司　213,229
赣东北省苏维埃银行　352
赣州铜矿局　312
钢铁业　2,4,63,90,91
工业传习所　61
公路　3,4,13,15,27,103,111,112,114—117,147,152,181,182,203,204,206,207,209,241,248,251,252,260,264,266,270—272,274,326,328,337,338,355
公兴蛋厂　39
官办企业　44,54,56,57
光华电灯公司　67
光华洋烛厂　61
光明电灯公司　67
光雄电灯公司　67
广利砖瓦厂　58
广顺记玻璃厂　61
汉丰面粉厂　58
汉康印刷局　60
汉口玻璃厂　58
汉口第一纱厂　66
汉口豆泰蛋厂　60
汉口肥皂厂　59
汉口福中桐油公司　40
汉口公益蛋厂　60
汉口机器焙茶厂　44,52
汉口机械修理厂　40
汉口李兴发机器厂　60
汉口美最时电灯厂　40
汉口贫民大工厂　52
汉口普润毛革厂　60
汉口日租界电灯厂　40
汉口熔金厂　39

汉口泰昌机器厂　60
汉口特别区电灯厂　52
汉口义同昌机器厂　60
汉口英商压革厂　39
汉口英租界电灯公司　40
汉口制冰厂　39
汉阳宝善米厂　60
汉阳电气公司　66
汉阳赫山官砖厂　44,52
汉阳铁厂　2,44,47,48,50,51,57,81,84,85,112,113,311
汉阳针钉厂　45
汉冶萍公司　48,54,84,85
浩华纺织厂　68
和丰火柴公司　10,55
和丰面粉厂　39,58
和记茶包厂　72
和记蛋厂　40
和记蛋品公司　193,194
和记洋行冰冻食物厂　40
和盛蛋厂　39
亨达利有色金属精炼厂　39
恒丰面粉厂　39
恒丰织袜机器厂　61
恒泰面粉厂　312
衡阳电厂　55
宏大纱厂　69
宏益裕茶厂　72
洪顺机器厂　58
鸿昌织布厂　61
厚生机器碾米厂　312
厚生机器碾米公司　314
胡尊记机器厂　60
湖北兵工厂　46
湖北大冶水泥公司　52
湖北纺纱局　44,112
湖北富池口铜煤矿　60

湖北工艺学堂附属工厂　44
湖北火柴厂　56
湖北建设厅机械厂　53
湖北模范工厂　44,57
湖北蒲圻炼锑厂　52
湖北枪炮厂　44—47,49,158
湖北缫丝局　44,52
湖北省建设厅麻织厂　53
湖北省建设厅造纸厂　53
湖北省银行　93,95
湖北水泥厂　45
湖北铜币局　93
湖北银元局　93
湖北印刷局　45,52
湖北织布局　44,51
湖北制麻局　44,52,53
湖北竹山邓家台铜矿　52
湖南兵工厂　55
湖南瓷业有限公司　55,56
湖南第二纺织厂　55
湖南第三纺织厂　55
湖南第一玻璃厂　55
湖南电灯股份有限公司　67
湖南机械厂　55,56
湖南金工厂　55,56
湖南酒精厂　55
湖南矿务总局　87
湖南炼油厂　55
湖南陆军工厂　55
湖南省火柴厂　55
湖南省炼铅厂　87
湖南省银行　79,94,95,153—156
湖南省造纸厂　55
湖南实业公司　55,88
湖南造纸公司　55
湖南制粉会社　67
湖南制革厂　55

华昌豆饼制造所　59
华升昌布厂　58
华生纺织厂　68
华胜军服厂　57
华实纺织厂　68
华新纺织厂　68
华兴肥皂厂　61
华中烟草株式会社　43
淮南煤矿局　205,211,224,225,228,260
汇丰碾米厂　208
火柴业　63,71,160
机器工业　4,10,11,30,38,54,56,62,72,
　　80,157,158,160,210,305,322—324
机器制造业　53,54,63
吉安电厂　317,320
吉安天河煤矿　320
集益铁矿公司　312
既济水电公司　58,66
嘉利蛋厂　39
建成纺织厂　68
建筑业　63,160
江岸车辆厂　66
江华矿务局　88
江西车船厂　317
江西储蓄银行　343
江西瓷业公司　312
江西电工厂　317
江西机器厂　317
江西机器造纸厂　312,315
江西建设银行　95,347
江西利商银行　343
江西炼铁厂　317
江西硫酸厂　317
江西民国银行　343,347,351,355—357,
　　360
江西劝业银行　343
江西省城电灯厂　312

江西水泥厂　317
江西裕民银行　95,347,350,353,358,359
江西樟脑公司　312
江西振商银行　343
江西子弹厂　311
交通运输业　1,4,13,30—32,103,117,158
金城公司　234
金龙面粉厂　39,58,66
金融业　1,4,5,32,91—93,101,103,160,
　　241,242,340,342,344,346,350,355,
　　356,360,361
金属加工业　63
津市电灯公司　67
锦云织布厂　61
晋康公司　208,214,227,228
京汉铁路汉口机械厂　45
泾铜公司　214,216,228,229
经华纺纱公司　55
经纶实验纱厂　68
景德镇瓷业公司　311,315
九江肥皂厂　311
久兴纺织公司　313
巨盛川茶砖厂　72
巨贞和茶砖厂　72
卷烟业　63
军纺厂　69
开明电灯公司　312
康成造酒厂　40
矿业　1,2,4,10,11,30,54,63,68,80—91,
　　94,112,154,180,203,208—213,216,
　　218,219,221—225,228—230,232—236,
　　250,285,312,319
兰斯馨红茶厂　72
乐平锰矿　322
冷水滩火柴厂　56
礼和蛋厂　39
礼和机器面粉厂　39

礼和煤矿　212
醴陵煤矿局　87
力生纱厂　69
立昌染织厂　313
丽安电气公司汉口支店　41
利民公司　213,227,229
利民纱厂　69
两湖茶叶改良公司　44
两宜纸烟厂　60
烈山煤矿　211,212,224,225,228
隆茂洋行打包厂　39
麓山玻璃厂　67
吕锦花机器厂　60
轮船业　103,104
轮船招商局　13,107,211,267,311
罗办臣洋行　39
罗兴昌机器厂　311,313
麻织业　63,160
毛纺业　63
茂昌蛋品公司　194
茂大卷叶制造所　57
美孚行制罐部　40
美伦机器制造麻袋公司　60
美盛榨油厂　57
美最时蛋厂　39
棉花打包厂　40
棉织业　63,71,160,334,335
棉籽榨油厂　40
面粉业　63,71,160,249,314
民丰机械修理厂　40
民立实业社　67
民生工厂　210,313
民新纱厂　69
民营企业　2,3,10,57,62,63,66,69,70,
　　85,158
明远电气公司　210
莫记公司织布厂　61

木材加工业　63,160
木船业　4,5,109,110
南昌市立银行　346,347,353
南星颜料厂汉口支店　40
南洋烟草公司汉厂　66
碾米业　63,149,160,314
宁绍(轮船公司)　105,107,240
纽合昌机器厂　60
农业　1—5,9,10,12,16,17,23,27,28,30,
　　32,34—37,54,103,117,125,134—136,
　　138,140—142,147—150,152,154,156—
　　158,186—190,192,199,201,246,254,
　　257—259,261,267,273,276,278,281,
　　282,287,289—291,293—297,299—302,
　　306,307,309,322,325,336,337,342,
　　348,349,358,359
培德厚织布厂　61
培林蛋厂　41
漂染业　63
票号　4,5,91,92,95,97,101—103,132,
　　158,160,241,342
平和洋行打包厂　39
萍乡瓷业公司　312
萍乡煤矿　48,85,285,311,315,319,320
鄱乐煤矿公司　320
七七纺织厂　69
其乐公司　41
汽车修造总厂　55
钱庄　4,5,91,92,94—101,103,119,158,
　　160,241,262,269,271,340,342—347,
　　349,350,353,357—361
清华实业公司　45
求新纺织厂　68
全美记机器厂　67
劝工迁善习艺所　45
劝工院织布厂　61
日本横滨正金银行　92

日华纺织株式会社　43
日华制油厂　43
日清(轮船公司)　107,108,109,203,240,
　　266,267
日新瓷业公司　312,315
日信榨油厂第二工场　39
荣昌火柴厂　311,314
瑞丰面粉厂　58
瑞兴蛋厂　39
三北(轮船公司)　240,267
三井火柴厂　43
三民汽车公司　207
缫丝业　63
沙市长丰机器翻砂厂　66
沙市纱厂　66,143
商业　1,3,4,9,12—15,27,28,30,31,41—
　　43,49,61,63,66,92,93,95,98,100—
　　102,104,108,110,114,117—127,131—
　　137,145,147,151,152,154—161,169,
　　180—182,184,187,189,190,192,194,
　　196—198,200,208—210,218,224,226,
　　234,238,239,241,242,248—251,256—
　　259,261,263,265—267,269—272,274,
　　275,277,283,284,307,311,322,324—
　　330,337,338,344,347—349,353,
　　356—361
邵阳纱厂　55
申新纱厂　66,69
慎昌洋行蛋粉公司汉口分厂　40
升新机器油茶公司　59
生茂玉记肥皂厂　61
施南劝业公所　45
食品业　66
世丰机器碾米厂　60
手工业　1,3,4,10,11,30,42,43,70—76,
　　79,80,136,149,151,152,158,159,161,
　　176,184,195—197,209—211,248—250,

索引　405

258，264，272，282，285，305，322—
324，331
水电业　63，66
水泥业　63，160
顺丰茶包厂　72
顺丰砖茶厂　39，41，43
顺兴昌机器厂　60
孙织布公司　60
太古（轮船公司）　104，107，109，203，240，
267
泰安纱厂　41，43
泰记电灯公司　67
谭花机器厂　60
炭山湾煤矿　57
桃源金矿局　88
陶瓷业　73
天富公司　233
天聚和茶厂　72
天聚和茶砖厂　72
天门织布厂　45
天生银球颜料厂　61
天盛榨油厂　60
天顺长茶砖厂　72
铁路　3，4，13，15，27，49，56，84，103，109，
　111—114，116，117，121，125，136，145，
　154，157，158，181—183，186，187，189，
　190，193，194，203，205—207，209，210，
　225，241，248，250—252，255—263，265，
　266，269，273，274，277，283，284，291，
　317，320，326，331，337—341，355
同丰榨油厂　58
同吉祥织布厂　60
同济火柴厂　67
同利公司　223，234
同茂仁蛋厂　60
桐湾溪抗建纺织机械厂　69
外资企业　10，38，39，41，43，80，160

万丰砖瓦厂　61
万利纱厂　69
王玉川茶砖厂　72
蔚华印刷厂　60
芜湖蛋白蛋黄公司　208
武昌白沙洲造纸厂　45，52
武昌电灯公司　66
武昌湖北模范工厂　52
武昌机器厂　60，66
武昌南湖制革厂　45，52
武昌水电厂　53
武昌下新河毡呢厂　45，52
武汉日报印刷厂　66
务本织业厂　61
祥泰肥皂厂　58
祥兴永红茶厂　72
湘潭玻璃厂　67
湘潭电机厂　56
湘西荣军生产处机械厂　56
湘中火柴厂　67
萧汉记机器厂　67
协应公司织毛厂　61
燮昌火柴厂　57，62
新昶机器厂　57
新华机器厂　66
新明电灯公司　67
新商茶包厂　72
新商茶厂　72
新泰砖茶厂　39，42，66
新友企业公司宝庆厂　69
新渝纺织厂　56
歆生记铁工厂　58
歆生填土公司　58
信丰面粉厂　210
信元油厂　66
兴隆茂茶砖厂　72
兴商砖茶厂　57，59

兴盛豆饼制造所　59
徐塘煤矿　312
宣城煤矿　212,224
亚新地学社　58,89—91,112
扬子公司炼锑厂　61
羊楼洞茶厂　66
耀华玻璃厂　58
耀淮电力公司　210
怡和（轮船公司）　104,107,109,203,240,
　　266,267
宜人组织机厂　58
颐中烟公司汉口六合路工厂　40
颐中烟公司汉口宗关工厂　40
义昌机器厂　60
益华公司　213,215,216,228,229
益华铁矿　224,225
益利织布厂　58
益民实业染印社　313
益新面粉公司　184,208
益阳电灯公司　67
银行　2,4,91—98,101—103,119,158,
　　160,185,241,269,271,340,342—353,
　　355—361
印刷业　63,66,160,315
应城石膏　54
英国汇丰银行　92
英国麦加利银行　92
英商通和有限公司　39
英商砖茶厂　39
永安纱厂　69
永昌榨油厂　60
永茂祥红茶厂　72
永明纺织厂　68
永顺煤矿公司　212
永源蛋厂　40
余干煤矿　312,320
羽毛加工业　195,197

玉兴银珠厂　61
裕繁公司　179,213,229,250
裕丰纺织株式会社武昌制炼厂　41
裕华纱厂　52,66
裕历碾米厂　60
裕隆面粉厂　66
裕宁银珠厂　61
裕生火柴公司　314,318
裕湘纺织厂　56
裕湘荣机器厂　67
裕新纱厂　69
裕中纱厂　210
元丰豆粕制造所　58
元亨蛋厂　39
源丰榨油厂　60
郧阳工艺局　45
造纸业　63,73,76,160,282—284,307,308
榨油业　63,160
张国源面粉厂　61
张仁美冶金铸造厂　67
招商局（轮船公司）　13,104,105,106,107,
　　185,203,211,240,266,267,311
肇新织染有限公司　60
振钜公司　229
振新茶砖总公司　60
振冶公司　213,229
震寰纱厂　66
蒸木厂　58
制茶业　63,71—73,160
制蛋业　196
制革业　63,160,196
制蜡业　63,71
制药业　63,160
制毡业　195,196
中国电气股份公司汉口支店　40
中国纺织公司　69
中国纺织设计社　68

索引　407

中华皮革厂　315

中华丝厂　40

中同机器厂　57

周恒顺机器厂　3,57,62,66

株洲总机厂　55—57

砖瓦业　63,160

五、其　他

东方芝加哥　118,120,160

海关　4,45,74—76,96,113,114,119,122—124,126—130,132,134,143,151,158,160,173,175,176,179,237,242,244,247,268,269,284,285,291,292,299—301,306,309,310,326,328,330,332—335,337

湖北新政　2—4,11,42—44,53,63,66,88,91,108,112,113,156,158,160,161

通商口岸　1,3,4,12—14,16,18,27,38,43,97,99,105,108,118,120,121,123,124,129,134,137,158—161,175,176,197,199,237,238,266,285,306,330,340,342